东风汽车公司
DONGFENG MOTOR CORPORATION

东风汽车公司年鉴编制委员会

鄂新登字 01 号

图书在版编目(CIP)数据

东风汽车公司年鉴 2012(总第 9 卷)/东风汽车公司年鉴编纂委员会编.
武汉:湖北人民出版社,2012.12

ISBN 978-7-216-07510-7

Ⅰ.东…
Ⅱ.东…
Ⅲ.汽车企业—湖北省—2012—年鉴
Ⅳ.F426.471-54

中国版本图书馆 CIP 数据核字(2012)第 316448 号

东风汽车公司年鉴
2012(总第 9 卷)　　东风汽车公司年鉴编纂委员会 编

出版发行: 长江出版传媒 湖北人民出版社　　**地址:**武汉市雄楚大道 268 号
　　邮编:430070

印刷:武汉全彩设计有限公司　　**印张:**30.5
开本:880 毫米×1230 毫米 1/16　　**插页:**4
版次:2012 年 12 月第 1 版　　**印次:**2012 年 12 月第 1 次印刷
字数:873 千字　　**定价:**260.00 元
书号:ISBN 978-7-216-07510-7

本社网址:http://www.hbpp.com.cn

《东风汽车公司年鉴》（2012）

编辑说明

一、《东风汽车公司年鉴》是一部全面、系统、客观地记录和反映本公司情况的大型资料性工具书，由东风汽车公司主办、公司办公室（党委办公室）负责编纂出版，具有资料性、权威性、综合性和实用性。《东风汽车公司年鉴》于2000年创刊，每两年出版一卷，从2009年起改为一年编纂一卷。

二、《东风汽车公司年鉴》（2012）客观翔实地反映了2011年公司及其所属单位的发展、运营情况。力求“全、新、特、准”，图文并茂，信息丰富，旨在为各界了解东风汽车公司提供信息支撑。

三、本卷年鉴内设专记、东风公司概况、大事记、科技开发及成果、职能管理工作、下属各子公司及各单位介绍、荣誉与表彰、附录等23个部类，采用类目、分目、条目三级结构编排，组成一个科学的资料体系。全书共约87.3万字，其中照片334幅、图表24个。

四、为叙述简便，书中涉及的东风汽车公司及其所属企业（单位）使用了通用简称，如东风汽车公司简称“东风公司”、东风汽车集团股份有限公司简称“东风集团股份”、东风汽车有限公司简称“东风有限”、神龙汽车有限公司简称“神龙公司”、东风本田汽车有限公司简称“东风本田”、东风汽车股份有限公司简称“东风股份”、东风汽车零部件（集团）有限公司简称“东风零部件集团”、东风日产乘用车公司简称“东风日产”、东风鸿泰武汉控股集团有限公司简称“东风鸿泰”等。

五、本卷年鉴各栏目资料由相关职能部门和各单位提供，并经过其单位主管领导审核。在年鉴组稿、编纂过程中得到各单位的大力支持，各位编纂人员付出了辛勤劳动，在此，表示诚挚的感谢。

六、书中疏漏不妥之处，恳请读者批评指正，以便不断改进。

《东风汽车公司年鉴》编辑部

2012年12月

目　　录

专　　记

领导关怀

要事专载

友好往来

大　事　记

东风公司概述

科技开发及成果

公司(党委)办公室工作

战略规划管理

经营管理

人事(干部)管理

财务会计管理

组织信息管理

国际事业管理

科技开发管理

审计与风险管理

法律事务与证券事务管理

资本运营管理

社会事业管理

新能源汽车事业管理

军 品 管 理

党建宣传思想政治工作

纪检监察工作

工 会 工 作

共青团工作

东风集团股份及各子公司

其他控股、参股子公司

直属单位

集体企业

荣誉与表彰

附　　录

领导关怀

胡锦涛视察东风公司

6月1日，在湖北考察工作的中共中央总书记、国家主席、中央军委主席胡锦涛专程到东风汽车公司技术中心视察。东风公司董事长、党委书记徐平和公司总经理朱福寿向胡锦涛总书记汇报了东风公司概况、“十一五”经营发展情况以及“十二五”发展思路，重点介绍了产品开发和新能源汽车的发展情况。

胡锦涛总书记参观了东风公司40多年来自主研发的军车、商用车、乘用车、客车、微型车和新能源汽车等50款代表性车型。在东风军车展区，总书记边听解说边仔细察看东风猛士的外观和内部构造。在东风商用车展区，当总书记了解到东风商用车现已有170多个品种时，他欣慰地称赞“了不起”。当了解到东风商用车公司正在与日产、雷诺联合开发，且由东风公司占主导和拥有完全自主知识产权时，总书记说：“这是一个质的飞跃。”他还登上一辆已投放市场的东风天翼纯电动公交车，对东风公司大力发展纯电动公交车表示赞赏。

胡锦涛总书记饶有兴致地参观了技术中心一楼展厅、整车研发部和造型室，仔细询问新款电动轿车设计开发情况，观看了东风自主品牌乘用车同比例新车模型的制作过程，并与技术人员就电动汽车的关键技术和发展方向进行深入探讨。公司副总经理李绍烛、童东城、刘卫东，党委副书记范仲等向总书记介绍了相关情况。总书记还在技术中心造型室前厅亲切接见东风公司劳模和国家“千人计划”技术专家代表。

6月1日，中共中央总书记、国家主席、中央军委主席胡锦涛（前排中）在东风汽车公司技术中心视察时与科技人员亲切握手。

李岚清视察东风公司

11月4日，原中共中央政治局常委、国务院副总理李岚清（前排左三）亲切会见徐平（前排右二）、朱福寿（前排左二）等。

11月4日，原中共中央政治局常委、国务院副总理李岚清与夫人章素贞再次回到曾经工作过的东风公司，与干部员工、老同志和老专家亲切交谈。

东风公司董事长、党委书记徐平向李岚清汇报了东风公司近期发展情况、新能源汽车发展情况、“十二五”总体发展思路。李岚清对东风公司取得的经营业绩表示称赞：“当年建设二汽时，我们做梦也没有想过会达到年产300万辆的规模。”李岚清还详细询问了东风新能源汽车发展的现状和面临的难题。李岚清还参观了陈列在总部园区的东风纳智捷纯电动MPV、东风纯电动轿车EJ02等新能源汽车产品，并饶有兴致地试乘了东风纳智捷纯电动MPV。

李岚清来到武汉市经济技术开发区长江大酒店，与曾经在东风公司共过事的老同志进行亲切交谈。徐平向李岚清赠送一本李岚清历次视察神龙公司的影集，李岚清向老同志们赠送了自己的新书《我为大师画素描》。

路甬祥视察东风公司

11月14日，全国人大常委会副委员长路甬祥到东风公司视察。

朱福寿向路甬祥汇报了东风公司概况、近期经营情况、自主创新及自主品牌建设情况、新能源汽车发展情况以及“十二五”总体发展思路。他说，东风公司是国内最早研发新能源汽车的企业之一，“九五”期间，开发了纯电动概念轿车和燃料电池轻客；“十五”期间，开展了混合动力大客车的示范运营；“十一五”期间，产品开发延伸至纯电动领域；“十二五”期间，计划再投入30亿元以上，发展节能与新能源汽车。

路甬祥在朱福寿的陪同下，参观了陈列在公司总部园区的东风纳智捷纯电动MPV、东风帅客纯电动车、东风奥丁纯电动车、东风纯电动轿车EJ02和东风风神S30纯电动车等新能源汽车产品。

11月14日，全国人大常委会副委员长路甬祥（前排中）视察东风公司。

万钢参观上海车展东风展台

4月22日上午，全国政协副主席、国家科技部部长万钢在东风公司党委副书记范仲陪同下参观上海国际车展东风公司展台。

在主展位的东风风神H30CROSS展车前，万钢详细了解了东风自主乘用车发展情况。他说："一个民族只有通过自主创新才能找到未来，一个国家只有立足于自主创新才能持续地发展，对于东风公司这样的大型央企，尤其要重视自主创新、加强自主创新。"

电动车已成功步入生产和商业推广为主的产业化阶段，东风汽车成为中国电动汽车领域的领军企业后。他说："我们一定要培养出一批自主创新、能力强、有竞争力的创新型企业。"他寄语东风公司：要以节能减排新技术为抓手，在转变经济发展方式上起带头作用。

在东风裕隆纳智捷大7 SUV展车前，万钢仔细参观了展车，并俯身仔细察看了参数表，他祝愿海峡两岸中国人共同努力，把华系车打造成世界著名汽车品牌。

4月22日，全国政协副主席、国家科技部部长万钢(右二)参观上海国际车展东风公司展台。

郑万通参观十堰基地

11月17日，全国政协副主席郑万通(前排左三)在商用车总装配厂参观。

11月17日，全国政协副主席郑万通在东风公司十堰基地参观。他希望东风公司继续出车育人，生产出好的产品，培养先进典型，为国家经济建设作贡献。

郑万通指出，东风公司作为一个负责任的国有大型企业，极大地拉动了地方经济发展，推动了就业，对社会发展作出了贡献，希望东风公司继续出车育人，生产出好的产品，培养先进典型，为国家经济建设作贡献。郑万通还先后参观了商用车总装配厂和商用车新总装阵地。

要事专载

东风公司经营高质量跨越300万辆

9月29日，东风商用车重卡新工厂投产。

2011年，东风公司销售汽车305.87万辆，同比增长12.25%，增速是行业的4倍多，位居百万辆级企业第一，销售规模稳居行业第二。公司综合市场占有率达16.51%，比上年提高1.43%；全年实现销售收入4000亿元，同比增长9%；实现利润同比增长5.78%；上缴税费370亿元，同比增长19%，国资委考核指标全面完成。

当年，东风·十堰新基地暨商用车动力总成新工厂奠基，东风商用车重卡新工厂投产，东风日产郑州工厂20万辆产能建设项目开工，东风日产郑州发动机工厂奠基，东风日产花都第二工厂竣工投产，神龙公司第三工厂奠基，东风新汽新工厂奠基，东风裕隆正式投产，东风实业龙门工业园竣工投产，东风股份微车发动机项目落户常州，东风装备工业园动工，东风零部件武汉工业园奠基以及郑州日产新研发中心奠基等，充分彰显了东风公司加速企业发展的雄心大略。

东风公司确立2011年度及“十二五”发展目标

1月17日，东风公司召开2011年工作会，回顾总结2010年及“十一五”工作，明确2011年及“十二五”发展目标，提出“做强做优，建设国内最强、国际一流汽车制造商”的战略目标，确立了加快转变发展方式、加快自主发展步伐两项重点任务，提出全面提升公司国际竞争力、自主创新能力、国际化运营能力、人才竞争力、和谐发展能力的要求。即经营规模在高质量、可持续发展的基础上向500万辆迈进，经营质量保持行业领先，事业结构更加优化，改革开放迈出新的步伐，企业综合实力、自主创新能力、国际竞争力、可持续发展能力、抵御风险能力明显提高，企业更加和谐稳定。

1月17日，东风公司在武汉隆重召开2011年工作会，回顾总结2010年及“十一五”工作，明确2011年及“十二五”发展目标。

东风公司发布“乾”D300中期事业计划

12月10日，在东风自主品牌年度百万辆汽车下线仪式上，东风公司发布东风自主品牌“乾”D300计划。

12月10日，东风自主品牌年度百万辆汽车下线仪式在东风乘用车公司厂区隆重举行。自主品牌汽车年度销售突破百万辆，是东风自主品牌事业发展的又一重要里程碑，是东风公司长期坚持自主创新和自主发展的重大成果。为此，未来五年，东风公司将把自主品牌事业发展作为头等大事，全面推进实施。

在东风自主品牌年度百万辆汽车下线仪式上，东风公司发布东风自主品牌“乾”D300中期事业计划。总体目标是：到2016年，东风自主品牌汽车年销量达到300万辆；未来五年，将投资300亿元以上，用于自主品牌产能提升和商品投放。

东风自主品牌年产销100万辆，这一业绩的取得来自军车、商用车、乘用车、新能源汽车等各个领域，来自各主流细分市场。站在年度自主产销突破百万辆的新起点上，东风公司谋篇布局，发布了一个更具挑战性的事业计划——东风自主品牌“乾”D300计划，由此开启东风公司向自主品牌年度产销300万辆迈进的崭新征程。

东风公司董事会制度建立

7月20日，东风公司在武汉召开首届董事会第一次会议，公司董事长、党委书记徐平主持会议，董事朱福寿、马良杰、马之庚、文传甫、张晓铁、李家、曹兴和、范仲出席会议，国务院国资委国有重点大型企业监事会主席王寿君、东风公司董事会秘书蔡玮等列席会议。

10月17至18日，东风公司召开首届董事会第二次会议。两次会议建立了东风公司董事会制度，审议通过公司章程，并批准呈报国务院国资委审批。东风公司按照现代企业制度要求和国资委具体要求，加快建立规范的董事会，充分发挥董事会和外部董事的作用，积极探索建设规范董事会与发挥党组织政治核心作用的有效途径，扎实推进董事会建设，建立健全董事会决策制度，规范决策流程，坚持集体决策、民主决策，有效防范风险，保证公司健康发展运行，为达成公司事业目标提供了又一坚强保障。

7月20日，东风公司首届董事会第一次会议在武汉召开。

东风公司对组织机构进行大调整

7月4日，东风公司在武汉召开干部大会，宣布对公司组织机构及领导分工进行调整。

7月4日，东风公司宣布对组织机构及领导分工进行调整，这是公司推进“十二五”发展战略的一项重大举措，也是公司自2003年以来对组织机构进行的最大一次调整。此次组织机构调整的主要内容是梳理、调整、补充公司总部现有机构和职能，将规划投资部更名为“战略规划部”，对运营管理部的职能进行调整、更名为经营管理部，新成立组织信息部、国际事业部、资本运营部(资产管理公司)、社会事业管理中心等。组织机构调整后，突出了东风总部在“十二五”期间战略定位——成为战略规划的决策中心、集团运营的管控中心、和谐东风的推进中心。在此基础上，公司对领导分工也作出了相应调整。公司原有的领导分工强调的是板块管理，调整后围绕“十二五”战略、经营重点，以业务模块和职能管理为主线，形成领导矩阵式管理。

东风公司加快“走出去”步伐

东风公司推进海外事业战略转型，构建有东风特色的海外事业运营模式，成立了国际事业部，公司海外事业战略职能得到进一步加强。积极研究海外事业总体规划，东风海外事业中期事业计划制定完成，按照“四个统一”原则，加快理顺公司各出口主体的关系，加速推进海外事业基地建设。10月21日，东风汽车俄罗斯有限公司成立。

东风公司以“四个统一”(即统一规划出口产品，统一谋划海外市场，统一树立海外形象，统一安排海外业务)的原则为指导，加快“走出去”步伐，实施国际化经营战略，加强对“走出去”战略的整体规划和战略布局。在加强对国际市场的研究、统筹好国际国内市场的战略安排的基础上，抓紧制定海外市场发展计划，助推海外事业不断加速。在加强对“走出去”战略整体规划和业务协同的同时，不断完善组织架构，理顺“走出去”的体制机制，加快国际化人才队伍的建设，整合资源，规范管理，明确职责，落实责任，为实现海外事业的战略转型、大踏步迈向国际市场、开展国际化经营打下基础。

10月21日，东风汽车俄罗斯有限公司成立。

反哺十堰基地取得突破性进展

4月28日，东风公司总经理朱福寿（左二）在东风活塞轴瓦有限公司调研。

东风公司把新事业支持老事业、整车带动零部件、新基地帮助老基地，作为一项重要工作来抓，在战略上优先考虑，在资金上优先投入，在项目上优先安排，在情感上优先关心，在资源上优先支持，反哺十堰基地取得突破性进展。

5月22日，东风公司召开重点帮扶东风活塞轴瓦有限公司项目督办工作推进会。5月26日，东风公司组织有关主机厂及整车企业，在东风活塞轴瓦有限公司召开重点帮扶工作专题会。8月29日，东风乘用车公司正式启动东风乘用车带动东风系零部件发展工作。10月28日，东风公司召开经营协同会，落实签订经营协同合作协议项目50项，发布经营协同项目100项。11月15日，东风公司召开东风大自主乘用车协同工作中期汇报会，大自主乘用车工作的组织体系和运行机制得以进一步确立和优化。11月27日，东风大商用车战略正式起航，标志着东风公司在商用车战场上将形成集团整体作战的态势。

东风公司推进“1+4”厂务公开民主管理新模式

东风公司面对改革发展的新任务和员工队伍的新变化，更加注重认真贯彻落实党的全心全意依靠工人阶级的指导方针，坚持发展和谐劳动关系、维护职工合法权益不动摇，在坚持职工代表大会制度的同时，结合合资公司特点，积极推行“四项制度”（即在合资公司实行总裁与工会主席定期会晤制度，总裁向职工代表定期通报制度，劳动管理情况通报协商会制度，劳动保护、安全生产、环境保护和职业健康情况通报协商会制度），并大力推进工资集体协商，开创“1+4”厂务公开民主管理新模式。

5月27日，全国机械冶金建材系统工资集体协商现场经验交流会在东风公司召开，会议重点推介了东风公司建立“四项制度”、推进工资集体协商、推动企业和谐发展的典型经验。新华社、《人民日报》、中央电视台、中央人民广播电台、《光明日报》和《工人日报》等21家国内主流媒体专程采访东风公司建立“四项制度”、推进工资集体协商工作的先进经验。

5月27日，全国机械冶金建材系统工资集体协商现场经验交流会在东风公司召开，会议重点推介了东风公司建立“四项制度”的典型经验。

友好往来

周强会见巴西政府访问团

4月15日，东风公司党委常委周强(左四)会见由巴西国会议员参议院秘书长西塞罗·卢西拉·希罗(左三)访问团一行。

4月15日，东风公司党委常委周强会见由巴西国会议员参议院秘书长西塞罗·卢西拉·希罗访问团一行。周强希望巴西相关企业与东风公司进一步加强联系，实现双方市场的互补和共赢。西塞罗·卢西拉·希罗表示，巴西政府将为东风公司在巴西的发展提供多方面的支持，并希望双方各自发挥优势，互相促进发展，实现共赢。

徐平会见伊朗SAIPA集团高层

5月16日，东风公司董事长、党委书记徐平，副总经理童东城，党委常委周强等领导在公司总部会见伊朗SAIPA集团高层和中国电器进出口有限公司的来宾，就加强双方的合作进行了会谈。

5月16日，东风公司董事长、党委书记徐平等会见伊朗SAIPA集团高层。

东风公司在德国慕尼黑举行高层次人才交流恳谈会

5月20日，东风公司在德国高科技企业云集的南方重镇慕尼黑举办海外高层次人才交流恳谈会。

5月20日，东风公司在德国高科技企业云集的南方重镇慕尼黑举办海外高层次人才交流恳谈会，与在德汽车相关行业工作的华人专业人士一起，就中国汽车工业发展和自主品牌建设等主题进行深入交流，并表达了与海外汽车业高端人才加强合作的愿望。东风公司副总经理李绍烛在恳谈会上介绍了公司40多年的发展历程和现状。他说，面向未来，东风公司主要面临自主创新和国际化发展问题，一方面要加速内生型人才的培养和壮大，另一方面要加强吸纳海外人才。

此次交流恳谈会由东风公司与德国华人汽车工程师协会合办，吸引了在德国汽车相关行业工作的50多名华人专业人士前来参加。他们与东风公司探讨了合作前景，还就振兴中国民族汽车工业积极建言献策。德国华人汽车工程师协会会员主要是供职于德国各大整车制造商、零部件供应商以及技术服务商的华人工程技术人员和其他相关从业人员。

童东城会见美国德纳公司CEO罗杰·伍德

6月3日，东风公司副总经理童东城会见来访的美国德纳公司CEO罗杰·伍德与亚太区总裁阿齐兹·阿加里。童东城对罗杰·伍德担任美国德纳CEO后首次访问东风公司表示欢迎，并介绍了东风公司的近期经营情况和中期发展目标。他说，东风公司与美国德纳以往的合作经历了一个很不平凡的历程，期待东风德纳车桥公司在双方股东的大力支持下创造出更好效益。罗杰·伍德说，通过会见，双方对彼此的了解更加具体和深入，期待双方未来的合作进一步深化，美国德纳将进一步加大对东风德纳车桥的支持力度。

6月3日，东风公司副总经理童东城(右)向来访的美国德纳公司CEO罗杰·伍德(左)赠送车模。

欧阳洁会见美国江森全球总裁狄贝杰

6月13日，美国江森自控有限公司全球总裁狄贝杰访问东风公司。公司副总经理欧阳洁与狄贝杰就东风公司与江森公司的战略发展和进一步合作进行深入探讨。座谈会上，欧阳洁说，江森是国际上一家有影响力的公司，东风公司一直致力于与江森的合作。几年前，东风公司在上海、广州分别与江森组建合资公司。东风公司希望江森继续给予合资公司在产品、设备等方面的大力支持，并与其在东风公司自主研发方面开展更大范围的合作。

狄贝杰表示，东风公司与国外汽车企业的合资项目品牌，江森都有涉及，这为双方开展更深层次合作提供了便利条件。虽然中西方在文化上有差异，但希望通过合作，共同研发既有特点、又有地方特色的汽车电子产品。

徐平、朱福寿会见志贺俊之

6月18日，东风公司董事长、党委书记徐平，总经理朱福寿与日产汽车公司首席运营官志贺俊之举行会谈，公司副总经理周文杰、东风有限总裁中村公泰等参加会谈。此前，志贺俊之还先后到郑州基地、襄阳基地和十堰基地调研。

6月18日，东风公司董事长、党委书记徐平（左三），总经理朱福寿（左四）与日产汽车公司首席运营官志贺俊之（右二）在东风总部举行会谈。

16日，志贺俊之参观了郑州日产中牟工厂、东风日产郑州新工厂，并与郑州市政府领导进行会谈。17日，志贺俊之来到襄阳基地，对东风股份在襄阳的两大制造单元汽车分公司和汽车二公司进行调研，并到东风日产襄阳工厂总装车间参观。18日，志贺俊之在十堰基地先后参观了东风模具冲压技术有限公司模具分公司、东风商用车车身厂、总装配厂和联合工厂，并在生产现场详细了解生产现场为提高生产效率所做的改善工作。在参观车身厂后，志贺俊之欣然题词“改革、发展、挑战”。在获悉总装配厂生产节拍大幅度提升后，志贺俊之以“最高品质，继续挑战一流制造厂”、中村公泰以“造高品质东风车，育高品位的人”勉励东风商用车总装配厂继续努力。

法国驻华大使馆经济财政公使衔参赞贝宇诺访问东风公司

6月30日，法国驻华大使馆经济财政公使衔参赞贝宇诺（右四）到东风公司访问，公司副总经理周文杰（右三）与贝宇诺等参观东风展示厅。

6月30日，法国驻华大使馆经济财政公使衔参赞贝宇诺到东风公司访问，公司副总经理周文杰与贝宇诺进行了深入会谈。贝宇诺说，中国经济发展十分迅速，从2010年9月来中国工作，就迫切想了解中国的经济现状和今后发展情况。东风公司是中国的优秀企业之一，希望通过对东风公司的历史和发展方向进行全面了解，从而更加真实全面地把握中国经济情况。周文杰说，经过多年的改革发展和对外合资合作，东风公司不仅在规模上发展壮大起来，更重要的是企业素质也有明显提高。从市场形势来看，今后汽车市场将面临更加激烈的竞争，东风公司将重视几方面工作：1. 加快技术创新能力，从制造型企业向创新型企业转型；2. 加快国际化的步伐，从理念、制度、人才和市场等方面强化国际化步伐；3. 提升品牌影响力，形成一套持之以恒的清晰品牌战略；4. 制定积极长远的人才战略。

朱福寿会见巴西客人

10月11日，东风公司总经理朱福寿会见巴西政府参议员、巴西全国交通联合会主席、奥瑞姆公司主要股东安德瑞一行。朱福寿希望双方进一步深化合作，将合作领域从商用车进一步拓展到乘用车等其他领域，实现战略性合作。公司党委常委周强、公司国际事业部部长潘成政参与会见。

朱福寿希望双方进一步加强了解，推动合作，实现双赢。会见结束时，朱福寿向安德瑞赠送了东风风神车模，并一同参观了东风产品展示厅。

10月11日，东风公司总经理朱福寿（左）与安德瑞（右）合影。

美国康明斯董事长苏志强考察东风康明斯

10月26日，由美国康明斯董事长兼首席执行官苏志强和副总裁曹思德率领的董事会和高管团队，对东风康明斯进行考察访问。襄阳市委副书记、市长别必雄，市委常委、市纪委书记虞国旗等会见了苏志强一行。东风康明斯总经理黄乃绪介绍了产品系列及区域规划情况，常务副总经理王宁从公司发展概况、组织管理机构设置、历年生产经营状况、行业地位以及未来五年的发展战略和规划等方面作了专题汇报。康明斯董事会对东风康明斯近年来取得的发展成就表示赞赏，充分肯定了本年度在商用车市场领域存在诸多不确定因素情况下取得的优异成绩，对东风康明斯全体员工为康明斯中国区发展事业作出的贡献表示感谢。

康明斯董事会及高管团队参观了东、西区装配试验车间和西区ISD机加生产线，还专程到5万台机加能力提升项目试验和L缸体车间实地考察。

朱福寿会见博世亚太区总裁

11月1日，东风公司总经理朱福寿在公司总部会见来访的博世亚太区总裁瑞世轲一行。朱福寿希望双方以开放性的思维，寻求更多更深的合作项目与合作机会。双方还就下年度中国车市的环境、商用车柴油共轨系统与新能源汽车开发等问题进行探讨。

朱福寿说，感谢博世对东风公司的支持以及为中国汽车工业作出的贡献。东风公司在“十二五”期间将向500万辆目标进军，希望双方用开放性的思维，在动力总成、关键零部件、核心技术及汽车研发等方面探寻合作模式。

11月1日，东风公司总经理朱福寿(右)在公司总部会见来访的博世亚太区总裁瑞世轲(左)一行，并向其赠送车模。

范仲会见韩国和台湾地区客人

12月11日，东风公司党委副书记、工会主席范仲会见来访的现代集团前副总裁、韩国B&T公司CEO金正一，台湾地区工商建设研究会教授唐力行和现代汽车代表Mr. Kim. Young等。

范仲在座谈中说，新能源汽车是当今世界普遍追求并必须要涉足的一个领域，东风公司在此领域已有十几年的探索研究，在中国的“863”计划中，每一期都有东风公司的研究项目列入其中。他表示，东风公司对开发新能源汽车十分重视，希望能与来访的企业加强交流与合作。金正一介绍了B&T公司致力于电动车开发与研究的相关情况，并希望与东风公司在这一领域进行合作。

大事记

DFM

1 月

6日 东风公司携旗下的东风乘用车公司、东风有限、神龙公司、东风本田、东风悦达起亚和东风裕隆等在北京联合举行媒体答谢会。公司党委副书记范仲、副总经理欧阳洁和纪委书记马良杰等出席会议。新华社、《人民日报》、中央人民广播电台、中央电视台、《经济日报》和《光明日报》等百余家国内主流媒体参会。

11日 国家科学技术协会下发《关于表彰全国优秀科技工作者的决定》，东风公司技术中心主任黄佳腾和东风有限商用车技术中心中心长蒋鸣获“全国优秀科技工作者”称号。“全国优秀科技工作者”评选活动每两年举行一次，此称号为终身荣誉。

12日 在新浪网主办的评选活动中，经网友评选、职业车手专业测试、专家评委深度驾车和资深网友试车等多个环节，东风雪铁龙C5获“新浪2011年度中高级车”殊荣。

15日 航天科工集团二院和部队专项项目组访问东风公司，与公司党委常委、纪委书记马良杰就军品合作事项进行了深入探讨。

▲ 在广东省召开的劳动用工守法优秀企业颁奖大会暨和谐劳动关系峰会上，东风日产乘用车公司被授予“广东省劳动用工守法标杆企业”称号。

17日 东风风神H30 2011款在全国上市。实现时尚前瞻、性能全面、舒适完美三大超越和15项改进提升的风神H30 2011款增值增配不增价，1.6MT尊雅型7.58万元，1.6AT尊雅型8.38万元，1.6MT尊贵型8.38万元，1.6AT 尊贵型9.48万元，1.6电子导航型9.98万元。

18日 在广东省和谐劳动关系先进企业表彰大会上，东风日产乘用车公司被授予“广东省和谐劳动关系先进企业”称号。

▲ 东风本田获湖北省企业精神文明建设“杰出贡献单位”称号。此次评选由湖北省大型企业精神文明建设研究会举办，共评选出精神文明建设“十大杰出贡献单位”和“十大杰出贡献人物”。

▲ 东风公司携旗下东风乘用车公司、东风有限、神龙公司、东风本田、东风悦达起亚和东风裕隆等单位在武汉联合举行媒体恳谈会和答谢会。新华社、《经济日报》、《光明日报》、中央人民广播电台、中央电视台等中央媒体驻汉机构，《湖北日报》、湖北广播电视总台等湖北省内主流媒体和《香港商报》、《香港大公报》等香港媒体驻汉机构参会。

20日 东风乘用车公司与NBA正式签署合作协议，成为长期市场合作伙伴，东风风神也成为NBA在中国的官方用车。

24日 湖北省委常委、组织部部长侯长安率考察组访问东风公司。公司董事长、党委书记徐平与侯长安就企业领导班子建设、企业党组织建设和海外高层次人才建设等进行深入交流。侯长安一行还参观了神龙公司、东风本田以及混合动力电动公交车、风神S30混合动力轿车和奥丁纯电动汽车等东风新能源汽车。

29日 东风公司在十堰基地分别举办司局级离退休干部迎春团拜会和公司咨询委老领导迎春茶话会。公司领导徐平、童东城、范仲、欧阳洁、朱福寿、孙长海等出席团拜会，向离退休干部和老领导致以新春祝福。

2 月

11日 由神龙公司东风雪铁龙冠名赞助的“2011年中国羽毛球俱乐部超级联赛”新闻发布会在广州举行。国家体育总局乒羽中心主任、中国羽毛球协会副主席兼秘书长刘凤岩，国家体育总局乒羽中心副主任、中国羽毛球协会副主席、国家羽毛球队总教练李永波和羽坛世界冠军林丹等出席了新闻发布会。

14日 东风标致408凭借“大•从容”的产品理念，获得“2010CCTV中国年度中级车型”大奖。此次活动由中央电视台财经频道、中国汽车技术研究中心等多家权威机构共同主办。

▲ 东风公司被湖北省授予2010年度“安全生产红旗单位”称号，东风有限、东风本田和神龙公司被授予“安全生产先进单位”称号。

16日 东风商用车车身厂长头车驾驶室产品（军品除外）停产，这标志着车身厂新一轮产品结构调整完成。长头车驾驶室停产，是东风商用车公司优化产品结构，提升东风天龙、天锦等新品生产能力的重大举措。

▲ 解放军总后勤部政委刘源上将在郑州市委书记连维良的陪同下参观东风日产郑州工厂，并察看了郑州日产的各款车型。

18日 在2011年度全国科技工作会议上，东风电动车辆股份有限公司总经理信继欣获“‘十一五’国家科技计划执行突出贡献奖”。

21日 东风公司团委举行年度总结表彰暨青年立功竞赛行动计划发布大会，表彰了东风公司共青团系统各类先进集体和个人。会上，东风公司团委发布主题为“青春献东风，建功‘十二五’”的青年立功竞赛行动计划，神龙公司团委等单位在大会上作经验交流。

23日 湖北省“两会”会务工作用车交付仪式在武汉举行，东风乘用车公司副总经理李春荣向湖北省交付40辆2011款东风风神S30“金钥匙”。

26日 在湖北省总工会、湖北省科学技术厅联合举办的第二届职工技术创新成果评选活动中，装备公司刃量具厂梁海的“一种薄壁金属支板”获一等奖，东风电子科技股份有限公司米清平的“制作‘清平刀夹’，减少磨刀时间”和装备公司刃量具厂肖述治的“设备管理BS系统软件开发”获三等奖。

27日 在国家发改委、工信部和财政部公布的第五批《节能产品惠民工程》节能汽车推广目录中，东风公司共有24款车入选。至此，东风公司共有54款车被列入国家节能汽车推广目录。

28日 在由中国机械工业联合会和中国机械工业职工思想政治工作研究会主办的全国机械行业文明单位表彰大会上，东风公司获2007—2010年度“全国机械行业文明单位”和“全国机械行业企业文化建设先进单位”称号，公司党委副书记范仲获“全国机械行业优秀思想政治工作者”称号。

3 月

1日 武汉市委常委冯记春到东风股份考察纯电动汽车项目，详细察看并试乘全新款纯电动汽车，切身体验其乘坐环境和行驶特点，并听取了纯电动汽车的电池续航里程、充电时间、整车设计和生产等情况。双方就纯电动汽车发展的政府政策导向、配套设施建立等问题进行深入探讨。

2日 东风公司与中石化湖北公司战略合作座谈会在十堰基地召开，会议就进一步推动东风公司各板块和专业厂以及子公司加强和规范汽油、柴油、润滑油的采购等相关问题进行了沟通和交流。

3日 全国人大代表、东风公司董事长、党委书记徐平启程，赴京参加第十一届全国人民代表大会第四次会议。

5日 东风公司与中国航天科工集团公司二院在武汉联合召开Y20项目底盘方案评审会。评审组听取了东风公司所作的“Y20项目”底盘方案报告，一致同意该方案通过评审，并转入工程设计阶段。“Y20项目”旨在为中国航天科工集团相关产品提供专用底盘。该项目由东风公司科技部牵头，技术中心负责研发，东风（十堰）实业公司负责生产。

6日 东风（十堰）林泓汽车配套有限公司新工厂奠基仪式在十堰市张湾万亩工业园举行。这标志着东风（十堰）林泓汽车配套有限公司改制工作圆满完成，林泓公司事业发展迈向新阶段。

7日 在法国巴黎卢浮宫举行的标致服务质量奖颁奖仪式上，来自东风标致的刘庄（四川申蓉泓翰

4S店总经理)和张建(无锡京汽4S店集团副总裁)代表获奖网点领取该项服务质量奖。

9日 由东风股份自主研发的具有自主知识产权的高端轻卡东风凯普特N300全国首发。东风凯普特N300是在充分消化吸收日产高端轻卡凯普斯达技术平台的基础上,结合中国客户的使用习惯和审美观念推出的凯普斯达"中国版"。

▲ 新爱丽舍2011款在全国上市。在外观、内饰、配置全面升级的基础上,新爱丽舍2011款增配不增价,此款车市场指导价为:1.6升科技型手动挡售价7.38万元,1.6升科技型自动挡售价为8.48万元,1.6升尊贵型手动挡售价为8.28万元。

▲ 作为充分诠释东风本田"安、环、省、乐"理念的经典之作CIVIC(思域)精致升华版全新上市。CIVIC(思域)精致升华版加装换挡拨片、定速巡航、方向盘音响控制按钮、6碟CD播放器以及排气管装饰罩五大配置,1.8升之王的性价比优势再度升级。

10日 东风公司、共青团中央和中国青年创业就业基金会在湖北省恩施市举行"东风公司帮扶大学生村官专项基金项目"启动仪式。以此为标志,在全国500个县实施的东风公司帮扶大学生村官专项基金项目全面推开。

12日 东风本田举行CR-V全国SUV销量总冠军、湖北省SUV保有量冠军媒体发布会,并开展"荣膺双冠王感恩行动",推出到店礼和CR-V试驾礼等活动。

16日 东风有限举办首期职业化国际化管理论坛,其主旨是分享知识、启迪思想、改善管理、共创价值。论坛作为交流的平台,主要探讨管理中的热点和难点问题,探索创新工作方法,达到改善管理、创造价值的目的。

▲ 东风悦达起亚在上海举办全新中高级轿车K5上市会。此次共推出2.0升和2.4升两个排量七款车型,每款均有八种车身颜色供选择,价格区间为15.98万元至24.98万元。

▲ 国内首款救灾水净化多功能车在东风专用汽车有限公司问世,该车由东风专汽与深圳基亚环保公司合作开发,填补了国内救灾应急水净化车的生产空白,以解决灾害发生后灾民、救援人员暂时饮水困难。

21日 东风日产继2009年获"广东省最佳雇主企业"、2010年获"广东省十大和谐企业"之后,2011年又被授予"广东省雇主责任示范企业"称号。

22日 东风公司董事长、党委书记徐平会见到访的中国汽车工业协会常务副会长兼秘书长董扬一行。徐平说,中国汽车工业协会在协助政府服务管理汽车行业、反映企业呼声、搭建对外交流平台等方面做了大量工作,得到社会各界的肯定和赞誉。董扬介绍了中国汽车工业协会2010年工作情况和2011年工作设想,对东风公司近年来取得的可喜成果给予高度评价。

▲ 东风公司董事长、党委书记徐平和副总经理童东城会见国家电网公司党组成员、副总经理杨庆一行,就加快华中区智能充换电服务网络建设、推动电动汽车产业协调发展等问题达成共识。

24日 国家人力资源与社会保障部党组成员、纪检组长袁彦鹏一行访问东风公司。东风公司副总经理李绍烛介绍了东风公司概况、自主创新、产销和研发情况、"十一五"经营业绩和"十二五"总体发展思路。

▲ 东风公司董事长、党委书记徐平和党委常委朱福寿会见来访的襄阳市委书记李新华,市委副书记、代市长别必雄一行。徐平向襄阳市委、市政府新任领导班子表示祝贺,并对襄阳市在东风事业发展过程中长期给予的支持表示感谢。

25日 上海弗列加滤清器有限公司武汉工厂土地投资签约仪式在武汉经济技术开发区管委会举行。该项目投产后,将年产滤清器1800万只。项目总建筑面积达2.7万平方米,投资总额为3亿元,主要从事空气滤清器、高清燃油滤清器、轻轿液滤和油气分离器等产品的开发、生产和销售。项目于2015年达产后可实现年销售收入7亿元以上。

27日 2010年度武汉十大科技创新系列奖项揭晓,神龙公司获"武汉十大科技创新突出贡献奖"。评奖活动由武汉市总工会、武汉企联企协等十家单位联合发起,旨在鼓励全社会更加重视自主创新、尊重科技人才和促进武汉经济社会实现和谐发展。

29日 在"技高一筹·艺展全球"为主题的东风日产第五届售后服务技能大赛决赛上,由东风日产全国400多家专营店决出的16名技师参加了底盘故障、电器故障、综合故障和发动机故障诊断四项实操比赛,东风日产北京东风南方首汽专营店的张新占获得总冠军,16名选手全部被聘请为东风日产特聘讲师，并荣膺“金牌技师”称号。

30日　神龙公司中期事业“5A”计划的先导性工程——三大系列六款全新发动机项目在神龙公司襄阳工厂开工建设。此举标志着到2015年，一个规划年产120万台新一代高品质汽车发动机的生产基地，将矗立于襄阳国家高新技术汽车产业园，成为引领未来汽车动力技术发展的战略高地。

4 月

1日　东风公司总部大楼太阳能并网发电系统正式运行。据相关负责人介绍，系统于3月1日试运行以来，铺设在公司总部大楼和综合站房屋顶的953块、共计2060平方米的柔性太阳能电池板已累计发电超过10000度。该太阳能系统总装机容量为129KWp，年平均发电量为122000度，每年可节约电费10万余元，是武汉基地的第二个太阳能发电项目。

▲　东风有限召开2010年度知识产权工作暨表彰大会，对2010年度知识产权工作进行总结并表彰相关专利项目和优秀组织单位。2010年共申请专利444件，同比增幅30%；当年共取得授权专利270件，同比增长27%，其中授权发明专利11件；认证公司级专有技术150件，其中绝密级专有技术83件。

▲　东风零部件集团正式启动“市场年”主题活动，以四大提升行动（“M4提升行动”）进一步巩固和延续上年度“质量年”活动成果，进一步适应市场需要，推进各个领域从生产经营型向市场经营型的市场化转变。

▲　由湖北省棋牌运动管理中心、湖北省桥牌协会举办的桥牌等级赛在武汉鸣金，东风公司队夺得公开组甲级队冠军。东风股份队夺得公开组乙级队第一名，东风商用车（德纳）队以公开组乙级队第六名成绩保级。

8日上午　十堰市车城西路光明花园小区14号住宅楼突然发生爆燃事件，公司立即启动突发事件应急预案。受损严重的14号楼居民得到妥善安置，13号楼、15号楼的门窗已全部维修完毕，水、电、气供应恢复，居民生活正常。

12日　东风公司在武汉召开干部大会，公司董事长、党委书记徐平在会上宣布经中央批准、国务院下发的关于东风汽车公司总经理任命文件：国务院2011年4月5日决定，任命朱福寿为东风汽车公司总经理，试用期一年。

▲　东风零部件集团与东风商用车技术中心共同签署战略框架合作协议，旨在建立联络窗口，促进合作开发，共同推动东风零部件事业快速发展。协议内容主要为：全面提升产品的研发速度、产品开发质量和降低产品开发成本。

14日　中国主流媒体《汽车联盟》、《楚天都市报》、《潇湘晨报》、《北京晚报》、《广州日报》、《重庆晚报》等21家媒体走进东风本田，就东风Honda的环保理念、“有特色”企业的定位、市场布局、企业品牌与产品品牌等十多个话题与企业高层进行了交流。

15日　东风公司党委常委周强会见由巴西国会议员参议院秘书长西塞罗·卢西拉·希罗访问团一行。周强希望巴西相关企业与东风公司进一步加强联系，实现双方市场的互补和共赢。西塞罗·卢西拉·希罗表示，巴西政府将为东风在巴西的发展提供多方面的支持，并希望双方各自发挥优势，互相促进发展，实现共赢。

▲　首批42辆发往武汉和襄阳两地的东风福瑞卡W系列轻型商用车发车仪式在东风汽车部件厂举行，自此，东风福瑞卡已扩展至L、M、S、W四大系列。

▲　襄阳管理部圆满完成家属工、占地合同工的参保工作，30名符合参保条件的家属工、占地合同工全部缴费办理了养老保险手续，缴费率达100%。

17日　东风零部件集团拉开“扬帆130”中期事业计划与《企业文化行动纲领》宣贯行动序幕。公司号召全体员工：以“扬帆130”中期事业计划和《行动纲领》为向心力，化解前进道路上新的挑战和风险，持续保持昂扬向上的斗志和奋发有为的精神，做强做大东风零部件事业。

19日　东风公司举行“2011年上海国际车展媒体沟通会”，新华社、《光明日报》、《中国青年报》和《中国汽车报》等国内数十家主流媒体记者参会。东风公司总经理朱福寿向各媒体长期以来给予的关注和支持表示感谢。副总经理童东城、党委副书记范仲、副总经理周文杰和总经理助理蔡玮等出席媒体沟通会，并就媒体关注的问题进行广泛深入交流。

20日　中国机械工业联合会会长王瑞祥参观上海车展东风展台。他询问了东风展台的整体情况，并详细了解东风纯电动微轿EJ02和东风帅客纯电动车等东风新能源汽车的情况。

21日　东风日产召开“1501”战略规划发布会暨实施启动会。“1501”战略：到2015年具备150万辆整车、10万辆电动车、160万台发动机的产能，打造中国乘用车制造行业第一的竞争力，成为中国乘用车制造领域的领航者。

22日　全国政协副主席、国家科技部部长万钢在东风公司党委副书记范仲陪同下参观上海国际车展东风公司展台。

▲　在由北京大学管理案例研究中心和《经济观察报》共同主办的“走向伟大企业——‘中国最受尊敬企业十年’颁奖典礼”上，东风日产等25家企业上榜。

26日　东风公司召开劳动模范座谈会，党委常委周强指出，要在全公司大力弘扬劳模精神，充分发挥工人阶级主力军作用。会上，全国劳模王涛、黄华、刘军荣等12名先进代表就如何发挥劳模带头作用、促进公司又好又快发展进行了座谈交流。

27日　东风公司党委下发《关于开展党风廉政建设宣传教育月活动的通知》（以下简称《通知》）。《通知》指出，5至6月，东风公司拟组织开展以“践行以人为本，促进廉洁从业”为主题的第15次“党风廉政建设宣传教育月”活动。

30日　东风公司与十堰市在车城宾馆就“三城联创”工作举行高层会谈，东风公司专务副总经理、十堰管理部主任孙长海表示，做好“三城联创”不仅是十堰的大事，也是东风公司必须做好的工作，有责任配合十堰市实现既定目标。

5　月

4日　东风商用车铸造二厂HWS静压造型线竣工投产，标志着“服役”24年的GF线正式退出历史舞台。这是铸造二厂迄今为止最具现代化的一条自动造型线，班产铸件450箱以上，日产铸件可达1000箱，预计年产铸件达4万吨，生产效率提高15%。

▲　国家科学技术部、国务院国资委和中华全国总工会命名：东风公司等154家企业为第三批创新型企业。创新型企业是指拥有自主知识产权的核心技术、知名品牌，具有良好的创新管理和文化，整体技术水平在同行业居于先进地位，在市场竞争中具有优势和持续发展能力的企业。

5日　浙江省省长吕祖善到东风裕隆参观调研，参观了发动机车间展厅、总装车间和冲压车间，并试乘刚刚下线的纳智捷LUXGEN7 SUV、纯电动汽车（EV），详细询问了车辆的结构、产品特色以及安全性能。

▲　东风公司在武汉召开人力资源中期事业计划发布会暨人事部长例会。大会发布了公司2011—2015年的人力资源中期事业计划，明确了“2211目标”人力资源战略。公司副总经理李绍烛出席会议并讲话。

▲　在由中国汽车工业协会、中国汽车工程学会、中国汽车报社等联合举办的第九届中国汽车创新论坛暨腾飞之路——中国汽车行业十年发展成就盛典上，东风商用车公司、东风日产、东风本田等单位获“中国汽车十年影响力整车企业品牌”称号；东风康明斯、东风朝柴获“中国汽车十年影响力发动机企业品牌”称号；东风天龙、东风霸龙507获“中国汽车十年经典商用车”称号；东风本田CR-V获“中国汽车十年经典乘用车”称号；东风公司总经理助理、东风日产副总经理任勇、东风本田执行副总经理陈斌波获“中国汽车十年影响力营销人物”称号；东风技术中心主任黄佳腾获“中国汽车十年影响力科技人物”称号。

6日　东风公司人才中期发展规划重点课题Workshop研讨会在武汉召开。会议采用Workshop研讨形式，围绕“大力培养造就国际化人才”、“完善公司骨干人才中长期激励体系”和“着力培养高技能人才”三个课题开展研讨。

▲　东风零部件集团与蔡甸区人民政府签订投资协议。根据协议，东风零部件投资10.5亿元，在蔡甸区建武汉工业园，重点发展乘用车零部件、汽车电子类业务和新能源汽车零部件。项目分两期建设，一期用地面积计划为630亩（1亩约667平方米，下同），整体规划，分项实施，主要从事紧固件、悬架弹性元件、冷却风扇总成、摇窗系统、车门铰链及门锁、被动安全系统等产品的开发、生产和销售，计划总投资10.5亿元，总建筑面积14万平方米，预计2至3年基本建成，达产后将实现年销售收入20亿元。一期第一个子项目为东风汽车紧固件有限公司乘用车紧

10日　东风日产郑州工厂举行5万辆整车下线仪式。

13日　美国江森自控有限公司全球总裁狄贝杰访问东风公司，公司副总经理欧阳洁与狄贝杰进行会谈，双方就东风公司与江森公司的战略发展及进一步合作进行了深入探讨。

14日　东风公司党员向舟曲受灾党员群众捐款捐赠仪式在甘肃舟曲县县政府大楼前举行，党委副书记范仲将凝聚东风公司全体党员爱心和牵挂的3139528.2元捐款交到舟曲县县长迭目江腾手中，用于支持舟曲灾区党组织建设、基层党组织党员活动室和党员教育设备等设施建设投入。

16日　由《湖北日报》、《楚天金报》联合新浪网发起的首届湖北省汽车品牌口碑调查活动结束。东风本田品牌在舒适性(86.9分)、油耗(69.5分)、故障率(82.6分)三个方面的得分，皆位居所有合资品牌的榜首。

18日　武汉东本储运有限公司召开第一次党员大会。东风公司党委副书记范仲为中共武汉东本储运有限公司委员会授牌。

21日　从中华全国总工会办公厅传来喜讯，东风公司工会获评“会员评议职工之家示范单位”称号，成为湖北省唯一获此殊荣的基层工会。

23日　东风公司在武汉召开加快实施“走出去”战略工作推进会，董事长、党委书记徐平在会上指出，按照科学发展观要求，实施“走出去”战略是东风公司“十二五”期间落实加快转变发展方式的重要举措，必须加快步伐，全力推进。

▲　在第六届企业社会责任国际论坛暨“2010金蜜蜂企业社会责任·中国榜”发布典礼上，东风公司获“金蜜蜂·领袖型企业”大奖。“金蜜蜂企业社会责任·中国榜”是《WTO经济导刊》(由中华人民共和国商务部主管的期刊)为促进中国企业社会责任的发展，于2007年创意并推出的针对中国企业的社会责任评估、评选活动，每年以榜单形式公布履行社会责任的优秀中国企业，迄今已连续发布三届。

24日　神龙公司与武汉理工大学签署“共建人才联合培养基地协议书”，双方就培养基地联合培养车辆工程领域全日制硕士专业研究生方案的相关事宜进行了沟通与交流。

▲　在由湖北省机冶建材轻纺燃化烟草财贸工会发起，武汉钢铁集团公司、东风公司等19家常委单位联合举办的庆祝建党90周年湖北产业系统职工文艺展演中，由十堰管理部工会精心编排的歌伴舞《为你喝彩》、舞蹈《荷之韵》、舞蹈《鼓舞东风话新篇》3个节目，以较强的思想性、艺术性和现场感染力，在参赛的53个节目中获得一等奖。

▲　由东风公司承担的“混合动力客车用机电耦合动力传动装置关键技术开发”、“东风大马力液化天然气发动机开发”和“东风混合动力客车大规模产业化产品技术”三项课题，通过国家“863”计划节能与新能源汽车重大项目办公室和国家科技风险开发事业中心验收。

25日　“第三届中国企业创新活动日暨2011(第十一届)中国企业创新论坛”在北京人民大会堂河南厅隆重开幕。公司董事长、党委书记徐平被授予“2011中国企业最具创新力十大领军人物”称号。本次活动由中国生产力学会、创新中国企业联盟和中国生产力学会创新推进委员会共同发起并组织。

29日　在国务院国资委庆祝建党90周年中央企业“一先两优”表彰大会上，东风公司一批先进基层党组织、优秀共产党员、优秀党务工作者受到表彰。

▲　湖北省庆祝中国共产党成立90周年大会在武昌洪山礼堂举行，东风公司被授予“湖北省党建工作先进单位”称号，公司党委副书记范仲在大会上作交流发言。

30日　法国驻华大使馆经济财政公使衔参赞贝宇诺到东风公司访问，公司副总经理周文杰与贝宇诺进行深入会谈。

7月

2日　东风公司召开“十二五”人才发展规划高层Workshop研讨会，副总经理李绍烛在研讨会上指出，公司人才发展规划要紧紧把握公司未来发展重点，围绕公司“十二五”战略发展目标，加快吸引、集聚和培养一大批人才和创新团队，形成强大人才优势。

4日　东风乘用车公司召开干部大会，东风公司总经理朱福寿宣布任免决定：李绍烛同志因工作变动不再兼任东风乘用车公司总经理，刘卫东同志接任东风乘用车公司总经理。公司董事长、党委书记徐平，副总经理李绍烛、刘卫东等出席大会。

5日　在法国PSA集团举行的首届“卓越管理体系奖”颁奖晚会上，神龙公司“供应商精益管理现场辅导——武汉鑫赛尔项目”，从PSA集团全球500多个参评项目中脱颖而出，获得“卓越管理体系奖”（质量类第二名）

▲　韩国现代威亚株式会社CEO林兴秀到东风股份访问，双方就如何在东风御风相关零配件领域开展合作、促进双方发展深入交换意见，在一定范围内达成共识，并签署《战略合作备忘录》。

6日　东风日产举行新骐达上市欢庆会。新一代TIIDA包含两大系列，分别为采用HR16DE发动机的新一代TIIDA骐达，包括三个级别五款车型；采用MR16 DIG TURBO涡轮增压发动机的新一代TIIDA GTS，包括两个级别四款车型。

7日　神龙公司和武汉理工大学联合举行插电式混合动力乘用车产学研技术交流会，并正式启动联合研发工作。校企双方表示，将进一步加强沟通和技术交流，并尽快完善相关技术方案，为插电式混合动力联合研发及后续运用产、学、研模式开发产品工作奠定坚实的基础。

10日　东风标致508上市发布会在杭州国际会议中心隆重举行。

11日　东风公司在武汉召开“和谐东风•颂歌献党”职工文艺汇演总结表彰大会。由东风商用车公司表演的舞蹈《送红军》等11个节目获表演一等奖，东风零部件集团选送的诗朗诵《镣铐下的玫瑰》等4个节目获创作一等奖，东风有限、襄阳管理部、神龙公司和东风日产获“优秀组织单位”称号。

12日　东风公司召开2011年上海国际车展总结表彰暨武汉国际车展启动会，总结上海国际车展情况，通报武汉国际车展参展方案。东风公司党委副书记范仲出席会议并为获得上海国际车展的先进集体和个人颁奖。

13日　美国德纳公司（DANA）增持东风德纳车桥有限公司（DDAC）业务股权，这标志着双方经过6年合作后，实现50:50对等股权结构。

15日　东风有限举办的第二期职业化国际化管理论坛在装备公司设备制造厂举行。装备公司设备制造厂厂长蔡士龙、东风锻造有限公司总经理夏世维就“如何面向市场和客户，整合内部资源，打造企业核心竞争力”的主题进行管理经验交流。

16日　东风股份第180万辆轻型商用车下线。

20日　由全球顶尖汽车设计大师彼得•希瑞尔专为中国年轻消费者精心设计、东风悦达起亚倾情制造的精品家轿 K2在成都正式上市。作为起亚汽车在中国实现全球首发的首款车型，K2共推出1.4升MT、1.4升AT和1.6升AT两个排量的7款车型。

25日　东风公司“第三版应急预案发布暨东风应急预警短信平台开通”仪式在武汉举行。公司总经理朱福寿在会上强调，加强应急预案管理是在当前复杂多变、开放多元的新形势下一项必不可少的工作，是公司核心竞争力水平的具体表现，必须高度重视，认真执行。

25日　东风本田汽车有限公司第100万辆整车暨第50万辆CR-V正式下线。

26日　土耳其TEMSA集团首席执行官Tamer Unlu访问东风公司，公司（党委）办公室副主任郭涛、国际业务部副部长苏维彬与Tamer Unlu就业务合作展开深入探讨。土耳其TEMSA集团除生产客车外，还生产工程、建筑机械以及轿车等产品，是土耳其最大的客车制造商。

▲　东风有限发布第三个中期事业计划——2011—2015年“新中期事业计划”：到2015年，在中国投资500亿元，销售汽车由100万辆扩大到230万辆，销售网络由1400家扩充到2400家。

▲　在北京军区某部，东风公司和总装通用装备保障部共同举办“东风猛士服务国防万里行”活动，东风公司党委副书记、工会主席范仲出席首发仪式。

8 月

5日　在第八届中国汽车营销首脑风暴峰会上，东风风神H30 CROSS获中国市场学会颁发的“2011中国汽车产品价值创新奖”；东风乘用车公司副总经理柳玉春当选为中国市场学会汽车营销专家委员会委员。

8日　东风公司与十堰市政府就“61行动计划”举行高层会谈。双方围绕东风公司十堰基地项目建作两部分。

▲ 东风日产风神襄阳汽车公司举行第40万辆新天籁下线暨楼兰量产庆典仪式。

20至21日 德纳全球副董事长Gary Convis到东风德纳车桥公司总部及所属工厂进行工作考察。在听取汇报后，参观考察了东风德纳车桥襄阳工厂、十堰工厂和十堰部件厂，详细了解工厂生产、设备、物流、生产布局等方面情况，并对工厂生产管理中的改善成果给予积极评价。

21至23日 东风公司和法国PSA集团高层在神龙公司举行研讨会，就中国汽车市场及汽车造型演变方向、新能源汽车发展、产品规划和产品质量等相关专题展开深入研讨和系统分析，以进一步促进神龙公司“5A”中期事业计划的深入推进和未来的战略发展。

23日 中国机械行业主题宣传活动报告会在北京隆重举行。在本次大会上，东风公司获“装备中国功勋企业”称号，公司董事长、党委书记徐平获“装备中国功勋企业家”称号。

▲ 由全国党建研究会国有企业党建研究专业委员会、中央企业“创先争优”活动领导小组办公室联合主办的学习贯彻胡锦涛总书记“七一”重要讲话精神暨“创先争优”理论研讨会在山西潞安集团召开，由东风公司党委撰写的《深化基层党支部“创先争优”活动的探索与实践》论文获评优秀成果奖，公司课题组完成的《党管干部原则在中外合资公司的实践》获一等奖。

27日 在东风公司“十二五”企业文化建设指导意见发布会暨“东风精神家园网站”正式开通并与国资委网站链接。该网站由东风公司党委工作部组织东风汽车报社、东风通信等单位设计制作，共分为《走进东风》、《东风文化》等八个主要板块。

▲ 东风公司开展“为民服务创先争优”活动推进会在汉召开。公司董事长、党委书记徐平强调“为民服务创先争优”活动是下一阶段“创先争优”工作的重点和主题，公司要按照中央的统一要求，根据实际情况，设计活动载体，搭建活动平台，丰富活动内容，做到“三亮、三比、三评”，即亮标准、亮身份、亮承诺，比技能、比作风、比业绩，群众评议、党员互评、领导点评。

28日 东风公司职业教育培训中心揭牌，这标志着东风公司高级技工学校和东风公司汽车工业学校整合工作顺利完成，也标志着公司职业教育培训进入新的发展阶段。公司董事长、党委书记徐平，总经理朱福寿，副总经理李绍烛，党委常委周强分别为公司职业教育培训中心成立题词。

29日 湖北省委副书记、省长王国生一行到东风公司十堰基地视察正式全面投产的东风商用车公司重卡新工厂和东风(十堰)实业公司龙门工业园。王国生对东风公司近年来取得的成绩给予充分肯定，对公司十堰基地焕发出的勃勃生机表示赞扬，并对公司十堰基地的发展前景充满信心。

▲ 东风公司在十堰隆重举行东风•十堰新基地暨商用车动力总成新工厂奠基仪式。湖北省委副书记、省长王国生出席仪式并宣布东风•十堰新基地暨商用车动力总成新工厂开工建设。主要项目有：商用车重卡新工厂项目、动力总成项目、零部件及装备业务结构调整和技术升级项目、经济型商用车项目、龙门沟工业园项目、特种商用车及越野车项目、东风小康微型发动机和整车能力建设项目，以及十堰管理部实施的相关能源、交通配套服务项目等。

30日 东风(十堰)实业公司龙门工业园竣工投产仪式在十堰市白浪开发区隆重举行。东风公司总经理朱福寿希望东风(十堰)实业公司以龙门工业园竣工投产为契机，主动适应市场竞争需要，发挥优势，努力成为东风公司有活力、有特色的经营板块。龙门工业园一期工程包括商用车驾驶室和传动系统、东风特汽专用车和东风特汽客车四个全新工厂，占地1164亩，总投资7.5亿元。

▲ 东风裕隆纳智捷大7 SUV正式上市。五款车型价格分别是：新创型(2.0T/2WD)18.8万元、新创型(2.2T/2WD)19.7万元、智慧型(2.2T/2WD)21.78万元、智尊型(2.2T/4WD)23.98万元、旗舰型(2.2T/4WD)26.8万元，共有法瓷白、宝石黑、星砂银和铂金橙四种颜色供消费者选择。

▲ 东风鸿泰武汉控股集团有限公司与延锋彼欧汽车外饰系统有限公司汽车外饰项目合资合同签字仪式在武汉举行。根据合资协议，延锋彼欧与东风鸿泰共同出资9000万元，在武汉市成立一家新的合资经营企业——东风彼欧汽车外饰系统有限公司。

10 月

7日　“第八届湖北·武汉台湾周”在武昌洪山宾馆开幕，海峡两岸800多位知名人士和企业家参加开幕式。东风公司总经理朱福寿应邀出席开幕仪式，并在“2011鄂台产业合作与发展论坛”上发表主题演讲。他希望在未来发展中，东风公司与台湾工商界进一步加强联系，增进了解，携手合作，实现双赢。

8日　东风悦达起亚最新一代“都市拓界车”——2012款狮跑在全国范围内同步上市。此次改款涉及狮跑全系车型，升级后官方指导价格依然维持15.98万元至19.68万元。截至当年9月，上市近4年的狮跑国内市场销量已突破19万辆，成为名副其实的主流畅销车型。

11日　东风公司总经理朱福寿、党委常委周强在公司总部会见来访的巴西政府参议员、巴西全国交通联合会主席、奥瑞姆公司主要股东安德瑞一行。朱福寿希望东风公司与巴西未来能进一步深化合作，将合作领域从商用车领域进一步拓展到乘用车等其他领域，实现战略性的合作。

13日　主题为“与世界为缘”的2011首届全球汽车媒体峰会在成都举行。峰会由中国国际贸易促进委员会汽车行业委员会与网易汽车联合主办，寰球汽车传媒和欧多瑞汽车研究机构作为战略合作协办，共吸引中国汽车主流企业高层与中国及全球近百家主流汽车媒体参与，共同探讨国际视野下中国汽车的发展之路。东风公司总经理朱福寿应邀出席峰会并作主题演讲。

14日　《东风汽车公司“616”工程对口支援恩施市环卫设施设备建设项目框架协议》签字仪式在恩施市举行。按照协议，深圳东风汽车有限公司在低于全国同类产品最低价的基础上，为恩施市按三年分期付款、免息方式供应总额不低于5000万元的环卫设施设备，助力恩施市环卫设施设备的改造升级。

▲　东风公司“万亩生态林碳平衡基地”项目启动仪式在恩施举行。公司党委常委周强在启动仪式上指出，“万亩生态林碳平衡基地”项目落户恩施，是东风公司节能减排工作的一次新尝试，将带动更多企业关注环境保护、降低碳排放。该项目由东风股份负责具体运作，项目总规划10000亩将对第一期规划建设的1000亩集中连片厚朴（中草药名）示范基地给予一定的经济援助。

15日　由东风日产冠名赞助的清华大学——东风日产中国制造业、物流业CEO高峰论坛、“东风日产杯”清华IE亮剑全国工业工程应用案例大赛暨庆祝清华大学工业工程系建系10周年大会在清华大学举行。东风日产派出广州风神、郑州工厂、襄阳工厂和东风日产发动机分公司组成的代表团参加整个活动和学术交流。

16日　东风公司董事长、党委书记徐平，公司总经理朱福寿会见广州市委副书记、市长万庆良一行，双方就进一步加强合作进行深入会谈。徐平表示，双方未来合作将进一步深化，希望广州市继续大力支持东风事业的发展。

18日　东风康明斯东亚研发中心二期扩建工程庆典隆重举行。扩建后的二期工程累计达22个测试台架，具备欧Ⅵ和非道路第四阶段排放测试和新能源动力、噪声振动、冷启动、发电机组测试等行业领先能力。

19日　在北京举行的2011年中国“卓越雇主——最适宜工作的公司”颁奖仪式上，东风日产获本年度“中国卓越雇主”的奖杯和奖牌。此次颁奖典礼由《财富》杂志与韬睿惠悦共同举办，来自20家卓越雇主公司的CEO、人事总监齐聚颁奖现场。

▲　武汉东风李尔云鹤汽车座椅有限公司投资合同签字暨东风李尔技术中心、李尔中国商用车座椅研发中心、东风股份商品研发院汽车座椅开发研究所揭牌仪式在汉举行。

20日　高品质风尚中级车东风标致308在上海上市。本次上市车型分为1.6升和2.0升两种排量，按不同配置分为优尚型、风尚型以及尊尚型共7款车型，售价10.39万元至14.19万元。车身共有5种颜色：新波尔多红、莱茵灰、水晶银、碳晶黑和白色。

▲　东风有限在莫斯科举行东风汽车俄罗斯有限公司成立仪式，主要负责东风有限在俄罗斯市场的汽车产品认证、市场研究、信息咨询和协调销售等经营业务。

21日　在日本横滨举行的2011年暨第十一届国际质量管理小组大会上，神龙公司襄阳工厂“鲲鹏QC小组”、武汉二厂“风驰QC小组”的质量管理QC成果，在与来自14个国家和地区182个QC成果的角逐中脱颖而出，双双获组委会授予的最高奖“国际质量卓越奖”称号。

▲ 国务院国资委国有重点大型企业监事会主席王寿君、熊志军率国资委监事会工作人员，在东风公司总经理朱福寿、副总经理欧阳洁和总经理助理蔡玮等陪同下，到十堰基地、襄阳基地调研。一同参观了东风商用车重卡新工厂，听取了东风商用车的生产经营情况。他们此行即专题调研东风公司艰苦创业和开拓创新的历程。

24日 东风(十堰)实业公司与康明斯排放处理系统(中国)有限公司“汽车后处理系统项目合资合作意向书”签字仪式在武汉举行。该项目是对应东风商用车公司国Ⅳ、国Ⅴ产品，从东风大协同、东风大商用车战略出发，选择东风(十堰)实业公司为承接平台，满足国内政策法规以及适应东风商用车进军海外需求而实施的重大战略项目。

▲ 东风日产郑州60万台发动机工厂奠基、20万辆产能扩建完成暨第10万辆整车下线仪式在郑州经济技术开发区举行。河南省委副书记、省长郭庚茂，东风公司董事长、党委书记徐平，总经理朱福寿出席仪式并为60万台发动机工厂奠基，郭庚茂和徐平共同为东风日产郑州工厂第10万辆整车下线揭幕。

26日 神龙鸿泰汽车销售有限公司获“中央企业青年文明号”揭牌、东风鸿泰汽车销售公司4S店“三先三最”公开承诺宣誓仪式在武汉举行。东风公司党委副书记、工会主席范仲出席仪式，他要求参加宣誓的4S店牢记并践行承诺，努力推动“创先争优”活动取得实效。

▲ 由美国康明斯董事长兼首席执行官苏志强和副总裁曹思德率领的董事会和高管团队，对东风康明斯考察访问。东风康明斯总经理黄乃绪介绍了产品系列及区域规划情况，常务副总经理王宁从公司发展概况、组织管理机构设置、历年生产经营状况、行业地位以及未来五年的发展战略和规划等方面作了专题汇报。

▲ 东风(十堰)实业公司发布《企业文化手册》。《手册》共分为文化轨迹、文化理念、文化理念体系图、管理文化、行为准则、行动方略六部分，旨在促进东风实业员工形成高度的文化自觉并培育共赢未来的文化软实力。

▲ 第十二届中国(湖北·武汉)国际汽车工业展览会在武汉国际博览中心开幕。东风公司在本届车展上以企业经营理念“关怀每一个人、关爱每一部车”为参展主题，携旗下13家企业共98辆整车，以强大阵容亮相车展，全面展示公司整体形象。

27日 东风乘用车公司与中国主流媒体汽车联盟沟通座谈会在武汉举行。该公司副总经理柳玉春出席座谈会，与《重庆晚报》、《大河报》、《楚天都市报》和《广州日报》等21家媒体代表进行座谈。

28日 东风公司举行“十二五”科技创新推进大会暨“十一五”优秀科技人员及科技项目表彰大会。黄佳腾、蒋鸣被授予东风公司“‘十一五’科技领军人物”称号，王云中等10人被授予“优秀科技人才”称号，“东风1.5吨级高机动性越野车的开发”等15个项目被授予“优秀科技项目”称号，并有26个科研项目被确立为东风公司“十二五”科技创新重大战略项目(第一批)。

27至29日 “2011中国国际农业机械展览会”在河南郑州国际会展中心举行。东风股份携旗下的多利卡、福瑞卡、皮卡、微车和工程车等具有竞争优势的多品系汽车产品，以及东风井关插秧、播种两款新品农业机械参展。

28至30日 “2011中国(澳门)国际汽车博览会”在澳门隆重举行。东风公司携东风猛士、东风风神S30、东风风神H30、东风风神H30 CROSS、东风纳智捷大7 SUV、东风小康V27、郑州日产帅克和东风风行景逸LV八款自主品牌汽车产品亮相车展。

30日 东风股份与山东凯马汽车制造有限公司共同出资组建的山东东风凯马车辆有限公司正式挂牌成立。合资公司成立后，东风公司和山东凯马将在品牌、技术、产品、成本管理、销售网络等方面开展合作，生产“东风”皮卡产品、工程车及SUV系列产品。当日，山东东风凯马母公司之一的山东凯马20万辆汽车项目竣工投产，该项目总投资18.3亿元，年设计生产能力20万辆。

31日 在全国工会“创先争优”暨推进工会组建工作视频会议上，东风公司工会被全国总工会授予“全国企业工会工作红旗单位”称号，全国获此殊荣的企业工会仅有十家。公司党委副书记、工会主席范仲在北京主会场参加会议并领奖。

▲ 湖北省人民政府与东风公司共建湖北汽车

工业学院协议签字仪式在武汉举行，湖北省副省长郭生练和东风公司总经理朱福寿分别代表双方在共建汽车工业学院协议上签字。此次共建旨在推进湖北汽车工业学院改革发展，更好地满足湖北汽车产业发展对高级专门人才的需求，促进科技成果产业化，为湖北省经济社会发展作出更大贡献。

11 月

1日　东风公司总经理朱福寿会见来访的博世亚太区总裁瑞世轲一行。朱福寿希望双方以开放性的思维，寻求更多更深的合作项目与合作机会。双方还就下年度中国车市的环境、商用车柴油共轨系统与新能源汽车开发等问题进行探讨。

4至5日　原中共中央政治局常委、国务院副总理李岚清与夫人章素贞来到曾经工作过的东风公司，与干部员工、老同志和老专家亲切交谈。李岚清篆刻书法素描艺术展开幕式暨《我为大师画素描》新书首发式在湖北美术馆举行。

7日　美国李尔公司全球副总裁、亚太地区总裁唐庆丰一行在东风(十堰)实业公司总经理罗元红陪同下，到东风商用车重卡新工厂参观考察。参观中，东风商用车重卡新工厂厂长何杰向唐庆丰介绍了重卡生产线的生产流程和采用的先进技术。唐庆丰对重卡新工厂先进的工艺和人性化的设计表现出浓厚兴趣，对新工厂宽敞明亮的作业环境、先进的工艺设备以及车间的绿岛赞不绝口。

▲　J.D.Power公司发布2011年中国新车质量研究报告，东风日产的Tiida(颐达/骐达)蝉联冠军，另外两款主力车型轩逸和天籁分别夺得中型车细分市场和高端高档中型车细分市场的第三名。在公司总体成绩上，东风日产在45家汽车公司中位居第四位。

8日　东风悦达起亚2012款智跑在全国同步全“芯”上市。

10日　东风精密铸造有限公司投资的华东新工厂项目——东风精密铸造安徽有限公司奠基培土仪式在安徽省巢湖市经济技术开发区隆重举行。按照“整体规划、分期实施”的原则，华东项目首期工程将于2012年四季度投产。项目全部建成后，预期年销售收入达4亿元，创造年税收3000余万元，提供就业岗位1000余个，拉动产业链经济增长2亿元。

11日　主题为“十年创业，感恩有您；两化融合，智创未来”的武汉东浦信息技术有限公司成立十周年庆典在武汉隆重举行，国家工业和信息化部部长、党组书记、东风公司原总经理苗圩题词，鼓励东浦再接再厉，创造新的成就。

▲　东风公司总经理朱福寿在武汉会见来访的首钢总公司党委书记、董事长朱继民和总经理王青海一行，双方就积极加深了解、有序推进合作、促进共同发展进行座谈交流。

12日　国家工业和信息化部部长、党组书记苗圩到东风日产郑州基地调研。苗圩参观了郑州生产基地整车装配车间，听取了专题报告，对东风日产所取得的经营业绩给予肯定，并就增强汽车产业国际竞争力、汽车工业节能减排和新能源汽车发展等提出希望和要求。

▲　“东风汽车杯”首届全国企业网球赛在湖北省体育中心举行。此次比赛由中国企业体育协会和中国网球协会共同主办，由东风公司冠名赞助，湖北省网球协会承办。赛事分为企业团体赛和企业家双打比赛，共有来自全国各地的14家企业、6支团体赛代表队和20对企业家双打选手报名参赛。

13至14日　东风公司高级管理人员秋季轮训班(第一期)在武汉举行，公司总经理朱福寿为全体学员主讲《公司未来发展面临的挑战与风险》课程。公司副总经理李绍烛出席秋季轮训开班典礼并发表动员讲话。

14日　全国人大常委会副委员长路甬祥到东风公司视察，听取了总经理的工作汇报，并参观了东风公司部分节能与新能源汽车车型。

17日　全国政协副主席郑万通在湖北省政协主席、党组书记杨松和十堰市委书记陈天会等陪同下，参观了东风商用车总装配厂和新总装阵地。郑万通希望东风公司继续出车育人，生产出好的产品，培养先进典型，为国家经济建设作贡献。

22日　国家发展改革委产业协调司司长陈斌对东风公司技术中心扩建项目(乘用车研发)建设情况进行调研。技术中心主任方驰向调研组介绍了扩建项目(乘用车研发)进展情况以及东风公司技术中心研发能力建设概况。

24日　在中国企业文化研究会主办的中外企业

文化2011北京峰会上，东风公司董事长、党委书记徐平获“企业文化30年实践十大典范人物”称号；党委副书记、工会主席范仲和党委工作部部长陈郧获“全国企业文化建设2011年度先进工作者”称号；东风公司、东风日产乘用车公司、十堰管理部、神龙公司被评为“全国企业文化建设优秀单位”。

25日　在第十三届中国国际高新技术成果交易会上，东风朝阳柴油机有限责任公司技术中心被确认为第18批享受优惠政策的国家级企业技术中心。经过多年的科技投入与研发能力建设，公司技术中心已具备完备的开发和配套试验条件，各项软、硬件资源达到国际一流水平。

▲　东风越野车有限公司召开“东风猛士服务国防万里行”总结表彰大会，表彰活动中的优秀组织单位、服务标兵和先进个人。“东风猛士服务国防万里行”行程25800千米，检查、维修保养959辆东风猛士，开展47次技术培训，为部队培训操作人员1365人次。

在此前东风公司召开的“东风猛士服务国防万里行”总结表彰大会上，总经理朱福寿称此项活动是深入落实“军民融合式发展”战略思想的实际举措，是军企携手、续谱情谊的壮举。

27日　在“2011中国食品、农产品加工、流通与冷链产业年会”上，东风股份当选“优秀农产品流通冷链企业”。

29日　国家工商总局商标局向社会公布新近认定的2011年“中国驰名商标”350件，东风天龙荣登榜单。东风天龙作为中国商用车行业重型公路运输细分市场的领先品牌，成为首个成功入选“中国驰名商标”的商用车行业子品牌。

12 月

1日　中共东风日产乘用车公司郑州工厂委员会成立暨第一次党员大会在河南郑州隆重举行。会议选举产生了郑州工厂第一届党委委员和纪委委员，郑州工厂纪律检查委员会同时成立。

2日　在“第六届中国汽车二三级市场论坛暨2011年度百强巡展系列活动”颁奖典礼上，东风雪铁龙新爱丽舍获“最受欢迎经济型轿车品牌”大奖。

▲　在北京召开的“2011中国战略执行峰会”上，东风公司副总经理刘卫东发表题为《整合运用战略绩效体系和精益管理提升组织绩效》的演讲。

3日　日产新研发中心在郑州隆重奠基。此举标志着东风公司在郑州基地又添重要的研发阵地，郑州日产“双品牌”的研发能力将得到全方位提升。郑州日产新研发中心规划占地300亩，项目总投资2.8亿元，其中一期规划占地185亩，计划于2013年正式投入使用。

8日　日产与广州市花都区政府电动车示范运营交车仪式在广州举行。东风日产将15辆纯电动汽车聆风正式交付广州市花都区政府，并赠送两台快速充电器，这是广州市政府首次采用纯电动汽车进行示范运营。

9日　全国总工会传来消息：东风公司工会被中华全国总工会评为“2010年度市级工会财务工作先进单位”。公司工会已连续多年获此殊荣，并受到湖北省总工会的充分肯定。

10日　15名东风子弟肩负着十多万东风员工的殷切期望，履行保家卫国的神圣使命。新兵们表示，一定尽快适应部队的生活，努力把自己锻炼成一名思想政治好、军事素质高、作风纪律严的优秀士兵，为国防建设出力，为东风公司添彩。

▲　东风乘用车公司举行东风自主品牌年度百万辆汽车下线仪式暨东风自主品牌中期事业计划发布会。国家工业和信息化部部长、党组书记苗圩致信表示祝贺。

11日　东风公司党委副书记、工会主席范仲会见来访的现代集团前副总裁、韩国B&T公司CEO金正一、台湾地区工商建设研究会教授唐力行和现代汽车代表Mr.Kim.Young等。范仲表示，东风公司对开发新能源汽车十分重视，希望能与来访的企业加强交流与合作。金正一介绍了B&T公司致力于电动车开发与研究的相关情况，希望与东风公司在这一领域进行合作。

▲　贵州省黔西南自治州州长龙长春一行到东风公司十堰基地参观调研，公司副总经理李绍烛与龙长春进行了交流。龙长春一行参观了东风商用车公司总装配厂（西坪厂区），了解了东风商用车公司的发展概况。

12日　中央纪律委员会原常委祁培文一行在湖

北省纪委副书记吴琦，武汉经济技术开发区工委书记、管委会主任罗长刚陪同下访问东风公司。公司党委常委、纪委书记马良杰等与祁培文一行进行座谈交流。

▲ 由东风李尔汽车座椅有限公司（简称“东风李尔”）、广西方盛实业股份有限公司（简称“广西方盛实业”）和武汉新云鹤汽车座椅有限公司（简称“武汉新云鹤”），合资组建的柳州东风李尔方盛汽车座椅有限公司（以下简称“柳州东风李尔方盛”）投资合同签字仪式在广西柳州举行。根据协议，东风李尔、广西方盛实业和武汉新云鹤三方股东的股比分别占51%、29%、20%，合资公司将主要集中向东风公司在柳州市的关联企业供货。

13日 东风日产第四届销售精英大赛在广州花都体育馆闭幕。东风日产郑州威佳专营店销售顾问边莹、东风日产杭州和诚城北专营店销售科长方臣在20名参加决赛选手脱颖而出，分别获得冠亚军。

16日 华中科技大学同济医学院附属协和医院西区暨武汉经济技术开发区中心医院外科病房楼隆重奠基。外科病房楼总建筑面积7.4万平方米，大楼地上16层，地下两层，计划2015年投入使用。

19日 东风乘用车公司•日产•东风有限第十二次三方会议在东风日产总部召开，与会人员就东风自主品牌S15项目进展情况以及后续协作课题进行沟通交流，东风乘用车与东风有限还举行了零件供货合同签字仪式。

21日 东风零部件集团召开“质量提升活动”启动会，要求认真开展好ASES（联合供应商评价标准）监察评价工作，快速提升研发、采购、制造和售后服务等全价值链质量管理水平。

23日 东风公司副总经理童东城、周文杰分别会见来访的杭州市经信委副主任郝志毅一行。童东城和周文杰在会谈中说，东风公司在杭州市的东风裕隆和东风日产柴两个项目进展顺利，希望杭州市继续给予支持，双方携手，共同促进有关工作稳步推进。

24日 东风公司与中石化湖北石油分公司战略合作协议续签仪式在武汉举行。东风公司与中石化湖北石油分公司签订战略合作协议五年来，公司共采购汽柴油和煤油92930吨，采购额达6.63亿元，通过协同集中采购，共降低采购成本2064万元。

25日 东风轻型商用车营销有限公司成立。公司下设集团与专用车、多利卡、福瑞卡、凯普特四个事业部，业务范围包括：轻型商用车的销售以及东风集团旗下授权品牌的国内营销业务，东风集团品牌汽车租赁、交易业务，经批准的汽车保险代理业务。

27日 东风有限技术创新成果发布暨表彰大会在武汉召开。此前，东风有限对研发系统、制造系统和各事业部的163项技术成果进行遴选，共评审出一等奖2项，二等奖8项，三等奖21项，优秀奖50项。

27至28日 东风公司2011年度党建思想政治工作研究会年会暨企业文化研讨会在湖北嘉鱼县召开。公司董事长、党委书记徐平强调，党建思想政治工作是东风公司的一项传统优势，要继续围绕中心，切实发挥好政治核心作用，推动企业科学健康发展。

28日 由东风公司发起、湖北省商务厅主办的服务外经企业“走出去”高层对接会在武汉举行，湖北省、武汉市政府相关职能部门及省内各大中型国有企业海外事业单元主管领导出席会议。东风公司党委常委周强介绍了东风公司概况、产品结构、事业布局、研发能力、海外项目及市场销售等方面的信息，并对东风巴西项目推进情况及公司海外事业发展规划进行详细说明。

▲ 东风乘用车公司与东风集团零部件企业战略合作签约仪式在十堰隆重举行，东风伟世通汽车饰件系统有限公司、东风模具冲压技术有限公司等集团内10家零部件企业成为战略供应商，东风汽车紧固件有限公司等20家企业成为经营协同供应商。

29日 东风股份发布《DFAC内部控制手册》暨深入推进全面风险管理大会在武汉召开。东风公司副总经理童东城出席会议并为东风股份下属16个部门及单位颁发《DFAC内部控制手册》。

30日 上海弗列加滤清器有限公司武汉工厂项目奠基仪式在武汉经济技术开发区隆重举行。新工厂用地面积80.85亩，项目规模预计年产滤清器（芯）2000万只，其中一期土建工程和空滤芯生产线预计2012年12月建成、2013年4月正式投产。

（陈双枝）

东风公司概述

【概况】 2011年，东风公司经营保持稳健较快增长，加快自主发展、改革创新和经营协同步伐，实现“十二五”的良好开局，取得了行业领先的经营业绩。

东风公司产销高质量地跨上300万辆台阶。全年销售汽车305.87万辆，同比增长12.25%，增速高于行业9.8%，位居百万辆级企业第一，销售规模稳居行业第二。综合市场占有率达16.53%，比上年提高1.45%。

各项事业均衡发展。乘用车在各细分市场增速均高于行业，市场占有率均有所提升，SUV、MPV销量位居行业第一；商用车整体增幅优于行业，重卡、中卡销量位居行业第一。

经济效益再创历史新高。全年实现营业收入4070.87亿元，同比增长6.98%；实现利润309.13亿元（统计口径），同比增长5.98%；上缴税费372.2亿元，同比增长19.8%。国务院国资委考核指标全面完成。

【自主品牌事业与自主创新能力】 东风公司自主品牌汽车年度销量历史性跨上百万辆台阶，销售112.65万辆，同比增长4.74%，高于行业平均水平9%。自主品牌商用车竞争优势继续扩大，累计销量位居国内第一、全球第一。自主品牌乘用车加快发展，产品阵容进一步丰富，销量增速位居行业自主品牌乘用车销量前六家企业之首。自主品牌“乾”D300计划发布实施，自主品牌发展目标、路径和措施进一步明确。

东风公司进一步加大科技创新力度，加快提升自主创新能力。梳理了事关公司全局的重大科技创新战略课题，确定了“十二五”科技创新重大战略项目并付诸实施。继续加大科技攻关，2011年，东风公司有10个项目获“中国汽车工业科技进步奖”，申请专利900多项。着眼研发能力提升，对集团资源进行调整优化，完善了公司技术中心的组织体系，提升了技术中心全价值链的竞争力；对新能源汽车研发资源进行集中调整，增强了新能源汽车的研发实力。继续加强科技人才队伍建设，发布实施“十二五”人才发展规划，把科技人才队伍建设作为重中之重。公司入选国家“千人计划”9人，全年引进海外人才4人，公司被国家确立为“创新型企业”。

【经营协同战略全面展开】 着眼于发挥集团整体优势，东风公司加快推进经营协同，明确了协同的重点领域和重点课题，完善了协同的体制机制，积极营造良好的协同环境。

重点推进自主事业的协同发展。建立组织体系和工作机制，着力推进自主品牌乘用车在技术研发能力、商品平台、品牌和网络渠道、动力总成、新能源事业和海外事业6个领域的协同，并推进了商用车重点领域的13个协同课题。

进一步加强整车带动零部件、新事业反哺老基地力度。积极构建新老事业、整车与零部件的交流沟通机制，安排部署了整车对零部件、新事业对老基地的具体协同帮扶项目。整车及合资事业对零部件、装备等企业采购量、采购额进一步提高，扶持力度进一步加大。通过带动，公司十堰基地的零部件、装备等业务加快了产品结构和业务结构调整，市场竞争力逐步增强，发展振兴步伐进一步加快。

【改革调整深化】 东风公司董事会成立并运行，工作体制、制度体系基本完成构建，公司治理更加科学。立足增强集团管控力和对事业发展的支撑力，明确了集团总部“三个中心”定位，按照“五强化、五突出”的总体要求，完成对集团总部组织机构的全面调整。同时，展开对各项业务的改革调整：1. 推进主体业务的改革调整。加快中重型商用车业务的改革重组，提高中重型商用车业务的核心能力和国际化能力；对整车产能布局进行了局部调整优化。2. 推进非主体业务的改革调整，着眼于主体业务轻装上阵、做强做优，进一步明确了公司物流、检测、房地产和工厂设计等业务的集中调整和改革改制方向，并逐步推进。3. 推进大集体企业、辅业及有关企业的改革改制。按照中央要求，积极探索大集体企业的改革改制方案，完成了东风朝柴的改制。

东风公司进一步健全具有东风特色的绩效管理体系，完善绩效考评的动态调整机制，增强KPI指标设定的科学性、导向性。加强质量管理，公司民品、军品质量体系完成重构，并不断完善。全面风险管理、应急管理深入展开，各单位的风险防范、控制水平及应急能力得到不断提升。

【安全生产与节能减排】 强化安全生产管理，深化宣传教育和专项整治，加强建设项目“三同时”管理，从源头上提升本质安全水平。全年安全生产实现“五个杜绝”，安全事故明显减少，同比下降10.7%。节能减排工作以控制“三大指标”为中心，加强监督、检查和审计，推进落实重点单位、重点项目的责任。与2009年比，东风公司万元增加值能耗降低39.5%，COD、SO_2分别减排13.3%、28%，全面完成控制目标。

【和谐东风建设】 东风公司进一步优化社会事业管理职能。优化员工薪酬，完善员工社会保障体系，加大员工分享企业发展成果的力度。继续加大对困难员工的帮扶，加强对离退休老同志的关爱。

面对改革发展的新任务和员工队伍的新变化，东风公司切实加强和改进新形势下的员工群众工作，认真贯彻落实党的全心全意依靠工人阶级的指导方针，坚持发展和谐劳动关系、维护员工合法权益不动摇，不仅建立了民主沟通“四项制度”（总裁与工会主席定期会晤制度，总裁向员工代表定期通报制度，劳动管理情况通报协商会制度，劳动保护、安全生产、环境保护和职业健康情况通报协商会制度），而且大力推进工资集体协商。5月27日，全国机械冶金建材系统工资集体协商现场经验交流会在东风公司召开，会议重点推介了东风公司建立“四项制度”、推进工资集体协商和推动企业和谐发展的典型经验。新华社、《人民日报》、中央电视台、中央人民广播电台、《光明日报》和《工人日报》等21家国内主流媒体，专程前来采访东风公司建立“四项制度”、推进工资集体协商工作的先进经验。

东风公司积极履行社会责任，努力促进地方经济发展。认真落实援藏任务，继续加大了对恩施、丹江口、浠水等地的对口支援和帮扶，积极参加湖北省“三万”活动，公司“三万”活动工作组在全省1.8万多个工作组中被评为湖北省“三万”活动先进工作组。东风“帮扶大学生村官” 项目入选“2011中央优秀社会责任实践”。在东风公司统一指导下，各事业板块社会责任工作积极作为，公司负责任的企业公民形象得到进一步凸显。

【董事会建设规范】 4月18日，国务院国资委在湖北省武汉市召开东风公司建设规范董事会工作会议。此前，为给东风公司建设规范董事会做好准备，中组部、国务院国资委面向全球招聘东风公司总经理，4月12日，经中央和国务院批准，朱福寿出任东风公司总经理。

7月20日，东风公司在武汉召开首届董事会第一次会议，公司董事长、党委书记徐平主持会议，董事朱福寿、马良杰、马之庚、文传甫、张晓铁、李家、曹兴和、范仲出席了会议，国务院国资委国有重点大型企业监事会主席王寿君、东风公司董事会秘书蔡玮等列席会议；10月17至18日，东风公司召开首届董事会第二次会议。两次会议建立了东风公司董事会制度，审议通过了公司章程，并批准呈报国务院国资委审批。

【经营高质量跨越300万辆】 在“十二五”开局之年，东风公司不仅跑赢大市，产销更是节节飘红，成为逆势上扬的舞者，其中产能持续提升和新品迭出，是东风高质量跨越300万辆的重要支撑。全年公司各事业单元产能持续提升：东风·十堰新基地暨商用车动力总成新工厂奠基、东风商用车重卡新工厂投产、东风日产郑州工厂20万辆产能建设项目开工、东风日产郑州发动机工厂奠基、东风日产花都第二工厂竣工投产、神龙公司第三工厂奠基、东风新汽新工厂奠基、东风裕隆汽车有限公司正式投产、东风实业龙门工业园竣工投产、东风股份微车发动机项目落户常州、东风装备工业园动工、东风零部件武汉工业园奠基、郑州日产新研发中心奠基。

全年公司新品迭出：东风凯普特N300、东风悦达起亚K5、东风标致508、东风悦达起亚K2、东风日产楼兰、东风裕隆纳智捷大7 SUV、东风标致308陆续上市；东风裕隆首款客车"回归线"落户杭州，东风股份纯电动车EJ02正式载入国家公告目录，东风风神A60首度亮相，东风日产启辰D50揭开神秘面纱。

【"十二五"战略目标明确】 东风公司明确"十二五"发展目标，提出"十二五"做强做优、建设国内最强、国际一流汽车制造商的战略目标，确立了加快转变发展方式、加快自主发展步伐两项重点任务，提出全面提升公司国际竞争力、自主创新能力、国际化运营能力、人才竞争力、和谐发展能力"五方面能力"的要求。经营规模在高质量、可持续发展的基础上向500万辆迈进，经营质量保持行业领先，事业结构更加优化，改革开放迈出新的步伐，企业综合实力、自主创新能力、国际竞争力、可持续发展能力和抵御风险能力明显提高，企业更加和谐稳定，员工的物质文化生活水平普遍提高，把东风公司建设成为全体东风人引以为豪的物质、精神家园和广受社会尊重的魅力企业。

东风公司在布局2011年工作的基础上，放眼"十二五"发展，在科技创新、人才建设、海外事业和企业文化等方面全面发力。4月12日，东风公司2011年科技工作会主题为"科学发展、自主跨越，为'十二五'构建成为创新型企业而奋斗"。5月5日，东风公司发布2011年至2015年的人力资源中期事业计划。8月18日，东风公司"十二五"人才发展规划发布"1258"人才规划，对企业自主创新、人才队伍建设等工作进行详细规划。9月1日，东风公司推动海外事业战略转型。9月28日，东风公司发布"十二五"企业文化建设指导意见，对公司企业文化和党建工作给出指导意见。10月28日，东风公司发布"十二五"科技创新重大战略项目。

【反哺十堰基地取得突破性进展】 2011年，协同工作被纳入东风公司战略规划，公司推进协同的力度不断加大，各事业单元协同的自觉性、积极性不断提高，协同的体制机制进一步完善，协同的效果逐步显现。5月6日，神龙公司召开"2011年东风系统供应商战略发展研讨会"，旨在加大整车单元带动零部件单元、新基地帮助老基地的推进力度。在"十二五"时期，东风公司把新事业支持老事业、整车带动零部件、新基地帮助老基地，作为一项重要工作来抓。5月14日，东风公司召开2011年春季市场营销研讨会强调："要从协同的角度来研究如何构建东风营销体系、提升东风营销能力。"在公司的主导和引导下，不同层面的协同行动逐步铺开：10月28日，东风公司召开经营协同会，落实签订经营协同合作协议项目50项，发布经营协同项目100项。11月15日，东风公司召开东风大自主乘用车协同工作中期汇报会，大自主乘用车工作的组织体系和运行机制得以进一步确立和优化。11月27日，东风大商用车战略正式起航，标志着东风公司在商用车战场上将形成集团整体作战的态势。

与此同时，协同发展成为东风公司反哺十堰基地的重要载体：5月22日，东风公司召开重点帮扶东风活塞轴瓦公司项目督办工作推进会；5月26日，东风公司组织有关主机厂及整车企业，在东风活塞轴瓦有限公司召开重点帮扶工作专题会；8月29日，东风乘用车公司正式启动东风乘用车带动东风系零部件发展工作。在新一轮发展中，东风公司在保持新事业快速发展的同时，更加注重老基地的发展振兴，在战略上优先考虑，在资金上优先投入，在项目上优先安排，在情感上优先关心，在资源上优先支持，反哺十堰基地取得突破性进展。

【东风自主品牌年度百万辆汽车下线】 12月10日，东风自主品牌年度百万辆汽车下线仪式在东风乘用车公司厂区隆重举行。自主品牌汽车年度销售突破百万辆，是东风自主品牌事业发展的重要里程碑，是东风公司长期坚持自主创新和自主发展的重大成果。在东风自主品牌年度百万辆汽车下线仪式上，东风公司发布东风自主品牌"乾"D300中期事业计划：总体目标是，到2016年，东风自主品牌汽车年销量达300万辆；未来五年，将投资300亿元以上，用于自主品牌产能提升和商品投放。

【组织机构调整】 7月4日，东风公司宣布对组织机构及领导分工进行调整，这是东风公司推进"十二五”发展战略的一项重大举措，也是公司自2003年以来对组织机构进行的最大一次调整。此次组织机构调整的主要内容是梳理、调整、补充公司总部现有机构和职能，将规划投资部更名为战略规划部，对运营管理部的职能进行调整，更名为经营管理部，新成立组织信息部、国际事业部、资本运营部(资产管理公司)、社会事业管理中心等。组织机构调整后，突出了东风总部在“十二五”期间战略定位——成为战略规划的决策中心、集团运营的管控中心、和谐东风的推进中心。在此基础上，公司对领导分工也作出了相应的调整。公司原有的领导分工强调的是板块管理，调整后围绕“十二五”战略、经营重点，以业务模块和职能管理为主线，形成领导矩阵式管理。

【海外事业步伐加快】 东风公司推进海外事业战略转型，构建有东风特色的海外事业运营模式。成立了国际事业部，公司海外事业战略职能得到进一步加强；积极研究海外事业总体规划，东风海外事业中期事业计划制定完成；按照“四个统一”原则，加快理顺公司各出口主体的关系，加速推进海外事业基地建设。

2011年，东风公司出口继续呈现较快增长。全年出口汽车6.38万辆，同比增长34.94%，实现出口金额11.02亿美元，同比增长38.15%。

东风公司加强对“走出去”战略的整体规划和战略布局，加强对国际市场的研究，统筹好国际国内市场的战略安排，抓紧制定积极的海外市场发展计划，海外事业不断加速：2011年10月21日，东风汽车俄罗斯有限公司成立；1至11月，东风公司累计出口汽车57684辆，同比增长37.9%，累计出口总额达9.5亿美元，同比增长37.5%。

东风公司海外事业发展过程中，以“四个统一”(统一规划出口产品、统一谋划海外市场、统一树立海外形象、统一安排海外业务)的原则为指导，增强市场风险管控意识，在加速中稳步推进，确保海外事业的稳健发展。公司各板块和部门树立全局意识，根据实际寻找共识和共赢点，携手推动东风海外事业的进步，不断提升自身海外事业工作水平，形成有东风特色的海外事业模式。

【党群工作】 2011年，东风公司党委统一部署，在公司所属的150多个党委、1600多个党支部深入开展“创先争优”活动，高质量地完成党员公开承诺、领导点评、评比表彰等重点环节任务。整个活动组织有序，推进有力，主题鲜明，载体丰富，全员参与，齐争共创，党建工作对生产经营的引领力进一步增强。

3月28日，东风公司召开“创先争优”活动集中汇报点评会，公司董事长、党委书记徐平总结了公司一年多来开展“创先争优”活动积累的经验。6月29日，公司表彰了2010—2011年度五星级“四强”党支部、“四优”共产党员和优秀党务工作者。

9月27日，公司召开“为民服务创先争优”推进会，明确了“为民服务创先争优”活动是下一阶段“创先争优”工作的重点和主题。

12月2日，公司董事长、党委书记徐平一行深入东风品牌专营店对销售窗口“为民服务创先争优”工作进行调研。

(王 英)

东风公司组织机构图

董事会
监事会
董事会各委员会
总经理
党委书记
副总经理
党委常委、党委副书记、纪委书记、工会主席
总经理办公室
党委常委会
若干专业委员会
若干领导小组
军品事业工作平台
新能源汽车平台
其他非常设平台
社会事业管理中心
资本运营部（资产管理公司）
战略规划部
财务会计部
法律与证券事务部
科技开发部
审计部
经营管理部
组织信息部
国际业务部
人事（干部）部
公司办公室（党委办公室）
党委工作部企业文化部
监察部
纪律检查委员会
工会委员会
共青团委员会
党委组织部
设备招标办公室
东风汽车公司职业资格评价和劳动关系协调办公室
东风汽车公司乘用车公司（乘用车事业部）
东风汽车工程研究院
东风汽车公司技术中心
东风汽车公司十堰管理部
东风汽车公司襄阳管理部
东风汽车公司电视台（东风电视文化传媒公司）
东风汽车贸易公司
东风资产管理有限公司
东风裕隆汽车有限公司
东风小康汽车有限公司
东风汽车集团股份有限公司
东风鸿泰控股集团有限公司
东风朝阳柴油机有限责任公司
东风朝阳思益有限责任公司
东风车城物流股份有限公司
东风云南汽车有限公司
东风南充汽车有限公司
湖北东风电视文化传媒有限公司
东风悦达起亚汽车有限公司
东风设计研究院有限公司
东风嘉实多油品有限公司
东风李尔汽车座椅有限公司
东风（十堰）实业公司
东风汽车集团股份有限公司特种商用车公司
东风汽车集团股份有限公司技术中心
东风汽车集团股份有限公司乘用车公司
中国东风汽车工业进出口有限公司
东风汽车有限公司
神龙汽车有限公司
东风本田汽车有限公司
东风日产柴汽车有限公司
东风本田发动机有限公司
东风电动车辆股份有限公司
东风本田汽车零部件有限公司
本田汽车（中国）有限公司
东风汽车财务有限公司
东风日产汽车金融有限公司
东风汽车（武汉）招标咨询有限公司
东风日产乘用车公司
东风商用车公司
装备公司
东风汽车零部件（集团）有限公司
东风汽车股份有限公司
日产轻型商用车事业管理部

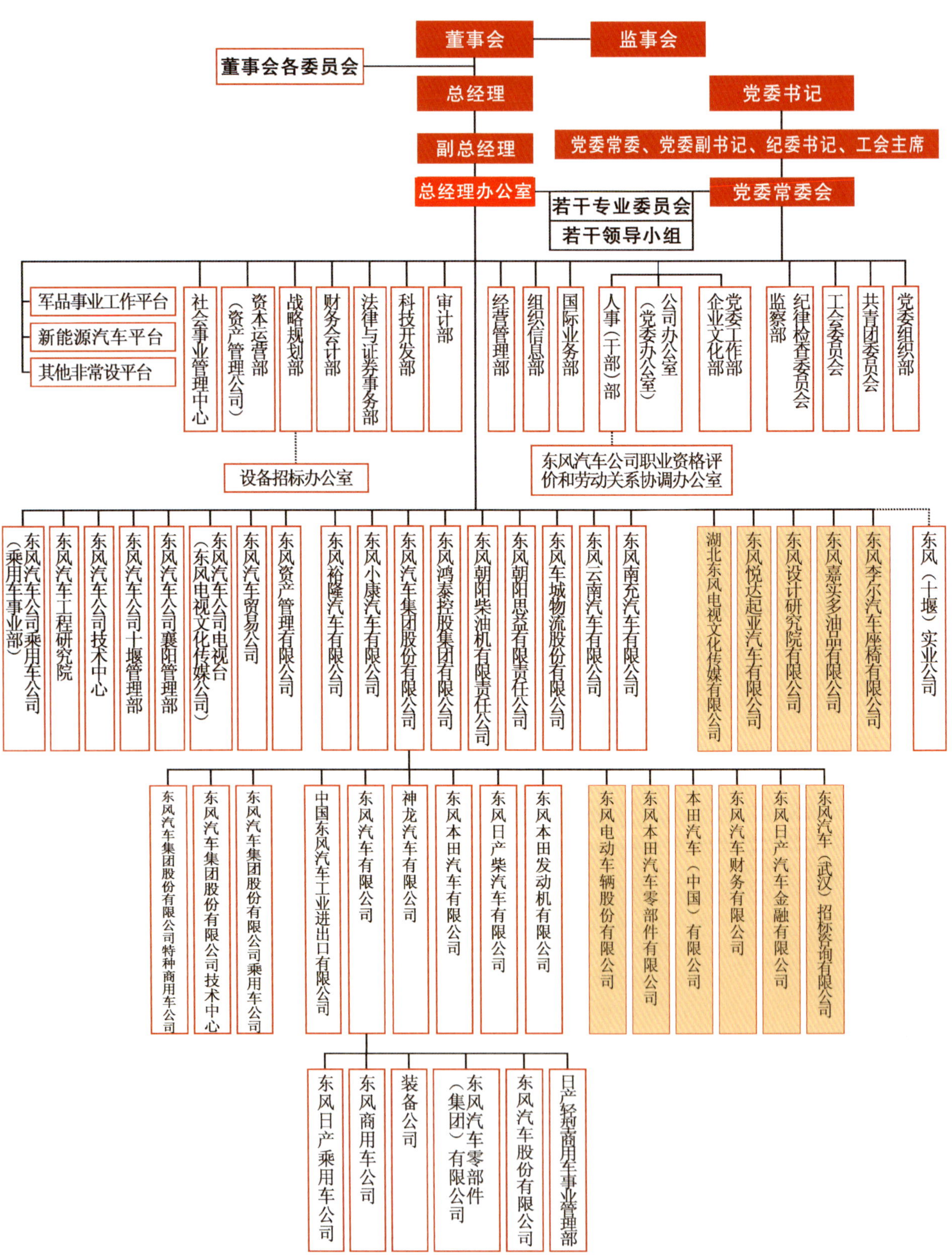

东风公司党组织框架图

东风汽车公司党委
（含属地共151个基层党委）
东风汽车有限公司党委（82个）
神龙汽车有限公司党委（9个）
东风本田汽车零部件有限公司党委
东风本田发动机有限公司党委
东风本田汽车有限公司党委
十堰管理部党委（15个）
襄阳管理部党委（3个）
东风（十堰）实业公司党委（15个）
东风设计研究院有限公司党委
东风汽车工程研究院党委
中国东风汽车工业进出口有限公司党委（2个）
东风汽车公司机关党委
东风特种商用车有限公司党委（3个）
东风汽车公司乘用车公司党委
东风裕隆汽车有限公司党委
东风小康汽车公司党委
东风鸿泰武汉控股集团有限公司党委
东风朝阳柴油机有限责任公司党委
东风朝阳思益有限责任公司党委
东风南充汽车有限公司党委
东风云南汽车有限公司党委
杭州东风日产柴汽车有限公司党委
东风有限商用车公司党委（21个）
东风有限乘用车公司党委（7个）
东风有限零部件事业部党委（18个）
东风汽车股份有限公司党委（11个）
东风有限装备公司党委（7个）
东风有限商用车研发中心党委
东风有限机关党委
东风有限驻武汉办事处党委
东风有限财务会计总部党委
东风有限驻北京办事处党委
东风有限驻上海办事处党委
深圳东风汽车有限公司党委
东风新疆汽车有限公司党委
东风柳州汽车有限公司党委
湖北神力锻造有限责任公司党委
东风传动轴有限公司苏汽配分公司党委
郑州东风日产有限公司党委

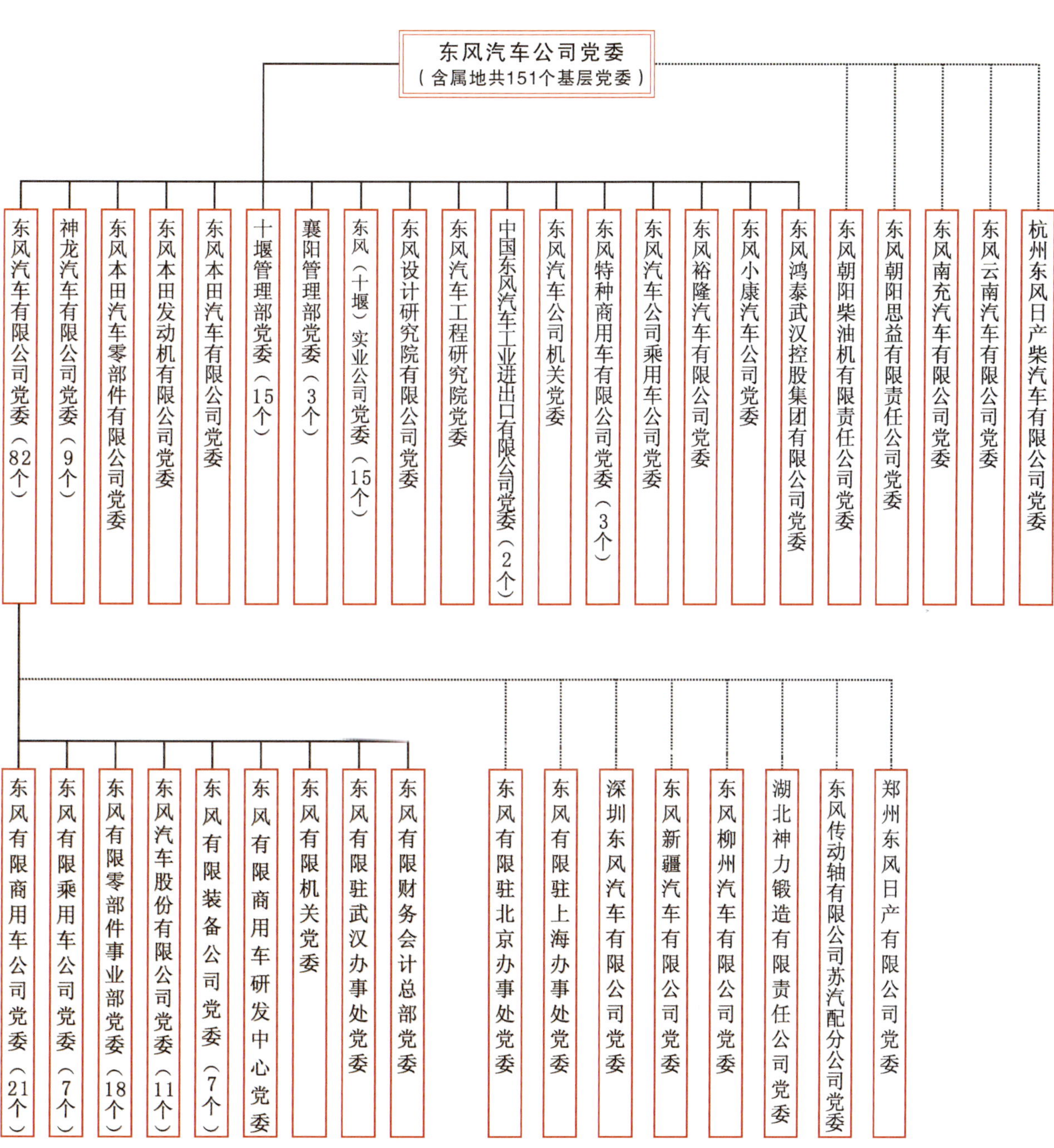

表 1

东风公司领导成员

姓　　名	任职情况
徐　平	董事长、党委书记
朱福寿	董事（2011 年 4 月任职）、总经理（2011 年 4 月任职）、党委常委、东风集团股份有限公司总裁
李绍烛	副总经理、党委常委
童东城	副总经理、党委常委
范　仲	职工董事（2011 年 7 月任职）、党委副书记、工会主席(2011 年 7 月任职）
欧阳洁	副总经理
刘卫东	副总经理、党委常委
周文杰	副总经理、党委常委
马良杰	董事、党委常委、纪委书记
周　强	党委常委
孙长海	2011 年 5 月退休，免去专务副总经理职务
蔡　玮	总经理助理兼董事会秘书（2011 年 7 月任职）
任　勇	总经理助理

表2

东风公司财务情况统计表(统计口径)

单位:万元

序号	指 标 名 称	2011年
1	年末资产合计	42401191
2	流动资产小计	27775267
3	其中:应收帐款	2550400
4	预付帐款	1093249
5	存货	2853453
6	其中:产成品	1578503
7	固定资产小计	14625924
8	固定资产原价	15237898
9	其中:生产经营用	8669803
10	累计折旧	4551562
11	其中:本年折旧	619582
12	固定资产净额	4228519
13	年末负债合计	26511970
14	流动负债小计	25558495
15	非流动负债小计	953475
16	年末所有者权益	15889221
17	去年年末所有者权益合计	14678184
18	实收资本	506744
19	其中:1.国家资本	506744
20	2.集体资本(集体股)	
21	3.法人资本	

单位:万元　　续　表

序号	指 标 名 称	2011年
22	4.个人资本(个人股)	
23	5.港、澳、台资本	
24	6.外商资本	
25	营业收入	40672043
26	营业成本	33095492
27	营业税金及附加	1058627
28	销售费用	1786919
29	管理费用	1725613
30	其中:税金	56806
31	财务费用	-80820
32	其中:利息支出	-41040
33	投资收益	1825323
34	营业利润	5056004
35	补贴收入	117302
36	利润总额(亏损为"—")	5263913
37	应交所得税	701464
38	工业中间投入合计	25347714
39	本年应交增值税	1204241
40	本年销项税	8534944
41	本年应付工资总额(贷方累计发生额)	961436
42	本年应付福利费总额(贷方累计发生额)	77113

(经营管理部提供)

表4

东风公司主要产品产销情况统计表

序号	产品名称	计量单位	2011年			
			生产量	销售量	其中：出口量	库存量
	乙	丙	1	3	4	5
一	**汽车总计**	**辆**	**3059129**	**3058620**	**64102**	**124487**
1	1.乘用车	辆	2339869	2329048	9915	76808
2	基本型	辆	1514657	1514512	3277	52270
3	MPV型	辆	145964	144390	2175	4994
4	SUV型	辆	433648	427093	109	15625
5	交叉型	辆	245600	243053	4354	3919
6	2.商用车	辆	719260	729572	54187	47679
7	客车	辆	5887	5862	5	347
8	货车	辆	408874	408666	47352	19517
9	半挂牵引车	辆	50539	55488	5242	6425
10	客车非完整车辆	辆	38778	38934	251	393
11	货车非完整车辆	辆	215182	220622	1337	20997
二	**改装车**	**辆**	**26530**	**27076**	**14**	**920**
1	1.自卸改装车	辆	13804	14061	1	550
2	2.牵引改装汽车	辆	32	32	—	—
3	3.客车（改装）	辆	5763	6067	3	176
4	4.厢式专用改装汽车	辆	1833	1814	—	28
5	5.罐式专用改装汽车	辆	752	750	10	39
6	6.起重举升式专用改装车	辆	7	7	—	—
7	7.仓栅式专用改装汽车	辆	2817	2832	—	53
8	9.专用自卸改装汽车	辆	278	270	—	39
三	**其他改装汽车**	**辆**	**1244**	**1243**	**—**	**35**
1	内燃机总计	台	2308138	2317331	—	41733
2	内燃机总计	万千瓦	24630	24286	—	775
3	合计中：汽车用内燃机	台	2308138	2317331	—	41733
4	合计中：汽车用内燃机	万千瓦	24630	24286	—	775
5	合计中：柴油机	台	429937	438692	—	16005
6	合计中：柴油机	万千瓦	5845	5494	—	572
7	汽油机	台	1869927	1870220	—	25152
8	汽油机	万千瓦	18698	18704	—	197
9	内燃机（商品量）合计	台	835086	842665	—	37842
10	内燃机（商品量）合计	万千瓦	9598	9236	—	733
11	合计中：汽车用内燃机	台	835086	842665	—	37842
12	合计中：汽车用内燃机	万千瓦	9598	9236	—	733
13	合计中：柴油机	台	393826	402581	—	16005

续 表

序号	产品名称	计量单位	2011年			
			生产量	销售量	其中：出口量	库存量
	乙	丙	1	3	4	5
14	合计中：柴油机	万千瓦	5275	4925	—	572
15	汽油机	台	432986	431665	—	21261
16	汽油机	万千瓦	4236	4223	—	155
四	**拖拉机、内燃机配件总计**	**万元**	**1300**	**1248**	—	—
五	**金属切削机床合计**	**台**	**209**	**206**	—	**27**
1	合计中：数控机床	台	19	22	—	9
2	其中：加工中心	台	19	22	—	9
3	大型机床	台	190	184	—	18
4	合计中：组合机床	台	192	179	—	27
5	其他机床	台	17	27	—	—
六	**量具**	**万件**	**2**	**2**	—	—
	其中：数显量具	万件	—	—	—	—
七	**刃具**	**万件**	**42**	**42**	—	**7**
八	**粉末冶金制品合计**	**吨**	**1015**	**1057**	—	**25**
1	合计中：铁基零件	万件	807	810	—	9
2	铁基零件	吨	1015	1057	—	25
九	**标准紧固件**	**万件**	**104250**	**104519**	—	**7495**
1	其中：高强度紧固件	万件	57835	57661	—	4019
2	不锈钢紧固件	万件	—	1	—	1
3	标准紧固件	吨	30139	30332	—	1348
4	其中：高强度紧固件	吨	15291	15379	—	598
5	不锈钢紧固件	吨	—	—	—	—
十	**模具合计**	**标准套**	**544**	**555**	—	**135**
	冲压模	标准套	544	555	—	135
十一	**汽车配件总计**	**万元**	**6294141**	**6331573**	**166753**	**194425**
1	活塞	万只	318	321	—	18
2	活塞环	万组	447	492	—	35
3	变速齿轮和轴	万只	—	—	—	—
4	钢板弹簧总成	万架	164	160	1	7
十二	**铸铁件**	**吨**	**181242**	**181747**	**838**	**7296**
	其中：商品量	吨	101765	102482	838	3738
十三	**铸钢件**	**吨**	**20792**	**20952**	**247**	**1324**
	其中：商品量	吨	20792	20952	247	1324
十四	**锻钢件合计**	**吨**	**101797**	**100163**	**1737**	**4188**
	其中：商品量	吨	101797	100163	1737	4188

（经营管理部提供）

表5

东风公司汽车

产品出口指标		东风商用车公司		东风股份		东风特种商用车公司		东风新疆公司		东风柳州公司		中国东风公司		东风乘用车公司		神龙公司	
		本期数	同期数	本期数	同期数	本期数	同期数	本期数	同期数	本期数	同期数	本期数	同期数	本期数	同期数	本期数	同期数
重型车	出口数量	1110.00	828.00	——	——	——	——	374.00	199.00	1188.00	717.00	122.00	190.00	——	——	——	——
	出口金额	3622.10	3304.92	——	——	——	——	1936.00	823.00	4545.21	2609.60	587.61	1177.83	——	——	——	——
中型车	出口数量	24.00	673.00	——	——	260.00	563.00	——	2.00	94.00	67.00	128.00	146.00	——	——	——	——
	出口金额	55.28	1323.20	——	——	362.89	759.62	——	5.00	217.33	122.66	251.91	233.34	——	——	——	——
轻型车	出口数量	——	——	11918.00	10079.00	——	——	——	——	——	——	0.00	65.00	——	——	——	——
	出口金额	——	——	14108.00	11912.00	——	——	——	——	——	——	0.00	35.42	——	——	——	——
货车非完整车辆	出口数量	1066.00	1039.00	——	——	——	——	——	2.00	——	80.00	——	——	——	——	——	——
	出口金额	3336.50	3382.64	——	——	——	——	——	7.00	——	347.38	——	——	——	——	——	——
半挂牵引车	出口数量	4845.00	4089.00	——	——	——	——	26.00	11.00	372.00	157.00	——	——	——	——	——	——
	出口金额	19536.85	16162.51	——	——	——	——	133.00	42.00	1332.21	532.45	——	——	——	——	——	——
客车非完整车辆	出口数量	——	——	201.00	411.00	——	——	——	——	——	——	——	——	——	——	——	——
	出口金额	——	——	463.00	707.00	——	——	——	——	——	——	——	——	——	——	——	——
客车	出口数量	——	——	0.00	1.00	——	——	——	——	——	——	277.00	114.00	——	——	——	——
	出口金额	——	——	0.00	1.80	——	——	——	——	——	——	686.96	254.55	——	——	——	——
乘用车	出口数量	——	——	2238.00	1130.00	——	——	——	——	46.00	212.00	——	20.00	——	——	3129.00	0.00
	出口金额	——	——	1884.00	1400.00	——	——	——	——	52.81	363.50	——	49.00	——	——	3043.37	0.00
微型车	出口数量	——	——	2585.00	1414.00	——	——	——	——	——	——	——	——	——	——	——	——
	出口金额	——	——	1211.00	603.00	——	——	——	——	——	——	——	——	——	——	——	——
挂车	出口数量	——	——	——	——	——	——	——	——	——	——	——	——	——	——	——	——
	出口金额	——	——	——	——	——	——	——	——	——	——	——	——	——	——	——	——
合计	出口数量	7045.00	6629.00	16942.00	13035.00	260.00	563.00	400.00	214.00	1700.00	1233.00	527.00	535.00	0.00	0.00	3129.00	0.00
	出口金额	26550.73	24173.27	17666.00	14623.80	362.89	759.62	2069.00	877.00	6147.56	3975.59	1526.48	1750.14	0.00	0.00	3043.37	0.00

出口统计表

（单位：辆、万美元）

东风小康公司		东风（十堰）实业公司		东风日产乘用车		随州专汽		东风本田		东风日产柴		深圳东风		合计			
本期数	同期数	本期数	同期数	本期数	同期数	本期数	同期数	本期数	同期数	本期数	同期数	本期数	同期数	本期数	同期数	增长（±%）	占比（%）
—	—	92.00	79.00	—	—	7.00	0.00	—	—	185.00	—	—	19.00	3078.00	2032.00	51.48	4.82
—	—	373.45	235.13	—	—	39.36	0.00	—	—	1389.53	—	—	79.80	12493.26	8230.28	51.80	16.81
—	—	786.00	1528.00	—	—	—	—	—	—	—	—	—	—	1292.00	2979.00	-56.63	2.02
—	—	1018.83	1801.91	—	—	—	—	—	—	—	—	—	—	1906.24	4245.73	-55.10	2.56
—	—	167.00	343.00	—	—	—	—	—	—	—	—	—	—	12085.00	10487.00	15.24	18.93
—	—	213.81	331.83	—	—	—	—	—	—	—	—	—	—	14321.81	12279.25	16.63	19.27
—	—	336.00	69.00	—	—	—	—	—	—	—	—	—	—	1402.00	1190.00	17.82	2.20
—	—	569.80	96.63	—	—	—	—	—	—	—	—	—	—	3906.30	3833.65	1.90	5.26
—	—	—	—	—	—	—	—	—	—	—	—	—	—	5243.00	4257.00	23.16	8.21
—	—	—	—	—	—	—	—	—	—	—	—	—	—	21002.06	16736.96	25.48	28.26
—	—	—	—	—	—	—	—	—	—	—	—	—	—	201.00	411.00	-51.09	0.32
—	—	—	—	—	—	—	—	—	—	—	—	—	—	463.00	707.00	-34.51	0.62
4535.00	3116.00	119.00	141.00	—	—	—	—	—	—	—	—	—	—	4931.00	3372.00	46.23	7.72
2355.00	1569.00	308.94	288.76	—	—	—	—	—	—	—	—	—	—	3350.90	2114.11	58.50	4.51
—	—	—	—	148.00	389.00	—	—	24.00	14.00	—	—	—	0.00	5585.00	1765.00	216.43	8.75
—	—	—	—	190.91	504.69	—	—	170.00	74.00	—	—	—	0.00	5341.09	2391.19	123.37	7.19
27432.00	19399.00	3.00	—	—	—	—	—	—	—	—	—	—	—	30020.00	20813.00	44.24	47.03
10321.00	7216.00	2.68	—	—	—	—	—	—	—	—	—	—	—	11534.68	7819.00	47.52	15.52
—	—	—	—	—	—	—	—	—	—	—	—	—	—	0.00	0.00	—	—
—	—	—	—	—	—	—	—	—	—	—	—	—	—	0.00	0.00	—	—
31967.00	22515.00	1503.00	2160.00	148.00	389.00	7.00	0.00	24.00	14.00	185.00	0.00	0.00	19.00	63837.00	47306.00	34.94	100.00
12676.00	8785.00	2487.51	2754.26	190.91	504.69	39.36	0.00	170.00	74.00	1389.53	0.00	0.00	79.80	74319.34	58357.17	27.35	100.00

（国际事业部提供）

表6

东风公司进出口总额统计表

（单位：万美元）

序号	单位名称	进出口总额			出口总额			汽车出口（辆）		
		本期累计	同期累计	增幅（±%）	本期累计	同期累计	增幅（±%）	本期	同期	增幅（±%）
1	东风汽车有限公司	293466.27	268705.48	9.21	70754.70	51087.76	38.50	26242	21519	21.95
2	神龙汽车有限公司	51983.10	45769.71	13.58	3534.10	824.71	328.53	3129	0	—
3	东风悦达起亚汽车有限公司	46519.73	30298.92	53.54	52.67	37.88	39.04	—	—	—
4	东风日产柴汽车有限公司	4339.04	3376.80	28.50	1389.53	0.00	—	185	0	—
5	东风特种商用车公司	783.92	1240.17	-36.79	783.92	1240.17	-36.79	260	563	-53.82
6	东风本田发动机有限公司	23641.00	25280.00	-6.48	678.00	697.00	-2.73	—	—	—
7	东风本田汽车有限公司	83250.92	83134.62	0.14	995.00	644.00	54.50	24	14	71.43
8	东风本田零部件有限公司	1930.38	1787.64	7.98	978.14	1091.42	-10.38	—	—	—
9	东风（十堰）实业公司	2836.63	2950.82	-3.87	2836.63	2950.82	-3.87	1503	2160	-30.42
10	东风乘用车公司	1190.09	0.00	—	0.00	0.00	—	—	—	—
11	东风小康汽车有限公司	12676.00	8785.00	44.29	12676.00	8785.00	44.29	31967	22515	41.98
12	中国东风汽车工业进出口公司	54262.19	43919.25	23.55	15505.77	12399.00	25.06	527	535	-1.50
湖北省内企业合计		—	—	—	—	—	—	—	—	—
武汉市内企业合计		—	—	—	—	—	—	—	—	—
东风汽车公司合计		576879.27	515248.41	11.96	110184.46	79757.76	38.15	63837	47306	34.94

（国际事业部提供）

表 7

东风公司进口商品结构统计表

（单位：万美元）

序号	单位名称	汽车及零部件			钢材			设备			其他			合计		
		本期	同期	增幅（±%）	本期	同期	增幅（±%）	本期	同期	增幅（±%）	本期	同期	增幅（±%）	本期	同期	增幅（±%）
1	东风汽车有限公司	204918.80	202784.70	1.05	564.60	756.33	-25.35	16422.12	13510.00	21.56	806.00	566.69	42.23	222711.52	217617.72	2.34
2	神龙汽车有限公司	43799.00	42068.00	4.11	—	—	—	4650.00	2878.00	61.57	—	—	—	48449.00	44946.00	7.79
3	东风悦达起亚汽车有限公司	43273.86	17799.48	143.12	—	—	—	3193.20	12461.56	-74.38	—	—	—	46467.06	30261.04	53.55
4	东风日产柴汽车有限公司	201.66	372.71	-45.89	—	—	—	—	—	—	—	—	—	201.66	372.71	-45.89
5	东风特种商用车公司	—	—	—	—	—	—	—	—	—	—	—	—	0.00	0.00	—
6	东风本田发动机有限公司	22207.00	24580.00	-9.65	—	—	—	756.00	3.00	25100.00	—	—	—	22963.00	24583.00	-6.59
7	东风本田汽车有限公司	76337.00	78842.00	-3.18	—	—	—	5918.80	3649.00	62.20	—	—	—	82255.80	82491.00	-0.29
8	东风本田零部件有限公司	952.24	696.22	36.77	—	—	—	—	—	—	—	—	—	952.24	696.22	36.77
9	东风（十堰）实业公司	—	—	—	—	—	—	—	—	—	—	—	—	0.00	0.00	—
10	东风乘用车公司	289.93	—	—	—	—	—	828.33	—	—	71.83	0.00	—	1190.09	0.00	—
11	东风小康汽车有限公司	—	—	—	—	—	—	—	—	—	—	—	—	0.00	0.00	—
12	中国东风汽车工业进出口公司	10306.00	7548.00	36.54	11693.00	14683.00	-20.36	4498.00	3007.00	49.58	0.00	6306.34	-100.00	26497.00	31544.34	-16.00
	东风汽车公司合计	402285.49	374691.11	7.36	12257.60	15439.33	-20.61	36266.45	35508.56	2.13	877.83	6873.03	-87.23	451687.37	432512.03	4.43

（国际事业部提供）

科技开发及成果

概　　况

东风公司科技战线按照公司发展的整体部署和董事长徐平对科技工作的要求，围绕新产品开发、技术研究、能力建设和人才培育，以技术创新为中心，较好地完成了各项开发任务，为公司2011年产销高质量跨越300万辆，特别是自主品牌汽车年度销量历史性跨上百万辆台阶作出突出贡献，为公司又好又快发展提供了强有力的支撑。

一、新品研发硕果累累

（一）商用车及零部件领域

为实现东风商用车公司"1^3事业计划"的顺利收官，东风商用车技术中心采取商品开发紧跟市场变化的应对策略。在现有产品上，从轻量化、性能改善、品质改善、标准化和模块化等方面入手，不断提升东风商用车的市场竞争力。在新产品导入上，针对不同细分市场的需求不断推出具有针对性的产品，丰富了产品的种类，以满足市场的需要。全年共完成东风天龙、天锦、大力神等车型128个商品开发，其中国Ⅳ车型开发8个，适应性开发车型79个，专用车开发车型18个，海外车型23个，完成了年度挑战目标。D760、D901开发工作稳步推进，开发过程中不仅继承了东风商用车原有的"DNA"，还增加了新元素，为挺进商用车高端市场迈出了坚实一步。

东风股份重点进行了A08、C16A、W03等重大战略车型的研发。郑州日产研发中心主要开展了锐骐皮卡、帅客CDV、D22车型开发工作，销量居同类车型首位。截至年底，东风股份研发院具备轻卡、皮卡/SUV、轻客/MPV、专用车、特种车等全系列LCV产品整车自主研发能力，为提升业绩给予有力助推。

商用车零部件事业积极跟进现代汽车零部件在低碳环保、轻量化和模块化等方面的发展需求，以新产品开发为主线，以技术进步为手段，以自主创新为根本积极培育研发、制造和业务流程三大领域的核心优势。开发出模块化仪表板、高应力板簧、全钢活塞、商用车无内胎车轮、新型集成式燃油滤清器总成、进气系统和VECU、BCM等关键产品，提升了东风商用车整车竞争力，为零部件"扬帆130"事业计划的实现提供了强有力支撑。

（二）乘用车领域

东风风神S30三厢及两厢中期改型工作共完成26项设计改进，13个实例化车型的投放；两厢CROSS车型顺利实现量产，成为S30系列车型新的生力军。S平台首款车型A60于11月在广州车展上正式发布，完成开发及工业化工作，并顺利实现市场投放。乘用车DF1、DF2平台完成造型效果图设计、油泥模型制作、竞品分析、"骡子车"试制试验、部分方案设计和车身造型进一步优化工作。

经过不懈努力，拥有完全自主知识产权的乘用车动力总成开发工作取得阶段性成果。1.6升发动机完成设计开发，并完成S30搭载匹配，即将投产下线。同时，由此衍生的1.5升、1.4T等系列化发动机正在开展设计、试制、试验和质量改进工作。2.4升、2.0升、2.0T发动机完成了工程设计及工程试制，为后期开发工作奠定了坚实基础。发动机ECU开发完成工程样机的试制及测试，乘用车发动机将用上拥有完全自主知识产权的“东风芯”。

神龙公司先后成功投放东风标致508、308，产品结构进一步优化，“双品牌”的高、中和经济车型布局日趋均衡，市场竞争力明显提升，营销能力进一步增强。同时，合资公司自主品牌相关车型的开发工作已启动，将推出更具先进性和竞争力的自主品牌车型。

东风日产推出了新骐达、楼兰两个全新车型及奇骏年度改款车型，这些车型的成功投放，在市场上取得了良好的销售业绩。更可喜的是，承载着产业梦想、全力打造的拥有自主知识产权的品牌——启辰，其开发工作已基本完成。这是东风日产运用自主品牌的全新平台，发掘和整合中国汽车产业的资源潜力，为消费者提供更具价值感的产品与服务，无疑是中国汽车合资企业发展的新路径，也是汽车产业发展与创新的一次全新探索。

东风本田完成思域、CR-V、思铂睿三个车型的年度切换，得到市场和客户认可。另外，自主品牌及新车型导入工作有序推进。

东风悦达起亚2011年成功投放了精英格调新典范K5、城市悦行派K2、12款狮跑、智跑和秀尔等五款车型，产品结构进一步优化，且产品内容更加丰富。同时，着手自主品牌新能源汽车研发，开展了样车试制工作。

（三）军品领域

东风猛士平台通过军方组织的运兵突击车初样车试验，完成了装载能力提升方案设计。0.5吨越野车项目开展了工程设计及功能样车试制。Y20轮式车辆项目完成策划、设计、试制及试验工作，将转入设计定型阶段。

（四）新能源汽车领域

东风风神S30自主发动机车型搭载BSG、ISG技术完成设计、试制及试验等系列开发工作，将开展公告申报等工业化准备工作；S30车型纯电动及Plug-in车型开发工作也顺利展开；混合动力中卡完成设计及试制工作，项目已按照计划推进；EJ02及EJ04纯电动乘用车分别完成公告申报及全部工程设计。在新能源关键总成方面，东风公司承担的国家“863”计划项目——“大马力天然气发动机”、“城市客车机电耦合装置”顺利通过国家科技部组织的结题验收。

（五）新技术、新材料、新工艺、新装备研究

针对现代汽车技术在低碳/绿色、安全舒适、电子技术和模块化等方面的发展趋势，东风公司积极建立汽车技术的科技创新平台，通过与有关高校、科研院所进行合作，促进新技术、新材料、新工艺、新装备在公司研发制造等各环节的应用。东风汽车公司技术中心全年共立项40余项科研项目，涉及整车性能控制、NVH、动力总成关键技术研究、电子技术和新材料研究等。东风商用车技术中心开展了包括混合动力中型卡车、AMT和混合动力电机开发等先行研发工作，为东风商用车抢占市场制高地储备了丰富的产品技术。除此，还开展了包括混合发动机关键技术、柴油甲醇掺烧技术、商用车DCT技术、车辆主动安全技术和测试技术等五个方面的基础技术研究项目。

二、研发能力建设顺利推进

2011年，东风汽车公司技术中心共完成研发能力投资1.76亿元，包括新建K&C运动学台架、行人保护试验设施和国Ⅴ排放试验台架等，发动机二期可靠性台架和性能台架陆续安装调试。这些研发能力的逐步形成，保障了东风公司自主品牌乘用车开发，将为乘用车商品品质提升、研发周期缩短作出重要贡献。

全年完成新增投资9260万元，有力地保障了产品研发的顺利进行。新站点建设按照计划实施，整车消声室建安工程竣工；整车性能试验室、环境试验室进入设备安装阶段；系统总成试验室和工程车模拟试验场建安工程发包。十堰老试验中心开展设备更新工作，试验保障能力稳步提升。

东风股份根据事业规划和发展需要逐年增加研发投入，稳步推进了研发能力建设。6月30日，东风股份酝酿已久的研发能力建设二期工程正式破土开工。建成后，将使其在轻型发动机研发与试验验证、底盘研发与试验、轻型商用车车身造型和新能源车相关技术的研究与实验等方面的研发能力全面提升。

三、人才集聚力度加大

东风公司各单位认真贯彻落实加强人才工作的一系列方针政策，不断健全完善人才队伍管理，营造优秀人才脱颖而出的浓厚氛围，人才队伍建设呈现

良好的发展态势。通过内部调剂、社会招聘和海外引进等方式,迅速集聚了各类技术人才,并积极制定建立技术人员职业发展通道,做好职业生涯规划,使其看到清晰的职业发展阶梯及广阔的职业发展前景。

四、科技成果、专利、专有技术、认证等工作成绩突出

(一)科技成果申报数量和质量继续保持行业领先

各单位对科技成果申报工作保持高度热情,全年共申报东风公司科技成果194项,评选出公司级科技成果148项、一等奖10项。东风公司的科技成果在汽车行业及机械行业等各方面也取得良好成绩,全年获得"中国汽车工业进步奖"10项,其中二等奖2项、三等奖8项;获得"中国机械工业科学技术奖"8项,其中二等奖4项,三等奖4项,获奖数量和质量继续保持行业领先。

(二)专利及专有技术工作稳步推进,核心技术得到保护

当年,全集团完成申请专利1427件,增幅102.7%,其中申请发明专利145件,增幅76.8%,首次跨入并成为国内为数不多的千件专利企业。全年专利授权量756项,增幅82%,创历年最高。其中"S30外观设计"获"第十三届中国专利优秀奖",并获"第三届湖北省优秀外观设计专利项目奖"称号。

同时,还开展了本年度专有技术申报和认定工作,经过组织专家对申报的80项专有技术进行评审认定,产生54项公司级专有技术,其中绝密级9项、机密级45项。

(三)认证工作推进有序

东风公司全年共成功申报汽车新产品公告3240个,更正扩展4123个,835个车型列入国家工信部的轻型汽车燃料消耗量通告中,列入节能产品"惠民工程"节能汽车推广目录中的车型6个,申报国家环保达标车型1493个,申请新产品"CCC"强制性认证392个单元,完成生产一致性控制计划的编制并通过认证机构的审核,接受和通过认证机构对获证生产场地进行的监督检查。申报的2910个车型、5106个配置列入交通部道路运输车辆燃料消耗量达标车型公告中。以上认证工作的顺利开展,为东风公司产销量大幅攀升提供了重要保障。

五、商标及品牌工作进一步加强

重点国家、重点商标是品牌管理工作的"重中之重",东风公司完成向12个重点国家提交59件商标国际注册申请和国内7个商品类别36件商标注册申请。通过采取"风险注册"等有力措施,取得东风福瑞卡、东风劲锐卡、东风太极、东风超龙和东风风神保险专家等4件商品商标和1件服务商标的注册权,保证了东风新品如期投放市场和售后服务、广告宣传等品牌的合法使用及专用权问题。全年共提商标异议申请、复审75件,行政诉讼21件,胜诉率达92%。组织完成对国内、海外市场的品牌使用及运作审计,其中审计出车体标识标注、使用范围和维护体系等整改项19项,已完成17项。全年查处假冒东风整车案件三起共5辆整车以及东风天龙、大力神驾驶室40余台,并协助执法部门查处假冒东风整车合格证及其他假冒零部件案件,共查处涉案金额达200余万元。当年,"东风天龙"商标被国家商标局授予"中国驰名商标"称号。

六、产品质量体系建设工作全面展开

东风公司在完成质量体系重构工作的基础上进一步完善质量体系。根据公司组织机构的调整,进一步规范民品、军品体系所覆盖的独立运作单位在质量管理体系运行中的管理工作,各板块都按照质量管理体系标准的统一要求,结合实际情况,建立了与东风公司自身发展相适应的质量管理体系,产品质量和服务质量得到持续改善。

七、技术创新评价和创新型企业建设成效显著

东风公司进一步完善技术创新评价体系,将评价范围逐步扩大至公司下属与主营业务相关的所有单位;完成本年度企业技术创新评价及分析,并将评价结果予以公布;组织集团各单位完成向国家发改委报送"国家认定企业技术中心2011年度评价材料",评价结果由两年前的106位上升至17位,评价得分89.7分,为历年最高得分。按照国务院国资委的要求,组织公司各职能部门完成"创新型试点企业"评价材料申报与验收工作,当年3月21日,东风公司被国家科学技术部、国务院国资委、中华全国总工会联合命名为"第三批创新型企业"。

(储　伟)

表8

东风公司2011年度企业技术中心评价表

企业名称	东风汽车公司			
通讯地址	湖北省武汉市武汉经济技术开发区东风大道特1号		邮政编码	430056
所属行业	机械行业	主营业务	汽车（含自产小轿车）及汽车零部件、金属机械铸金锻件、启动电机、粉末冶金等	
企业科技负责人	侯宇明		联系电话	027-84285125
技术中心负责人	方 驰		联系电话	027-84285801
联系人	赵 丹		联系电话	027-84285309
联系传真	027-84285123		电子邮件	zhaod@dfmc.com.cn
企业网址	www.dfmc.com.cn		报告年度	2011年度（T）

序号	定量数据名称	单位	数据值
1	企业营业收入总额	万元	15303460
2	企业利润总额	万元	1602573
3	企业产品销售收入总额	万元	14614035
4	（T-1年）企业产品销售收入总额	万元	13483246
5	企业产品销售利润总额	万元	3283092
6	企业科技活动经费支出额	万元	868522
	其中：企业研究与试验发展经费支出额	万元	404795
7	（T-1年）企业科技活动经费支出额	万元	669269
8	企业全部科技项目数	项	1462
	其中：研发周期三年及以上的项目数	项	176
	其中：对外合作项目数	项	147
9	新产品销售收入	万元	6815882
10	新产品销售利润	万元	1517504
11	企业技术开发仪器设备原值	万元	538109
12	企业自有品牌产品与技术出口创汇额	万美元	18477
13	企业员工总数	人	149995
14	企业全体员工年收入总额	万元	732268
15	企业科技活动人员数	人	16838
	其中：企业研究与试验发展人员数	人	7283
16	技术中心员工人数	人	9325
17	技术中心人员培训费	万元	1809
18	技术中心全体员工年收入总额	万元	98622
19	技术中心高级专家人数	人	45
20	技术中心博士人数	人	38
21	来技术中心从事研发工作的外部专家人数	人月	1109
22	技术中心在海外设立开发设计机构数	个	0
23	技术中心与其他组织合办开发机构数	个	1
24	通过国家和国际组织认证的实验室数	个	7
25	完成新产品新技术新工艺开发项目数	项	1014
26	企业拥有的全部有效发明专利数	件	93
27	当年被受理的专利申请数	件	1428
	其中：被受理的发明专利申请数	件	145
28	最近三年主持和参加制定的国际、国家、行业标准数	项	47
29	企业获得的驰名商标数	个	3
30	企业获得的中国名牌产品数	个	2
31	获国家自然科学、技术发明和科技进步奖情况	项	0

东风公司2011年度新上市车型

乘　用　车

神龙汽车有限公司

东风标致308　2011年10月20日

东风标致508　2011年7月10日—11月21日

东风日产汽车有限公司

骐达　2011年5月28日

楼兰　2011年9月8日

东风悦达起亚汽车有限公司

K2　2011年7月20日

K5　2011年3月10日

东风乘用车公司

H30　2011年4月19日

东风裕隆汽车有限公司

纳智捷　2011年9月30日

东风本田汽车有限公司

九代思域　2011年10月29日

商　用　车

东风小康汽车有限公司

东风小康V27　2011年5月

东风汽车股份有限公司

凯普特N300　2011年2月

东风随州专用汽车有限公司

矿山自卸车　2011年3月

表9

东风公司2011年度授权专利

续 表

序号	专　利　名　称	专利权属
1	双向限位的悬架系统三角臂橡胶衬套	东风汽车公司
2	转向管柱万向节布置结构	东风汽车公司
3	传动轴轴端十字联轴器组合结构	东风汽车公司
4	焊接夹具通用垫板	东风汽车公司
5	简易式武器转盘结构	东风汽车公司
6	简易式武器转盘快速锁止机构	东风汽车公司
7	具有强化冷却“鼻梁区”高温部位的汽油机气缸盖	东风汽车公司
8	车用压缩天然气气瓶框	东风汽车公司
9	具有挺柱孔的轴承座	东风汽车公司
10	汽油机的气缸盖结构	东风汽车公司
11	具有可靠的挺柱孔支撑结构的发动机气缸盖	东风汽车公司
12	车门限位器操作机构	东风汽车公司
13	带护罩油量传感器	东风汽车公司
14	前动力总成合装台车	东风汽车公司
15	底盘线车身吊具	东风汽车公司
16	一种采用无接触能量驱动控制的输送车	东风汽车公司
17	快速翻倒锁止的前风窗	东风汽车公司
18	多功能钩环	东风汽车公司
19	快速可拆卸车门限位装置1	东风汽车公司
20	混合动力耦合装置	东风汽车公司
21	车用活性炭罐	东风汽车公司
22	车身焊装夹具与输送装置间的三维浮动调整机构	东风汽车公司
23	转向储液罐	东风汽车公司
24	铝锡合金轴瓦约束轧制装置	东风汽车公司
25	用火焰加热预紧的双头螺杆	东风汽车公司
26	可调式液压缸缓冲结构	东风汽车公司
27	转向管柱吸能结构	东风汽车公司
28	点焊作业计数控制器	东风汽车公司
29	一种双电机混合动力系统	东风汽车公司
30	车床用轴承式中心架	东风汽车公司
31	卡车驾驶室后悬上支架和后悬液压锁栓限位机构	东风汽车公司
32	稳定杆带翻转臂结构总成	东风汽车公司
33	后桥姿态检测数据采集测量装置	东风汽车公司
34	车身焊装线往复小车式输送装置	东风汽车公司
35	四连杆独立悬架后转向节	东风汽车公司
36	排气管合装装置	东风汽车公司
37	微混合动力汽车控制器性能测试系统	东风汽车公司
38	混合动力汽车耦合装置用扭振器	东风汽车公司
39	一种用于微混合动力汽车的离合器开关	东风汽车公司
40	一种弹簧压缩工装	东风汽车公司
41	乘用车顶盖焊接定位机构	东风汽车公司
42	小车编组无平衡轨自动挂钩结构	东风汽车公司
43	下坡段输送小车运动阻尼装置	东风汽车公司
44	防止锻压机床连杆销轴断裂的结构	东风汽车公司
45	发动机抗扭矩悬置支架	东风汽车公司
46	带冷却水套的电机壳体	东风汽车公司
47	新型轮系调节装置	东风汽车公司
48	三角臂液压衬套	东风汽车公司
49	一种防止车门意外开启的车门锁定旋转装置	东风汽车公司
50	一种防止车门意外开启的滑动装置	东风汽车公司
51	汽车用手动换挡器选挡换向机构	东风汽车公司
52	一种双层组合式骨架油封	东风汽车公司
53	一种活塞密封结构	东风汽车公司
54	一种轴瓦选配机的选装机构	东风汽车公司
55	一种轴瓦选配机的选装定位机构	东风汽车公司
56	可调节式液晶显示装置	东风汽车公司
57	基于北斗卫星的车载终端监控系统	东风汽车公司
58	车载显示装置	东风汽车公司
59	基于北斗卫星系统的车载导航终端	东风汽车公司
60	燃油加注系统用油管单向阀	东风汽车公司
61	用于白车身三坐标测量的柔性支架	东风汽车公司
62	汽车四连杆后悬架	东风汽车公司
63	汽车独立悬架装置	东风汽车公司
64	一种驱动桥与电机集成的混合动力耦合装置	东风汽车公司
65	提高汽油发动机的进气滚流效果的结构	东风汽车公司

续 表

序号	专　利　名　称	专利权属
66	多缸发动机的缸盖冷却水流道结构	东风汽车公司
67	发动机缸体、缸垫和缸盖的装配定位结构	东风汽车公司
68	商用汽车驾驶室翻转装置电动油缸液压装置	东风汽车公司
69	节流管接头	东风汽车公司
70	汽油车燃油蒸发管路上的油汽分离装置	东风汽车公司
71	机动车油箱加油管防外溅装置	东风汽车公司
72	汽车用手动换挡器选挡换向机构	东风汽车公司
73	汽车用手动换挡器	东风汽车公司
74	新型全液晶显示装置	东风汽车公司
75	儿童座椅固定装置	东风汽车公司
76	儿童座椅固定装置	东风汽车公司
77	儿童座椅固定装置	东风汽车公司
78	一种刚度可变式橡胶悬置	东风汽车公司
79	动力电池组排列连接组装结构	东风汽车公司
80	动力电池模块定位板	东风汽车公司
81	手动皮带张紧装置	东风汽车公司
82	一种汽车发动机风扇支架总成	东风汽车公司
83	一种汽车用电磁阀动铁芯密封装置	东风汽车公司
84	发动机飞轮壳防飞轮装配干涉检具	东风汽车公司
85	解决车身壳体薄弱部分防冲击结构	东风汽车公司
86	车架与地板的连接结构	东风汽车公司
87	车架与地板的组合的连接结构	东风汽车公司
88	薄壁定位环安装装置	东风汽车公司
89	一种车用减振器安装支架	东风汽车公司
90	运兵突击车（三门）	东风汽车公司
91	运兵突击车（五门）	东风汽车公司
92	驾驶室前悬上支架	东风汽车公司
93	驾驶室前悬左右上支架	东风汽车公司
94	输送小车组的小车侧板	东风汽车公司
95	输送小车组小车	东风汽车公司
96	换气塞	东风汽车公司
97	运兵突击车	东风汽车公司
98	仪表盘（Y2）	东风汽车公司
99	仪表台（Y2）	东风汽车公司
100	显示屏自动空调控制盒	东风汽车公司
101	仪表台（CTJ01）	东风汽车公司
102	房车（五门高硬顶）	东风汽车公司

续 表

序号	专　利　名　称	专利权属
103	房车（三门高硬顶）	东风汽车公司
104	双面倒角车刀	东风汽车公司
105	轴类零件无心磨床切入成形加工支撑限位装置	东风汽车公司
106	汽车发动机齿环齿端倒角滚刀	东风汽车公司
107	轮毂锻件花键孔挤孔成形工艺及其专用挤孔模具	东风汽车有限公司
108	曲轴类切边模具	东风汽车有限公司
109	一种法兰盘锻件的切边模具	东风汽车有限公司
110	用于夹持单个环形锻件的机械手	东风汽车有限公司
111	用于同时吊运多个环形锻件的装置	东风汽车有限公司
112	一种用于闭式模锻零件的冲校模具结构	东风汽车有限公司
113	曲轴热锻件压凹字模具	东风汽车有限公司
114	一种曲轴热校正模具氧化皮清理装置	东风汽车有限公司
115	装配线随动作业平台	东风汽车有限公司
116	双前桥车型侧滑调整装置	东风汽车有限公司
117	进气格栅	东风汽车有限公司
118	一种两级踏步公交客车车架	东风汽车有限公司
119	驾驶室前脸（EQ1102F）	东风汽车有限公司
120	鞍式牵引座（DF—QD50B型）	东风汽车有限公司
121	鞍式牵引座	东风汽车有限公司
122	滑块式汽车变速箱同步器	东风汽车有限公司
123	锁销式汽车变速箱同步器	东风汽车有限公司
124	可调式步距板	东风汽车有限公司
125	一种用于加工中心刀具内冷的高压无级调压冷却系统	东风汽车有限公司
126	一种活动菱形销结构	东风汽车有限公司
127	一种对工件的辅助支承结构	东风汽车有限公司
128	实现下缸体水平分中定位、夹紧的装置	东风汽车有限公司
129	用于曲轴加工的反拉式可调快换安装的刀具结构	东风汽车有限公司
130	手持式大直径轴类零件水平偏差测量仪	东风汽车有限公司
131	用于大直径同心回转体的锥度矩形花键定心联结结构	东风汽车有限公司
132	车用智能控制方法及装置	东风汽车有限公司
133	一种点烟器	东风汽车有限公司
134	一种照明灯	东风汽车有限公司
135	一种GPS导航装置的固定结构及该GPS导航装置	东风汽车有限公司

续 表

序号	专 利 名 称	专利权属
137	一种汽车空调与除雾联动电路与装置	东风汽车有限公司
138	汽车	东风汽车有限公司
139	轮毂	东风汽车有限公司
140	一种状态指示牌	东风汽车有限公司
141	废气引射排尘装置及其消声器	东风汽车有限公司
142	汽车线束插接件固定盒	东风汽车有限公司
143	一种过梁板孔的管线护套	东风汽车有限公司
144	内嵌式商用车用衣帽钩	东风汽车有限公司
145	一种球墨铸铁的强化工艺及其制成品	东风汽车有限公司
146	一种便于拆卸与安装的车用半轴	东风汽车有限公司
147	一种电调前照灯控制装置	东风汽车有限公司
148	带感载功能的自动举升开关	东风汽车有限公司
149	浮动桥空载自动举升控制装置	东风汽车有限公司
150	带橡胶支座的钢板弹簧导向座总成	东风汽车有限公司
151	一种可折叠停车止动架	东风汽车有限公司
152	一种变速箱线束	东风汽车有限公司
153	一种火花塞密封结构	东风汽车有限公司
154	一种分体式火花塞密封结构	东风汽车有限公司
155	一种后置齿轮室内燃机的曲轴后端联接结构	东风汽车有限公司
156	一种带内藏式加注导流管的汽车洗涤罐	东风汽车有限公司
157	一种轮边减速器的行星齿轮垫片	东风汽车有限公司
158	一种偏移倒角的双切向进气道出口结构	东风汽车有限公司
159	一种电动窗控制装置及由其组成的汽车车窗控制系统	东风汽车有限公司
160	汽车前面罩铰链	东风汽车有限公司
161	后置客车发动机舱强制排风散热结构	东风汽车有限公司
162	一种CAN总线式车门控制装置	东风汽车有限公司
163	摆臂式平衡悬架浮动桥气-液组合控制装置	东风汽车有限公司
164	一种无扣手型面罩锁装置	东风汽车有限公司
165	一种用于双离合器的膜片杠杆	东风汽车有限公司
166	一种车用多功能摇杆	东风汽车有限公司
167	一种变速操纵软轴锁片结构	东风汽车有限公司
168	驾驶室（工程车D901）	东风汽车有限公司
169	保险杠（工程车D901）	东风汽车有限公司
170	保险杠（十吨军车）	东风汽车有限公司

续 表

序号	专 利 名 称	专利权属
173	集成有三点式安全带的前排中间座椅	东风汽车有限公司
174	一种钢化玻璃自爆器	东风汽车有限公司
175	一种客车用移动式电器舱结构	东风汽车有限公司
176	一种车用中后桥挡泥板装置	东风汽车有限公司
177	一种车用双目视觉装置的同步控制系统	东风汽车有限公司
178	一种车用工作平台	东风汽车有限公司
179	LED慭彫摂	东风汽车有限公司
180	堦种集成式尿素罐油箱	东风汽车有限公司
181	导流罩（D310夵穹兦	东风汽车有限公司
182	车用保险杆防撞杆锁止结构	东风汽车有限公司
183	具有不对称摩擦块的盘式制动器	东风汽车有限公司
184	一种车用牛腿结构	东风汽车有限公司
185	一种公交车用车载电视护罩	东风汽车有限公司
186	一种客车动力蓄电池舱散热结构	东风汽车有限公司
187	一种新型倾角可调的备胎固定装置	东风汽车有限公司
188	一种发动机空压机安装结构	东风汽车有限公司
189	侧裙板套件（牵引车）	东风汽车有限公司
190	轮边减速器轴向定位装置	东风汽车有限公司
191	一种通用性备胎托架	东风汽车有限公司
192	带通气功能的变速器阻尼装置	东风汽车有限公司
193	客车前面板固定装置	东风汽车有限公司
194	一种铝合金车身顶盖骨架与侧围骨架的连接装置	东风汽车有限公司
195	一种变速器前副箱气路的电控系统	东风汽车有限公司
196	一种变速器前副箱气路控制系统	东风汽车有限公司
197	商用车安全避撞系统警示器	东风汽车有限公司
198	导流罩（D530）	东风汽车有限公司
199	顶导流罩（D530）	东风汽车有限公司
200	AMT婅头（D310）	东风汽车有限公司
201	便拆式粗滤网结构	东风汽车有限公司
202	滤清器壳体	东风汽车有限公司
203	新型滤芯保持架	东风汽车有限公司
204	一种变速箱选换档装置	东风汽车有限公司
205	汽车变速箱中壳体	东风汽车有限公司
206	一种滤清器用锁紧螺母	东风汽车有限公司
207	具有喷淋功能的变速箱润滑系统	东风汽车有限公司
208	一种变速箱档位互锁座	东风汽车有限公司

续 表

序号	专 利 名 称	专利权属
206	一种滤清器用锁紧螺母	东风汽车有限公司
207	具有喷淋功能的变速箱润滑系统	东风汽车有限公司
208	一种变速箱挡位互锁座	东风汽车有限公司
209	一种变速箱换挡转臂	东风汽车有限公司
210	变速箱润滑油分配器	东风汽车有限公司
211	汽车变速箱前壳体	东风汽车有限公司
212	一种变速箱润滑油路	东风汽车有限公司
213	汽车变速器后壳体	东风汽车有限公司
214	变速箱主副箱换挡轴互锁机构	东风汽车有限公司
215	侧裙板套件（D530平台牵引车）	东风汽车有限公司
216	一种用于双离合器的工作飞轮	东风汽车有限公司
217	一种双离合器变速器箱体	东风汽车有限公司
218	一种双离合器系统散热结构	东风汽车有限公司
219	一种空气悬架复合型高度控制系统	东风汽车有限公司
220	一种双离合器变速箱结构	东风汽车有限公司
221	一种双备胎的安装固定装置	东风汽车有限公司
222	一种空气悬架高度控制系统	东风汽车有限公司
223	一种汽车控制器局域网线束结构	东风汽车有限公司
224	一种用于双离合器自动变速箱的变速器上盖总成	东风汽车有限公司
225	一种离合器注油装置	东风汽车有限公司
226	一种高度可调的顶扰流板	东风汽车有限公司
227	前驱动桥分时后输出机构	东风汽车有限公司
228	变截面钢板弹簧	东风汽车有限公司
229	汽车变速箱辅助悬置装置	东风汽车有限公司
230	汽车前桥总成	东风汽车有限公司
231	一种后处理器载体保护装置	东风汽车有限公司
232	一种用于离合器的拨叉与推杆的连接结构	东风汽车有限公司
233	转向优先控制电路	东风汽车有限公司
234	一种客车节能安全型动力电池舱	东风汽车有限公司
235	一种拉锁总成	东风汽车有限公司
236	一种采用楔合型沟槽的调整臂密封装置	东风汽车有限公司
237	一种干式双离合器	东风汽车有限公司
238	一种湿式双离合器	东风汽车有限公司
239	操纵手柄球头（两个控制阀型）	东风汽车有限公司
240	驾驶室（长头型）	东风汽车有限公司
241	下踏步护板（东风天龙长头牵引车）	东风汽车有限公司

续 表

序号	专 利 名 称	专利权属
242	带转向灯保险杠包角（东风天龙长头牵引车）	东风汽车有限公司
243	双柱排气管（东风天龙长头牵引车）	东风汽车有限公司
244	遮阳罩（东风天龙长头牵引车）	东风汽车有限公司
245	精镗曲轴孔加工自动调刀装置	东风汽车股份有限公司
246	分体式油刹卡钳体	东风汽车股份有限公司
247	筒式减震器拉伸装置	东风汽车股份有限公司
248	卡车装配线地沟台车堆积生产线自动停止控制装置	东风汽车股份有限公司
249	防止工具掉落的电工包	东风汽车股份有限公司
250	副仪表板（C16A手动挡）	东风汽车股份有限公司
251	上置式汽车雨刮洗液喷射装置	东风汽车股份有限公司
252	用于发动机悬置系统的悬置托架	东风汽车股份有限公司
253	用于发动机悬置系统的悬置软垫	东风汽车股份有限公司
254	一种滑柱总成	东风汽车股份有限公司
255	用于悬挂系统的缓冲块	东风汽车股份有限公司
256	用于悬挂系统的板簧吊耳锥形非金属衬套总成	东风汽车股份有限公司
257	微型货车后围保护装置	东风汽车股份有限公司
258	驾驶室（多利卡1880B）	东风汽车股份有限公司
259	驾驶室（福瑞卡2030B）	东风汽车股份有限公司
260	驾驶室（凯普特10款B）	东风汽车股份有限公司
261	驾驶室（凯普特t01A）	东风汽车股份有限公司
262	汽车空调总成	东风汽车股份有限公司
263	吸污车后封头单油缸密封结构	东风汽车股份有限公司
264	卡车轮胎装配助力机械手	东风汽车股份有限公司
265	一体式汽车传动轴中间支承总成	东风汽车股份有限公司
266	一种排气消声器	东风汽车股份有限公司

续 表

序号	专 利 名 称	专利权属
267	电机高低速转换装置	东风汽车股份有限公司
268	螺母装拆技能训练装置	东风汽车股份有限公司
269	螺杆装拆技能训练装置	东风汽车股份有限公司
270	汽车组合仪表（T01）	东风汽车股份有限公司
271	汽车遥控钥匙（T01）	东风汽车股份有限公司
272	车载MP3收放机（T01）	东风汽车股份有限公司
273	车载CD收放机（T01）	东风汽车股份有限公司
274	运动模式控制开关（东风C16A）	东风汽车股份有限公司
275	巡航模式控制开关（东风C16A）	东风汽车股份有限公司
276	雪地模式控制开关（东风C16A）	东风汽车股份有限公司
277	用于涂装面漆循环水池中的漆渣聚集装置	东风汽车股份有限公司
278	用于涂装面漆循环水池中的回水混流装置	东风汽车股份有限公司
279	涂装面漆循环水池	东风汽车股份有限公司
280	排气尾管装饰罩	东风汽车股份有限公司
281	冲压自动线线首自动涂油系统	东风汽车股份有限公司
282	车载CD收放机（A08）	东风汽车股份有限公司
283	车载DVD收放机（A08）	东风汽车股份有限公司
284	汽车侧转向灯（A08）	东风汽车股份有限公司
285	汽车后组合灯（A08）	东风汽车股份有限公司
286	汽车前雾灯（A08）	东风汽车股份有限公司
287	汽车前组合灯（A08）	东风汽车股份有限公司
288	巡航控制开关总成（A08）	东风汽车股份有限公司
289	音响控制开关总成（A08）	东风汽车股份有限公司
290	侧门护板（A08）	东风汽车股份有限公司

续 表

序号	专 利 名 称	专利权属
291	方向盘（A08）	东风汽车股份有限公司
292	座椅（A08）	东风汽车股份有限公司
293	汽车电动后视镜调整开关（A08）	东风汽车股份有限公司
294	汽车高位制动灯（A08）	东风汽车股份有限公司
295	遥控器（A08）	东风汽车股份有限公司
296	钥匙（A08）	东风汽车股份有限公司
297	蓄电池罩盖	东风汽车股份有限公司
298	座椅（A、C16A）	东风汽车股份有限公司
299	座椅（B、C16A）	东风汽车股份有限公司
300	锁连杆调节装置	东风汽车股份有限公司
301	滚边工作站	东风汽车股份有限公司
302	可实现产品在线换型的模具结构	东风汽车股份有限公司
303	一种电动汽车行车与充电互锁的控制装置	东风汽车股份有限公司
304	仪表板（C16A舒适型）	东风汽车股份有限公司
305	仪表板（C16A豪华型）	东风汽车股份有限公司
306	仪表板（C16A运动型）	东风汽车股份有限公司
307	副仪表板（C16A自动挡）	东风汽车股份有限公司
308	电动汽车控制器	东风汽车股份 武汉菱电汽车电子 武汉新未来科技
309	后桥横向稳定装置	东风汽车股份有限公司
310	用于电动汽车的电池快换装置	东风汽车股份有限公司
311	快换锁止装置	东风汽车股份有限公司
312	用于缸体定位环装配的辅具	东风汽车股份有限公司
313	带有冷却帘布的散热器	东风汽车股份有限公司
314	发动机前悬置软垫总成	东风汽车股份有限公司

续 表

序号	专 利 名 称	专利权属
315	整体式发动机消声器总成	东风汽车股份有限公司
316	带有储能电容和DC稳压器的电动车能量回收系统	东风汽车股份有限公司
317	用于安装汽车车门的限位器	东风汽车股份有限公司
318	车厢边板定位控制夹具	东风汽车股份有限公司
319	带有报警和跟踪功能的防盗系统	东风汽车股份有限公司
320	汽车启动电池的防过充系统	东风汽车股份有限公司
321	多品种底板上挂输送车	东风汽车股份有限公司
322	可移动辅助阳极电泳浸漆装置	东风汽车股份有限公司
323	边板夹具布置结构	东风汽车股份有限公司
324	带有横向稳定定杆的发动机悬置总成	东风汽车股份有限公司
325	马勒里式自卸车低重心上装系统	东风汽车股份有限公司
326	双缸直推式自卸车低重心上装系统	东风汽车股份有限公司
327	一种带有推拉窗的车用双曲玻璃	东风汽车股份有限公司
328	一种带有缓冲块的车用上举门	东风汽车股份有限公司
329	汽车前组合灯（三品系W）	东风汽车股份有限公司
330	汽车组合仪表（三品系W）	东风汽车股份有限公司
331	汽车洗涤器（三品系W）	东风汽车股份有限公司
332	一种可以安全控制的液压感载阀装置	东风汽车股份有限公司
333	电控弹簧驻车装置	东风汽车股份有限公司
334	活塞式弹簧气室	东风汽车股份有限公司
335	上举式后背车门	东风汽车股份有限公司
336	机械式伸缩踏板装置	东风汽车股份有限公司
337	车门铰链	东风汽车股份有限公司
338	汽车保险杠	东风汽车股份有限公司

续 表

序号	专 利 名 称	专利权属
339	分体式铅酸蓄电池	东风汽车股份有限公司
340	工艺台车间距加长装置	东风汽车股份有限公司
341	车身前围定位装置	东风汽车股份有限公司
342	用于顶置凸轮发动机的气门间隙调整座	东风汽车股份有限公司
343	增压器与发动机缸体后置连接的组合结构	东风汽车股份有限公司
344	一种带发动机悬置支架的横直发动机水泵	东风汽车股份有限公司
345	机油标尺	东风汽车股份有限公司
346	缸内预热式柴油发动机爆压测量装置	东风汽车股份有限公司
347	机油收集器	东风汽车股份有限公司
348	喷油器压板与紧固螺栓的组合结构	东风汽车股份有限公司
349	用于汽车发动机热磨合台架试验的“两进一出”式冷却液循环系统	东风汽车股份有限公司
350	一种涂装喷漆室的送排风系统	东风汽车股份有限公司
351	带有安全盖的插座	东风汽车股份有限公司
352	螺纹连接式行程开关	东风汽车股份有限公司
353	一种用于冲压件负角成形的多层斜楔装置	东风汽车股份有限公司
354	用于固定丁基胶带的隔板	东风汽车股份有限公司
355	折边胶涂胶嘴	东风汽车股份有限公司
356	用于预装侧围总成的固定夹	东风汽车股份有限公司
357	基于HTML的PLC控制的生产线设备信息发布装置	东风汽车股份有限公司
358	同步浇注运行控制系统	东风汽车股份有限公司
359	升降式多孔位铸型气孔清理装置	东风汽车股份有限公司
360	铸件内腔定位检查装置	东风汽车股份有限公司
361	三座标检测用缸盖类零件通用夹具	东风汽车股份有限公司
362	后桥减速器壳及制动鼓类零件通用夹具	东风汽车股份有限公司

续 表

序号	专 利 名 称	专利权属
459	长度可调撬杠	东风襄阳旅行车有限公司
460	铁屑清扫工具	东风襄阳旅行车有限公司
461	用于电子油门踏板的减速自动提示装置	东风襄阳旅行车有限公司
462	车载可隐蔽式爬梯	东风襄阳旅行车有限公司
463	车载便携爬梯	东风襄阳旅行车有限公司
464	工程车卧铺的安全装置	东风襄阳旅行车有限公司
465	车载折叠卧铺	东风襄阳旅行车有限公司
466	车载放线盘固定支架	东风襄阳旅行车有限公司
467	4L－1油壶	东风嘉实多油品有限公司
468	4L－2油壶	东风嘉实多油品有限公司
469	1L油壶	东风嘉实多油品有限公司
470	一种四气门发动机座圈自动压装和监控系统	东风康明斯发动机有限公司
471	一种发动机零件的鼠笼式翻转检查装置	东风康明斯发动机有限公司
472	一种发动机再生的清洗工艺	东风康明斯发动机有限公司
473	车辆电子编程集成工具	东风康明斯发动机有限公司
474	气动式活动钻模版	东风康明斯发动机有限公司
475	拧紧系统串口扫描枪软硬件接口设计	东风康明斯发动机有限公司
476	车用四阀柴油机用带开口式燃烧室活塞	东风康明斯发动机有限公司
477	一种整体式内花键空压机曲轴	东风汽车零部件(集团)有限公司
478	一种拉杆油漆可调整吊具	东风汽车零部件(集团)有限公司
479	一种电泳漆入槽带电接电装置	东风汽车零部件(集团)有限公司
480	发动机链壳带机油泵总成（DFMA16－40）	东风汽车零部件（集团）有限公司
481	车用单缸空压机	东风汽车零部件（集团）有限公司
482	水泵总成	东风汽车零部件（集团）有限公司

续 表

序号	专 利 名 称	专利权属
483	变速箱油泵总成（DF14S）	东风汽车零部件（集团）有限公司
484	涂胶飞轮螺栓高低温环境老化试验装置	东风汽车零部件（集团）有限公司
485	一种凸缘内螺母双向倒料自动攻丝装置	东风汽车零部件（集团）有限公司
486	一种带有处理槽型螺母毛刺预成型冲孔模具	东风汽车零部件（集团）有限公司
487	一种加工活塞环外圆锥面的成型车刀	东风汽车零部件（集团）有限公司
488	内冷油道活塞盐芯位置检测装置	东风汽车零部件（集团）有限公司
489	内冷油道活塞盐芯定位装置	东风汽车零部件（集团）有限公司
490	铰接式活塞头钻孔夹具	东风汽车零部件（集团）有限公司
491	超声波活塞内冷油道检测机探头位置校准件	东风汽车零部件（集团）有限公司
492	活塞内冷油道超声波检测仪	东风汽车零部件（集团）有限公司
493	电子式柔性啮合控制开关	东风汽车零部件（集团）有限公司
494	一种轴承防护内风扇发电机	东风汽车零部件（集团）有限公司
495	一种汽车用交流发电机滑环	东风汽车零部件（集团）有限公司
496	一种车轮轮辋扩张自动化装置	东风车轮公司随州车轮厂
497	一种高强度车轮	东风车轮公司随州车轮厂
498	一种制造深槽劈开旋压皮带轮的旋压工装	东风襄阳旋压件有限公司
499	一种空气压缩机曲轴花键套总成	东风汽车泵业有限公司
500	一种弹簧的总成	东风汽车悬架弹簧有限公司
501	一种快速连接件	东风贝洱热系统有限公司
502	一种集成悬置支架	东风贝洱热系统有限公司
503	汽车空调系统过冷装置	东风贝洱热系统有限公司
504	快速连接件	东风贝洱热系统有限公司
505	蓄冷式汽车空调系统	东风贝洱热系统有限公司
506	夹桶式自动清洗防锈处理线	上海东风汽车专用件有限公司

续 表

序号	专利名称	专利权属
507	自动上料机构	上海东风汽车专用件有限公司
508	自动上料系统	上海东风汽车专用件有限公司
509	一种孔式汽车制动阀消声器	东风电子科技股份有限公司
510	车身控制器模块	东风电子科技股份有限公司
511	汽车内饰件成型模浮动型腔与剪切装置	东风伟世通（十堰）汽车饰件系统有限公司
512	车载烟灰缸	东风伟世通（十堰）汽车饰件系统有限公司
513	一种用于汽车内饰安装用的弹簧卡子	东风伟世通（十堰）汽车饰件系统有限公司
514	一种窗帘导轨装配吊钩	东风伟世通（十堰）汽车饰件系统有限公司
515	一种汽车内饰件材料	东风伟世通（十堰）汽车饰件系统有限公司
516	卡车烟灰缸	东风伟世通（十堰）汽车饰件系统有限公司
517	热平板加热仪	东风伟世通（十堰）汽车饰件系统有限公司
518	手控阀护罩带杯托总成	东风伟世通（十堰）汽车饰件系统有限公司
519	平顶杂品箱	东风伟世通（十堰）汽车饰件系统有限公司
520	汽车车门内护板（A08）	东风伟世通（十堰）汽车饰件系统有限公司
521	一种仪表板装配用螺母	东风伟世通（十堰）汽车饰件系统有限公司
522	一种汽车仪表板组件装配用启子	东风伟世通（十堰）汽车饰件系统有限公司
523	一种汽车手套箱	东风伟世通（十堰）汽车饰件系统有限公司
524	一种中控台总成检具	东风伟世通（十堰）汽车饰件系统有限公司
525	一种仪表板组块总成检具	东风伟世通（十堰）汽车饰件系统有限公司
526	零件打标夹具	东风襄阳仪表系统有限公司
527	零件打标自动翻转夹具	东风襄阳仪表系统有限公司
528	机油压力传感器	东风襄阳仪表系统有限公司
529	机油压力传感器	东风襄阳仪表系统有限公司
530	汽车组合仪表盘（BA步进电机）	东风襄阳仪表系统有限公司

续 表

序号	专利名称	专利权属
531	空挡开关	东风襄阳仪表系统有限公司
532	冷却液温度传感器	东风襄阳仪表系统有限公司
533	冷却液温度传感器	东风襄阳仪表系统有限公司
534	曲轴速度传感器	东风襄阳仪表系统有限公司
535	曲轴速度传感器	东风襄阳仪表系统有限公司
536	组合仪表盘（10）	东风襄阳仪表系统有限公司
537	一种检测带有拔模斜度孔径的量具	东风（十堰）有色铸件有限公司
538	一种检测带有拔模斜度孔位置度的量具	东风（十堰）有色铸件有限公司
539	大功率电喷发动机齿轮室	东风（十堰）有色铸件有限公司
540	活塞外圆加工新型直线伺服电机	东风活塞轴瓦有限公司
541	一种细长杆带头螺栓的螺旋校直方法	东风汽车紧固件有限公司
542	消失模复合陶瓷型壳铸造工艺	东风精密铸造有限公司
543	牵引座	东风精密铸造有限公司
544	后簧后吊耳支架	东风精密铸造有限公司
545	发动机托架	东风精密铸造有限公司
546	前簧固定支架	东风精密铸造有限公司
547	前三角臂总成	东风精密铸造有限公司
548	油缸支架	东风精密铸造有限公司
549	商用车前接梁	东风精密铸造有限公司
550	乘用车前悬置	东风精密铸造有限公司
551	方向机支架	东风精密铸造有限公司
552	左连接支架	东风精密铸造有限公司
553	模块化座椅靠背锁扣	苏州东风精冲工程有限公司
554	硅脂加注头	东风富士汤姆森调温器有限公司

续 表

序号	专 利 名 称	专利权属
555	双重并联可拆式滤芯模块化机油滤清器	上海弗列加滤清器有限公司
556	组合式机油滤清器	上海弗列加滤清器有限公司
557	带锁紧机构的离心式机油滤清器	上海弗列加滤清器有限公司
558	一种小型滤芯侧置式空气滤清器	上海弗列加滤清器有限公司
559	空气进气道（商用车）	上海弗列加滤清器有限公司
560	车用门内杂物袋面板	东风伟世通（武汉）汽车饰件系统有限公司
561	用于汽车驾驶室手套箱的锁扣	东风伟世通（武汉）汽车饰件系统有限公司
562	搪塑模具清洗设备	东风伟世通（武汉）汽车饰件系统有限公司
563	一种用于表皮真空复合技术的修边切刀	东风伟世通（武汉）汽车饰件系统有限公司
564	汽车车门护板扶手骨架	东风伟世通（武汉）汽车饰件系统有限公司
565	新型汽车内饰开关装饰板	东风伟世通（武汉）汽车饰件系统有限公司
566	汽车内饰门板	东风伟世通（武汉）汽车饰件系统有限公司
567	车门内饰护板卡扣总成	东风伟世通（武汉）汽车饰件系统有限公司
568	门板上装饰板骨架	东风伟世通（武汉）汽车饰件系统有限公司
569	用于汽车内饰门护板的软质包覆层骨架	东风伟世通（武汉）汽车饰件系统有限公司
570	组合式仪表板无缝气囊盖板	东风伟世通（武汉）汽车饰件系统有限公司
571	门内饰上装饰板	东风伟世通（武汉）汽车饰件系统有限公司
572	一种表面油漆附着力强的塑料翼子板	东风伟世通（武汉）汽车饰件系统有限公司
573	专用汽车的专用装置动力系统	深圳东风汽车有限公司
574	装配式标准塑料垃圾桶翻转机构	深圳东风汽车有限公司
575	餐厨垃圾车上装	深圳东风汽车有限公司
576	垃圾车推头污水回流机构	深圳东风汽车有限公司
577	一种罐或厢尾门锁紧机构	深圳东风汽车有限公司
578	一种垃圾车	深圳东风汽车有限公司

续 表

序号	专 利 名 称	专利权属
579	一种垃圾箱	深圳东风汽车有限公司
580	一种可自动行走的垃圾箱	深圳东风汽车有限公司
581	垃圾车（车厢可卸式）	深圳东风汽车有限公司
582	装有电涡流缓速器的燃气商用车	东风新疆汽车有限公司
583	用于车厢后翻转座的装置	东风新疆汽车有限公司
584	发光二极管紫外线荧光探伤灯	东风德纳车桥有限公司
585	压缩空气存储气罐凝结水过滤收集箱	东风模具冲压技术有限公司
586	移动式弹性浮动支撑架	东风模具冲压技术有限公司
587	商用汽车驾驶室翻转装置整体式手动电动组合油泵总成	东风(十堰)汽车液压动力有限公司
588	基于牵引钩台车万向轮与定向轮互换控制机构	东风本田汽车有限公司
589	太阳能发电装置	东风本田汽车有限公司
590	全自动冲压线压机废料接料装置	东风本田汽车有限公司
591	空调冷凝水循环再利用装置	东风本田汽车有限公司
592	前格栅（轿车）	东风本田汽车有限公司
593	轿车	东风本田汽车有限公司
594	车身	东风本田汽车有限公司
595	发动机低缸体/缸体涂胶机的视觉监测系统	东风本田发动机有限公司
596	电磁托盘输送机构	东风本田发动机有限公司
597	发动机缸盖U－CAP压装机自动涂胶及上料方法	东风本田发动机有限公司
598	多品种多工位花键螺轴滚扎工艺	神龙汽车有限公司
599	基于多种类型动力总成共线柔性化装配的快速定位平台	神龙汽车有限公司
600	多车型装配平台快速联动自锁定位机构	神龙汽车有限公司
601	用于多系列车型不同轴距的后桥总成装配快速移动自定位平台	神龙汽车有限公司
602	压缩天然气汽车碰撞试验后燃气系统高压密封性能安全检测方法	神龙汽车有限公司

续 表

序号	专 利 名 称	专利权属
615	滚齿加工防垫切屑结构	神龙汽车有限公司
616	轿车（W23）	神龙汽车有限公司
617	前保险杠（W23）	神龙汽车有限公司
618	后保险杠（W23）	神龙汽车有限公司
619	手动前座椅（W23）	神龙汽车有限公司
620	电动前座椅总成（W23）	神龙汽车有限公司
621	后座椅（W23）	神龙汽车有限公司
622	后座椅靠背角度电动调节机构	神龙汽车有限公司
623	顶盖内饰板(W23)	神龙汽车有限公司
624	前顶灯护板(W23)	神龙汽车有限公司
625	后隔板装饰件N1V1（w23）	神龙汽车有限公司
626	后隔板装饰件N2V2（w23）	神龙汽车有限公司
627	车门密封条装备结构	神龙汽车有限公司
628	后行李箱盖板(W23)	神龙汽车有限公司
629	后视镜 (W23)	神龙汽车有限公司
630	车辆CAN-LIN网络诊断接口	神龙汽车有限公司
631	铝合金车轮（16寸）W23	神龙汽车有限公司
632	改善激光钎焊焊缝质量的喷吹结构	神龙汽车有限公司
633	自适应车顶浮动定位工装	神龙汽车有限公司
634	仪表板（TX3）	神龙汽车有限公司
635	副仪表板（TX3)	神龙汽车有限公司
636	气囊（TX3驾驶员正面）	神龙汽车有限公司
637	前座椅（TX3)	神龙汽车有限公司
638	后座椅（TX3)	神龙汽车有限公司
639	汽车后保险杠（TX3)	神龙汽车有限公司
640	前大灯（TX3)	神龙汽车有限公司
641	尾灯（TX3)	神龙汽车有限公司
642	前车门（TX3)	神龙汽车有限公司
643	后行李箱盖板（TX3)	神龙汽车有限公司
644	适用于涂装车间工位送排风系统的地下排风装置	神龙汽车有限公司
645	一次性使用分体式激光光纤杖	湖北医药学院附属东风医院
646	车用启动机自动测试控制器	东风朝阳柴油机有限责任公司
647	缸盖罩一体式发动机曲轴箱通风装置	东风朝阳柴油机有限责任公司
648	压力控制阀式发动机曲轴箱通风装置	东风朝阳柴油机有限责任公司
649	与水泵合为一体的齿轮室系统	东风朝阳柴油机有限责任公司

续 表

序号	专 利 名 称	专利权属
650	柴油机尾气后处理器与消音器集成装置	东风朝阳柴油机有限责任公司
651	柴油机用复合型进气预热装置	东风朝阳柴油机有限责任公司
652	带呼吸器的摇臂室罩总成装置	东风朝阳柴油机有限责任公司
653	废气再循环冷却装置	东风朝阳柴油机有限责任公司
654	摇臂罩密封装置	东风朝阳柴油机有限责任公司
655	带逆止功能的呼吸器回油装置	东风朝阳柴油机有限责任公司
656	四气门柴油机连通式复合进气道装置	东风朝阳柴油机有限责任公司
657	迷宫式油气预分离装置	东风朝阳柴油机有限责任公司
658	增强发动机机体强度的装置	东风朝阳柴油机有限责任公司
659	内凸式喷油器密封垫圈	东风朝阳柴油机有限责任公司
660	全封闭式橡胶密封圈	东风朝阳柴油机有限责任公司
661	安全连接多股导线的垫片	东风朝阳柴油机有限责任公司
662	三角扳手及其内三角螺纹塞	东风朝阳柴油机有限责任公司
663	废气再循环系统支架	东风朝阳柴油机有限责任公司
664	真空泵驱动连接件	东风朝阳柴油机有限责任公司
665	带有超越皮带轮的柴油机轮系传动装置	东风朝阳柴油机有限责任公司
666	柴油机滤清器低置布置结构	东风朝阳柴油机有限责任公司
667	内燃机油封安装器具	东风朝阳柴油机有限责任公司
668	旋压式涨紧轮	东风朝阳柴油机有限责任公司
669	发动机气门锁夹拆装器具	东风朝阳柴油机有限责任公司
670	发动机喷油器拆装胎具	东风朝阳柴油机有限责任公司
671	发动机气缸套拆卸装置	东风朝阳柴油机有限责任公司
672	发动机减振器拆卸装置	东风朝阳柴油机有限责任公司

续 表

序号	专 利 名 称	专利权属
673	带有冷却水接管的发动机吊耳	东风朝阳柴油机有限责任公司
674	柴油机飞轮壳	东风朝阳柴油机有限责任公司
675	柴油发动机用节温器装置	东风朝阳柴油机有限责任公司
676	燃气发动机水冷增压器系统	东风朝阳柴油机有限责任公司
677	后置型发动机呼吸器系统	东风朝阳柴油机有限责任公司
678	带有放油槽的油底壳	东风朝阳柴油机有限责任公司
679	盘式电机联合驱动装置	东风朝阳柴油机有限责任公司
680	发动机气缸套压装器具	东风朝阳柴油机有限责任公司
681	耐磨型调整螺钉和挺杆	东风朝阳柴油机有限责任公司
682	低排放的废气再循环系统	东风朝阳柴油机有限责任公司
683	带有蛇皮管的万向接头	东风朝阳柴油机有限责任公司
684	旋变式刀具断头起出器	东风朝阳柴油机有限责任公司
685	带有两对供电输出的接插头	东风朝阳柴油机有限责任公司
686	发动机皮带轮系检测量具	东风朝阳柴油机有限责任公司
687	四驱车型发动机油底壳	东风朝阳柴油机有限责任公司
688	密封面油孔防渗漏结构	东风朝阳柴油机有限责任公司
689	带有散热板的油底壳	东风朝阳柴油机有限责任公司
690	下置式废气再循环系统装置	东风朝阳柴油机有限责任公司
691	柴油机进气管路扰流装置	东风朝阳柴油机有限责任公司
692	发动机离合器安装器具	东风朝阳柴油机有限责任公司
693	车用预热塞性能试验自动检测控制器	东风朝阳柴油机有限责任公司
694	柴油发动机（1）	东风朝阳柴油机有限责任公司
695	柴油发动机（10）	东风朝阳柴油机有限责任公司

续 表

序号	专 利 名 称	专利权属
696	柴油发动机（11）	东风朝阳柴油机有限责任公司
697	柴油发动机（12）	东风朝阳柴油机有限责任公司
698	柴油发动机（13）	东风朝阳柴油机有限责任公司
699	柴油发动机（2）	东风朝阳柴油机有限责任公司
700	柴油发动机（3）	东风朝阳柴油机有限责任公司
701	柴油发动机（4）	东风朝阳柴油机有限责任公司
702	柴油发动机（5）	东风朝阳柴油机有限责任公司
703	柴油发动机（6）	东风朝阳柴油机有限责任公司
704	柴油发动机（7）	东风朝阳柴油机有限责任公司
705	柴油发动机（8）	东风朝阳柴油机有限责任公司
706	柴油发动机（9）	东风朝阳柴油机有限责任公司
707	柴油发动机（14）	东风朝阳柴油机有限责任公司
708	柴油发动机（15）	东风朝阳柴油机有限责任公司
709	柴油发动机（16）	东风朝阳柴油机有限责任公司
710	柴油发动机（17）	东风朝阳柴油机有限责任公司
711	柴油发动机（18）	东风朝阳柴油机有限责任公司
712	多层复合发动机密封垫	东风（十堰）气缸垫有限公司
713	发动机扭振减振器橡胶层结合部位结构	东风（十堰）发动机减震器有限公司
714	扭振减振器结构	东风（十堰）发动机减震器有限公司
715	一种贮气筒支架	东风（十堰）实业公司
716	一种堵头	东风（十堰）底盘部件有限公司
717	一种管接头座	东风（十堰）底盘部件有限公司
718	一种贮气筒框架总成	东风（十堰）底盘部件有限公司

续 表

序号	专利名称	专利权属
719	一种贮气筒	东风（十堰）底盘部件有限公司
720	汽车横梁钻孔夹具	东风（十堰）底盘部件有限公司
721	多孔钻动力装置	东风（十堰）底盘部件有限公司
722	弧焊机器人焊丝断供报警装置	东风（武汉）实业公司
723	一种汽车踏板助力回位弹簧机构	东风（十堰）车身部件有限责任公司
724	踏板装饰罩（3504122-Y37）	东风（十堰）车身部件有限责任公司
725	踏板装饰罩（3504101-Y31）	东风（十堰）车身部件有限责任公司
726	油门踏板装饰罩（1108300-Y31）	东风（十堰）车身部件有限责任公司
727	一种旋转轴密封件	十堰东森密封件有限公司
728	一种组合型旋转轴密封件	十堰东森密封件有限公司
729	一种螺纹保护塞	十堰东森密封件有限公司
730	空间距离测量仪	十堰东森密封件有限公司
731	动力总成惯性参数侧取综合试验台	十堰东森密封件有限公司
732	一种气门油封注射成型的冷流道	十堰东森密封件有限公司
733	一种盒式油封	十堰东森密封件有限公司
734	一种半轴油封	十堰东森密封件有限公司
735	保险杠（C330）	东风（十堰）特种车身有限公司
736	驾驶室（330）	东风（十堰）特种车身有限公司
737	保险杠（T660）	东风（十堰）特种车身有限公司
738	驾驶室（T660）	东风（十堰）特种车身有限公司

续 表

序号	专利名称	专利权属
739	东风商用车DCI11发动机的气阀栀	东风（十堰）汽车锻钢件有限公司
740	自卸车车厢	东风特种汽车有限公司
741	矩形管型材	东风特种汽车有限公司
742	纵梁焊接翻转架	东风特种汽车有限公司
743	一种自卸车车厢	东风特种汽车有限公司
744	公交车（EQ6105CHT）	东风特汽（十堰）客车有限公司
745	客车顶部风道	东风特汽（十堰）客车有限公司
746	汽车车窗玻璃升降器试验台	襄阳达安汽车检测中心
747	车载燃油系统检测用汽车翻转试验台	襄阳达安汽车检测中心
748	汽车车窗玻璃电动升降器试验台	襄阳达安汽车检测中心
749	汽车发动机总成转动惯量参数测量装置	襄阳达安汽车检测中心
750	乘用车质心位置测试装置	襄阳达安汽车检测中心
751	汽车安全气囊防止误触发试验装置	襄阳达安汽车检测中心
752	连杆式油门踏板控制装置	襄阳达安汽车检测中心
753	汽车装配线尾气收排装置	东风设计研究院有限公司
754	压缩空气露点精度控制装置	东风设计研究院有限公司
755	汽车行业总装生产线上的LED显示灯箱	东风设计研究院有限公司
756	地面输送线台车与牵引链积放脱钩装置	东风设计研究院有限公司
757	悬挂输送机的牵引链驱动张紧装置	东风设计研究院有限公司
758	基于超越离合器滚道的工件转挂方法及装置	东风设计研究院有限公司

表10

东风公司2011年度专有技术项目

序号	专有技术名称	专有技术发明单位
1	铝合金活塞重熔处理工艺	东风商用车技术中心 东风活塞轴瓦有限公司
2	EPS模复合精铸技术	东风精密铸造有限公司
3	焊装冲孔单元选择模型	东风汽车公司技术中心
4	整车配色管理	东风汽车公司技术中心
5	一种可以避免大型冷冲修边模调试中凸模啃刃口的方法——安全刃技术	东风模具冲压技术有限公司
6	一种粉末冶金模具逃粉槽结构设计方法	东风粉末冶金公司
7	螺旋齿限滑差速器锁止系数设计与确认方法	东风汽车公司技术中心
8	乘用车车门铰链轴的确定程序	东风汽车公司技术中心
9	基于损伤分析的中重型商用车承载系统当量分析方法	东风商用车技术中心

序号	专有技术名称	专有技术发明单位
1	缸体交叉油道孔贯穿性检查	东风轻型发动机有限公司
2	发动机总成试漏压力平衡技术	东风轻型发动机有限公司
3	一型多组电喷缸盖铸件垂直浇铸技术	东风商用车铸造一厂
4	车身焊装工位时序设计模型	东风汽车公司技术中心
5	一种蠕铁缸盖铸造工艺及工艺设计原则	东风商用车技术中心
6	一种重型驱动桥壳铸造新材料及制造工艺	东风商用车技术中心
7	一种柴油发动机铝合金活塞余温淬火新工艺	东风商用车技术中心
8	耐高温高强度精密莫来石陶瓷模型制作工艺	东风商用车技术中心
9	高分散性碱性镀锌添加剂技术	东风商用车技术中心
10	一种高精度粉末冶金燃油泵齿轮(IT6级)制造工艺	东风粉末冶金公司
11	MA变速箱二轴XF1037磨槽金刚滚轮设计及调整方法	神龙汽车有限公司
12	发动机下线免冷热测试工程保证体系	东风本田汽车有限公司
13	车身开启件成组同步上线技术	东风本田汽车有限公司
14	纳米气泡装置在废漆处理工艺中的应用	东风本田汽车有限公司
15	GF线新砂箱设计	东风股份铸造分公司
16	弯道矢量摩擦爬坡技术	东风汽车公司技术中心
17	异组气缸前后腔交叉并联控制技术	东风汽车公司技术中心
18	高压铸造机自动化集成单元模式	东风本田汽车有限公司
19	低压铸造模具涂模自动化	东风本田汽车有限公司

续 表

序号	专有技术名称	专有技术发明单位
20	一种电控柴油发动机排放控制区位置设计方法	东风康明斯发动机有限公司
21	乘用车NVH主观评价方法	东风汽车公司技术中心
22	碰撞试验车辆牵引对准	东风汽车公司技术中心
23	乘用车声品质试验与分析技术	东风汽车公司技术中心
24	设计检查清单和变更点管理表	东风汽车公司技术中心
25	备案参数管理系统	东风汽车公司技术中心
26	控制多焊缝缸体加强板焊接变形的方法	东风模具冲压技术有限公司
27	HYPERWORKS软件用户化程序二次开发——刚性单元批量生成	东风商用车技术中心
28	驾驶室举升时的强度校核法	东风商用车技术中心
29	人机操作界面设计及评价方法	东风商用车技术中心
30	不同冲压条件下拉延模型面变形补偿标准	东风模具冲压技术有限公司
31	轿车发动机下护扳长玻纤增强聚丙烯材料配合体系	神龙汽车有限公司
32	汽车材料回收性能及禁用物质控制信息处理技术及管理方法	神龙汽车有限公司
33	一种改善电控发动机排放区域内燃油经济性方法	东风康明斯发动机有限公司
34	Benchmarking 分析要素	东风汽车公司技术中心
35	手感优秀的乘用车回弹式行程开关设计方法	东风汽车公司技术中心
36	整车通信网络信号矩阵设计方法	东风汽车公司技术中心
37	不完整故障里程分析方法与中重型商用车主要总成故障里程分布	东风商用车技术中心
38	发动机流固耦合计算方法	东风商用车技术中心
39	混合动力中型卡车应用软件架构设计	东风商用车技术中心
40	车型数据配置化管理的方法	东风商用车技术中心
41	整车燃油系统排气技术	东风商用车总装配厂
42	一种高PV值粉末冶金铜基含油轴承配方研制	东风粉末冶金公司
43	汽车零部件材料回收序列	神龙汽车有限公司
44	MA变速箱自导向多锥环同步器技术	神龙汽车有限公司
45	行李箱盖系统设计流程和设计指导	神龙汽车有限公司

表11

东风公司2011年度 获中国汽车工业科学技术进步奖项目

二等奖(2项)

序号	项目名称	完成单位	主要完成人
1	神龙汽车有限公司武汉二厂高档轿车工艺开发及应用	神龙公司	刘卫东 陆佑德 陈慧 付伙根 李果智 黄海 郝建明 李景华 林先炳 张红桥
2	东风新一代商用车仪表板模块化技术开发及应用	东风伟世通（十堰）汽车饰件系统有限公司 东风有限制造规划部 东风商用车技术中心	宋志兵 游国清 王靳 吴怀主 徐卫 何宝杰 夏卫群 邢俊娜 王光超 罗晓兰

三等奖(8项)

序号	项目名称	完成单位	主要完成人
1	Cy4102系列柴油机排放升级产品研发及产业化实施	东风朝阳柴油机有限责任公司	贾贵起 曹晓峰 李金武 贺兆欣 陶海峰
2	电控柴油机系列传感器开发及产业化	东风襄樊仪表系统有限公司	杨健 陈通 王太斌 侯斐 杨小兵
3	EQX131下缸体加工自动线的研制	装备公司设备制造厂	李建宝 王建军 唐善洲 张日新 叶丛超
4	重型桥壳冷压成形技术的研究及应用	东风商用车技术中心 东风德纳车桥有限公司	彭振国 胡坤林 周文东 严兵 徐凌云
5	商用车总装配厂重型车生产线工艺设计与应用	东风商用车总装配厂	熊云奇 何杰 许昌 郑毅 吴俊杰
6	汽车用700N/mm²级高强度钢板的应用研究	东风商用车技术中心 东风商用车车架厂 东风专用汽车有限公司	欧阳可居 董朝闻 冯小松 严家富 刘永超
7	企业集团全球采购协同管理电子商务平台	东风商用车公司 东风有限信息系统总部 武汉东浦信息技术有限公司	李京桥 金丙中 杨毅 王科兵 吴正洪
8	汽车商务领域营销服务信息化平台的研发与应用	神龙公司	陆非 雷新 魏文清 石毅鹏 钟家桂

表12

东风公司2011年度
获中国机械工业科学技术奖项目

二等奖(4项)

序号	项目名称	完成单位	主要完成人
1	神龙汽车有限公司武汉二厂建设	东风设计研究院有限公司 神龙公司	毕　胜　王正龙　付伙根　李长征 陈　慧　杨岩敏　何海平　段西兵 聂大军　张红桥
2	Cy4102系列柴油机排放升级产品研发及产业化实施	东风朝阳柴油机有限责任公司	赵　庄　贾贵起　曹晓峰　李金武 张宏辉　武振海　陶海峰　赵树志 刘剑峰　张永胜
3	重型变速箱副箱支板轻量化	装备公司刃量具厂 十堰港汉实业公司	梁　海
4	曲轴在线综合测量仪的开发	装备公司刃量具厂	刘继斌　王文利　张　毅　陈发勇 景根成　张　艳　郭　香　马　勇 赵　霞　李晓辉

三等奖(4项)

序号	项目名称	完成单位	主要完成人
1	东风悦达起亚汽车有限公司第二工厂建设工程	东风设计研究院有限公司 东风悦达起亚汽车有限公司	刘喜春　乔惠蓉　陈维平　王丽萍 徐　越
2	车身焊接成型及输送新技术开发与应用	东风乘用车公司	朱　旭　张宁红　陈革华　陆伟民 张丽桂
3	发动机台架试验柔性可调支撑	东风商用车发动机厂	武大明
4	企业集团全球采购协同管理电子商务平台	东风商用车公司采购总部 东风有限信息系统总部 武汉东浦信息技术有限公司 北京书生电子技术有限公司	李京桥　金丙中　洪增礼　杨　毅 吴正洪

表13

东风公司2011年度科学技术进步奖项目

一等奖（10项）

序号	项目名称	完成单位	主要完成人
1	新一代军车技术的创新暨作战军车系列开发	东风汽车公司技术中心	黄 松 陈建贤 曾 斌 范 仲 周忠胜 史建鹏 向继伟 吴海涛 王成云 陈荣桐 张鹏程 王一苹 凡小都 张轶斌 吴 炜
2	东风商用车总布置标准化模块化设计	东风商用车技术中心	蒋 鸣 叶爱凤 黄遵国 陈 林 季晓刚 王金胜 董朝阆 张仁新 刘国庆 李瑾宁 魏莉薇 杨良明 周祥生 袁 祥 黄志刚
3	汽车产品材料回收及禁用物资控制技术研究与应用	神龙公司	谈民强 李明桓 贺小辉 苏冬梅 李果智 薛 勇 蔡训赤 程冬霞 杨娇娥 肖莉萍 付伙根 王本满 吴洪涛 谢耀文 何文翔
4	24万台发动机生产及动力总成和底盘集成装配的工厂精益化设计及建设	东风本田汽车有限公司	刘一平 何小平 杨亚平 张国发 杜卫东 郑宇新 朱 砂 刘新元 李 敬 张剑昭 郭 宏 曹 沂 黄孝平 陈 爽 李一林
5	商用车车辆制造供应链管理系统	东风汽车有限公司信息系统总部 东风商用车公司 武汉东浦信息技术有限公司	黄 刚 赵凌非 杨声亮 占素池 刘开国 夏鹏涛 刘 波 於南平 曹 志 金明敬 肖志军 任宗源 李丽萍 杨 琴 俞喜娟
6	风行景逸两厢乘用车（B12）开发	东风柳州汽车有限公司	唐因放 唐 竞 李 骏 邹增粮 黄荣生 张龙岗 周 俊 卿 雕 周 辉 韩永飞
7	东风系列校车开发及国家标准制定	东风襄阳旅行车有限公司	邝 勇 彭建斌 陈 涛 陈 振 王界行 王庆新 冯根伍 曾 勇 徐 伟 任晔路 丁名祥 姜敬发 易小力 刘含超 赵健生
8	商用车大型内饰件优化设计与工业化	东风伟世通（十堰）汽车饰件系统有限公司	游国清 宋志兵 张卫华 邢俊娜 董 双 张慧立 王 鑫 黄立祥 杨 益 金绍凤 徐海峰 李 凤 李晓勇 罗晓兰 刘 宪
9	东风本田侧围立体仓储自动配送系统的研制	东风特商专用设备厂 东风本田汽车有限公司	胡 涛 潘建新 王鹏海 叶禁武 叶少军 李鑫锋 汪建春 陈 欢 公 彦 刘名扬 王 勇 宋建飞 李 峰 黄晓军 袁新亮
10	C10-08缸体混合柔性生产线的研制	装备公司设备制造厂	蔡士龙 胡维军 张日新 周培明 唐善洲 叶丛超 邓少屏 张云平 朱卫东 胡华章 柯勤练 李 丽 左泽敏 胡绪莲 王 静

二等奖（39项）

序号	项目名称	完成单位	主要完成人
1	具有自动排污及冷却功能新型卸载阀的研究与应用	东风股份商品研发院	龚 洪 丁治海 张耀举 赵宇驰 张晶峰 陶叶江 苏显念 澹晓红 张 朋 武强波
2	新一代东风轻卡后驱动桥总成的开发及应用	东风股份商品研发院 东风德纳车桥有限公司	白清慧 龚 洪 高永东 朱 锐 李春强 李 旭 江 欢 陈 超 王庆伍 苏显念
3	基于分品系营销的东风轻型商用车开发	东风股份商品研发院	张晶峰 沈 健 徐 勇 强小文 冯 超 朱 辉 田 华 李 辉 洪光辉 黄玉华
4	ZD30轻型柴油发动机开发	东风轻型发动机有限公司	邓基峰 余国强 梅亚峰 李 旸 李海波 江琳琳 谢德海 陈群芳 杨 波 贾育恒
5	GF线砂箱扩容及设备改造	东风股份铸造分公司	穆文华 庞争群 魏江华 赵学清 张建斌 吴大春 马刚晗 高文平 赵跃进 罗 毅
6	水性涂装线24万辆提升方案优化设计与精益管理研究与应用	东风本田汽车有限公司	王 康 王 吉 勾天生 马千里 滕晓文 席建斌 周 旻 徐 辉 王豪魁 朱显军
7	24万辆乘用车焊装柔性生产线的设计和应用	东风本田汽车有限公司	曹东杰 刘名扬 黄国胜 魏 化 扶正义 王 龙 申 林 高 潮 徐黎明
8	东风自主品牌乘用车涂装生产线设计及应用	东风汽车公司技术中心	李庆华 刘忠厚 朱 旭 曾双灿 金 玲 王立新 郭俊华 王俊平 杨 林 毛国平
9	焊装线系统技术改造的研究与应用	东风汽车公司技术中心	张宁红 陈革华 陆伟民 颜杰军 张丽桂 成 剑 庞风华 姜守斌 张 茂 赵光德
10	东风汽车有限公司汽车文献与情报资源共享平台开发与应用	东风有限研发资源规划部 东风有限信息系统部	邓耀文 雷春菊 冯刚琼 王转宁 王 成 刘玉俊 韩为友 李 华 奚美丽 李纯菊
11	东风康明斯发动机有限公司客户关系管理信息平台（DCEC-CRM）研发与应用	武汉东浦信息技术有限公司 东风康明斯发动机有限公司	李 博 于建平 周 剡 吕 勇 吴 蕾 段晓军 唐荣举 刘向刚 左庆敏 熊 萍
12	东风有限资产管理系统开发与应用	东风有限制造规划总部 东风有限财务会计总部 东风有限信息系统总部	邹恒琪 乔 阳 李智光 齐细元 许志勇 占素池 刘开国 张启耀 龙 军 李文先
13	缸盖1号线OP80-OP130自动化搬运系统的研制	东风本田发动机有限公司	占富清 崔志锋 王宏博 付光启 曹伟燎 牛永松 左庆科 谢伟钢 邓崇发 彭勇超
14	工业固体废物收集系统研制与应用	东风本田零部件有限公司	常胜虹 汪学明 伍福兴 张大鹏 朱文娟 王晓鹏

续 表

序号	项 目 名 称	完 成 单 位	主 要 完 成 人
15	东风天龙8X4重型山区载货车开发	东风商用车技术中心	季晓刚 杨细元 王 征 肖 宁 贺新堰 王 伟 黄则鸣 陈军选 申运波 边维静
16	东风大力神DFL3280系列标载自卸车开发	东风商用车技术中心	蒋学锋 严利群 赵浩南 卿 鹏 余典典 刘建峰 孙文璟 戴 克 刘海霞 杨新波
17	东风天锦中型工程车系列车型开发	东风商用车技术中心	丁小甦 孙为群 韩殿清 王 雪 桑璟如 王 飞 邓 瑞 冯薇丽 赵 武 彭友德
18	商用车制动系统性能提升	东风商用车技术中心	叶爱凤 丁小甦 罗以娇 刘少军 胡华东 马蜀超 魏晓峰 李 淼 张光哲 万小兵
19	重型电控柴油机起动性能水平提升技术的研究与应用	东风商用车技术中心	陈小迅 陈功军 陈伟建 胡 前 唐西清 张仁新 杨细元 康丽丽 苏 波 张 娜
20	整车电环境模拟测试研究及应用	东风商用车技术中心	于 波 苏 毅 宋宏贵 郄鹤峰 丁继先 杨 卓 周 伟 秦世星 庄亦重 袁中富
21	成本分析策略在汽车商品开发中的应用	东风商用车技术中心	汪 曙 方炜静 华 中 谈红艳 陈 伟 刘琴芳 丁年生 陈静荔 崔 波 黄大志
22	提高变截面钢板弹簧可靠性和抗过载能力方法的研究	东风商用车技术中心 东风汽车悬架弹簧有限公司	朱蕴策 瞿海锦 高亮庆 张小军 蔡松涛 杨 帆 罗志龙 谢万春 陈云华 田 朕
23	新型系列化塑料空滤器产品开发及产业化	上海弗列加滤清器有限公司	袁建军 杨晓东 夏晓川 侯艳秋 刘 涛 张丽炜 伍 智 于献琦 郁海刚 任立军
24	大型复杂精铸件技术开发与批量生产	东风精密铸造有限公司	杜孔明 黄华龙 成 江 文小虎 刘 睿 王 斌 李 宾 李静平 卢定全 马 波
25	商用车整车控制器（VECU）产业化	东风襄樊仪表系统有限公司	韦 军 侯 斐 王太斌 程 杨 程春林 彭爱军 唐西清 杨小兵 杨 健
26	电控发动机用发电机的开发与应用	东风汽车电气有限公司	张 丽 杨成群 李 锋 马晓琴 邓坤忠 张贤杰 花 蓉 左少红 赵 华 聂 华
27	东风标致408系列轿车的开发及工业化	神龙公司	窦继胜 邱现东 雷 新 闫 励 赵天阳 怀 远 罗新华 沈 燕 刘绪亮 万世明
28	变速箱齿轮加工技术的创新和应用	神龙公司	唐练泉 王远华 李兴武 郑栓牢 龚昌钧 夏 维 夏 曦 李建华 杨晓松 陈红军

续 表

序号	项目名称	完成单位	主要完成人
29	曲轴动平衡机控制系统的研究与改进	神龙公司	周　毅　何正清　李渔清　张跃华　杨正凯　柯洪超
30	乘用车车身顶盖及地板通用化夹具的开发	装备公司设备制造厂	李　翔　蔡士龙　张日新　庄广校　王伯藤　李　锑　戈锋辉　聂　勇　李必敏　李　丽
31	出口大马力发动机齿轮工艺开发与应用	装备公司刃量具厂	吕　江　肖振斌　邹保文　李汇源　付新波　张宪政　陈介元　马升彬　程　涛　周莉娟
32	基于UG模具设计工具的客户化开发与应用	东风模具冲压技术有限公司	胡　海　唐　薇　何奇志　汪小松
33	超临界CO_2萃取技术在天然药物有效成分提取及质量控制中的应用研究	东风公司总医院	陈琴华　李　鹏　何宏生　李　斌　杨汉东　袁房均　朱　军　陈富超　李秀楼　王嫦鹤
34	40MN锻造生产线技术改造工程	东风锻造有限公司	李建周　朱红建　赵洪波　闵显文　李　军　沈英杰　陈　迪　司马智民　杨立明　王建设
35	广汽日野重卡桥开发与应用	东风德纳车桥有限公司	陈纪淮　邹米清　叶鲲鹏　冯喜成　黄士勇　许　波　张步良　江兵华
36	基于CAN总线的ABS整车检测系统的开发与应用	东风商用车总装配厂 东风有限制造规划总部	蒋治成　吴俊杰　巩安周　张前磊　谢　浩　陈龙成　刘昌雄　戴文海　李志祥　常云鹏
37	GF气冲造型线静压技术改造	东风商用车铸造二厂 东风商用车公司制造技术部	郝　强　武炳焕　马怀生　侯立春　伍　燕　李长生　罗光伟　左厚春　李德庆　焦振功
38	冲压新车准备数字化分析体系的构建和应用	东风日产乘用车公司	陈国才　关雪娟　刘庆华　胡　卫　马东宇　余　立　阮利春　李司臣　熊国秀　王　锋
39	逍客改款车型开发	东风日产乘用车公司	姚　斌　吴长鹏　谢德敏　吴泽群　何　辉　邓志强　熊寿忠　农云飞　韩鹏飞　李昌荥

三等奖（99项略）

公司(党委)办公室工作

【概况】 公司(党委)办公室是公司行政、党委日常办事机构和协调部门,内设秘书处、调研处、综合处、接待处和外事处,负责公司文秘、调研、外事、信访、机要、保密、史志、档案、公关接待、国家安全、应急管理和社会责任等业务管理工作。2011年7月,公司办新增接待处。截至年底,在册员工29人。赵书良任主任,郭涛任副主任。

2011年,公司(党委)办公室紧紧围绕公司年度工作目标,认真贯彻落实公司2011年工作会精神,以强化职能、提升价值、更好地服务公司决策和管控为目标,继续深化制度建设和办公室系统建设,团结协作,扎实工作,认真履行了各项职责,较好地发挥了职能作用,各方面工作完成年初既定的工作目标。

(宋凤超)

【公文管理】 结合公司总部组织机构调整和各部门进出人员变化较大的实际情况,对公司总部各职能部门的OA账户和发文情况进行了清理。组织各职能部门,清理规范了OA用户使用情况,对OA系统有效用户、应清理用户以及新增加用户进行了确认。同时,对各职能部门的文件(文头、文号)进行了清理,新成立部门根据未来业务工作需要,研究提出适合本部门使用的文件种类,其他部门根据业务职能的变化,按照精简、实用、高效的原则,对正在使用的文件进行清理和重新确认。通过对OA账户和发文情况的清理工作,进一步理顺了公司的发文关系与流程,确保了公司党政公文的流转规范、畅通、高效和安全。

全年接收上级来文2892份,制发公司各类文件830份,推荐4篇公文参加国资委组织的中央企业报送公文评价和优秀公文评选活动,公司被国资委评为“2011年度中央企业报送公文无差错企业”。

(宋凤超)

【保密管理】 进一步夯实公司保密工作基础,建立健全公司保密工作体系。下发和实施《东风汽车公司商业秘密管理暂行条例》,对公司商业秘密保护作出明确要求与规定,并确定了《东风公司商业秘密划定指导目录》和划定东风公司总部(包括公司技术中心)商业范围(目录)及等级。针对国资委保密办对公司保密检查中发现的问题,协同公司相关部门在考察其他中央企业经验与做法的基础上,研究信息化条件下加强公司保密工作的总体方案和实施策略。组织召开公司保密全委会,就加强公司保密工作的总体方案进行汇报,并通过了公司保密全委会的审核。

针对公司总部组织机构进行较大幅度的调整,各职能部门办公区域调整搬迁的情况,对各部门在搬家过程资料文件清理提出保密要求,对各部门清理出来不再使用的各类文件资料进行集中统一销毁。进一步加强对公司员工的保密教育,增强保密意识,9月,先后组织两批公司各单位80余人观看了中保委和国家保密局组织的“全国窃密泄密案例警示教育展”。

(黄晓泓)

【社会责任管理】 按照国资委和公司领导对社会责任工作的要求,不断完善公司社会责任管理制度体系。完成《东风汽车公司社会责任工作管理办法(试行)》草案,推进落实已发布的《对外捐赠管理办法和信息报送工作》,加强公司对外捐赠工作的规范管理。编制完成了《东风汽车公司社会责任年报2010》。联络国资委、民政部,推进“东风公益基金

3月10日,东风帮扶大学生村官专项基金项目启动。

会”的登记注册工作,搭建公司履行社会责任的统一平台,加强公司社会责任工作协同管理,聚集资源,打造东风公司的社会责任品牌。

3月10日,“东风帮扶大学生村官项目”在恩施正式启动实施,合作各方按照工作安排,积极沟通,认真开展工作,完成了“项目培训”阶段的工作。

8月9日,公司向湖北省妇女儿童发展基金会捐赠12辆东风风行菱智医疗救护车,作为“母亲健康快车”投放到红安、大悟等大别山革命老区县市和黄冈市所有县(市、区),为广大妇女儿童提供公益流动医疗健康服务。东风品牌汽车光荣成为“关爱母亲,关注健康”使命的承载者。

公司高度注重援藏工作,公司第五批医疗援藏队3位医生圆满完成了任务,公司拨付1015万元,完成登卡村道路、藏香厂、贡觉县综合办公楼、农牧民活动中心、镇政府大院改造项目等援建项目。

公司积极参与对口帮扶和新农村建设,在湖北省恩施市、丹江口市、兴山县、房县、浠水县投入近400万元资金和物资,促进当地新农村建设、教育事业、医疗事业和地方文化建设的发展。公司在对口支援新农村建设工作中被评为湖北省“新农村建设先进工作队”。

(叶　云)

【“三万”活动】 公司积极响应湖北省委、省政府的号召,派出由4名干部组成的工作组参加“万名干部进万村入万户”(简称“三万”)活动,工作组4名干部从2011年3月8日进驻黄冈市团风县总路咀镇上畈、冷水井、夕阳冲、瓦土库4个村,按照“送政策、访民情、办实事、促发展”的总体要求,圆满完成了各项任务。公司“三万”活动小组3个月共实现入户访谈近1000户,开展典型问卷调查72户,建立农户访谈基础台账1207份,将党的惠民政策一览表发放到农户手中;开展了15次办实事活动,公司“三万”活动办实事为驻点村援建11个项目,捐助资金70万元;帮助完善了村级管理制度和村组发展规划,化解各类矛盾纠纷30多起。在此过程中,东风干部把东风的精神文化带到实际行动中,在农村干部群众中赢得了良好的口碑。公司工作组被湖北省委和省政府授予“‘三万’活动先进工作组”称号。

9月20日,4个村的村民代表以及总路咀镇干部来到公司总部,向东风公司赠送了锦旗,冷水井村赠送锦旗:“投资建设办实事 服务基层解民忧”;上畈村赠送锦旗:“赢得百姓心 为民办实事”;瓦土库村赠送牌匾:“访民情情系百姓 办实事服务三农”。

(周艳军)

【信访工作】 东风公司总部信访办阅研处理督办各方来信65件,接待处理协调来访83批次、170人次。

全年来信来访主要诉求集中在:购车用户投诉质量、服务及其赔偿问题,十堰市城区改建涉及的公司居民房屋拆迁安置补偿问题,单位改制划转重组中人事变动及其利益问题,企业管理者管理能力、作风和勤政廉洁问题,员工薪资收入分配待遇问题,劳动人事管理、用工问题,社会保险、福利待遇问题,困难群众求助求援,涉法涉诉案件等方面。

针对公司总部来信来访的实际情况,公司总部信访办针对重点事项协调督办。重点参与了公司20年家属工、占地合同工群访事项的专题协调工作,参加工作小组下访,走访基层单位进行专项工作的督导、推进、检查、协调、倾听了解、宣讲,以及后期政策解读、解释、维稳等工作,圆满促成这一多年信访积案的解决。

针对公司下属整车企业的购车用户,到总部上访闹访事件增多这一情况,公司信访办及时协调组织,重点督导处置了东风乘用车公司、东风商用车公司、东风特种商用车公司、东风云南汽车有限公司等多起用户上访闹访事件。重点协调稳控处置了多起疑难老上访户事件和集体上访问题,并开展了专题下访协调工作。

(王　英)

【史志工作】 完成公司2011卷年鉴编纂出版工作。修订完善编纂大纲，搜集本卷年鉴23个专栏所需文稿图片资料100多万字。开展业务研讨培训100余人次。经精心编纂、五审五校，最终公开出版的2011卷《年鉴》。全书共92万字、341幅照片、32个图表。公司年鉴在第五届全国年鉴编校质量检查评比中获二等奖。

与此同时，保质保量完成公司对外7部行业、政府年鉴相关栏目的文稿图片资料组织、编纂、审核、编校工作，共计7万余字、60余幅图表，被中汽协年鉴期刊社和中国机械协会年鉴社分别评选为先进单位和个人。继续推进公司志的编修，完成初稿初审编纂工作。

（王　英）

【档案管理工作】 11月，公司下发《东风汽车公司关于明确档案管理体制的通知》，明晰管理体制，科学整合公司档案资源，确定"东风汽车公司档案馆"为总馆，设置在东风汽车公司办公室。按照业务和职能分工，下设三个"分馆"：十堰分馆（设置在十堰管理部）、产品分馆（设置在技术中心）和音像档案分馆（设置在东风电视台）。

公司启动了十堰基地老档案馆的修缮改造项目，总计投入资金80余万元，完成库房修缮、消防系统改造、购置档案装具等。改造后的档案馆，彻底消除存在的安全隐患，新增加库房面积600多平方米。

公司各级档案部门以公司开展的档案管理达标升级活动为契机，把达标工作作为促进企业档案工作上台阶的重要抓手，狠抓档案基础工作，强化档案服务职能，努力提高管理水平。当年，公司共有17个单位（公司）通过档案管理达标。

截至年底，全公司共有档案案卷总量134.6万卷，以件为保管单位的档案有42万件，公司全年利用档案7.1万人次，利用资料5.8万人次，公开出版及内部出版的编研成果64种、471万字。公司档案室总建筑面积4.2万平方米，档案库房建筑面积2.9万平方米。

（杨耀红）

【调研信息工作】 围绕公司中心工作和公司领导的活动安排，较好地发挥了调研职能作用，高质量完成年度调研任务和各类重要材料的起草工作，为公司推动经营工作与开展内外传播工作提供了原创性智慧资源。起草的主要材料包括：公司工作会、职代会、年中工作会报告，向中央领导的工作汇报。对中央第四企业金融巡视组反馈意见的整改落实工作方案，以及科技大会、经营协同推进会、科技创新大会、东风自主品牌年度百万辆汽车下线仪式等10多个重要会议的公司领导讲话，对推动相关工作起到了指导作用。同时，完成了向国资委等国家部委的汇报，以及公司领导参加各种论坛、峰会的发言材料。

围绕公司经营重点，多层面、多角度的开展专题研究，增强了调研的决策参谋作用。完成的《东风自主品牌乘用车发展调研报告》受到公司领导的高度肯定；开展了东风自主创新、日本大地震对汽车行业的影响、中国新能源汽车发展战略等课题的研究。

完善公司内信息上报渠道，加强信息时效性，提高信息质量。全年共编发《东风信息快报》56期、《集团要情》5期、《信息参阅》43期，并高质量地完成《2011年公司年报》编制与印制工作。

（梅　清）

【公务接待】 根据集团总部"三个中心"建设的需要，按照"专业的人做专业的事"规划，公司办在年底成立接待处，并于2012年1月1日正式运行。新成立的接待处是公司接待工作的业务指导与归口管理部门，主要负责公司重大公务接待活动的组织实施，公司接待工作软硬件环境建设，公司接待工作系统建设与维护，国家及地方政府、相关企事业单位接待业务的对口联络和关系维护等。

公司公务接待工作坚持服务生产经营大局，以进一步加强接待工作制度化、规范化、程序化建设，提高接待工作服务质量和服务水平为目的，注重对接待流程的优化以及接待工作的总结，从来宾（团组）的满意度、接待服务质量、预期效果等方面进行分析、评估，及时查漏补缺、纠正完善，接待工作质量得到进一步提高，圆满完成各项接待任务，较好地发挥了职能作用。完成重大公务接待项目有：6月1日，中共中央总书记、国家主席、中央军委主席胡锦涛视察东风公司；11月4日，原中共中央政治局常委、国务院副总理李岚清视察东风公司；11月14日，全国人大常委会副委员长路甬祥视察东风公司;全国民主管理现场经验交流会等。全年共接待宾客170批1900余人次,累计安全出车2800次。

(李　慧)

【督办工作】 为夯实公司督办工作基础,制定并印发《东风汽车公司、中共东风汽车公司委员会督办工作实施细则(试行)》,规范了公司督办工作流程,明确督办工作范围,制定督办工作原则,提出督办工作要求。5月26日,召开公司重点帮扶东风活塞轴瓦公司项目督办工作推进会,组织7个帮扶单位针对涉及产品、商务共计24个项目的帮扶工作进行了阶段性总结,为公司"大协同"工作提供样板和典范。当年对列入督办范围共计27个项目进行跟踪、落实、反馈。其中关闭项目12项,结转15项。编制《督办工作情况通报》三期。2011年,公司督办工作拓宽与丰富了督办内容,强化推进力度和通报考核。

(姜　俊)

【应急管理】 贯彻ISO9000标准化体系,坚持PDCA持续改善应急管理体系。完善了东风公司应急预案(第三版),其中修订19项预案,新增《供应链中断突发事件应急预案》、《处置大面积停电事件应急预案》两项预案。

运用多种方式提升应急管理工作力度。正式开通并启用东风应急预警短信平台;组织公司各单位建立首批应急志愿者队伍;向社会公开征集并评审确定东风公司应急管理LOGO和第一批共30条应急宣传用语;在全公司范围印制下发《东风公司应急知识小手册》;围绕119防火安全周组织开展了突发火灾应急演练。

(汪　波)

【外事管理】 公司外事工作牢固树立服务意识,开拓思路,创新工作方法,服务公司"走出去"战略。全年办理出国(境)任务审批及护照签证299批1296人次;办理对外邀请208批402人次;接待外宾40余批300余人次。

完成电子护照的筹备工作,做到了设备、人员培训"两到位",顺利渡过了从普通版护照向电子版护照的"转换期";建立公司语言人才库,为公司高层和业务部门的涉外活动提供专业的语言支持;6月,组织参加华侨华人创业发展洽谈会,举办了东风公司汽车展,东风展厅面积达400余平方米,并参与"千人计划"人才展、海外人才招聘会活动;快速反应,积极应对西亚北非动荡局势、日本地震突发事件,启动应急预案,一方面摸清公司在日以及西亚北非人员情况,包括工作地点、人数等详情,提醒其注意人身安全;另一方面严控期间访日、赴西亚北非地区国家的团组,协调有关单位取消或调整出国安排。在外事接待和对外交往过程中,注意挖掘有价值的商业信息,及时传递信息,组织业务交流,促进进出口等业务工作,主动创造价值。

(陈仕龙)

【外国专家管理】 全年为80位外国专家及其122位家属申批签发《来华工作许可》80份,为外国专家办理专家证214份。继续做好外国专家来华工作证件管理系统试点运行工作,在国家外国专家局举行的"外国经济技术专家管理工作征文活动"中,东风公司总结外国专家来华工作证件管理系统试点工作经验的文章,获得优秀奖;向湖北省外国专家局申报的技术中心2011年度引进国外技术、管理人才项目——S15车型开发项目,获得湖北省引智专项支持资金16万元。做好湖北省"编钟奖"申报工作,神龙公司副总经理、技术中心总部长勃拉姆荣获"编钟奖",并出席了湖北省委、省政府举办的国庆招待会。

(陈仕龙)

【国家安全工作】 积极配合湖北省和武汉市、十堰市、襄阳市国家安全部门,做好人民防线工作。东风公司被武汉市评为"2011年度国家安全人民防线建设先进单位"。

(陈仕龙)

战略规划管理

【概况】 2011年7月，原东风公司规划部更名为东风公司战略规划部。战略规划部是负责公司战略规划、投资管理、新事业发展的职能部门，内设投资管理处、战略规划处、商用车事业发展处、乘用车事业发展处、零部件事业发展处。截至年底，在册人员28人，其中研究员级高级职称专业人员1人，副高级职称专业人员18人，中级职称专业人员5人，初级职称专业人员1人。廖振波任部长，张祖同、王彬彬任副部长。

2011年是“十二五”规划的开局之年，战略规划部主要围绕完善制度建设、宏观环境研究、公司“十二五”计划编制、重大合资合作项目推进、年度投资项目审核、东风集团商用车、乘用车及零部件事业规划布局和发展方案、专题研究、专业委员会提案、重要专题项目等方面开展了工作。

【公司“十二五”战略规划完善】 1月4日，在公司东湖会议上，战略规划部汇报了2010年编制的东风公司“十二五”战略规划草案，会议通过讨论，原则通过该草案，并提出了修改完善意见。会后，战略规划部组织相关部门对规划草案进行了补充完善。3月，形成正式的“十二五”战略规划文本。

东风公司“十二五”战略规划明确，“十二五”期间东风公司的战略目标是做强做优，建设“国内最强、国际一流”汽车制造商。通过“十二五”时期的发展，企业综合实力、自主创新能力、国际竞争力、可持续发展能力、抵御风险能力显著提高；企业更加和谐稳定，职工物质文化生活水平普遍提高，整车销量跃上500万辆规模；行业地位更加稳固，经营质量保持行业领先，销售利润率保持在6%以上；自主品牌（含合资企业自主品牌）比重达到50%左右，其中东风自有品牌比重达到40%以上；东风自主产品海外销量比重超过10%。重点战略任务是：围绕加快转变发展方式、加快自主发展步伐两个发展主线，实现东风自主品牌乘用车事业和新能源汽车事业发展、自主研发能力提升、汽车关键总成资源掌控、合资事业平稳发展、海外事业拓展、集团战略管控能力增强、人才竞争力提升。

为了确保东风公司“十二五”期间的战略目标和重点战略任务顺利实现，战略规划部多次对公司高管进行了“十二五”的规划贯宣讲解活动。

在东风公司“十二五”战略规划的总体框架下，战略规划部还组织公司相关单位编制了《东风零部件发展纲要》草案和《东风自主品牌发展规划》。《东风零部件发展纲要》对未来东风零部件事业的战略定位、战略目标、核心零部件产品目录、零部件事业规划布局、培育核心竞争力以及实施保障措施等方面进行了细化，批准发布后将成为东风未来零部件事业发展的纲领性文件；《东风自主品牌发展规划》已于2011年12月正式发布。

【公司投资情况及主要投资项目】 总体投资情况。当年，公司共完成建设投资143.73亿元，其中主业投资141.3亿元，占完成投资的98.3%；非主业投资2.43亿元，占完成投资的1.7%。按项目阶段划分，新开工项目投资48.84亿元，占完成投资的34%；续建项目投资94.89亿元，占完成投资的66%。到位资金143.73亿元，占完成投资的100%，其中自有资金131.64亿元，占到位资金的91.6%，银行贷款12.08亿元，占到位资金的8.4%。公司全年共完成股权（产权）投资9.03亿元，全部为自有资金。按投资方向划分，主业投资6.78亿元，占完成投资的

75.1%;非主业投资2.25亿元,占完成投资的24.9%。

主要投资项目。(1)东风品牌乘用车项目。该项目固定资产总投资37亿元,项目于2007年开工。2011年完成投资3.16亿元。(2)东风公司技术中心建设项目。该项目固定资产总投资6.93亿元(不含土地费0.55亿元),项目于2008年开工,2011年完成投资1.17亿元。(3)东风有限48万台乘用车发动机改扩建项目。该项目固定资产总投资13.7亿元,项目于2009年3月开工。2011年完成投资6.3亿元。(4)东风有限花都新工厂建设项目。该项目固定资产总投资50.78亿元,,于2010年7月开工。2011年完成投资16亿元。(5)东风有限商用车8万辆总装能力项目。该项目固定资产总投资2.7亿元,于2010年7月开工。2011年完成投资4.22亿元。(6)东风本田第二工厂乘用车项目。该项目固定资产总投资55.6亿元(其中一期工程投资24.5亿元),于2010年12月开工。2011年完成投资15.5亿元。(7)神龙公司新1号平台、新2号平台项目。该项目固定资产总投资58.25亿元,于2011年1月开工。2011年完成投资20.29亿元。(8)东风裕隆项目。该项目固定资产总投资31.4678亿元,于2010年开工。2011年完成投资5.88亿元。

【专题研究工作】 《打造世界一流汽车集团》课题研究。该课题为中国汽车工业协会组织研究的《中国汽车产业发展战略》子课题之一,由东风公司承担。战略规划部组织公司相关职能部门并与天津中心一起从世界一流汽车指标确定、世界一流汽车集团的主要特征、中国主要汽车生产企业与国际一流汽车集团对标分析、中国汽车产业打造世界一流汽车企业措施建议等方面进行了深度研讨。7月,该课题通过中汽协组织的课题评审,受到专家委员会好评。

《东风汽车面临的挑战及对策研究兼论新能源汽车战略的机遇及挑战》课题研究。该课题是国资委监事会调研课题,内容主要包括东风汽车公司的发展历程、现状,以及事业发展的典型案例、对国际一流汽车企业的研究及对标分析、东风未来所面临的挑战、东风汽车的发展规划、政策建议等方面。10月,由战略规划部代表公司向国资委监事会进行专项调研汇报,课题报告得到了国资委监事会的高度评价。

汽车相关政策专题研究。第三阶段燃油消耗量限值专题——跟踪三阶段油耗限值政策变化,测算企业CAFE值,分析应对技术方案,政策解读。党政机关公务用车采购政策研究专题,为公司下一步公务用车产品发展提供决策支撑。

【专业委员会专项工作】 商品委员会提案。东风自主品牌乘用车C级三厢乘用车商品概念提案和东风自主品牌SUV车型商品概念提案(2011年4月13日)。两个提案从东风未来C级乘用车细分市场及产品定位、用户群体、卖点、量价设计和东风自主品牌SUV车型各细分市场特征,东风进入的目标应对、研发考虑、项目计划及下一步工作方向等方面向商品委员会作了介绍和汇报。

投资委员会。第一次投资委员会会议(2011年3月31日),东风(十堰)特种商用车公司及所属汽车液压动力有限公司厂区搬迁及扩能项目方案汇报;十堰管理部水务公司花果污水处理分厂技术改造项目方案汇报;东风神宇车辆有限公司十堰工业新区新厂区建设方案汇报。第二次投资委员会会议(2011年6月20日),东风与航盛集团合资成立"电子电控科技有限公司"项目方案汇报;十堰工业新区水、电、气跟进服务项目方案汇报;东风汽车进出口公司关于参与浙江银轮机械股份公司股票增发项目方案汇报;东风鸿泰座椅合资项目方案汇报;东风鸿泰外饰件合资项目方案汇报;汽车轻量化国家重点实验室建设项目方案汇报;总部信息化建设项目方案汇报。第三次投资委员会会议(2011年6月24日),东风裕隆汽车有限公司增资项目方案汇报。

【重要专项工作】 1.东风雷诺项目。开展雷诺产品线分析、计划导入中国市场产品的竞争能力分析、细分市场分析及判断,产品项目组工作展开。2.大自主乘用车事业协同。协同工作推进。3.福汽集团以及安徽汽车工业相关研究。福汽集团及安徽汽车工业乘用车产品、市场状况以及重组价值和机会研究等。4.东风集团三缸发动机专题——三缸汽油机发展状况及东风集团内部资源协同专题研究。5.公司重大项目前期工作。东风—沃尔沃合作项目:签署《战略合作备忘录》、起草双方合作基础协议、事业计划工作。11月23日启动桌面尽职调查。东风—格特拉克合作项目:尽职调查、招标书编写工作。东风—雷诺合作项目:事业计划(经济分析)、可行性研究报告编制。东风日产柴转型项目:完成项目(核准)申请报告,并于9月1日上报浙江省发改委。东风小康项目:完成项目评审、项目核准报告通过国家发改委产业协调司、外资司审核。武汉中誉资产收购。6.国家专项资金支持项目。争取国家重点产业振兴和技术改造专项资金项目两项,获国家专项资金支持2791万元。项目通过国家发改委和工信部项目初步审核、中介机构评估与答辩,两部委下达项目批复和专项资金计划。该项目专项资金支持东风汽车股份有限公司商品研发院二期工程2165万元和东风模具冲压技术有限公司乘用车覆盖件模具制造能力建设项目626万元。7.东风公司十堰基地"十二五"发展规划(简称东风十堰"61行动计划")推进实施。根据"关于政企共建百万辆级整车生产基地战略合作协议",东风公司重点加大东风商用车整车、东风渝安、东风实业、东风零部件、东风商用车动力总成为主的五大工业园区建设。公司和十堰市政府为了加快推进相关事宜,成立了"61行动计划"专项课题组,明确完善政企共建工作机制,通过加强高层沟通协调决策重大事项,工作层面加强交流推进相关事项顺利展开。4月8日,召开了第一次政企高层研讨,上半年围绕高层沟通会形成的决议,完成了以下相关工作:西城工业园区整体规划用地调整方案;动力总成工业园、装备工业园区场地平整方案;原零部件工业园布局方案及场地平整;中岳路建设相关事宜协调推进;联合工厂后续环境整治方案;公司五大园区水电气基础配套设施建设方案。8.节能与新能源汽车发展规划和事业推进。积极跟踪了解国家新能源汽车政策,并指导集团工作,与PSA技术人员就国家新能源汽车政策进行沟通,积极与国家工信部、发改委、财政部、国资委等部门联系,以指导公司各单位推进节能汽车(惠民工程)和新能源汽车的相关工作。协助新能源汽车事业平台工作,推进公司规划的落实,与中电联企业(中海油、东风电气、南方电网等)进行交流、参与新能源汽车事业平台对新能源汽车重点项目的评审工作、协调推进公司新能源汽车发展战略的相关事宜。参与国资委中央企业电动车联盟工作,派专人代表公司支持中央企业联盟工作,与航天科技、东方电气集团等电池、电机总成单位签订开发责任书4项,另有4项在谈,达到了利用中央企业优势资源,实现同步开发目的。为加强与联盟内成员单位交流,分别与东方电气、国家电网、航天科技集团、中海油等10家央企进行了关于新能源汽车的交流和互访。

【公司事业支持工作】 参与日产技术援助协议谈判以及东风日产电池项目。参与神龙DCT项目、神龙公司合资合同及章程修改、神龙公司技术代价方案的修订以及神龙第三工厂及发动机项目支持。参与东风本田合资合同及章程的修改、东风本田派驻协议及服务协议的修订、东风本田技术代价的谈判。参与DND转型项目及TD项目。参与东风彼欧、东风江森、东风史密斯项目。对DYK的支持(政策、关联交易、重大项目等)。参与格特拉克项目、雷诺项目、东风小康项目、东风裕隆增资及MPV项目、中发联项目、东风李尔项目。拟订东风与广西柳州战略合作协议以及东风与湖北省的战略合作协议。完成两期事业支持信息、日本地震及核泄漏影响分析、东风合资事业发展自主品牌的简要概述、协助完成东风合资乘用车企业KD件、提成费2010年度情况简报。

【制度建设】 制定东风公司董事会战略投资委员会议事规则。为保障东风公司战略规划和重大投资决策的质量,增强决策的科学性,防范决策风险,根据《中华人民共和国公司法》、《企业国有资产监督管理暂行条例》、《董事会试点中央企业董事会规范运作暂行办法》、《东风汽车公司章程》以及《东风汽车公司董事会议事规则》,结合公司实际情况,规划部牵头制定《东风汽车公司董事会战略投资委员会议事规则》。制定东风公司下属合资合营公司重大事项管理办法。为完善东风公司法人治理结构,维护公司的合法权益,依法行使公司对合资合营公司的管理职能,保证国有资产的保值增值,依据国家相关法律法规的规定,结合公司的实际情况,规划部牵头制定《合资合营公司重大事项管理办法》。

(张均生)

经营管理

【概况】　2011年7月，原运营管理部调整为经营管理部，其中部分业务纳入组织信息部和国际事业部。原计划财务部统计业务、规划部事业支持处业务（不含与战略相关业务）纳入经营管理部管理。经营管理部是公司及各经营单元目标设定、运营分析及绩效评价、经营资源协调、综合统计和合营公司事业支持的职能部门。内设运营管理处、统计分析处、经营协同处、合营事业支持处、安全生产监督管理处、节能减排与环境保护管理处。截至年底，在职员工16人。雷平任部长。

2011年，经营管理部以各事业单位业务实际为基础，构建公司运营综合管理平台，加强细分市场及自主品牌运营分析，及时跟踪各子公司的动态运营，协调解决公司运营中的困难和问题，确保公司各项运营目标完成。全年共完成《东风公司月度运营分析报告》12期、东风汽车公司董事会专题报告2期、东风汽车集团股份公司董事会专题报告3期、其他相关专题分析报告20份。在“3•11”日本地震事件中建立紧急信息通报机制，编制上报《“3•11”地震应对周报》10期。与此同时，编制《车市扫描》49期，共计约750万字，为公司的经营管理、决策提供有效信息支撑。

【市场营销研讨会召开】　5月13—15日，东风公司2011年春季市场营销研讨会在河南举办，会议主题是“惜时势，胜未来”。公司领导徐平、朱福寿、童东城、刘卫东、周强、蔡玮、任勇等出席大会。会上，董事长徐平作重要讲话，总经理朱福寿作主旨报告。会议在总结过去历次营销研讨会成果的基础上，首次发布《东风营销（郑州）宣言》，明确东风公司整体的市场营销行动纲领和处事准则。会议一如既往地树立东风大营销理念，研讨内容覆盖乘用车、商用车等全业务范围。同时根据市场实际情况新增两个议题，一是研讨区域大卖场建设可行性，二是研讨总结“3•11”日本地震的风险控制经验。会议还邀请甘肃武威市政府代表参与区域大卖场建设研讨，听取西部地区政府部门在此领域的工作思路和发展设想。会上交流发言的单位有郑州日产、神龙公司、东风本田、东风乘用车公司、东风悦达起亚、东风日产、东风裕隆销售公司、东风小康、东风商用车公司、东风神宇等。

【两个工作报告撰写完成】　经营管理部组织完成《东风公司（2010）年度工作报告》和《东风汽车集团股份有限公司（2010）年度工作报告》的撰写，合计约30万字。根据要求，需要上报年度工作报告的下属子公司由上年的27家，增加到32家，由运营管理部集中审核和统一印刷上报，合计约超过100万字。为进一步提高年报编制的综合质量，经营管理部在12月组织召开《2011年年报工作编制启动培训会》，对下属所有单位和部门进行集中培训。为引导和鼓励各单位认真填报、正确填报，对2010年各单位的年报质量进行综合评价，对15家及时上报的单位授予“组织优秀奖”，对10家综合质量较好的单位授予“质量优秀奖”。同时为使各单位能及时了解内容变化，清楚填报规范，特邀请国务院国资委监事局的年报工作专家莅临公司，开展培训。

【绩效管理】　根据国务院国资委“中央企业负责人经营业绩考核工作会议”提出的总体要求，对照年初制定的目标和任务，公司绩效管理工作紧紧围绕落实中长期战略规划、建立绩效考评动态调整机制、推进领导班子任期业绩考评三条主线，注重考评过程中有效性与合理性相结合，不断优化具有东风特色的绩效管理体系，取得明显的工作成效。

召开公司绩效管理大会，积极推进任期业绩考评。为全面总结“十一五”公司绩效管理工作的成效和经验，进一步明确未来几年公司绩效管理的总体思路，7月，组织召开东风公司绩效管理大会。公司董事长徐平、总经理朱福寿分别就完善具有东风特色的绩效管理体系，加强和改进绩效考评工作作出具体部署，国务院国资委综合局领导就公司进一步发挥绩效管理的导向作用提出明确要求。会上，公司总经理与24家单位负责人签署任期考核责任书，各事业单元领导班子的责任心被充分调动起来，更加关注对集团公司绩效导向和战略落实的跟踪。

建立绩效考评动态调整机制。经过多次研讨会和征求意见，逐渐在集团内部建立统一的调整机制，由集团总部和各事业单元共同承担市场环境变动的影响，选取行业销量(TIV)、汇率、市况等影响KPI设定的主要前提条件，在前提条件发生较大变化时，实行双向动态修正，在可控范围内由各事业单元自行消化市场压力。

健全全员业绩考核制度，圆满完成监事会专项检查。5—6月，国务院监事会随机检查集团总部、东风鸿泰武汉控股集团有限公司、郑州日产汽车有限公司、东风柳州汽车有限公司，重点针对全员业绩考核实施情况，在考核体系、考核方法和制度、考核结果运用、监督机制等方面进行检查，检查组充分认可以总经理办公会作为绩效考评的决策机构、以绩效管理委员会作为绩效考评的职能机构的“一主一辅”运行架构，以团队绩效、高管绩效、员工绩效逐级展开的分层分类管理模式。

【行业协会相关工作】 继续保持与东风公司名义参加的各类协会学会的联络工作，先后接待中国汽车工业协会、中国机械工业联合会等对东风公司调研和访问。协调推进中国汽车工业协会会费的收缴工作；保持与全国乘用车联席会、湖北汽车工业协会等信息分享和业务联络工作。完成中国机械工业联合会组织的“功勋企业和功勋企业家”的申报工作。东风公司荣获“装备中国功勋企业”，公司董事长、党委书记徐平荣获“装备中国功勋企业家”荣誉称号。组织参加 “第三届中国企业创新活动日暨2011(第十一届)中国企业创新论坛”。公司董事长、党委书记徐平被授予“2011中国企业最具创新力十大领军人物”荣誉称号。根据湖北省企业家联合会、湖北省企业家协会“关于组织开展第十七届湖北省优秀企业(金鹤奖)和湖北省优秀企业家(金牛奖)评选表彰活动”，先后组织以东风公司为代表的11家企业为优秀企业，同时推举11名优秀企业家。按照中国企业家联合会和中国企业家协会的要求，完成申报“2011中国企业500强”相关工作。

【经营协同】 经营管理部根据新的职能要求，在继续完成东风与中石化湖北公司年度合作协议的签订，推进与中国邮政业务合作的同时，启动钢材集中协同采购的相关工作。组织参加“中央企业业务合作暨内部招商会议”。10月28日，组织召开东风公司经营协同工作大会，会议落实签订经营协同合作协议项目50项，其中东风商用车与东风股份关于驾驶室战略协同项目合作协议等6项协议在会议现场签署。会议同时发布经营协同项目100项。东风商用车等8家优秀经营协同单位和神龙公司二期能力建设项目等10项优秀经营协同项目在会上受到表彰。公司董事长、党委书记徐平在会上指出，加强协同是公司自身发展的需要，是建设和谐东风的需要，公司上下要深入落实科学发展观，增强协同发展意识，全面加强协同发展，努力开创协同发展新局面。公司总经理朱福寿作公司经营协同工作报告。

【合营事业支持】 为适应新的工作需要，经营管理部完善事业支持处职能、工作流程，夯实工作基础。根据公司组织机构调整精神与要求，完善合营事业支持处工作流程，拟定集团公司下属合营公司。完成合营公司分工管理建议；合营公司重大事项管理办法(建议稿)；东风汽车集团股份有限公司派出董事参加董事会管理办法(修改建议稿)；东风汽车集团股份有限公司派出董事管理办法(修改建议稿)。发文收集与整理合营公司董事会事务信息(第一批34家)等。

参与合资公司股东会谈以及重大项目的准备与落实。先后完成东风与PSA高层会谈、神龙公司董事会预备会、东风与PSA专项会谈、神龙公司产品工业技术委员会；东风与日产高层会谈、东风与日产专项会谈；东风与本田高层会谈、东风与本田专项工作交流；参加中发联董事会及股东会，东风裕隆董事会、东风日产柴董事会等。参与合资公司外方母公司就合资公司相关的合同谈判、修订及执行监督工作；参与合资公司相关管理工作服务和支持；参与合资公司重大项目的准备与落实；编制事业支持3期；完成《重庆力帆的销售简析》；完成东风本田事业与本田公司交流对策建议稿；完成《日本地震及核辐射对汽车行业的影响分析》等。配合参与公司“十二五”规划、事业计划、零部件战略研讨、东风康明斯ISZ项目、DND项目、电动车项目、东风小康项目、东风裕隆增资、十堰基地政策、东风日产高端品牌车型导入、新事业支持老事业的帮扶等。

【统计管理】 较好地完成统计信息和统计调查任务，为公司各级领导的经营决策提供统计信息资源，为各级管理部门提供及时准确的统计信息服务，全面完成国家各级统计局及各业务主管部门的统计调查任务，得到上级主管部门的认可，被分别授予“机械行业协会综合年报先进集体”、“汽车行业协会和汽车流通协会统计工作先进集体”、“武汉市统计局优秀组织单位”等称号。

严格执行统计规章制度，确保统计信息及时准确和渠道的畅通。制定东风公司统计管理办法，对统计报表管理和对外发布信息等作出规定，确保统计信息流程和渠道畅通，保证统计资料的连续性和完整性。通过采用先进的数据收集手段，在第一时间收集到最基层大量的统计信息，提高统计信息的真实性、准确性、完整性、及时性。同时，严格执行统计法各项规定，杜绝拒报、迟报、瞒报的现象发生，保证统计信息来源可靠和渠道畅通，维护统计工作的严肃性，保证东风公司统计资料的真实可靠。

全面完成统计年报和定期报表。召开公司统计工作会议，对公司各级统计人员进行集中培训，采取分专业、分类型培训方式，扎实抓好业务培训工作，逐级落实年报工作任务，明确职责，分工协作，做到报表有出处，数据有源头。对统计报表的种类、计算方法、统计范围、报送时间和方式作出详细的安排和严格规定，并组织各子公司和报表单位先自查后集中审核，保证东风公司和上级统计部门统计调查任务的顺利完成。

完善统计分析内容，及时发布分析报告。为确保行业信息更全面、更直观、更快捷，6月，经营管理部对月度统计分析报告的模板进行改版，由以前的PPT模式改为电子表，分析内容做出较大改动，增加企业集团乘用车汇总、各产品的市场份额和排名，为公司领导掌握行业情况提供有力的数据支撑。

加强服务职能，提高信息服务质量。在上报纸质资料同时，增加短信、邮件、系统展示等服务方式，提高统计信息时效性。信息发布日常化。把信息发布作为统计分析处的日常工作之一，定期进行统计信息的发布。每月2日、6日、12日、15日分别发布有关公司、行业和主要竞争对手资料，主要财务指标等资料，及时反映公司的发展状况和行业以及竞争对手的状况，为公司领导和各级管理部门提供第一手素材。加大产销日报、周报的力度。每天上午随时跟踪、关注产销日报的报送情况，及时督促，周一及时汇总，为公司各级领导和管理部门动态了解公司整体生产状况及各个事业板块的生产状况服务，受到广泛欢迎。

【组织参加统计知识竞赛】 武汉市统计局特别邀请东风公司参加武汉市第十七届职业技能大赛，作为首次受邀组队参加此项赛事“工业统计”比赛项目的单位，经营管理部组织在汉企业踊跃参与。经过选拔，组织8名统计人员参赛，取得较好成绩，有4名同志进入前10名，分别列第四、五、八和第九名。

【投资项目管理】 合理安排年度固定资产投资计划。公司总部直属单位固定资产投资管理以资金管控为重点，在清算各二级单位年度可用资金的前提下，合理安排其年度固定资产投资计划，全年会同战略规划部对十堰管理部、襄阳管理部、特商、总部技术中心、乘用车公司等单位的固定资产投资进行会审，确保重点项目资金建设。制定固定资产报废管理办法。针对公司固定资产报废管理工作现状，征求相关部门意见，经过讨论编制公司固定资产报废相关管理流程及办法草案。完成国债项目竣工验收工作。会同规划部、审计部、管理部等单位完成技术中心第三批国债项目、第六批国债项目。东风有限信息化项目国债项目、商用车车身厂山上工程国债项目、中重型载货车技术改造国债项目的竣工验收工作。根据公司职能划转的要求，完成投资项目管理工作移交。8月开始，公司职能调整后，完成与财务会计部、战略规划部的固定资产投资项目管理和投资统计工作的移交。

【安全生产管理】 公司安全生产工作紧紧围绕“安全第一、预防为主、综合治理”的方针，加大隐患治理力度，强化安全生产责任落实，加强安全培训，落实各项预防措施，有效地推进公司安全生产工作，保持公司安全生产状况持续稳定。2011年前10个月共发生生产安全事故36起，其中重伤事故1起、轻伤事故35起。轻伤事故中，东风有限28起、神龙公司2起、十堰管理部3起、东风特商1起、东风(十堰)实业公司2起。与上年同期相比，事故总数减少10起。

加强安全生产工作目标管理，组织编制公司安全生产“十二五”规划。年初召开公司安全生产工作会议，对全年安全生产工作作出安排部署，下达安全生产控制指标。各单位根据公司责任目标的分解情况，逐层分解，细化安全管理目标及年度完成指标，明确职责分工，形成分级管理、分线负责，横向到边、纵向到底的管理体制。组织编制公司“十二五”安全生产规划。规划对公司“十一五”安全生产工作进行回顾，对“十二五”安全生产指导思想、规划目标、主要任务、保障措施进行了确定。

加强建设项目“三同时”管理，从源头提升安全水平。根据《国家安监总局关于开展中央企业建设项目职业卫生“三同时”情况调查的通知》通知要求，为加强建设项目职业卫生“三同时”管理工作，公司组织对2009年以来公司存在职业危害的新建、改建、扩建建设项目和技术改造、技术引进项目，执行职业卫生“三同时”制度情况进行一次摸底调查。经调查，公司新上的项目基本上都按照要求做建设项目职业卫生安全评价；对于未做职业卫生安全评价的老项目，要求有计划有步骤地还清欠账。

精心策划、开展安全月活动。根据国家关于开展安全月活动要求，公司开展以“安全责任，重在落实”为主题的安全月活动。5月30日晚，欧阳洁副总经理在东风电视台发表“安全责任、重在落实、共建生态文明低碳新生活”安全环保月电视动员讲话。各单位组织员工进行收看，广泛动员全体员工积极参与“安全月”活动。充分利用局域网、广播、黑板报、橱窗等宣传阵地进行广泛宣传。公司根据湖北省安监局要求，组织各单位参与省“人保财险”杯安全生产法律法规知识网络答题活动，全公司共计有20998人参加网络答题活动，通过此次答题提高了广大员工对安全法律法规的认识。

开展各种应急救援演练活动，完善应急救援程序。公司结合自身特点，进行消防、防洪、防中暑、工伤急救、自然灾害事件逃生、危险品泄露、环境污染等应急救援演练活动。通过演练不断完善应急救援程序。通过演练使各工厂由单一的工伤、防洪、消防演练向多种可能突发安全事故应急演练转变，如时间不确定的紧急疏散演练、防中暑、集体中毒、自然灾害等一系列的特色演练，从根本上增强员工自救能力意识。

加强安全生产宣传教育，形成齐抓共管的良好氛围。公司利用电视、广播、展板等媒介集中宣传安全法律法规相关知识，增强员工知法、懂法、守法意识；同时举办各类安全学习班，聘请有关专家对应急管理、职业健康监护、KYT安全改善、SES评价等方面内容进行培训。各级党委、工会、共青团针对本单位的实际，有领导、有组织、有计划地开展各项安全生产活动。通过“党员安全示范岗”、“团员青年身边无事故”、“安全知识问答”等行之有效的活动，增强广大员工的安全生产意识，教育广大员工自觉做好安全生产工作，形成齐抓共管安全生产的良好局面。

【节能减排与环境保护】 节能减排与环境保护工作围绕国家政策法规，以控制节能减排“三大指标”为中心，积极推动环境保护工作；以落实国家法规为基础，全面防范环境风险与隐患整改；以抓重点单位、重点项目为突破口，不断增强节能减排与环境保护工作的有效性与持续性。主要工作成效：全面杜绝各类环境污染事故的发生，全面完成节能减排目标，各类环保目标持续稳定运行，各类污染物综合监测达标率达到97%以上。

以完善节能减排“三大体系”为重点，进一步夯实节能减排基础。制定2011年节能减排KPI目标，确保公司任期目标的实现。不断加大节能减排监测体系的建设，通过检查、调研、个别辅导和报表审核等方法进一步规范统计方法、统计口径，明确监测要求与要素。制定“十二五”节能减排方案和项目节能、环保管理办法，整合并修订节能减排与环境保护领导小组工作制度等，推动和规范公司依法开展节能减排工作。

抓住节能减排、环境保护工作的重点，全面开展风险防范。11月3日，经营管理部组织对十堰热电厂、水务公司、襄阳热电厂等公司重点环保单位进行现场检查，督促襄阳热电厂限期修复脱硫设施，尽快投入规范运行；组织召开十堰基地各单位、襄阳管理部所属单位防范环保、安全风险会议，要求各单位依法规范做好安全环保、节能减排工作；协调推进十堰西城工业园区污水集中处理项目的工作进度，推动公司节能减排、环境保护重点工作的有序开展。组织开展节能减排和环境保护工作检查。各单位通过自查，查找工作中存在的问题，发现和预防环境风险。公司于9月26—30日对12个单位进行监督检查，发现各类问题或隐患56个，通过现场检查指导，已整改完成各类隐患、风险49项，其余7项正在督导整改中。

认真做好节能减排的统计与信息报告工作，按时报送相关报告与报表工作。编制2010年度清洁生产实施情况报告与报表，按时报送国家工信部；组织编制“2011年中央国有资本经营预算重点行业减排项目”和“2011年中央国有资本经营预算工业重点节能技术改造项目”可研报告及报表等资料，报送财政部，请求资金支持8950万元，此申报已获财政部5000万元资金支持。

（黄承林）

人事(干部)管理

【概况】 2011年7月,东风公司对总部组织机构进行了调整,人事(干部)部社会保险中心整体划转至东风公司社会事业管理中心。职能调整后的人事(干部)部由干部处、员工管理处(原人力资源处)、薪资处、培训教育处、总务处组成,东风公司职业资格评价和劳动关系协调办公室纳入人事(干部)部管理。人事(干部)部岗位总编制数(含高管)47人。何伟任部长,胡卫东任副部长。

人事(干部)部是公司干部管理(高级管理人员管理)、人力资源配置、人才管理、劳动关系管理、薪资分配、培训教育、员工评价、总部机关事务管理的职能部门。同时承担东风公司绩效管理指导委员会、人事委员会、企业年金理事会、基金管理委员会、董事会提名委员会、薪酬与考核委员会以及东风集团股份薪酬委员会的日常办事工作,其中企业年金理事会、基金管理委员会日常工作自同年7月转至东风公司社会事业管理中心。

人事(干部)部通过加强和改善领导班子建设,不断提高选人用人工作满意度,干部员工对公司选用工作整体满意度达到95.6%。全公司提拔提职竞争性选用比例和总部直管高管新提拔和提职竞争性选用比例双双超过目标值;通过创新人才的培养集聚手段,不断吸引高端创新人才;通过直管单位及公司研发机构薪酬优化,不断提高公司薪酬竞争力水平。围绕公司"十二五"发展规划,科学编制并发布公司人力资源事业计划与公司"十二五"人才发展规划。通过加强人事干部系统建设,着力提升集团人事干部工作的整体水平和人事干部队伍的综合素质。

全年提出并经公司党委常委会、总经理办公会、人事委员会、绩效管理指导委员会、基金管理委员会、年金理事会审议通过的议题达45项;制定制度14项,修订完善1项。

(韩永民)

【公司选人用人工作满意度测评工作】 人事(干部)部按照中组部、国资委检查组对东风公司2011年度选人用人工作满意度检查要求,准备各类测评表、测评名单、公司主要领导近年关于干部工作的讲话和近两年干部工作总结等。检查期间,组织现场测评会,对公司选人用人工作和近两年提拔的重要高管进行满意度测评;提供各类基础材料,包括研究干部的会议记录、招聘记录、干部档案等,供检查组查阅;组织相关领导接受个别访谈;召集部分相关下属单位人员与检查组领导进行座谈;就选人用人工作接受检查组的询问;检查结束后,根据要求提供相关数据和材料,为检查组的检查总结报告撰写提供帮助。根据中组部反馈显示,选人用人工作民主评议4项内容总体满意和基本满意率为93.4%(120家央企平均为92.9%,以下括号中数据均为120家央企平均值),与2010年相比,下降2.2个百分点。其中,选人用人工作、整治用人上不正之风、执行选人用人政策法规、深化选人用人制度改革评议情况,满意与基本满意率之和分别为96.5%(93.8%)、92.1%(92.1%)、96.5%(93.8%)、88.6%(92.0%)。新选拔任用中层领导人员满意和基本满意率之和为83.2%(78.4%),高于2010年4.8个百分点。

(刘玉朝)

【中组部对公司领导班子考核工作】 1月17日,中组部对公司领导班子进行2010年度考核,人事(干部)部按照要求,收集汇总领导班子及各成员述职报告、测评大会人员名单、民主测评表等。检查期间,组织班子见面会,现场测评会,对公司领导班子2010年度工作进行考核测评;协助组织安排谈话工作,组织相关领导接受个别访谈。考核工作结束后,根据要求提供相关数据和材料,为考核组的考核总结报告撰写提供帮助。

(刘玉朝)

【公司"十二五"人才发展规划发布】 以落实国家人才强企战略和科学人才观为统领,更好地服务公司自主创新事业和国际化战略,编制并发布公司"1258"人才发展规划。其核心内容是:

明确"一个总体目标",即建设一支总量、结构与公司事业发展相匹配,素质与贡献度居行业前列的人才队伍。至2015年,人才总量约为60000人,增幅40%,其中汽车主业人才总量约为52000人,增幅50%。

突出"两项重点任务",即加速聚集自主创新人才、大力培养造就国际化人才,形成具有行业竞争优势的两类重点人才群体。

优化"五大工作机制",即高效运行选人用人满意度机制、构建科技人才成长机制、健全高技能人才培育机制、探索中长期激励机制、完善人才交流共享机制,着力解决机制运行中的突出问题,体现东风特色,持续优化人才成长环境。

推进"八大人才工程",即东风企业家培养工程、东风技术权威引领工程、高端技能专家培养工程、海内外高层次创新人才引进工程、高管队伍结构优化工程、高潜质人才培养工程、国际化人才培养工程、人才培养基地建设工程,锁定高端人才,以内部培养为主,外部引进为辅,实现优化结构、提升素质的目标。

(余开亚)

【董事会制度完善】 修订完善了《东风汽车公司董事会提名委员会议事规则》、《东风汽车公司薪酬与考核委员会议事规则》、《东风汽车公司关于董事会、党委会、经营管理层工作关系的意见》、《东风汽车公司高级管理人员薪酬管理办法》、《东风汽车公司高级管理人员绩效考核管理办法》、《东风汽车公司高级管理人员选聘管理办法(送审稿)》等相关董事会制度,进一步健全公司法人治理结构。拟定公司董事会提名委员会、薪酬与考核委员会2012年工作计划;撰写专委会审议建议报告书等相关会议材料。

(曾　苗　张永红)

【领导班子建设】 落实公司《星级"四好班子"管理暂行办法》,以领导班子思想政治建设带动、用创建"四好班子"星级达标活动驱动、与"创先争优"活动联动,加强各级领导班子建设。分层完成129家党委包含"四强"党委、"四好班子"考评和"一报告两评议"、"领导班子综合考核"等多项内容的考评工作。经公司党委常委会研究,确认创建"四好班子"五星级单位83家、四星级单位34家、三星级单位12家。在及时表彰并组织会议和书面经验交流的基础上,集中以文字和图表形式进行反馈,指出不足,督促整改。各级领导班子对自身建设十分重视,整体水平大幅提高。

(吕仁君)

【高管资源配置】 员工对公司选用工作整体满意度达到95.6%。21个直属单位中,19个单位均在90%以上。1.加强选用工作领导,扩大民主,增强竞争,指标意识得到强化。全公司在提拔提职161名高管中,竞争性选用比例达到34.8%,超过目标14.8个百分点。公司总部直管高管,新提拔和提职共51人,竞争性选用比例达27.5%,新提拔高管竞争性选用达58.3%,双双超过目标值。2.继续推进高管跨板块交流,针对性日渐突出。全年全公司共交流高管人员90人,其中跨板块交流达67%,高出目标37个百分点,较上年同期提高16.4个百分点。干部跨板块交流,更加注重对自主品牌事业和国际化事业的支持、更加注重对管理基础相对薄弱事业单元的援助。3.配合公司总部组织机构调整,及时做好人力资源配置,为公司管控模式的转变提供有力的人力资源保障。在公开招聘过程中,结合岗位特性,增设员工代表评议团,并导入履历分析、结构化面试、无领导小组讨论等先进人力资源测评工具。

(刘玉朝)

【高管薪酬优化】 1.对班子成员年度考核时,在组织进行360度行为评价的基础上,增加了民主测评和个别谈话程序,对班子成员的年度工作评价更全面、更客观、更准确。2.优化了平衡预算点,使个人的平均评价结果与团队的评价结果更加匹配,从而引导大家更加关注个人业绩对团队业绩的承接与支撑。全年组织实施了424名高管人员2010年度的岗位业绩评价和行为评价,综合考评分类结果A类为18%、B类为50%、C类及以下为32%,科学的正态分布结果较好地体现和支撑了公司业绩和战略目标的完成。

（曾 苗）

【高管培训】 基本形成对外合作办学的布局，合作进一步深入，为顺利开展“十二五”高管人才培养打下良好基础；针对不同高管群体开展的分层分类培训比例进一步加大，共举办各类专题培训班8个，培训405人次，培训52192学时，比上年增加19%；新的培训方法在培训中运用更加广泛，高管培训的效果进一步提升；精心筹备每一个培训项目，按照年度计划稳步推进各项工作，较好完成全年高管培训工作。

（叶 峰）

【高潜质人才培养】 发布了公司高潜质人才培养计划。公司为高潜质人才培养设定了3个培养方向和13个专业领域，总体培养目标是坚持国际化、职业化、忠诚东风的培养方向，重点突出国际化能力提升、职业化能力提升、东风文化培育和实践锻炼计划，培养过程中要求有职业教练辅导、网络在线培训、主持项目或参加跨职能工作团队（CFT）承担重要课题、参加专业强化培训、年度培养分析与小结。全年培训424人次，7976学时，3位高潜质人才进行了制度性交流和挂职锻炼，有15位提职提拔使用，提职提拔率达17%。

（叶 峰）

【干部信息管理】 1.提升干部信息的准确性，对重要信息依据中组部文件重新审核认定。对三龄一历、姓名等前后记载不一致重新认定，制作《认定表》161份。2.完善干部信息，多渠道补充档案材料，特别是干部考察考核材料。补充任职材料441份，收集其他归档材料998份。3.完善手续，对不规范材料重新制作，共计184份。4.对遗留问题进行记录备考，制作备考表，共计 161份。9月，中组部对公司在库高管档案进行了抽检，给予较好评价。

（刘玉朝）

【人员预算PDCA管理体系完善】 构建人员预算预实分析机制，完善了人员预算PDCA管理体系。在编制环节（P），注重科学编制和沟通完成，通过人员、培训、人工成本、劳务工择优选录“四位一体”的预算沟通会，实现了横向业务、人事系统的联动。在执行环节（D），实行分级分类管控模式，对子公司下达劳动生产率指标，间接管控从业人员总量；对直管单位下达人员总量控制目标，对新增人员按预算、录用条件进行录用审批。在管理改善环节（CA），强化分析诊断与预警，坚持月度信息统计分析报告制度，半年预实分析诊断结果在人事部长例会上发布。

2011年，公司实际销量超过预算目标，平均从业人员总量实际为146729人，预实比97.7%，有效控制在预算目标内；直准间结构比实际为1∶0.41∶0.71，优于预算目标；劳动生产率实际为15辆/人·年，高于预算目标，较2010年提升4.2%。平均从业人员实际净增9864人，主要集中在技术研发、乘用车、轻型商用车、汽车销售、物流等业务领域，辅业依然保持了人员精简趋势。

（尚祥林）

【海外高层次人才创新基地建设】 作为中央批准的首批海外高层次人才创新基地建设单位，重点从选拔与招募、绩效考核、后勤服务等方面统筹协调海外人才和内生型人才，进一步加大引才、用才、稳才力度，完善高层次技术专家管理机制。

在选拔与招募方面，开展了海外专场招聘——“东风德国慕尼黑专场”与“东风德国科隆专场”招募活动，吸引了一百多名海外专家，扩大了海外影响力；邀请并组织了25次海外专家公司技术交流，签约海外专家4名同时使国内专家在技术交流过程中获得最新的技术信息。新增1名专家入选国家“千人计划”，使“千人计划”专家总量达到7名。

5月20日，东风公司在德国慕尼黑召开海外高层次人才专场招聘会。

在制度建设方面,发布《技术中心总师及以上岗位选配工作规范》、《海外高层次人才绩效考核管理办法》、《海外人才后勤服务管理办法》,规范制度、流程,并统一开展了海外专家与内生型专家的绩效考核活动,同时明确海外人才后勤服务项目和标准,在体现特殊性的同时,强化与内生型专家福利制度的一致性,提高融入性。

(殷雪红)

【劳动用工管理】 为继续贯彻落实《劳动合同法》,提高公司劳动合同管理人员知法、守法、用法的业务水平,规范劳动用工管理行为,防范用工风险,组织开展了第三批劳动合同管理人员持证上岗考试。共有66人取得合格证书,通过率达43%,较2008的12%和2009年的27%有较大幅度提高。

建立直管单位劳务用工择优选录机制,按照"先试点后展开、一厂一策"的原则,规范了劳务用工岗位、设定了基本选录标准,17个直管单位制定了劳务工择优选录方案,并纳入人员预算管理体系。原东风劳务1248人全部平稳转移,其中603人纳入择优选录计划,占转移到直管单位劳务工的63.5%。

指导东风汽车贸易公司构建了人力资源管理体系,协助完成了挂靠东风有限商用车公司销售总部74人划转工作,进一步理顺了现有人员的劳动关系。根据公司改制改革办公室工作安排,确定了东风朝阳柴油机有限责任公司、东风云南汽车有限公司改制,专用车业务划转,复合轴承厂、襄樊医院移交等项目的人员安置方案,劳动关系处理推进平稳。

(张胜利)

【人力资源信息统计工作】 根据公司人力资源管理业务需求,进一步优化完善了公司人力资源信息统计报表体系,由原有的"1+1"报表体系(国资委人才统计报表,公司劳动人力资源统计报表)调整为"1+4"报表体系(国资委人才统计报表,公司劳动用工、人工成本、员工培训、人才四类统计报表)。

强化人力资源统计信息分析处理的"三个坚持",即坚持报表及时性,按时间节点收集汇总各类统计报表,保证及时报送;坚持数据准确性,严格把关各类统计指标逻辑关系,保证报表数据准确;坚持月度分析制,形成月度统计分析模板,每月15日前报送月度分析。

(郭素英)

【公司总部员工人事制度流程再造】 为支撑公司总部"战略规划决策中心、运营管控中心、和谐东风建设推进中心"的三个中心建设,采取"开门建制"的方式,完善现行人事管理制度,制定《总部员工能力评估管理办法》,明确人岗匹配规则、违纪员工处理规则,再造了员工跨部门调动流程、人岗匹配流程和员工离职流程,大幅缩短招聘周期,提高人岗配置质量,部门满意度明显提升。全年跨部门调动67人,其中成建制划转64人;岗级调整、职级晋升的人岗匹配36人,其中开展能力评估34人;新招录员工26人,其中竞争选录16人。

(尚祥林)

【直管单位和控股子公司薪酬优化】 在公司薪酬体系整体框架下,按照"整体设计、分步实施"的原则,稳步推进直属单位薪酬优化工作,并于5月完成东风总医院薪酬优化方案落地工作;10月完成十堰管理部机关及费用单位、襄阳管理部、水务公司和通信公司薪酬优化方案落地工作。6月启动了十堰管理部其余14个单位和东风南充汽车有限公司薪酬优化工作。直属单位和控股子公司薪酬优化工作按照既定的目标稳步推进,以岗位管理体系、能力评价体系和绩效管理体系为支撑的薪酬体系在直属单位和控股子公司中逐步建立,整体提升了各单位人力资源管理水平。

(张永红)

【公司研发人员薪酬优化】 公司以111家中央企业总部技术中心薪酬水平为标杆,按照研发人员总体薪酬水平略高于50分位值的薪酬定位原则,组织对公司总部技术中心、东风有限商用车技术中心和东风股份商品研发院研发人员薪酬标准进行适当调整,同时优化研发人员薪酬结构,增设项目奖项,进一步提升公司研发人员薪酬竞争力。

(张永红)

【公司福利项目优化】 公司依据财政部《关于企业加强员工福利费财务管理的通知》对福利费规范管理

要求，按照“现状调查、分析清理、优化方案”三阶段对公司福利项目进行调查分析、梳理优化，并结合公司员工福利费管理现状，优化设置集体福利、卫生保健、生活补贴、其他福利4项二级科目、20项福利费三级科目，进一步规范公司福利管理工作。

（王民东）

【培训工作】 培训制度建设。制定并颁布《东风汽车公司培训管理办法》，确定了公司2003年合资重组以来的培训管理模式，建立培训季报制度，促使公司培训管理由事后统计向全过程管理转变；制定《东风汽车公司职教经费开支参考标准》；修订《东风汽车公司总部员工培训管理办法》，并依此制定《东风汽车公司总部员工培训实施细则》。

举办公司级技术专家角色培训。

培训项目。实施3期公司级技术专家角色培训共200人，课程内容：东风公司“十二五”发展规划、东风公司“十二五”科技发展规划、汽车行业形势与发展、系统思考与战略思维、TRIZ创新技术与方法、MBTI沟通及教练技术。

采取全新方式开展TRIZ创新技术与方法的专题性培训，结合《雷诺发动机曲轴跳动公差超差》和《螺栓冷镦侧面拉毛》现生产课题的解决开展培训，使学员边学边用，促使培训效益最大化。

12月，东风公司组队参加央企项目管理大赛，并获三等奖。

举办了4期共70人次公司级技能专家专题培训，其中UG三维软件设计及应用2期，教练技术2期。

人事（干部）部和团委共同组织实施了东风公司新入职大学生代表培训，共培训180人。培训工作改变以往灌输式培训方式，采取体验式学习方法，压缩授课课时，融入我眼看东风DV大赛、圆桌论坛、微博、创意汇报环节，使培训形式生动活泼，有效地提升新大学生培训投入度，使东风文化魅力被参训者有效感知。

组织神龙汽车有限公司、东风商用车技术中心两支队伍代表东风公司参加国资委组织的首届央企项目管理创新技能大赛，并针对6名参赛选手制定针对性培训计划。最终两支参赛队伍在72支参赛队伍中进入前20名，获得三等奖。

（陈　锐）

【专业技术资格考评】 2011年，公司组织了工程、会计、经济等专业各等级专业技术职称考试，共有855人次参加。改变往年画线确定考试通过人员的做法，采取以60分作为考试通过线，共478人次获得通过。组织了工程、经济、会计等专业高、中、初级的专业技术职务任职资格评审委员，完成了2010年度专业技术职称评审工作。经评审，78人获得正高级工程师职称，178人获得高级工程师职称，73人获得高级经济（政工）师职称，21人获得高级会计师职称，350人获得工程师职称。

公司人事委员会决定，经济、会计的中、初级及以下专业技术任职资格考评与国家“以考代评”政策并轨，在做好收尾工作后，公司不再自行组织考试和评审，申报人员直接参加国家组织的相应考试。

（邱升亮）

【职业技能鉴定】 2011年，公司出台《职业技能鉴定管理办法（试行）》，高级工及以下职业技能鉴定由各板块人事部门组织，形成职业技能鉴定分级管理格局。

公司共有994名技能员工申报参加职业技能鉴定，其中申报高级技师120人、技师379人、高级工295

人、中级工163人、初级工37人。经考试评审，74人取得高级技师职业资格，190人取得技师职业资格，205人取得高级工职业资格，10人取得中级工职业资格。

公司共有100人取得职业技能鉴定考评员资格，其中高级考评员42人、考评员58人。

（邱升亮）

【劳动保障年审】 公司组织开展了2010年度劳动保障书面审查工作。公司在湖北省境内共158家用人单位参加了劳动和社会保障书面审查工作，涉及合同制员工84790人、劳务工26869人。对在年审中发现的问题进行了督促整改，并将年审结果上报省劳动保障监察局。

（邱升亮）

【劳动用工管理评价】 公司启动劳动用工管理评价工作。建立了劳动用工管理评价模型，该模型分制度建设、劳动合同与用工管理、薪酬福利与劳动保护、劳动争议调解、备案管理与基础管理5个模块，对应27个评价要素，对每个要素均明确了定义或评价要点及分值。在公司各板块组织自查的基础上，公司劳动用工管理评价组深入公司44个单位，运用模型进行量化评价，发现了管理中的亮点，查出12类问题并进行风险分析，形成劳动用工管理评价报告，并在公司党委常委会上报告。劳动用工管理评价结果书面反馈给各单位，并督促相关单位对问题进行了整改。

（邱升亮）

【汽车装调工大赛】 4月23日至25日，全国第三届乘用车汽车装调工职业技能竞赛总决赛在北京举行。公司首次派代表队参加此项赛事。东风日产和东风本田共10名选手参加了比赛。最终，东风日产夏升获2.0及以上组第一名，杨强、杨龙分获二、三名。东风本田赵涛获得SUV•MPV组第三名，其余6位选手获得优秀奖。夏升又以各组总成绩第一名的成绩，由竞赛组委会报请参加“全国五一劳动奖章”和“机械工业技能大师”的评选。东风公司获得团体竞赛优秀奖。

4月23—25日，东风公司派出由10名选手组成的代表队参加全国第三届乘用车汽车装调工职业技能竞赛总决赛。图为获得“团体竞赛优秀奖”后合影。

（谢　鑫）

【总务管理】 总部机关实现连续6年无人身、财产、食品、交通、消防安全事故。

成立了东风公司总部机关爱国卫生运动委员会，对总部机关计划生育委员会成员进行了调整。完成总部园区亮化系统改造、总部园区B座办公楼改造工程；启动东风公司（十堰）“将军楼”改造项目；总部园区A座太阳能光伏发电系统正式投入使用。

完成了总部各类重大活动、大型会议、展厅参观的接待服务工作，其中会务接待3210场次、展厅接待164场次、车辆服务1260批次。

总务管理获得武汉经济技术开发区“人口与计划生育工作先进集体”、“消防工作先进单位”和武汉市“经济保卫工作先进集体”、湖北省“爱国卫生先进单位”称号。

（余中华）

财务会计管理

【概况】 2011年7月，原计划财务部更名为财务会计部，计划统计处划至公司经营管理部，公司投资的金融企业纳入财务会计部管理。财务会计部是公司预算、资金、融资、财务会计和国有资产管理的职能部门。内设预算处、会计处、资产处和乘用车财务会计部。截至年底，在职员工51人。乔阳任部长，陈凤国任副部长。

2011年，财务会计部按照公司总体经营方针，认真组织开展各项工作，切实履行会计基础管理、财务管理与监督、重组与并购、内控机制建立健全以及重大财务事项监管等职责，充分发挥财务管理对公司经营发展的重要支撑作用，保证公司年度经营目标顺利完成，推动公司健康稳定协同发展。

【年中财务工作会召开】 9月6日，东风公司召开年中财务工作会，确立了今后一个时期公司财务工作的指导思想是：深入贯彻落实科学发展观，以“创新管理、创造价值、创建模式”为目标，努力实现财务管理工作的“五个转变”，加快推动财务管理转型，加强财务管理体制机制创新，加强财务人才队伍建设，全面提高财务管理水平，为推动公司科学发展、跨越发展、自主发展、和谐发展提供强有力的支撑。

9月6日，东风公司召开年中财务工作会。

公司党委常委周强出席会议并讲话，他要求财务管理工作要努力实现“五个转变”，突出抓好八项重点工作。

“五个转变”，即管理重点要从建立制度流程向强化执行落实转变；管理内容要从单纯财务向财务与业务融合转变；管理方式要从事后处置向过程管控转变；管理方法要从单一粗放管理向分类精细管理转变；管理平台要从分散独立向资金、业务集中转变。

八项工作重点，即着眼长远，制定实施公司财务战略和财务管理“十二五”规划；融入经营大局，全力加速财务管理转型；加强全价值链管理，进一步提高经营效率和运营质量；进一步提升财务管理工作的整体水平；建立符合国际化大公司经营的财务管理体制；加快推进财务信息化建设、数据库建设；继续支持参与资本化运作，促进公司做强做优；加强财务人才队伍建设。

【预算管理与分析】 财务(损益)预算更加科学合理，为提高公司运行质量、改善经营效益、加强风险管控中的作用日益显现。在对总部单位和控股子公司的预算管理方面，推行分业务领域的预算模式，并在2012年的预算编制工作中取得良好的效果；初步建立了预算听证、汇报的制度。各单位按照统一的要求和模板，主要围绕年度主要经营目标，全面总结上一年度的预算执行情况；对下一年度的预算安排进行分析和说明，揭示年度预算存在的机会和风险；与总部职能部门加强沟通与联动，增强财务预算与业务预算、KPI考核指标之间的关联度；提出绩效考评动态调整机制的建议方案，尝试将TIV、市况、汇率变动对利润的影响纳入绩效评价结果。

快报分析增加了月度经营概述。将当月经营情况、损益变动的主要情况做了简要概述;增加了集团公司利润同比变动的步行图分析;月度分析制作了新的财务分析模板,简化篇幅,突出重点,增加重点内容;加强了预测审核力度,使公司整体预测趋于客观;加强变动差异较大单位的分析;强化了下属单位的分析上报工作,加强沟通交流。

【业绩考核】 2010年,公司全面完成国务院国资委年度经营业绩考核指标,综合得分133.2分,考核结果为A。同时,公司内部首年实施优化后考核指标实施顺利,实施EVA考核的单位全面完成考核指标,考核结果真实客观地反映了全年的经营情况。

【筹融管理及金融业务】 有效筹措,按时按量投放资金,为公司日常运营、自主品牌建设与发展、技术研发等方面的资金需求提供保障,为公司各项事业的发展奠定坚实的基础。

加强对所属金融公司的管理,打造集团各板块资金集中管理平台。通过给经销商委贷5.86亿元缓解东风日产金融公司信用额度的限制。

继续加强现金管理,活用富余资金,选择最佳理财方式,实现理财净收益2.18亿元。

【业务指导】 加强对直属单位的业务指导,提升公司财务管控力度。

8月24日,启动东风公司十堰管理部会计核算/税务管理优化项目。

8月26日至9月30日,项目组对十堰管理部下属15家非法人单位进行了现场调研,调研内容包括组织架构、人员分工、科目设置、会计核算、业务流程以及税务核算等相关内容,分别出具了各单位访谈纪要汇总报告,并形成了最终业务调研汇总报告,同时进行了统一会计科目设计。

10月10日至10月28日,项目组收集并整理会计核算层级变革的需求和信息化建设规划,设计十堰管理部会计核算优化方案、阶段实施建议、应用系统架构蓝图等,建立与未来十堰管理部会计结算体系相匹配的管理模式和业务流程,确定会计科目设计方案。初步形成十堰管理部会计核算税务优化实施方案。

为十堰管理部和东风(十堰)实业公司实现资金集中管理提供服务、支持。十堰管理部资金集中管理项目组织:12月30日正式上线,第一批9家单位实施资金集中管理。东风(十堰)实业公司资金集中管理项目组织:2012年1月1日CMS正式上线运营,实现对23家第一批上线子公司资金集中管理。

【财务信息化管理】 公司总部网上费用报销系统上线顺利实施。截至年底,公司已有16个部门240人实现了网上费用报销,占部门和人员数的80%,实现了财务报销工作各环节的透明化和多维度的费用汇总分析,规范了费用审批流程。

对信息系统优化,结合网上费用报销系统实施,对公司财务核算系统、付款信息平台进行了优化,实现了从网上报销到总账、付款平台的无缝集成。

对东风(十堰)实业公司、十堰管理部的财务信息化提供技术支持,东风(十堰)实业公司已顺利实施用友财务软件。

【税务管理】 初步建立公司税务风险管理体系。公司发布《东风集团税务风险管理指引》,为建立税务风险管理体系,控制东风集团税务风险打下了坚实基础。

加强税务支持力度,维护公司利益。对东风本田预约定价安排(APA)给予支持,在维护中方利益前提下,最终在2011年底使东风本田与日本本田达成预约定价安排的定价原则和计算方法,为中日税务机关预约定价安排谈判打下了坚实基础。

通过税务安排,大幅降低税负。参与公司改制、重组方案设计,提出相应的税务优化建议,降低税务成本,如对东风(十堰)实业公司转让东风小康汽车公司股权进行税务安排,降低税负1.4亿元,与十堰地税东汽分局沟通,结合东风万亩工业园的东风企业实际建设情况,给予土地使用税、房产税的一定期限减免,其中减免土地使用税约9000万元。

积极落实公司与各级政府的优惠政策。通过财政直接返还东风公司约3.23亿元,公司在汉部分下属单位享受暂免缴纳地方教育附加、堤防费,价格调节基金优惠政策约1.5亿元。

【会计报表管理】 实现编制中国企业会计准则下的比例法合并、权益法合并以及全额合并三套会计报表,一套国际财务报告准则下的合并会计报表;首次实现月度会计报表合并工作并优化了财务快报和季度会计报表的合并编制流程；缩小集团内各单位之间的关联方交易差异，财务报表综合水平有较大提升，满足了不同层面管理者需要。

【公司主审会计师事务所选聘】 根据国务院国资委对会计师管理的要求，10月20日对2011年财务决算审计项目公开招标。按照国家法律、法规和招标文件的规定，经过评审委员会专家公平、公开的评议，确定中瑞岳华会计师事务所为中标单位。

【国资委财务专项检查】 9月1日至11月15日，国务院国资委财务专项检查组80余人对公司所属117家(包括非法人单位)单位2009—2010年度财务进行了现场审计，审计资产1174.4亿元，占总资产92.45%。

国务院国资委财务专项检查进点会现场。

【乘用车财务会计管理】 乘用车财务会计部在完善内部控制的基础上，进一步强化会计的基础工作，通过优化财务流程，规范财务制度，加强现金、资产和预算的管理，提升了财务会计部门在公司的影响力。

会计基础工作得到强化，编写成册《财务核算手册》、《财务管理标准》。《财务核算手册》依照《企业会计准则》和公司日常核算过程流程要求，对每一类型的业务进行说明，对业务核算的信息来源进行明确定义，对账务的处理和系统操作以及业务核算的关键控制点等进行详细描述。《财务管理标准》通过对财务基础管理工作、资产与投资管理、存货管理、预算管理、业务流程控制等管理制度的制定，规范业务部门与财务人员行为。

进一步理顺资金管理流程，使资金支付工作规范化、透明化；通过与营销总部及合作银行的沟通，理顺并建立了三方融资业务流程，建立经销商融资授信额度会签制度，搭建了经销商与银行的沟通平台。细化了资金预算管理办法，将资金收支预算按现金和承兑分别进行编制，预算偏差率平均为5.7%。

供应商款项支付，按合同及时支付供应商款项，减少了业务部门和供应商的抱怨；规范发票传递流程，同时与业务部门共同加强对供应商的管理及沟通；通过各业务部门的配合及共同努力，存货资金占用情况好于上年同期；通过与制造管理部共同建立在库管理、布局管理、循环盘点管理等库存管理制度，保证了订单的准确性。通过每月一次的进口散件(KD件)订货会议，使KD件得到有效控制，每月跟踪分析上车辅料出库消耗情况，加强车间对已出库辅料进行管理。

销售核算，通过编写《销售费用核算细则》，完成对销售督导的培训，提高销售核算质量，完善了销售人员的营销知识结构。增加保修费用核算批量导入模板，系统自动生成凭证，提高周期性会计凭证生成效率，有效、准确反映经济业务、经营成果。全面修订《东风乘用车公司内部领用车辆管理规定》，及时组织、评估、处理特殊车辆(PT车、试验车)，加强资产管理，减少财产损失。通过启动节能惠民财政补贴申报工作并下发申报结算流程，获得政府财政支持，支持销售工作。

预算管理，通过差异分析，引导业务计划实施；召开月度预算员会议，了解现场动态；集团内业务交流，做好预算改善工作。加强团队相互学习，预算员培训，编制预算管理、操作标准和预算员操作手册，使预算更好地指导各部门工作。通过制定预算边界条件，定时召开预算启动会议，预算沟通与审核，确保了2012年预算及时确定和下发。

【财务系统培训】 为做好集团内部控制制度建设工作和提升系统人员的业务能力，组织财务系统业务骨干参加中国会计学会举办的“企业内部控制实施高级培训班”及“财务报表多维透视与分析高级研修班”、“合并报表编制技巧与特殊事项最新政策的把握高级研修班”、“新形势下全面预算管理与业绩考核”等多个专题的培训。

对东风小康、襄阳管理部财务人员进行了财务分析方法培训。

(徐　娅)

组织信息管理

【概况】 2011年7月，组织信息部成立。组织信息部是公司组织体系、规章制度、管理标准及业务流程设计与管控、管理改善活动组织推进与管理创新成果推广、信息系统规划、建设与管理、改革改制政策研究与推进，以及各类学会协会归口管理、工商登记、“东风”字号管理等综合管理的职能部门。内设组织开发处、改革改制处、信息系统处。截至年底，在职员工13人。吕传文任部长。

组织信息部紧紧围绕公司“三个中心”的战略定位，完成总部职能调整、社会事业管理中心机构设置、东风乘用车公司、技术中心组织机构调整、直属单位岗位管理体系优化和十堰管理部、襄阳管理部、东风特种商用车公司机关以及总部调整和新增岗位的岗位评估等组织开发工作。顺利完成东风朝柴公司重组、东风云汽重组协议签字、汽车工业学校和高级技工学校两校整合、复合轴承厂移交等工作。结合公司总部和各业务需求，开展公司“十二五”信息化规划编制等项目，公司企业网站建设水平步入中央企业A级行列。

【组织开发与优化】 根据国务院国资委关于东风公司董事会试点的有关文件精神，研究东风公司董事会治理结构的思路和方案。完成总部部门机构调整方案。结合公司“十二五”规划及事业发展需要，根据公司总部“三个中心”的定位，强化战略管理、资本运营、自主创新、国际事业、协同发展、和谐东风建设等管理职能，对总部部门机构进行调整，形成董事会和经营层领导下的“15+1”个专业部门和两个平台的格局。

按照“管运分离、区域协同、强化政策调研、加强基金管控”的原则，强化公共福利方面政策研究、项目推进等职能，完成社会事业管理中心组织机构设置方案。

根据进一步加快自主创新和自主品牌乘用车事业建设发展步伐、提升技术中心研发能力的要求，构建东风乘用车公司与技术中心一体化的运行体系，对东风乘用车公司、技术中心组织机构进行优化调整。根据公司新能源汽车战略发展需要和推进计划，完成新能源汽车事业平台与东风电动车公司组织机构调整方案。研究东风资产管理公司成立、运营管理的方案，协助办理东风资产管理公司名称预核准和工商登记的有关工作。参与研究东风乘用车公司财务派驻管理体制、东风商用车公司体制与运行模式，以及注销十堰东风就业发展公司劳务分公司等有关问题。

岗位编制管理。结合总部部门机构调整方案，对总部新增部门业务进行分析，对于新增职能需要逐步展开的业务，岗位设置初期从紧控制；对于业务模式、业务流程比较清晰的业务，根据实际工作量设置岗位，总部共新增编制67个。认真分析总部岗位自2006年至今的变化特点，组织专家组对总部新增岗位开展评估，提出总部部门岗位优化方案，新增及优化岗位共127个。根据东风乘用车公司、技术中心发展需求，对两个单位的高管职数进行重新核定。完善直属单位岗位体系，完成十堰管理部、襄阳管理部机关及费用单位、东风特商机关共计171个岗位评估；在总医院薪酬优化工作中，充分考虑医疗行业的特殊性，重新优化岗位评估模型，构建具有医疗行业特色的岗位管理体系。分批指导十堰管理部所属17个单位构建岗位管理体系，重点规范内设机构和科级岗位的设置。

委员会归口管理。对公司自1987年以来成立的各类委员会、领导小组进行系统清理和规范，明确公司级委员会、领导小组设立的程序，对清理、规范后的62个委员会、领导小组中的商用车事业发展委员会等7个重要委员会的相关职责、组成进行了明确。

【主业改革改制】 根据东风朝柴公司发展战略，拟定收购华融股权、引入战略投资者的改制总体思路。鉴于边界条件发生变化，为确保国有资产保值增值和员工稳定，在原方案基础上调整改制思路，完成以朝柴公司作为出资主体，与战略投资者、经营层骨干共同组建新公司的阶段性改制目标。

协调推进东风云汽公司重组工作，根据东风云汽增资扩股调整方案，完成东风云汽增资扩股协议和新云汽公司章程。

【辅业资源优化】 充分发挥公司汽车工业学校和高级技工学校的综合优势，平稳推进东风职业教育资源整合工作。协调推进工业工程公司改装车厂业务整合项目，组织研究该厂资产重组协议和人员安置方案，制定移交工作计划。组织研究襄樊医院移交襄阳市政府的方案，签订了框架协议。

组织召开两次医管会会议，研究总医院二次创业，茅箭医院、花果医院改革发展等问题，向十堰市提出市企共建东风医疗卫生服务体系的原则和建议，已得到复函确认。在总医院KPI指标中首次引入满意度指标，从住院病人、门诊病人、员工三类群体出发考核医院的医疗服务质量及管理水平。医管会的运行，优化了公司医疗和职业卫生管理体制，完善公司医疗和职业卫生管理制度。研究支援协和医院西区建设等相关事宜。

组织完成公司与湖北省政府共建湖北汽车工业学院的协议签字。积极配合社会事业中心做好国家关于职教幼教退休教师待遇落实等工作。

【集体企业改革】 对公司所属集体企业进行摸底调查，并组织宣传学习国家有关厂办大集体改革改制的精神和政策，在此基础上组织召开东风公司所属集体企业改革座谈会，研究并向国资委上报公司所属集体企业改制的总体思路和工作计划，对公司集体企业改革改制的工作作出了初步安排。同时组织赴一汽调研集体企业改革改制的具体做法，获得可资借鉴的经验。

完成复合轴承厂移交东风(十堰)实业公司。组织公司相关部门研究并解决资产处置、人员安置、事业发展和员工诉求等诸多难题，妥善安置在岗员工55人和内退员工22人，移交后为复合轴承厂的未来发展奠定了基础。

【公司管理创新】 公司有关管理职能从经营管理部转移到组织信息部，负责先进管理方法推广运用，管理创新成果交流汇总、管理改善活动组织推进等相关业务。7月起，以“加强对标管理，建立改善载体，加强集团管控能力建设；汲取东风各合作伙伴管理精华，建立东风自主整车业务全价值链可复制的高效管理模式，在公司新建业务中推广实施”作为阶段性目标，开始新职能工作的规划。

【信息化水平评价】 根据国资委《关于开展2010年度中央企业信息化水平评价工作的通知》文件要求及公司领导批示意见，积极开展和组织东风乘用车公司(新增加单位)、东风汽车有限公司、神龙汽车有限公司、东风本田汽车有限公司、东风本田发动机有限公司、东风朝阳柴油机有限责任公司参与填报《数据采集表》，综合总部及6家下属企业自评情况，汇总填报并报公司领导批准，登录评价系统填报各项指标达标情况。

在国资委对中央企业2010年信息化水平评价中，公司得分90.18分，提前达到A级标准，国资委为A级企业颁发证书。在国资委对中央企业网站建设水平评价中，公司得分90.7分步入A级行列。

【信息规划】 完成“十二五”信息化规划编制工作。通过规划编制，对集团“十一五”信息化投入、系统建设情况进行统计分析，参照国资委信息化水平评价标准，对各二级单位的信息化水平进行初步评价，并做梯队分级。

集团“十二五”信息化规划提出五项工作目标，主营业务信息化：优化信息化投资策略与投资结构，全面实现各单位主营业务信息化。集团数据中心建设：围绕集团两个数据中心建设，初步建成集团信息共享平台。集成与共享系统：采用集成与共享策略，基本实现总部与直管单位的综合管理信息化和办公自动化。信息安全：建成信息安全的三大保障体系。登高计划：集团达到“A级”，中等水平50%单位升到优秀水平，较差水平40%单位升到中等水平。根据不同管理类型、信息化水平现状，“十二五”期间信息化工作重点，合资公司以深化与完善应用为主，控股公司以扩展与强化应用为主，总部与直管单位以围绕两个数据中心建设初步建成共享与协作平台为主。

对参与“十二五”信息化规划的21个单位规划材料进行收集整理，对信息化投资方向、投入情况进行综合分析，分析结论：信息化处于中等和较差的各单位信息化投入明显加强；信息化重视程度得到提高；信息化登高有了规划保障；主营业务信息化得到了重视。

【信息系统建设】 运营分析系统完成一期开发任务，通过运营分析系统逐步建设和积累，将提升公司信息化水平和运营数据信息的系统深度分析，了解各子单位运营状态，指导各单位开展运营工作，促进企业科学决策。

重大公务活动管理系统实现秘书处各秘书共享公司重大公务活动安排，满足公司领导对个人行程及公司重大活动信息的把握。根据使用情况将实施推广手机上日程查询和查看，为公司总部后续推进协同办公打下一定的业务应用和系统开发基础。

根据公司组织机构调整，对公文系统及时变更，对相关用户和文号进行了清理，对公司总部、乘用车公司、技术中心的邮件账户进行了相应调整。

为改善总部信息安全现状，公司部署了漏洞扫描、流量控制、入侵检测三套系统，有效降低系统及客户端安全风险，保障互联网业务系统正常运行。

【“东风”字号和营业执照管理】 针对“东风”字号管理中出现的问题，规范了集团各板块名称使用标准，研究“东风”字号的有偿使用，对《“东风”字号管理办法》提出了修订方案。对申请使用东风公司和东风集团营业执照副本复印件的情况进行分类汇总，研究提出使用的一般原则，东风公司和东风集团营业执照副本复印件领取管理办法。及时上报了国资委、监事会、中央巡视组等单位要求的关于辅业改革、职教和幼教机构情况、绩效管理、房地产业务开展和退出情况、军品质量评审、各类年度检查等材料。

【制度建设】 为加强集团规章制度的管理，明确制度管理职责分工，规范制度的内容结构、编写程序、行文格式以及日常管理，建立完善的制度体系，制定发布《东风汽车集团股份有限公司规章制度管理办法》，与公司各部门沟通了东风公司和东风集团管理规章制度修订计划，制定《东风汽车公司制度建设工作规划(2011—2015年)》。

(宗友峰)

国际事业管理

【概况】 2011年7月，东风公司国际事业部正式成立。国际事业部是公司海外事业发展战略规划与制定、海外事业计划编制与实施、海外战略投融资管理、海外营销协调与管理的职能部门，是未来东风公司开拓国际市场的事业单元、事业载体和责任单位，是承载东风国际市场的责任主体。国际事业部将以资本为纽带，统筹公司海外事业发展，与公司各事业单元共同肩负发展东风海外事业的重大使命。国际事业部内设海外战略处、海外业务协同处。截至年底，共有员工7人。潘成政任部长，苏维彬任副部长。

国际事业部建立健全内部组织机构，抓紧完成岗位职能细化和人员招聘到位等工作，保证了海外事业的顺利展开。部门成立初即刻着手调查研究，梳理海外销售渠道，完善运营模式，确立了国际事业部的海外事业责任主体、事业主体和投资主体的三位一体运营管理模式。在人员基本到位和运营模式基本确立以后，即着手组织编制公司海外中期事业计划，经过多轮研讨、梳理、协调、汇报，确定了东风公司“DH310”海外中期事业计划，并完成了事业计划草案的编制工作。

根据东风公司海外战略定位，初步确定了国际事业部和中国东风汽车工业进出口有限公司“一个机构、两块牌子”的运营模式，以中国东风汽车工业进出口有限公司为主体与相关出口事业单元建立资本纽带关系，构建经营管理层、职能管理层和专业国际经营单元为一体的组织架构，并随即展开了将中国东风汽车工业进出口有限公司注册地从上海迁往武汉的所有工作。

自主品牌乘用车“走出去”战略稳步展开。为推动东风自主品牌乘用车出口，国际事业部成立了以中国东风汽车工业进出口有限公司与东风乘用车公司相关人员组成的CFT团队，开展市场调研、产品适应性开发、用户开拓、代理商选择等一系列工作，加速东风自主品牌乘用车“走出去”的步伐。

【海外事业计划】 根据东风公司战略发展要求，经过与公司相关职能部门、各业务单元的多轮讨论和沟通，编制完成了东风公司海外事业发展中期事业计划草案。

中期事业计划对公司海外营销的现状进行了分析，明确东风海外事业总的目标是要战略性融入全球市场，打造国际化的东风。针对未来五年，提出了“DH310计划”：“DH”代表东风海外事业；“3”代表到2016年，东风公司要成为行业出口前3强，公司海外出口汽车达到30万辆；“10”代表到2016年，公司出口量占自主品牌总销量的10%，同时努力建成10个战略性区域市场。海外中期事业计划从“商品与品牌”、“研发与制造”、“销售与服务”、“市场与工厂”、“金融与人才”等方面支撑海外事业目标的实现。

同时，海外中期事业计划还提出要优化海外事业发展的体制机制，加快构建东风特色的海外事业

11月1日，东风公司召开海外事业运营分析暨海外事业计划启动会。

运营管理体系。将按照“四个统一”的原则，即统一规划出口产品、统一谋划海外市场、统一树立海外形象、统一安排海外业务，用好存量资源，发挥好内部潜力，构建发挥优势、突出特色、统分结合、协同有效的海外事业群体。

【海外市场研究】 根据海外市场的具体情况，确立了东风公司海外十大战略市场。具体包括伊朗、俄罗斯、巴西、印度、越南、土耳其、印尼、南非、阿根廷、阿尔及利亚。对于确立的10大战略市场，国际事业部开始了积极的市场研究工作，并通过各种渠道不断收集海外市场信息，包括海外市场概况、汽车工业情况、法律法规、产品认证、客户诉求、目标市场的中国汽车企业发展情况、潜在伙伴选择等方面。

在十大战略市场的基础上，国际事业部又根据业务实际情况，重点选取了伊朗、俄罗斯、巴西作为首要发展对象，先后接待了俄罗斯DEARWAYS公司、巴西JAMP公司、伊朗IKCO集团高层代表团的访问。同时，组织了公司技术中心、乘用车公司赴伊朗对市场环境以及IKCO集团和SAIPA集团进行考察。

【海外业务协同】 11月1日，召开公司第一次海外运营分析会暨海外中期事业计划启动会，会上明确了国际事业发展领导小组的成员和分工，确定了国际事业部的运营模式，并对公司海外中期事业计划草案和巴西项目方案进行了研究。

12月27日，召开东风公司国际事业发展领导小组第一次会议，会上明确了国际事业部的运营模式，汇报并研究了公司海外中期事业计划草案，提出海外事业发展必须坚持“四个统一”的指导原则，增强市场风险管控意识，在加速中稳步推进，确保海外事业的稳健发展。

按照东风公司对于大乘用车和大商用车协同的要求，国际事业部牵头成立了大乘用车和大商用车海外事业协同小组，积极协调各事业协同小组制定明晰的海外事业协同工作计划和措施，各项协同工作按计划有序推进。

【海外市场开拓】 从海外目标市场的汽车需求程度、TIV、开拓的容易程度等维度进行综合衡量，明确了一批海外战略市场和海外机遇市场。根据前期的接洽，接待了来自俄罗斯、巴西战略市场的客人，为后期的合作奠定了基础。

同时，协同公司现有各板块海外客户资源，咨询客户，收集客户需求，开展潜在海外经销商的洽谈。配合技术中心和乘用车公司，为产品进入海外市场做技术法规认证、适应性改进和生产准备工作，初步理顺了与相关部门的工作流程和工作模式。

为进一步了解海外市场真实情况，项目组开展了赴非洲安哥拉，南美洲智利和东南亚老挝等国家实地考察市场活动，调研当地经销商和用户，收集海外竞品销售信息，与海外经销商开展一系列谈判，为公司产品实现海外销售做了前期准备工作。

【信息化管理】 为规范流程、提高效率，树立和展示东风国际的内外部形象，筹备了进出口信息统计分析平台和东风国际网站的建设工作。

11月，进出口信息统计平台项目开始进入筹备阶段，对系统需求进行了初步收集与分析。根据进出口业务需要，进出口信息统计分析平台主要汇总和分析六方面信息，包括行业总体分析、DFM总体分析、DFM各事业单元出口分析、产品分区隔出口分析、战略市场分析和对标企业分析。12月，就系统需求和开发周期等问题与组织信息部进行了交流，并初步确定了项目进度。根据项目计划进度，进出口信息统计平台将在2012年10月底投入运行。

10月，东风国际网站进行第一次研讨会，就网站定位问题进行了初步交流。12月，与组织信息部确定了供应商，并开始进入项目筹划工作。

（刘 炜）

科技开发管理

【概况】 科技开发部是公司科技管理、知识产权和质量管理的职能部门，内设科技管理处、知识产权处和质量管理处，负责公司的产品管理（产品公告、“CCC”认证、环保目录）、品牌管理（品牌资产、品牌形象、品牌监控、品牌法律保护、品牌品质管理）、产品发展规划监督、知识产权管理（商标、专利、专有技术、版权）、科技管理（政策法规、标准化、科技成果）、质量管理（产品品牌形象和品牌质量维护）、技术创新研发体系建设与评价等工作。截至年底，在职员工16人。侯宇明任部长。

2011年，科技开发部以提高公司自主创新水平、加大知识产权保护力度、提高公司产品质量为目标，从研发能力建设、科技成果评价、专利与专有技术工作管理、认证与标准化推进、商标及品牌管理、产品质量体系建设等方面全面推进公司科技管理工作。

继续推进各研发中心能力建设，按计划完成总部技术中心、商用车技术中心、神龙公司技术中心、东风日产乘用车技术中心、东风本田研发中心的部分基建和实验室建设；继续开展科技成果向国家、行业、省级的申报及公司内部的评价奖励工作，申报数量和质量保持行业领先；继续引导公司各单位重视知识产权保护工作，全年集团申请专利1427件，首次跨入并成为国内为数不多的千件专利企业；继续开展专有技术的申报和认定工作，从集团各单位申报的80项专有技术中认定产生54项公司级专有技术，其中绝密级9项，机密级45项；按计划完成认证工作有序推进；进一步加强对重点国家、重点商标的管理，全年完成95件商标的国际、国内注册申请，通过采取“风险注册”等有力措施，确保东风品牌规范运作，完成品牌审计和假冒查处工作；公司在完成质量体系重构工作的基础上进一步完善公司质量体系，各板块都按照质量管理体系标准的统一要求，结合实际情况，建立了与公司自身发展相适宜的质量管理体系。进一步完善公司技术创新评价体系，完成发改委组织的“国家认定企业技术中心2011年度评价”并取得历年最高得分，完成国资委组织的“创新型试点企业”评价材料申报与验收工作，被国家三部委联合命名为“第三批创新型企业”。

【研发能力建设】 当年，总部技术中心共完成研发能力投资1.76亿元，包括新建K&C运动学台架、行人保护试验设施、国Ⅴ排放试验台架等，发动机二期可靠性台架和性能台架陆续安装调试。这些研发能力的逐步形成，保障了公司自主品牌乘用车开发，将为公司乘用车商品品质提升、研发周期缩短作出重要贡献。

全年完成新增投资9260万元，有力保障了产品研发的顺利进行。新站点建设按照计划实施，整车消声室建安工程竣工；整车性能试验室、环境试验室进入设备安装阶段；系统总成试验室和工程车模拟试验场建安工程发包。十堰老试验中心开展设备更新工作，试验保障能力稳步提升。

东风股份根据事业规划和发展的需要逐年增加研发投入，稳步推进了研发能力建设。6月30日，东风股份酝酿已久的研发能力建设二期工程正式破土开工。二期工程建成后，将使东风股份在轻型发动机研发与试验验证、底盘研发与试验、轻型商用车车身造型、新能源车相关技术的研究与实验等方面的研发能力全面提升。与东风股份事业发展目标保持一致，达到国际先进水平。

【科技成果申报数量和质量保持行业领先】 各单

位申报公司科技成果194项，评选出公司级科技成果148项，一等奖10项。公司科技成果在汽车行业及机械行业等各方面也取得了良好的成绩，全年获得“中国汽车工业进步奖”10项，其中二等奖2项，三等奖8项；获得“中国机械工业科学技术奖”8项，其中二等奖4项，三等奖4项，获奖数量、质量继续保持行业领先。

【商标及品牌管理】 重点国家、重点商标是品牌管理工作的重中之重，完成向12个重点国家提交59件商标国际注册申请和国内7个商品类别36件商标的注册申请。通过采取风险注册等措施，取得了东风福瑞卡、东风劲锐卡、东风太极、东风超龙和“东风风神保险专家”4件商品商标和1件服务商标的注册权，保证了东风新品如期投放市场和售后服务、广宣等品牌的合法使用及专用权问题。同时，采用多种手段维护公司品牌的专用权和显著性，全年共提商标异议申请、复审75件，行政诉讼21件，胜诉率92%。组织完成了对国内、海外市场的品牌使用及运作审计，其中审计出车体标识标注、使用范围、维护体系等整改项19项，已完成17项。全年查处假冒东风整车案件3起共计5辆整车，东风天龙、大力神驾驶室40余台，并协助执法部门查处假冒东风整车合格证及其他假冒零部件案件，共查处涉案金额达200余万元。当年“东风大龙”商标被国家商标局授予“中国驰名商标”称号。

【专利及专有技术稳步推进】 全年集团完成申请专利1427件，增幅102.7%，其中申请发明专利145件，增幅76.8%，首次跨入并成为国内为数不多的千件专利企业。全年专利授权量756项，增幅82%，创历年最高。其中“S30外观设计”获第十三届中国专利优秀奖，并获第三届湖北省优秀外观设计专利项目奖。

开展了“2011年度专有技术申报和认定”工作，经过组织专家对申报的80项专有技术进行评审认定，产生了54项公司级专有技术，其中绝密级9项，机密级45项。

【认证工作有序开展】 全年公司共成功申报汽车新产品公告3240个，更正扩展4123个；835个车型列入工信部的轻型汽车燃料消耗量通告中；列入“节能产品惠民工程”节能汽车推广目录中的车型6个；申报国家环保达标车型1493个；申请新产品“CCC”强制性认证392个单元，完成生产一致性控制计划的编制并通过认证机构的审核，接受和通过认证机构对获证生产场地进行的监督检查；申报的2910个车型、5106个配置列入了交通部道路运输车辆燃料消耗量达标车型公告中。以上认证工作的顺利开展，为公司产销量大幅攀升提供了重要保障。

【产品质量体系建设】 东风公司在完成质量体系重构工作的基础上进一步完善质量体系，规范民品、军品体系所覆盖的独立运作单位在公司质量管理体系运行中的管理工作，各板块都按照质量管理体系标准的统一要求，结合实际情况，建立了与公司自身发展相适宜的质量管理体系，产品质量和服务质量得到了持续改善，公司的整体质量管理水平也上了一个新台阶，为公司运营业绩的快速提升作出贡献。

【技术创新评价和创新型企业建设】 进一步完善了东风公司的技术创新评价体系，将评价范围逐步扩大至公司下属与主营业务相关的所有单位；完成2011年度企业技术创新评价及分析，并将评价结果予以公布；组织集团各单位完成向国家发改委报送“国家认定企业技术中心2011年度评价材料”，评价结果由2009年的106位上升至17位，评价得分89.7分，为历年最高得分；按照国资委要求，组织公司各职能部门完成“创新型试点企业”评价材料申报与验收工作，3月21日，公司被国家科学技术部、国务院国资委、中华全国总工会联合命名为“第三批创新型企业”。

10月28日，东风公司召开“十二五”科技创新推进暨“十一五”优秀科技人员及科技项目表彰大会。

（赵　丹）

审计与风险管理

【概况】 审计部是对公司各单位经济活动、工作制度流程行使审计监督的内部审计与风险管理部门。同时承担东风汽车公司董事会审计与风险委员会和东风汽车集团股份有限公司审计委员会的日常办事工作。审计部内设财务审计处、效益审计处、风险管理处。其中风险管理职能为2011年7月公司组织结构调整后新增的职能，风险管理处为新增处室。截至年底，共有员工15人。康理任部长，杨学忠任副部长。

2011年，公司审计部紧紧围绕年度审计工作目标和方针，合理安排利用审计资源，突出工作重点，优化审计成果，不断强化内部审计的增值服务功效，为公司的发展提供全方位的有效服务。审计部完成经营财务综合审计、内控管理审计、经济责任审计、商务政策审计、资产审计、专项审计、审计调查、科技成果审计8个类别69个审计项目，提出各类管理建议184条；完成投资项目审计64项，审减资金103.78万元；参与设备、工程招标108项；审计各类经济合同及资料文本71份。

2011年7月，公司赋予审计部风险管理工作职能，明确审计部为公司风险管理主管部门。审计部在公司2008年风险管理工作试点的基础上，面对新增职能，积极应对，认真部署，组织开展一系列工作，为公司今后的全面风险管理工作奠定良好的基础：1.收集公司以往年度全面风险管理试点单位工作的信息和资料，并对公司风险管理工作的开展情况进行专题调研，提出开展全面风险管理工作的初步设想。2.组织制定部门全面风险管理工作职能和岗位职责。3.组织召开公司全面风险管理工作推进会，标志着全面风险管理工作在集团范围内全面启动。4.邀请国资委和咨询机构专家来公司进行全面风险管理专题培训，并组织公司主要事业单元的风险管理人员到北京国家会计学院进行集中专题培训，提升公司各级人员的风险管理意识和业务知识。5.开展2012年公司总部层面的全面风险管理评估。

【东风公司董事会审计与风险管理委员会设立】 7月20日，东风汽车公司首届董事会第一次会议在武汉召开，审议批准董事会下设审计与风险管理委员会，审议通过《东风汽车公司董事会审计与风险管理委员会议事规则》。审计与风险管理委员会是董事会下设的专门工作机构，协助董事会开展工作，对董事会负责。

委员会主要行使以下职权：审议指导公司内部控制体系、机制建设；向董事会提出聘用或者更换会计师事务所等有关中介机构及其报酬的建议；审核公司的财务报告、审议公司的会计政策及其变动、审议需董事会审定的其他财务类报告；督导公司内部审计制度的制定及实施，对企业审计体系的完整性和运行的有效性进行评估和督导；检查指导全面风险管理体系的有效运行；审议风险管理策略和重大风险管理解决方案。

审计与风险管理委员会下设办公室，作为委员会履行职责的日常工作机构。办公室设在公司审计部，公司审计部部长任委员会办公室主任。

10月17日，公司首届董事会审计与风险管理委员会第一次会议在武汉召开，审议并通过《东风汽车公司董事会审计与风险管理委员会办公室工作报告制度》，对公司董事会审计与风险管理委员会今后的工作起到良好的促进作用。

【内部审计】 公司审计部进一步做精成熟业务，积极拓深和拓宽审计领域，审计工作已经深入到财务管理、人事管理、资(基)金管理、生产管理、采购管理、关联交易管理、存货管理、营销管理、投资管理、招投标监督、科技成果及品牌管理、研发等领域，审计的精细化程度越来越高。

在开展常规审计业务的同时，还积极对高风险领域进行一系列专项审计调查，包括整车出口、汽车消费信贷、商用车商务政策、零部件质量赔偿、节能减排调查等，通过审计调查，及时揭示存在的各种风险，促进管理的有效改善。

加强投资项目审计及招投标监督。对公司总部直接投资的建设项目，开展全过程跟踪审计，以规范业务流程，节约建设成本，提高投资效益。对招标项目拦标价、工程结算以及竣工决算进行审计，借助中介机构力量，有效节约建设成本。加大招投标过程中的监督力度，有效防止“围标”、“串标”行为的发生，维护招标工作的公正性，保障公司的利益。

加大后续跟踪审计力度，督促各项审计建议的落实，并促进收回总部应收回的各项资金820.26万元，有效维护公司利益。

为充分发挥内部审计职能，合理利用内部审计成果，审计部将2010年审计发现的一些普遍性、典型性的内部控制问题和风险予以整理、分类，并以文件形式向公司各单位通报，要求对照所通报的问题和风险进行自查、整改。通过此项工作，推动公司各单位逐步健全企业内部控制体系，形成自我评价和整改的长效机制，起到举一反三和防患于未然的作用。

【公司全面风险管理工作全面启动】 9月23日，公司召开全面风险管理工作推进动员会，公司总部各职能部门、公司有关单位主管领导及全面风险管理职能机构负责人和联络员参加会议。这标志着公司正式在全公司范围内启动全面风险管理工作。公司总经理朱福寿指出，推进全面风险管理工作，是公司经营管理的一件大事，对于提升企业生存和发展的能力、增强企业核心竞争力具有不可替代的作用；要重视和加强全面风险管理工作的协同性，要紧紧围绕公司的发展战略和发展重点，研究解决可能存在的风险。公司副总经理童东城在会上作动员报告，要求各单位要把全面风险管理体系的建设作为“一把手”工程，高度重视，扎实推进。会议明确了“积极应对、统一协调、分层管理、逐步推进”的公司全面风险管理工作原则，“自上而下”建立风险管理体系和“自下而上”夯实风险管理基础有机结合”的全面风险管理工作方法，对公司今后全面风险管理工作的开展具有非常重要的指导意义。

9月23日，东风公司召开全面风险管理工作推进动员会。

【公司“2011年全面风险管理评估项目”启动】 12月5日，东风公司2011年全面风险管理评估项目启动会在武汉召开。此次全面风险管理评估工作计划至2012年3月结束，通过收集和辨析内、外部风险信息，进行风险管理问卷调查，开展管理层访谈，组织管理层对重大风险所对应的管理策略和方案开展评估，最终完成公司2012年度全面风险管理报告，并上报国务院国资委。

【系统管理】 审计部进一步加强对系统管理的力度，促进公司内部审计和风险管理整体水平的提升：1.加大系统各单位的交流力度。2011年9月召开公司2011年审计工作交流会，公司各主要审计机构的负责人和业务骨干参加交流会，有关单位进行了工作情况交流，起到很好的相互学习和借鉴作用。2.开展内部审计课题研究活动。东风汽车公司(集团)审计学会年初在征集各单位意见的基础上，组织公司各级审计机构在经济责任审计的内容及评价标准、采购价格审计、商务审计、经营绩效审计、基建项目跟踪审计、招标审计监督、跟踪审计的内容与方法等方面进行专题研究，并选择重点课题进行专题研讨和交流，在审计业务研究方面的组织、引领、指导作用进一步加强。3.多次组织系统人员进行风险管理和内部控制的各类培训213人次，促进系统人员专业素质的提升。

（夏旭东）

法律事务与证券事务管理

【概况】 2011年7月，原东风汽车公司法律事务部更名为法律与证券事务部(董事会秘书室)；同年9月，东风汽车集团股份有限公司证券事务部更名为法律与证券事务部(董事会秘书室)。东风汽车公司法律与证券事务部(董事会秘书室)和东风汽车集团股份有限公司法律与证券事务部(董事会秘书室)为一个机构两个牌子。法律与证券事务部(董事会秘书室)是公司与投资者及证券监管部门沟通、对外联络监事会、承担公司法律事务管理的职能部门。法律与证券事务部和董事会秘书室合署办公，是公司董事会的日常机构。法律与证券事务部是公司法律事务管理、投资者关系及资本市场研究、董事会监事会事务管理的职能部门，内设法律事务处、证券事务处和综合处。截至年底，在职员工10人。胡信东任部长。

法律与证券事务部根据公司年度经营目标和工作重点，按照职能分工以推进东风公司法律顾问制度建设为契机，以构建东风公司法律风险防范体系为核心，以重组改制、纠纷处理、合同管理以及普法工作为重点，广泛开展法律事务工作。通过真实、准确、完整、及时的信息披露，加强与投资者之间的沟通，在公司发展战略指导下，积极开展资本市场研究，开展直接融资业务。以提高公司治理水平、满足监管要求为主要目标，展开董事会、监事会和股东会业务管理工作。7月，东风集团股份(DFG)2010年年度业绩报告被美国传媒专业联盟"远见奖"评为银奖。

【集团总法律顾问制度建设】 截至12月底，公司下属14家重要子公司中，已有13家设立了总(副总)法律顾问，比例达到92.86%。有24家子公司和分支机构设立了法律事务机构，从事专、兼职的法律事务工作者87人。其中取得企业法律顾问资格42人，通过司法考试31人；14家重要子公司中有11家的规章制度、经济合同和重要决策的法律审核率已达到100%。重大历史遗留法律纠纷案件已妥善解决，全集团没有因违法经营而发生新的重大法律纠纷。

【参与企业并购重组及改制项目】 法律与证券事务部全程参与了重大的企业并购重组、投融资及企业改制项目17项，主要负责尽职调查、交易方案设计优化及合规性审查、合资合同和章程等项目相关法律文件的起草及谈判，专项法律疑难问题的分析论证工作。在东风日产汽车金融公司增资、东风标致雪铁龙汽车金融公司股权转让及增资、东风德纳车桥公司厂房拆迁补偿、东风电动车公司重组及土地房产处置等重大境内外合资合作、重大重组改制项目中，法律与证券事务部自始至终跟进，提供全方位、全过程的法律支持，有效保障公司重大决策事项的合规性，避免重大法律瑕疵和隐患的产生，并通过合理合法的手段为公司争取更大的权利空间，对项目的顺利完成发挥了不可或缺的积极作用。

【合同审查管理】 截至年底，共审查合同155份，其中东风公司合同42份、东风集团股份合同113份，涉及金额4.5亿元人民币。重大合同项目有：能源平台的技术委托开发协议合同标的2.6亿元；大病医疗和意外伤害商业保险合同标的1170万元；上海国际车展运营及宣传合同标的732.6万元等。

法律与证券事务部着重加强对合同审查管理及合同专用章使用情况的处理；优化合同管理，强化法律审核，建设合同法律风险防控的新体系。参加采购委员会会议24次，审查公司采购项目33个；办理签署合同授权委托书135份，其中一般授权130份，固定授权5份。

【法律纠纷管理】 在处理诉讼纠纷的同时，注重对纠纷案件发生的原因进行分析，及时将整改意见传递到各级管理人员，堵塞漏洞，改进管理。全年承办、协调的诉讼、仲裁案件共9起，尚未处理完毕。其中涉及公司社保资金案件已经和相关当事方达成一致，可为公司挽回全部经济损失。运用诉讼、仲裁及其他非诉手段，依法维护企业合法权益。

【法制宣传教育】 法律与证券事务部分层次深入开展法制宣传活动。编发《法规动态》4期，发放720本，共计14.4万字；组织全集团取得全国法律顾问资格的法务人员参加湖北省法律顾问协会举办的培训注册学习，共17个单位42名同志参加；组织全公司法务人员参加2011年全国企业法律顾问执业资格考试，共计15个单位21名同志报名参加考试。

【信息披露】 依照信息披露要求，完成2010年年度报告、2011年中期报告。依日本证券市场披露规则，完成2010年年度报告、2011年中期报告摘要，规整并在日本发布。依银行间市场监管规则，在国内银行间市场发布2010年度，2011年一季度、半年、三季度财务业绩报告，并在香港联交所做同步监管公布。

按联交所监管规则，通过法定渠道（联交所网站及公司网站）发布股价敏感信息、关联交易信息等公告29次。完成针对投资者的公司月度产销信息及新闻12期；发布公司新闻15期。同时也加强公司网站日常维护，确保信息披露安全。

【投资者信息交流】 通过电子信息反馈、电话会议、接待现场来访等多种形式同国内外机构投资者、分析员进行交流与沟通。全年安排电话组会及一对一电话会50余次，与300多位投资者和分析员就公司经营和行业动态进行了沟通，并接待投资者或分析员来访40余次。

组织安排管理层2010年年度业绩发布会及年度业绩路演（4月）、2011年半年业绩发布会（8月）。组织管理层出席野村证券“中国投资论坛”（4月）、法国巴黎银行“中欧汽车银行研讨会”（5月）、法国巴黎银行“18届中国投资年会”（10月），进行非交易路演，收到较好效果。完成了《东风汽车集团上市以来研究报告汇编》、《东风集团2011年研究报告汇编》的编撰工作。

4月1日，东风集团股份召开2010年度业绩发布会。

【资本市场业务】 按月制作更新QA资讯，汇总并深入分析行业动态及政策、公司经营管理及业绩等信息，为日常投资者关系工作提供基础资讯支持。专题研究了汽车行业重要公司的经营状况。7—9月，组织东风汽车集团股份有限公司完成对2010年、2009年中期票据年度付息，完成对中信银行配股（6月）和对新晨动力的股权投资（9月）。

【东风公司董事会事务管理】 法律与证券事务部按照国资委关于董事会试点工作的要求，完成了东风公司董事会13项基本制度的建设，包括修订《东风汽车公司章程》，制定《董事会监事会工作关系的说明》、《党委会董事会经营管理层工作关系的意见》、《东风汽车公司董事会议事规则》、《东风汽车公司董事会战略与投资委员会议事规则》、《东风汽车公司董事会提名委员会议事规则》、《东风汽车公司董事会薪酬与考核委员会议事规则》、《东风汽车公司董事会审计与风险管理委员会议事规则》、《东风汽车公司董事会秘书工作细则》、《东风汽车公司董事会授权管理办法》、《东风汽车公司董事会审计与风险管理办公室工作报告制度》、《东风汽车公司高级管理人员薪酬管理办法》、《东风汽车公司高级管理人员绩效考核管理办法》。

首届董事会由9名董事组成，其中5名外部董事，4名非外部董事（含1名职工董事）。经首届董事会第一次董事会审议通过，董事会下设提名委员会、薪酬与考核委员会、审计与风险管理委员会和战略与投资委员会。其中薪酬与考核委员会、审计与风险管理委员会成员全部由外部董事担任;提名委员会、战略与投资委员会成员多数为外部董事。根据公司章程和董事会工作制度,选聘蔡玮为董事会秘书;设立董事会办公室,负责董事会的日常事务。相关职能部门作为专门委员会的办事机构,协助专门委员会开展工作。

【东风集团股份董事会事务管理】 根据公司治理要求,策划东风集团股份股东会、董事会和监事会的召开。

8月30日,东风集团股份召开第三届董事会第五次会议。

董事会会议召开4次,形成了17项决议。主要事项有:确认董事独立性、通过发行配发股份、通过董事监事酬金方案、通过向子公司年度授信提供担保、通过向董事会授权对外担保、批准存款关联交易、批准向东风日产汽车金融有限公司增资、召开公司股东周年大会相关事宜、通过章程修正案相关事宜、批准金融服务关联交易、通过授信额度及授权办理融资、通过年报相关事宜、调整公司组织机构、收购金融公司股权、收购越野车公司股权、通过中报相关事宜、整体收购东风渝安(武汉)车辆有限公司股权并批准关联交易协议等。

监事会会议召开2次,形成2项决议,主要有第三届监事会第二次会议决议、审议中报相关事宜等。股东大会召开1次,形成11项决议。出席本次股东周年大会的股东和股东授权代表共持有代表本公司8612657970股有表决权股份,约占本公司有表决权股份总数的99.95%。股东周年大会由公司董事长徐平主持。大会的所有议案均按股数投票方式进行并均已获得股东通过。

【监事会事务管理】 公司配合监事会依法开展当期监督工作的职能调整至法律与证券事务部,由董事会秘书室负责配合协调监事会日常工作的开展。截至年底,完成监事会工作处理意见单16份;向监事会提供东风汽车公司非主业投资情况报告、公司“十二五”规划、汽车发展战略和自主品牌发展战略等研究报告及总经理办公会会议纪要、信息动态等各类资料近百份;提供《董监事通讯》20期,共计21.9万字。配合监事会到武汉、十堰、襄阳、广州、郑州、杭州、重庆和新疆等单位实地调研10次,涉及包括总部在内的15家公司、分支机构,调研天数共计33天。安排监事会与公司中层以上领导谈话2次,涉及单位12家,检查天数共计21天。

(吴晓慧)

资本运营管理

【概况】 2011年7月，资本运营部正式成立。该部是公司对参股企业进行股权管理、开展土地资产经营、对纳入管理的参股企业对外进行股权投资、对公司内部债权和债务清理的职能部门。东风资产管理有限公司纳入资本运营部管理。内设股权管理处、资产经营与重组处。截至年底，共有员工8人。胡信东任部长，罗军民任副部长。

资本运营部围绕公司年度目标，按照资本运营部的职能分工，成立了东风资产管理有限公司，对参股企业的股权进行管理和处置，包括业务联系、收益管理；为充分发挥资产经营平台功能，根据公司授权，代表公司履行参股企业股东权利并实施管理；开展一系列土地资产的经营管理工作，并对公司的土地管理办法进行了修订，组织了土地管理人员的培训。同时，建立健全内部组织机构，完成岗位职能细化和人员招聘到位等工作，保证了资本运营工作的顺利开展。

【东风资产管理有限公司成立】 根据资本运营部的战略发展定位，初步确定了资本运营部与资产管理有限公司一个机构两块牌子的运营模式，东风资产管理有限公司登记注册工作随即展开，进行公司名称预核准、银行账户开立、现金出资及验资报告、公司注册文件资料准备、工商登记申请等工作。2011年11月28日，东风资产管理有限公司完成了工商注册登记，并在12月初完成了税务登记及账户变更启用工作，东风资产管理有限公司正式投入运营。

【首批股权收购】 结合资产管理有限公司注册资本情况及公司管理需要，初步确定6家股权收购对象并完成收购方案制定、法律文件准备、董事会决议、协议签署等主要收购程序工作，年底完成上述6家股权转让协议的签署。

【土地经营管理】 对东风公司的土地资产进行了梳理统计，对土地资产经营管理中出现的问题进行了分析总结归类，并制定一系列管理办法，夯实土地资产经营管理工作。加强管理，依法依规处置土地资产；加强组织领导，落实土地管理责任；优化配置，充分发挥土地资产综合效益；加强信息沟通和业务交流，对土地经营管理中出现的问题，及时组织研究处理。资本运营部对公司土地资产实行统一经营管理和开发利用。

【《土地管理办法》修订】 为认真贯彻执行国家土地管理相关法律、法规，进一步加强公司土地资产经营管理，规范土地资产处置行为，使土地管理工作依法、规范、有序运作，结合公司经营实际和“十二五”规划纲要，修订《东风汽车公司土地资产经营管理办法》(简称《土地管理办法》)，共十章五十二条，明确公司土地资产经营管理职责分工，详细规定出让土地、授权经营土地、划拨土地及其他土地的经营管理，明晰了征地拆迁管理、地籍管理和土地监察工作等。12月23日，在公司总部举办《土地管理办法》培训班，组织公司下属各单位土地业务管理人员认真学习《土地管理办法》，督促各单位切实领会并贯彻执行《土地管理办法》的各项要求。

【租金核减税费清理】 整理与下属公司签署的土地租赁合同和补充协议，核准各宗土地租赁面积，计算土地应收租金，协助财务会计部开具土地租金发票。清查承租单位历史欠缴土地租金，发函催缴土地租金。整理湖北省国土资源厅核减授权经营地批复文件和核减授权经营土地清单，申报减少土地使用税等税负。

【协同搬迁改制工作】 根据《昆明市企业退二进三工作实施细则》的变化，分析东风云南汽车有限公司能够享受的搬迁补偿和企业搬迁条件，分析改制中土地资产不同处置方式利弊，协同东风云南汽车有限公司改制。十堰市修建建设大道占用公司土地和拆迁下属单位建筑物及附属物，与十堰市张湾区政府协调征地补偿和拆迁补偿。协同东风德纳车桥有限公司襄阳工厂搬迁工作，负责土地收储和补偿，研究搬迁方案总成本，测算搬迁土地补偿价值，确定土地补偿方式和金额，与市土地收储中心初步商议收储流程，已与襄阳市政府签订支持搬迁协议。调研襄阳电气有限公司和襄阳仪表有限公司搬迁工作方案。

（王　婷）

社会事业管理

【概况】 2011年7月，社会事业管理中心成立，负责公司各项社会保险基金、企业年金、住房公积金、住房维修资金、离退休人员和员工福利统筹归口管理。承担公司社会事业领导小组、企业年金理事会、住房公积金管理委员会、住房维修资金委员会、离退休工作领导小组、离退休（养）人员“爱心工程”管理委员会的日常工作，对外保留东风汽车公司社会保险统筹办公室、十堰住房公积金管理中心东风公司分中心、十堰住房维修资金管理中心东风公司分中心三个单位名称。社会事业管理中心内设福利规划处、统筹业务处、离退休人员管理处（老干部工作处）。截至年底，在职员工37人。周伟勇任社会事业管理中心主任。

社会事业管理中心围绕构建“和谐东风”建设这一工作中心，以优化制度、规范管理、促进稳定和新部门组建为重点，按照支持公司事业发展、保障员工利益、可持续发展的原则，初步构建起涵盖员工入职到退休以后的安居工程、社会保险、企业年金、住房公积金、住房维修资金、离退休人员服务等“全面关怀”的东风公司社会事业管理体系。先后荣获湖北省地方税务局“2011年度省直社会保险费缴费先进单位”、湖北省劳动就业管理局“2011年度省直失业保险先进单位”等称号。

（赵建新）

【机构组建】 10月，在对涉及社会事业管理中心职能的相关组织机构及业务运行情况进行调研和评估的基础上，确定了“管运分离、区域协同、强化政策调研、加强基金管控”的机构设置基本思路。

11月，社会事业管理中心组织机构设置方案经公司党委常委会审议通过。12月，公司下发《关于社会事业管理中心组织机构设置及职能的通知》，将东风汽车公司社会保险中心、企业年金管理办公室纳入社会事业管理中心管理；十堰管理部公共事业处管理的住房公积金分中心、住房维修资金分中心和襄阳管理部住房公积金分中心、住房维修资金分中心职能整体划入公司社会事业管理中心；十堰管理部行使的公司离退休人员的管理及离退休工作的对外联系职能划入社会事业管理中心。

（赵建新）

【家属工参保工作】 1月，公司成立以李绍烛副总经理为组长的“家属工参保工作领导小组”，下设政策执行组、维稳组和帮扶组三个专项工作小组，全面领导公司家属工参保工作。3月17日，湖北省人力资源和社会保障厅以《关于东风汽车公司原“家属工、占地合同工”纳入省直基本养老保险统筹的意见》文件正式批复公司原“家属工、占地合同工”（以下简称“家属工”）参保办法，明确了参保对象、参保原则、参保办法、参保时间、参保补缴费标准及领取养老保险待遇时间等家属工参保政策。3月26日，在公司党校召开“家属工、占地合同工”参保工作动

3月26日，东风公司召开“家属工、占地合同工”参保工作动员大会。

员大会，全面启动家属工缴费参保工作。4月，公司组建以公司相关事业板块党委书记为组长的"下访"服务工作组，对家属工参保人员分布多、诉求问题复杂、维稳难度大的单位进行走访服务。6月，经与湖北省养老保险局协调，首批办理参保手续并全额缴费的人员开始发放和补发养老金待遇。8月，家属工参保信息通过湖北省养老保险局审查验收，公司家属工参保工作完成。

经公示确认，符合家属工参保条件的有3968人，实际缴费参保3891人，其中全额缴费3859人、贷款缴费32人；领取养老金待遇人员3529人，继续缴费人员362人；月养老金最高1046.84元，最低642.95元。

东风公司对办理了缴费参保手续的人员统一给予12000元补助，并在此基础上，对2010年12月31日前男年满60周岁、女年满55周岁以上人员，按男满60周岁、女满55周岁为起点，每超过1周岁再补助1200元/年，最高不超过18000元。同时，对经济条件困难的家属工，协调中国工商银行十堰市分行东汽支行开通个人贷款渠道。

9月，经东风公司党委常委会审议通过，按照"加强管理、体现关爱；区别群体、分类管理"的原则，对符合公司"家属工、占地合同工"资格认定条件的家属工（含已参加湖北省省直养老保险统筹、十堰市养老保险统筹及尚未参加养老保险统筹等三类人员），由"家属工、占地合同工"申报单位负责管理。

（杜　超　王北上）

【医疗保障制度优化】 3月，东风公司召开人事工作专题会议，决定对公司现行医疗保障制度框架体系进行优化完善诊断评估。5月，优化项目列入公司人事（干部）部"十二五"规划，成立由公司职能管理部门、各事业板块等单位参加的项目CFT团队。

9月20日，东风公司召开医疗保险制度优化项目研讨会。

5至9月，CFT团队开展专项调研工作，细化项目内容和实施方案。通过团队成员会议，布置工作计划，分工协作；组织开展V-up活动，从制度设计、运行管理、基金管理和政策要求等多维度，对现状进行分析，找出存在的问题，进一步明确优化项目的工作方向和内容；建立合作方信息库，开展合作方的遴选工作。

10月，向13家机构发放合作意向征询函。12月，经过比质议价竞标程序，确定韬睿惠悦管理咨询（深圳）有限公司作为优化项目的合作方，随即开展管理层访谈、员工问卷调查等优化项目实施工作。12月30日，优化项目启动会在公司总部召开，会议明确了公司医疗保障制度优化项目的目标和进度安排，要求公司各部门"认清形势、理解战略、明晰责任、把握方向、坚持原则、开拓创新、加强协同"，共同推动项目工作的全面开展。公司医疗保障制度优化政策将于2012年7月1日起实施。

（司文虎　李荣荣）

【社会保险法培训】 为推动《中华人民共和国社会保险法》在公司的贯彻实施，5月，公司组织从事社会保险工作的160余名员工参加全国《社会保险法》知识竞赛网上答题活动；5月30日—6月1日以及8月29日—30日，分别在广州和北京举办了《社会保险法》及《工伤保险条例》培训班，公司总部、各板块和基层单位240余名从事社会保险工作的员工参加了学习；8月23日，组织公司党委中心组成员集中学习《社会保险法》；同时，对基层单位发放了相关宣传材料，并就《社会保险法》宣传工作提出了指导意见。

（赵建新　李荣荣）

【公共福利管理】 按照东风公司"和谐东风"建设要求，在社会事业管理中心新设立的一项管理职能，主要负责研究涉及职工住房等方面福利的相关政策，积极寻求政府支持，获取和配置相关资源方案并组织有关福利项目的推进工作。

12月，开展对公司内涉及"安居东风"工作相关单位的调研，收集和研究国家有关房地产政策，组织召开第一次"安居东风"建设研讨会，并在此基础上提出了满足"支撑公司事业发展、服务员工多种需求及可持续发展"三项原则和体现"阶梯式的住房供

2月8日，东风公司召开员工安居工程工作研讨会。

应、全方位的生活配套、东风特色的社区文化、可持续的建设和运营”四个特色的“安居东风”建设思路初步方案。

（王北上）

【计划与信息管理】 5月，为满足公司医疗保险信息化管理的要求，启动医疗保险费用结算管理信息系统升级改造工作，7月正式上线运行。

7月，调整公司医疗保险年度缴费工资基数与湖北省省直统筹基本养老保险年度缴费工资基数一致，实现养老、失业、医疗、工伤、生育五项社会保险缴费工资基数的统一。根据补充医疗保险基金收支情况，对2011—2012年统筹年度公司补充医疗保险及医疗困难救助实行阶段性减半征收。

表14 2011—2012年度东风公司社会保险参保缴费统计表

险种	参保单位数（个）	参保人数（人）	缴费比例（%）		缴费平均工资（元）	缴费上限（元/年）	缴费下限（元/年）
			单位	个人			
基本养老保险	200	81438	20	8	39303	117840	23640
补充养老保险（企业年金）	195	80184	10	4	39303	117840	23640
失业保险	199	81137	2	1	32400	8110	1620
基本医疗保险	210	126373	7	2	39303	117840	23640
补充医疗保险	209	126247	3	—	39303	117840	23640
工伤保险	196	80579	0.4~1.0	—	39303	117840	23640
生育保险	196	80579	0.5	—	39303	117840	23640

（彭昌龙）

【社会保险基金管理】 当年，计划征缴五项保险基金220168.68万元，实际征缴219177.21万元，累计欠缴7065.61万元，征缴率为99.5%。

3月，湖北省养老保险局对公司企业职工基本养老保险制度并轨基金和公司社会职能移交基金进行了确认和清算。

3月，东风公司审计部派出审计组，对中心管理的社会保险基金自2008年3月至2010年12月以来的筹集、使用及管理情况进行审计；中心按照审计要求于8月将落实情况书面报送审计部。

11月，以公司人事、审计、财务、社管中心组成的社会保险联合稽核小组，对神龙汽车有限公司等10个参保单位进行社会保险稽核，并对部分单位出现的漏报、多报和欠费情况提出了整改意见。

（肖　平）

【养老保险管理】 完成东风公司43481名退休人员待遇调整工作，人均月养老金增加174元；落实公司退休军转干部生活困难补助标准调整382人，人均月增加57.9元；落实公司新中国成立前参加革命工作老工人年度增发生活补贴标准调整62人，从2011年起生活补贴标准由年增发1～2个月基本养老金调整为年增发1～3个月基本养老金。

根据湖北省养老保险局《关于做好异地居住离退休人员养老金发放工作的通知》及《关于全面推行省直参保企业离退休人员基本养老金“一次清分”发放工作的通知》文件要求，公司全面推进离退休人员养老金发放流程优化工作，截至12月31日，离退休人员实现养老金直发4864人。

2011年新增退休人员1869人，截至12月31日，离退休总人数（含领取养老金家属工）49638人，其中离休人员358人。

（杜　超）

【离休干部生活补贴标准调整】 按照中央组织部的文件精神，对公司358名离休干部的生活补贴待遇标准调整工作落实到位，从2011年起生活补贴标准由年增发1～2个月基本离休金调整为年增发1-3个月基本离休金。

6月，参照湖北省财政厅有关文件精神，自2010年7月1日起，公司提高离休干部月生活补贴标准，其中正厅级提高至2630元，副厅级提高至2370元，正处级提高至2180元，副处级提高至2000元，正科级提高至1740元，原生活补贴额高于新标准的，暂维持原标准不变。

（杜　超）

【企业年金管理】 6月，新增中信证券股份有限公司和易方达基金管理有限公司两家投资管理人。9月，东风公司成立第三届企业年金理事会，审议通过《东风汽车公司企业年金投资管理办法》，明确投资管理人考核评价细则和投资资产分配方案。10月，对参保单位开展企业年金计划实施细则业务培训。截至12月31日，东风公司企业年金基金净资产157439.95万元，累计增值11957.13万元，累计投资收益率14.34%。2011年，金融市场环境严峻，当年企业年金基金投资亏损3413.76万元，投资收益率-2.37%，全年企业年金待遇支付或计划转移2256人，支付或转出总额7706.99万元。

（谭卫华）

【医疗、工伤、生育保险管理】 医疗保险管理。2010—2011年医疗保险年度，参保职工住院25392人次，政策范围内住院报销比例为75.4%。享受特殊门诊待遇9446人，享受医疗保险困难补贴2187人，享受医疗保险家庭困难救助316人，享受1953年底前参军复转企业工作人员医疗补助162人。

工伤保险管理。2011年度，享受工伤医疗待遇4348人次，享受一次性伤残补助待遇147人次，享受工伤津贴、生活护理费、供养亲属抚恤金待遇804人，享受工亡待遇4人。自1月1日起调整工伤保险待遇，工伤津贴人均增加107元/月，工伤护理费人均增加161.45元/月，供养亲属抚恤金人均增加39元/月。

生育保险管理。审核、发放各项生育保险待遇2034人次。

（司文虎）

【失业保险管理】 社保补贴落实。根据公司人事委员会审议通过的补贴原则与流程，确定2135万元社保补贴的补贴对象为东风活塞轴瓦有限公司等17个单位。6月，社保补贴全部落实到位。

职工转岗培训安置补贴申报。根据湖北省劳动就业局有关政策，组织完成公司88个单位的2849个岗位共计9878人，申报湖北省职工转岗培训安置补贴771万元。

失业保险业务办理。全年办理新增失业人员待遇审批383人，发放失业保险金16426人次，金额11357193元。

（林　武）

【住房公积金管理】 十堰市住房公积金管理中心东风公司分中心主要负责东风公司各单位的公积金归集、使用，按月代扣代缴公积金；职工个人公积金贷款、支取业务。

住房公积金中心改善服务，建立一站式服务大厅，引进银行现场服务，对信息系统改造升级，完善流程，方便职工。开展基层单位人员培训学习，完善内控相关制度，提高风险管理能力。截至年底，归集35.65亿元，使用14.30亿元，余额21.35亿元，当年归集4.9亿元，使用2.3亿元。发放住房公积金贷款2184万元，为职工结息4740万元。

（宋　柳　谭卫华）

【住房维修基金管理】 东风公司住房维修资金分中心主要负责东风公司维修资金的归集与使用。维修资金的业务管理和资金管理实施分开管理原则，维修资金由公司实施专户管理，业务则由维修资金中心负责安排，实行报账制。维修资金的使用范围主要是屋面大修、管道改造等。

全年共下达维修资金专项计划83项，计划资金318.13万元；完成竣工验收项目75项，计划金额268.32万元；对历年使用的维修资金进行了归类、剔除、按楼栋分摊、统计清理。截至年底，住房维修基金结余17194.51万元。住房维修基金收入376.57万元，其中个人32.86万元，利息收入248.62万元；支出205.47万元，其中大修支出205.4万元。

（李　芳　谭卫华）

【离退休工作管理体制调整】 7月，按照“管运分离”的原则，将十堰管理部行使的公司离退休人员的管理及离退休工作的对外联系职能划入社会事业管理中心，成立社会事业管理中心离退休人员管理处（老干部工作处），主要负责国家和地方有关离退休人员的政策研究与待遇落实方案的制定，制定公司离退休人员管理工作规划和年度计划并组织实施，负责公司离退休人员的管理及离退休工作的对外联系，拟定全公司范围内离退休人员管理和服务标准与考评制度，负责公司各区域离退休人员服务站点的规划和建设等工作。

原十堰管理部的离退休人员管理处（老干部工作处）更名为十堰离退休职工服务中心（老干部服务中心），由十堰管理部管理，负责指导全公司离退休党建工作，承担区域服务职能，管理干休所日常服务工作，同时代为管理“爱心工程”、老年大学及老年活动中心的日常工作等。襄阳管理部的离退休人员管理办公室更名为襄阳离退休职工服务中心（老干部服务中心），由襄阳管理部管理，承担区域服务职能，并负责管理区域内老年大学、老年活动中心等。

（叶付斌　王北上）

【离退休党群工作】　在全公司133个离退休党支部、14093名离退休党员中开展了“五好离退休党支部”星级达标和“四好离退休党员”评比表彰活动、“强党性、增活力、树典型、扬正气、促和谐”主题活动、“重温党的历史，坚决跟党走”党员主题活动及争当“五大员”活动，并对活动成效进行点评。涌现出“有困难找支部，我们就在你身边”的东风锻造有限公司第一党支部和十年如一日植树造林绿化荒山的杜光保等10个事迹突出的离退休党支部和老同志个人的典型事迹，组建先进事迹巡回报告团，先后进行八场先进事迹报告会。

（叶付斌　王北上）

【离退休文体工作】　以纪念建党90周年为契机，采取集中组织与分层开展的方式广泛开展了“忆党史、颂党恩、送温暖、看发展”为主题的八项庆祝活动。同时，以“抓普及、聚人心、出精品、展风采”为主旨，组织开展老年人喜闻乐见、具有广泛群众基础的老年文体活动237场次，参加人员3.9万多人次。

6月28日至30日，在张湾青年广场组织开展四场离退休人员庆祝建党90周年广场文化展演活动，来自十堰、襄阳基地的46个单位近3000名演员展演了涵盖歌舞、健身操、民乐合奏、戏曲等内容的98个节目，近两万人员观看演出。

（叶付斌　王北上）

【离退休服务方式创新】　在服务管理中大力推行了“日常服务到位，重点服务到家，特殊服务到人”的三到服务和“工作内容零差错、人员慰问零遗漏、活动开展零事故、服务质量零投诉”的零缺陷管理；积极引入社会资源，借力服务，同公司医疗单位联手开展健康知识进社区活动17次，5389人听了健康讲座，为4746人次进行义诊，开展结对互帮互助活动；组建32支老年人志愿者服务队，就近为困难老人办好事、办实事，解决实际困难1371件次；坚持对高龄、生病、孤寡、困难的离退休人员进行登门走访慰问，全年直接走访慰问老同志487人次，公司各单位走访慰问5709人次。

（叶付斌　王北上）

新能源汽车事业管理

【概况】 新能源汽车事业平台是推进公司新能源汽车事业的专门机构，同时也是东风公司新能源汽车战略指导委员会日常办事机构。平台的职能为负责配合研究提出新能源发展规划和商品企划，组织制定新能源汽车产品技术规划；对新能源开发项目实施管理，组织提出开发预算、开发计划、牵头项目节点的评价和验收；同时还兼顾综合协调和归口联络涉及政府、部门、研发机构以及各事业单位新能源业务的相关工作。内设产品技术规划、项目管理和综合管理3个业务方向。截至年底，在岗员工7人。黄兆勤任新能源汽车事业平台总监。

2011年，新能源汽车事业平台完成公司新能源汽车战略项目中的8个整车和6个关键零部件项目的评审立项工作，完成国家“863”、国资委中电联及省市新能源汽车项目等26项申报或验收工作。同时，还积极开展新能源事业工作体系建设、新能源乘用车协同、产品技术规划以及对外交流与成果展示等工作。

同年10月21日，东风公司与东方电气集团有限公司在成都签署《战略合作协议》。战略合作的宗旨为：优势互补、资源共享、精诚合作、协同奋进，掌握电动车核心关键技术，提升中国电动车产业的国际竞争力，实现双方的战略目标。

【新能源汽车事业工作体系建设】 发布《东风汽车公司新能源汽车项目管理办法》，明确了管理职责分工、项目立项和预算管理流程、项目过程管理、项目文件管理、知识产权管理、项目考核的具体内容，为规范公司新能源汽车项目管理，提升项目实施有效性提供了依据。

按照会议机制，组织召开新能源汽车战略指导会议2次，讨论新能源汽车重大战略项目；组织召开推进工作例会4次，推进新能源汽车战略项目的进展；组织召开多次专题会，针对新能源汽车重大事项专题讨论。

【产品技术规划】 组织开展行业动态分析、政府政策法规的研究、商业模式研究和探讨、武汉市基础设施建设规划配合等工作，为技术规划的维护和调整提供支撑。同时，以行业信息、政策分析、商业模式探讨为基础，结合公司新能源汽车发展现状，对新能源汽车战略规划项目进行调整，使得项目开展与项目主体更加匹配，公司规划与行业方向更加一致。

【新能源乘用车协同】 组织东风自主品牌新能源乘用车协同课题的相关工作，提出“统筹新能源乘用车的整体规划，强化共性技术的开展及其对整车项目的支持，基础能力与共性技术资源共享”的工作目标。

【战略项目管理】 根据“新能源项目管理办法”和“新能源汽车及关键零部件战略项目”任务，陆续展开了项目立项评审和项目管理工作，8个整车和6个关键零部件项目获得立项支持。

按《东风汽车公司新能源汽车项目管理办法》的预算拨付流程，平台组织科技部和规划部进行了各项目实施方案的内部评审，制定了委托开发协议，完成采购委员会和法律事务部等部门的合同会签评审，打通了预算拨付流程，拨付首批预算8523.27万元，保障各战略项目有序展开。

在项目开展过程中，及时督导各项目在进度计划、组织管理、经费使用和知识产权等工作的开展，并在项目推进工作会和战略指导委员会上适时汇报，保障各项目有序进展，基本按进度完成各项节点计划。

根据公司对技术中心组织机构的调整，DFAC商品研发院的“微型乘用代步车开发”项目转移到DFM技术中心承担；根据项目组织的实际情况，调整部分项目管理方式。将新能源汽车技术研究所承担的“动力电池成组技术开发”与“电池管理系统开发”、“驱动电机开发”与“电机控制器开发”项目分别整合在一起管理。

【外部项目申报与管理】 积极开展外部项目的申报和验收工作。完成了“863”项目5个新能源课题验收，新申报成功立项3个课题，争取经费2277万元。成功申报国资委中电联4项整车项目和5项共性技术项目；2010年立项的6个省市电动汽车项目进展顺利，并于当年11月20日接受节点检查；新申报立项3个省市项目已顺利展开。

【对外交流与成果展示】 平台积极开展外部协调联络与技术交流等工作，保持对外信息的畅通。

在武汉市科技局的组织下，代表东风公司参与组建了武汉新能源汽车产业技术创新战略联盟，即以武汉市新能源汽车产业技术创新需求为导向，以形成新能源汽车产业核心竞争力为目标，围绕新能源汽车产业技术创新链，运用市场机制集聚创新资源，实现企业、大学和科研机构在战略层面的有效结合，共同致力于突破新能源汽车技术创新和产业发展的技术瓶颈，提升武汉市新能源汽车产业整体水平，促进新能源汽车产业健康发展。

配合武汉市经信委等部门，申报“私人购买新能源汽车补贴试点城市”；配合湖北省科技厅，进行湖北省科技项目的规划布局；组织集团各研发板块，先后分别与相关公司和机构进行电池、电控技术和轻量化材料工艺技术的交流，并探讨项目合作的可行性；组织相关单位参观访问国网杭州换电站、普天新能源深圳充电站，了解普天关于商业模式的发展思路和现状，并开展相关交流。

在积极推进节能与新能源汽车产品技术开发和产业化的同时，选择性的参与各类车展与论坛，展示东风公司节能与新能源汽车产品研发成果，扩大影响，便于开拓市场和争取政策支持。组织、协调公司新能源汽车项目承担单位参加2011年上海车展，协助EJ02纯电动轿车的技术发布工作；组织、协调参加2011年上海工博会等。

（雷　雨）

军品管理

【概况】 军品事业工作平台是在公司军品委员会领导下，负责公司军品工作具体牵头组织和推进协调的机构，代表公司总部与军方和公司各事业单位进行业务联系。现有员工3人。何伟任军品事业工作平台总监。

公司召开军品工作会，公司董事长、党委书记徐平作重要讲话。

军品事业工作平台按照“创新工作思路、加强体系建设、实现重点突破、巩固东风优势”的指导思想，发挥牵头作用，服务协调各军品单位，积极推进自主创新，开拓军品市场。一年来，公司多部门联合工作的格局日益成熟，统一的军品工作体系凸显成效；公司军品继续保持了在军队市场的优势地位，重、中、轻产品系列全面发展，在“十二五”开局之年，打开了一个良好的局面。

【军品研发】 2011年，公司军品研发工作继续呈现良好的发展势头，重、中、轻产品系列全面协调推进。技术中心在研发人力资源严重不足的情况下，采取有力措施，克服困难，增强队伍凝聚力，激发队伍积极性和创造力，深化创新，亮点纷呈，研发水平和自主创新能力得到进一步提升。全年主要开展了Y2平台猛士越野车，新一代天锦6吨军用运输车、Y3平台中型越野车、Y5项目轻型指挥车、Y20、Y30等项目开发改进工作。

Y2平台方面，根据部队的实际需求，完成CTJ01防护车型样车试验及分析改进，并在此基础上，完成防护型指挥车的整车试制及改进。另外，结合部队使用要求及越野车改装工作，改善车内空间，优化人机工程，提升承载能力，建立改装技术支持渠道。7月通过了军方组织的分动器差速器国产化鉴定。

Y3平台方面，启动了3.5吨高机动越野车项目研制工作，继续推进EQ1118GA 6吨军用运输车升级换型，开展EQ2070G变型车、EQ2100SWJ等越野车三类底盘项目研制。依据部队“十二五”项目二代军车高原动力改进，完成了EQ2102技术改进项目方案论证。

另外，在Y5平台轻型指挥车方面，按照从民品切入，目标军选民用的思路进行开发，已完成整车试

3月29日，公司董事长、党委书记徐平，公司有关领导和军方首长观摩军车新品。

制和相关性能试验。在Y20项目方面，完成两台样车试制和整车试验评审，进展态势良好。Y30项目是一个全新的高机动一体化多功能作战平台，开展了整车设计和试制试验工作。

【军品市场开拓】 公司军品工作结合部队装备发展的实际，灵活运用各种载体，不断加强与总装备部、各军兵种交流服务，构建各种交流平台，敢于创新，取得了较好的效果。

研发与需求相结合。自2007年猛士列装部队以来，各使用部队非常重视猛士在实战演练中的运用，反馈了很多宝贵的使用意见，针对产品不断进行改进和创新，在总装陆装科订部的指导下，成功研制了CTJ01、防护型指挥车样车。为了解部队实际作战要求，公司将一些样车送到有关部队使用，反复交流，持续改进，产品性能显著改善，得到了沈阳军区首长的高度评价。公司不但在产品技术上进行创新，而且在工作方法和工作模式上进行创新，从而缩短开发时间，提高开发效率，更加贴近市场，满足部队需要。

10月25日，公司召开东风猛士服务国防万里行总结大会，总经理朱福寿致辞。

服务与市场相结合。圆满完成“东风猛士服务国防万里行”活动，10月25日还在总部举行了活动总结仪式，总装备部非常重视，对整个活动效果也非常满意。这次活动是公司和总装通保部联合组织开展的，为期87天，行程25000余千米，行程覆盖七大军区，累计走访77个单位，召开51次军企座谈会，举办47次技术培训等。该活动不但验证了东风猛士的性能，锻炼了一批队伍，而且结合军民一体化的战略思想，加深了军企合作层次，体现了服务保障与市场开拓的紧密结合。

改装与市场相结合。公司军品工作团队，通过反复多次的走访调研，找准部队和公司的需求契合面，构建了许多不同层面的交流平台，其中在改装技术交流平台上，做了大量的开拓工作，一是传统底盘产品发挥出新活力，结合武警部队的需求，在EQ2070G的基础上，开展了77辆车两个车型三类底盘改装项目。二是随着猛士产品型谱的拓展，其改装市场也变得更加广阔，改装猛士达731辆，涉及改装单位21个，公司已经与48家科研院所和改装企业建立了业务合作联系。

【军品生产与服务】 按照部队要求，公司各军品事业板块认真组织了军车的生产交付工作。东风商用车公司逆势上扬，面对全年商用车市场的负增长和严酷的竞争环境，商用车公司着力打造全价值链核心能力，中、重卡年度市场占有率首次双双位列行业第一，主要指标全面完成，达到挑战目标，出色完成了全年军车的生产任务。其中，在高新工程和军援车的专项任务中，商用车团队发挥出勇于奉献、敢于吃苦、善打硬仗的传统精神，按照部队的特殊而苛刻的要求，在极短时间内完成了从生产组织到交付、到全过程服务保障等一系列复杂工作，使用部队都感到非常满意，部队首长给予了高度评价。在服务保障方面，商用车公司按照“针对特点、全力保障、体现特色、服务国防”的工作方针，继续完善军品服务保障和管理体系。已与900多家部队实现了对口服务，全年累计服务次数6659次，累计服务11588人次，累计服务车辆21878辆，免费为部队培训1135期5007人次，共收到部队赠送的表扬信21封、锦旗16面。

越野车公司上下团结一致，围绕年度的经营目标，全面提高管理水平，狠抓质量，开拓市场，注重创新，顺利完成全年军品生产和销售任务。在猛士订货量急速增加的情况下，克服产能不足困难，圆满完成了全年的生产任务。

在猛士服务保障方面，全年累计服务人次534人次，累计服务车辆1427台次，排除故障2439项，建立了1083台车辆的最终用户档案信息 。全年相继建立了10家正式协议站点，培育了30家备选培育站点，初步实现服务站点基本覆盖了东风猛士的集中用户区域，服务半径基本达到400千米。

【其他重要工作】 1. 新工程方面，自总装部署以来，公司一直高度重视，各板块全力组织生产，确保了质量和交付时间，提供了及时满意的服务保障。2. 关于军方审计和审价相关工作。公司军品平台、计财部、商用车公司、越野车公司组成了跨职能团队，认真准备，顺利通过总装审计局对商用车公司军车成本材料的审查，顺利通过了军方对猛士火力突击车，单双排硬顶车审价，已实现订货。3. 由军品平台牵头，配合总装完成了军队“十二五”车辆信息调研、《专用车辆底盘目录》东风车型的换版申报工作，启动了装备承制单位资格审查复审准备工作。4. 3.5 吨军用越野车高原动力升级项目。“十二五”期间，部队进行二代军车高原动力适应性改进，对现有 3.5 吨军用越野车实现改进升级，对于延续 EQ2102N、EQ2102 的产品生命周期具有重大意义。围绕升级课题，5 月由军品平台牵头，公司组团和总装汽车试验场联合对西藏部队进行了调研和走访，并开展一系列的后续跟踪交流工作，该车型升级论证项目已上报陆装科订部。

（夏国锋）

党建宣传 思想政治工作

【概况】　党委工作部认真履行公司党委组织建设、党委宣传与思想政治工作、精神文明建设、企业文化建设、企业形象宣传及展览展示、统一战线工作和机关党委的工作职能。同时在对上级党组织开展工作时，使用党委组织部、党委宣传部、党委统战部的名称。内设组织统战处、宣传与企业文化处。截至年底，党委工作部共有员工8人。陈郧任部长，王茂华任副部长。

2011年，党委工作部认真贯彻公司党委的工作部署，紧紧围绕公司经营工作大局，以深入推进“创先争优”活动为主线，重点开展纪念建党90周年系列活动、学习型党组织建设、对外宣传和展览展示工作等，为公司改革发展提供坚强的组织保证和精神动力。

【学习型党组织建设】　认真组织学习中央文件和精神。下发学习贯彻党的十七届五中、六中全会精神和胡锦涛总书记在纪念中国共产党成立90周年大会上重要讲话精神的文件，各级党委根据公司党委要求，认真学习、宣传、贯彻党的十七届五中、六中全会精神和中共中央总书记胡锦涛“七一”讲话精神。统一组织学习胡锦涛“七一”重要讲话精神的专题报告，公司各单位300余名党政主要领导及党工部长参加了报告会。

坚持公司党委中心组集中学习制度。全年共组织11次集中学习，邀请中央党校教授田应奎、刘宝东，中央政策研究室副局长白津夫等专家进行专题辅导。同时，也邀请公司技术专家进行业务知识讲解。参加公司党委中心组扩大学习536人次。

有效指导各级党委中心组学习。确定各级党委中心组学习计划，对学习重点内容、研讨内容以及自学书籍提出要求。公司每次集中学习课件以及自编学习资料印发各直属机关党委，共享学习资源。总结公司各级党委中心组先进经验，表彰评比17个先进党委中心组。总结公司创建学习型党组织经验，相关经验在湖北省国有企业宣传思想工作会议上交流。推荐申报湖北省先进党委中心组和湖北省学习型党组织建设先进单位。

【纪念建党90周年系列活动】　组织开展公司纪念建党90周年系列活动。指导协调基层组织以纪念建党90周年为主题，结合自身实际，广泛开展歌咏会、报告会、座谈会、征文比赛、知识竞赛和党内主题实践等群众喜闻乐见的纪念活动。

召开公司纪念建党90周年暨“创先争优”活动表彰大会，800余名党员、入党积极分子参加会议，进行了“创先争优”活动经验交流，表彰了各类先进典型。

党建理论研究成果丰硕，以迎接党建90周年为主题，开展党建理论研究活动。向中组部、国资委和省党建研究会申报党建论文、创新成果10篇，公司党建论文《现代企业制度下提高国有企业党的建设科学化水平的实践与思考》入选中组部和全国党建研究会高层论坛，并在湖北省纪念“七一”党建研讨会上作发言交流。

【“四强四优”与“为民服务创先争优”】　组织“四强”党委星级达标考评，制定了《2011年度“四强”党委考评工作办法》，对各级党委创建活动进行考评。经考评，82家党委为五星级“四强”党委，34家党委为四星级“四强”党委，12家党委为三星级“四强”党委。

推进“三项活动，一个竞赛”创先争优活动。党支部立项攻关活动，做到“党委有工程、支部有项目、党员有指标”；公开承诺活动，做到党员承诺“选得准、定得实、做得到、干得好”；最佳党日活动，做到了党员喜闻乐见、参与实践性强、对生产经营有推动；“四强”党支部星级达标升级活动，激发党支部工作活力，提升了支部工作水平。神龙公司开展党支部“创先争优”的经验在国务院国资委“七一”大会上进行了交流。

推进“为民服务创先争优”活动。下发《东风公司“为民服务创先争优”活动实施意见》，并细化为《以践行“三先三最”为主题的为民服务创先争优活动实施方案》，明确活动开展的具体内容、工作措施和实施步骤。公司党委统一制作了为民服务创先争优的党员标识卡、经销商宣传海报和客户宣传年历下发基层，保证活动开展有目标、有载体、有特色。

【领导点评与“创先争优”典型选树】 扎实开展领导干部点评“创先争优”工作。3月中下旬，东风公司党委全面启动领导干部点评“创先争优”工作，各级党组织积极响应，层层推动，认真落实点评要求，做到所有党组织书记全部进行点评，所有党组织和党员全部被点评，推动“创先争优”活动深入开展。公司领导班子成员发挥示范表率作用，全部到基层联系点进行调研、点评，做到内容找得“准”、点评要求“严”、点评方式“活”，取得较好的点评效果。

同时，东风公司党委下发文件对公司各级单位选树培育“创先争优”先进典型的工作作出部署，各级党委高度重视，严格把关，在各层面培育树立一批“亮得出、叫得响、树得牢”的先进典型，引导全公司基层党组织和广大党员干部学先进、争先进、赶先进，形成奋发向上的良好局面。

“七一”前，东风公司对10个党委、20个党支部和30个党员“创先争优”先进典型进行集中宣传，并在编印的《东风旗帜》、《东风先锋》刊物上对选树的集体和个人的先进事迹进行宣传。

组织开展“创先争优”活动专题理论研讨活动。编印下发《创先争优活动宣传简报》13期，东风公司“创先争优”活动典型经验在中组部《创先争优活动简报》(第761期)上专门刊发。

【思想政治工作】 以“居安思危、开拓进取、再创辉煌”为主题，编发教育宣讲提纲，组织开展了形势目标教育有奖答题活动，共万余名员工参加了活动。下发《季度宣传工作要点》，明确阶段性宣传重点，多次组织召开重点主题宣传工作研讨会，研究部署了“创先争优”活动、纪念建党90周年活动等宣传重点。

开展公司思想政治工作创新案例征集评选工作，对公司思想政治工作经验进行梳理和总结。向国务院国资委党委推荐申报公司3个单位为中央企业思想政治工作先进单位、5名个人为优秀思想政治工作者。公司思想政治工作经验分别在国务院国资委、省国资委会议上进行经验交流。

【企业文化与精神文明建设】 组织完成东风公司迎接第三次创建全国文明单位检查考评工作，14个单位接受2011年度委级文明单位考核验收。商用车车身厂等8个单位荣获2009—2010年度省“最佳文明单位”称号，东风公司热电厂等10个单位荣获2009—2010年度省级“文明单位”称号。策划并建成了公司文明建设和文化建设的重要平台——“东风公司精神家园”网站，并作为首批20家中央企业精神家园网站在国资委、中央文明办进行了展示。

推进企业文化建设。发布了《东风“十二五”时期企业文化指导意见》。完成《东风道路》再版工作，下发到基层党支部。编辑完成《东风汽车公司管理文化研究》。

组织开展对有关下属公司VI标准的评审，并授权使用。组织参加中国企业文化研究会主办的第五届中国企业文化百人学术论坛和北京峰会，公司及各子公司多项课题获奖。

【基层组织建设】 成立课题组对《党委工作条例》、《党支部工作条例》和《党员教育管理条例》三项制度进行深入研讨，在保持延续性、体现时代性、突出实践性、强调规范性的原则指导下，形成了新的三个条例，进一步完善了公司党建工作制度和流程。

组织召开2011年组干宣传工作会，下发2011年度党建研究会工作要点。组织各级党委召开了党员领导干部民主生活会。公司连续5年获湖北省党内统计“先进单位”称号。通报2010年党员发展工作并下发2011年度党员发展计划。组织部分公司第八次党代会代表参加公司职代会。组织对舟曲泥石流灾害捐款的交接仪式。对老党员和生活困难党员进行慰问。

3月，湖北省委党建考评小组对公司党委“五个基本、七个体系”党的基层组织建设进行考评，公司党委党建工作受到了高度评价。5月，中组部干部五局到公司调研党支部建设工作，对公司党支部建设工作给予较高评价。12月初，接受省国资委2011年度基层党建工作检查，再次获得较好评价。

【对外宣传和展览展示工作】 根据中央领导的批示和中宣部的安排和要求，组织人民日报社、新华社、经济日报社、中央人民广播电台、中央电视台、科技日报社六家中央新闻媒体到公司采访，集中报道东风公司在自主创新领域取得的成就和发展战略，报道东风公司把“由大到强”、“由制造向创造”的自主创新作为企业“十二五”期间加快转变发展方式最关键、最核心任务的经验做法，取得非常好的宣传效果。

策划组织东风自主品牌年度百万辆汽车下线仪式暨东风自主品牌中期事业计划发布会、自主创新成果展、媒体见面会。共邀请150余家媒体170余名记者参加活动，通过公关活动、展览展示、媒体宣传三位一体的表现形式，较好传播公司自主创新的历史传统、当期业绩和未来规划，全方位展现公司强化自主创新和自主品牌发展的信心和决心，树立了东风公司自主创新、自主发展的良好形象。

围绕中心，服务经营，组织重大主题和事件的对外宣传。年初，新华社播发长篇通讯《国家脊梁 负重致远——中央企业“十一五”时期改革发展纪实》，报道东风公司作为汽车行业的领军企业，积极发挥在经济社会发展中的骨干作用和社会责任，国务院国资委专门发文要求各中央企业学习宣传该通讯。结合公司“大自主”战略、“大协同”战略、“1258”人才发展规划等战略规划进行了重点宣传，向外界传递东风的新成绩、新进展、新蓝图。结合全国总工会在东风公司召开的现场经验交流会，组织对东风公司以“四项制度”推进工资集体协商，共建和谐劳动关系的经验进行广泛宣传。

6月，胡锦涛总书记视察东风公司时，组织了自主创新产品展示和宣传活动，展示了东风公司自主创新成果和自主研发能力。与公司办共同策划组织李岚清篆刻书法素描艺术展，组织参加了上海国际车展、武汉国际车展、澳门国际车展、2011中国国际工业博览会新能源汽车展、2011第七届中国西部国际能源工业与节能减排科技博览会、2011年华侨华人创业发展洽谈会等展会，展示东风公司自主品牌和新能源汽车产品。

参加2011中国汽车产业发展国际论坛（天津）、2011全球汽车论坛和全球汽车媒体峰会、亚太汽车首脑峰会暨中国制造国际化论坛（澳门），宣传了东风公司“十二五”规划、国际化战略、自主创新的成功经验和发展展望。

召开2011年对外宣传工作会，总结表彰2010年对外宣传工作，部署2011年工作，表彰了42名公关宣传工作优秀组织者和先进个人。

【统战工作】 召开统战人士情况通报会和知识分子统战人士联谊会。组织有关代表、委员参加湖北省及市、区“两会”和省、市侨联代表大会，推荐了十堰市、武汉市的人大代表、政协委员。组织统战人士积极参加党委“创先争优”活动。开展统战理论研究工作。选送公司民主党派、无党派人士参加省委统战部、省委组织部联合举办的培训班。经推荐，陈赣等7人当选湖北省欧美同学会·湖北留学人员联合会第一届理事会副理事长、理事。配合民主党派做好组织发展工作，共发展10名。完成两个民主党派的换届工作（民盟、民进）。配合省委统战部完成了统战系统调研工作。东风公司党委获“湖北省统战系统先进单位”称号和省大型企业统战理论研究第26次年会“优秀组织单位”称号。民进东风汽车公司委员会获民进中央授予的“先进基层组织”称号。

（潘佳玲）

纪检监察工作

【概况】 东风公司纪委认真贯彻落实党的十七届六中全会、十七届中央纪委第六次全会和中央企业反腐倡廉工作会精神，坚持标本兼治、综合治理、惩防并举、注重预防的方针，突出重点，开拓创新，加快推进惩防体系建设，加强领导干部作风建设，着力解决群众反映突出的问题，严肃查办违纪违法案件，党风建设和反腐倡廉工作取得新的成效，为推动公司科学发展、和谐发展、健康发展发挥了保障和促进作用。公司纪委(监察部)内设案件检查处、综合处和效能监察处，在职员工11人。马良杰任纪委书记，张昌东任纪委副书记、监察部部长。

公司纪检监察工作得到上级部门的高度认可。公司惩防体系建设的做法在全国惩防体系建设工作会上进行了交流。公司开展廉洁风险防控工作的做法在湖北省进行了交流，并被评为"全省廉洁风险防控先进单位"。

【学习贯彻中央纪委六次全会精神】 中央纪委六次全会、中央企业反腐倡廉工作会议召开后，公司迅速制定学习传达提纲，召开党委全委(扩大)会、纪委全委(扩大)会、党风廉政建设工作会进行传达贯彻。各级党委、纪委以中心组学习、"三会一课"、班组学习、局域网、宣传栏等多种方式认真组织了学习宣传。

1月17日，东风公司召开党风廉政建设工作会。

为确保中央会议精神的落实，公司党委、纪委对反腐倡廉工作任务进行了部署，并以与绩效考核挂钩、层层签订责任书等方式进行了分解。各单位制定了反腐倡廉工作KPI和推进计划表，使反腐倡廉工作任务进一步具体化、刚性化。公司纪委对十堰、武汉、襄阳和广州基地等26个单位进行了调研检查，重点检查了落实"两个会议"精神情况、贯彻落实"以人为本、执政为民"情况以及反腐倡廉建设推进情况，有力促进了反腐倡廉建设各项工作的展开。

【惩防体系建设】 东风公司认真落实惩防体系工作规划，积极运用"制度加科技"，深入推进惩防体系建设，取得了较好成效。围绕经营管理的关键点、薄弱点和问题易发的风险点，加强了制度流程的梳理和完善，进一步健全了内控管理和反腐倡廉制度。制定《监督工作联席会议制度》、《关于进一步加强领导干部作风建设、促进廉洁自律的六项规定》(简称《六项规定》)等制度。加强了廉洁从业有关规定、党员高管报告个人有关事项规定、"三重一大"集体决策制度等5项制度的执行力度，增强了从源头防治腐败的力度。

开展"制度加科技"试点工作，提出了"让制度在系统中落实，让权力在监督下行使，让业务在网络上运行"的建设思路。在东风有限、神龙公司等单位开展了试点工作，对13个基层单位"制度加科技"建设情况进行调研检查，促进了信息技术和现代管理工具在采购、销售、人事管理、招投标等关键环节和反腐倡廉教育领域的应用，推进了现代科学技术与惩防体系的对接。

强化廉洁风险防控工作。认真贯彻落实中央纪委和湖北省廉洁风险防控工作要求，制定《开展廉洁风险防控工作的意见》，开展廉洁风险教育、排查和防范工作，加强专项监察和民主监督，实现“制度加科技”与廉洁风险防控的有机结合。

【廉洁从业宣传教育】 组织开展以“践行以人为本，促进廉洁从业”为主题的第十五个党风廉政建设宣传教育月活动。在《东风汽车报》、东风电视台开设廉洁专栏，对部分公司领导、事业单元党委（纪委）书记进行廉洁从业专题访谈。在武汉、十堰两地举办“弘扬正气，廉在东风”书画展，展出廉洁文化优秀作品300余幅。编制东风公司《廉洁文化手册》，总结提炼了以“廉洁365，阳光每一天”为核心的廉洁文化理念体系。

各级党委、纪委精心组织，创新形式，注重实效，开展了丰富多彩的宣传教育活动和廉洁文化“三进”活动，共举办廉洁从业教育活动500多场次，在各类媒体刊发稿件900多篇。通过宣传教育和廉洁文化建设活动，进一步促进领导干部作风转变，营造知廉崇廉的氛围。公司廉洁文化建设的做法在《中国纪检监察报》进行了报道。

【监督检查】 根据中央和国务院国资委部署，制定《开展加快转变经济发展方式监督检查工作实施方案》，成立监督检查工作领导小组，明确检查的内容、步骤和工作要求。将转变经济发展方式情况纳入党风廉政建设责任制检查考核，对16个单位落实“十二五”规划，调整事业结构，加强经营协同、节能减排、自主创新情况，落实以人为本、建设和谐企业情况，并进行了监督检查，保证中央和公司重大决策的贯彻落实，促进公司发展方式的转变。

【反腐倡廉制度建设】 建立监督工作联席会议制度，搭建公司内部监督信息资源共享平台，形成齐抓共管的反腐倡廉工作格局。制定下发《东风汽车公司党风廉政建设监督员聘任管理规定（试行）》、《东风汽车公司开展廉洁风险防控工作的意见》和《东风汽车公司党风廉政建设责任制实施办法》等制度。

【专项治理】 落实中央巡视组反馈意见，开展了在管辖范围内为近亲属及其他特定关系人谋取利益问题专项治理，提出与领导干部廉洁从业相关的5项课题，制定31项整改措施。按照动员部署、自查自纠、重点检查、整改落实4个步骤，开展领导干部为近亲属及其他特定关系人谋取利益问题专项治理。

6月29日，东风公司召开专项治理动员会。

全公司1245名高管人员全部进行了自查和承诺，自查率、承诺率达到100%。对16个单位进行了检查核实。建立专项治理信息库，实行动态管理。根据自查情况和掌握的线索，进行重点检查核实。

开展“小金库”专项治理复查工作，制定《2011年“小金库”治理工作实施方案》，按照全面复查、督导抽查、整改落实、机制建设、总结验收5个阶段，在全公司深入开展了“小金库”专项治理复查工作。共查处设立“小金库”的单位2个，涉及金额73.70万元。对查处的单位和相关责任人进行了处分。健全了防治“小金库”长效机制。

5月27日，东风公司召开“小金库”治理情况工作汇报会。

【效能监察】 2011年是“十二五”开局之年，也是公司投资的高峰期。各级纪检监察部门紧贴公司经营发展的实际，围绕重大项目建设和管理改善，着眼于降成本、增效益、促管理、保廉洁，创造性地开展效能监察工作，取得了明显的经济效益和社会效益。全年共立效能监察项目134项，终结129项。公司纪委、监察部重点对东风股份A08项目、常州项目、东风裕隆项目、东风本田二工厂、神龙公司三工厂等重大项目实施了效能监察。通过开展效能监察，各单位增加经济效益9946.6万元，节约资金1032.84万元，完善制度219项，提出改进建议478条。

4月21日，东风公司召开效能监察工作现场推进会。

进一步规范招投标监督管理，健全招投标管理制度，强化对招投标关键环节的监督。对2个单位项目招标中存在的违规行为进行了处理，取消有关评委的评标资格，取消5个单位在公司范围内一年的投标资格。

为促进效能监察先进经验推广，公司在上海召开效能监察工作推进会，对效能监察先进单位进行了表彰。

【案件查办】 当年，各级纪委共收到信访举报154件，其中反映高管人员问题的67件，反映中层管理人员及其他人员问题的87件。立案9起，给予党纪政纪处分10人，为国家挽回经济损失342.21万元。

办案手段进一步突破，首次使用“双规”措施办案。强化与检察机关、公安机关的业务合作。加强对反腐倡廉舆情的收集、研判和处置。搭建公司内部监督信息资源共享平台，形成多层次、全方位的监督体系，拓宽案件线索，增强监督合力。

进一步强化查办案件的治本功能。加强以案促改、以案促教、以案促建工作。对有苗头性、倾向性问题的干部，开展信访约谈、诫勉谈话。促进发案单位建章立制，健全制度流程。

【纪检监察组织建设】 对全公司纪检监察机构设置、编制情况、人员信息等进行了调研。进一步健全纪检监察组织机构。公司纪委监察部设立了效能监察处，机构功能进一步健全。在新成立的东风裕隆等事业单元设立纪检监察机构。全公司153个设立党委的单位全部设立了纪委。

加强了“双向进入，交叉任职”，进一步促进了纪检监察机构与现代企业制度的融合。全公司建立法人治理结构的58个单位中，有30名纪委书记在董事会或行政班子中兼任职务。

针对公司国际化经营的现实，创新体制机制，加强力量整合，提出了纪检监察部门“两统一集中”管理的构想，并在部分单位开始试点。

【党风廉政建设责任制】 通过签订责任书、开展检查考核等方式，促进党风廉政建设责任制的贯彻落实。进一步明确主要领导是第一责任人，增强了各级班子“一岗双责”意识。组织开展了落实党风廉政建设责任制情况检查考核。公司总部对15个单位和机关职能部门进行了检查，公司二级单位对38个基层单位进行了检查。

11月7日，东风公司召开党风廉政建设责任制检查考核动员会。

（丁 慧）

工会工作

【概况】 公司工会认真履行“促进企业发展，维护职工权益”的基本职能。内设生产权益保障宣教部和组织民管女工文体部，负责工会群众性经济技术创新、权益保障、宣传教育、办公室、调查研究、组织、民主管理、女工、文体、财务等各项工作。截至年底，在职员工8人。范仲任工会主席，钟兵任工会副主席。

东风公司召开工会八届八次全委会议。

2011年，公司工会紧紧围绕公司年度目标，充分发挥工会的各项职能，在促进公司发展、维护职工权益方面积极作为，为公司顺利实现“十二五”良好开局，高质量跨越300万辆新台阶作出了积极贡献。公司被中华全国总工会授予“社会主义劳动竞赛先进集体”、“全国企业工会工作十面红旗单位”称号，同时被授予“全国五一劳动奖状”，被全国机冶建材工会授予“全国机械工业职工技术创新活动示范单位”、“全国模范劳动关系和谐企业”称号。

【群众性立功竞赛】 各级工会紧紧围绕公司“做强做优，建设国内最强、国际一流汽车制造商”战略目标，以“迈步三个跨越，实现又好又快发展”为主题，结合本单位实际，开展各具特色、形式多样的竞赛活动，在满足市场需求、提升产品质量、提高经济效益、促进节能减排、加强安全生产等方面发挥了重要作用。广泛开展群众性经济技术创新活动，引导广大职工立足本岗实施项目改进、QCD改善、UEP、NHC等活动，形成了人人参与技术创新、时时都有创新成果的良好局面。尤其是在自主品牌建设方面，各级工会广泛组织开展发明创造、小改小革等攻关竞赛，有力提升了公司自主品牌汽车的综合竞争力，公司自主品牌汽车年度销售首次突破百万辆大关。

【员工素质工程】 各级工会充分发挥教育引导职能，通过核心价值观宣传贯彻、东风文化凝聚、先进模范人物引领等方式，不断增强职工的职业道德素养，培育爱岗敬业、争创一流的工作作风；通过深入推进“创争”活动，大力开展读书自学、知识培训、导师带徒、技术交流、岗位练兵、一岗多能、技能大赛等活动，不断提升职工知识技能水平，形成了竞赛、学习、提升的良性循环；通过大力加强班组建设，开展“工人先锋号”创建活动，充分发挥班组在培育职工、凝聚职工、强化技能、提高素质方面的基础性作用。公司6名职工被授予“全国五一劳动奖章”、“全国技术能手”、“湖北省五一劳动奖章”、“湖北省知识型职工标兵”等称号，5个班组被授予全国、全省“工人先锋号”，全省“学习型先进班组”称号。

【民主管理】 加强民主管理，落实职工民主政治权利，是实现职工当家作主愿望的基本途径，也是贯彻落实党的依靠方针的根本体现。各级工会充分发挥职代会在民主管理方面的主渠道作用，不断提高职代会运行质量。同时，结合新形势、新任务，以加强协商沟通机制建设为核心，不断探索厂务公开民主管理的新方法、新途径。公司工会总结推广以“四项制度”为核心的厂务公开民主管理新机制，得到上级工会的充分肯定，相关主流媒体进行了广泛宣传，东风经验在全国产生了重要影响。在全国深化厂务公开民主管理工作会议上，公司董事长、党委书记徐平作典型发言，东风创新民主管理经验得到中央领导肯定和与会代表好评。

1月27日，东风公司召开第十届职工代表大会第二次会议。

【和谐劳动关系构建】 公司各级工会深入开展创建劳动关系和谐企业活动，以集体合同为龙头，开展履约情况的监督检查，构建源头维护体系。加强工会劳动保护和职业病防治工作，做好群众性的劳动安全卫生、职业健康宣传工作，大力维护职工生命健康权益。做好职工思想动态调研和心理疏导工作，处理好职工来信、来访及相关诉求，加强劳动争议调解工作，维护职工队伍稳定。扎实推进帮扶工作，帮助一批家属工解决了参保困难，促进了这项工作稳定有序推进。推进“爱心工程”建设，新建基层“爱心分会”16家，累计授牌达50家，离退休养人员“爱心工程”提高了救助标准，扩大了覆盖面。

【工会自身建设】 公司工会按照公司党委的统一部署，在各级工会和广大职工中深入开展党群共建“创先争优”活动，以此为动力，固本强基，推动工会各项工作的创新发展。以工会规范化达标调研互检为抓手，全面审视自身工作，传承经验做法，研究问题对策，促进整改落实。加强工会干部培训和作风能力建设，提高干部队伍综合素质。发挥服务职工、开展群众性文体活动的优势，以纪念建党90周年为主题，举办了丰富多彩的职工文体活动。加强工会财务、经审、组织、女工、信息、宣传等各项工作，为各级工会发挥优势、展示作为提供了有力支撑。公司工会被中华全国总工会授予“会员评议职工之家示范单位”称号。

【全总工资集体协商现场经验交流会在公司召开】 自2005年以来，公司工会大力推行“四项制度”，得到了上级工会的充分肯定。湖北省总工会专门派出调研组赴公司进行调研，形成了题为《搭建平等协商平台，构筑和谐劳动关系，关于东风汽车有限公司推行民主管理“四项制度”的调查报告》，4月上报中华全国总工会，得到了王兆国主席的高度评价，并专门作出重要批示，要求认真总结，大力宣传推广。全国总工会和全国机冶建材工会于5月27日在公司召开全国机冶建材系统工资集体协商现场经验交流会，公司具体承办此次会议并取得圆满成功。《人民日报》、新华社、《光明日报》、中央电视台、《工人日报》、《中国青年报》、《湖北日报》等20多家中央和省级媒体，集中报道了公司推广“四项制度”、开展工资集体协商、构建和谐劳动关系的先进经验，在全国产生了积极的影响，获得广泛好评。这次会议的成功召开，集中展示了公司认真贯彻落实党的全心全意依靠工人阶级指导方针不动摇，坚持依靠主力军、建设主力军，发展主力军，以人为本关心关爱职工，积极发展和谐劳动关系的经验做法，突出彰显了公司政治立场坚定、大局意识浓厚、履行社会责任扎实有效的良好企业公民形象。

5月27日，全国机冶建材系统工资集体协商现场经验交流会在东风公司召开。

【纪念建党90周年文体活动】 围绕纪念建党90周年，按照公司党委的统一部署，公司工会组织了一

东风公司纪念建党90周年职工文艺汇演。

系列职工文体活动。6月，组织开展“和谐东风，颂歌献党”职工文艺汇演，此次汇演分十堰、襄阳、武汉、广州四地先后进行，共演出职工自编自演的节目103个，参演人员近2000人，从中挑选出14个优秀节目参加了6月29日举行的公司庆祝建党90周年专场文艺演出，得到公司领导和广大职工好评。组织节目参加湖北省产业系统庆祝建党90周年职工文艺展演，三个节目获得歌舞类一等奖。6月3日，举办第四届“东风杯”羽毛球赛，此次比赛由东风日产乘用车公司承办，共有25支员工队、23支高管队、663名运动员参赛，是公司历届羽毛球赛中参赛范围最广、参赛人员最多的一次赛事。通过开展丰富多彩的职工文体活动，进一步弘扬了“爱党爱国爱东风”的时代主旋律，对全体职工进行了一场生动的国情、党史、厂史教育，集中展示公司优秀企业文化，展示职工队伍良好精神风貌，展示公司发展所取得的丰硕成果。

【工会规范化达标调研互检】 公司工会以规范化达标调研互检为抓手，扎实开展工会系统“创先争优”活动，努力提高工会建设科学化水平。3—4月，公司工会抽出不同板块的工会干部组成5个调研互检组，按照交叉考评、统一标准、规范流程的要求，采取“作动员、听汇报、查资料、看现场、测民意、访职工”的方式对公司所属119家基层工会进行全方位的检查。各个调研互检组认真对照《检查考核细则》中的6项内容、17项考核指标、44个检查标准，采取定性和定量相结合的方式进行综合评价工作，各个组不仅有定量打分表，还有专门的调研互检报告，科学的检查评价方法确保了检查的严谨规范、科学有序。这次调研互检是近年来公司工会系统规模最大、范围最广、内容最全面、程序最规范的一次互检互评活动，参加民主测评职工达5300多名，参加座谈职工达2400多名，对于各基层工会全面了解自身工作开展情况、找出存在的问题和短板、共享好的经验做法、提升工会建设科学化水平具有积极促进作用。

（孙亚英）

共青团工作

【概况】 东风公司团委（以下简称“公司团委”）担负着东风公司青年思想政治教育、共青团组织建设、团结和带领广大团员青年积极投身企业改革和发展的重要职责。截至年底，公司有35岁以下青年69180人，团员19847人，基层团委126个，团总支部9个，基层团支部819个。公司团委机关共3人，设生产科技部、组织宣传部和文化品牌部。张开军任书记，陈彬任副书记。

2011年，公司团委认真贯彻落实团十六届四中全会精神、公司工作会精神和上级团组织工作部署，融入中心，服务大局，团结带领广大团员青年为公司做强做优，建设“国内最强、国际一流”汽车制造商作出积极贡献。工作思路：围绕一条主线，抓好两项工作、深化三项建设、完成五大目标。“1235”行动具体是：紧紧围绕公司改革发展大局和生产经营工作中心，继续以“与祖国共奋进，与东风共成长”为工作主线；着力推进“创先争优”工作和青年思想引导工作；进一步深化团内民主管理建设、学习型团组织建设和青年人才队伍建设；努力完成40个团委规范化建设项目、100条青年文明号创建、100项青年自主创新科技项目表彰、100名青年典型宣传推介、500个共青团员示范岗创建五大目标。

【青年岗位建功活动】 2月21日，东风公司召开2010年度共青团系统总结表彰暨“追求梦想我先行”青年立功竞赛行动计划发布大会，公司领导徐平、范仲、周强，共青团湖北省委纪检组组长江浩等出席大会，并为获奖代表颁奖。近百个为公司事业发展和共青团工作作出突出成绩的先进集体和个人受到表彰。

7月底至8月上旬，各级团组织围绕公司高温检修重点、难点项目，组织100余支青年突击队开展突击活动，奋战在紧急生产、防汛抗洪、设备检修、市场营销等战线，为公司生产经营目标的完成作出了应有的贡献。

12月，东风公司举行2010—2011年度青年创新创效成果发布表彰会。公司党委副书记范仲、团省委副书记吴朝安出席会议并讲话。此次活动共征集立项项目274项，实施完成244项，评审获奖项目100项。活动的成功举行进一步增强了广大团员青年的创新创效意识，提升了青年创新能力，在全公司青年中营造了立足岗位学习成才、实现价值的浓厚氛围，在推动公司事业又好又快发展，为公司“十二五”发展开好局、起好步发挥积极作用。

公司团委紧紧围绕生产经营工作中心，以“追求梦想我先行”青年立功竞赛主体活动，在广大青年中广泛开展青年文明号创建、青年自主创新科技奖评选、创新创效和青年突击活动。一年来，通过组建青年CFT小组、青年V-UP团队等，以立项攻关的形式为企业节能减排作贡献，以青年QCD改善、NHC、P2+2等活动为依托，引导青年立足岗位降本增效。

5月9日，东风本田北京国机隆盛特约销售服务店在北京隆重举行中央企业青年文明号揭牌仪式，

5月9日，东风本田北京国机隆盛特约销售服务店在北京隆重举行中央企业青年文明号揭牌仪式。

中央企业团工委书记许高峰，公司领导叶惠成出席了揭牌仪式。10月25日，东风鸿泰神龙汽车销售服务店隆重举行中央企业青年文明号揭牌仪式，公司党委副书记范仲出席揭牌仪式。

【青年思想政治工作与文化建设】 公司团委积极探索青年思想引导工作的新路径和新载体，用中国特色社会主义理论体系武装青年头脑，帮助青年深刻领会科学发展观的内涵，树立正确的人生观、价值观，坚定了广大团员青年跟党走的信念。十七届六中全会召开期间，公司各级团组织积极组织广大团员青年认真学习全会精神，把广大团员青年的思想和行动统一到全会精神上来，统一到公司事业发展上来，在全公司团系统掀起了学习十七届六中全会精神的新热潮。

在湖北团省委的统一部署下，公司团委牵头成立东风青年思想引导专项课题小组，提出11项研讨课题，搜集了近90个基层共青团工作案例，汇编《东风汽车公司青年思想引导大纲》一书。根据前期东风青年思想状况问卷调查的结果，梳理出企业青年思想症结，归纳成11个具体问题并作出解答。通过在基层征集共青团工作优秀案例，将典型的经验加以推广，为企业青年工作的不断发展和创新奠定基础。

公司团委通过开展“十大青年明星”评选活动，借助报纸、电视、网络、短信等多种媒介平台，大张旗鼓地开展优秀青年造星活动，进一步扩大了活动的覆盖面和影响力，这些典型的事迹鼓舞、带动了更多青年实现岗位建功成才，投身公司事业发展。

公司团委以“三个青春周末”为载体，进一步活跃青年队伍。先后举办第八届东风青年文化艺术节、团干周末赛场、东风青年英语演讲比赛等一系列活动。在建党90周年，公司团委举办了“永远跟党走——东风共青团纪念建党90周年文艺演出”，向中国共产党成立90周年献礼。丰富多彩的文化活动，进一步活跃了青年队伍，提升了广大青年对东风文化的认可与融入。

公司团委举办“永远跟党走——东风共青团纪念建党90周年文艺演出。

【青年素质提升活动】 在团员青年中广泛开展导师带徒、岗位练兵、技术比武活动，着重做好青年科技人员自主创新能力培育，不断提升青年技术技能水平。

为进一步规范青年人才开发途径，公司团委会同公司人事（干部）部制定下发《东风汽车集团股份有限公司青年人才库管理办法》、《东风汽车集团股份有限公司导师带徒管理办法》，指导公司青年人才开发工作规范有序展开，拓宽青年人才涵盖范围，努力将各种专长的优秀青年人才聚集到团组织周围，为公司事业发展提供各个方面、各个层次的后备人才。

公司各级团组织积极开展各类学术交流活动，邀请资深专家、学者举办专题讲座，帮助青年科技人员了解和掌握国内外先进技术和理念的发展前沿，拓宽青年创新思维和创新视野。进一步完善青年自主创新科技奖评选工作机制，制定《东风公司青年自主创新科技奖评选管理办法》，规范项目申报评选流程，激发青年投身自主创新热情，促进青年科技人员更好更快地成长为公司自主创新的生力军。

9月4日至9月8日，公司团委联合人事（干部）部在公司十堰、襄阳、武汉三大基地举办大学毕业生入职培训工作。来自全集团的170名2011年新入职的大学毕业生代表参加了培训。公司领导李绍烛等出席结业典礼，并为优秀学员颁奖。李绍烛向新入职大学生讲述了东风公司“三个跨越、一方和谐”奋斗目标等内容，勉励广大青年勤于学习，勇于实践，甘于奉献，在东风不断做强做大的历史征程中建功立业、奋斗成才。此次培训活动采用移动式课堂教学，从公司十堰基地出发，先后参观考察了襄阳基地、武汉基地，并与一线劳模、企业负责人、青年科技人员代表面对面进行深度交流。

【“创先争优”深入推进】 公司团委结合党委“推动科学发展、促进社会和谐、服务人民群众、加强基层组织”的“创先争优”活动总体目标和上级团组织的要求，明确了公司团组织开展“创先争优”活动以“加强团的建设，提升组织活力；增强团员意识，发挥带头作用”为主题；以“一带五创争”为主要活动内容，“一带”，即坚持依托党建带团建；“五创争”，即团建创争、信念创争、学习创争、业绩创争和文化创争五项活动。

重点在各级团组织开展基层组织规范化建设工作，全年实施基层团委规范化建设项目40个，基层团支部规范化建设项目100个。在广大团员、青年中开展团员示范岗、青年安全生产示范岗、青年志愿服务岗和青年文明号的“三岗一号”联创活动，全公司新设共青团员示范岗500个，创建青年文明号100余个。

为进一步贯彻落实东风公司加强“党建带团建”暨团系统开展的“创先争优”活动推进会精神和公司董事长徐平讲话精神，公司团委联合党委工作部分事业单元召开“加强党建带团建工作座谈会”，以座谈会的方式分别听取各直属单位、东风有限各事业单元党建带团建工作情况汇报。分别在公司武汉基地、十堰基地和广州基地召开七场“公司加强党建带团建工作座谈会”，共126家直属机关党委和专业厂、子公司分管共青团工作的党委领导参加了座谈会，26家党委和18家团委作了工作交流和汇报。

【青年志愿者服务活动】 3月12日，公司团委在武汉、十堰、襄阳、广州四大基地同时启动学雷锋青年志愿服务活动，3100余名青年志愿者参加了当天的活动，接受服务的群众超过23000人次。公司工会主席叶惠成在襄阳基地看望了参加志愿服务的团员青年。

公司团委积极参与湖北团省委“新‘三万’、结对子、比贡献”主题活动，按照团省委要求，结合公司“三万”活动统一部署，公司团委在黄冈市团风县总路咀镇开展了“三进三联三助”活动。公司团委与总路咀镇团委实施对口帮扶，帮助提升团的组织建设水平和工作水平；与上畈村留守儿童徐凯强、瓦土库村回乡创业青年张军分别结成了帮扶对子，进行帮扶工作。

各单位团委还把开展青年志愿服务活动与促进青年岗位作用发挥结合起来，围绕公司安全生产、节能减排、高温设备检修等工作，通过组建青年突击队、青年节能减排攻关队、青年安全生产志愿服务队等方式参与企业的生产经营工作，发挥团组织生力军和突击队的作用。

（梁　璐）

东风集团股份及各子公司

东风集团股份概述

【概况】 2011年，全年国内汽车生产企业销售汽车1850.51万辆，同比增长2.5%，其中乘用车1447.24万辆，同比增长5.2%；商用车403.27万辆，同比增长-6.3%。东风集团股份把握市场机遇，累计销售汽车217.27万辆，同比增长11.7%，其中乘用车164.64万辆，同比增长16.1%；商用车52.63万辆，同比增长-0.3%。按照东风公司口径计算，全年实现汽车销售262万辆，市场占有率达14.5%。

东风集团股份继续秉承稳健的投资原则，既注重成本控制和投资质量，又保证各项事业稳步推进，全年实际完成投资131.2亿元，截至年底，总产能为216万辆。东风集团股份2011年度主要经济指标见表15。

表15 东风集团股份2011年度主要经济指标

序号	指标名称	计量单位	2011年
1	年末资产	万元	11778077
2	流动资产	万元	8401563
3	其中：应收账款	万元	262271
4	固定资产	万元	1576330
5	年末负债	万元	6794850
6	流动负债	万元	6471453
7	年末所有者权益	万元	4983227
8	营业收入	万元	14127422
9	营业税金及附加	万元	572395
10	销售费用	万元	730063
11	管理费用	万元	698925
12	财务费用	万元	-82403
13	利润总额（亏损为“-”）	万元	1437390

注：此表数据为比例合并数据。 （经营管理部提供）

【主要业务】 东风集团股份的主要产品包括商用车(重型卡车、中型卡车、轻型卡车和客车及与商用车有关的汽车发动机、汽车零部件和汽车制造装备)和乘用车(基本型乘用车、MPV和SUV及与乘用车有关的汽车发动机、汽车零部件和汽车制造装备)。

此外,东风集团股份还从事汽车及装备进出口、金融、保险经纪和二手车等业务。

东风商用车业务创立于1969年,多年来处于国内商用车行业的领先地位。商用车业务主要集中在东风有限开展。

东风乘用车业务在东风公司(通过东风乘用车公司)及东风合资公司开展:东风有限、神龙公司、东风本田。乘用车发动机和零部件业务主要在东风有限、神龙公司、东风本田发动机、东风本田汽车零部件和东风本田汽车有限公司开展。

东风集团股份加强新能源汽车业务,此项业务主要在东风电动车辆股份有限公司开展,装备制造业务主要在东风有限开展,金融业务主要在东风日产汽车金融有限公司和东风汽车财务有限公司开展。

1. 商用车

截至年底,东风集团股份生产39种主要的商用车基本系列,包括33种主要的卡车基本系列和6种主要的客车基本系列。东风集团股份生产的大部分商用车由东风有限生产。商用车主要通过四大销售和服务网络进行销售和服务,该销售和服务网络专为商用车提供销售和售后服务,构成国内最广泛的商用车销售和服务网络之一。

东风集团股份生产的商用车发动机除主要供集团内部装车外,也对外销售。东风有限、东风股份生产东风系列和东风康明斯系列柴油、汽油商用车发动机,还生产系列商用车汽车零部件,包括传动系统(主要包括变速箱、离合器和传动轴等)、车身(主要包括冲压件)和底盘(主要包括车桥、车架和底盘零件)、电子零部件和其他零部件。

2. 乘用车

截至年底,东风集团股份生产的乘用车共有35个系列,包括23个轿车系列、6个MPV车型系列和6个SUV车型系列。乘用车通过遍布全国的七大独立管理的销售和服务网络进行销售和服务。

东风集团股份七大销售和服务网络分别为一种品牌的乘用车提供销售和售后服务,并由有关的东风合资公司或东风公司管理。

东风有限、神龙公司和东风本田生产的乘用车发动机主要供内部装车。东风本田发动机有限公司生产的乘用车发动机供外部销售。此外,还为乘用车生产系列汽车零部件,包括传动系统(主要包括变速箱、离合器和传动轴等)、车身(主要包括冲压件)、底盘(主要包括车桥、车架和底盘零件)、电子零部件和其他零部件。

3. 其他业务

东风集团股份不仅通过东风有限从事汽车制造装备的生产,包括机床、涂装设备、冲压和锻造模具以及量、刃具,还提供各种装备的维修业务。此外,还从事汽车及装备进出口业务、金融业务、汽车经纪保险业务和二手车业务等。

【运营情况】 截至年底,东风集团股份该年度整车生产量和销售量分别为2170079辆和2172723辆。根据中国汽车工业协会公布的统计数字,按国内生产厂商商用车和乘用车的销售总量计算,东风集团股份2011年市场占有率11.7%。东风集团股份当年商用车和乘用车产销量及按照销量计算的市场占有率见表16。

表16 东风集团股份商用车和乘用车产量、销售量及市场占有率

车 型	生产量(辆)	销售量(辆)	销量市场占有率(%)
商用车	514163	526313	13.10
其中:卡车	471953	483998	13.70
客车	42210	42315	8.70
乘用车	1655916	1646410	11.40
其中:基本型	1194146	1191081	11.80
MPV	145964	144389	29.00
SUV	315806	310940	19.50
合 计	2170079	2172723	11.70

注:根据中国汽车工业协会公布的统计数字计算。

2011年,东风集团股份主要车型国内市场占有率排名见表17。

表17　东风集团股份主要车型国内市场占有率排名表

车 型	销售车辆数（辆）	国内市场销售排名
重型卡车	179888	1
中型卡车	63405	1
轻型卡车	224542	2
基本型乘用车	1191081	3
MPV	144389	1
SUV	310940	1

注：根据中国汽车工业协会公布的统计数字计算。

截至年底，东风集团股份销售收入1412.74亿元。各车型销售收入见表18。

表18　2011年各车型销售收入表

业 务	销售收入（人民币百万元）	占集团销售收入（%）
商用车	35473	27
乘用车	94921	72.20
其他	1047	0.80
合 计	131441	100

【销售和服务网络】　东风集团股份通过11个品牌的销售和服务网络进行汽车销售和售后服务。这11个品牌的销售和服务网络分别为销售某一公司生产的汽车并进行售后服务，并由相关公司自行管理且独立于东风集团股份的其他成员。商用车主要通过四大销售服务网络进行分销和售后服务详情见表19。

表19　商用车四大销售服务网络

单 位	品牌名称	销售网点（个）	售后服务网点（个）	覆盖省份（个）
东风汽车有限公司（东风商用车公司）	东风（中重型）	925	1892	31
其中：东风柳州汽车有限公司	乘龙（中重型）	320	687	31
东风汽车股份有限公司	东风（高端轻型、轻型、微型、皮卡）	3173	2584	31
东风日产柴汽车有限公司	东风日产柴	48	80	29

乘用车主要通过七大销售和服务网络进行销售和售后服务详情见表20。

表20　乘用车七大销售和服务网络

单 位	品牌名称	销售网点（个）	售后服务网点（个）	覆盖省份（个）
神龙汽车有限公司	东风雪铁龙	482	481	31
神龙汽车有限公司	东风标致	398	398	31
东风汽车有限公司（东风日产乘用车公司）	东风日产	538	538	31
东风柳州汽车有限公司	东风风行	310	455	31
东风本田汽车有限公司	东风本田	321	321	30
郑州日产汽车有限公司	郑州日产	908	423	31
东风乘用车公司	东风风神	150	150	30

【产能、产能分布及未来扩展计划】　东风集团股份汽车整车总产能216万辆，发动机总产能为207万台，其中商用车整车产能61万辆，商用车发动机总产能29万台；乘用车整车产能155万辆，乘用车发动机总产能179万台。汽车及发动机产能分布见表21。

表21　汽车及发动机产能分布表

单 位	商用车产能		乘用车产能	
	整 车（万辆）	发动机（万台）	整 车（万辆）	发动机（万台）
东风汽车有限公司	60	—	—	—
东风日产柴汽车有限公司	0.10	—	—	—
东风特种商用车公司	1	—	—	—
东风汽车有限公司	—	29	—	—
东风汽车有限公司	—	—	77	—
神龙汽车有限公司	—	—	46	—
东风本田汽车有限公司	—	—	24	—
东风乘用车公司	—	—	8	—
东风汽车有限公司	—	—	—	75
神龙汽车有限公司	—	—	—	36
东风本田汽车有限公司	—	—	—	24
东风本田发动机有限公司	—	—	—	41

【投资情况】 当年,东风集团股份严格投资管控,共完成固定资产投资131.2亿元。围绕以下重点方面稳步推进项目投资工作:1.合理安排新产品导入和新车型专项投入,根据国家相关法规政策要求和市场需要,适时推出适应市场的产品。2.在汽车市场增速放缓的背景下,审慎处理产能建设投资,最大限度规避投资风险。3.加强自主品牌建设和自主研发能力投入,以适应东风集团股份提升核心竞争力和可持续发展能力的需要。

【知识产权与研发】 1.商用车领域:商用车技术中心重点进行了东风天龙、大力神、天锦系列车型的开发,SOP车型数达106个;从轻量化、性能改善、质量改善等方面入手全面提升商品竞争力,丰富产品种类,满足市场需求。东风股份重点进行A08轻客车型、W03微客车型、帅客CDV改进车型、新能源等11个车型的开发工作。

2.乘用车领域:东风风神S30完成2012款共10个实例化车型开发,并顺利投放市场;A60完成全部开发工作。神龙公司投放了东风标致508和东风标致308,两个品牌的高、中、经济车型布局日趋均衡。东风日产完成了启辰的首款产品开发,以及新骐达、楼兰两款新车及一个小改车型的开发和投放。东风本田,完成了第九代思域全新开发投放工作,以及新款CRV和自主车型的开发工作。

3.新能源汽车领域:东风集团股份技术中心EJ02纯电动轿车完成开发和公告申报工作,BF系列混合动力轿车试验、申报工作或工程设计工作顺利推进;"863"机电耦合专项通过国家项目验收。东风日产实现了聆风电动汽车在广州、武汉的小规模投放及示范运营。

【社会责任履行】 1.节能与环境保护:东风集团股份以控制节能减排"三大指标"(万元增加值能耗、COD、SO_2)为中心,积极推动环境保护工作。在汽车产量持续增长的情况下,节能减排主要指标得到很好控制,全面实现年度目标。与2010年同期相比,万元增加值能耗降低6.3%,COD、SO_2分别减排9.4%、7.4%。

2.安全生产:东风集团股份认真贯彻"安全生产、预防为主、综合治理"的安全生产方针,全面完成安全生产的各项目标。全年共发生生产安全事故42起,同比减少3起。

3.维护员工合法权益:深入开展创建劳动关系和谐企业活动。加强工会劳动保护和职业病防治工作,做好群众性的劳动安全卫生、职业健康监督工作。加强劳动争议调解工作,处理好员工来信、来访及相关诉求。努力推进帮扶工作,推进"爱心工程"建设,新建基层"爱心分会"16家。

注:文中财务数据为国际会计准则核算的数据。

(法律与证券事务部)

表22

董事、监事、高级管理人员情况

执行董事		
徐　平	1957年1月	董事长　研究员级高级工程师
朱福寿	1962年10月	执行董事　总裁　高级工程师
周文杰	1952年9月	执行董事　执行副总裁 高级经济师
李绍烛	1960年12月	执行董事　研究员级高级工程师
范　仲	1953年5月	执行董事　研究员级高级工程师

非执行董事		
童东城	1956年9月	董事　高级经济师
欧阳洁	1957年1月	董事　研究员级高级工程师
刘卫东	1966年10月	董事　研究员级高级工程师
周　强	1961年5月	董事　高级经济师

独立非执行董事		
孙树义	1940年6月	独立非执行董事
吴连烽	1941年6月	独立非执行董事
杨贤足	1939年8月	独立非执行董事

高级管理人员		
蔡　玮	1959年1月	副总裁兼董事会秘书 研究员级高级工程师

监 事 会		
马良杰	1956年5月	监事会主席 研究员级高级工程师
温世扬	1964年11月	独立监事
邓明然	1953年10月	独立监事
任　勇	1963年12月	监事、高级会计师

监 事 会		
李春荣	1964年2月	监事　高级经济师
陈斌波	1964年3月	监事　高级经济师
黄　刚	1967年3月	监事　高级工程师
康　理	1963年6月	监事　高级工程师

联席公司秘书		
胡信东	1967年8月	联席秘书 法律与证券事务部总经理 资本运营部总经理 高级经济师
卢绮霞	1958年11月	联席秘书 卓佳专业商务有限公司董事

部门经理		
康　理	1963年6月	审计部总经理
何　伟	1963年9月	人事部总经理
乔　阳	1962年10月	财务会计部总经理
侯宇明	1957年5月	技术发展部总经理
雷　平	1964年4月	运营管理部总经理
吕传文	1965年1月	组织信息部经理
潘成政	1963年10月	国际事业部总经理
胡信东	1967年8月	资本运营部总经理
赵书良	1963年5月	办公室总经理
廖振波	1961年12月	规划投资部总经理
陈　郧	1957年8月	企业文化部总经理
张昌东	1956年2月	监察部总经理
钟　兵	1963年10月	员工关系部总经理
胡信东	1967年8月	法律与证券事务部总经理
许跃盛	1958年3月	驻北京办事处主任
陈　彬	1976年10月	团委书记

东风汽车有限公司

组织机构图

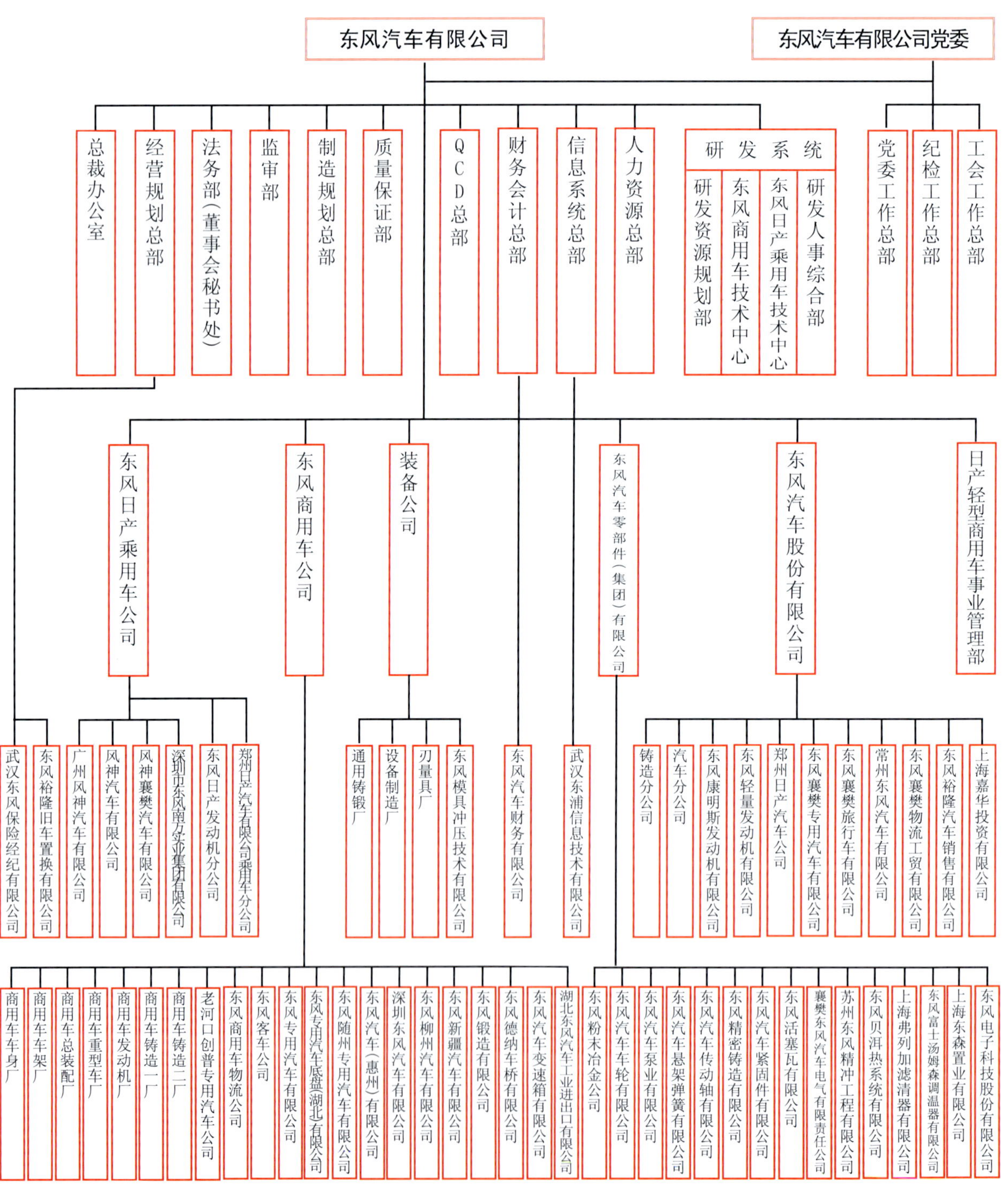

【概况】 东风汽车有限公司(以下简称“东风有限”)是东风汽车集团股份有限公司与日产(中国)投资有限公司合资组建的大型汽车公司,承担乘用车和商用车及零部件、铸锻件、粉末冶金产品、机电设备、工具和模具的开发、设计、制造和销售;对工程建筑项目实施组织管理;与合资公司经营项目有关的技术咨询、技术服务、信息服务、物流服务和售后服务;进出口业务和其他服务贸易等。下设6个事业部和12个职能部门,研发系统由“两部”、“两中心”组成,党群系统由3个总部组成,设三级党委共83个,党支部920个。截至年底,员工总数为93237人,党员共28569人。东风公司董事长、党委书记徐平兼任合资公司董事长、党委书记,中村公泰(日方)任总裁。

当年,东风有限积极研发战略新品,持续优化组织机构和功能,推进制造规划和能力建设,取得可观的业绩。以转变经济发展方式为主线,加快结构调整、自主创新和海外开拓步伐,增强核心竞争力;强化管理优势、产品优势、成本优势,提升公司运营质量;总揽全局,促进整车和零部件、装备业务,新事业和老基地共同协调发展;积极构建和谐的劳动关系,切实维护员工合法权益;加强“倍受信赖”企业文化建设,积极履行社会责任,凸显企业良好的社会形象。

东风有限全年生产汽车147.14万辆,同比增长12.48%;销售汽车147.72万辆,同比增长15.84%;重、中、轻型商用车增长速度均高于行业平均增长速度;实现销售收入1746.32亿元,同比增长9.66%;实现营业利润同比增长5.25%,销量、市场占有率、销售收入和营业利润等各项指标均实现历史性突破,经营业绩创合资8年来的最好水平,公司获得“全国机械工业质量管理活动杰出组织奖”称号。

(祁 惠)

【新“1^3事业计划”发布】 7月26日,东风有限在北京发布新“1^3事业计划”(2011—2015)。新事业计划的主要目标是:在2010年销售130万辆汽车的基础上,到2015年增加100万辆,达到230万辆;坚持强势增长、一流运营、“倍受信赖”的长期方针不变;新投资500亿元人民币,从自主品牌“启辰”、研发新能源车、提高出口量、增加经销商数量、提升产品产能和实施“绿色计划”等六个方面进行强化。

“启辰”将在2015年前投入五种车型,达到30万辆的销量,建立250家经销商的单独的营销网络。持续关注电动车市场走向,推出自主品牌电动车“启辰”,2015年计划达5万辆的生产规模。利用遍布全球的日产的各种资源,实现出口量在2012年达4万辆,2015年达8万辆,销量增加4倍。培育更多的优秀经销商,乘用车业务增加540家达1000家,商用车业务增加195家达500家,轻卡业务增加241家达900家。加强产能建设,提升六个生产基地能力,达成230万辆目标,并相继推出适合中国消费者需求的30个新车型,卡车和乘用车均实现100%国内采购。启动“绿色计划”,包括循环利用、减少排放、减少污染物和燃油经济性等四个方面,持续提升绿色环保产品质量和服务。

7月26日,东风有限在北京发布新“1^3事业计划”。

(祁 惠)

【中期环境战略规划制定】 为贯彻国家发展低碳经济、走可持续发展之路的要求,积极承担节能减排和发展循环经济的社会责任,东风有限制定《2011—2015年环境战略规划》。

相关职能部门及各事业部共同对研发、采购、制造、物流、销售、回收再利用等进行全方位梳理,确定影响环境的关键因素,经过详细调研、充分论证和反复修改,完成东风有限中期环境战略规划——“绿色计划2015”,并作为新中期事业计划的一部分对外发布。

“绿色计划2015”明确了东风有限“人·车·自然,和谐共行”的环境理念,在全面满足国家法律法规的前提下从四个方面提出具体目标:1.万元增加值综合能耗相对2005年下降50%;2.减少污染物排放,COD(化学需氧量)和SO_2(二氧化硫)相对2005年分别减少38%和85%;3.大力发展新能源汽车,导入“Pure Drive”,采用新技术、新材料、新工艺提高燃油经济性，乘用车提高20%以上，商用车提高8%以上；4. 强化循环利用，固体废弃物综合利用率达80%，再制造业务得到快速增长。

在东风有限中期环境战略规划的基础上，根据国家工业和信息化部、财政部、科技部要求，公司提出创建资源节约型、环境友好型企业（简称"两型"企业）的申请，制定"两型"企业试点工作方案，并获得通过，成为国家首批80家、汽车行业4家"两型"试点企业之一。

（刘全威）

【QCD式工厂运营方式推进】 东风有限从全球视野精准定位现行商用车生产线的制造水平，明确差距，推进QCD式工厂运营方式，即标杆管理和课题达成型QC模式，"不依赖于台数增加的工厂实力线提升的原单位改善活动"，从而推动生产管理水平提升。

推进工业工程（IE）应用，围绕现场一人多机和排除困难作业开展改善活动。成立活动领导小组，将现场、物流、IE和技术4个部门的相关人员组成工作小组，在3个商用车整车装配工厂率先开展标杆管理活动，并以总装三线为首个试点生产线。重点推进每小时人均产出管理提升，开展基准时间倍率递减和设备综合效率管理，促进产能提升。推行单位成本管理、制造费用和销售收入比管理、实力线管理，强化成本管控。对工厂总费用采用实力线进行管控，对各分项费用，特别是排序前4的费用进行实力线重点分析，拟定课题并分解到车间、班组，形成多层级自主自律改善的氛围。运用原单位成本改善方式，消化外部因素带来的成本上升。组织商用车9个工厂在16条生产线开展大道程表活动，以各大总成制造到整车装配入库为主线，应用道程表开展现状描述，分析设定库存基准，以课题达成型活动方式缩短生产周期时间，不断降低库存天数。

（张　萍）

【企业文化宣贯与《员工行为规范》发布】 根据企业文化建设战略布局，经过近一年的讨论和完善，4月15日正式发布《员工行为规范》。

公司《员工行为规范》是基于客户导向、诚信尽责、公正透明、崇尚业绩和追求卓越等五个核心价值观提炼而成，是员工践行公司核心价值观的外在行为导向，是为完成"致力于汽车事业不断超越，致力于利益相关者价值的持续增长"的使命和实现"成为倍受信赖的公司"的愿景的共同规范。

东风有限邀请日本企业文化专家作专题报告，举办高层企业文化研讨会，公司领导、总部相关职能部门和各事业部主要领导对企业文化的重要作用和现阶段如何推进文化建设工作开展研讨，为公司企业文化建设指明方向。

6月，印制《东风汽车有限公司员工行为规范画中话读本》，发到9万多名员工手中。同时，在公司开展多载体、全方位的宣贯工作。7月，对51名企业文化内训师进行培训，随后各单位相继开展企业文化培训活动，全年共37000余人次接受培训。设计企业文化核心理念体系海报12300余份，在全公司范围内张贴。开展企业文化核心价值观故事征集活动，共征集企业文化故事171个，以员工身边生动、鲜活的事例来影响员工践行企业核心价值观、践行员工行为规范。

7月20日，东风有限召开企业文化高层研讨会。

（王　颖）

【薪酬福利制度持续优化】 2月，在十堰召开8场专题座谈会，就薪酬水平调整、薪酬制度优化等问题与不同层级员工进行访谈和分析，为薪酬制度持续优化奠定基础。编制完成《薪酬增长机制优化方案》。方案实施后，可实现调薪总量足额落实到员工个人，将总量管理制度与员工分配制度有效衔接；薪资表由点值式变为区段式，调薪方式由固定比例的晋档优化为不同额度的增加，调薪额度更为合理，使员工业绩和能力提升得到及时激励；扩大涨薪群体，每年调薪比例由原35%左右提高至95%以上。

通过开发项目管理数据库，提高理赔时效；完善投诉、信息反馈的渠道和方式，提高员工满意度；加强项目风险管控，年度赔付周期逐渐缩短；注重改善，研讨补充儿童药品目录，维护员工正当权益；开展员工健康知识讲座，优化服务内容及方式，探索员工健康管理，不断提升员工幸福指数。重点规范福利费一、二、三级目录，共计39个项目，明确福利费项目定义、前提条件、支付标准和适用范围等。调整误餐支出标准、扩展福利费二级目录（供暖补贴、防暑降温费、成品人才安家费）、扩展福利费三级目录（大学生生活补助费、困难员工子女升学帮扶补助费、员工生日慰问费、结婚慰问费、生育慰问费、丧葬慰问费、住院慰问费、退休慰问费）等，提升员工福利水平。

东风有限充分研究国家、地方社会保险缴费政策，调查汽车行业保险制度、保障水平，结合公司实际情况，从缴费基数方法确定、缴费比例调整及补充保险项目设置三个方面提出13条具体优化建议案，切实保护员工利益。

（王　颖）

【中层管理人员核心课程体系开发】　全面启动中层管理人员课程体系自主开发工作，通过问卷调查（563人）、高管访谈（107人）等形式，广泛征求意见，理清中层管理人员能力需求，形成核心能力模型草案。采用专题研讨会汇集各方智慧，分析能力差距，归纳、提炼中层管理人员核心能力模型（“4+1”个维度，“6+2”项核心能力），开发共31门课程的核心课程体系及培训大纲。体系为中层管理人员提供必需的知识和技能，使其适应不断变化的环境，处理复杂的具体问题；传递管理新知的理念，使其更好地理解和执行公司的决策方针，更高效地计划、组织、领导和控制企业的日常经营职能。

《公司中层管理人员核心能力模型及培训课程体系》按照“课程分层次（必修课、选修课）、组织分层级（总部、事业部）、实施分年度”的原则，将培训课程模块化，打造有竞争力的中层管理人员队伍，有力支持公司事业计划达成。

（王　颖）

【质量管理】　东风有限以质量第三方认证和质量内审为契机，水平展开新车项目质量管理、部品品质提升管理、市场品情管理和重要品质管理等，持续开展品质解析中心活动，保持质量管理体系的完整性、适宜性和运行的有效性。

通过举办防错技术与8D学习班、ISO/TS16949标准及内审员培训班，不断提高公司审核员识别、发现、分析、判断、解决问题的综合能力。开展公司级计量技术培训9期，75人次参与测量管理体系内审员培训，聘用28人为公司测量管理体系内部审核员，开展师傅带徒弟活动4期，并为公司培养检定员104人次。加大对新版质量管理体系标准贯彻实施情况的监控力度，加强不符合项和问题点的整改力度。体系内审共审核76个单位，提出问题点979个，开具不符合项139项，按时关闭率100%；对上年度内审提出的问题点整改验证919个，验证合格率96.08%。

通过对质量管理体系和现场进行诊断，展开现场实际指导活动，使不良事项改善率超过85%，纳入不良率分别降低至73%、93%。组织完成联合供应商评价13家，品质提升5家，监察员实技资格认定30名，监察员理论培训94名。

开展全体及分车系的月平均故障发生率管理，促进各事业部主要赔偿问题的改善，并在此基础上修改、完善、发布公司《MIS（售后赔偿）统计和管理基准》和《赔偿统计和管理基准》。

组织各事业部设定市场品情管理周期目标，共同推动市场品情管理活动展开。实施市场品情质量目标和品情案件改善的动态管理，编制并发布缩短对策周期月报；搭建事业部交流平台，组织开展市场品情工作经验交流，研讨疑难问题；在商用车公司推动D760项目，开展重保管理活动，力求实现关键、重要特性的全数保证和可追溯性。

（伍晓红）

【信息系统建设】　编制完成《东风汽车有限公司2012—2016信息系统建设主计划（ISMP）》，持续推进支撑战略落地的12个重点课题和10个重点项目。

推进战略课题实施。根据战略课题推进的整体计划安排，12个支持信息系统战略落实的课题在2010年完成“PDCA”中“P”阶段后，2011年完成“D”阶段。制度改善课题，收集和整理公司成立以来信息系统管理所有制度和流程，对现有流程和制度进行分析并提出修订方案。办公环境改善课题，调研公司通讯协同及办公自动化需求情况，对需求进行梳理和分析，明确现状和课题，完成通讯协同及办公自动化设计报告初稿。处置武汉和十堰地区积压多年的报废实物,完成商用车物料管理系统(CV-BOM)升级前现状整理工作。

推进重点项目建设。通过购买新工作站,安装大屏幕液晶显示器,导入CAE软件和日产NX系统,将东风日产技术中心研发能力提升到B级,并支撑启辰自主品牌的构建。为提升乘用车生产能力和物流能力,7月,完成东风日产郑州工厂40JPH(Jobs Per Hour每小时工作量)工程管理系统改造上线,10月,完成花都新工厂物流系统上线,襄阳工厂50JPH能力建设正在实施中。以超越行业标准为目标,启动东风日产备件计划和物流系统改造项目。配合东风日产第三实验楼建设、新办公楼建设、技术中心第二办公室建设,信息系统基础架构建设项目已完成系统设计和合同签订,项目正处于实施阶段。完成商用车车身厂、车架厂、发动机厂和联合工厂生产管理系统同时上线。将人力资源管理系统(E-HR)绩效管理模块在东风有限总部机关、东风商用车技术中心、东风商用车公司及装备公司的系统上线。构建完成微软证书管理平台和活动目录(AD)管理平台,并完成测试。

(朱　伟　汪俊林)

【工厂布局规划】 东风有限结合新事业计划,推进一批重点项目的制造技术发展战略规划与实施。

十堰基地整体规划。进一步完善《东风汽车公司十堰基地发展规划》,组织涉及东风有限规划项目的推进实施。其中东城工业园的商用车联合工厂一期4万辆整车建设项目5月底正式投产;西城工业园的零部件工业园、商用车动力总成新工厂和装备工业园的焊装项目先后开工奠基。

组织制定东风德纳车桥公司整体规划,明确车桥公司十堰工厂、襄阳工厂和厦门工厂的产品分

9月29日,东风·十堰新基地暨商用车动力总成新工厂奠基。

工。在整体规划的基础上,结合襄阳市政规划,完成车桥公司襄阳工厂的整体搬迁方案规划。并完成深圳东风龙华工厂整体搬迁的方案规划,完成商用车联合工厂车架能力建设规划方案和检测线方案规划及设计。完成东风日产郑州工厂40至70JPH(每小时工作量)整车能力增强基本方案规划、PV-PT发动机三次增产制造计划方案、东风日产发动机分公司能力增强合同提案铸锻项目新增土地规划和东风日产郑州工厂冲压、树脂车间产能提升项目规划。花都第二工厂24万辆能力建设项目提前建成投产。对郑州日产中牟工厂改造项目进行整体规划,提出整体布局、产能提升、提高效率和改善运营等一揽子规划方案。东风股份还建项目新总装与车架车间于9月建成投产。完成常州东风微车改扩建项目规划,一期工程将形成年产10万辆的产能。

(瞿可丁)

【新商品与成本企划】 共有134款新车型实现量产,其中商用车132种(含适应性改进车型),乘用车2种。

D760项目完成成本测算及专用件工顺预案和整车结构清单的编制,根据产品构想书及三维数模,组织相关工厂开展工艺电装,完成冲压、焊装、涂装、内饰及整车工艺方案及投资案。D901(国Ⅳ)项目,内制工厂各项生产准备工作基本完成。国Ⅳ项目国Ⅲ化车型T38A和T40B完成量产。X7发动机项目完成内制成本分析及目标成本达成和制造计划的编制、审核、批准。开展工艺分析和在公司范围内的零部件制造能力评价,完成MT变速箱国产化项目内制件工顺及内制工厂成本分析。L42L车型和"启辰"项目完成制造计划的审定,P42D、L12F等车型的生产准备正有序展开。常州东风W03微型车项目已完成模具的一序件送样和ET装车。

(瞿可丁)

【安全环保与节能减排】 东风有限围绕有效降低安全事故、提高公司本质安全化水平、加强环境保护等重点,突出管理创新和技术创新,实现整体水平提升。安全环保实现"六杜绝",工伤事故继续稳步下降,百万工时伤害率比上年降低14%。通过持续推进KYT(班组危险预知活动)改善和SES(安全评价系统)安全评价工作,促进现场事故隐患的治理与整改。

环境/职业健康安全管理体系通过第三方再认证审核，完成69项不符合项的整改关闭。制定东风有限"十二五"环境战略规划。加大对安全环保与节能减排的投入，以"多氯联苯封存区安全处置项目"和"乘用车涂装对应广东省VOC(挥发性有机化合物)排放法规方案"等一批安全环保项目稳步推进。

（瞿可丁）

【内控/风险管理测评体系建立】 东风有限全面梳理内审的问题，筛选、评估、确认评价重要业务领域及风险环节，按运营、财务、采购、营销、研发、质量、安环、投资、信息和经营质量十大类编制共性检查清单，设定评价项394个，制定评价基准1005项，选取6家子公司作为试点单位开展内部控制与风险评价。

建立公司、事业部、工厂/子公司三个层面的内部控制与风险管理联动机制、审计监督与自我管控责任体系落实的联动机制，提升监审工作效率与质量，最大限度实现公司风险管理的"可控、受控"目的，推动公司建立与完善内控/风险管理测评体系与责任落实体系，加快公司整体层面的内控与风险管理进程。

针对上年监审揭示研发、应收账项、营销、采购、固定资产、委托加工、存货及招投标八个共性问题与风险事项进行分类细化整理。组织公司70家单位开展检查整改，反馈率100%，反馈有问题单位数61家，风险率87.1%，共反馈问题点235个。后续组织70家单位在武汉、十堰、襄阳召开汇报会，现场验收20个单位，验收结果差异率5%，改善建议落实率为71%。

（汪　萍）

【党群工作】 东风有限围绕生产经营、改革发展和稳定大局，大力开展"创先争优"活动，不断提升党建工作科学化水平，为新中期事业计划的顺利展开和年度挑战目标的达成提供强有力的思想和组织保障。

东风有限结合工作实际开展主题实践活动，运用项目管理方法，成立跨职能团队，编制项目推进方案，落实责任分解，细化时间节点，注重过程管控和成果展示，不断将实践活动引向深入。开展"创先争优"活动逐级点评工作，以电视电话会议的形式，与武汉、十堰、广州三地进行沟通，分片召开点评会。公司近80家党委、850多个支部，分四个层面点评到全体党员。各基层单位围绕企业发展和提升竞争力，在生产经营全价值链的各个环节，开展定项目、定课题、定专人、定进度的"创先争优"活动。

各级党委较好地形成并坚持党委中心组学习制度，东风有限党委坚持派员旁听下属重点单位中心组学习活动，事业部党委派员参加下级党委中心组学习；形成并坚持党委派人参加9个直属机关党委民主生活会。二季度组成7个小组共60余人，对66家党组织进行创建情况检查验收，形成并坚持高管团队的定期培训制度、党风责任制。11月，对13家党委进行党风廉政建设责任制落实情况的检查考核，将反腐倡廉制度落到实处。各级党委认真组织清理"小金库"等专项治理工作；逐项落实中央巡视组的工作建议，强化"制度加科技"惩防体系建设；组织高中级管理人员警示教育133场，签订廉洁承诺书5713份，制作廉政宣传板报545块，编发《纪检工作简报》17期、《廉政电子刊物》12期，举办反腐倡廉书法大赛，大力打造廉洁文化，营造廉洁风气。

6月29日，东风有限召开"创先争优"活动推进大会。

群团组织围绕公司质量、成本、效益，大力开展经济技术创新活动，为公司生产经营出谋献策。组织工会主席与员工代表定期会晤，协商公司发展与员工关注的重大问题。坚持和认真落实民主管理四项制度的做法，在全国机械冶金建材系统民主管理现场会上进行经验交流。共青团推进创新创效活动，发挥青年在工作中的突击队、生力军作用，部分单位党建带团建的经验在东风公司专题会上推介。

（高招影）

财务会计总部(独立党委单位)

【概况】 东风有限财务会计总部(以下简称"财会总部")负责公司的会计、预算、投资、资金、商品收益及业务改善的组织管理。下设东风日产乘用车财务会计总部和东风商用车财务会计总部两个总部和会计部、预算管理部、财务管理部和资产管理部四个直属部。2011年,财会总部紧紧围绕公司事业计划,不断加强财务基础管理,防范风险,提高会计信息质量,在做好事业计划、预算编制、预测管理、预实分析的同时,以课题管理为载体,持续进行业务改善和优化,提升部门价值。乔阳任总部长,顾建民任党委书记。

【全面收益管理】 通过重点工作及课题研讨,以"全面收益管理"为核心,从"收益提升、金融支持、风险管控、管理提升"四个方面完成九项总部级课题,以增强公司盈利能力。建立价值营销的财务管理方式,支持公司营销转型战略;改善自制发动机成本,强化公司动力总成的战略优势;深化金融业务,为公司销量完成提供保证;风险管控向供应商、经销商两头延伸,保证供应链的安全稳定;向子公司导入实力线等先进管理理念、方法,推动各子公司管理改善和提升;通过对采购、销售、制造、动力总成和人工成本等重点领域进行多维度财务分析,同行业和跨行业对标分析等工作,推动公司全价值链、全商品线和全业务单元的收益改善。财会总部通过课题管理,建立、优化本部和子公司管理制度及业务流程18项,实现经济效益15156万元。

11月6日,东风商用车公司财务会计总部召开课题研讨会。

【会计内控管理】 财会总部连续四年建章建制,不断强化会计内控管理。财会总部又组织制定《东风汽车公司税务风险管理指引》和《研发项目投资与资产管理内控制度》、《研发项目资金管理内控制度》和《国家科技拨款项目相关内控应用》等内部会计控制制度。通过制度的实施到位,财会总部逐步构建起公司层面从资金、采购、研发、制造、销售、资产、费用和税务各环节的全价值链财务风险管控体系,充分发挥会计的监督职能,有效提高了公司抗各种财务风险的能力。

东风有限编制的《内部会计控制手册》。

【资产管理】 完善和优化《设备采购供应商管理办法》、《报废固定资产处置实施细则》等五项制度和流程,收集选取东风商用车公司、重汽、陕汽和一汽解放等单位2004—2010年的相关数据,建立商用车"行业单台投资标杆"指标值,并在东风有限收益基准指标基础上制定分事业的收益参考指标。根据新的制度规定和业务流程,全年累计处置资产原值14.1亿元,其中内部调拨及转让再利用4.89亿元,向外部转让2.99亿元,报废资产6.21亿元,实现资产收入5800万元。通过深化资产管理累计投资降成本约4亿元。

(黄颖炯)

东风商用车技术中心

【概况】 东风商用车技术中心(以下简称“技术中心”)是东风有限直属的研发部门,承担东风全系列中重型卡车、客车以及大马力发动机、商用车驾驶室等关键总成的研发,拥有健全的商品开发、先行技术开发和基础技术研究体系以及完整的产品研究、设计、试制、试验检测与验证能力。技术中心设有武汉、十堰两个基地,下设发动机部、车身部、开发管理部等18个部门,占地32.2万平方米,工业建筑面积14.3万平方米,拥有固定资产原值9.44亿元,设备2279台(套)。截至年底,在册员工1534人,其中4人享受国务院政府特殊津贴,133人进入东风公司专家库。蒋鸣任中心长,周伟勇任党委书记。

【技术研发】 技术中心全年研发项目共111项,涵盖商品开发、先行开发和基础研究。其中商品开发重点项目是国Ⅳ、X7、D760和东风重型变速箱,年度结案43项。先行开发的重点是混合动力卡车、DFL AMT、7米商务客车、小速比轮边减速桥、Xn重型柴油机开发预研、dCi 11国ⅤEGR发动机和4H国Ⅳ EGR等项目,结案8项。基础研究围绕柴油机控制策略、商用车前方避撞安全技术、混合发动机技术和柴油掺烧甲醇技术等重点项目进行研究,结案3项。重点车型投入数达成年度挑战目标,适应性车型开发节点完成率为100%,超过挑战目标。营业利润额实际完成数为-38480万元,完成率99.9%。零部件技术降成本率和材料技术降成本率、新开发车缺陷数下降率较基准数实际下降70%,超过挑战目标。

12月27日,东风有限召开技术创新成果发布暨表彰大会。

【重点项目】 重点项目D901以提升综合竞争力为目标,围绕驾驶室改型、平台整合和排放升级三条主线,从安全、舒适等五个方面进行改善,已完成19个车型的发布。D760项目围绕QCD全面开展两个基础车型的开发工作,运用同步工程,同商企、制造、质量和采购部门共同确定开发阶段工艺以验证同步工作流程、制订品质保证计划、成本收益分析,保证开发质量。通过满足市场及客户需求、新技术的采用与验证,不断提升产品在海外市场竞争力,成功开拓海外市场。

新型中型发动机完成A阶段开发工作,性能排放达到预期目标。十四挡变速箱完成两个阶段试装文件发布,台架对比结果良好,综合指标处于国内领先水平,取得专利20项、专有技术5项。

先行开发在混合动力和AMT两个领域展开。混合动力中卡项目完成整车布置、整车硬件架构、HCU硬件及控制策略设计和优化,并带动相关核心总成的开发。AMT项目完成DF14S AMT控制策略调试和整车性能优化,基本具备商品化条件。在此基础上,针对HEV中卡的要求对DF6S AMT进行部分功能的全新开发,同时还进行适合东风重型车VECU电子构架要求的12S AMT适应性开发。装配TCU的DF14S AMT 展车在上海车展获得好评。

【基础技术】 基础技术继续围绕节能环保、电子控制、智能安全和试验共性技术四个领域开展研究工作,共取得6项阶段性成果:完成VNT和两级增压仿真与试验研究、搭建缸内燃烧控制模型、自主柴油机32位单元控制策略研制、DCT第二轮样机试制、车辆主动安全技术研究达标以及信号存储技术样机的试制,新材料、新工艺、新能源工作也实现重要突破。“重型桥壳冷压成形技术的研究及应用”、“汽车用700N/mm²级高强度钢板的应用研究”获汽车行业三等奖，“东风中重型载货汽车整车燃油经济性提升与技术创新”获湖北省三等奖，技术中心获东风公司“最佳文明单位”称号。

【商品开发】 技术中心围绕商品市场竞争力的提升和可持续发展这两个目标，从三个方面开展商品开发工作。

1. 构建技术平台。通过模块化、系列化和通用化，增加产品灵活性、降低生产成本、缩短产品开发周期，形成持续的市场竞争力。结合市场需求和现有产品结构，完成平台技术架构，技术平台构建取得阶段性成果。混合动力客车技术平台在整车控制策略、驱动电机控制、制动能量回收控制等方面取得重要进展。

2. 完善市场适应性开发体系。密切跟踪市场动态，准确把握市场需求重点，针对工程车市场需求，开发重心低、轻量化的4×2中型自卸/牵引车、6×2中型牵引车和6×4重型渣土车等。结合国家高速公路网规划，确定以中低速综合路况配送运输用途定位的公路车型开发。根据新能源规划完成12米中度混合动力公交客车和全承载式重度混合动力公交客车开发。

3. 提升商品QCD竞争力。建立防止再发数据积累流程和防止再发数据库，加强对新开发车型设计过程中的防止再发检查，降低不良点数，提升品质控制能力；降成本工作重心由现行车向新车转移，且工作重点前移，即在新车开发阶段就做好成本控制工作。

8月30日，东风商用车技术中心在陕西保康山区做试验。

【东风天龙获“中国驰名商标”】 11月29日，东风商用车公司天龙重卡商标被国家工商行政管理总局认定为“中国驰名商标”。

东风天龙重卡于2006年5月18日推向市场，并逐步建立完善的商标管理体系。2006年8月向国家工商总局商标局申请东风天龙商标，2009年6月取得“天龙”商标注册证，“天龙”的英文商标“KINLAND”同时获得核准。上市5年来，东风天龙得到市场的认可及信赖，在广大客户中树立了良好的口碑，销量不断攀升，从第一年销售2000辆，到2011年销量10万辆，累计销量已达30万辆，成为国内重卡市场的主要车型。

“天龙”作为中国商用车行业重型公路运输细分市场的领先品牌，成为首个成功入选“中国驰名商标”的商用车行业子品牌。“天龙”商标也由一个卡车的细分市场品牌成长为一个知名的全国性品牌。

【海外战略与海外商品开发】 新开拓巴西为战略市场。公司组织市场调研，安排样车在巴西实地开展环境工况适应性试验验证，针对巴西法规和商品特性作研究解析和应对。已设计开发完成针对巴西市场的欧Ⅴ共六款车型，涉及东风天龙、天锦和大力神。进一步巩固伊朗战略市场，通过质量改进及调整和提高配置，商品车的竞争力持续提升，用户满意度、品牌形象明显提高，销量持续增加，当年在伊朗共销售5084辆，销量占本部海外销量的70%以上。

针对海外五大区域（中东、东南亚、非洲、中南美和中东欧）市场，在东风天龙、天锦基础车型上，增加针对寒冷地区（俄罗斯）和高温沙尘地区（沙特、阿联酋）等市场使用环境的商品应对。

针对市场进行产品开发，完善海外商品开发流程。车型定义阶段即充分研究商品特性及规格式样，制订开发计划。采用项目管理式的全价值链协同工作模式，组建海外商品开发项目组，协调应对；对商品开发各阶段进行节点式管理，及时跟踪项目进展，确保按计划完成。

【EQRN大马力天然气发动机实现量产】 EQRN大马力天然气发动机开发项目在国家新能源战略背景下，于2008年3月正式启动。经过设计、试制、试验评审和生产准备等阶段，于2011年8月实现量产，东风公司在重型车上终于有了自己的燃气发动机。

【材料与工艺平台项目】 商用车材料工艺的研发重心逐步从现场技术向产品的前端转移，并形成以专业技术及总成技术构建的技术平台，为产品设计功能的完善及商用车的可持续发展提供技术支持。

当年，技术中心材料工艺类项目全年立项21项，通过东风公司级鉴定5项，湖北省鉴定1项，成果合计效益4000万元/年；申报材料工艺类专利专有技术提案105条，其中1条获东风公司绝密专有技术，5条获东风公司机密专有技术。

材料工艺技术研发从单一技术开发走向系列化、集成化，以动力总成平台为载体的各项材料工艺研发项目均取得阶段性成果，可供未来产品设计中材料工艺技术的选用。

发动机技术平台中，各种技术集成不断提升，推动发动机的可靠性及燃油经济性进步。蠕墨铸铁材料工艺开发已处于国内领先水平。铝活塞重熔成套技术、无铅化轴瓦材料开发等材料表面改性技术应用于发动机零部件，提高了部件性能。

驱动桥材料工艺技术平台的开发主要围绕可靠性及轻量化技术展开。自主开发的高强高韧铸造桥壳系列材料超越国标，可满足不同等级车桥开发的需求。轻量化材料技术逐步从高强度车架、合金座椅骨架向非金属复合材料研究方向扩展。

变速箱材料工艺平台项目，以东风十四挡箱的开发为载体，商品开发与基础研究同步展开。在商品开发中，通过质量改善，提高输出轴的输入扭矩。研究润滑油对同步器换挡性能影响试验，选择出适合东风十四挡变速箱寒区用润滑油。在基础研究方面，四种喷丸齿轮单齿弯曲寿命试验、疲劳强度均达要求，为设计选材提供依据；齿轮表面磷化膜颗粒、各种低阻O型圈橡胶材料选配及试制等均满足设定目标；研制出一定扭矩的变速箱粉末冶金轴套和花键冷挤压成型二轴零件。

12月27日，东风商用车技术中心在黑河做性能试验。

自主开发碳纳米管磷酸铁锂复合正极材料，其性能优于传统磷酸铁锂正极材料。采用新型材料，开发能够耐受高电压(4.6千伏)且具有良好安全性的阻燃型电解液。成功完成电压为144伏电池模块的制作。扩展高强度热处理车架试验研究等轻量化材料技术开发。商用车防腐剂装饰性研究取得阶段成果，各种新颜色面漆已投入生产，不但使商用车整体感官质量提升，也成功解决订单车型的快速交货问题。新开发的紧固件电泳漆技术为国内首创，性能指标优于传统工艺，提高了环保性能。

【基础技术研究】 基础研究坚持节能环保、安全舒适、电子控制、新材料为导向的原则，深入研究未来可形成公司核心能力的技术领域。已结题“商用车前方避撞安全技术研究”和“柴油机控制材料研究”两个项目。

为应对商用车安全技术发展趋势，根据技术中心2009－2011年项目计划——“商用车前方避撞安全技术研究”A09RX58，提出开发商用车先进的紧急刹车系统(AEBS)。完成基于避撞安全空间(SAC，Security to Avoid Collision)避撞控制策略的仿真实验和改进完善。原理样车搭建完成，利用原理样车完成静止障碍物避撞试验和道路行驶避撞报警试验。完成专有技术提案3项：一种基于脉冲激光雷达与视觉传感器的数据融合算法、一种用于图像处理器的在环仿真方法、用于紧急避撞仿真的障碍物设置方法。专利申请3项：一种转向回正力矩装置、商用车安全避撞系统警示器和一种五路激光测距装置。

随着排放法规的实施，需要高喷油压力、更准确的喷射定时、多次喷射、柔性喷油速率等。先进技术的应用对控制系统提出更高要求，传统的机械控制无法满足现实要求，近年来主机厂开始自主开发电控系统。为提高公司核心竞争力，柴油机控制策略研究项目于2009年正式启动，经发动机试验验证，自主开发的柴油机ECU控制性能达到主流水平。该成果的应用，可提高商用车产品技术水平，形成技术壁垒，增强市场竞争力。

【人事管理】 技术中心通过优化薪酬制度，项目工资考核，技术、管理薪资表分体系运行，实现了分配模式创新。在上年员工薪酬优化的基础上，2011年，“技术含量高、工作负荷大、完成质量好”的研发人员获得高回报，实现分配差异化。

提升研发管理改善和管理创新水平，在研发管理人员、间接服务人员中开展管理改善项目评审工作，激励管理人员通过业绩积累、能力提升拓展职层空间，通过立足岗位改善管理、提升工作质量实现收入提高。全年共评审管理改善项目192项。

优化绩效考核办法，通过建立数据库，人员分类，岗位归类，设定不同角色，制定员工、直接领导、隔级领导分层级评价，实现全员绩效上线评价。规范绩效评价流程，增加透明度。对研发福利费科目和标准进行部分优化，本年度福利费较上年人均上涨21.8%。

技术中心修订发布了《研发部门岗位管理办法》、《研发部门员工录用管理办法》，鼓励员工横向交流、突破员工跨序列流动壁垒、打开破格晋升通道。在制度创新的同时，规范操作流程，采取能力测试和岗位竞聘相结合的方式选拔关键岗位人员。实现技术序列、技管序列、管理序列和技能序列四序列对接，为员工职业发展提供行政职务通道、技术层级通道和项目管理通道。“三轨并驱”的职业体系，较好地激发了员工的学习动力和工作活力。结合事业发展需求，招聘录用一定数量的博士、硕士、本科和技能人员，并面向社会招聘成品人才，促进人才体系的梯队建设。

在中层干部选拔、任用中突出“一个加强、两个公开、三个结合”，在管理上加强考核、交流。中层干部选拔时公开任职条件，鼓励跨部门参加竞聘；公开选拔结果，接受员工监督。采取自荐与组织推荐相结合、能力测试与岗位竞聘相结合、群众公认度与领导认同度相结合的方式公开招聘。能力测试分外语测试、综合管理知识测试两个科目进行，测试合格者方可参加岗位竞聘，岗位竞聘着重考核团队建设能力、组织协调能力。

技术中心以提高人才综合素质为目标，着力加强技术、管理和技能核心人才队伍建设，制定员工分层级能力提升培训方案，按责任工程师、主管工程师和核心专家进行员工层级分类。培训课程体系由共通课程、部门业务共通知识、相关专业能力和个人业务能力提升四大模块组成，并纳入年度培训计划逐步实施、考核。为配合中心项目管理的实施与推进，着力推行项目经理专项轮训，实行项目管理经理资质认证、持证上岗，创新项目管理人才培养模式。组织6期项目经理轮训班，84名项目经理、协理、秘书通过“团队组建”、“项目计划与控制”和“项目管理综述”等课程的培训，顺利通过项目经理取证测试。

完善中心人才库，按“专业”分为技术、管理、技术管理、技能四类；按“来源”分为内部专业人才和外部专业人才两类。内部人才在使用和培养上给予更多机会；外部人才实现资源共享，追求效益最大化。人才库设定准入条件和范围，每季度滚动更新一次，依据人才选拔标准与程序不断充实。

（黄　洁）

东风商用车公司

组织机构图

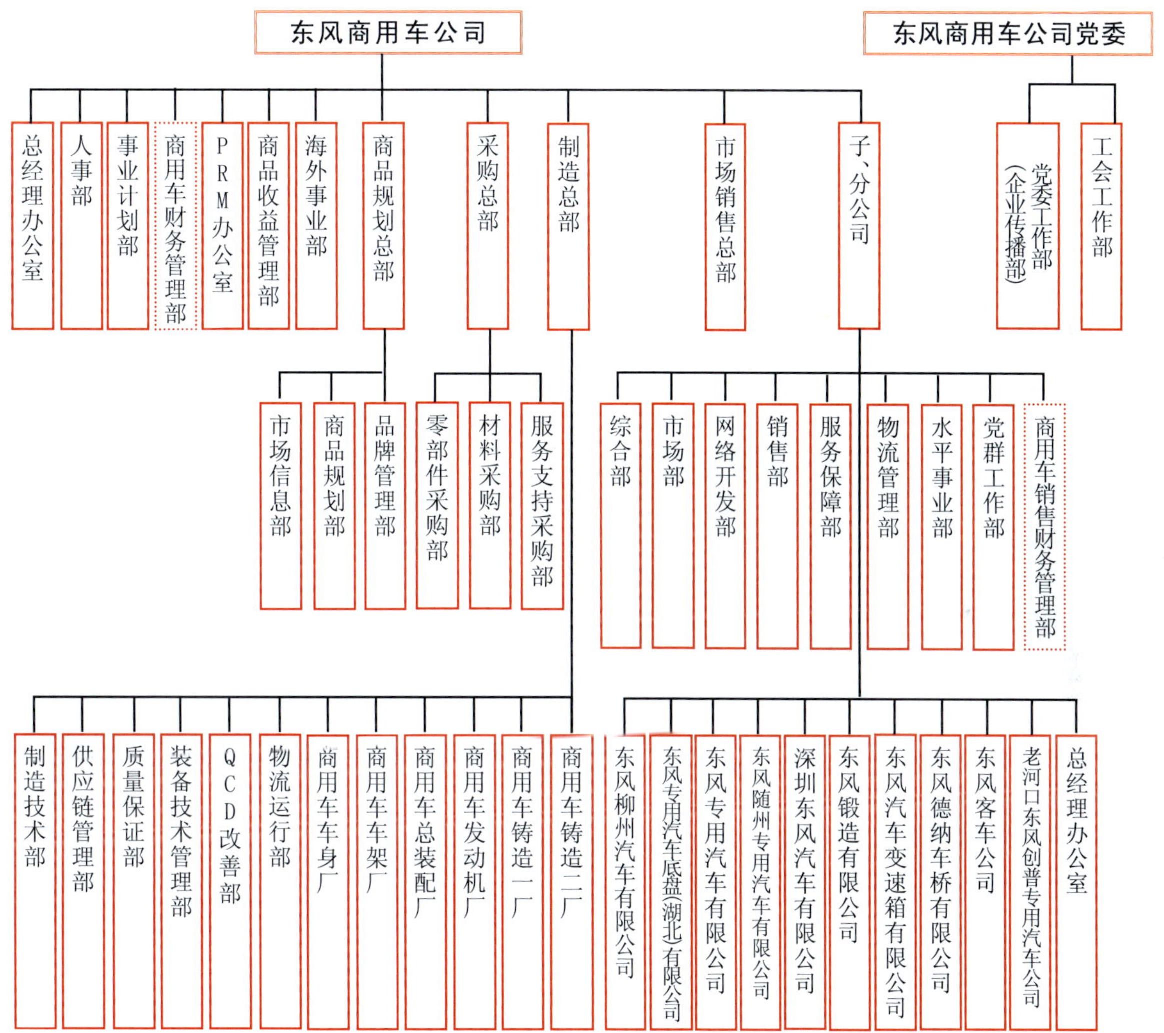

【概况】 东风商用车公司（以下简称"公司"）是东风有限旗下的中重型商用车事业部。公司继承东风商用车事业的主体业务，被誉为东风事业的发源地、东风品牌的创造者、东风文化的传承者。公司下属6个专业厂、11家子（分）公司，形成了以湖北十堰为基地，辐射广西柳州、广东深圳和新疆等区域的事业布局。产品覆盖中重型卡车、客车整车及底盘、军车以及发动机、驾驶室、车架、车桥、变速箱等关键总成，是国内迄今规模最大、品种最全的商用车企业之一。截至年底，在册员工总数近3.7万人。黄刚任总经理，李京桥任党委书记。

2011年，国内中重卡行业需求与上年相比下降9%，市场呈现理性回归。在大市下滑的情况下，东风商用车公司各项经营指标全面达成，并超过挑战目标。全年总销量34.97万辆，同比增长11.5%，创历史新高，其中中重型卡车23.5万辆、客车1.4万辆和MPV10万辆。在总量里，中重卡超额完成预算目标，虽然同比下降5.7%，但降幅低于行业平均水平；中重卡国内市场份额达20%，按照东风商用车公司口径统计首次居行业排名第一。全年销售收入541亿元，同比增长20亿元。

同时，公司弱势业务，比如铸造业务也进一步改善，铸造一厂首次扭亏为盈，铸造二厂同比减亏3000万元；备件销售收入增至11亿元，收益水平获得较大提升。

5月5日，在由中国汽车报社、中国汽车工业协会和中国汽车工程学会等共同主办的第九届中国汽车创新论坛暨腾飞之路——中国汽车行业十年（2001—2010年）发展成就盛典上，东风商用车公司获"中国汽车十年影响力整车企业品牌"称号，东风天龙重卡获"中国汽车十年经典商用车"称号。

5月5日，东风商用车公司获"中国汽车十年影响力整车企业品牌"称号。

【东风天龙赢得信赖】 11月29日，公司的东风天龙重卡商标，被国家工商行政管理总局认定为"中国驰名商标"。东风天龙作为中国商用车行业重型公路运输细分市场的领先品牌，成为首个成功入选"中国驰名商标"的商用车行业子品牌。

"中国驰名商标"是指在中国乃至全球市场具有很高知名度、良好的声誉、消费者号召力以及强劲的市场竞争力的商标。经中国国家工商总局认定和保护的"中国驰名商标"，不仅在中国国内受到相关法律更大力度和更全面的保护，而且在任何世界知识产权组织成员国和世界贸易组织成员中受到侵害时，均受到各国法律的保护。

东风天龙重卡是东风商用车公司的核心产品，于2006年5月18日推向市场。上市5年来，东风天龙得到市场和用户的认可和信赖，在广大客户中树立了良好口碑，销量不断攀升，从第一年销售2000辆，到2011年年销量近10万辆，5年累计销量超过30万辆，已成为国内重卡市场的标杆车型，东风"天龙"商标的影响力也扩展到全国，从一个卡车的细分市场品牌成长为一个知名的全国性品牌。

【战略性商品与动力总成战略】 商品结构呈现持续改善的状况，战略性商品平台不断成长。当年，东风天龙（D310）平台销量在上年93000多辆的基础上增长到96000多辆；东风天锦（D530）平台在上年32000多辆的基础上增长到48000多辆。东风天龙和天锦两个平台已占到销量的93%，本部产品已全面切换为战略性新平台，在行业里公司已率先完成产品结构的调整。除对D310和D530持续做适应性改进及面向国Ⅳ产品的升级开发外，公司又启动新产品平台项目的开发，以进一步提升商品竞争力。动力总成战略取得新进展，自主发动机业务稳步推进，内制化比例进一步提高。当年，东风商用车本部发动机的内制化率达25%，比上年提升7%。变速箱内部装车比例持续提高，中卡全部采用了公司自制的变速箱。

【重卡与新汽新工厂建设】 9月29日，东风商用车重卡新工厂全面投产，国家工业和信息化部、湖北省及十堰市、东风集团、东风有限及东风商用车公司领导共同启动投产仪式。重卡新工厂承担东风天龙和未来重卡新产品的生产任务，占地面积3000亩，整体规划年产能力8万辆，集整车装配、检测试验、储运交付于一体。按照"分步实施、精益投资"的原则，新工厂分两期建设。5月13日，东风新疆汽车有限公司新工厂在乌鲁木齐经济技术开发区奠基，新工厂占地面积583.6亩，建成后可实现单班年产整车10000辆、改装车5000辆的规模。

【营销方式（DCSW）打造】 国内市场深化品系营销，构建分品系、分区域和分行业的三维营销体系，全面提升品系专业化运营能力；推行"N+3"管理，进行产销计划的动态调整，把握了市场机会，有效控制了市场风险；开展行业客户开发，全年针对行业客户销售2000多辆；继续打造万辆大省，有5个区域形成了万辆大省。

海外事业有序发展，战略布局加速推进。当年

4月20日，东风商用车公司与德国史密斯公司签订《合作意向书》。

出口9165辆，同比增长13%，其中本部出口7000辆。特别是在伊朗和越南两个战略市场取得长足进步，确定了“2+2+3”的海外重点市场战略，即巩固伊朗和越南两个原有的市场，开发巴西和印尼市场，还有俄罗斯、南非和印度三个正在研究的市场。同年4月20日，东风商用车公司与德国史密斯公司签订《合作意向书》。

【组织机构调整与优化】 为完善与加强公司商用车商品线全生涯周期管理，明确责任主体，加强部门间协同，为达成公司事业计划提供支撑。年底，公司成立商品线管理办公室（简称“PRM办公室”，为总部级机构，直属公司总经理管理）。主要职责：制定公司商品项目的收益目标和计划，并向商品项目各实施单位下达目标；与各相关部门签订项目合同（商品规划、研发、采购、制造、销售），确保实现商品收益、市场份额及品牌形象等目标；组织对商品项目实施的主要节点进行检查，协调相关部门的工作，确保商品项目目标的实现。

为利于整车装配资源的整体协同，提升组织运行效率，公司将原商用车总装配厂、商用车重型车厂及年中建成的新重卡“联合工厂”的业务、组织及人员进行整合，成立了新的东风有限商用车总装配厂，构建“一厂三地”管理的集约化运营模式。新总装配厂使用原“东风汽车有限公司商用车总装配厂”营业执照，企业性质为分公司，仍为公司下辖专业生产厂，在公司商用车整车发展战略框架内从事整车装配与KD件包装业务。原商用车重型车厂及“东风商用车公司联合工厂筹备组”撤销。

【集团化管理强化】 公司探索高效、科学的子公司管控模式，开展子公司业务定位和产品研讨工作，积极推进变速箱和新汽业务转型。导入本部成熟的管理模式，强化对子公司的管理支持，推进本部管理向子公司延伸。成立新汽产品质量与本部同质化推进工作组，经过半年多努力，CS-VES的评价点数从31点降到6.5点，与本部达到一致化的水平。积极开展对随专公司、创普公司等单位的收益改善以及本部与东风柳汽在营销方面的协同研讨等工作。

【DCPW深入推进】 1.质量方面。公司启动质量战略和质量年的活动，CS-VES的评价从6.3%下降到5.5%，批量的质量问题大幅度下降，市场的重大质量问题状况得以改善。质量、服务、研发三个部门相互协同，面向市场的质量改进机制不断地完善。

2.成本方面。通过实力线的管理使得CPU不断地改进。公司当年E/S比（此指标下降意味着制造费用降低、制造效率提升）下降到11.4%，下降1.6%同时，制造的弹性和制造的效率也在提升。

9月13日，公司携旗下东风天龙、东风大力神4款主力车型亮相2011年第十一届俄罗斯国际商用车展。

【东风品牌价值持续提升】 公司启动品牌战略，开展品牌战略国际咨询，着力使全价值链理解如何使东风品牌成为一个全球品牌。公司内部建立了以品牌为中心的整合传播体系。在国际车展和海外车展上，努力以品牌传播作为参展重心。公司中重卡的品牌美誉度连续第三年保持行业第一，东风

7月14日 美国德纳公司全球总裁兼首席执行官罗杰·伍德(左)等一行访问公司十堰基地。

天龙荣获国家工商总局授予的“中国驰名商标”称号，这是国内第一个获得驰名商标的商用车行业子品牌。

【课题管理制度化】 公司级课题稳步推进，短中期经营改善与中长期战略突破课题阶段性成效明显。当年，公司确立17项重点经营课题，全面完成14项。更为重要的是，通过几年的课题管理，使公司课题管理已趋制度化，管理水平不断提高，培养了经营管理者的战略思维，凝聚了团队的智慧，使团队协同力日益加强。

【党群工作】 1. 加强党委中心组学习，持续提升两级领导班子的政治素养和综合能力。建立并坚持“反思、反馈、共享”的学习机制，进一步加深班子成员对党的路线、方针、政策的理解，强化了对前沿管理理论、经营疑难课题的学习与探讨。2. 树立“一盘棋”思想，抓好团队建设，在实践中培育高效协同的团队意识。公司从制度和组织设置上保障了党委工作积极融入经营的全过程。3. 深化职业化建设，持续打造具有国际化视野、职业化素养的经营管理团队。公司强化干部培养和交流，优化干部队伍结构，加大竞争性选拔和民主推荐力度，不断提升干部选用的满意度：新提高管竞争性选拔比例由12.5%提升至81.8%，干部选用竞争性选拔比例由6.9%提升至56.3%。

大力推进“创先争优”活动，并取得阶段性成果。公司党委“创先争优”课题成果获东风公司优秀课题成果一、二、三等奖各1个，并多次在东风公司和东风有限党委系统进行汇报交流。持续创新活动内容，切实践行“三先三最”，不断提高为民服务水平，将“为民服务创先争优”活动落到实处。市场销售总部开展了“市场需求最先满足，客户价值最先保证，服务品质最先提升”的“为民服务创先争优”活动，在经销商等对外服务单位，开展了“客户需求最先想到，客户诉求最先回应，客户服务最先落实”的“创先争优”活动等。

积极稳妥推进党内民主建设和组织建设。1. 公司党委坚持按照“党委决定、程序表达、体现主张、依法决策”的方针，积极参与企业重大决策。公司严格遵照“三重一大”决策的有关规定，健全和完善企业决策的各项制度及流程。对涉及公司发展战略的重大课题，专门召开战略研讨会，集合班子成员和相关部门专业人员智慧，保证了决策的科学性、合理性。2. 持续推进“践行使命、跨越梦想”(2010—2012年)党建主题竞赛活动。

公司党委围绕经营中心，全方位地开展主题竞赛活动，共立项和解决重要课题21项，基层课题超过200项。车架厂开展的“如何把学习型党组织建设与‘创先争优’活动有机结合”课题、发动机厂开展的“践行零缺陷，党员争先锋”课题、铸造一厂开展的“我为铸一作贡献，成本管控我先行”党内主题实践活动等，均在实践中取得了很好效果。加强品牌传播与宣传思想工作，完善传播工作机制和流程，初步实现公司提出的“一个目标、一个形象、一个声音”的传播工作目标。

公司依法维护员工的合法权益，持续提高员工收入，共享企业发展成果，开展高产慰问和送温暖活动，开展疗休养、全员体检、推进员工食堂建设等，改善工作条件，认真落实了劳动保护及防暑降温、防寒防冻等工作。据东风有限第六次员工满意度调查报告显示，东风商用车公司员工满意度为70%，在东风有限处于前列。

公司扎实做好稳定工作，在诸如业务划转员工思想稳定、20年工龄家属工问题、拆迁还建房、业务优化中的劳务工清退、内退人员待遇及产品质量引起的诉赔等焦点问题等均得到较好处理。通过沟通会、员工思想动态调研，及时了解员工意见和诉求，协调相关部门科学排产、加强后勤保障和合理安排员工休息等，较好地解决了高产期间员工的后顾之忧。

(郭永田)

市场销售总部

【概况】 市场销售总部(以下简称“销售总部”)2011年实现销售150007辆,在行业需求同比下降10%的情况下,销售总部逆势增长,销量同比上升4.2%,份额同比提升1.8%,竞争优势进一步扩大。

牵引车品系实施超越计划,销量从2007年的17318辆提升至2011年的40000辆,份额由11.9%提升至18.2%,达成了第一阶段超越目标。

重型载货车品系实施翱领神州计划,销量从2007年的15628辆提升至2011年的31300辆,份额由20.1%提升至35%,保持了行业绝对领先。

重型工程车品系实施亮剑行动,销量从2007年的9384辆提升至2011年的27500辆,份额由8.4%提升至10.1%,为持续提高竞争优势奠定了坚实基础。

中型车品系实施“王者归来”计划,销量从2007年的18495辆提升至2011年的46000辆,份额由4.4%提升至16%,树立了中型车行业新标杆。

【网络布局强化】 从2007年至2011年,经销网络数量净增132家,其中4S店从131家上升到171家,网络覆盖度从40%提升至71%,战略市场实现100%覆盖,重点市场覆盖度从2007年的44%提升至2011年的88%;一级网络受控营销团队数量从1544人提升至2613人;服务站从574家增加至669家,净增95家服务站;网络本部专营比例从2007年的24%提升至2011年的67%;单店销量从2007年的262辆提升至2011年的380辆,单店销售效率跃居行业领先。

12月18日,市场销售总部举行经销商运动会。

【金融支持体系构建】 销售总部逐步搭建的面向网络和终端客户的低成本、高效率的金融支持体系已经成为东风商用车营销核心竞争力的重要组成部分,东风商用车金融服务水平与能力在行业领先。2011年网络融资业务出票突破40亿元,较2007年提高43%,支持有形市场建设8000辆,销售支持率达33%;2011年客户融资实现销售20900辆,较2007年增长116%,渗透率达14.6%,其中融资租赁实现3500辆。

10月21日,首批LNG东风天龙牵引车交付中石化。

【服务保障能力提升】 销售总部服务保障能力不断提升,基本实现了从关注产品本身服务到重视服务能力打造的转变。其中,纯正配件收入从2007年7.2亿元提升至2011年10.8亿元,配件供应首日满足率从2007年的56%提升至2011年的88%,紧急调件数量由每天43件下降至每天21件;客户抱怨3日解决率提升到94%。

【专业化工作团队建设】 销售总部通过对不同行业客户诉求的持续探索与实践,组建了行业客户开发与维护的专业化工作团队,搭建了与快递、冷链等行业协会的合作平台,构建了分行业客户开发与维护的工作模式,实现了经销网员CRM一期上线。

(徐 刚)

商用车车身厂

【概况】 商用车车身厂(以下简称“车身厂”)迄今已发展成为集冲压、焊装、涂装、装配工艺于一体的生产东风牌重、中、轻型商用车车身和覆盖件的专业厂。固定资产原值15.997亿元，净值4.862亿元。工厂现有主要流水生产线10条，主要工艺设备1244台(套)，主要生产设备831台(套)，产品覆盖长头、平头载货车驾驶室(含军用和民用)共1100多个品种。D310(东风天龙、大力神车身)、D530(东风天锦车身)系列驾驶室，具备以D310、D530为代表的年产驾驶室16.9万台的能力。截至年底，在册员工3000余人。

车身厂全年实际完成驾驶室产量155752台，比预算多生产9385台，超预算率6.4%；其中累计生产D530车身48810辆份，占车身厂年产总量的31%，为D530车身投产以来产量之最。车身厂制造费用预算使用率、综合实物成本差异率和产品综合质量指标等9项主要KPI指标，均实现挑战目标。1月20日，工厂通过湖北省安全生产监督管理局安全验收评价。5月10日，车身厂山下底漆线新建项目建安工程开工。5月13日，商用车D310/D760(重型超高顶商用车车身)驾驶室混流线改造项目建安工程在车身厂开工。9月9日，车身厂废水深度处理项目建安工程通过竣工验收。12月20日，车身厂完成工业、民用用电分离专项工作。车身厂分别获得东风公司“最佳文明单位”、东风有限“最佳单位”和“先进党委”，以及东风商用车公司“经营管理优秀单位”和“先进党委”称号。

【管理新方法应用】 1. 导入和推进实力线(一种针对企业生产经营全成本费用与产量间关系的分析方法，以一条趋势线表示。趋势线的斜率表示变动的辆份成本，截距表示固定成本)管理方法，采取先职能部门，后车间、班组的方式，提升车身厂成本管理水平。2. 推进和优化车身内饰装配作业DSTR(标准设计时间倍率)，通过制定工作制度和业务流程，完成年度九大类46项子课题，相关DSTR由实施前的5.11倍下降到推进后的4.6倍。3. 建立以JPMH(单位小时人均产出)为核心的用工管理体系，形成人员与产量相匹配的动态用工模式，优化车身厂人力资源管理。通过及时清退富余劳务工，加大内部互动支援力度，稳步推进内部退养和离岗管理工作，盘活现有人力资源。4. 推行直行率(指全体工程生产出来的产品最终良品率，即生产过程中未经修理或者另外加工过的一次性良品率)管理取得成效。内饰车间强化实施直行率管理后，直行率指标稳步达到55.97%，比实施前上升16%。5. 运用道程表(是将制造、搬运、计划信息直观地反映出来的工具，以格式表格记录各生产线间实物流、信息流的时间和状态)管理方法，优化排产方案，推进系统管理，缩短制造周期，提高了生产效率。

【工艺技术和新品建设】 车身厂采取项目管理的方式，加强对D310/D760混流焊装线、续建底漆线及中涂线两个能力建设项目的管控，确保了既定目标的达成。通过完善D760新品驾驶室工艺方案，组织对D760产品构想及其工艺数据模型进行分析和投资细化，完成了东风商用车公司组织的D760同步工程及精度保障工作。当年，车身厂获得东风商用车公司科技进步奖二等奖3项，获得东风有限专有技术6项。

东风天龙驾驶室内饰装配线作业现场。

【持续改善活动】 采取改善课题分级(厂级、部门级和员工小改善)管控模式，应用KIT(装配线零部件同步供给物流方式)集配模式等方法，重点围绕现场安全、品质提升和作业困难等方面深入开展系统性改善活动，提高本质化安全生产程度，加强车身品质保证，优化线边物流。通过改善和创新，不断提升管理效率，创造改善价值，丰富改善文化。车身厂全年立项改善课题达270项，实际共完成各项改善2738项，创经济效益700余万元，有6项(次)改善成果分别在东风有限和东风商用车公司获奖。

【人才培养和团队建设】 1. 通过完善培训阵地软件建设，开展岗位技能提升和一专多能培训，实施OJT(工作中)培训计划，培育一批技艺精湛、爱岗敬业的技能人才。2. 通过持续举办开放式教学、外请专家培训等方式，培育一批复合型、创新型的技术、管理人才。3. 举办骨干人才培训班、开展岗位轮换，培养一批政治素质好、专业能力强的骨干人才。4. 不断优化中层管理人员培训体系，提高中层管理团队专业化能力和职业化素养。车身厂全年共组织各类培训259期(其中中层管理人员培训班10期)，参加培训达10215人次(其中中层管理人员342人次)、139060小时，促进了员工素质提升，为车身厂可持续发展奠定了基础。

【企业文化建设】 车身厂实施创新管理和持续改善，通过沟通、协商、协调和帮扶等措施落实民主管理，以进一步构筑和谐劳动关系，保持生产和生活秩序稳定，持续建设车身厂和谐文化；落实"管理制度化注重过程、工作标准化注重基准、执行流程化注重规范和生产经营分析数据化注重准确"的要求，持续建设车身厂精益文化。

车身厂通过工作会、员工代表大会和形势目标宣贯、厂史教育和管理业务系统化梳理等多种途径与方式，持续建设车身厂目标文化。同时，倡导全面、全员、全过程、全价值链的改善，将企业管理的系统思维方式和价值改善理念，渗透到全员改善和自主改善中，以实做促实效，推动车身厂改善文化的进步和发展。车身厂实施行政、党务各系统各项工作计划，落实工作学习化、学习工作化。以实效为先导，开展以提高人事效率、优化制造成本等与生产相关的全员劳动竞赛和党组织"双五型"竞赛，推进管理者作风与素质教育，以"双靠"(企业靠员工发展、员工靠企业生存)促"双赢"(企业赢得发展、员工赢得实惠)，推动车身厂创争文化、执行力文化和团队文化等有序进步和发展。

【党群工作】 车身厂两级党群组织把加强自身建设和服务中心工作、促进工厂发展放在重要位置，围绕生产经营重点，通过扎实开展"创先争优"活动，积极推进"双五型"(创建学习型、开拓型、奉献型、廉洁型、民主型"五型党支部"和争当学习型、技能型、奉献型、服务型、创新型"五型党员")党内竞赛活动，大力实施"凝心聚力保目标、助推发展作贡献"主题实践活动、"我承诺、作表率、创佳绩"党员承诺活动、"为党旗争辉、为车身添彩"最佳党日活动和学习型党组织创建活动，使党组织战斗堡垒作用和党员先锋模范作用得到充分发挥，提升了党员在群众中的公认度和党支部工作的满意度。通过围绕产能、装备保障能力和效率"三提升"及"安全零事故"、"质量零缺陷"等主题活动，开展"创先争优比业绩、敬业爱岗立新功"群众性劳动竞赛，使车身厂党群工作更加贴近经营管理的实际，增强了党群工作对行政工作的融合度和贡献度。

(李维新)

商用车车架厂

【概况】 商用车车架厂(以下简称"车架厂")是生产东风车零部件最多和最大总成冲压产品的专业生产厂。拥有各类设备679台，工装模具3877套，固定资产原值7.16亿元，净值2.13亿元，年产值达14.6亿元以上。具备完整的冲压、装配、焊接、涂装工艺体系，主要生产公司战略车型D310、D530系列车架总成及其他底盘零部件。车架厂拥有先进的纵梁加工设备及工艺手段，其中车架纵梁及加强梁辊型、三面数控冲孔、机器人等离子切割、表面抛丸处理、前宽后窄折弯等均处于国际领先水平。截至年底，全厂员工总数1984人，其中合同制员工1509人，劳务工475人。

车架厂围绕"质量突破，管理精细"工作主题，深入践行以人为本和"让车架厂发展更稳健，让员工成长更自信"的发展理念，车架厂年度各项目标任务完成，全年累计生产车架148318辆份，实现产值16.91亿元。车架厂年度12项KPI指标中有11项完成挑战目标，综合业绩评价为公司A类，经营绩效位居东风商用车公司专业厂前列。车架厂再次蝉联湖北省"最佳文明单位"和"优秀企业(金鹤奖)"，获东风公司五星级"四强"党委、"四好班子"和"最佳文明单位"称号，代表东风公司十堰基地"窗口"单位通过国家"创卫"技术评估工作检查验收。

【质量突破】 坚持QRQC和QRQE相结合的会议机制，全年质量类立项281项，推进落实率达98.58%。强化质量预测预控体系运行，滚动调整质量预测预控重点，累计编制计划349项，控制完成率达

93.4%。通过开展“质量突破年”、“突出质量抓管理，服务生产保目标”主题劳动竞赛和“质量月”等活动，员工质量意识更加高涨，质量课题取得实质性进展，先锋QC小组获“全国机械行业质量管理活动模范团队”称号。截至年底，车架后工程不良率由2009年初的29.84%降至2011年底的9.4%，降幅达68.5%，车架质量取得重大历史性突破。

【精细管理】 实施以实力线为核心的管理模式，将预测预控体系延伸至各领域，持续优化方针管理与KPI管理联动机制，过程管理能力明显增强。拓展和深化CPU管理诊断工作，建立“工厂—科室”实力线管理体系，强化预算刚性和执行，严格控制费用增加。当年，全成本实力线（剔除人工成本超挑战奖）同比下降3.55%，与预算相比下降3.79%。开展监审揭示问题与风险事项检查整改活动，消除采购计划管控、委托加工管控、存货管控三个风险事项中的六个风险问题，保障了经营活动的稳健运行。年底总库存资金同比减少2061万元，其中6个月以上零部件库存资金降幅达62%，零部件周转天数减少0.62天；“10米数控剪床净尺寸下料，降低材料消耗效能监察”获东风有限一等奖。各单位严格按照“业务+改善”的工作要求，追求改善的效率和效果。全年完成厂级课题24项、部门车间级课题106项、班组级课题136项，小改善815项，累计创造经济效益2028.36万元。其中，“降低T37/38系列车架出厂后工程不良”QC成果获2011年度全国机械工业优秀质量管理小组活动成果一等奖。

【安全环保和节能减排】 车架厂安全环保工作紧紧围绕“安全零事故，污染零排放，能源零浪费”方针，高度重视环境/职业安全健康管理体系建设，抓实班前安全教育，深化SES和KYT诊断评价，强化相关方安全管理，统筹形成了以厂区为主、兼顾辖区的三级安全网络管理体系。重视减污增效，强化现场工业废水排放运行管控，申请投资资金380万元，实施“工业废水预处理站改造项目”，对现有污水处理工艺设备进行改造。开展危险废弃物处理合规化处置活动，将废矿物油纳入危废管理范围，对重型车架能力提升项目进行环保终验收，并对项目实施后的环境影响变化进行评价。年度安全环保KPI指标完成公司挑战目标，获东风有限“安全环保红旗单位”称号。平稳实施完成工业、民用电分离改造，实行预付费管理方式，有效降低了转供电费用。实施厂区给水主管网节能改造，强化地下水管网漏点的探测和整改，有效降低了水费。通过节假日关停厂区采暖阀及实施蒸汽阀门压力及时间自动控制等措施，有效降低了蒸汽消耗。通过利用电能“削峰填谷”，合理组织生产，减少投入时间，提高JPH（单位小时产量），优化高耗能设备（生产线）供电负荷，有效降低电能损耗，全年动能消耗完成预算目标的97.9%，低于目标值2.06%。

【和谐发展和社会履责】 坚持关爱员工和承担社会责任“两个重担一起挑”，为车架厂经营改革发展创造良好环境。把握员工及离退休人员思想动态和诉求，成立了东风公司老年大学车架厂分校，开展了庆祝老年节、老年趣味运动会等大型系列活动，完善了家属区文化基础设施，重点解决了员工“停车难”、青年骨干员工结婚“住房难”的问题。坚持重大节假日开展走访慰问活动，累计走访慰问病困员工达525人次，总金额达152950元。为员工申请“爱心工程”救助15人，救助款50079元。为遗属、生活困难、低收入等员工申请生活费补助107人次，金额79188元。

积极履行企业社会公民责任，关注和支持教育事业，开展教师节走访慰问社区、学校和幼儿园，并与郧县南化塘鲍鱼完全小学持续深化“爱心接力，和谐共建”活动，解决学校师生“吃水难”问题，累计筹措和募集资金8万余元，为学校援建了引水工程，年

5月27日，车架厂援建郧县南化塘鲍鱼完全小学饮水工程启用揭牌仪式。

内还邀请安排学校师生代表到车架厂参观交流活动。协助社区积极推进文化建设，全年联合社区友邻单位举行大型文体活动近10项，密切和强化了和谐社区共建。年内，还配合十堰市高质量完成“三实”、“创建卫生城市”等工作，并作为公司十堰基地“窗口”单位顺利通过国家“创卫”技术评估检查验收。车架厂高度重视综治和维稳工作，“一票否决”项连续多年继续保持为零。

【员工培训】 培训工作做到“三个贴近”，即贴近车架厂中心工作、贴近生产现场、贴近员工需求，提高了培训的针对性和实效性。全年开展培训项目95个，共完成培训167期，累计参加培训5663人次、93393学时。首次导入“车架厂培训优秀团队、个人评比”活动，将培训过程管控、效果评价等指标作为单位KPI指标下达，提升培训实施的有效性。建立工厂内训师培养、评价、进出机制，成立以专家、部门领导、学员代表为成员的评价小组，全方位对内训师授课情况进行跟踪评价，规范内训师进出渠道。导入OJT培训方式，围绕质量改善、效率提升等重点工作，累计完成15项OJT培训项目，其中有两项成果获东风有限二、三等奖，被东风商用车公司评为OJT培训项目“优秀组织单位”。开发培训教材，对培训课件进行整合、梳理，通过优秀培训教材（课件）评比等载体，实现培训课程体系标准化管理和共享。

【党群工作】 车架厂党委坚持以目标任务为导向，积极探索有效方式和方法，使党委发挥政治核心作用的途径、流程更加完善，党组织活动方式不断创新。全年入选东风商用车公司最佳党日优秀案例5个，有3个党支部获东风有限五星级党支部，生产管理科党支部被授予东风公司优秀“四强”党支部，获东风有限“十大优秀党建课题成果奖”，东风商用车公司“践行使命，跨越梦想”十大党建课题成果一等奖。深入开展党风廉政建设宣传教育月活动，加快完善惩防体系建设；开展内部审计、“小金库”等专项治理，保障经营工作健康运行，顺利通过东风公司检查验收。在党内持续深化以争创“四强四优”为主要载体的“创先争优”活动，通过学习型党组织建设、党支部“三项活动，一个竞赛”、“百名先锋人物风采录”、“党员质量标兵”竞赛和庆祝建党90周年唱响红歌等活动，党组织的凝聚力和战斗力进一步提升。获东风商用车公司“主题劳动竞赛优胜单位”称号，创先争优“四个点评”经验被公司推荐到国资委成为典型宣传，提升了东风党建品牌价值。全年效能监察项目共立项20项，累计贡献额达326.62万余元。

6月27日，车架厂召开庆祝建党90周年暨“创先争优”表彰大会。

（周彩霞）

商用车总装配厂

【概况】 东风商用车公司为推动“新中期事业计划”的实施，将总装配厂、重型车厂以及在建的重卡新工厂整合为商用车总装配厂（以下简称“总装配厂”），实现“三厂合一”，下设28个科级单位。整合后的总装配厂仍然是东风商用车的主要生产基地之一，承担汽车装调、KD包装和新品车试装业务。总装配厂拥有5条整车装配线和7条整车检测线，年生产能力达15万辆。截至年底，有员工2241人（含劳务工958人）。

2011年，总装配厂共生产汽车1383个品种143564辆，其中张湾工厂生产1148个品种116559辆，六堰工厂生产35个系列221个品种20872辆，重卡新工厂生产14个品种6133辆。全年产量中，D310系列932个品种86047辆，D530系列396个品种46960辆，CPB系列55个品种10557辆，分别占总产量的59.9%、32.7%、7.4%。（其中包含出国车生产97个品种1686辆，军车生产25个品种6332辆，适应性商品开发生产2257辆）。完成KD包装5062辆份，散件包装34240件。东风商用车公司对原总装配厂和重型车厂下达的9项KPI指标均完成挑战目标。

本年度，总装配厂获“全国五一劳动奖状”、“第十七届湖北省优秀企业（金鹤奖）”、“湖北五一劳动奖状”，东风有限“班组建设先进单位”，东风商用车公司“经营管理优秀单位”、“先进党委”和“联合工厂筹备组特别贡献奖”等称号。

【新工厂建设】 根据东风商用车公司部署和安排，总装业务优化工作自5月5日启动，经过半年多的推进，截至年底，各项业务实现顺利对接，机构调整到位，人员安排到位，优化工作进入深度整合阶段。重卡新工厂一期4万辆总装配线按计划于6月18日建成，经过3个月试生产调试，于9月29日正式竣工投产，圆满完成整体方案设计、工程建设及新工厂运行三大类QCD指标。截至年底，新工厂累计完成装配14个品种6133辆，并形成班产100辆（单班）、年产5万辆（双班）的生产能力。

9月29日，重卡新工厂一期4万辆总装配线正式竣工投产。

【生产管理】 作为东风商用车十堰本部的主力制造工厂，总装配厂把效率提升作为管理的重中之重来抓，通过“两构建”（即构建同期化生产体系，提高产能和效率；构建高效率和低成本的物流体系，提升物流能力，全程保障生产能力提升）、“两提升”（提升JPH，即人均产出量；提升JPMH，即人均小时产出量），实现“两确保”（确保装配时间遵守率、入库时间遵守率），最高日产能力达到公司提出的每天650辆目标要求。当年，KD业务延续了良好的发展势头。针对月度需求波动大的情况，KD车间通过深入开展改善活动和包装“零缺陷”管控，创造了956辆月产最高纪录。

【质量管理】 积极响应并落实公司“质量年”要求，总装配厂以健全保证体系、精细过程管控为手段，通过开展“同质化”和“零点行动”，实现质量管理和实物质量水平稳步提升。装配一、二、三线和中、重型车CS-VES评审点数比上年平均水平分别下降14%、16%，单车赔偿金额同比下降37%；装配五线重型车CS-VES评审点数比上年平均水平下降17%，单车赔偿金额同比下降27%；装配八线重型车OK-VES评审点数从7月的6.8个/车下降到12月的2.5个/车，降幅达63%。KD业务批次反馈问题数较年初目标下降30%。

【DCPW推进管理】 持续强化推进方针管理、现场GK管理和技能培训，学习实践实力线分析和道程表应用，开展DSTR（实作工时与基准工时的倍率）递减、课题改善系列活动，取得较好成效。其中张湾厂区，DSTR由6.1降低到5.09，降幅16.56%；主体作业比率由71.2%提升至83.7%，提升率17.56%； L/T周期由18.31小时降低到10.32小时，降幅43.63%。六堰厂区，DSTR由6.34降低到5.09，降幅达19.72%，主体作业比率由79.6%提升至87.9%，提升率10.42%；L/T周期由14.56小时降低到10.88小时，降幅25.27%。

继续开展群众性改善活动，全年共完成重点改善课题99项，自主改善课题4447项，其中1项获全国第三十届QC成果金奖，两项获东风有限一等奖，4项获东风商用车公司一等奖。

【工艺管理】 1.在新工厂试生产准备上，短时间内完成四个系列14种车型生产准备。2.在新品生产准备上，全年共组织392个新车型试装。3.现场服务上，深入开展工艺改善，共完成62项改善课题、两个工艺投资项目和9项“瓶颈”及困难作业改善。4.在KD工艺方面，完成黄麻沟KD阵地工艺布局调整优化和KD新工厂设计。

科技创新共申报14项成果，有12项获奖。其中“东风商用车总装配厂重型车生产线工艺设计与应用”获中国汽车行业科学技术进步奖，“东风商用车公司总装配厂产能提升”获湖北省企业管理现代化创新成果奖二等奖。

【装备管理】 1.进一步完善TPM预防保全体系，提高装备保障能力。2.定期开展节假日共同活动，同时深入推进自主保全四阶段工作，增强自主保全活动的实效性。3.强化故障数据管理，导入重点设备“状态监测”技术，使装备保全管理从应急性维修向预防性维修转变，降低了设备停线时间。当年，张湾厂区平均故障强度率0.54%，六堰厂区平均故障强度率0.42%，均达成挑战目标。截至年底，共诊断重点设备8台，挖掘安全隐患、设备问题以及保全管理问题点26个。

【安全管理】 通过开展KYT活动、SES评价和现场过程检查，及时消除物的不安全状态和人的不安全行为，提高了安全保证能力，安全指标达成目标。六堰厂区连续四个季度保持低度风险等级，重卡新工厂达到低度风险等级，张湾厂区达到中度风险等级。现场本质化安全水平的大力提升，确保了生产经营在安全稳定的环境下进行。全年共投入资金272.2万元，实施安全、环保、节能减排管理方案10个。张湾厂区投入资金237.2万元，完成管理方案9个；六堰厂区投资35万元，实施安全管理方案1个。

【人力资源管理】 突出抓好优化资源配置和提高人事效率两个重点，全面推进落实“两降低”（人员面积、人工实力线降低）、“两提高”（人事效率、人均收入提高）、“两确保”（确保完成整合阶段性任务、确保员工队伍的基本稳定）等三大课题和任务。人事效率提升14.7%，实施余缺调剂和灵活用工管理，厂内调配169人，适时为新工厂调剂员工536人，年底用工相对年初减少144人。

总装配厂加大人才培养开发力度，以技能竞赛、成果发表、OJT项目实施、组织（参加）专题培训等培养发掘内生型人才。在东风有限技能竞赛中，取得调整工包揽前十名、叉车工第二名、维修工第八名，在人事系统成果发表中获奖14项，其中一等奖4项的优异成绩。

【党群工作】 “四好班子”和“四强”党委同时晋升五星级。厂党委中心组成员共承担课题7项，其中“东风商用车总装配厂重型车生产线工艺设计与应用”课题取得阶段性成效，获得2011年中国汽车工业科学技术奖三等奖。

党支部持续开展“争创优异业绩，争当优秀党员”和“价值倍增行动”等主题实践，引领党员在高产中克难攻坚。全厂党员参与各类改善2807项，创经济效益380万元，19项科技成果获东风商用车公司（含）及以上各类奖项。

针对总装业务优化实际，以党委一号文修订出台了《高、中管廉洁从业“十不准”》等制度。同时，对现行制度与标准进行全面梳理，全年共梳理各类制度179个、管理标准19类138个。

工厂深入实施“关爱工程”，及时对困难员工进行慰问和救助，特别是针对业务整合产生的各类新问题、新矛盾，及时做好收集、落实和反馈工作，切实解决员工的实际困难。通过加强员工食堂管理、送慰问到岗位、送药箱到一线、员工生日卡发放、组织优秀员工疗休养、组织员工体检和落实劳动保护等，把关爱员工的措施落到实处。

（顾巍红）

商用车铸造一厂

【概况】 商用车铸造一厂（以下简称“铸造一厂”）坚持以市场和顾客为导向，以“追求零缺陷，让顾客更满意”为方针，以成本管控为中心，以“快乐工作，健康生活”为理念，积极抢抓市场机遇，努力克服改造建储、原材料市况上涨等压力，致力于把铸造一厂建设成发动机核心铸件专业化的一流工厂。

铸造一厂全年生产铸件7.1万吨，同比增长4.4%；销售铸件6.9万吨，同比增长3%；销售收入7.7亿元，同比增长3%；营业利润13万元，同比减亏6565万元，实现历史性扭亏为盈，年度业绩综合评价为A。

11月9日，东风铸造协、学会年会在铸造一厂举行。

【成本管控】 铸造一厂以成本管控为中心，以“降成本、增收益”为目标，以实践DCPW为推手，不断强化和细化内部管理，大力开展“我为铸一作贡献，成本管控我先行”等成本改善活动，积极探索实践集约化经营，全年全成本CPU同比下降749元/吨，降幅达6.3%。

在实物成本改善上，铸造一厂不断细化和完善业务流程，从节约每一块铁、每一千克砂等入手，着力提高主辅料投入产出比，扎实开展技术降成本、管理降成本等成本改善活动。全厂主料投入产出比累计达93.1%，同比提升10%。在消化材料市况上涨压力基础上，全厂实物成本CPU同比下降303元/吨，降低5.2%，其中主料CPU下降226元/吨，降幅达5.2%；辅料CPU下降77元/吨，降幅达5.3%。

在动能成本改善方面，铸造一厂从固定费用和变动费用两方面着手，通过动态封存变压器容量、改变热水供应方式、实施“3+2”停气作息、技术降成本等手段降低动能成本。全年动能CPU同比下降39元/吨，降幅达2.5%；变动动能CPU同比下降28元/吨，降幅达2.6%。

在人工成本改善上，严格控制用工总量，实施动态用工管理，优化业务结构，建立劳动效率管理模型，扎实推进JPH/JPMH管理，积极盘活人力资源。全厂JPH为同比提升6.4%，JPMH同比提升9.3%，员工总数下降2.7%，全员劳动生产效率提升6%。

在技术降成本方面，全年共开展铸件减重、提高工艺出品率、材料进步等技术降成本课题56项，技术降成本率2.14%(目标1.66%)，降成本金额达874万元，其中dCi 11缸体减重4.05千克，dCi 11缸盖减重0.8千克，铸件减重累计降成本52.46万元。通过优化工艺设计、减少浇注系统重量、推行一型多件投产，累计降成本113.81万元。同时，通过提高废钢使用量、铁屑回收利用、降低芯废率和减少辅料使用量等技术措施，降成本401.2万元。

【质量提升】 铸造一厂坚持“追求零陷，让客户更满意”方针，围绕“10+10”重点零件改善，着力监控重点工序，提高过程稳定性，注重失效模式分析和SPC运用，持续完善零件重点管理项目和4M变更监控体系，减少质量波动，逐步提高全员质量意识。全年质量成本CPU同比下降207元/吨，质量成本率同比下降41%，外废率同比下降1.6%。“10+10”重点零件综合废品率持续改善，其中TU5缸体综合废品率同比下降6.3%，dCi 11缸盖综合废品率同比下降7.2%；dCi 11缸体外废率同比下降10.5%，并以0.11%料废率水平成功实现出口俄罗斯。

【能力提升】 铸造一厂着力提升竞争力，以清理阵地、缸体制芯中心为代表的重点能力建设项目实现批量生产，大幅提升了生产效率和产能，增添了工厂发展活力和后劲。以公司X7缸体缸盖、康明斯ISZ缸体缸盖、神龙EC8缸体为代表的战略产品研发，进一步提升了工厂技术进步水平和新品研发水平。尤其是一型四件TU5缸体、一型六件TU5曲轴和一型六件4H凸轮轴等技术创新，有力支撑了工厂以良好势头迈入下年。

3月17日，制芯中心实现批量生产。

【党群工作】 铸造一厂党委紧紧围绕工厂生产经营中心工作，以“降成本、增收益”为目标，在促进科学发展过程中充分发挥党委政治核心作用。

厂党委坚持每季度举办“我为铸一作贡献，成本管控我先行”党内主题实践活动经验交流会，对各党支部活动开展情况进行点评。全年共立项课题433项，降成本771万元。发布和广泛宣传《致全厂员工的一封信》，增强员工成本管控意识。成立铸造一厂行政监督工作小组，加强对重点关键岗位制度执行情况监督管理。运用“制度+科技”手段，强化保卫工作。组织开展效能监察工作。全年共确立“降低全厂用水消耗量，减少能源费用支出”、“提高一车间主料投入产出比”等17项效能监察项目，降成本356

万元。厂党委组织开展岗位承诺、党支部最佳党日、党支部升级达标、党员星级达标、提高熔化铁水一次合格率等“创先争优”活动。

加强民心工程建设，针对热点、难点问题做细做实思想政治工作，确保一方平安。在解决20年工龄职工家属养老保险参保问题上，厂党委通过组织召开政策宣讲会、对话沟通会等形式，挨家挨户登门讲政策、讲企业发展前景、做耐心细致动员工作，在符合条件273人中有272人按期办理了养老保险参保手续。关注员工生活和身心健康，为员工解除后顾之忧。全年慰问住院、生活困难员工共计703人，发放困难救助金13.5万元，发放“助学奖励基金” 4.4万元。

（刘应田）

商用车铸造二厂

【概况】 商用车铸造二厂（以下简称“铸造二厂”）是中国最大的现代化球墨铸铁生产厂之一，年生产铸件能力6万余吨，拥有4条自动化程度高、精度高的造型自动线及先进的工艺设备1188台（套）。成功开发出铸态球墨铸铁、奥贝球墨铸铁和灰铸铁等多种材质，广泛应用于现生产，可生产商用车、乘用车多种车型的桥壳、减速器壳、转向机壳、前后轮毂和左右差速器等700多种铸件。截至年底，在职员工1371人，其中高级专业技术人员177人。

铸造二厂紧紧抓住有利时机，以建设有价值的汽车铸件生产厂为目标、以实现“启航行动”计划为导向，认真落实“全面改善，持续发展，实现突破”的工厂方针，全面提高管理和生产效率。全年销售铸件57567吨，营业利润-7394万元，7项KPI 指标6项实现挑战目标，1项完成必达目标，连续3年KPI评价为“A”，整体经营质量进一步提高。

【产品结构调整】 铸造二厂坚持“缩小面积、提升高度”的品种优化原则，逐步减少品种个数。全年共生产品种644个，同比减少196个，单品种吨位达89.4吨，同比提升18.6%；工厂变动边际贡献率达6.57%，同比上升4.07%。全年变动边际贡献率达1.61%，首次变负为正，同比增长9.25%。

【技术降成本】 技术降成本实现效益1900万元，全年共完成48个提高工艺出品率和型板利用率项目。根据产量大纲，以产量高和吨位大的零件为重点攻坚对象，共计减重铸件1129吨，创效益535万元。实物成本管控得到强化，加大奖惩力度，促进自主改善，全年材料利用率较上年提高1.1%；技术进步速度加快，新工艺、新材料用于生产，喂丝球化工艺在车间实现稳定流水生产，并不断探索废钢使用方法，大幅提高废钢使用量。

【生产管理】 大力减少设备停工，优化生产组织，持续提升造型线OEE水平。工厂搭建了造型线OEE提升推进平台，以降低重大停工和重复性停工为突破口，以落实重点改善课题为手段，不断提高造型线性能开动率，降低故障强度率。根据各造型线性能和特点，坚持计划排产综合效率最大化的原则，充分发挥主要造型线优势。已投产41年的BMD线平均班产再创历史最好水平；HWS线状态稳定后及时调整路线，充分发挥HWS线型废低、工艺出品率高的优势，使该线平均每班交接吨位达54.5吨，与年初相比提升25%。

【低成本运营】 在坚持制造费用CPU管理模式的同时，实施月测算、周跟踪，突出当月管控重点。运用实力线方法查找当月费用管控“亮点”和不足，并制定下步对策。在市况上涨的前提下，工厂总费用实力线依然呈下降趋势。

铸造二厂成立动能管理室，细化管理流程，实行月动能分析例会制度，促进生产用能单位自主管理和改善，推广电炉经济运行方案，开展提高工厂功率因数改善，提高民用电资金回收率，全年动能成本比预算节约820万元。开展库存改善专项活动，以优化库龄结构为重点，年末总库存资金同比下降2432万元，降幅为57.34%。

【技改项目】 圆满完成“GF线主机技术改造”项目。从项目启动到投产仅耗时两个半月，7月，HWS线各项生产、质量指标全面向好。特别是生产节拍由55秒缩短到48秒，成为工厂唯一一条主辅机生产节拍同步达到设计节拍的造型线。该项目获东风商用车公司2011年度科技进步奖一等奖。

5月4日，铸造二厂举行HWS线投产竣工仪式。

消失模生产阵地建设有条不紊，经过前期策划，当年消失模项目进入实施阶段。按照项目节点先后完成二砂制芯设备搬迁、旧厂房拆除、设备预验收和新厂房建设开工，计划2012年9月建成投产。

【安全管理】 抓好安全生产与节能减排，确保工厂健康稳定发展：在"三层次"安全环保管理平台基础上，编制和修订管理制度14个，修订作业指导书118份；在各生产车间全面推行SES评价标准，持续推进班组KYT工作；开展体系内审和管理评审；组织教育培训795人次，提高员工安全环保意识和安全操作技能；重点提高起重设备和车辆运行安全；加强职业卫生管理，组织职业健康体检635人次。

【党群工作】 厂党委按照党建融入生产经营的工作思路，确定全年党建工作以开展"启航2011，建功我先行、创先争优" 主题实践活动为主线，全厂15个党支部、322名党员全部进行公开承诺，党支部完成改善攻关课题50项。通过"走出去"对4家铸造厂的对标学习，汇集提炼出33项改善课题。创新党建服务生产经营载体，开展"先锋号"服务直通车活动，实现党建与行政工作的无缝对接和充分融合，同时带动了群团组织的作用发挥。工厂党委获东风公司本年度五星级"四好班子"和"四强"党委称号。

厂党委积极稳妥地解决278名家属工和占地合同工基本养老金问题，通过成立"爱心工程"分会 、改造大学生单身公寓、员工食堂平稳运行、开通便民服务志愿车等一系列"民心工程"，将"创先争优"活动落实到为生产经营服务、为员工服务的具体实践中。

（陈思源）

商用车发动机厂

【概况】 商用车发动机厂（以下简称"发动机厂"）是国内唯一一家汽油、柴油、燃气发动机专业制造厂，下设25个二级单位。主要生产发动机总成和关键零部件以及发动机再造业务。发动机总成有：EQ6100i电喷汽油机、EQD6105柴油机、4H柴油机、dCi 11重型柴油机和天然气发动机。零部件主要有：缸体、缸盖、曲轴、凸轮轴和连杆。发动机排量为4.8～11升，功率覆盖99～303kW，产品可达到国Ⅲ、国Ⅳ排放标准，可为中重型商用车、大中型客车等提供动力配置，还可为发电机组提供动力配置。拥有设备1603台，其中生产设备1238台（含数控设备205台，加工中心61台），发动机总成装配线3条。截至年底，在册员工1707人（含短期工 33人、劳务工45人），其中技术人员158人。

2011年是发动机厂"以质量为中心，全面践行零缺陷"管理和实现工厂健康发展的"提升年"。工厂提出"把风神发动机打造成为世界级动力"的发展愿景和"持续为东风商用车提供有竞争力发动机，成为东风商用车重要利润来源"工厂使命，打造"具备完整市场功能与意识的工厂"。KPI综合评价得分为118.5分，评价等级为A。全年生产发动机41169台，比上年增长9.35%，其中dCi 11 24415台，比上年增长3333台；4H发动机12291台，比上年增长2530台；非车用发动机销售75台，仍处于产品市场导入阶段；再制造业务产量301台，比上年增长35台。全年实现销售收入19.89亿元，比上年增长5.36%，创造建厂以来的新纪录。在东风商用车公司本部的装车比率为25.4%，比上年提升13.2%。4H发动机3万辆产能装配线建成投产，标志着发动机厂产能提升又上一个新台阶。

【质量管理】 发动机厂贯彻"以质量为中心"的工作方针，提出质量管理的具体目标：1.后工程不良1000ppm；2.车次/资金赔偿率下降30%；3.EES评审扣点4点，挑战3点；4.纳入不良率下降50%；5.内废率下降50%。采取的措施是：改进和完善标准，特别管控外协件质量，防止外协件不良品流入装配线；每日装配试验不良及时通报及改进管理，推动所有问题的快速解决；每日两级QRQC会议充分暴露生产过程中的各种不良，推动所有问题的有效关闭。每天对异常点进行汇总，充分暴露问题点所在，便于后续工作的开展；推进三级体系审核、产品审核和过程审核。

【生产物流管理】 发动机厂导入道程表管理，通过对在制品库存分类进行在库要因分析，改善各类库存条件，设定合理的在制品库存基准，从而减少制造中的在制品数量，缩短生产周期。dCi 11生产周期由164.4小时缩短至44.6小时；4H生产周期由165小时缩短至79.1小时。

4H发动机3万辆产能装配线生产现场。

通过导入第三方物流直供上线结算、生产组织的精益化等措施的实施，汽车零件库存资金由年初的6621万元降低到年末的3344万元，库存周转天数由年初的9天降低到年末的4.97天。

【安全环保管理】 稳步推进安全生产工作，全面履行工厂社会责任。工伤事故管理有效，轻伤事故控制在公司指标范围之内。车间执行安全评价系统(SES)，科学量化现场安全管理；班组开展危险预知活动(KYT)，提高作业现场安全预防。当年，KYT诊断得分3.67分，同比上年增加0.51分。工业废水排放达标率达99.81%，COD比同比上年减排23.31%，万元产值综合能耗比同比上年减排28.74%，SO_2同比上年降低17.51%，有毒有害岗位作业环境定点监测率达100%。

【装备管理】 发动机厂以“降低设备故障强度率，‘瓶颈’设备的故障停工时间为零”的目标。52台“瓶颈”设备有973处零部件劣化得到及时复原，共进行103个项目的改进或改善。单台“瓶颈”设备平均停工时间由上年的643分钟减少到263分钟，降低59%；“瓶颈”设备故障强度率由上年0.77%减少到0.43%，降低44%。主生产线设备故障强度率由上年2.56%降低到2.32%。

【管理提升】 方针管理诊断自上而下的层级业务计划活动的评审管理，诊断得分4.12分，同比上年提高0.22分。现场管理诊断继续强化现场基础管理，推动职能管理与现场自主管理相结合，诊断得分3.64分，同比上年提高0.61分。全员改善从硬性合理化建议逐步过渡到全员自主改善，实现效益达445.6万元，同比上年增加168.6万元。

【党群工作】 发动机厂党委围绕“以质量为中心，全面践行零缺陷管理，实现工厂跨越式发展”的工厂方针，把“创先争优”活动与两个“三个一”、“四强四优”、“三项活动”和一个竞赛活动紧密结合，打造党建工作品牌。被东风公司党委评为五星级“四强”党委，被东风商用车公司党委授予先进党委称号。

全厂各党支部共开展主题活动20个，团队改善和立项攻关23项，并且取得了阶段性的成绩。全厂党员提合理化建议1340条，开展技术革新175项，提合理化建议、开展技术革新带来的经济效益502.49万元，为企业员工和社会做好事、实事398件，完成急难险重任务332件。

厂党委加大对风险点的责任管控，全厂共查出风险点岗位157个，排查出风险因素表现形式128项，建立风险点岗位标准128个，制定自我防控措施160条，风险点岗位人员312人，全厂所有风险点岗位签订《岗位廉政风险防控承诺书》。

全厂组织开展“客户导向、诚信尽责、公正透明、崇尚业绩、追求卓越”的大讨论。从员工、部门、工厂三个层面共找出与“核心价值观”不相符的问题点303条，提出对策827条。全年编发《发动机人报》12期，发稿270篇；创刊了《风神快报》，刊出4期；播出广播稿1300篇；宣传栏内容更新15期。在公司内外报刊发稿50篇，在东风电视台播新闻130条，在十堰电视台播新闻60条，在《东风热线》发稿20条。

（王孝军）

东风柳州汽车有限公司

【概况】 东风柳州汽车有限公司(以下简称“柳汽”)积极抢抓市场机遇,进一步加强产品研发工作,夯实管理基础,不断提升公司竞争力,努力实现重点市场突破,重点产品上量,生产经营稳中有升,汽车产销量再创新高,实现“十二五”开门红。全年产销汽车144668辆,同比增长38%,其中商用车43990辆,同比下降19.9%,乘用车100678辆,同比增长100%;实现利税总额8.7亿元,同比增长41%。乘用车连续两年实现翻番,在MPV领域,销量、增长率和市场占有率均位居第一。在行业商用车市场疲软的大环境下,柳汽实现销量新的突破,经营业绩位居东风商用车子公司前列。东风柳汽经营团队获东风商用车公司特别贡献奖。

【东风、日产高层视察柳汽】 5月19日,东风公司董事长、党委书记徐平,总经理朱福寿,副总经理童东城一行到柳汽调研。程道然、覃柳明等柳汽领导在汇报了生产经营情况并陪同视察了生产现场。当日,柳州市市委书记陈刚,市长郑俊康在柳州饭店会晤徐平一行,就地方与东风公司的合作和柳汽的下一步发展进行了洽谈。

5月20日,广西壮族自治区党委书记、人大常委会主任郭声琨在南宁会见徐平一行,双方就柳汽中期发展目标,东风公司、政府、柳汽建立工作窗口支持柳汽发展等方面达成共识。

5月24日,日产汽车公司高级副总裁西川广人,日产(中国)董事、总经理西林隆,东风有限总裁中村公泰,副总裁童东城、松元史明一行到柳汽视察调研。柳汽总经理程道然、党委书记覃柳明等领导汇报了柳汽生产经营情况并陪同视察生产现场。随后,日产汽车公司高级副总裁西川广人在柳州饭店会见柳州市市长郑俊康,双方围绕东风有限、东风柳汽在柳州的产业发展和广西汽车城的建设交换了意见。

5月24日,日产汽车公司高级副总裁西川广人(左二)一行到柳汽视察调研。

【营销网络优化】 当年,柳汽商用车新网络开发同比增长27%,网络数量累计达400家。实施经销商过程管控和要素管控,制定了“公司总部—CV销司各部门—驻外经理部—经销商—终端用户”的《四级营销诊断管理办法》。完善“400服务”电话体系,加强服务投入,推进销售服务一体化和空白区域服务网络建设。强化服务网络配件保障工作,服务网络整体配件储备量同比增加92%,全国平均服务半径缩短为95千米,客户满意度达78.5%,同比提升3.3%。制定“6A服务”标准,完善“阳光在线”服务品牌理念。

柳汽乘用车实施“8+6”区域提升专案,并对重点市场进行专案诊断,促进重点区域销量提升;采取样板示范、分批上市做法推广新品上市,形成以4S店发展为主、独立服务站为辅的乘用车服务网络开发模式,营销服务网络地级市覆盖率由63%增至80%,“百强”县覆盖率由22%增至35%,五个主要中心城市(北京、上海、广州、深圳、武汉)平均服务半径缩小到10千米,服务满意度达88.4%,同比增长3%。

海外出口实现恢复性增长,全年累计实现出口2020辆,出口金额50428.12万元,分别同比增长64%、90%。越南、缅甸、阿尔及利亚、印尼等传统市场营销服务配件网络建设进一步加强,全面切入秘鲁市场,并通过南美自由贸易区逐步渗透到南美其他国家。

【产品结构改善】 当年,商用车先后完成107个主辅销车型和33个车型共计7批国内市场适应性产品开发和21个海外固化车型开发、116个特殊订单产品设计。M7项目已进入S—LOT试制,M6H项目进入PT,规划的55个国IV车型全部进入上线验证阶段。推进与东风平台整合,已完成平台整合总体方案,确定基础车型并下发基本型试制图。

乘用车菱智系列2011款实现量产，整车成本大幅降低，零部件“三化”程度提高。CM3项目实现PT—SOP移行判断，CM7（菱智大改款）项目进入ET阶段，BX5进入PT阶段，D19普及版方案基本确定。景逸系列BH5AMT、CROSS项目实现量产，BH5A（景逸大改款）项目正在进行前期效果造型确定，BX5 已实现ET转PT判断，BS3/BH3项目完成商品定义阶段的全部工作。参与东风乘用车公司“大自主、大协同、大发展”战略协同，就技术研发、商品平台、新能源、品牌梳理与网络渠道、动力总成和海外事业六个方面开展相关协同工作。

【工艺改善】 通过深化同步工程，新产品工艺开发进度和质量得到较好控制，CM7项目的PCS数量同比B11项目下降50%。以材料降成本为核心，强化工装模具核价、技改投资控制等工作。推进首钢材料领域和白车身材料定额优化等项目，累计节约资金500万元。针对制造“瓶颈”工序进行改善，推进车架纵梁冲孔、液压油缸加工等新工艺，实施商用车总装、车架、乘用车涂装、总装扩能改造和质量检测、计算机信息系统等项目更新改造，进一步夯实整体制造能力，提升生产效率，乘用车月产13000辆，商用车车架纵梁成型质量大幅提高，其中改善课题“推进一线集配，改善现场作业”、“总装一车间物流改善”先后获东风商用车公司QCD改善成果发表二等奖，东风公司改善课题二等奖。

【质量管控】 柳汽全面通过东风公司节能减排年度考评、东风有限体系内审、国家“一级安全质量标准化”考评和国家环保总局环保生产一致性、CQC产品“CCC”工厂检查。柳汽导入东风日产ASES评价、RANk-UP改善活动，从供应商的引入到过程保证、质量提升进行管控；针对制造过程长期存在未得到有效解决及系统性复杂的质量问题，组织专项整改，通过执行月度整车品质提升推进会议制度、导入以车系平台为基础的市场品质分析手段，开展模拟东风日产的FQC活动机制、缩短对策周期等提升整车可靠性，提高质量改进效率。当年，柳汽乘龙609、霸龙507双获第四届“中国国际卡车节油大赛”冠军，霸龙507被评为“中国汽车十年经典商用车”，609获“中国车市年度传媒大奖畅销商用车”，风行景逸1.5XL获“泛亚车展最佳明星家轿”，菱智获“上海国际汽车工业展览会网友最关注车型”称号。

【日产管理模式推进】 下半年，柳汽两次召开推进日产管理模式动员会，制定了《学习日产管理模式，强化方针管理激励考核暂行办法》，先后组织多批60多人分别到十堰和花都学习，进行对标找差距。制定59项专项改善计划付诸实施，发布了公司“十二五”QCD改善推进目标和重点计划，开展季度方针管理诊断和月度现场管理诊断。全年公司方针诊断得分3.42分，较上年提高0.2分；现场管理评价3.13分，达到年度挑战目标。

构建“铁三角”运行机制，开展商企、研发和营销组成全价值链协同管理。导入知识管理，完成DFLZ-KM基本构想，PID第二版和公司KM（第三版）蓝图，梳理、修订和完善7个试点单位33个科室的业务流程，取得了知识管理的阶段性成效。

深化效能监察、风险管控，确立公司级效能监察项目21项，修订《应收账款管理办法》和《2011年商用车经销商信用评价管理办法》等内控管理制度，公司监审揭示及风险事项整改开展工作在东风有限内部评比获一等奖，“质量管理体系换版项目效能监察项目”获东风公司效能监察项目二等奖，并顺利通过东风公司联合审计组经济责任审计和国务院国资委财务收支专项检查审计。

【新基地建设】 为落实东风总部对柳汽的发展规划，柳汽抓住广西壮族自治区在柳州建设汽车城的历史机遇，提出整体搬迁方案。该项目按照自治区和东风总部的规划，共占地约5520亩，包括商用车、

10月26日，广西（柳州）汽车城一期工程东风柳汽迁建项目开工仪式在柳东新区举行。

点。通过技术和商务降低成本，围绕车型收益开展降成本工作。通过采取集中采购、引入竞争机制等方式降低大总成采购成本，建立和运用标杆成本法降低小件采购成本，消化市况增长带来的收益损失。2.加强技术降成本力度：组织论证、设立技术降成本项目，形成改善课题进行实时推进。每月进行统计分析，确保技术降成本目标的完成。3.严格按照年初预算控制各项费用发生：通过导入“实力线”先进管理工具，细化公司费用的管控，对于出现的异常点实施改善；导入并推进制造、物流CPU管理，杜绝预算外费用发生，当年可控费用预算使用率80%。

【订单制生产方式推进】 公司以保证市场需求为目标，全面导入“装配时间遵守率”、“入库时间遵守率”进行层级分解和延伸，在全价值链范围内形成体系管理。同时，加强节拍管理，将节拍相近的车型集中排产，对造成停线的问题逐一分析并落实整改，缩短首次交付周期至9天，两率指标分别为79%、76%，均达成目标。按照SAP系统运行要求，加强实物的收、发、存各环节的管控力度，确保实物管理的准确性，增强各业务流程对其适应性。完善产销平衡机制，以销定产，构建在不同产量下的零部件库存基准体系，优化库存管理模式，降低经营风险。

【产品实物质量提升】 公司以市场和客户为中心满足第二方(用户)和第三方审核的需要，将公司质量管理体系逐步向供应商进行覆盖，使产品质量管控进一步延伸。掌控重点质量特性，对零部件检查、装调问题进行过程管控，对《装配检验随车卡》进行换版，增加互检项目数和整车调整项内容，防止不合格产品流出；建立质量问题“曝光台”，提升全员质量意识，确保客户个性需求的质量状态在生产各环节得到有效满足，自评中型车CS-VES评审点数5.7点，纳入不良品率98ppm，均在目标控制范围内。开展CTOC工作，强化质量信息传递和处置，提高质量改进响应速度。建立客户直通平台，积极组织召开市场信息处置专题会，及时收集质量信息并处置，对于售后服务失效件按故障形态发生的时间进行分类，找出共性特点，指导后续产品质量的持续有效改进。

东风天龙天然气牵引车。

【经营管理改善】 公司推进QCD改善工作，开展各业务系统目标方策系统图的研讨，梳理上下层级之间、职能部门之间的支撑关联管理，为全年方针管理体系有效运行打下坚实基础。推进标准作业书的制定、贯彻、优化和固化工作，重点扩大车型和重保工序标准作业书的完善，加强现场管理工具如IE等方法的导入和培训。新增“课题计划节点达成率”，实施事前把关、事中跟踪、效果验证全过程动态控制，确保各类课题进度和质量。坚持现场指导与日常服务相结合，不断学习运用先进的管理方法指导生产经营工作和实践，全年方针管理诊断3.72分、现场管理诊断3.22分。

【党群工作】 公司党委以“四好班子”星级达标、“四强”党委创建为载体，形成推动公司科学发展的核心动力。不断强化党委中心组学习，强化执行力，不断增强推动公司科学发展的能力。坚持和健全民主集中制，加强领导班子团结协作和作风建设，着力提升管理水平。当年，被东风公司命名为四星级“四好班子”和四星级“四强”党委。

公司继续开展以“四强四优”为主要内容的“创先争优”活动，在企业经营发展中凸显党建工作价值。把“创先争优”活动与部门、岗位的工作目标和重点、难点工作结合起来，与管理改善和个人素质技能提升结合起来，与“支部星级达标”、“双培工程”等党内竞赛活动结合起来，做到相辅相成、互相促进。各党支部开展形式多样的“创先争优”活动，为一线党员搭建起“比技能、比服务、比奉献、比贡献”等竞赛平台，充分发挥了党支部和党员干部推动发展、服务群众、凝聚人心、促进和谐的作用。技术开发部党支部被东风有限党委授予五星级“四强”党支部称号。

结合公司生产经营形势要求和党建工作实际开展主题竞赛，做好形势目标教育和思想政治工作，解决了员工的就餐质量和就餐环境问题，及时发放员工加班费，组织优秀员工培训休养，丰富员工文化生活，开展联谊慰问活动。

11月25日，公司召开第四次团代会，大会审议通过团的工作报告，选举产生了第四届团委委员。

（王新琪）

东风专用汽车有限公司

【概况】 东风专用汽车有限公司（以下简称“专汽公司”）以强化新品研发、拓展区域市场、关注产品收益和企业员工共赢为方针，以“一创建、二提升、三推进”为手段，不断拓宽工作思路，抢抓市场机遇，超额完成挑战目标。当年，被东风商用车公司评为“经营管理优秀单位”。

【产品开发】 专汽公司通过加大产品开发力度，建立新产品技术储备，引导专用车产品需求，全年共完成四个新产品开发项目，完成技术储备，实现新产品销售16辆。同时，通过产品结构改进，完成16项适应性产品开发项目，实现销售198辆。

KG5应急救灾——水净化多功能车。水净化车按每小时制水量分为1吨级、2吨级、4吨级和5吨级四种规格。按照每人每日供应2升饮用水计算，单车每天全负荷工作可满足5万人以上饮水需要。此车专为抢险、救灾而设计。在2011年北京国际减灾救灾装备及技术展览会和第四届上海国际减灾与安全博览会上，该产品获得社会各界和业内人士的一致好评。

5月8日，水净化多功能车亮相第二届北京国际减灾应急技术与设备博览会。

铁平板分片厢式车系列。该产品采用模块化设计、分片组装式结构，使工艺实现流水线生产，大大提高了生产效率。自投产以来，生产效率实现翻番，有力支撑了厢式车日益增长的销售需求。

西南仓栅车系列。在普通仓栅车的基础上，根据西南地区对仓栅车的个性需求，对底板、栅栏、门、栓杆、爬梯和踏步等多处结构进行优化和适应性改进设计。在贴近市场的同时，进一步提升了区域仓栅车的产品销量。

随车吊标箱系列。结合国内随车吊市场需求的不断增长，针对性地对原有产品进行结构优化和改进。改进后无需二次改装，可快速实现各类吊机的装配。该系列产品结构合理，深受改装企业和用户认可。

【节能减排】 专汽公司将节能减排指标纳入KPI考核体系，对指标进行层层分解，每月对指标完成情况进行诊断分析、考核和通报，并建立健全了节能减排指标完成情况台账。通过开展扎实有效地各项活动，与上年度对比用水量下降18%，水费下降29万元。利用谷电生产，节约电费29万元。

通过系统改造，降低了COD排放浓度和总排放口峰值。改造排水系统，当排放废水中COD浓度≥2000mg/L时，将其收集到清水池中储存，通过阀门控制（三分之一开启），小流量排放，再与厂区其他淡水（生活污水）混合、稀释，排放到总站处理，避免了由于污水处理一站排水浓度高，导致总排放口COD超标的现象。究其原因，主要是三线周期性集中排放槽液浓水（如超滤水高达40000mg/L以上）造成的。将浓水单独收集储存，在日常处理废水的过程中，小批量提升稀释处理，避免了由于集中处理浓水造成总排放口COD浓度超高现象的发生，COD峰值数大大降低。

【企业文化建设】 专汽公司认真总结和提炼企业文化体系的内涵，为公司持续发展提供健康向上的文化氛围和强大的精神动力。当年是企业文化的学习、宣传、贯彻年，公司启动了企业文化三级培训推进机制。开展公司级企业文化知识学习4次，部门级学习51次，举办各层级主题知识竞赛活动，普及知识，提升素质。加强干部员工对公司文化理念的认同，使大家对公司文化的知晓率达到100%。通过开展一系列学习、宣传、贯彻企业文化活动，进一步提升了企业管理水平，进一步塑造了企业良好形象，增强了公司的核心竞争优势，形成文化与企业管理一体化、企业发展与员工发展和谐、企业文化与企业竞争优势相促进的良好局面。

【党群工作】 专汽公司党委以五星级“四好班子”建设和“创先争优”活动为主要抓手，着力培育公司两级领导班子开拓创新、求真务实的工作作风。以“双岗创优”活动为载体，以先模精神为榜样，抓典型、树标杆，强化公司“比、学、赶、帮、超”的企业精神导向。狠抓公司领导班子决策能力的提升，抓好中层干部执行力的提升，抓好员工队伍文化素质的提升，确保了党委政治核心作用、党支部战斗堡垒作用和党员先锋模范作用的发挥。

工会工作紧紧围绕生产经营，创新工作载体，充分发挥“四项职能”作用。开展“关爱专汽，质量我先行，建功32”竞赛活动，公司后工程不良率与上年同期相比降低251ppm，CS-VES评审从2009年6.96下降至3.3，车次赔偿率指标从2009年4.87下降至2.81，PDI售时换件同比下降87.5%。开展以“关爱专汽，安全我先行，节能降耗我争先”为主题的竞赛活动，共查找现场隐患83处，整改完成79项，完成现场安全改善27项，实现了“六杜绝”及生产安全零事故。开展第四届员工岗位技能竞赛活动，分为理论考试、实际操作和实作笔答的形式进行21个工种的比武。

（崔风雷）

东风创普专用汽车公司

【概况】 东风创普专用汽车公司（以下简称“东风创普”）在中重型卡车市场下滑、银行融资规模收紧、东风商用车内部分工调整和市场同质化竞争激烈的情况下，完成汽车销售8013辆，营业利润2755万元，总体KPI全部完成东风商用车公司内控目标，营业利润率大幅提升，被东风商用车公司评为“经营管理优秀单位”。

【商品工作】 东风创普确立了中长期的产品规划方向，以2.3米、2.5米两个系列的驾驶室打造的经济型牵引车、重型工程车和重型载货车，从而丰富了东风创普的产品型谱，构建覆盖面更广、商品线更加丰富的产品系列。创新公告申报流程和工作方法，贴近市场和用户需求，申报了一批具有竞争力的车型公告。全年累计完成公告扩展及申报80个、油耗申报269个，国Ⅳ公告的申报方案已准备完毕。

【营销工作】 随着市场产品同质化竞争愈演愈烈，东风创普按照东风商用车公司战略发展要求及时调整营销模式，采取“A+B”营销模式：继续深化属地网络的“3+2”模式——旗舰店＋专营店＋专用车代理＋服务网络营销＋终端经纪人，并导入东风商用车公司大网销售经济型牵引车的营销模式。自有和大网两种模式的并行展开，既抓住了经济型牵引车大网销售这条营销主线，又通过激活小三轴、重振红旋风、拓展重型专用、完善前四后八的商品策略，在自有营销网络实现了传统产品的营销突破。当年，网络布局已覆盖全国25个省、市、自治区，经销商达82家，其中专营店51家，旗舰店3家。属地网络销量占总销量比率达40%，销量超过1000辆的经销商1家，500辆以上的两家。

12月22日，东风创普专用汽车公司召开商务工作会。

【质量工作】 东风创普以东风商用车公司质量工作小组进驻为契机，大力开展质量工作一体化。通过改善质量控制手段和开展质量攻关活动，强化了全过程、全员参与的质量控制活动，整车CS-VES点数由30下降到7。质量管理的进货检验、整车检验、

CS-VES、QRQC活动与东风商用车公司质量部管理已做到同轨进行。

【管理工作】 东风创普以“管理提升年”活动为契机，建立健全公司管理制度，防范经营风险，提升经营绩效，实现“管理出效益”的既定目标。推行月度库存分析工作机制，建立市场快速交付和库存有效应对的平衡机制，库存降低了51%，不良库存基本消除；完善采购委员会及采购决策机制，整车MMP明显提升，采购质量相比以前也有大幅提高。高度重视信息化建设，上线运行“Mes”（生产管理）、GPS和OA系统，使管理效率和效益大幅提升。导入总部的“3P+2S”管理模式，经过探索和磨合，已逐步接受、适应和推广，为将来更好地与总部接轨和匹配打下良好的管理基础。

【队伍建设】 搭建竞争平台，引入公开、公正、透明的干部选拔机制。通过公开竞聘的方式，建立了HPP后备人才库，为公司的发展积蓄力量。与此同时，制定了东风创普未来五年的人才发展规划，以建立一支与公司事业发展相匹配的干部员工队伍。

【党建工作】 以服务生产经营为中心，扎实推进以“3+1+1”活动（三项活动＋一个竞赛＋一个党支部的特色）为主要内容的“创先争优”活动，充分发挥了党委的引领作用、党支部的战斗堡垒作用和党员的示范作用。

三项活动包括“最佳党日”活动、“公开承诺”活动和“立项攻关”活动。东风创普全年共开展“最佳党日活动”21次，内容丰富新颖，既有参观革命圣地的党员主题教育活动，又有党员义务献工和节支降耗活动，还到福利院、养老院和学校进行献爱心活动。以党支部为单位对服务承诺项目进行公示，科室人员实行座牌公示，生产一线的党员实行挂牌上岗，还对重点岗位的党员代表公开授牌，党员公开承诺共有168项。围绕公司经营的“短板”，给6个党支部下达6项改善攻关课题，提升了党建工作与经营工作的融合度。同时，完善了党支部KPI考评体系，坚持执行了党支部工作季度考评制度，推动了党支部工作的达标升级。

（邱　健）

东风随州专用汽车有限公司

【概况】 东风随州专用汽车有限公司（以下简称“东风随专”）以年销10000辆专用车的中长期战略规划为纲领，在立足准确理解、全面把握宏观经济政策及形势的情况下，坚持“以通用车求销量，以专用车谋利润，由通用车向专用车及工程机械类产品逐步延伸”的发展思路不动摇，努力把“准确定位，苦练内功，积极应对”的总体经营方针，贯彻落实到公司战略研讨、谋划新一轮中期事业计划、强化全面收益性改善、推进公司战略转型和产品结构调整等具体工作中。即以战略研讨明方向、以研发销售拓市场、以制造质量保品质、以费用控制降成本、以收益改善增效益。当年，东风随专完成汽车产品销售8343辆的预算目标，其中汽车销售量6881辆，超额完成年度挑战目标，并完成专用车销售773辆。

【商品收益改善】 采购降成本工作顶住原材料上涨带来的采购价格上升的压力，仅在轮胎、车桥等少部分品种上作价格调整，扩大大总成的商务返利，重点加大了大总成的降成本谈判力度，实现采购降成本446.3万元。技术降成本通过采取拓展降成本思路、增加降成本手段，实现降成本148.5万元。为降低产品成本，改善重点产品收益，东风随专延续上年较为成功的单车型成本收益改善模式，成立了由销售部和技术研发部等部门组成的CFT，选定四个系列代表车型，通过技术降成本及商务降成本等方式开展四类重点产品降成本、增收益的改善课题，每月跟踪，四个车型的收益改善均达到既定目标。其中利润型产品矿山自卸车、起重机底盘的材料边际贡献率分别超出年初预算2.2%、11.6%，同比上年分别提高25.5%、3.3%；教练车的材料边际贡献率超出年初预算14.8%，较上年同期提高1%。

【营销体系构建】 为打造一支专业化的营销团队，明确销售各业务单元的责、权，保证通畅的信息渠道，东风随专建立了分品系营销模式，根据商品发展战略设置了八个产品项目组。通过明确销售规划和行动方案、定期研讨商品及销售业务运营等方式，推进品系营销。教练车实现销售3750辆，较上年同期相比，销量增幅达123.7%，销量贡献度达44.9%。

【生产管理】 以缩短交付期、提升产能为主攻方向，通过实施填平补齐方案、增加工装设备后，水泥搅拌车产能提升200%以上，如降低散水产能，水泥搅拌车产能上限将达1200辆以上。随着与东风商用车公司同步展开的制造物流精细化课题，通过优化水泥搅拌车制造环节的工艺和简化作业流程，交付周期较上年较好水平缩短3天以上。

【产品开发】 推出了平头教练车、半挂教练车，完善了教练车产品，并对其专用功能适应性进行改进，该类产品的销售取得不俗成绩，市场占有率达31%。同时，丰富了特种汽车底盘产品系列，扩大了整车配套资源厂家，完成12吨、20吨、25吨、50吨汽车起重机底盘的技术完善、技术改进工作以及与北方重工、辽宁锦重等公司的产品配套。并加快了矿山自卸汽车的适应性改进工作，对后悬挂、转向系统、冷却系统等进行了重新设计和改进，提高产品可靠性。通过理顺产品开发流程，提高产品开发速度，扩展专用汽车产品类别、着手国Ⅳ产品的开发，完成了背罐车、平板运输车产品的研发工作。全年共完成适应性开发产品近118个，新产品开发准时完成率达95.2%。并通过专用车产品的质量改进，进一步提升产品的竞争力，搅拌运输车在结构、安全、人性化上共进行63项改进；粉粒物料运输车完成新流化床结构的改进，使罐体的容积率达90%。

东风随专开发的矿山自卸车。

【质量管理】 按照总部对东风随专商品战略规划的要求和同质化工作的开展，把水泥搅拌车和教练车作为同质化活动实施平台。以制造全过程车辆品质改善为工作主线，强调问题分析、处置，防止再发生活动中质量控制方式方法的导入和灵活运用，培育养成性，达成与总部一致。同时，夯实基础管理，理顺流程，完善重点新车型检验标准，制定了矿山自卸车装配及调试质量检查规格书、重点质量项目点检卡，修订完善了通用底盘装配检查标准、底盘装调项目标识管理规定、底盘车配套件进货检查标准与四种量产车型上装的检验规范，通过加大制造过程质量问题的管控力度，完成并发布QRQC基准，加强质量过程控制，QCD日常小改善146项，完成课题18项，产生经济效益30多万元。

【人事管理】 导入JPMH管理工具，确定相关标准及流程，建立了底盘装配、上装焊接和上装装配等十条生产线的JPMH数据管理模型。通过该管理工具的推广应用，根据产量进行动态调剂直、准人员用工，提高了人力资源使用效率。绩效管理以间接人员为优化重点，将KPI指标分解到个人，促进间接业务的改善，降低间接人员数量。当年，在销量超预算28%的情况下，劳动效率提升7%，间接人员下降7%，全员劳动生产率高于目标值3.4%。各项人事管理指标均在预算目标控制范围之内。开展多种形式培训，提高员工素质结构，服务员工职业发展。为了更快地培育新人和让优秀员工的技能得到更好地继承和发挥，东风随专分别在技术、管理等重点岗位，主要针对上年入职的大学生，选树10对师徒签订了师带徒协议。

【党群工作】 东风随专党委认真贯彻落实党的十七届四中、五中、六中全会和胡锦涛总书记“七一”讲话及上级党委的指示精神，围绕公司战略转型、产品结构调整的大局，依托收益性改善、低成本运营、同质化等内部管理的重要课题，以科学发展为主题，以“创先争优”为主线，以“四好班子”、“四强四优”和纪念建党90周年等系列党建活动为载体，充分发挥党委的政治引领、推动发展、改革创新和凝聚保障的政治核心作用，在经营压力较大的市场环境下，促进了企业的和谐稳定。

通过将“创先争优”工作与企业发展战略、中期事业计划及年度经营目标相结合，与企业内部改善、运营优化和管理升级相结合，与加强“四好班子”、“四强”党组织等党的自身建设相结合，与服务员工群众、构建和谐企业相结合，以推动科学发展、促进企业和谐、服务员工群众和加强组织建设的目的。工会以QCD改善为重点，组织员工围绕“降低成本、提高质量、技术改进、强化管理”等内容选题立项开展群众性经济技术创新活动，改善成果42项，为企业创造了较好的经济效益。共青团组织围绕技术创新、管理创新、营销创新和服务创新四个领域开展业务改善、优化流程活动，由团员青年担当或参与的技术创新项目立项4个，单辆降成本1363元，实现经济效益27.26万元。

（白　晶）

东风客车公司

【概况】 东风客车公司主要生产东风风尚牌系列客车和客车底盘，资产规模（所有者权益）2.74亿元（不含土地）。全年汽车产量达14049辆，其中客车整车2008辆，客车底盘12041辆，产值达88164万元。截至年底，在册员工490人，其中劳务用工43人。

【与澳合作研发越野客车】 4月29日，东风客车公司与澳大利亚BMC公司合作研发的EQ6760L5D（东风TRAVELLER）越野客车举行新车发布仪式。该越野客车专为澳大利亚客户需求设计，适应森林及野外环境，车型集成国内和国际先进技术和功能，其设计理念和功能适用性受到客车行业的高度关注。公司作为重大技术项目实施，并采取有效保密措施。该车已基本定型，并实现小批量出口。

4月29日，东风客车公司与澳大利亚BMC公司合作研发的越野客车（右）参加新车发布仪式。

【打造优质高效服务】 10月18日，东风客车公司武汉备件中心库开业，这是公司携手打造优质高效服务的又一重大举措。该业务实施配件集约化管理，建设专家支持团队，提升保障能力。东风客车公司与武汉360度汽车贸易公司开展业务合作，共同打造东风客车质量保障和售后服务平台。武汉360度汽车贸易公司作为一家拥有丰富备件运营经验的技术和贸易公司，承担了武汉备件中心库的业务。备件中心库动用一切可行的运输方式，对所有备件实行“门到门”服务。中心库将逐步实施备件目录智能化、备件收发存条码化和库存预警自动化等措施，使备件保障水平走在行业的前列。武汉备件中心库有三大核心业务：1.保障东风客车底盘用户对所有服务备件的需求；2.兼顾重要零部件供应商的服务前置件；3.承担各客车厂所需备件前置的管理。

东风客车公司从客户导向着手，前期导入质量保修网络系统，实行电子网络报单、审单和追偿，规范质量保修流程，大大提升了审单和结算速度。建立并投入使用呼叫中心，统一服务信息接收渠道，使信息交流更加便利，服务过程公开透明，实现了服务信息的有效跟踪与管理。

【生产制造执行系统上线运行】 11月2日，MES（生产制造执行系统）首先在底盘装配线上线运行。MES系统的构建，实行产品BOM、供应商管理、零件分厂商信息、生产计划、调度、采购、生产投料和现生产实时监控业务的计算机网络支撑。MES系统的运用，使东风客车公司的底盘业务趋向规范和标准化，提高了工作效率，各项业务更加优化。

在MES系统上线前，生产计划表（excel）一般是通过邮件或局域网机器共享方式发布。BOM清单经整理后，再把基础机型BOM（纸质）下发到相关部门，变型车或产品更改技术部作相应的更改通知单，以纸质文件下发到各相关部门。公司底盘产品、客车整车产品全部是根据客户需求订单式的生产，车型品种多、变化快，这样就造成了BOM多元化和数据不准。零部件采购计划基本上是靠多人手工进行编制,经常发生漏采、多采和错采等现象,造成装配不准确及生产组织不到位而停线,且质量追溯困难。

MES系统在底盘装配线正式上线运行后,底盘产品BOM、供应商管理、零件分厂商信息、生产计划、调度、零部件采购、现生产投料和现生产实时监控业务全部并入到MES系统中进行,实现了产品BOM子系统的构建,成为真正意义上的装配工位可指示所需装配的零件。并规范了零件采购路线,改变了以往查询零部件和路线要找好几个部门核对、效率低下且不准确的现象,形成了生产计划与零部件采购计划的一致性,提高了调度下达生产指令的及时性和准确性,实现了现生产投料与产品BOM的一致性。生产投料准备原来需4小时,现只需2.5小时,现场装配能通过系统实时查到工位需装配的零件。MES系统还将逐步在客车焊装、涂装和总装线上运行。

【固定资产投资完成情况】 11月8日,焊装二车间建成投入使用,这是东风客车公司2011年完成的一个主要投资项目。完成投资项目的还有新建磷化车间和外协件仓库,总装B线和调整车间改造。全年投资计划1700余万元,实际完成2303.6万元,其中设备采购486.6万元。公司成立三年来累计完成投资6300万元,工厂建设取得新进展。

【制造板块资源整合优化】 东风客车公司按照东风商用车大生产整合的模式,对客车整车生产业务进行调整,在原底盘分厂和客车分厂总装、调整工段的基础上成立装配分厂,将原客车分厂焊装、制件工段整合成立焊装分厂,将原客车分厂涂装、磷化工段整合成立涂装分厂。此次制造板块资源整合优化,旨在按照功能属性把底盘和整车制造环节有机整合起来,让资源合理使用,提升工作效率和管理水平,促进产品交付率和保障产品质量。

【客车整车产量突破】 东风客车公司全年客车整车产量达2008 辆,突破2000辆节点。东风客车公司自2008年成立,客车整车产量2008年达1079辆,2009年达1244辆,2010年达1592辆。

(陈世刚)

东风锻造有限公司

【概况】 东风锻造有限公司(以下简称"公司")主要从事全系列汽车锻件、零部件和锻模的设计开发、生产、销售和售后等业务,以及开展进口生产所需物资和出口产品业务,产品覆盖商用车、乘用车、工程机械等,年产锻件11.5万吨。截至年底,公司有机构28个,其中,控股子公司1个(湖北神力锻造有限责任公司),党群部门4个,业务部门16个,作业部门7个。截至年底,员工总数1923人。

公司贯彻"价值定位,团队协同,持续改善,提升绩效"工作方针,不断引导全员强化市场意识和用户意识,深入践行"让创造价值者拥有相宜价值"的价值观,扎实推进公司管理创新,努力保持盈利性增长,实现营业利润6251万元, 完成年度预算的172.8%。当年,公司被湖北省国资委授予2010—2011年度"文明单位"称号,获得东风公司"最佳文明单位",东风有限"最佳单位"和"先进党委",东风商用车公司"经营管理优秀单位"和"先进党委"等称号。

【盈利能力提升和优化】 公司从国际化竞争的高度关注行业发展趋势,紧随国家政策和宏观经济走向及时对公司的经营作出理性决策。从财务、客户、内部和公司成长各层面分析,完善了公司战略地图,明确了提升产品竞争力的途径。通过优化管理流程,优化产品价值链,提高制造保障能力和核心技术竞争力,不断降低运营成本,提高管理效率,创造了公司历史最好的业绩水平,完成年度预算172.8%;在剔除全员两个月奖励工资(最低3000元/月)后,利润仍然超过了超挑战目标,营业利润率高于行业平均水平。

【经营稳健增长】 公司实践"N+3"经营管控,实现了充裕的自由现金流,现金流比预算增加8764.6万元,比上年同期高46%。财务费用从2010年的312.4万元降到22.4万元,公司经营质量稳健向好。建立内部标杆体系,实施成本标杆管理,提高公司竞争力;坚持资源平衡决策机制,注重资源配置,降低库存。公司本部全年销售收入、平均销售价格分别比上年及本年度预算高5.8%和5.4%。

【产品结构优化】 公司大力优化产品结构，强化品牌意识，形成DF52品牌价值的产品定位。通过市场分类、市场结构调整和品种优化，退出无竞争力的产品42个，MP分别比上年、年度预算提高7.97%和19.2%；提高曲轴、连杆、轮毂“双高”（高附加值、高技术含量）产品的销量，比重由63%提高到68.5%；完成了NISSAN、JATCO和神龙公司等21个主流市场新品的开发。当年，专利、专有技术申报达15项，跨入国家高新技术企业行列。

【竞争力增强】 公司全面优化管理，提高运营质量，持续提升公司竞争力。加大旧模具的利用力度，120MN曲轴工装二次翻新验证成功；不断探索低成本运营的新途径和新方法，通过持续开展精益化设计和制造，产品材料使用率由60.41%提升至61.36%；定倍尺原材料使用比例由55%提高到61%。全年累计节约钢材达609.7万元，在原材料平均价格与上年四季度相比平均上涨11%的情况下，原材料单位成本比预算低33元/吨。模具费用同比下降4.5%，能耗减少419万元。

【生产效率提升】 公司实施设备匹配相宜产品，缩短换模时间和提高技能水平；深化TPM活动，提高设备综合效率，设备故障强度率较上年下降29%；持续开展计划和自主保全，对重点设备开展节能改造，提升电能利用效率。促进自主持续改善行为，以行业标杆为评价标准，落实绩效关联收益价值，薪酬分配制度的优化，促进了员工工作积极性的提高，减少了过程浪费，并通过工步优化、人员技能提升等改善活动，提高单位时间产出。

【安全环保管理完善】 公司加强安全生产管理，以现场管理为重点，完善《安全生产管理办法》，落实责任，严格考核，深化安全隐患排查，加大违章整治力度，开展KYT训练活动，推广SES评价的应用，识别危险源4099个，治理和消除现场隐患1171项，降低现场安全风险，促进了“二合一”体系有效运行。抓好班前会、日常安全状态检查、员工应知应会检查和特种设备专项治理等工作，将安全环保管理方法导入现场，并实施检查评比。KYT年度诊断分值3.14；SES评价年度分数297，实现了“因工死亡、重大火灾、责任性交通、锅炉压力容器爆炸、多人急性中毒、重大环境污染事故为零”的目标。

【关爱员工】 公司投入500余万元，对年久待修的班组园地、员工卫生间、食堂、单身楼及厂区、家属区道路进行修缮。“爱心基金”救助困难员工117人，救助金额152210元。慰问住院员工和慰问离退休人员1567人次，慰问金额200400元。为特困员工遗属减免部分水电费，慰问特困和重大疾病员工24人次，组织346名女工进行健康体检。投入数十万元，改善了家属区供热状况，让员工感受到公司管理改善、效率提升和效益改善带来的实惠。

【党群工作】 公司党委坚持以“锻造激情、价值倍增”为主题，以“四强”党支部、“四优”党员竞赛和“党建创新增值”等活动为载体，不断深化“创先争优”活动。组织“锻造新起点”党建工作学习考察团，开展革命传统教育，与石钢和长城汽车开展交流学习。组织“创先争优”点评活动、党员岗位承诺活动和纪念建党90周年系列活动，强化党员意识，彰显党员先进性。同时，将“创先争优”向群众组织延伸，通过开展“工人先锋号”创建活动、劳动竞赛和群众性技术创新竞赛等，激发全员“创先争优”意识。

公司党委坚持开展形势目标宣传教育、公司核心价值观教育、先进经营管理理念的宣传教育和DF52品牌意识教育。通过各种宣传途径，增强员工对公司价值导向的理解与认同。贯穿全年连续开展主题宣传，根据公司生产经营不同阶段重点和员工的思想热点，通过广播、网络视频进行广泛宣传，使员工对公司的市场营销形势，公司的部署持有正确认识，不断鼓舞员工在锻件产销下滑形势下强化效率意识、品牌意识和成本意识，努力提升“JPMH”，为公司经营发展发挥了积极作用。

（骆中华）

深圳东风汽车有限公司

【概况】 深圳东风汽车有限公司（以下简称“深圳东风”）是国内环卫系列产品最齐全、综合实力较强的专用车企业，也是广东地区少数拥有中重型商用底盘生产资质的整车制造企业。主导产品为环卫车及设备、混凝土搅拌车、道路清障车和厢式运输车四大系列60多个品种。截至年底,公司共有员工466人。

深圳东风坚持贯彻"建设东风商用专用车南方事业基地,打造世界一流的商用专用车制造企业"的发展思路,全年实现销量1136辆,销售收入2.12亿元,营业利润405万元,环卫车产品销量综合排名全国第三。当年,公司被广东省工商局授予"2010年度守合同重信用企业"称号, 被深圳市定为"2011年第三批深圳市高新技术企业"。

【新品销量再创新高】 深圳东风通过在全国八个大区开拓区域市场,全国市场的拓展能力明显增强。持续推进大区模拟经销商制,大区内部区域细分,分配监控,优胜劣汰,重点区域配备服务人员,新建服务网点,缩小服务半径。

当年,深圳东风新品零售车在深圳市一举中标200辆,中标金额高达4660万元,堪称华南同类产品第一大标。广东省委常委、副省长肖志恒,深圳市领导许勤、吕锐锋、唐杰等出席了发车启动仪式。深圳市委副书记、市长许勤在启动仪式上表示,农副产品平价商店是深圳市为平抑物价,维护农副产品价格稳定,保障群众生活的重要举措,也是一项重大的惠民工程,央视新闻频道以及广东省、深圳市多家媒体连续报道。

9月30日,在200辆中标零售车发车仪式上,深圳市委副书记、市长许勤(中)接受央视记者采访。

【新品研发】 深圳东风加速产品技术创新力度,加大研发资金投入,新增设备,提升产品开发效率,完善研发流程,全年完成新品开发16项,获得4项实用新型专利。9月,新开发产品流动售货车正式导入市场,并在国内实现销售241辆。

【对口支援项目】 深圳东风董事会在恩施市召开期间,董事长徐天胜与恩施市市长秦斌举行会谈,就与恩施市全面合作建设环卫设施体系达成一致。基于东风公司是恩施市的对口扶贫企业,双方一致同意将该项目纳入东风公司"616对口支援恩施项目"中,总投资1800万元,设备涵盖压缩垃圾车、洒水车、垃圾压缩站、勾臂车和高压冲洗车等。

【研发工作获当地政府肯定】 深圳东风继续保持加强与深圳市相关政府部门的沟通和联系,通过积极申报项目获得各类政府资助。其中"24方后装式压缩垃圾车项目"获深圳市福田区科技发展资助15万元,知识产权奖励1.4万元,深圳市骨干企业工业增加值奖励19万元。同时,在政府的关注和支持下,及时有效地推进了公司研发工作更为有利的开展。

【党群工作】 党群工作部结合深圳东风实际情况,紧紧围绕生产经营中心工作,加强党的建设和党风廉政建设,充分发挥工会组织的桥梁纽带作用,积极开展各项活动,为完成本年度各项工作任务、促进公司发展提供了政治和组织保障。积极争创"四好班子"升级,制定创建工作实施方案,并落实专人负责,通过总部考评验收,顺利升级为东风公司四星级"四好班子"。在公司组织的"四强"党委星级达标活动中,公司评为东风公司四星级"四强"党委。

在开展"党风廉政建设宣传教育月"活动中,组织高管人员学习中纪委六次全会精神和廉洁从业网络测试。公司与3个支部和25名部门负责人签订廉洁责任书和承诺书。推进廉政文化建设,营造良好的反腐倡廉环境和氛围;以制度建设为依托,推进惩治和预防腐败体系建设,认真抓好党风廉政建设责任制的贯彻落实。组织党员干部观看反腐教育片,结合公司和岗位实际,组织党员上廉政党课,并与中层以上干部签订"廉洁自律承诺书"。

(周 挺)

东风德纳车桥有限公司

【概况】 东风德纳车桥有限公司(以下简称"公司")产品覆盖重、中、轻、微全系列商用车车桥,包括转向桥、单驱动桥、贯通式驱动桥、转向驱动桥和支承桥等五大类的40多个系列1700余种，是国内产品型谱最齐全的车桥生产企业，具有年生产车桥总成90万根，和主、从动齿轮80万套的能力。下设综合管理部、人力资源部、财务信息部、采购部、生产规划部、制造工程部、产品研发中心，市场营销总部、质量部和党群工作部，以及东风德纳十堰工厂、东风襄阳工厂和十堰部件厂，另有厦门分公司和子公司——襄阳东环实业有限公司。截至年底，有员工6000余人。

公司车桥生产以机械加工为主，兼有热处理、感应热处理、油漆、电镀、焊接和铸造等多种工艺，主要零部件采用自动线、数控设备加工，驱动桥齿轮加工主要采用美国Gleason公司切齿设备，热处理采用美国HOLCROFT/LOFTUS公司推杆式双排多室渗碳炉，公司采用Pro/E、CAD等绘图软件。公司拥有齿轮检测中心、原材料化学成分及性能检测能力、三坐标测量仪、动平衡试验机等检测试验设备，并拥有机加、热处理、锻造、冲压、油漆、感应处理等各类设备近5000台(套)。

公司十堰工厂有131条机加工生产线、12条桥总成及减速器总成装配线、12条齿轮热处理生产线，主要生产设备2803台。车桥总成及零部件产品覆盖1.0～16吨共43个系列的2440多个品种，配套重、中、轻多系列各类整车，车桥总成生产能力达年产50万根，其中核心零部件主、被动齿轮年产80万套。

公司襄阳工厂已形成装配、冲压、桥壳焊接、转向节、前后制动毂、减差壳、轴管和前轴等77条具有世界先进工艺的生产线，并拥有国际水准的加工中心、数控设备、油压机、焊接机器人和三坐标测量机等高精技术及检测设备。桥总成产品覆盖2.3吨至25.5吨级轻、中、重型各类车桥，是国内产品型谱最齐全的车桥生产基地之一，车桥总成年生产能力达28万根，核心零部件桥壳年产能达20万根。

公司十堰部件厂的主导产品覆盖重、中、轻全系列商用车桥零部件，包括制动器、调整臂、轮毂、制动鼓总成等800余种。拥有生产设备1085台(套)、生产线60条，所有轮毂、制动鼓总成实现动平衡和电动拧紧工艺，关键工序全部采用数控及加工中心等高精设备加工，其中55条生产线实现柔性化，可满足不同用户的个性化需求。东风德纳厦门分公司有轮毂、装配、油漆三条柔性化生产线。作为车桥公司在东南、华南的生产基地，将以此辐射东南、华南的车桥市场。公司以厦门分公司为依托，致力于把厦门分公司同步发展为进出口贸易基地。

【股权变更】 7月13日，东风有限与美国德纳公司(DANA)举行双方深化战略合作庆典仪式。东风公司总经理朱福寿宣布东风-德纳深化战略合作新架构的合资公司——东风德纳车桥有限公司(DDAC)正式运营。这标志着双方经过6年合作后，美国德纳公司增持东风德纳车桥公司(DDAC)业务股权，实现50:50对等股权结构，从而将合作推向新的阶段。

7月13日，东风德纳车桥有限公司举行深化战略合作暨DDAC股权结构达成庆典仪式。

【经营绩效】 面对市场萎缩和竞争加剧的严峻形势，公司有计划地开展产能提升、资源外置、提前建储等，优化产销衔接，桥总成期望满足率由66.75%提升至88.3%，备件期望满足率由53.12%提升至87.7%。建立运行日监控、周小结和月分析流程，分24个月库龄实施预警管理的库存管理模式，库存总金额降低1.5亿元，库存周转天数降低3天，6个月以上库存削减840万元。建立产能利用率、双路线零件模型，对生产线实施关、停、并、转，实施21条生产线改善，在销售收入下降10%的前提下，双路线零件产能利用率80%以上的由72.8%提升至80.7%。制造部门开展双路线零件产能利用率改善活动，产能利用率80%以上的由年初的72.8%提升至年底的90%以上，130%以上的由年初的45.76%提升至年底的75%以上，有力地支持了实物降成本工作。当年，E/S比实际完成73.4%，完成年度目标，商务降成本6304万元。深入推进技术降成本，从材料改代、优化设计、内制化等方面挖掘技术降成本项目32项，完成31

项，实现技术降成本2364万元。各工厂深入开展管理改善，同期生产方式实践、半壳下料热压及抛丸综合改善等一批项目均取得明显效果。全年公司实现销售收入近60亿元，利润和利润率均超过预算目标。

【市场开拓】 强化销售工作，通过商务政策优化和营销策略创新，S130、285实现了与主要客户的批量供货，其中S130因校车市场的突然火爆而供不应求，高端轻型桥在客车和载货车细分市场的竞争力初现端倪。公司在激烈的市场竞争中保持和提高了在战略客户中的市场比重，在厦门金旅的市场份额同比提升17%以上。积极开拓终端市场，国内主要公交市场份额达80%以上。3月20日，天津公交集团首批公交车中标签字仪式在天津梅江国际会展中心隆重举行。宇通、金龙、申沃、中通和无锡客车5家客车企业中标。中标的313辆公交车选用的车桥均为东风德纳车桥产品。全年公司外销收入占比达41.5%，同比提高近7%。

【产品研发】 公司对研发部进行组织结构调整，划分制造工程部和产品研发中心两个板块，加强产品研发力度。产品研发主要从三个方面发力：1.平台性产品开发，继续推进485项目，485主要性能优于D190及一汽485等竞品车桥，总成重量及传动效率优于现有462车桥及竞品；440项目完成了ET图纸发布和ET样件组织。2.提升应用开发进度及质量，签订技术协议1166份，匹配新产品2056种，产品精简1096 种，完成两个平台的产品标准化建设和应用FMEA的初稿。3.实施产品VAVE工程，降低公司索赔，承担14项质量改进项目，并在全年完成了失效分析和对策制定。

【管理创新】 公司建立4个专业委员会定期对专项业务进行研讨决策，执行、采购、战略和人事委员会均已正常运行。实施了组织机构和业务流程优化，并将其常态化，引进大客户经理重组市场营销部门。开展实力线、增加值管理，变动费用控制在年预算内，月度固定费用降低了42.2万元。推进方针管理，总部各部门建立并运行方针管理体系，平均得分由1.45分提升到2.4分。融合DFCV、日产、德纳管理体系，构建车桥卓越体系DES，成立DES推进小组，发布DES概论，体系文件初稿开发完成，拟定5年推进计划，3条示范线DES模式探索实施中。通过实施装配线MES系统，集成了生产计划作业看板及集配作业，桥总成全产线过程进行跟踪，生产线运行状态进行监控。5月，根据产量预测及时制定利润纠偏行动计划并实施，实物成本由75.6%下降到72%。

【党群工作】 公司两级党群组织紧紧围绕公司经营发展为中心，创新党建思想政治工作，保障和促进了公司各项工作目标的全面完成。

以争创"四强党组织，争做四优共产党员"为主要内容的"创先争优"活动蓬勃开展，在抓好活动做法及经验总结的同时，主要采取"4+1"措施（"4"即目标化引领、承诺制推进、项目制管理、PDCA循环管控；"1"即辐射延伸带动员工"创先争优"。）有力促进了公司党建整体水平提升。"战高产、保目标、争效益"劳动竞赛及"上质量降成本，共产党员当先锋"党建主题实践活动的深入有效开展，党建工作对经营工作的贡献度进一步提升。公司共有11篇论文获东风有限和东风商用车公司一、二等奖，5篇学习体会分获东风有限二、三等奖。12月21日，公司正式发布《企业文化(MI)手册》及《视觉识别系统(VI)手册》，标志着公司形成统一的目标激励、行动指南、价值取向和行为规范，企业文化建设由此步入新的发展阶段。

12月21日，东风德纳车桥有限公司正式发布《企业文化(MI)手册》及《视觉识别系统(VI)手册》。

（唐　涛）

东风汽车变速箱有限公司

【概况】 东风汽车变速箱有限公司（以下简称"公司"）规范基础管理，加快与商用车业务的协同，致力于经营绩效改善和基础管理提升。经营方面进一步优化销售结构，整合产品品种，提升产品收益性，开展商务、技术降成本，实施市况联动等工作，强化费用实力线与预算管控等，达成公司年度经营指标。管理方面，推进工厂化业务转型项目，实施SAP系统上线和流程再造，开展员工结构优化及量化薪酬体系，全面梳理管理漏洞和管理损失，规范公司管理指标体系、专项费用管理、KPI管理、投资项目管理以及日常管理评价等，有效构建基础管理新框架，促进公司整体管理水平稳步提升。

公司全年销售变速箱总成114579台，实现销售收入5.11亿元，营业利润达成年度挑战目标。公司全年KPI综合得分117.3分，评价等级为A。

【销售结构优化】 当年，公司对市场赔偿较高或收益性较差产品，实行停止生产或整合替代，开展T、ND系列产品停产管理，推进KT取代M和NB取代KBA系列产品工作，进一步优化产品与销售结构，提升主导产品销量。累计增加NB系列销量6695台，改善收益407万元。

公司还积极推进销售结构的转变，扩大收益性好的产品销量，改善整体收益状况。在宇通、江淮等客车市场，开展市况联动工作，抑制原材料上涨的不利因素。在东风股份、东风神宇、商用车子公司等东风内部主机厂，取消销售代理业务，全年为公司带来收益115万元。

经过一年的努力，公司产品材料边际贡献率由上年的32.3%提高到35.1%，提升了2.8%，在销售收入相对降低的情况下，全年同比减亏649.7万元。

【现场管理水平提升】 采用重点管控“瓶颈”生产线、固化内外制路线、优化现场平面布局、改善困难作业等多种方式，提高现场作业效率。通过规范异常停工管理，提高了现场异常停工处置的速度和效率，有效降低了产能损失；推进库房整合工作，取消代保管库业务，有效提高了库房使用效率和物流效率；加大对现场困难作业改善和检测能力提升的投入力度，进一步释放设备能力。

完善装备管理体系，公司成立专业工装保全班，探索工装TPM管理；能源管理通过提高功率因数、错峰就谷用电、重大耗能设备管理等措施减少变压器容量。强化设备故障管理，优化现场保全组织结构，建立技能保障与技术支持两条线的管理模式，启动大修业务，推行红班检修和预防性检修机制，实施快修快换方案，全年完成改善1400余项，故障率同比下降55%，现场因设备导致的停工由上年的61875小时降到35216小时。

【DF14S生产准备和重型箱能力建设】 DF14S项目在东风商用车项目组整体推进下，公司内部生产准备同步进行，并已通过东风商用车项目组的TQ2评审进入PT2阶段，计划2012年3月完成。重型箱两万辆能力建设项目，投资4700万元，60个项目有49个项目完成终验收；质量提升项目，投资1964万元，39个项目中9个项目完成技术准备，8个项目签订合同，22个项目签订技术协议；重型箱轴齿件生产线整合项目已确定了技术方案，计划2012年6月完成施工。

6月16日，东风公司副总经理童东城(右二)现场调研DF14S项目生产准备情况。

【质量水平提升】 公司发布各部门及各类人员质量职责，明确了部门和岗位的质量要求和责任。三大审核(产品评审、体系审核及过程审核)覆盖了公司所有的产品、质量管理过程及各生产线上的所有工序。对审核发现的问题，采取一元表进行管理，使之及时有效关闭，并每月在干部例会上通报各部门质量问题改进和质量损失的情况，加大对质量整改的落实力度。截至年底，质量问题关闭率为95.3%，较前期有大幅度提升。

导入MQIC(市场质量信息中心)市场问题的处理机制，建立分机型的管理模式，以机型为主线、客户

5月12日，东风汽车变速箱有限公司召开“质量月”活动总结表彰大会。

市场为辅线，将车次赔偿、资金赔偿、单台赔偿成本和后工程不良等数据每月细分到机型和市场。

公司制定新的“三检”标准，修订质量检查员的工作基准，规范两级QRQC/QRQE活动，启动针对现场零件磕碰防护的管理活动，有效降低了现场的后工程不良率。完善了装配、试验、出入库的检查基准，并改进后工程不良问题的整改机制，后工程不良率由上年的7865ppm降低到3654ppm，降幅达53.5%。

建立PSCC路线准入评审模式，修订并重新发布供应商选择和路线准入管理制度，梳理供方资源，推进采购平台和路线的整合工作。截至年底，纳入不良率由上年度的1366ppm降低至992ppm。公司整体质量水平相对上年，质量赔偿下降892.9万元，内部废品金额下降110万元，资金赔偿率由5.87%下降到4.06%。

【基础管理强化】 导入实力线、道程表、JPMH等新的工具和管理方法，整理和规范管理指标，通过对公司管理指标和部门业务指标异常点的分析处置、跟踪评价，促进管理指标持续改善。规范公司KPI管理、专项费用管理、投资项目管理和日常管理评价，夯实了公司管理基础。

5月，公司正式启动工厂化转型项目，强化商用车业务对接和公司内部QCD管理，为动力总成新工厂组织体系与管理策划一体化作准备。6月，正式启动SAP项目。经过半年多的努力，明确和完善127个流程，修订834种总成BOM数据，规范物料的价格，于2012年1月2日顺利上线。

开展实力线管理、预算基准化管理。根据销量、产量、消耗定额及管理改善编制变动费用预算，固定费用预算明确改善项目和收益。与预算相比，全年累计降低物流费用117.3万元、销售费用228.7万元和管理费用15.9万元。公司依据产品收益预算，对采购及销售价格进行区分管理，每月根据原材料市场波动状况，确定采购、销售市况抑制范围和指标。通过有效管控，不仅规避1228万元的市况风险，还增加收益294万元。

【员工结构优化和薪酬体系改善】 通过岗位梳理、定岗定编、人岗薪匹配、优化员工结构和薪酬体系，提高了人事效率，足额兑现了全年业绩工资。与上年相比，人员总数减少126人，全年工资总额增加399万元，人均工资收入增加7090元，增长率达16.4%。落实加班费的标准并及时发放，全年共支付加班费用139.4万元。

公司积极落实福利政策。1.落实福利标准，女工体检、职业病健康检查、常规体检的标准在上年基础上每人增加150元，托儿费补助每月增加到200元。2.做到“困难慰问到家庭、住院慰问到床前、节日慰问不间断”，还建立“爱心基金”，放宽救助条件，提高救助标准。当年，公司用于福利费用的支出668.13万元，比上年增长78.6 %。

【民主管理加强】 在当年召开的三届七次员工代表大会上收集确定8项提案，当年，8项提案已初步完成阶段性目标。举办公司经营层与员工代表沟通会2次，将公司经营情况以及员工们热切关注的问题进行面对面地沟通、一对一地解答落实。并召开员工代表团组长会议11次，分别审议了公司员工结构优化方案、请休假管理制度、离岗管理制度、福利费发放和处理严重违纪员工等21个重要事项，依法行使员工民主管理权力。

【企业文化建设】 公司倡导“共同做事、共创价值”的企业文化，采用多种方式在全员范围内广泛进行宣传教育，并制定完善《员工行为规范》和《干部行为规范》，建立了“共同做事”评价试点，提高员工“干要负责，做就到位”的责任意识，初步构建公司文化体系和核心价值观念。

（张昊海）

东风日产乘用车公司

组织机构图

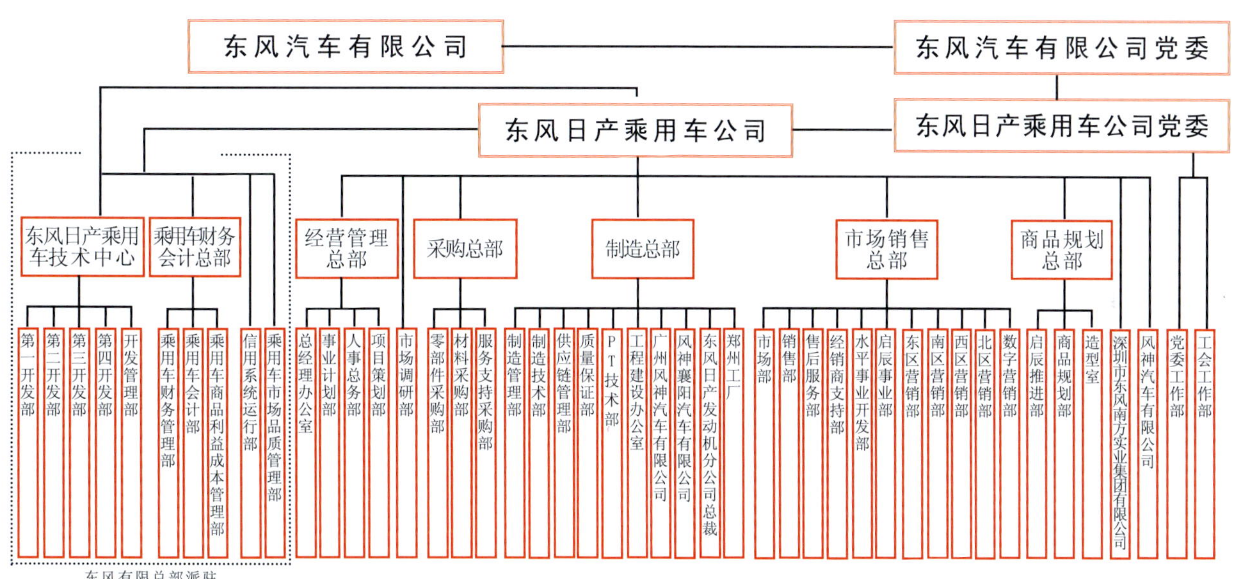

【概况】 东风有限东风日产乘用车公司(以下简称“东风日产”)成立于2003年6月16日,是东风有限旗下重要的乘用车板块,主要从事乘用车研发、采购、制造、销售和服务业务,是国内为数不多的具备全价值链的汽车生产企业之一。截至年底,公司在册员工13979人。松元史明任总经理,任勇任副总经理,周先鹏任党委书记。

东风日产拥有发动机分公司、华南地区最大的乘用车技术中心及广州花都、湖北襄阳、河南郑州三地工厂,2011年,产销能力均超过80万辆。南部的花都工厂以生产入门车型、中级车型为主,中部的襄阳工厂以生产高端车型为主,北部的郑州工厂主导SUV车型生产,形成纵贯南北、各有侧重的乘用车生产的战略格局。主要产品为NISSAN品牌和启辰品牌乘用车,覆盖轿车、MPV、SUV、CROSS-OVER等领域,旗下拥有楼兰、新一代天籁、奇骏、逍客、轩逸、骐达/颐达、阳光、骊威和玛驰等多款畅销车型,形成五大车系的战略布局,是行业内车型较多、产品线较完整的整车企业之一。

东风日产把“同心筑梦”确定为本年度主题,在日本大地震、供应商品质波动等诸多不利因素下,公司全体员工克服重重困难,顺利完成各项目标任务,全年累计销售整车808588辆,同比增长达22.3%,继续三倍于行业增长;营业利润185.16亿元,利润率达19%,首次年累计销量在行业排名进入“四强”,领先第五位厂商6万辆,全年销量占东风公司乘用车销量的34.7%。在日产汽车公司,中国市场的销量已超过日产全球销量的四分之一,东风日产已成为日产全球最具增长性、经营最佳的企业。

【花都第二工厂建成投产】 12月21日,东风日产花都第二工厂竣工投产仪式顺利举行,原广东省省长黄华华,广东省委副书记、代省长朱小丹,广东省副省长刘志庚,广州市委书记万庆良,东风公司董事长、党委书记徐平,东风公司总经理朱福寿,日产汽车执行副总裁西川广人,东风有限总裁中村公泰等莅临花都第二工厂竣工投产仪式现场,共同见证这一重要时刻。

12月21日，东风日产举行花都第二工厂竣工投产仪式。

花都第二工厂于2010年5月奠基动工，历时19个月建设完成（比计划提前4个月），总面积为140万平方米，总投资额50亿元，年产能将达27万辆。它将与现有花都工厂实行一体化管理，以柔性的生产机制生产东风日产旗下车型产品，其拥有的冲压、焊装、涂装、树脂和总装等五大工艺均达日产全球标杆工艺水平。以车辆的生产时间为例，东风日产的车型从焊装、涂装至总装完成只需15个小时，创造了世界单台车辆生产最短用时的纪录。

在环保技术应用方面，第二工厂引入多项先进工艺，旨在打造全球绿色标杆工厂。如冲压生产线全部实施屏蔽降噪隔音，将噪音控制在85分贝以下，成为国内冲压噪音控制水平最佳的工厂之一；涂装工程在国内率先采用水性中面涂统合新工艺技术，不仅能耗减少三分之一，且生产单台车辆的二氧化碳排放量也减少21千克；中涂和色漆均采用水性涂料，VOC排放从42克/平方米降低到20克/平方米，达到世界顶级水平。树脂工厂采用获得2009 SURCAR创新奖的干式喷房技术，在废水零排放的基础上，废气排放量减少90%以上。至此，日产全球最大规模、最高效率整车生产基地落户花都，花都工厂的整车产能在下年将达60万辆，东风日产花都、襄阳和郑州三大基地的整车设计产能将达100万辆。

【市场销售】 东风日产启辰品牌顺利推进，NISSAN品牌和启辰品牌“双品牌”战略全面展开。截至年底，销售服务网点（4S店及二级网点）新增132家，达841家，覆盖了中国大陆全部省份和省会城市，并向二三级市场快速延伸，三四线及以下市场销量比重提升，比上年提升3.9%；东风有限市场占有率实现“1+1”（“1+1”指全车系市场占有率第一和天籁市场占有率第一）的城市，由上年的47个增长到83个。SUV销量提升到14万辆/年水平，比上年销量提升近50%；天籁、轩逸、SUV（奇骏、逍客）、阳光和骐达五大车系月均销量全部过万辆。据J.D.Power亚太公司发布的2011年中国汽车销售满意度研究（SSI）总体排名，东风日产以880分的总成绩荣登第二名，成为本次排行榜中的非豪华车品牌冠军，TIIDA（颐达、骐达）蝉联中国新车质量研究报告冠军。经销商服务能力全面提升，客户流失率下降到12.5%，降幅10%。单店服务营收五年间增长2.4倍，快于有偿回厂台次及保有量增长，“感心服务”品牌认知度跃居第二，“金色浪潮”项目有效提升了综合服务能力。年底，为应对市场变化，东风日产相继成立数字营销部及四大地区营销部，大区制建设跨出实质性的一大步。

【“启辰”事业发展】 东风日产以创新、革命、颠覆性的方式，努力将启辰打造成独一无二的自主品牌。11月16日，启辰事业部正式成立。作为东风日产全新打造的新品牌，2010年9月8日发布品牌，同年在广州车展启辰发布“阅世界•悦中国”品牌口号；2011年上海车展，启辰首款概念车造型亮相，启辰品质联盟宣告成立；同年10月，启辰首家专营店在深圳落成；11月21日，第九届广州国际车展，东风日产副总经理任勇正式发布了东风日产“双品牌”战略，宣布东风日产正式进入NISSAN与启辰双品牌运营的新阶段，启辰首款量产车亮相并定名为“D50”。

11月21日，东风日产首款自主品牌启辰D50全新亮相。

【管理改善】 为全面提升体系竞争力，在东风日产范围内开展以“自省提升效率•变革助力筑梦”为主题的年度管理改善活动，活动聚焦于制度流程改善与组织效率提升，力求为公司可持续发展夯实基础。通过发现问题、分析问题并推进部分解决到最终形成公司级课题，公司通过召开高管论坛，研讨公司级课题解决方案。11月3—4日，以“自省变革•同心筑梦”为主题的东风日产2011年高管论坛在黄山市举行。会上，中国企业联合会管理咨询委员会执行委员潘诚教授为全体高管作了“企业改革与管理创新——第三只眼看东风日产”的专题培训。本次论坛就当前公司存在的关键问题及面向未来的方向达成共识，研讨分两个主题，主题之一是基于现状的课题，即六个公司级课题的研讨：提升新车成本管理效率、招标管理优化、EOP备件管理、特殊物资管理、营销系统通用业务整合和细化完善DOA体系；主题之二是面向未来的课题，提出今后的工作方向。会上，全体高管进行了深入有效的探讨。

通过管理改善活动，东风日产不断努力为员工营造和提升更加良好的工作氛围，当年公司获“广东省模范和谐劳动关系企业”称号、“2011年度广东省雇主责任示范企业”，并首次获“2011年度卓越雇主——中国最适宜工作的公司”称号。

【研发能力提升】 东风日产乘用车技术中心研发综合能力得到全面提升，从B12D、P42D的顺利上市，到L42L实现了Rank B规模的移管、L12F首次实施PT开发业务Trial移管，标志着Nissan品牌的共同开发迈上新台阶。伴随着纯本地化的EPS开发成功、第九代ABS改善了制动效能、空调系统制冷效果的提升、国产MT成本大幅下降、国Ⅴ排放目标顺利完成，980MPa钢板的成功开发开创了国产超高强钢板应用先河，建立了面向启辰和本地开发的技术标准体系，提升了整个研发团队的开发能力。为提升成本竞争力、完善开发模式，通过实施“双品牌”双赢战略，技术中心导入先进的设计开发软件系统，并已建成18个整车开发必要的试验室，可实施包括发动机台架、排放、车体及悬挂耐久性、电磁兼容性、整车VOC检测和音振性能等车辆性能实验。一条总长1.3千米试验环路，可进行标准路面测试、车辆舒适性测试、低级音评价、音振实验、路面干涉评价以及特殊路面实验。同时，针对车辆和发动机共上百家供应商在同步开发能力上存在的不足，分别对不同类型的供应商制定提升和改善计划，供应商的同步开发能力得到有效并持续不断的改进和提升。

东风日产全年累计专利申请量67件，其中发明21件，实用新型26件，外观20件，共获得授权28项，编写完成各项设计基准362项。

【采购工作】 全面完成年度采购工作指标和任务，各KPI指标均达挑战Ⅱ目标。积极推进战略合作，构建全面、高效地集中采购平台，从生产工艺入手，推行液铝直供，构建铸造战略合作新模式，开创东风系统以及日产全球先河。持续推动宝钢、中石化战略合作，建立VE/VI和EVI联盟，共同推进材料挑战、共同开发新能源、轻量化和填补国内空白的活动。深化供应商关系管理体系，培育供应商综合实力，构建有竞争力的供应商平台。

联合DNTCC对重点供应商进行定期巡回，寻找一切机会降成本；通过积极与RNPO、DNTC和NTC协作，当年共实现国产化项目导入343项。通过提前降新车成本，在新车(B12D、L02B)上实现近3亿元人民币的降成本效果；通过车辆标杆分析和部品竞争力分析，THANKSC活动，Tier1C国产化活动等顺利完成整体Milestone 3.73%的目标。为应对日本大地震和泰国水灾带来的冲击，与SCMC部门及日产采购紧密协作，确保了采购系统的及时恢复。

【制造品质提升】 面对日本“3•11”地震影响，东风日产上下通力合作，对外主动出击，对内深挖产能极限，经过努力，减产辆数控制在36503辆。4月18日率先恢复双班生产。6月开始实施挽回。全年生产台数超过818396辆，全面完成挽回计划。以质量文化建设活动为契机，开展了员工质量意识提升、制程强化监察和AVES扩大化培训等系列活动，并持续推进以IQS为导向的市场品情与制程改善相结合课题，坚持以“三不原则”强化现场自主保证与再发防止活动，并取得日产雷诺联盟ABM排名第一，其中3MIS(初期3个月流出不良)、S-AVES、综合直行率获满分成绩。并以优异的3MIS获日产“全球工厂质量奖”(Global Nissan Quality Award)，玛驰、骊威、TIIDA车型排名中国汽车用户满意度指数第一。

在市场迅速增长的同时，东风日产积极进行产能扩张，全国布局。3月，东风日产郑州工厂20万辆产能建设项目开工；7月，东风日产发动机铸锻扩建项目在花都赤坭奠基；10月，郑州60万台发动机工厂奠基，20万辆产能扩建完成；12月，花都二工厂建成投产。

【“汽车公民”活动开展】 东风日产继2009年7月提出“企业公民”概念之后，2011年再次先于行业率先提出“汽车公民”概念。提倡汽车社会公民意识和行为，呼吁与交通相关的各方，承担汽车社会作为公民一分子应具备的公民意识和公民义务。

东风日产号召全体员工“从我做起，做一个汽车公民”，并用这种意识和行为影响相关合作伙伴，最后推广到全社会。活动选出的两名形象大使，成为整个“汽车公民”活动的宣传志愿者，全程参与相关的宣传活动。通过公司OA平台《东风日产汽车公民公约》共征集到302条主题作品；借助“第四届东风日产节”将这一理念影响扩大到员工家属，进而向社会民众传递，引起全国各大媒体的关注、认同和共鸣，参会媒体发稿落地率达84.5%，平面出稿件82篇，总字数逾22万字，传播公关价值超440万元。12月11日，东风日产汽车公民理念发布暨汽车公民之星评选活动启动仪式在北京顺利举行。

8月24日，东风日产“汽车公民”启动仪式。

【低碳环保践行】 东风日产以“人·车·环境和谐统一”的环保理念，表现在商品规划、研发、制造、物流、销售、售后服务和水平事业等全价值链的各个环节。

自2006年启动以来，“天籁绿洲”计划已连续开展五年，已在北京、上海、广州、武汉、重庆、内蒙古、贵州等地实施。当年，东风日产大型公益计划“天籁绿洲”在位于贵州省黔东南州雷山县西江千户苗寨，为珠江上游建设生态保护民族文化林，项目营造石漠化防治林500亩，共植苗近6万株。

12月8日，东风日产向广州市花都区政府交付15辆纯电动车交车仪式。

“隐形车”倡环保行动：9月22日，契合第五届中国城市无车日“绿色交通·城市未来”的环保主张，东风日产作为汽车领域环保先行者，在广州珠江新城高级商务圈（CBD）一带组织发起 “隐形车”倡环保行动，以世界无车日开隐形车的行为倡导绿色出行。同时，在东风日产官方微博发起网络号召，吸引了众多网友和市民的关注，活动创意视频在土豆、优酷、酷六等视频网站浏览量超300万人次，微博视频转发两万多次。

电动车交车：12月8日，东风日产正式向广州市花都区政府交付15辆纯电动汽车聆风，并赠送两台快速充电器，这是广州市政府首次采用纯电动汽车进行示范运营。

【“创新之旅”活动】 12月5日，以“创新为你 精彩启程”为主题的东风日产创新之旅活动在花都东风体育馆隆重举行，来自全国各地100多名媒体记者见证东风日产创新之旅活动开幕，亲身体验东风日产成立八年来的创新之路，感受创新文化。整个活动历时一个月，进行企业参观、天马行空“天籁艺术解构”、品牌体验（东风日产先进技术展示、讲解，概念车、切割引擎等展示，环保生活体验馆等）、试乘试驾等活动。先后接待各界嘉宾过万人，其中试乘试驾活动共接待各类人员近600人，创新之旅网站页面浏览达1744887人，微博用户（N-club用户）参与人数达1846699人。

【高管讲堂开讲】 东风日产大力倡导学习，让学

5月17日，东风日产"高管讲堂"正式开讲，松元史明（中）总经理、任勇（右）副总经理、周先鹏（左）书记为高管论坛揭幕。

习成为工作的习惯，并倡导分享学习成果，让知识在公司不断传播裂变。5月17日，公司高管讲堂正式精彩亮相，松元史明总经理主讲第一讲。5至11月期间，高管讲堂每月一讲，任勇、周先鹏、矢形昌己、徐建明、杨嵩和阳玉龙等高管陆续走上讲台，与公司全体员工分享他们的知识学习和实践经验。

【党群工作】 东风日产乘用车公司党委立足生产经营，结合公司发展实际，切实发挥党委在合资企业中的核心作用。公司党委坚持以加强党建推动团队建设，在学习实践活动中，针对影响制约当前及长远发展的问题，梳理确定了公司层面八个突破性课题和为员工办好八件实事。一批课题已圆满完成，尚在推进中的项目已取得阶段性成果。公司党委以"创先争优"推动党委班子和高管团队建设，积极发挥政治核心作用和中方团队领导核心作用，加强班子和高管思想政治理论素养和工作实践能力提升和修炼。坚持党委议事决策规则，规范完善议事决策制度流程，公司领导班子遵守集体议事、决策制度，重大问题先经党委会进行集体讨论决定，再提交专业委员会或MC会议决策。

根据东风公司"三个跨越、一方和谐"的指导思想，东风日产积极与东风系统兄弟单位深化合作、共谋发展大计，从基础设施建设，国产化提升及技术、人才、信息的交流各方面挖掘合作机会。为积极应对强负荷高产，工会、共青团组织积极开展丰富多彩的活动，先后开展员工技能竞赛、总经理与员工代表座谈会（P30）和趣味运动会等活动，了解员工心声、丰富员工业余文化生活，为完成公司挑战目标奠定了思想基础。

东风日产以深入学习贯彻胡锦涛总书记"七一"讲话为契机，以激发基层党组织生机与活力、强化支部书记和党群干部的知识和素养为目的，举办了东风日产党支部书记培训班。同时，加强与关联单位党建合作，共促企业双赢，6月23日，在东风日产—宝钢2011—2012年度党建合作总结交流会上，双方14家党委（东风日产下属5家、宝钢集团与东风日产供货有关的9家党委）签署年度党建合作协议，围绕中心抓党建，融入经营筑优势，力促共赢发展。

（杨　敏）

东风日产发动机分公司

【概况】 2011年是东风日产发动机分公司（以下简称"发动机分公司"）在运营管理上非常重要的一年，也是"T181"中期事业计划承上启下、实现突破的关键年。当年，全面完成公司下达的KPI挑战Ⅱ目标。在产能受限、人员设备超负荷运作的情况下，保证了团队的稳定和超产目标的实现，完成了年度各项KPI指标，共生产发动机800168台。

当年，发动机分公司获东风公司五星级"四好班子"、一级"企业工会"称号，获本年度东风有限"工会工作创新奖"称号，并获东风日产"同心筑梦·颂歌献给党"庆祝建党90周年歌咏比赛第一名等称号。

【中长期事业计划完成情况】 发动机分公司中期事业计划进入第二个年头。在发动机分公司领导的大力支持下，各部门积极地开展各种活动。其中八个创标杆指标：创建自主生产模式、单台内制成本、整机成本、3MIS、单台能耗、生产周期、综合效率、内制部品流出不良。各部门从现状把握、目标设定、方策提案、对策实施和效果验证等分析得出，各个指标的完成情况良好，其中有不少指标在上年底已达日产全球标杆水平。五大中长期课题由五位部长亲自担任课题的Leader落实推进，TQM事务局跟进定期汇报，截至2011年底，已取得不错的进展。

另外，发动机分公司在T和人才培养方面也有进步。各部门的时间观念、改善速度和问题解析对应速度均有很大进步，在新线的导入时间缩短、初期流

5月12日，东风日产乘用车公司与花都区政府举行发动机扩产项目签约仪式。

动提前解除中得到充分体现，并在新线的导入过程中各部门培养出一大批管理技术人员。各部门纷纷加大培训力度，现场制造部门涌现出一大批优秀人才，其中有部分通过公司考核提升为班组长。

【产量目标圆满完成】 为了完成挑战80万台产量目标，发动机分公司一方面通过技术改造、“瓶颈”设备工艺革新等措施缩短生产节拍，另一方面通过管理创新、长体制勤务调整等方式自我加压挑战难度。装配车间装配二线投产，通过设备改造和技能提升，在半年内装配二线每小时生产台数由30台提升到90台。加工车间新建XH缸体、缸盖、凸轮轴和曲轴生产线，新线能力仅用3个月，设备稼动率达到老线同等水平；KH线通过了设备改造C/T由2.4分钟/台提升至1.9分钟/台。铸造车间新增铸造缸体生产线4#、5#；铸造缸盖生产线8#、9#、10#、11#生产设备，通过调整模具运用计划，加强员工技能培训等措施，提高了模具整备质量，使铸造缸体OEE值攀升至84%，处于日产全球TOP水平。

在生产计划上，采用负荷时间最大的长体制勤务和极限挑战勤务对应设备能力的不足。设备保全科以预防性保全为重点，成立计划保全组，导入先进的设备诊断技术，挖掘隐患进行设备改善，同时开展备件国产化、寿命提升等技术降成本活动，以较低的维修成本有效降低设备故障率，保证了生产顺利进行。

【品质管理基础夯实】 在品质管理方面进一步夯实基础，完善并规范各种质量管理程序。并针对内制零件成立V-UP专题小组，攻克质量难题，进一步降低品质风险。充分运用DR和阶段管理活动，确保新线、新产品的顺利导入。外购件品质管理方面，通过培训、考核，进一步提升SQE水平。5名SQE中已有两人取得评价员资格，3人取得DR活动实施资格。

通过有效推进这些活动，品质水平较上年度有大幅提升，2011年HR/MR流出不合格件数为5件，3MIS为322ppm，均处于日产全球据点的领先水平。VQ发动机自量产以来品质状况优异，全年流出不良实绩为零。

【成本管理】 发动机分公司，继续强化全年成本改善的理念，提高全员改善意识，针对目标进行合理分解，开展设备和模具的备件国产化、备件寿命提升、模具维修内置化、生产线和办公区域的节能活动、提高劳务工比率、工具刀具寿命延长、库存标准化、消除库存浪费等管理活动。

为了应对原材料及能源涨价、劳务涨薪、福利政策调整和新线新项目导入等成本上升的不利因素，事务局多次组织成本听证、目标听证，从而使目标落实到位，便于发掘差异点，作出成本改善课题。对提炼出的112项成本改善课题，在公司每月的成本例会都对其进行跟踪确认，确保其有效完成。当年，发动机单台成本累计实际为546元。

【NPW推进】 发动机分公司按时完成对新员工的NPW基础培训。在基本五行动方面，标杆活动范围逐步扩大，除与通用公司建立对标机制外，还陆续与上海大众、广汽丰田开展对标交流活动。在同期生产实践推进方面：1.积极推进工程间的连接改善，如加工涂油免清洗项目；2.在内部库存控制的基础上，完成对外供发动机的库存目标设定并按月管控；3.积极推进外制部品库存递减活动，当年已开始国产外制部品标准库存设定工作，2012年将完成30%约300种零件的设定。

【改善创新活动】 本年度，共成立21个QC小组，累计解决课题45个。精心组织参加东风有限和国家级发表会，在东风有限举办的第14届QC小组成果发表会上，发动机分公司派出的“精耕细作”小组，课题为“降低HR C/H进气道欠铸发生率”获得三等奖。7月，在全国机械协会第30届QC小组成果发表会上，加工科“腾飞”QC小组，课题为“切削液大池节能改善”获得一等奖，11月，该QC小组获得全国“优秀质量管理小组”称号。

【技能水平提升】 9月25日，在发动机分公司举行的“东风日产第三届员工职业技能大赛”中，设备保全科的付中、霍志铨、于怀东分获维修钳工、维修电工、作业观察的第一名。10月21日，在日产举行的2011年日产全球基本技能大赛中，发动机分公司设备保全科代表队两名选手康信刚、刘贻明，与来自日产本土与海外工厂的13个保全部门代表队的32名优秀选手同场竞技。经过激烈角逐，两人最终分获保全部门比赛机械第一、电气第二名的好成绩，两人团体综合成绩排名第一，勇夺日产全球基本技能大赛保全部门团体第一的佳绩，这是日产海外工厂保全部门第一次捧得优胜奖杯。

【“人机工程”成为PV标杆】 积极推动“人机工程”改善活动，不断为员工创造轻松的工作环境。当年，各车间完成57个改善项目，全公司A等级工站的占有率由上年底的4.2%降到1.9%，B等级工站占有率由上年底的15%降到7.7%，员工作业环境满意度由上年底的72.3%提升到75%。

【赤坭工厂铸新业】 赤坭工厂作为发动机产能的扩建项目，建筑面积21829平方米，计划2012年投产，届时将形成150万台缸盖铸造能力及150万套锻造能力。

【郑州工厂建设】 东风有限郑州乘用车发动机项目包括经开区的加工装配工厂和中牟汽车工业园的铸造工厂，项目总投资32.8亿元，一期规划产能60万台/年，后期具备84万台/年的扩展能力。建成后将生产雷诺——日产集团最新一代HR和QR系列发动机，未来规划增加MR系列产品，排量包括1.2～1.6升，1.8～2.0升和2.5升三大系列，主要为东风日产乘用车位于郑州、襄阳的整车工厂提供配套服务。

【党群工作】 发动机分公司党委紧紧围绕年度生产经营目标，以创建“四强”党委、“四好班子”为抓手，针对高产量、高负荷运作的实际，通过“立足标准 创先争优”立功竞赛活动鼓励改善和创新，有效解决了生产“瓶颈”问题。通过开展关爱员工和丰富多彩的文化娱乐活动，激发员工的积极性和创造性，使公司发展得到稳步推进。

（杨红丽）

深圳市东风南方实业集团有限公司

【概况】 深圳市东风南方实业集团有限公司（以下简称“东风南方”）的前身是东风公司在深圳设立的“窗口”企业——东风置业有限公司。公司以物业出租起步，历经18年发展已形成汽车营销与服务、汽车物流、进出口贸易、计算机软件、汽车精品、汽车零部件、广告传媒和物业管理等事业单元，成为汽车价值链服务行业规模、效益突出的集团型企业。公司拥有参、控股企业25家，合并报表范围内员工11000人。

东风南方拥有汽车4S店47家，分布于全国20个主要城市，各品牌汽车累计销量近40万辆，是东风日产旗下最大的经销商集团。公司年代理进出口总额超过20亿美元，获得国家海关总署认定的AA资质。公司下属控制企业——广州风神物流有限公司和深圳联友科技有限公司是国内汽车物流、汽车软件行业最具代表性的企业，公司相对控股企业——航盛电子是国家级高新技术企业。

东风南方当年实现销量和利润持续增长，整车销售80037辆，完成利润总额6亿元，圆满完成东风日产和公司董事会下达的年度挑战Ⅱ目标。

【“管理年”活动】 2011年是东风南方的“管理年”，公司以“更高标准、更多关爱”为管理主线，着重强化集团在战略管理、运营协调、风险控制和服务支持等方面的职能建设。在汽车营销板块，大力推进交车流程标准化和管理标准化的DDSM检核机制，运营管理按照年初提出的1347课题，在管理标准化、流程制度化、信息系统化和突破业务课题化的原则下，分15个项目扎实推进。集团内部签呈制度、预算号制度、合同会审制度和招投标管理制度等细节的改变，使集团的精细化管理效果显现。

【汽车营销实力提升】 东风南方汽车营销板块通过改善薪酬机制激励员工士气，持续推进业务标准化和管理改善活动提高服务能力，精心策划系列市场活动，提升品牌影响力，进而增加客户来店量，克服市场持续低迷、一线城市下滑等困难，保持了与东风日产同步的发展速度。在仅新增加一家4S店的情况下，33家店仍以6%的网络占比承担了东风日产10%的交车任务，保持了东风南方作为最大的东风日产经销商集团的地位。在东风日产第六届售后服务技能大赛总决赛中包揽SA和双人快保两项冠军，并获本年度“十佳汽车经销商集团”称号。

【“T10战略”发布】 东风南方在审慎研究行业发展趋势的基础上及时制定公司发展策略，形成以指导公司中期事业发展的“T10战略”。“T”：四大核心业务(汽车贸易服务、汽车物流、汽车行业信息系统、汽车精品和零部件)在2015年进入各自领域的TOP阵营；以4S店为业务平台整合集团内部相关业务，构建T型组织架构和业务形态。“10”：追求有盈利的增长，利润年增长率不低于10%，到2015年力争达到10亿元人民币；销量占东风日产全国销量不低于10%，4S店数超100家。

【行动准则出台】 为构建东风南方独特的企业文化，为企业长期发展奠定坚实的文化基础，东风南方编制出台了《东风南方行动准则》，明确提出员工在做人做事方面必须遵守的行动准则。与此同时，公司开展系列学习宣导活动，使员工深刻认识其主要内涵和重要意义，在认知的基础上实现全员认同，在认同的基础上融入到日常工作和日常行为之中，做到“内化于心，外化于行”，为公司实现新的事业目标、为打造“员工自豪、社会尊重、客户满意”的东风南方提供文化动力源泉。

【“爱心基金”成立】 借鉴东风日产成立“阳光关爱基金”的经验做法，东风南方于当年3月设立了“爱心基金”，以此传承企业使命，同时也为东风南方近40万车主和全体员工搭建奉献爱心的平台。东风南方“爱心基金”的宗旨是“重点扶危济困，关注弱势群体，弘扬社会美德，彰显企业责任”。基金会的原始基金来源于东风南方集团以车主和内部员工名义实行的内部捐赠。集团范围内每销售1辆新车，东风南方出资以车主和员工名义捐出10元；每实现1辆次回厂，东风南方出资以车主名义捐出1元钱。迄今为止，“爱心基金”首期筹集善款145.6万元。5月21日，东风南方爱心基金携手凤凰网举办“寻找生命的意义”关爱助学行活动，在贵州省惠水县长田乡冗普小学援建了首所“希望食堂”。

5月21日，深圳市东风南方实业集团有限公司举行向贵州“希望工程”捐款仪式。

【启辰品牌首家专营店落成】 10月28日，由东风南方建设的启辰品牌首家专营店在深圳落成。作为启辰品牌在全国的首家专营店，集合了整车销售、售后服务、零件供应、信息反馈、汽车金融和维修服务等全方位职能，竭诚为消费者提供完善的产品和全国统一标准的高品质服务。

【党群工作】 东风南方党委以争创五星级“四好班子”为目标，以“创先争优“活动为抓手，强化领导班子建设及党风廉政建设，全面促进公司中心工作。当年，公司党委被东风公司党委授予五星级“四好班子”、“四强”党委称号。公司党群调研小组深入18家基层单位进行调研，充分听取员工意见和建议，为基层单位提供政策解答和后续支持。本次调研活动共收集231条意见，涉及16个业务领域。公司从中提炼出12项改善课题，并逐一实施和改善。11月，公司举办以“同心筑梦·同心践行”为主题的第七届“健康杯”趣味运动会，所属单位近2000名员工、车主代表和员工家属参加本次活动。

(李小平)

风神襄阳汽车有限公司

【概况】 风神襄阳汽车有限公司(以下简称“公司”)成立于2002年2月3日，是东风日产乘用车公司中、高档轿车的生产基地。公司位于湖北省襄阳市高新技术产业开发区，拥有树脂、冲压、焊装、涂装和总装五大生产工艺，一条整车检测线及轿车专用试验跑道，设计年产能为10万辆，当年，公司生产轿车150266辆，实现工业总产值267亿元，利税20.8亿元。公司获得日产“品质大奖”、“东风日产先进党委”、“东风有限最佳单位”、“东风公司先进单位”和五星级“四强”党委、五星级“四好班子”以及央企“五四”红旗团委等称号。

【公司更名】 2011年12月2日，经国务院批复同意，湖北省襄樊市更名为襄阳市，原襄樊市襄阳区更名为襄阳市襄州区。按照相关文件的要求，公司报董事会讨论通过，同年6月1日，正式更名为风神襄阳汽车有限公司。

【产量突破15万辆】 3月11日，日本发生里氏9.0级地震，天籁的重要零部件在日本本土生产受到严重影响，公司积极与PV和日本零部件供应商联系商量对策。紧急组织各部门抓生产抢进度，启动紧急预案，建立零部件到货日报制度，恢复10.5小时工作制，合理控制产量推进，确保生产正常进行，最终实现150266辆的产量新高。

【楼兰量产与混流生产】 公司为保证新车顺利生产，建立家族体制，制定品质保证项目，进行品质预防管理，组织工厂业务骨干40余人直接担当新车试做的组织。

实行全过程风险管理，充分研讨挖掘风险课题，提前做好各种风险对应方案；开展特别品质活动，以TOP品质工厂及旗舰车型作为出发点，开展特色品质管理活动，使问题点在试做阶段暴露，降低问题点带入量产阶段的发生率。最终以V_1=0、V_2=0.7件/辆、V_3=13.7件/辆通过CYO监察，顺利完成挑战目标，实现量产水平。9月8日，楼兰正式在北京上市。

【20万辆产能项目推进】 为了满足市场不断增长和东风日产产业布局的战略需要，公司启动20万辆产能提升项目，主体项目于2011年3月底开工，项目总投资8.99亿元，其中建安投资1.4亿元，新建涂装车间，扩建焊装车间和总装车间，导入冲压车间高速线等，2012年6月底建成投产。通过产能扩建，襄阳工厂将实现20万辆的生产能力，从硬件上满足高档轿车生产基地的条件，并为未来多车型混流生产奠定基础。

【TOP品质工厂打造】 公司开展品质专项活动，开展影响品质的要因系监察活动确保优良品质，导入C-VES评价模式，确保各工程制造品质；开展工程间、工序间的品质联保活动，防止品质不良流出；对模具、夹具和部品实施劣化管理，保证部件的精度质量；建立跨部门的质量改善机制，开展品质联合解析活动，提高品质解析质量和效率。开展模拟客户的质量评价活动，确保产品质量评价更加符合客户的要求。

公司还提出与专营店建立市场信息快速响应渠道，工厂可快速进行不良现象确认，同时可帮助专营店快速解决客户服务不满意的问题。通过将编制维修经验集锦提供给专营店和建立网络系统平台共享信息，可有效缩短故障排除时间，提高专营店的维修技能。

通过活动，将品质保证活动，深入到工程的每个环节，在制作过程中降低不良率，各项质量指标稳定，尤其是S-AVES、3MIS、C-SPEED等重要指标连续成为日产全球工厂标杆。公司凭借3MIS指标全球工厂排名第一而获得日产品质大奖。

【“MT360人才培养计划”启动】 公司开展能力测评和个人访谈，全面了解员工客观能力和主观意愿，在尊重员工个人发展规划的同时实现公司储备人员的定向培养，实现公司与员工的双赢。通过现场展示的方式评聘内部讲师，展现讲授水平和实力。对公司讲师能力做全面摸底调查，制定针对性培养的方案并付诸实施；集中开展专项培训，截至11月底，完成首批MT360计划人员选拔工作，共推荐62人。

【开展“打造高关爱组织”活动】 为让员工舒缓压

力,放松心情,以分会为单位组织开展了“放飞心情”员工郊游踏青活动,1900余名员工参加活动。工会牵头成立音乐舞蹈、文学摄影、登山自行车、钓鱼、棋牌等7个协会,400余名员工报名参加;团委牵头成立4个兴趣小组。

公司还组织开展了棋牌、钓鱼、自行车、瑜伽、台球、电子竞技等12项活动。协会阵地满足了员工们不同的文化需求,深受大家喜爱。“明星达人秀”秀出了风采、秀出了感染力,典型示范作用充分发挥;“我为歌狂争霸赛”从班组开始选拔,使参赛人数大幅增长;技能竞赛奖励方式的变化激发了员工学技术的积极性。公司团委关心青年的生活,搭建青年交友平台,开展了青年联谊会活动。

(肖　露)

广州风神汽车有限公司

【概况】　广州风神汽车有限公司(以下简称“广州风神”)主要从事NISSAN品牌的轿车生产,是东风日产乘用车公司重要的整车生产基地之一。公司位于广东省广州市花都区汽车产业基地内,年生产能力达60万辆,拥有冲压、焊装、涂装、树脂和总装五大工艺车间,生产的车型主要有轩逸、骏逸、骊威、逍客、玛驰、新阳光和新骐达。截至年底,公司在册员工4808人、劳务工1038人,用工人数合计5846人。

广州风神全体员工克服重重困难,全面完成公司各项生产工作任务,KPI指标全部完成挑战Ⅱ目标。全年整车生产540426辆,制造品质稳步提升,获得雷诺日产全球制造工厂综合能力第一,日产汽车公司总裁戈恩对全体员工给予了肯定和鼓励。6月8日,广州风神第200万辆轿车下线。

以“质量文化年”为主题的企业文化建设取得丰硕成果,全员品质意识、自主保证能力、制程不良的预防管理等水平得到快速提升,走向市场服务客户、走进供应商改善现场等活动持续开展,获日产全球质量奖“年度工厂奖”。继续保持J.D.Power IQS的优秀水平,TIIDA车再次荣获入门中型车区格第一名。12月21日,二工厂竣工投产。经过移管事务局以及各部门通力合作,年整车生产能力达到24万辆的二工厂顺利投产。

【成本控制】　广州风神开展“生产力活动月”和“IE诊断”等活动,有效传播和实施改善理念和手法,激发了员工现场改善的积极性,通过全体员工的努力,全部吸收了因劳保用品涨价、人力成本增加等影响,DSTR从1.96下降到1.92。

【安全工作】　安全文化建设、双月安全主题活动、人机工程改善、A等级岗位递减,圆满实现了“三零”目标。顺利通过EHS体系年度外审和产品环境标志外审,获东风有限“安全环保健康红旗单位”和广东省“安全文化示范企业”称号。

【IFA改善】　为解决产能局限问题,顺利完成公司生产任务,广州风神“生产力提升小组”员工以集体智慧逐一突破“瓶颈”工站,有效降低员工作业劳动强度。

1.焊装调整线KIT集配。焊装一线实施KIT成套配货系统,将四门两盖同步顺序供货,实现了调整线大件的手边化改造,降低了装配作业损失率,减轻了员工作业疲劳程度。

2.AGV自动充电改善。在总装车间推广AGV无线充电系统,解决了总装200多台AGV人工充电问题。AGV无线充电系统使AGV无需下线更换电池,保障了AGV长时间有效运行,减少了AGV电力下降造成的送货停滞时间。

3.手边化同步台车导入。为了持续减少作业损失,实施STRICK ZONE作业方式,改善中心在总装车间内饰线批量导入同步台车,结合总装KIT系统,将工具、装配零件全部手边化放置及拿取,形成理想姿态的装配工站。

【党群工作】　党群工作坚持创新,贴近基层,召开6次总经理基层座谈会、12次基层支部对外交流和3次员工家属参观日活动,并组织8次84名员工赴外地疗养等,使员工及家属分享到公司发展的喜悦,享受到企业的贴心关爱。

当年,广州风神获东风公司五星级“四强”党委、五星级“四好班子”称号。

(黄雪容)

东风日产郑州工厂

【概况】 东风日产郑州工厂(以下简称“郑州工厂”)成立于2010年9月，是东风日产的三大生产基地之一。项目总投资合计超过100亿元，到2015年建成45万辆产能的整车工厂和60万台产能的发动机工厂及相关配套零部件项目。

郑州工厂具备年产20万辆整车生产能力，主要生产奇骏、逍客及东风日产自主品牌启辰等系列车型。2011年，工厂整车生产完成12.77万辆，实现工业总产值170亿元，上缴税金9.5亿元。自投产后的19个月里，已累计生产整车19万辆，一跃成为中原地区最大的乘用车生产基地。

【苗圩视察郑州工厂】 11月12日，国家工业和信息化部部长、党组书记苗圩一行到东风日产郑州工厂进行视察指导。河南省委副书记、省长郭庚茂，河南省委常委、郑州市委书记连维良，河南省委常委、郑州市委副书记、代市长吴天君，东风公司董事长、党委书记徐平，东风日产总经理松元史明，副总经理任勇，郑州工厂总经理周德元等陪同视察。苗圩部长饶有兴趣地参观了总装车间，在总装车间生产线边参观边听取汇报，并对郑州工厂年生产能力给予了充分肯定。

【省级领导到郑州工厂调研】 8月3日上午，河南省委书记卢展工，郑州市委书记连维良和代市长吴天君一行莅临郑州工厂进行河南省重点项目调研，郑州工厂总经理周德元陪同调研。吴天君对东风日产郑州工厂建成投产不到一年就取得如此成绩表示赞赏，鼓励工厂继续扩大规模，带动郑州汽车相关产业的快速发展，扩大人员就业。

6月29日，河南省人大常委副主任王文超到郑州工厂参观调研。王文超表示，作为郑州市的战略支撑产业，郑州汽车产业的整体跨越式发展迫切需要有实力、有雄心的大型企业集团推动。

【新车下线仪式隆重举行】 6月10日，郑州工厂5万台车下线仪式隆重举行。 东风日产领导以及供应商、经销商代表参加活动。郑州市人民政府发来贺信，热烈祝贺东风日产郑州工厂取得的优异经营业绩。10月24日，东风日产郑州60万台发动机工厂奠基、20万产能扩建完成暨第10万辆整车下线仪式在郑州发动机工地隆重举行。河南省省委、省政府和郑州市市委、市政府主要领导，东风公司董事长、党委书记徐平，总经理朱福寿，东风有限总裁中村公泰等莅临现场祝贺。

【郑州工厂党委成立】 12月1日，中共东风日产乘用车公司郑州工厂委员会成立暨第一次党员大会在郑州经开区管委会会议室隆重召开。东风公司副总经理欧阳洁，纪委书记马良杰，东风公司总经理助理、东风有限副总裁、东风日产乘用车公司副总经理任勇等领导出席了本次大会。

马良杰和任勇分别为郑州工厂授牌。会上，欧阳洁发表重要讲话，并向郑州工厂党委领导班子提出要求，建立一支优秀的管理团队，坚持科学发展观，加强党的自身建设和员工队伍建设。经过选举，大会产生了第一届党委委员和纪律检查委员会委员。

(贺　娇)

东风汽车股份有限公司

组织机构图

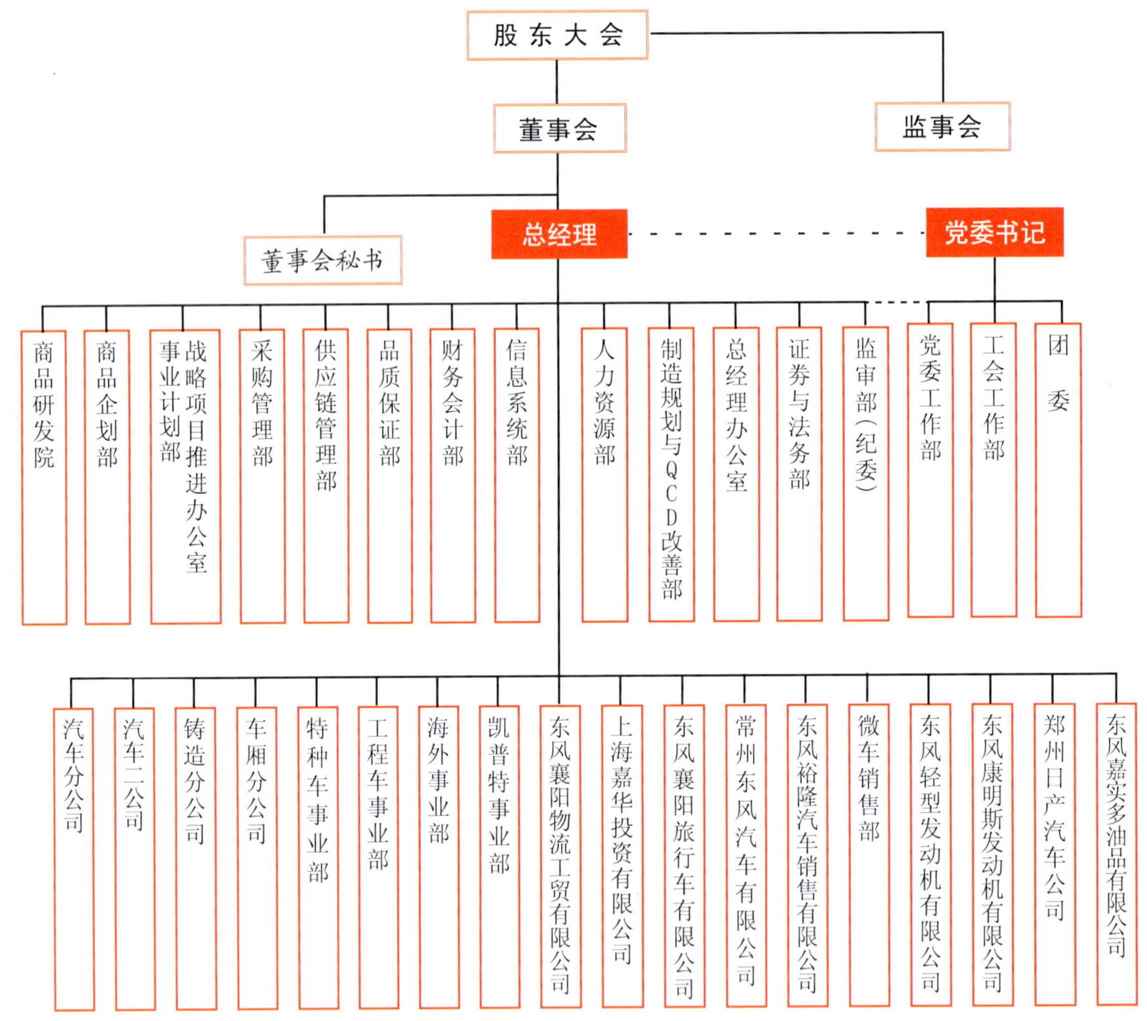

【概况】 东风汽车股份有限公司(以下简称“东风股份”)是承担东风公司轻型商用车事业的大型股份制上市企业,也是东风有限所辖支柱事业板块之一。主营业务范围承上年继续发展和完善,汽车零部件产业壮大,在原有东风康明斯、东风日产轻型发动机研发、制造、销售业务基础上,又新增小型发动机、轻型商用车车桥研发、制造及其后销售等业务。拥有总资产194.06亿元,净资产60.52亿元。上市股份总量为20亿股,全社会流通。截至年底,员工总数15879人(合同制员工9650人、劳务工6229人),其中高管100人。徐平任董事长,卢锋任总经理,李建刚任党委书记。

2011年,受国家宏观经济政策退出等影响,汽车行业全年销售同比增幅下降为2.5%,包括轻卡、微卡和客车底盘等在内的商用车行业呈现负增长。东风股份仍继续保持增长，整车全年销售31.90万辆（不含“凯马汽车”8.9万辆），比年初预算目标31.88万辆略超，同比增长6.1%。其中轻卡销售22.31万辆，同比增长0.4%；皮卡6.91万辆，同比增长15.8%；客车底盘2.62万辆，同比增长15.3%；SUV和MPV合计销售5.15万辆，同比增长14%；微卡1.62万辆，同比增长74.2%。发动机计划销售22.96万台，实际销售22.53万台，同比下降1.72%。全年营业收入目标计划260.37亿元，实际收入269.10亿元，同比增长7%；营业利润目标计划7亿元，实际收入5.12亿元，同比下降28.6%；利润总额目标计划7.36亿元，实际完成7.43亿元，同比下降2%。

东风股份接续上年度品质“领航计划”深入推进，通过构建覆盖全公司的质量管理系统、固化公司质量管理流程和梳理公司产品法规符合性及一致性管理等措施，全年各项质量指标均控制在目标值允许范围内。通过开展安全评价体系、强化班组安全自主管理能力和员工自主安全意识活动，重视并加强节假日停产检修安全保障工作和定期开展安全环保月系列活动等，全年各项安全指标均按计划指标达标。

表23 东风股份2011年主要经营指标完成情况统计表

序号	项　目	计量单位	年度目标	2011年	
				实绩	评价
1	汽车销量	辆	318800	319042	○
2	LCV市场占有率	%	10	12.58	◎
3	发动机销量	台	229600	225326	×
4	营业利润	百万	700	512	×
5	利润总额	百万	736	743	○
6	自由现金流	百万	-220	-187	○
7	投入资本回报率(ROIC)	%	7.2	13.1	◎
8	轻卡能力优化	—	10月31日前	9月30日	◎
9	安全环保指标	—	—	—	—
	百万工时伤害率	人次/百万工时	0.23	0.17	◎
	工业增加值能耗下降率	%	1.0	1.8	◎
	COD排放下降率	%	1.3	32.1	◎
	SO_2排放下降率	%	50	100.0	◎

注：汽车销量中不含山东东风凯马车辆有限公司。

【东风轻型车市占率上升】　自2008年起，东风股份开始建立分品系营销体系，并把此项工作视为适应未来市场竞争的一项长期措施。截至2011年，已形成凯普特、多利卡、福瑞卡、集团与专用车、旅行车、工程车、微车和多功能车事业等几大品系营销单元。分品系营销体系的建立改进了营销管理思路，提升了全网络营销能力，增强了东风轻卡的品牌市场的影响力。据2010年统计，东风轻卡市占率为10.40%，居行业第二。到2011年，市占率达11.87%，站稳行业第二。与此同时，全品系东风轻型车市场份额比上年提升1.1%，即由上年9.3%上升至当年10.4%。其中中轻客底市占率提升4%，皮卡市占率提升1.8%，MPV市占率提升0.7%，微卡市占率提升1.8%。由此产生品种市场地位的变化：客车底盘由行业第二上升至第一位，MPV排名第五比上年提升一位，微卡排名第七比上年提升三位。

（严　可）

【第180万辆轻型车下线庆典】　7月16日，东风股份在襄阳基地汽车分公司新建总装车间举行“东风股份成立12周年暨第180万辆轻型车下线庆典”。东风公司领导徐平、朱福寿、欧阳洁、叶惠成，襄阳市领导李新华、别必雄以及东风股份领导卢锋、李建刚等和30余家媒体记者及员工代表参加庆典仪式。

东风股份自创立以来，产销量从上市初不足

7月16日，东风公司、东风股份领导与第180万辆东风轻型车合影。

2万辆发展到累计60万辆、100万辆，再到2011年7月15日（上市12周年）累计180万辆。年销售收入由上市初的30亿元到2010年的198亿元，是上市时的六倍多。资产总额由上市之初的36亿元到2010年底188亿元，是上市时的五倍多。行业地位由上市之初的第六位到跻身前三甲，近年来居行业第二位。细分市场排名是：轻卡年销量居行业第二位，皮卡、底盘年销量居行业首位。到2009年，两年多已累计产销100万辆；到2011年，不足22个月累计产销180万辆。

（盛　争）

【江山汽车变速箱有限公司成立】　10月29日，东风股份汽车动力总成事业单元——湖北江山汽车变速箱有限公司在襄阳成立并举行新工厂奠基庆典。新公司由东风股份与中国兵器工业集团所属江山重工集团出资组建，东风股份占40%股权。工厂将于2012年建成投产。一期产能达12万台变速箱，“十二五”末产能将达40万台变速箱。

江山重工有限责任公司（原国营第五一三七厂）是中国兵器工业集团所属大型军工企业，是中国重要的军工和民用机电产品研制和生产基地。东风股份与其共同组建江山变速箱有限公司，标志着东风轻型商用车事业在关键零部件总成事业布局上迈出一大步。

10月29日，江山汽车变速箱有限公司成立。

（盛　争）

【山东东风凯马车辆有限公司成立】　10月30日，东风股份与山东凯马汽车制造有限公司共同出资

10月30日，山东东风凯马车辆有限公司创立揭牌。

组建的山东东风凯马车辆有限公司在山东省寿光市挂牌成立。潍坊市委书记张新起、中国恒天集团董事长张杰、东风公司副总经理欧阳洁共同为新公司揭牌。国家工业和信息化部装备司副司长王富昌、东风股份总经理卢锋、山东凯马总经理董宜顺、东风股份副总经理刘耀平等出席当天的揭牌仪式。新公司注册资本2.75亿元，其中山东凯马以现有部分土地、厂房和设备等出资，占出资比例的51%；东风股份以现金出资占股权40%，合资公司的管理团队以现金出资占股权9%。凯马汽车2010年产销10万余辆，2011年产销8.9万辆。合资后凯马销量并入东风公司，盈利按股权分配。

（盛　争）

【领导班子建设】　东风股份紧密围绕中长期发展规划及年度生产经营目标，结合公司形势目标开展“四好班子”创建工作，使公司各项工作在上年基础上再上新台阶，五星级党委由5家增加到7家。主要抓住三个重点：1. 以驱动生产经营为中心、以业绩为导向创建“四好班子”。将产（销、运）量、营业利润、量份制造（销售）费用和市场占有率（增长率）等关键经营指标的完成情况作为领导班子的重要绩效考核指标和“四好班子”达标活动的首问责任。2011年6月修订《高级管理人员行为规范》，将上述首问责任纳入《高级管理人员任免管理标准》。2. 以提升能力和作风建设为主线创建“四好班子”。8月，修订了《高级管理人员任免管理标准》，强化落实“以理论建设为根本、能力建设为重点、作风建设为基础、制度建设为保证”的班子建设，并组织高管集中学习集训。“七一”前夕，

开展了“重走红军路，齐心谋发展”的传统教育活动。3. 以改善管理短板为目标创建“四好班子”，按照“完善、规范、巩固、提高”的总体要求实行PDCA循环，从改善短板、建立机制入手落实创建工作的各项任务。当年，汽车收益率和核心人才资源开发等15项工作短板得到改善。

（刘世勇）

【干部队伍建设】 1月，11名通过公开竞争选拔的基层员工正式走上科级管理岗位。东风股份按照新修订的《科级干部任用管理标准》，将全公司科级以上管理人员统一纳入公司人事委员会管理范围，明确科级干部通过公开招聘选用、通过组织选配和依据业绩提拔的三种晋升方式，推进了制度化、标准化、科学化管理。坚持“党管干部”原则，在提升干部选用工作满意度上下工夫。大力推行竞争性选用干部办法，摒弃以往选拔干部在（年龄、专业、岗位和资历）等限制，重业绩与能力。全年竞争性选用科级干部34人，占比率70%。此外，通过建立科学评价机制提升干部履职能力，开展干部履职评价工作，当年，从德、能、勤、绩、廉五方面对选拔上岗和各层级外派等17名科级（含科级）以上干部进行了履职评价。

（刘世勇 严 可）

【员工培训体系建设】 2月23日，东风股份召开人事工作会，发布《长期人才发展规划纲要（2011—2019年）》和《员工培训大纲（2011—2015年）》，并根据大纲制定初步实施细则。5月，推荐并选送机关、各营销单元共86名管理和营销骨干，进入中南财经大学、武汉理工大学完成为期一年半的“工学财”和营销等相关课程进修，由此启动培养复合型经营管理人才的长远战略。7月，与时代光华公司合作，以汽车分公司、凯普特事业部为试点开办网络学院。当年，机关“周末课堂”举办30期，累计198期，参与员工超过1.3万人次。

（刘世勇）

【技能层级体系推进】 东风股份在技能层级体系建设试点基础上，于6月制定《技能层级体系建设推进步骤手册》，引导新增单位快速推进技能层级体系建设工作。截至年底，新介入单位汽车二公司、常州东风、东风轻型发动机有限公司、工程车事业部和襄阳旅行车有限公司的技能层级体系建设导入工作取得阶段性进展。硬件方面，技能培训中心以铸造分公司老培训楼为基础，经过重新设计与施工已初具培训中心的功能。这个中心一期工程将涵盖汽车装配、冲压、焊装、涂装、设备保全和劳务工汽车等初级维修技能的培训。

（刘世勇）

【员工满意度五次蝉联第一】 1月，东风有限发布上年度员工满意度调查结果，东风股份得分率75%，第四次居评分第一位。东风股份本年度继续加强员工满意度改善工作，包括完善关爱项目，扩大员工关爱范围。在上年基础上，新工作进展首次采用WorkShop工具开展员工满意度改善提升研讨活动，制定重点改善内容23项，实施方策110项，使员工满意度改善方向更加明确、操作性更强。同时，在上年基础上进一步广开言路，更多听取基层员工的心声，共商企业发展大计。尤其在员工关爱方面重点突出了“成长关爱”。其载体包括：总经理在线交流与员工共商大计、实施劳务工培训计划和全员“双争”学习活动等，让每位员工以公司事业为归宿，以自身成长为目标。10月，东风有限组织开展第六次员工满意度调查工作，东风股份获员工满意率为73%，第五次居东风有限首位。

（刘世勇）

【专家诊断中心揭牌】 12月28日，东风股份“远程专家诊断中心”在武汉正式揭牌。该中心作为基于互联网的诊断平台增进了售后服务高效响应能力，可更快满足用户需求，标志着公司技术支援体系进一步完善，也为轻卡行业服务推出了一个全新模式，是行业售后服务的新标杆。

按照初步规划，远程诊断中心的运营机制设定为三级诊断体系。即以服务工程师为主体的日常诊断、以中高级工程师为主体的集中坐诊、两者联合会诊。这个中心通过远程通讯可集中多地专家参与应诊，可实时对整车、发动机、底盘和电器类问题进行判断分析。诊断中心将与保险理赔结合，为保险公司更快理赔服务提供支撑条件，也增强了相关服务的时效性。截至年底，中心在全国配备远程诊断设备126台，已完成应诊12例、坐诊19例、会诊3例。

（梁　雪　龚　克）

【“星火计划”实施】　东风股份继率先实行劳务工转合同工的举措后，为进一步拓宽劳务工的发展渠道，又积极筹划并实施“星火计划”项目。1月20日，在公司举行的首届劳务工专项技能培训班结业典礼上，22名劳务工以优良成绩获得结业证书。“星火计划”旨在有帮扶、有计划地提升劳务工技能水平，推动劳务工更多更好更快地成长。实现途径主要是定期举办劳务工专项技能培训班。“星火计划”的实施，拓宽了劳务工的职业发展通道。

（刘世勇　严　可）

【党群工作】　截至2011年底，公司所属基层党委11个、党总支2个、党支部116个，有党员2390人（不含郑州日产党委1个、党支部18个、党员753人）。企业工会14个、基层团委11个、团总支2个，有团员1925人。当年，东风股份党委被东风公司党委评为五星级“四强”党委、五星级“四好班子”，党委中心组被评为“先进党委中心组”。

通过深入开展“创先争优”活动，各级党组织完成党内主题实践项目561项，实现经济效益3923万元，开展党员岗位承诺11500项，开展“最佳党日”活动132次，为员工办实事71件。东风股份试点探索“制度加科技”已显成效，为有效预防腐败探索了新途径。实施帮扶贫困生的“捡回珍珠计划”和扶植保康县白果园村有机农产品项目，增强了企业社会公民意识，也为“备受信赖”的企业愿景注入了活力。在团员青年中开展“学党史、知党情、跟党走”思想教育活动，坚定了团员青年的思想信念。工会工作实施“爱心工程”制度体系建设卓有成效。党群工作始终围绕中心，服务大局，为东风股份健康、和谐、跨越式发展增添了动力。

“党建工作到班组”成为东风党建品牌。2010年下半年起，东风股份党委依据事业发展迅速、无党员班组增多、关键岗位党员比例偏低的状况，决定主动推进党建工作到班组的组织建设。通过加大党员发展力度、建立党员联系点、设立班组政治指导员等三项举措，提升党建工作覆盖面与影响力。当年，党建工作到班组取得成效，无党员空白班组比例由40%下降到零，关键岗位党员比例由50%上升到62%。这项工作得到省委组织部及中组部调研组领导的充分肯定并加以推广，成为东风党建工作品牌之一。其间，“党建工作到班组的研究与实践”的研究课题，被东风公司党委推荐为中央企业党建思想政治工作研究会立项课题。

党建工作价值“提升年”活动开展。本年度被东风股份党委确立为党建工作价值“提升年”。主旨是：以党建工作管理规范化、控制程序化、运行信息化、考核标准化、改进持续化的“五化”建设为目标，在各级党组织中系统推进以“一日一清、一月一结、一事一本（册）”及“健全基本组织、建强基本队伍、开展基本活动、完善基本制度和落实基本保障”为内容的党建基础工作规范化建设；突出抓好党建工作责任制、支部星级达标及各项基础管理，目的是把党建工作围绕大局、服务中心的保障性价值落到实处。此项工作受到省委组织部工作组好评。

“创先争优”长效机制建立。东风股份党委以“推动科学发展，实现‘N315计划’”为主题，进一步深化“创先争优”活动。在“创先”中提升党建工作水平，在“争优”中推动科学发展，取得了有自身特色的经验与成果，获得上级党委好评，多次登台交流经验。

截至年底，已建立并形成“创先争优”三项基本制度体系。首先是体现领导干部引领发展的表率制度。当年，公司两级领导班子成立课题组78个，围绕年度经营重点项目开展价值提升攻关活动。其次是有效推动“创先争优”的两项考核制度。通过建立党建工作目标责任制体系明确“创先争优”活动的目标、责任和措施；通过建立党组织工作考核评价体系，实现党建工作安排按项目实施管理。最后是形成了分类指导、典型引路的两种有特色的竞赛制度。其一，围绕中心，竞赛创先。各级党组织以主题实践、党员公开承诺和支部星级达标为载体，围绕生产经营中心开展攻关竞赛活动。如汽车分公司实施“一个支部一品牌、一个支部一特色”的党建工程；铸造分公司开展“解决一个问题、创新一项工作”等为内容的“五个一”活动，涌现出以车厢油漆党支部、铸造动力计量党支部等为代表的先进支部典型；其二，分类指导，岗位争优。工程技术岗位的党员主要围绕“强业务、抓质量、降成本”开展竞赛，生产一线的党员主要围绕“比产量、比质量、比交付”开展竞赛，机关党员主要围绕“工作作风、办事效率、客户满意”开展竞赛，涌现出以科研带头人马红革、革新能手魏明伟、营销标兵戴俊武等为代表的一批优秀党员典型。

“爱心工程”制度体系建设。东风股份“爱心工程”爱心日2010年8月18日正式启动，旨在让员工共享发展成果，并着力解决困难员工的实际困难。

2011年，为深入推进“爱心帮扶”活动，东风股份工会年初组织召开多场座谈会，通过资料分析、深度访谈和入户调研等方式，历时数月完成对公司困难员工的生活现状、致困原因的摸底调查，进一步研究探索出新的解困方法与途径。在此基础上明确了“爱心工程”工作指针，规划了短、中、长三个目标，即短期为解困、中期为脱困、长期为消除贫困。同时建立四项制度：特困员工“基本生活托底救助”制度，困难员工“专项救助”制度（包括就业救助、重疾救助、日常救助等），“边缘性”困难员工致困预警制度，爱心基金注入制度（包括公司年度拨款、爱心日捐款、员工互助金等）。东风股份当年救助困难员工108名，发放救助金82.97万元。

（李朝辉　旷　力）

汽车分公司

【概况】 汽车分公司（以下简称“分公司”）是东风轻型车事业的主生产阵地，也是东风股份的成本责任实体。以生产东风系列0.5吨以上－8吨以下轻型商用车为主，工厂集冲压、焊铆、涂装、总装四大工艺及整车检测为一体。产品主要有三个品系：一品系（品牌型）凯普特系列，二品系（品质型）多利卡系列，三品系（经济型）福瑞卡系列。共计700多个品种，分窄、中、宽系列车身，车型轴距2400～5600毫米，采用朝柴、康明斯、玉柴、常柴、云内、ZD30等品牌系列发动机，排放达国Ⅲ、国Ⅳ标准。整车总装配具备年产12万辆生产能力，是国内轻型商用车最大制造企业之一。截至年底，有员工总数2315人，其中技术人员100人，管理人员165人，中级职称111人，高级职称24人。

分公司全年生产汽车133632辆，其中整车129045辆，KD件4587辆份。单位制造费用CPU实现降低额189元/辆，全年劳动生产率达53.26辆/人，全年辆份人工成本实现降低额93元/辆，均完成挑战目标。安全质量事故为零，安全质量工作达标率100%；整车日入库时间遵守率、QRQC（快速反应质量控制）改善时效完成率、整车VES（车辆评价系统）评价完成年度目标。

【生产效率与质量提升】 分公司在“8+1”生产体制下，月最高产量从2010年的15514辆提升到16275辆，增幅4.9%，生产能力和效率有较大提升。分公司结合生产实际，认真研究了从冲压到总装全工程系统的作业时间、天数、辆份等不同要素配置不同产量条件下，如何实现综合产出最大化的生产体制改进，通过提前落实资源、提升小色种一次合格率等活动，通过降低调序次数、提升作业顺序遵守率，通过现场改善确保作业计划时间遵守率等，实现辆份平均停工台时由0.27分/辆降至0.26分/辆。再通过封闭超期滞留车、避免重复问题发生等措施使入库时间遵守率达95.51%。

按照母公司“品质领航计划”的要求，分公司以“全员提升质量意识、全面参与质量改善、全过程推进标准作业”为指针，产品品质稳步提升。其间，发布了作业标准化三年行动规划，推动作业标准化工作全面展开。现场标准作业执行率达91.09%，实现三年规划首战目标；部品上线质量、停工台时得到明显改善；部品上线质量缺陷同比下降28.33%、部品停工时间同比下降62.9%。返工返修率降低，其中冲压作业部综合不良品率由上年的9%下降至6.19%，一焊装作业部退修品由上年的31.3点/百台下降至13.2点/百台。

【管理机制创新】 年初起，分公司推出一系列管理创新举措。首先是实施以最小总成本满足产出需求为指针，开展费用责任下沉以降低CPU（单位制造费用）的管理措施。做法是：CPU核算到作业部和班组，每月进行滚动费用预测，严格指标化管理。针对费用发生的异常情况及时制定改善对策，确保费用实际发生控制在适度范围之内，使全年辆份制造费用有所下降。7月开始，全面导入辆份绩效工资制，规范了分公司和作业部两级绩效工资分配办法，提高了员工工作效率和现场改善积极性。并导入质量考评和停工索赔办法，提高了职能部门解决现场问题的绩效，强化了“上道工序对下道工序负责”的意识。8月起，分公司为员工搭建起两大平台：1.制度化创新改善平台，推动QCD改善活动经常化和改善效果固化；2.开放性改善成果共享平台，建立改善项目便于推广和共享的激励机制。自发布系统化改善实施方案以来，累计完成各类改善课题112件。

从6月到年底，持续实施班组长责任目标管理工程，旨在激活“细胞”、培育骨干，形成有特色的班组管理体系。此间，开展了班组长上岗资格认证考试、试点班组长公推直选、完善一线骨干人才储备和促进班组长结构优化等一系列新项目。现任班组长、工段长及后备班组长210人参加考试，74人获首批资格认证。

从3月至7月，分公司组织开展“金钥匙”职业技能竞赛，包括装配、调整、冲压、品质检查和班长作业观察五大工种，通过理论考试、实际竞赛，涌现出一大批实用型人才。25名选手分获五大工种的各类奖项，优秀选手被推荐参加东风股份、东风有限职业技能大赛，61人获得不同工种的奖励名次。

6月19日，汽车分公司首届“金钥匙”职业技能竞赛（装调工）决赛开赛。

【新一总装建成】 新一总装经过14个月建设，于2011年8月13日移线试生产，经两轮试生产后，于9月16日进行整体移线生产，仅用9天，日产量就由123辆提升至最高362辆，完成设计纲领要求，于9月26日通过移行判定，实现垂直转产。截至年底，已稳定生产汽车28049辆。至此，分公司12万辆年产能形成。新一总装搬迁还建工程是东风股份轻卡阵地布局优化项目的标志性工程，事关轻卡主生产基地产能提升的发展大局。分公司成立搬迁转产工作小组，制定了生产管控预案、品质保证计划、物流布局规划和装备保障支援计划等，扎扎实实推进相关工作，与此同步的还有车架生产阵地搬迁和相关配套能力建设等项目。

10月14日，东风股份举行轻卡阵地布局优化暨新一总装投产仪式。

（张　颖）

东风康明斯发动机有限公司

【概况】 东风康明斯发动机有限公司（以下简称“公司”）是东风股份与美国康明斯公司各占股权50%的合资公司。截至年底，公司总资产50.29亿元，净资产20.39亿元，年设计产能18.5万台，主营发动机产品承接上年度不变。员工总数2618人，其中技术人员389人，管理人员475人。

公司市场多元化成绩凸显，东风业务占57%，非东风业务占43%，卡车市场占64%，其他业务占36%。在开拓国内市场的同时致力于国外市场的拓展，除伴随整车出口外，独立出口发动机总量10598台。全年销售发动机21.8万台，含2000台再制造发动机，税前利润达11.5亿元。与行业7家竞争对手相比，市场占有率同比提升1.4%，由10.2%提升至11.6%。

【产品研发】 各产品研发项目承接上年度。2010年初启动产品开发规划“8+1”项目。到2011年底，黑马、唐古拉、春雷01项目均已完成M5并处于小批量验证阶段；昆仑、武当两个项目将于2012年底完成；QS4B、QS6B已完成产品的M5，正在进行客户匹配验证；QSZ和QSZ PGBU项目是13L的扩展项目，将于2012年完成，预研性项目“腾龙”在推进中。

【质量管理】 公司于7月份推出质量管理记分卡，直接对应40余个经理级部门，定期对其质量管理进行量化评估，以激励、推动质量改善。8月19日，主题为“提升流程效率，防范质量风险”的百日质量活动正式启动。围绕活动，先后开展了流程优化、质量风险点改进、质量知识普及、质量知识竞赛以及“我身边的质量人和事”幻灯形式的主题演讲赛和评选推优等活动。通过百日质量活动，员工的质量意识得到巩固和提升。

【安全管理】 公司安全管理工作在第三季度通过OHSAS18001＆ISO14001系列年度审核。本次审核包括内审、康明斯审核和莱茵的第三方年度体系审核。全年识别公司级重要环境因素和高度风险项已完成18项管理方案，强化了C/L 5万辆能力提升项目的安全支持和监督，实现项目零事故。实施安全月及安全专项活动并鼓励全员参与，日常安全稽查及专项安全稽查同时加强。

【项目管理】 为建立以客户为导向的评估和管理各业务项目的有效机制，公司年初开始推行以客户为导向的项目管理模式。宗旨是：从市场战略执行落地和客户需求的结合点出发，根据业务发展的重要性和侧重点不同，确立15个公司级项目、12个营销级项目。其中较大项目如C/L发动机项目，是公司于2010年8月启动的C/L新增发动机5万台年产能建设项目，涉及设施、物流、TPU、C/L缸体缸盖机加线等多个子项目。在新机制推动下，C/L发动机项目进展顺利，到年底，厂房建设基本完工，绝大部分设备已经到货并进入安装调试阶段，届时公司年设计产能将达23.5万台。

（冯海玲）

铸造分公司

【概况】 铸造分公司（以下简称“分公司”）是东风股份所属成本责任实体，主要承担康明斯发动机铸件和底盘铸件的生产和初机加工供货任务，产品涵盖东风中、重、轻全系列车型。2011年初，分公司资产总额为48673.75万元，年末资产总额为50564.2万元，净增1890.45万元。截至年底，在册员工1221人（正式工755，劳务工466人），其中技术人员82人，管理人员158人，高级职称39人，中级职称133人。

6月1日，陈清泰（前排右）到铸造分公司视察。

分公司全年铸件累计入库41588.32吨，销售42819.9吨，完成年度计划的119.7%，完成挑战目标的107.03%。

一季度累计铸件入库13021.79吨，实现销售13194.23吨，创造建厂27年来的季度历史纪录，包括首月完成铸件销售5380.9吨的月度历史纪录。全年销售缸体177467件，创造缸体销量的历史之最，其中康明斯系列发动机铸件销量为33890.27吨，同比增长26.45%。发动机铸件比重由2010年的55.89%上升到2011年的80.16%。因L缸体于上年度10月量产，为本年度计划目标完成提供了支撑。

分公司通过系统优化和改善使初加工产能提升，缸体毛坯加工年能力达6万件/年(二班制)，底盘件毛坯加工年能力达7万件以上。截至年底，实现量产的铸件产品108个，比上年同期增加7个，其中新品增加数量为3个。

【投资规划项目】 当年，完成起重设备超载限制器的安装、除尘器更新、退火炉更新共三种装备专项和工艺改造。其中退火炉更新将原有的两台顶升式退火炉更新为一套辊底式退火炉，利用了原有辊底式退火炉控制室及其输入输出轨道。

4月1日，C/L缸体初加工车间破土动工，占地5000余平方米，一期投资预算6000余万元，车间建成后将实现年产5万件加工能力。到12月，C/L缸体初加工线重要设备已安装完毕。缸体两侧面数控铣削自动线、缸体顶底面加工自动线、精加工底面自动线、缸孔及两侧面加工自动线、前后端面孔加工、枪钻自动线、顶底面孔隙加工自动线、顶底面攻丝及斜孔系加工自动线、两侧面孔系加工自动线和其他辅助设备已进入安装后调试阶段，2012年一季度可实现第一件L缸体下线。

【降成本课题立项与推进】 年初起，分公司QCD管理改善活动以“质量、成本、效率”为着力点，把制芯、铸造、清理和试制四大生产车间等作为降成本实施主体，通过运用道程表和原单位分析法对四大车间生产过程中存在的浪费进行全方位、精细化、系统化分析，完成从查找问题到课题设定的转换，建立了公司级、车间级、班组级等“三级联动”的CFT降成本管理改善团队，使降成本工作“下沉”到班组，传递给每个员工。

通过共同减少生产过程中的浪费现象，全年完成包括能源、技术、质量、设备等在内的QCD改善项目671项，其中小改善596项，个别改善48项，两日改善27项，共为企业创造经济价值206.4万元。7月至12月，共完成降成本改善提案110余项。由清理车间李睿刚等提出并实施改善的“缸体毛刺、铁块回收”改善课题获东风股份一等奖，“降低变形军排气孔废品率”、“原砂处理系统能力提升”两项改善成果获东风股份二等奖，“降低L65冷芯机故障强度率”、“提高混砂质量”和“降低军排气孔废品率”三项改善课题获东风股份三等奖。

【装备能力改善与提升】 全年共完成重大技改项目23项：GF线上下主机加砂系统改造、清理车间新增滚道、机模数控铣的安装并投入使用、4台40千克制芯机精度改造、造型下芯助力机械手交付使用、制芯冷芯机树脂集中供给改造、制芯新砂冷却器大修改造、清理车间磁选滚筒改造、爱立信混砂机放砂油缸国产化、爱立信混砂机润滑系统国产化、爱立信混砂机工控机国产化、GF线-3米处皮带地坑改造、5#中频炉移位安装、新增两台数控钻气孔机安装并投入使用、砂处理混砂机灰分加入系统恢复、浇注车液压系统改进、新增一台辊底式退火炉、新增一台清理磨床、制芯中心新增一台600千克机器人并投入使用、缸盖浸涂370千克机器人安装并投入使用、上主机型板夹紧密封改造、制芯二工部照明改造、浇注机油缸的设计制造等。设备管理部门和生产单元密切配合，针对提高GF线改善课题成立GF线时间开动率、GF线性能开动率、GF线良品率三个工作小组，陆续完成了GF线上下主机加砂系统、清理车间新增滚道项目设计与实施、爱立信混砂机放砂油缸国产货设计及制造等20多项设备改造，使GF线综合运行效率提高。

5月，GF生产线改善后的生产现场。

【新产品开发与技术进步】 年初，对康明斯、轻型发动机等东风产品，对JCB、徐工等非东风产品进行了前期市场研判，对Z缸体、L缸盖与D28、

JCB缸体缸盖等10余种发动机新产品，按用户要求已完成产品结构、工艺分析、方案设计和工艺评审等工作。

到年底，已完成的新品开发项包括：Z缸体产品开发、6B缸体制芯中心项目、L缸盖新产品开发、4B唐古拉缸盖产品开发、4D/6D缸体升级、东风轻发D28缸体缸盖开发、JCB缸体缸盖新产品开发、德纳EQ153中桥产品开发（共5种），其中对102、115、418三种零件已调试合格并通过试加工。

已完成的工艺和产品质量改进包括6D缸体制芯中心整体组芯覆膜砂挺杆芯工艺改进及调试就绪，6月开始投产。另外，降低了L缸体分油道渗漏废品率，解决了6B缸体顶面气孔问题和ZD30上缸体窗口及油道附近的气孔问题，克服了6D缸盖砂眼、气孔和渗漏缺陷，4B缸盖一型四件工艺方案的改进和调试同时取得进展。

通过工艺改进、材料换代、提高工艺出品率等措施共确定技术降成本项目7项，全年累计实现技术降成本取得可观效益。

全年实现申报科技进步奖项目5项："GF线砂箱扩容及设备改造"、"制芯中心新工艺在康明斯L气缸体铸件开发中的应用"、"COMAU机器人程序开发设计"、"备件计算机管理系统"和"铸型数控钻气孔机应用"。9月，参加东风股份科技进步奖项目评审，均获得2011年度科技进步奖，其中"GF线砂箱扩容及设备改造"、"制芯中心新工艺在康明斯L气缸体铸件开发中的应用"两项被推荐为2011年度东风公司级科技进步奖项目。12月15日，东风公司已受理上述推荐项评审，另受理7项专有技术、12项专利，其中3项发明专利，9项实用新型专利。

【质量管理体系稳定运行】 2月起，分公司积极落实质量"三堂会审"、QRQC（质量管理快速反应）、质量追偿和车间与班组长两级重点管控等多项质量管理制度，提升了管理水平和管控效率。缸体缸盖类综合废品率由上年的10.55%降至当年的4.98%，同比下降52.8%，完成了年度质量管理指标。与同期相比，缸体缸盖废品损失减少778.82万元，外废损失减少183.7万元，返工返修费用同比减少11.57万元，合计974.09万元。12月19日至22日，天津华诚对分公司进行ISO/TS16949体系认证，分公司获得现场审核通过。

2月22日，质量部门在现场推进质量改善。

（李彩虹）

郑州日产汽车有限公司

【概况】 郑州日产汽车有限公司（以下简称"郑州日产"）成立于1993年3月，是中日合资的整车制造企业。2004年10月，经重组进入东风体系由东风股份控股，属国家高新技术企业，2011年获得"河南省省长质量奖"称号。企业定位于东风、日产双品牌轻型商用车制造基地。主营业务系轻型商用车的专业化和细分市场的中高端产品研发、制造和销售。公司注册资本12.9亿元。当年，完成产量115518辆，营业额130亿元，利润3亿元。截至年底，总资产达76亿元，净资产达22亿元。在岗员工4852人，其中合同制员工2694人，劳务工2158人。

郑州日产拥有从产品研发、供应链管理、生产制造到营销服务全价值链的业务流程。现有NISSAN和东风两个品牌、五大序列、八大车型。其中，NISSAN品牌包括D22皮卡、帕拉丁SUV、凯普斯达高端轻卡及CDV车型NV200，东风品牌包括锐骐皮卡及其多功能车、奥丁SUV、御轩MPV、帅客城市多功能商用车，是国内轻型商用车产品线覆盖较全的企业之一。其自主品牌锐骐、奥丁等四款新能源车已取得国家纯电动汽车产品公告，装备国内先进的电动车远程监控系统。此外，拥有日产汽车公司两大高端车型的销售权，即NISSAN全进口高端商务车碧莲车型(NISSAN CIVILIAN)和NISSAN硬派越野车型——途乐第六代原装进口车。拥有一级经销商(4S专营店、展厅等)255家，二级经销商620家，特约维修站421家，形成集整车销售、配件销售、信息反馈和售后服务为一体的销售服务网络。海外事业方面已形成以非洲、中南美洲、东南亚为重点，东欧、大洋洲为补充的六大目标市场，拥有海外销售网络24个。

【中牟工厂启动】 4月15日，以满足18万辆产能和迈向全球QCT(质量、成本、交期)管理前三名为目标的中牟工厂管理改革正式拉开帷幕。按照对标计划，工厂开始全面提升现场管理水平，目标是从日产GK诊断1.7分提高到 3.5分，在日产全球工厂排名第七，但中牟工厂自定挑战目标进入前三。此项管理达标工程到年底已取得初步成效，并在日产2011年度IMEM大会上首次获得"X11M最佳质量控制奖"和"DSTR提高最快奖"称号。

【产能投资项目启动】 6月，中牟工厂新涂装车间破土动工，标志着中牟工厂18万辆产能提升项目正式启动。项目总投资15.9亿元。作为一期工程的新涂装车间，车间面积42000平方米，投资额3.71亿元，计划2012年9月建成。

【促销行动】 9月28日，"告别微客成为帅客"——帅客1.5升全国上市活动于郑州主会场及青岛、成都、杭州、广州和厦门五大分会场以卫星联动方式隆重举行。上市价格分别为标准型65800元和舒适性71800元。此次帅客1.5升上市推出"微客升级置换补贴大行动"，即针对微客升级置换客户，给予每辆6000元的大额补贴。借助限时限量升级置换补贴的商务政策，使帅客1.5升标准型售价下探至5.98万元，直接进入高端微客4万~6万元的价格区间。

【"牵手工程"捐助仪式举行】 8月24日，郑州日产捐助学生公益夏令营暨2011年"牵手工程"300万元捐赠仪式暨"金秋助学"活动在郑州举行。

8月24日，郑州日产举行"牵手工程"300万元捐赠仪式。

总经理郭振甫代表郑州日产向郑州市慈善总会捐赠300万元。此项"牵手工程"是郑州日产于2010年启动的一项公益捐助计划。计划包含每年向郑州慈善总会捐助资金不少于300万元，5年累计捐助额度将超过1500万元，用于对贫困大学生、贫困孤儿等困难群体的帮扶。

【新研发中心奠基】 12月3日，郑州日产新研发中心奠基仪式在郑州市隆重举行。研发中心规划占地面积约300亩，总投资为2.8亿元，其中一期规划占地185亩，计划2013年完工并投入使用。新研发中心将成为日产全球轻型商用车专业研发基地之一，也是东风股份研发机构的重要组成部分。主要为郑州日产完成"3+2+E"("3"是指形成三个年产量过10万辆的明星车型，包括皮卡、CDV和SUV三大品类，"2"代表MPV和轻卡，"E"代表电动车)的产品布局提供有力的技术和产品支撑。

12月3日，郑州日产举行新研发中心奠基仪式。

(吴焕龙)

东风轻型商用车商品研发院

【概况】 东风轻型商用车商品研发院(以下简称“研发院”)在上年业务职能基础上增加适应性汽车产品商品企划职能。当年3月,研发院组织机构进行较大幅度调整,郑州日产技术中心15个专业设计科室并入,新组织机构设置为7个专业开发部(发动机、车身、底盘及电器开发部,车辆、部品工程部,产品认证部等),5个开发/研究中心(轻型车、微型车、客车及商务车开发中心、新能源研究中心等),研发资源部、首席专家室以及院直属科室,共13个副/准部级单位、76个科室单位(含14个产品平台),初步形成专业开发部+整车开发中心的矩阵式研发体制模式。截至年底,在册员工475人(同比增加67人),其中高级管理人员11人,中级管理人员9人,高级技术职称81人(含研高10人),中级技术职称106人。

研发院加强研发费用预算管理,当年研发费用预算3951万元,实际完成4007.79万元,研发费用预算完成率101.4%。研发院能力建设新增固定资产587万元,PDM一期项目11月上线运行,实现异构CAD数模与PTF图纸、E-BOM数据创建、发布及变更一体化同步管理以确保CAD数模、PTF图纸、E-BOM数据精准一致。7月12日,卢峰总经理为总投资约4亿元的研发院二期建设开工仪式剪彩,二期能力建设基建工程计划于2012年6月完成,9月发动机试验室投入使用,2014年底完成全部工程建设。

【新产品研发】 研发院全年完成272种新车型开发并实现量产,新车型销售29468辆,新品贡献率43.2%。3月9日,东风高端轻卡-凯普特(T01)N300在东莞国际会展中心举办全国首发仪式,其后多款系列车型已投放市场或将陆续投放市场。9月25日,东风高端轻客-御风(A08)在襄阳召开有172家供应商参加的投产动员大会,确保2012年二季度上市。东风微客-俊风(W03)计划2012年1月在常州东风进行PT试装。日产品牌高端轻卡-凯普斯达(新F91A)技术降成本项目3月完成委托开发协议。东风经济型MPV——帅客

4月21日,东风纯电动四座微轿在上海车展首发。

(C16A)拓宽产品线开发的2.0升 MT车型8月上市,1.5升车型9月上市,2.0升 AT车型12月通过SOS移行判定。东风纯电动四座微轿(EJ01)于4月21日在上海车展首发,两座微轿(EJ02)完成ET1.5试制,生产试制样车16辆并同时亮相上海车展。12月,东风公司实施大自主品牌乘用车战略,EJ01和EJ02开发项目整体移交给东风公司技术中心(27名相关技术骨干随同项目一并划转)。轻卡适应性新车型全年累计开发120个,实现量产车型82个。

【科技成果与知识产权】 东风股份本年度评选出科技进步奖37项,其中获东风公司科技进步奖12项,第三代东风轻型载货汽车(凯普特/多利卡/福瑞卡)被评选为湖北省自主创新产品。注册东风股份四飞燕图形商标获得批准,注册东风股份中文商标5件,已获批准4件,与东风公司签订了十年期东风商标使用许可合同。专利申报受理536件(其中发明专利37件,实用新型专利333件,外观专利166件),同比增长116%,在东风公司内连续两年排名第一。

东风股份批准专有技术8件,通过东风公司认定3件,实现技术降成本同比增长21%,超过挑战目标36%(自2005年开展技术降成本活动以来累计实现技术降成本收益4.15亿元)。完成技术标准制修订131份,其中研发院70份,含行业标准1份,计划完成率105.6%, 同比增长26%;在BOM系统内实现技术标准检索查阅功能,可查阅各类技术标准1600余项。

(金庆星　陈国斌)

东风襄阳旅行车有限公司

【概况】 东风襄阳旅行车有限公司(以下简称“公司”)是东风股份旗下承担客车及客车底盘事业的子公司。2011年新增东风御风(内部代号:A08项目)多功能轻型商用车销售及东风御风的改装业务,3月开始筹备东风御风销售工作,到年底,东风御风销售团队已签约一级代理商12家。公司主要产品有:东风牌全系列客车底盘和东风莲花系列城郊客车、东风(金)莲花系列公路客车、东风阳光巴士系列公交车、东风莲花系列校车、东风御风系列改装车。产品覆盖客运旅游专用车、长中短、高中低档、汽柴油和燃气、发动机前中后置等全系列产品。产品行销国内30多个省、市,并大批量出口到俄罗斯、乌克兰、埃及、越南等国家和地区。截至年底,公司有员工637人,其中合同工399人、劳务工238人。

公司全年累计实现汽车销售28276辆,同比增长17%。其中底盘销售26186辆,同比增长15.37%,高于行业增长率17%。客车销售2090辆(含出口),同比增长52.33%。公司客车底盘及客车销量均创历史新高,客车底盘重返行业第一,客车销量提前80天完成年度目标。利润总额5454万(不含新能源),息税前利润4693万元。总资产118748万元(同比增长11.34%),净资产21870万元(同比增长26.11%)。设计产能单班底盘20000辆、客车3000辆,实际产能单班底盘26186辆、单班客车2090辆。

公司获2011年度东风公司“最佳文明单位”、东风有限“最佳单位”、东风股份“优秀经营单位”和“党风廉政先进单位”等集体荣誉。

5月28日,东风御风首批特约经销商签约仪式。

【客车底盘业务重返行业第一】 自年初起,公司以“打造客车底盘行业第一品牌”为中心,着力构建“五大平台”:改善品质打造具有竞争力的质量平台、整合供应链打造性价比优的核心资源平台、优化产品结构打造具有市场竞争力的产品平台、完善公司内部组织机构及管理流程打造具有快速反应能力的制造平台、完善售后服务网络建立体现“亲•勤”的营销售后服务平台。经过努力,上年夺回失去的底盘销量“行业第一”的称号。据中国专业客车底盘联合会分析数据显示,东风轻型客车底盘全年销售26186辆超江淮619辆。

【经营质量改善】 公司以“四个带动”提升经营质量,创出好成绩。1.以市场带动管理提升。年初,向16个责任部门颁发降成本指标,降成本立项61项。实行全员参与、全体动手、二级管理和定额控制,全面完成了年度COD排放和降能耗排放指标。QCD改善由公司立项67项、由部门及员工提案360项。2.以市场带动技术创新。利用国Ⅳ产品转产契机,加快产品平台整合,将7米以下底盘规划为三大平台,引导客户选用标准配置底盘。同时开发出国Ⅳ底盘,因产品附加值提高促产值提升。3.以市场带动产能提升。按用户需求确定交货期,按商务政策考核交货期,订单评审时间从原来平均6天缩短至1.8天。总装作业部每日8台提升到每日12台。后置底盘由原单班10台提升到单班16台。底盘装配台数同比增长25.4%,客车装配台数同比增长64.5%。年底,焊装班产达304台,涂装班产达298台,总装班产达280台,均创历史新高。客车和客车底盘订单按时交付率均在90%以上。4.以市场带动品质提升。年初公司下达改善课题256项,定期举办“质量曝光台”,并加大关键指标考核力度,全年完成公司级课题38项,部门级课题189项。B-VES评价由每台20.5点降到每台16.5点。

【产品研发与结构调整】 为适应并满足国家实施国Ⅳ排放标准,公司遵循“一次规划,分步实施,逐步

8月31日，东风襄樊旅行车公司举行国Ⅳ产品推荐会。

完善”的产品规划思路，于9月份推出四大系列13款国Ⅳ标准底盘产品。产品结构型谱和公告发布型谱均在同行中处领先位置。截至10月，品种型谱可适应更多发动机种类配置，车型已覆盖到5～12米、前后置发动机和多种燃料动力。与此同时，主导产品结构调整也取得进展。8米以上底盘份额由上年的17%提高到22%，净增1737辆，对保障利润目标达成有明显作用。校车产销达650辆，涨幅141.6%，校车型谱系列覆盖6～9米、座位涵盖19～70座。产品结构的优化使批量订单增加。

（李　勇）

汽车二公司

【概况】　汽车二公司（以下简称“二公司”）位于东风襄阳基地东风汽车大道以西、风神襄阳工厂以北，成立于2011年7月15日，占地1250余亩，主要承担御风商务轻客、轻卡、轻卡车架生产任务。当年建成车架、冲压、御风焊装、涂装和总装等五大生产车间，6万辆总装设计产能仍在建设中，已具备3万辆御风整车产能、15万辆轻卡车架和100万件汽车冲压件生产能力。截至年底有员工488人。

二公司创立后，在生产建设中取得多项技术成果，“轻卡车架全自动涂装线的工艺开发及应用”、“模具智能柔性清洗系统的研究与应用”、“轻卡纵梁校平机的研究与应用”等三项成果获东风股份2011年度科技进步奖，前两项被推荐参加东风公司科技奖评选；《轻卡纵梁校平机的研究与应用》等两篇科技论文获东风公司科协2011年度学术论文奖，另有25项发明专利通过国家认证。

二公司从创立起即导入日产管理方式，推行成本质量交货期管理。御风车型PT1阶段A-VES评价目标是21件/辆，实际完成19.5件/辆；车架工程VES目标是1.6件/辆份，实际完成1.4件/辆份；车架可控CPU目标实际降低近一成；车架总成日交付时间遵守率达98.8%，超挑战目标；全年实现火灾、伤害事故为零的目标。

7月15日，汽车二公司成立暨车架车间竣工投产。

【组织机构设置】　二公司按照东风股份《组织机构和岗位编制控制基准》要求设置组织机构，将企划、人事、后勤、保卫等职能合并为综合管理科，生产、安环、运输、仓储等职能合并为生产管理科，QCD等技术管理职能纳入制造技术科，招议标和采购职能整合为1个科室。共有10个职能科室和车架、冲压、焊装、涂装和一总装等5个生产车间。

6月20日，其中13个部门、车间负责人经东风股份首次举办的科级干部公开招聘后获聘任。9月30日，公司经过讨论和会签等流程，确定8个“三合一”体系程序文件和管理标准94个、紧急预案16个、记录清单177种，均被批准在东风股份OA办公平台上发布，标志着新建公司管理体系基础已搭建成型。

【车架车间还建项目竣工投产】　7月15日，新车架车间在原有分公司老车间基础上改建扩产工程竣工。当日，车架总成实现新品垂直转产，各品种产能分别达到：纵梁冲压年产18万辆、车架铆接年产7.5万辆、车架油漆年产15万辆，并预留二期7.5万辆车架铆接和15万辆车架油漆产能的扩充接口。从7月开始计算产出，截至年底，共生产车架总成55000辆，其中车架铆接14754辆。

新车架车间采用多项新工艺、新技术：铆接线采用支架卧铆工艺，尺寸精度更准确；油漆线采用新型底面合一底漆，此项工艺在不影响耐腐蚀性前提下，其耐候性提升至500小时，且实物制造成本降低，车架总成质量和成本均得到改善。

【冲压中心一期竣工投产】 二公司冲压中心于2010年10月开始动工。主要依靠自身力量组成项目组，自我设计，自我管理。其间，导入日产N-PEG管理方式进行管控，月度平均节点完成率在95%以上，关键节点完成率100%。于2011年10月15日提前一个月实现竣工投产，项目投资结余率8.6%。

10月15日，东风股份总经理卢锋（左四）、党委书记、副总经理李建刚（左三）参加冲压中心一期投产仪式。

冲压中心建设，是东风股份整个襄阳基地冲压能力的提升项目，一次规划年产454万件冲压件及409万件开卷能力。实施过程分期投入，一期工程投资1.33亿元，建筑面积18480平方米，建设内容为三跨厂房。引进一条日本网野公司的大型半自动伺服压力机生产线，可形成100万件冲压件生产能力。

该生产线采用国际先进技术，实施中新增技术改进101项，申请专利2项。其在产出高品质冲压件的同时，能耗、噪音较传统压力机降低30%。此外，可适用外形尺寸更小的冲压件，较传统压力机对厂房高度及基础深度的设计要求降低，因此减少投资近200万元。该线配备了自动化清洗涂油装置，在解决人工上料难的同时保证了板料清洁度，可减少工序环节污染及磕碰伤，减少返修量。

【轻卡能力补充项目启动】 为支撑东风股份襄阳基地30万辆轻卡能力规划的实现，二公司担负起18万辆轻卡能力补充项目建设任务。4月10日，6万辆轻卡总装车间项目开工建设，标志着轻卡能力补充项目启动。项目导入日产新工厂建设所使用的N-PEG管理工具，设定管理基准书和管理流程，从工厂建安、工艺设备、辅助设施、人员配备及培训、技术文件和材料准备等六个方面设定279个N-PEG管控节点。截至年底，完成N-PEG管控节点260个，节点完成率达98.9%。

在此过程中，二公司采用三大举措提升资金节省率：1.提高设计质量，严格会签制度，借鉴其他项目的经验尽可能把问题解决在设计阶段，减少后期核定问题出现。2.按既定计划和标定采购合适设备。3.严格控制建安和施工质量。全年项目33项投资内容已发生16项，实际投资结余率达8.31%。

【御风生产准备】 到年底，御风（内部称“A08”）轻型高端商务客车已经过从ET1.5到PT1三个阶段共计34辆份车身、26辆整车的生产试制过程，整车制造责任A-VES点数降低到19.5件/辆。

二公司专门成立“A08”事务局负责御风试制工作。在生产准备阶段，首先制定试制活动计划书按计划管控和确认进程，确保试制工作顺利进行。试制期间，每日组织QRQC（快速反应质量控制）会，每周组织召开试制推进会。过程中制定了严格的质量管控手段，对白车身精度检测、涂装的性能以及整车品质偏差、诸元测定、吻合度等测量，均按设计严格分析，所有改进均有数据依据。对御风总装17个系统共计77处重保力矩实行100%检查，发现问

11月16日，日产高管樱井亮（左一）在调研御风试制情况。

题及时整改。到PT1阶段，御风关键力矩一次检查合格率达96.97%，复检合格率达100%，工程VES做到全数检查。根据东风股份品保计划书，新品试制17项指标全部完成，为投产上市奠定了基础。

（李向南）

东风裕隆汽车销售有限公司

【概况】 东风裕隆汽车销售有限公司（以下简称“东风裕隆”）是东风股份与台湾裕隆的合资子公司，也是东风轻型车主力销售公司。2011年11月，东风股份以4900万元回购裕隆合资公司持有的东风裕隆汽车销售有限公司49%股份，台湾裕隆退出中国轻卡销售市场。预计2012年东风裕隆将更名。

东风裕隆主营商品包括东风多利卡、东风福瑞卡等系列车型。截至年底，公司拥有总资产6.78亿元，净资产0.98亿元。公司内设多利卡事业部、福瑞卡事业部、集团与专用车事业部、服务部、直营事务局、商品部、财务部、综合部、人事部、党群部、品牌部、车调部和监察室。对外投资控股、参股的公司有东风（武汉）汽车零配件销售服务有限公司、武汉东裕汽车销售有限公司、常州东益车厢制造有限公司、上海东嘉汽车销售服务有限公司。托管的单位有襄阳东裕立胜汽车销售有限公司。截至年底，公司本部有员工332人。

全年整车销售117765辆。轻卡市场占有率逆势上升，从年初的12.6%提升至13.2%。其中福瑞卡增幅达28.82%，为东风股份推进“N315”计划提供了有力支撑。

【售后服务新模式】 2月，河北、山东、河南、辽宁、福建、云南和江苏7个省，开始推广网络化服务（“1+N”模式 、零件对标、首问负责、机动服务、专家诊断、零件贩卖、定期定点、限时服务以及信息系统互联服务）。

上述网络化服务的各项举措于2010年先在湖北试点。“1+N”（一个服务站加两个以上移动服务车）模式已完成了省级、地级中心和县级连锁点的布建，零件对标推进完成，首问负责实现三天结案率达到100%，机动服务站服务车共配备36台（其中全品系工程车服务站配备5台），实现了湖北全省覆盖。同时，实现对17家服务站68个定期定点（其中集散地10个点、全品系6个点）服务网点的全过程管控，即从任务单下发、接收到工作节点的GPS管控，再到过程管理的全网全过程管理。统一模式覆盖全省服务网络包括重点乡镇，零件供给也伴随专修定期定点模式跟进，基本实现“24小时到位、48小时修好”的承诺。

截至年底，对河北、山东、河南、辽宁、福建、云南和江苏7个省“1+N”模式完成了省级、地级中心，县级连锁点的布建，零件对标推进工作基本完成，首问负责制落实三天结案率达100%，机动服务站达78辆车，定期定点的专修、诊断和零件贩卖基本实现7省服务网的覆盖。

全年新网点净增131家，总数达578家。其中，多利卡经销点由上年的222家增至264家，福瑞卡经销点由177家增至238家，网络中新网点累计提车7849辆，贡献比达7.2%。

【东北市场振兴计划】 2011年1月11日，东风裕隆发布“东北市场振兴计划”。把东北三省市场作为2011—2012年的重点区域，目标是：通过两年努力，到2012年实现销量倍增，市场占有率达15%，销量突破两万辆。截至年底，东北地区销售东风轻卡4286辆，同比增长16.4%，市占率达5.4%，同比增长0.9%。多利卡网络发展到25家，同比增长33.3%；福瑞卡20家，同比增长35.7%，市场开拓能力增强。

1月11日，东风裕隆“东北市场振兴计划”启动大会现场。

【销售业绩逆势增长】 当年前10个月，东风裕隆已实现销售轻卡100733辆，连续两年销量突破10万辆大关。截至年底，实现整车销售117765辆，在行业整体低迷的市场环境中，其占有率从年初的12.6%提升至13.2%。东风裕隆变“促销”为“营销”，由卖场营销逐渐转变为客户关系营销，主动寻找客户，实现了营销转型。8月，启动“百日会战、百人驻点”活动，对95家经销商面对面开展驻点管理服务。其间，实现134个据点的日进销存管理工作的理顺，对124家经销商（占总库存比56%）进行了库存盘点，并通过实施“零点动力”、“红色旋风”和“业代关怀”等措施，推动了新网点的发展和下沉，提升了经销网络的整体形象。同时，市场信息来得更准、反馈更加有效，由此推动逆市增长。当年销售过万的省和地区由上年的5个，增至山东、湖北、河北、浙沪、川渝、江苏、河南7个。

（梁　雪　龚　克）

常州东风汽车有限公司

【概况】 常州东风汽车有限公司（以下简称“常州东风”）主要承担东风轻型车事业所属皮卡和W01系列微卡等制造业务，综合生产能力3万辆/年（251天“双班”），是东风股份的三大制造基地之一，被称为东风公司进军东南沿海市场的“桥头堡”和“长三角”地区重要战略布点。截至年底，在岗员工550人，其中技术管理人员137人，中级职称13人，高级职称14人。

常州东风积极实施能力提升、品质提升、素质提升三项工程，深入开展各项业务改善，不断强化内部基础管理，整体生产经营状况持续向好。全年11项KPI指标全面达到目标，其中汽车产量、营业利润、单位制造费用降低额、人均生产台数、辆份人工成本降低额等7项指标实现挑战目标。汽车产量18039辆，同比增长20.4%，营业利润638.9万元，实现连续22个月盈利。同时，持续实现劳动生产率提高、员工人均收入提高、辆份制造费用降低、辆份人工成本降低的“两高两低”目标。

【东风小型发动机项目奠基】 11月11日，以专

11月11日，东风微车小型发动机项目在常州举行奠基典礼。

业化生产标准配套东风微车的小型发动机项目在常州基地正式奠基，东风微车事业将拥有自己的动力系统保障。以往，东风集团动力总成产品型谱中没有小型发动机品种，此项目将填补东风集团发动机总成一项空白。至此，东风集团重、中、轻、小全品系发动机总成格局初定。

常州东风小型发动机项目生产基地规划产能为25万台，分两期实施。一期建成10万台/年并形成批量试验能力，二期将形成总装和批试能力提升至25万台/年，并新增缸体缸盖机加能力25万台/年。

【“标杆制造工厂”目标项目启动】 11月10日，东风公司董事长徐平、总经理朱福寿、副总经理欧阳洁一行到常州东风调研时，徐平号召常州东风：东风集团将举全东风之力促进常州东风大发展，常州东风全体员工要以争一流的志气“将常州东风打造成东风有限的标杆制造工厂”。以此为契机，常州东风向“标杆制造企业”迈进的目标项目正式启动。积累和努力，常州东风经营已实现

11月10日，东风公司领导徐平（左四）在常州东风调研。

扭亏为盈，管理基础正在夯实，经营质量稳步提高，迈向“标杆制造企业”的基础条件已经具备。

【企业文化发布】 7月11日，在有东风股份党委副书记郑加坤参加的企业文化发布会上，常州东风企业文化板揭牌。它展示了企业愿景：专业化、规模化、国际化的微车制造基地。企业理念：工作至上，业绩导向。企业价值观：心系员工、心系工作、心系公司、心系事业、心系发展。企业哲学：改善自我，自我改善。经营理念：员工关爱、人才培养、管理提升。

自2009年以来，常州东风将创建企业文化纳入公司重要工作项，并以价值提升课题为实践，依托党建系统全面开展企业文化建设，经过不断总结和锤炼，形成了有自身特色的企业文化体系。从7月起，公司已部署传播企业文化，使之深入人心、渗入日常工作。

（王　花）

车厢分公司

【概况】 车厢分公司（以下简称“分公司”）是专业从事轻型商用车车厢生产的成本责任单位，主要生产轻型商用车车厢。产品涵盖凯普特、多利卡、福瑞卡、工程车等全部车型的标准车厢。分公司具备年产7.2万台车厢的生产能力，是国内轻型商用车车厢最大制造企业之一。现有员工总数493人（正式工254人，劳务工239人），其中技术人员24人，管理人员68人，中级职称23人，高级职称10人。

2011年是东风股份“N315”计划再战之年。分公司以品质为根本，以收益为中心，致力于管理创新，年度整体运营质量提升，生产经营指标稳定增长。同时，创新示范教育、警示教育和主题教育形式，学习宣讲全覆盖，以干部党员为主要对象，以理想信念、党纪法规和内控制度为重点拓展作风建设形式和内容，为分公司营造了良好的经营环境。当年，实施涂装二期能力提升项目，完成了对焊装作业部编程优化和QCD改善课题，车厢年产量达81919台，各项年度经营指标均完成。

【生产经营质量创历史纪录】 分公司围绕“提高效率、提升品质、增强收益”等目标任务推动管理创新和技术创新，生产经营指标多次刷新纪录。当年共装厢81919台，完成年度目标。生产小时台数由上年18台/小时提高到19.6台/小时，质量一次下线合格率由上年85%提高到93%，装厢日入库时间遵守率达97.35%，实现挑战目标。3月，生产过万台，创历史新高。为缩短交付周期，生产单元运用道程表、实力线等工具准确把握影响生产效率提升的难点，开展全员改善活动，以量化管理为手段提升了焊装、涂装、总装各作业部劳动效率，使员工日工作时间比上年平均缩短近两小时。此间，以技术革新、产能提升、品质提升、QCD改善、立功竞赛和五小活动等为主要内容的群众性技术创新活动形成热潮。

7月15日，东风公司副总经理欧阳洁（二排右）、东风股份总经理卢锋（前排右）在生产现场调研。

【焊工技能大赛承办】 分公司第二次承办东风股份焊工技能大赛。组委会按照“干细活、出精品、内鼓士气、外树形象”和公平公正公开原则，详细制定标准作业书、评分标准及参赛规程。东风股份20余名优秀选手参加决赛，东风有限、东风股份的领导到场观摩。焊接技术是车厢员工的强项，本次技能大赛前三名被分公司参赛选手包揽。

【巾帼建功示范岗活动】 分公司质量部共24人，其中女员工20人，占部门总人数的83.3%。该部门结合质量部的工作特点开展“巾帼建功行动”等岗位创优活动，2008年、2009年分别被东风有限工会授予“巾帼建功示范岗”称号，继2010年被东风公司工会授予“女职工巾帼建功标兵岗”称号后，

2011年"五一"前夕被湖北省总工会授予"湖北五一巾帼奖",此外,还获得其他上级部门授予的"女职工建功立业标兵岗"及"工人先锋号"等称号。2011年,质量部以创建"巾帼建功示范岗"活动为载体,继续推进全数质量保证体系工作,使车厢质量一次下线合格率由85%提高到93%,为分公司品质目标完成作出贡献。

【内训师走进班组】 自2009年起,分公司成为东风股份创建学习型组织试点单位。三年来,内部培训师共组织搜集内部学习案例47个,开发课件近百件。到2011年,内训师全面实施进班组授课活动,有计划、有针对性地传播企业文化,传授工作技能、产品知识、质量技术和开展安全培训等,采取简洁易懂的讲解和启发式互动教育方式,很受员工欢迎。本年度,分公司内训师曹绍成被东风有限评为高级内训师。

(李晓荣)

东风轻型发动机有限公司

【概况】 东风轻型发动机有限公司(以下简称"公司")位于十堰市张湾区新疆路58号,是东风有限和东风股份共同出资组建,集发动机产品开发、零部件采购、生产制造、销售及服务全价值链且具有独立法人资格的子公司。公司现有缸体、缸盖、曲轴、装配、试验五条生产线,主要生产ZD30系列3升轻型柴油发动机和东风自主品牌2.0—3.0升轻型发动机,排放标准达到欧III、欧IV标准。主要为东风品牌、东风有限日产品牌轻卡、SUV、轻型客车提供发动机总成。截至年底,公司现有员工335人。

3月5日,F91A国IV发动机实现量产,这是公司第一款国IV发动机;9月,自主研发的T01国IV发动机实现量产;10月,A08国III车用ZD30发动机的研发进入试制阶段,标志横置发动机的研发已取得阶段性成果。当年,为凯普特N300搭载的ZD30发动机获得欧洲认证并完成了适应性开发,先后出口到土耳其、秘鲁、乌拉圭等市场,同时收到来自伊朗、缅甸、俄罗斯等国订单。

【ZD30、D28发动机搭载整车成功】 当年3月,ZD30发动机搭载东风凯普特N300高端轻卡和郑州日产锐骐皮卡上市。10月26日,D28发动机助推东风锐铃轻卡在武汉成功发布,这是D28发动机首次搭载东风股份轻卡。

【SAP系统促公司生产运营精细化】 1月4日,公司SAP系统成功上线运行,这一网络数字化平台为公司业务流程管理迈向精细化奠定了基础。SAP系统构建启动于2010年5月,10月全面铺开。此间,项目组经过准备阶段、业务蓝图阶段、系统实现阶段、最后准备阶段和数据核对阶段等工作步骤,于1月3日凌晨4时完成系统切换,4日全网运行。

【ZD30发动机蝉联节油大赛冠军】 11月7日,ZD30发动机继2010年获"第三届中国国际卡车节油大赛冠军"后,第四届再次夺得此项大赛冠军奖。总经理徐大千参加颁奖典礼并接受颁奖。大赛由《商用汽车新闻》主办、中国定远汽车试验场和中国汽车技术研究中心汽车试验研究所协办。ZD30发动机是从日产引进的一款满足欧IV排放(可升级为欧V标准)的高端轻型柴油发动机。针对中国市场及油品等情况,公司在导入过程中累计完成400多项主要零件的开发设计、1万多项单体试验和累计1.2万小时的各类可靠性实验。

11月7日,公司在第四届中国国际卡车节油大赛颁奖典礼上获奖。

(蔡海燕)

海外事业部

【概况】 海外事业部(以下简称"事业部")是承

6月30日，东风股份组团走访阿尔及利亚市场经销商。

担东风股份海外市场开拓、产品销售、售后服务和备件保障的经营实体。事业范围包括：向国际市场推广东风股份生产的轻型商用车（含工程车）、轻型客车（含客车底盘）、微卡/微客、皮卡及SUV。负责归口管理及规划东风股份各分、子公司的出口业务。

2011年，面对国际局势动荡和主要目标市场环境恶化、人民币汇率和各种贸易保护等不利因素，事业部尽力争取主动，全年完成出口销量10513辆，较上年增长12.8%。截至年底，在册员工65人，其中合同制员工64人，劳务工1人。

【非洲销量快速增长】 截至12月31日，事业部在非洲区实现销售3345辆，超挑战目标345辆。该区域销量占海外全年销量的31.5%，同比净增1350辆，增幅达67.7%。增长缘于抓重点市场有成效。通过对非洲区阿尔及利亚4个城市的调研，快速建立5个经销网点。仅阿尔及利亚实现销售2893辆，同比增长96%。东风股份产品已连续两年在阿尔及利亚市场销量翻番。

【委内瑞拉市场重新开启】 当年，东风股份在中南美区委内瑞拉的销量达2723辆，同比净增1313辆，增幅达93.1%。事业部积极支持和配合委内瑞拉经销商争取进口配额，双方共同促进其政府于当年9月30日签发500辆东风轻卡进口配额。这是事业部当年最大单笔数量订单，也是自2009年初委内瑞拉政府停止从中国进口汽车以来，东风轻型车重启大批量出口委内瑞拉市场的显著业绩之一。

（乔　晖）

工程车事业部

【概况】 工程车事业部（以下简称“事业部”）是东风股份旗下集东风工程车商品企划、产品开发、生产制造和销售服务为一体的全价值链事业平台。主要生产东风劲诺、东风金刚、东风劲卡三大品系产品，覆盖重、中、轻型整车系列，已形成“一主两辅”（以自卸车为主导产品兼营多功能运输车、专用车底盘等）业务体系。截至年底，在册员工总人数452人。

受宏观经济影响，工程车市场出现负增长，事业部全年实现销售18270辆。产品方面，新推出适合农村市场的480、485经济型工程车，第二代工程车劲诺系列上市。品质方面，完善全数品质保证体系，加大了研发、采购、制造等各个流程的品质管控力度。销售方面，成立CFT（跨职能协调快速反应）小组，开展主动营销和口碑营销，推进网络终端和客户管理工作下沉，扩展营销网点122家（其中专营87家，县级59家）。售后方面，发展服务站72家，快修点累计达571家。

【第二代工程车纳入大平台管理】 2月，事业部第二代东风工程车东风劲诺Z57-510、Z57-010两款新车型投产。12月，东风股份第二代工程车工作推进领导小组第一次会议在襄阳召开，会上提出第二代东风工程车纳入东风轻型商用车大平台管理。为此，东风股份成立了以总经理卢锋、党委书记李建刚为组长，有商品研发院、品质保证部、SCM部、商品企划部、汽车分公司、汽车二公司、工程车事业部为成员单位的领导小组，负责第二代工程车的研发生产、品质保证和市场推广等各方面工作的管控和协调。

【CFT跨职能小组建立】 4月，事业部在武汉成立CFT跨职能小组，以应对当年全国轻型自卸车市场出现的下滑局面。面对严峻的销售形势，事业部在现有部门职能不变的情况下，按产品类型成立自卸车、运输型工程车和专用车三个CFT跨职能小组，小组成员包括商品企划部、产品开发部、业务部和服务部等部门的负责人和主要业务岗位人员，直接责任人由相关部门的部长担当。跨职能小组的工作内容主要包括：市场调研、商品企划、新品推广、日常业务管控、进销存管理、目标完成方策、竞品分析和售后服务协调等各个方面。各小组不定期直接向总经理汇报工作，简化日常工作流程，通过部门间通力合作以及更短、更快的决策路径，有效解决了影响正常销售业务的各种繁杂问题。

【质量管理体系认证通过】 6月，经过第三方认证公司天津华诚认证中心专家组为期两天的严格审核，事业部顺利通过ISO9001-2008质量体系换证审核。事业部成立之初，就已获得ISO9001质量管理体系的认证。此后，第三方审核机构每年进行例行监督审核，均获一次性通过。本次审核范围包含东风金刚、东风劲诺、东风劲卡系列车型的设计、开发、生产等。专家组认为，事业部管理者重视产品质量，重视体系建设和保持，重视质量投入，能够遵循有关法律法规，满足顾客要求；现有人员、基础设施和工作环境等资源满足现有产品和任务及体系运行需要；设计、生产过程得到了识别和控制，产品质量稳定；能够按照计划开展内部审核和管理评审活动，保持了较好的自我完善机制，质量管理体系符合标准且运行有效。

(潘　虹)

特种车事业部

【概况】 特种车事业部(以下简称“事业部”)规划产品线涵盖轻、中、重全系列产品，是东风股份中长期发展战略的重要板块之一，也是集产品研发、生产与销售为一体的全价值链经营实体。事业部成立于2008年6月30日，已发展成为拥有特种车研发机构，罐式车、特种结构车、特种底盘和方舱车生产基地的多元经营实体。全年销售特种车3510辆，完成计划目标。截至年底，共有员工203人，其中技术人员39人，管理人员65人。

【东风警用淋浴车被列入政府采购项】 3月，由中央国家机关政府采购中心和公安部政府采购办公室警用装备采购中心联合主办的2011年度公安专用车辆集中采购谈判项目竞争性谈判在上海举行。全国73家警用车辆生产厂家参与竞争性谈判，事业部开发的警用淋浴车于2010年进入国家公安部的列装目录并应邀参会。东风警用淋浴车以先进的设计理念、多功能的用途、良好的售后服务、合理的价格赢得专家组赞赏，最终东风警用淋浴车进入了公安警用车辆采购目录名单。

【防爆指挥车亮相国际展会】 10月28日，事业部参加在北京举办的第十四届中国国际煤炭采矿技术交流及设备展览会，并携研制的WC5R和WC10R两种防爆指挥车样车参展。展会主办方详细观看并试驾了两辆样车，称其评价与设计理念吻合。新车型打破了传统的井下防爆设备的设计理念，与国内外煤炭制造企业生产的防爆指挥车相比，不仅在性能上有优势，在价格、质量等方面也占有明显优势。

【50辆微型纯电动垃圾车交付使用】 11月7日，经过反复研究、改进、试制，50辆铅酸纯电动微型密封式垃圾车已完成最后一批车辆交付，这使事业部一步跨入迄今国内纯电动环卫汽车大订单供货的前三名，标志着东风新能源专用车技术日臻成熟，已具备批量生产能力。事业部以此次机遇为突破口，正扩大针对公共领域新能源专用车的研发。

(王浩群)

微车销售部

【概况】 微车销售部(对外称东风俊风湖北汽车销售有限公司，以下简称“微车部”)于2009年12月10日在武汉挂牌成立，是东风股份全资子公司，前身是常州东风汽车销售有限公司。微车部根据公司“N315”中期事业计划而建立，旨在拓展东风微车事业。主营业务是东风俊风微型车和东风皮卡系列的销售与售后服务。旗下有东风俊风微卡及微客系列、东风畅游、东风虎视、P62D皮卡系列以及东风途逸多功能商务车系列等。产品涵盖汽油、柴油、单双排、仓栅、厢货、厢客、四驱和双燃料。2011年，微车部进行组织机构调整，新增了培训科。全年整车销量20502辆，目标完成率120.6%，同比增长49%。截至年底，员工人数131人。

【销售业绩】 3月17日，微车部实现销售回款5001辆，提前14天完成一季度开门红，达成指标任务。一季度共计销售6604辆，同比增长249%。其中微车、皮卡3月销售回款均创新纪录，共计销售回款2428辆，日末端销售均突破百辆。

4月销售回款1971辆，月度任务达成率为116%。截至4月30日，累计回款8575辆，年销售任务达成率50.4%，提前两个月完成全年销量的一半。到6月30日，总销售回款12266辆，同比增长103%，达成年度目标72%，达成挑战目标的61%。其中微车累计回款7982辆，同比增长149%，超过2010年全年7655辆的销量；皮卡4284辆，同比增长71%，完成微车部内部确定的半年挑战目标。10月31日，销售回款17164辆，同比增长63%，提前两个月完成全年必达销售任务。12月15日实现回款20022辆，提前完成2万辆的年度挑战指标。

【"大晨会"制度】 1月，微车部开始实行"大晨会"制度。即每周一8时30分，由在汉全体员工参加的一项含企业文化特征的例会制度。会议由各科室科长轮流主持，通报公司上周业绩、公司新闻及本周即将开展的重点工作，向过生日的员工送上生日祝福，最后宣读微车销售部司训。"大晨会"制度对增强员工凝聚力，激励员工士气起到良好作用。截至年底，共举行"大晨会"45次，东风股份总经理卢锋三次观摩并参加微车部"大晨会"。5月16日，卢锋邀党委副书记郑加坤一同前往观摩。8月22日，卢锋与郑加坤再次参加"大晨会"，并高度肯定微车部企业文化建设和不平凡的销售业绩。

1月10日，微车销售部举行"大晨会"现场。

【销售业代精英赛】 6月，微车部举行销售业代精英赛。分四个大区进行预赛。7月21日，销售精英大赛总决赛在武汉落幕。通过初赛和决赛两轮角逐，最终有10名专属业代从全国300名合格业代中脱颖而出，分获一、二、三等奖。

7月21日，销售业代精英赛华北大区分赛区赛后合影。

【员工职业素养认证体系建立】 7月，微车部成立培训科，同时建立员工职业素养目标体系，开始有针对性地提高员工素质。职业素养认证体系分初、中、高级进行逐级认证制。初级职业素养的学习范围涵盖《市场营销学》、《时间管理》、《商用车营销红宝书》和《问题分析与决策》等10本书和一个视频，重在培养员工的初级执行能力、沟通能力、抗压能力、学习能力、人际交往能力、计划能力、创新能力、解决问题能力和营销基础知识。

【"3E"日清系统开发】 "3E"日清系统（every day每天、every one每人、every thing每件事），是针对驻外人员特点开发的在线网络日报系统。要求驻外人员每天将所做的事进行记录，填报营销日记，总部通过"3E"日清系统督促驻外人员每日按时完成工作计划，完成针对代理商的服务职能。3月1日，驻外人员"3E"系统上线运行。12月，总部人员加入"3E"系统运行。

（文 霞 严 可）

凯普特事业部

【概况】 凯普特事业部(以下简称"事业部")成立于2009年7月,主营东风高端轻卡国内市场销售业务,品种包括东风凯普特C系列和N系列轻型商用车。2011年销售7547辆,其中C系列6765辆、N系列568辆、原东风之星214辆。机构设置承上年不变,员工总数56人。

【凯普特N300上市】 3月9日,由东风股份自主研发的凯普特N300在东莞国际会展中心举行投放仪式,标准型售价为119800元。

3月9日,凯普特N300上市仪式上公司领导与新品合影。

东风凯普特N300源自日产和东风技术,是在充分消化吸收日产高端轻卡"凯普斯达"先进技术的基础上,结合中国客户的使用习惯和审美角度推出的凯普斯达"中国版",拥有"内敛实用,高效经济"的特点。它依托东风整车生产技术、制造工艺和严格质量管理体系打造出轿车般的舒适驾乘空间。装配日产ZD30低油耗发动机并经过优化设计改善,使整体油耗比一般车型有所下降。

7月21日,在东风股份的主导下,事业部在海滨城市大连举行东风凯普特大客户批量采购交付仪式。本次由上海佳吉快运有限公司一次购买的凯普特N300共207辆,是全年批量销售最大的一单。

【市场营销活动创新】 事业部致力于营销创新取得阶段性成果。全年开展新品定点展示166场,取得意向客户2292人,成交458辆,其间发现并确认全国50个最佳展示场点。全年开展物流展会6场,成功举办了物流经理人年会。会中收获上海佳吉和武汉宝沃勤N系列订单120辆、C系列订单440辆。

(张　宇)

东风襄阳物流工贸有限公司

【概况】 东风襄阳物流工贸有限公司(以下简称"物流公司")是东风股份旗下的全资子公司。主要承担东风轻型商用车运输和出国车KD件包装任务。2011年公司实现利润总额134.55万元。实现总产值4.2亿元。其中物流产值2.2亿元;KD件采购与包装业务产值2亿元。全年发送商品车154241辆,其中含常州汽车发送15281 辆、整车出口发送5465辆份(含金刚车)、十堰微车发送2611辆、海外KD包装4753 辆份。

根据东风股份所属二级单位机构设置要求和本公司发展需要,11月14日,物流公司对组织机构和部分职能进行调整,将原经营管理部调整为综合管理科,原总经理办公室拆分为办公室和工会工作科,原财务会计部拆分为财务会计科和监察内控科,原运输管理部、包装仓储部、商品车发运部、质量技术部调整为运输管理科、包装仓储科、商品车发运科、质量技术科,新增常州物流科和部品物流科。截至年底,在岗合同制员工89人,劳务制员工152人。

【运输能力实现新突破】 物流公司自上年起凭借新商品车发运阵地投入使用,开始建立标准化、集约化商品车发运模式,截至年底,新模式运行趋于成熟并收效明显。全年单月最高运量达19888辆,日发运整备能力提升至700辆,日发运能力最高峰突破800辆,上述指标均创历史新高。

【商品车客户服务平台搭建完成】 当年2月起,物流公司开始筹划构建网上"商品车运输客户服务平台",为经销商提供全过程透明化的车辆信息查询服务。截至年底,商品车客户服务平台系统研发完毕,客户服务平台搭建完成,集中调度功能、客户投诉查访功能等运行正常。由于物流过程透明度增强,商品车客户投诉率由原来的

5‰降至1.5‰；商品车准时运达率提升至97%以上。

【商品车集中调度中心成立】 10月24日，物流公司成立商品车集中调度中心，对下属四家承运公司调度人员实施集中办公、统一管理，对商品车运输调度计划实施集中管理，并统一收集经销商（客户）信息反馈和信息处理意见，与网上商品车客户服务平台系统相配合，使商品车集中调度中心职能运行效果增强，实现了商品车发运效率和客户满意度双提升。

【山东凯马运输业务启动】 10月30日，物流公司山东凯马运输工作正式启动。通过调遣各个生产环节中人员进驻山东东风凯马进行前期筹备、对商品车发运的信息管理系统进行完善、及时调配各承运公司运力资源到位，已完成了山东东风凯马物流发运阵地的系统保障、库区规划、发运整备和运力保障等工作，这是物流公司新增的事业增长点。

【获评“湖北省交通物流示范企业”】 10月31日，物流公司被湖北省交通运输厅物流发展局授予“湖北省2010年度交通物流示范企业”称号。交通物流示范企业评选活动是湖北省交通物流发展局为推进全省物流业快速发展而举办的评先活动。在湖北省参加评选的7000家物流企业中，物流公司是襄阳市唯一获此殊荣的企业。公司提交的汽车物流企业经验交流材料被刊用在《2010年度湖北省物流示范企业十佳园区年鉴》上。

10月31日，物流公司获“湖北省交通物流示范企业”领奖现场。

【车辆运输信息全过程实现管控】 12月15日，物流公司对TMS（商品车运输管理系统）进行升级改造后，新增的GPS（全球定位系统）车辆监控功能模块已进入上线前的最后测试阶段。TMS系统新增的GPS车辆监控功能模块，可对经销商从下订单至经销商收到商品车的全过程进行监控管理，实现了对车辆从出储运库、入发运库、车辆整备、出发运库、车辆离市、在途、到达的全部环节进行实时管控。

（吴海燕）

东风（武汉）汽车零配件销售服务有限公司

【概况】 东风（武汉）汽车零配件销售服务有限公司（以下简称“东风零服”）倡导“服务创造价值”理念，以“中国汽车零配件增值营销价值链领先者”为愿景。2011年销售额25058万元，同比增长35%；其中服务体系纯零件销售10157万元，同比增长46%，全面完成各项经营指标。截至年底，有员工90人。

【单月发运创纪录】 襄阳仓储物流中心持续开展“提升仓储能力”价值提升活动，通过对零件出库频次、库存数量进行分析后，合理分配库位，提高了库位空间利用率。同时，将出库高频次品种前置，缩短了搬运作业半径。通过5S（整理、整顿、素养、清洁、清扫）管理对入库区、仓储区、出库区功能综合规划，使场地周转更合理。通过革新设计传动轴、后桥壳专用存储工位器具，使存储区域的有效空间增加一倍。上述系列价值提升活动使仓储中心最大可存储量由原来1800万元提升至2500万元。仓储物流人均每小时产出由原来1800元提升到2300元。3月，纯轻卡备件单月累计发运量达1091万元。

【首批配件工程师培训开班】 5月10日至11日，由东风裕隆服务部和东风零服联合组织的首批配件工程师资格认证培训班开班。来自东风股份各服务站的28名配件业务人员参加培训。培训内容涉及SEP系统操作、配件商务政策、配件计划管理、配件技术支持等课程，并举行配件工程

北汽福田、东风本田、神龙公司等国内外知名汽车生产厂商。截至年底，在册员工18581人。东风公司副总经理、东风有限副总裁童东城兼任董事长，翁运忠任总经理，高大林任党委书记。

2011年是东风零部件集团“扬帆130”中期事业计划的开局之年，也是经营与发展极不平凡的一年。面对国家宏观调控、行业政策收缩调整、市场增速减缓和市况价格上涨等复杂多变的外部环境，按照“以市场为导向，加速体制变革，调整结构，增强实力，强化基础”的经营方针，集团以“市场年”主题活动为抓手，紧紧围绕“三大任务”(实现全年经营目标，构建市场化运营体系，加快三大工业园区建设)，扎实推进“十项工作”，经营继续保持上年的良好态势，实现了“三个增长”(主营业务净收入创历史新高、乘用车收入占总收入比重增长、外部市场增长高于内部市场增长)，实现“三个提升”(产品质量进一步提升、研发能力显著提升、市场运作能力进一步提升)。

【主营业务净收入创历史新高】 当年，东风零部件集团实现主营业务净收入(按照管理口径)达84.92亿元(按照法定口径为117.21亿元)，同比增长2.19%，超额完成全年目标，再创历史最好水平；实现营业利润4.72亿元，超额完成挑战目标；东风有限下达的9项KPI，其中8项均完成挑战目标，总体评价为A；各分(子)公司运营情况总体良好，14家分(子)公司有11家实现盈利；全年员工工资平均增长6.7%，员工满意度同比有所提高。在市场开拓、技术研发、现场管理、产品质量、费用控制、客户满意度和重大项目推进等方面也取得明显成绩，为“扬帆130”中期事业计划开了好局、起了好步。

【“扬帆130”计划和企业文化《行动纲领》发布】 1月27日，东风零部件集团在成立一周年庆典暨2010年总结表彰大会上，发布了 “扬帆130”中期事业计划和企业文化《行动纲领》，标志着东风零部件集团新中期事业计划正式启动。“扬帆130”事业计划即到2015年，全集团年销售收入达130亿元，各业务单元利润率国内行业领先，让全体员工与事业共成长，共享集团改革发展的成果，不断提高员工的工资收入和满意度，围绕“调结构、强实力、增协同”三项核心方策，推进市场、产品和资本三大结构调整，加强制造、研发、流程三大领域的核心竞争能力建设，发挥集团公司协同优势，最大限度地降低成本、提高效率，加快推进十堰、襄阳和武汉三大工业园建设。

1月27日，东风零部件集团召开成立一周年庆典暨2010年总结表彰大会。

【重大项目取得突破】 2011年是东风零部件集团投资力度最大和实施重大项目最多的一年。根据东风公司“十二五”发展规划和事业环境的变化，东风零部件集团进一步调整事业布局，加大发展投入，当年完成5.51亿元投资发包额，同比增长120%。其中战略性投资项目占投资总额的45%，同比增长36%。

【十堰和武汉工业园奠基】 1月29日，东风零部件集团十堰工业园暨悬架弹簧公司新工厂奠基仪式在十堰西城工业园区隆重举行，标志着东风零部件集团三大工业园建设拉开序幕和进入实质性建设阶段。11月18日，东风零部件集团武汉工业园暨紧固件公司武汉工厂项目在武汉隆重奠基，武汉工业园项目将重点发展乘用车零部件、汽车电子类业务和新能源汽车零部件，规划分两期建设。一期工业用地面积500

1月29日，东风零部件集团十堰工业园暨悬架弹簧新工厂奠基仪式在十堰西城工业园区隆重举行。

亩，建设内容包括紧固件公司武汉工厂项目（乘用车紧固件项目）等五个项目，计划总投资10.5亿元。

精铸公司华东工厂、紧固件公司武汉工厂、悬架弹簧公司十堰新工厂和上海弗列加公司武汉工厂等重大战略性项目相继开工；精铸公司增资和东风科技对湛江德利股权收购项目先后完成；东风百利得（KSS）、东风—博泽（Brose）、传动轴公司与ZFLS转向机合资等项目都取得了重要进展。这些项目都是东风零部件集团紧紧围绕东风商用车产品升级和扩大产能，并向乘用车零部件实施结构调整所采取的重要举措，为后续发展奠定了坚实基础。

【"市场年"活动与"争创A级供应商"行动】 东风零部件集团把2011年定为"市场年"。东风零部件集团上下以"市场年"主题活动为抓手，开展形式多样的宣传、竞赛和课题推进活动，加速推进市场化转型，完善市场化运营模式和流程建设，进一步增强全员的市场化意识，扎实推进15项集团公司级行动方案和100多项分（子）公司级的改善课题，课题推进达成率100%。

6月16日，东风零部件集团"市场年"活动推进工作交流会。

围绕"市场年"活动开展的"争创A级供应商行动"取得明显成效。产品品质和用户满意度得到大幅提升，各单位在东风商用车公司本年度质量业绩评价中，获得6个B级，10个C级；在东风股份、东风康明斯、神龙公司及其他客户质量评价中，共获得A级评价15个、B级评价19个，实现了杜绝D级供应商的目标。

【"TNF"市场拓展计划推进】 东风零部件集团按照"以市场为导向，以客户为焦点"的营销理念，强化集团公司两级市场规划管控体系和营销管理制度建设，建立两级客户经理制度，搭建集团公司层面的重点市场和战略客户服务平台，全新的市场运作模式初步形成。

东风零部件集团全面推进"TNF"市场拓展计划，以"新订单"的持续增长支撑销售收入的持续增长和市场规划目标的达成。全年共梳理出在年度内能够实现量产或份额提升的T类项目253个、在年度内签订项目合同或开发协议的N类项目161个、与客户互动沟通的F类项目163个，全年T类项目实现销售收入5.7亿元，N类项目产生的新订单达13.17亿元。

【研发流程建设与项目管理推进】 东风零部件集团以"健全体系、提升能力"为中心，以研发能力提升计划为重点，以CPT计划为载体，以研发水平评价、流程、项目管理为工具，使研发管理水平得到大幅提升，全年新品贡献率、技术降成本率和专利申报数均达成全年挑战目标。

研发流程建设和项目管理推进工作取得突破，东风零部件集团编制发布了《产品研发流程纲要》。《纲要》确定了研发流程的基本阶段、关键节点、管理工具和操作程序，形成"5个开发主阶段、23个开发子阶段和78项活动"的零部件基本开发管理流程，标志着东风零部件集团在整合发挥研发、制造领域优势资源，实现精益开发产品、精益制造产品、提升核心竞争力方面迈出了关键性一步。同时，研发项目管理工具得到广泛应用，项目经理负责制和团队工作机制已初步形成，进一步夯实了研发基础。

研发合作取得成果：1.东风零部件集团与东风商用车技术中心签署了旨在"建立联络窗口，促进合作开发"，共同推动东风零部件事业快速发展，全面提升产品的研发速度、产品开发质量和降低产品开发成本为主要内容的战略框架合作协议。2.东风汽车车轮有限公司与攀钢集团攀枝花钢钒有限公司联合组建成立东风攀钢车轮材料研究所。

【精益制造"十大行动"】 当年，东风零部件集团发布精益制造"十大行动"计划，在各分（子）公司推进各价值链、各层面和各领域的精益化管理，构建零部件精益制造管理体系（DPMS），并已完成《DPMS概要》基本概念和规划实践的初稿。

通过开展精益制造"十大行动"，促进了质量提升,全年推进集团公司级质量改进战表项目17项,完成各层级质量改进962项,增效2300余万元,降低赔偿1050万元,东风商用车公司后工程不良率由上年的126ppm下降到35ppm。通过开展精益制造“十大行动”,强化了库存控制,存货周转天数减少至29.97天,制造费用和物流费用预算使用率分别控制在97.1%和89.2%,物流费用CPU降低1.31%,累计节省物流费用228万元。制造CPU推进效果明显,有10个单位能完全运用CPU指导下年预算编制。装备效率得到提升,OEE管理对象由上年的25条生产线和78台设备扩大至48条生产线和140台设备,重点设备OEE达到71.58%,故障强度率实绩为2.35%,均达成当期目标。全年累计完成QCD改善课题980余项,实现直接经济效益2900余万元。

【经营协同与帮扶工作】 4月28日,东风公司总经理朱福寿、副总经理欧阳洁及有关部门领导到东风零部件集团东风活塞轴瓦有限公司调研。朱总要求东风公司总部要把支持该公司扭亏为盈作为经营协同工作的一个重要课题,作为新事业带动老基地发展落到实处的一个实践个案,扎扎实实推进,形成经验。之后,东风公司组织相关部门和主机厂到该公司多次召开帮扶工作推进会,落实和推进这一重点督办项目。

东风零部件集团组织召开帮扶工作推进会,各分(子)公司抓住时机,共上报经营协同项目113项,其中公司确立20个帮扶项目及支撑帮扶项目的10个重点改善课题。东风零部件集团与两家客户签订了经营协同项目协议,有14家分(子)公司及其下属公司在东风日产乘用车公司完成启辰项目的咨询性报价(RFI)工作,与东风本田已达成了部分合作意向。

5月26日,东风公司运营管理部在东风活塞轴瓦有限公司召开重点帮扶工作专题会。

【党群工作】 东风零部件集团各级党组织在党建思想政治工作方面坚持科学发展主题,拓展新思路,发挥新优势,创造新价值,展示新作为,不断改进和加强党组织能力建设,深入开展“创先争优”活动,着力提高集团公司党建科学化水平,并呈现六个方面的特点:1.认真学习贯彻党的十七届五中全会精神,为推动公司事业科学发展提供强大动力;2.深化“四好班子”创建活动,有效提升领导班子和管理团队的整体素质与能力;3.紧扣发展主题推进“创先争优”活动,进一步加强和改进党组织自身建设;4.切实加强惩防体系和党风廉政建设,为推动改革发展营造健康向上的内部环境;5.加强思想文化建设,进一步增强凝聚力;6.加强群团工作领导,充分发挥工会、共青团组织的作用。

6月27日,东风零部件集团举行纪念建党90周年暨“七一”表彰大会。

(谭华平　冷　傲)

东风汽车车轮有限公司

【概况】 东风汽车车轮有限公司(以下简称“公司”)是一家专业化的汽车车轮及皮带轮产品生产制造企业,隶属于东风零部件集团。由十堰工厂、随州工厂、东风襄阳旋压技术有限公司3个主要生产基地组成,总部设在十堰。公司拥有成熟的板材冲压、型钢车轮成型、滚型车轮成型和旋压等生产工艺,年钢制车轮生产能力1090万套,皮带轮500万件,中厚板材冲压件产值5000万元。建有国家级车轮试验、检测中心及中国机械局汽车司科学技术公司批准的“汽车车轮标准实施监督站”。截至年底,公司拥有

12月28日，东风乘用车公司与东风集团零部件企业战略合作签约仪式在十堰举行，车轮公司随州工厂正式成为东风乘用车公司战略供应商。

资产总额5.92亿元，员工总数1492人，其中工程技术人员93人。

2011年，公司坚持以东风零部件集团“市场年”主题活动和公司“效率效益提升年”工作为主线，在经营发展工作中注重管理方式转变，使新的组织模式得以有效运转；强化市场拓展、技术创新、现场管理等重点工作，在项目管理、制造CPU等领域有所突破；抓住年头岁尾国内汽车市场热销机会，实现高产旺销，取得了与上年相当的良好绩效；积极推进公司“153事业计划”，在做大规模、对外扩张方面取得一定突破，稳健地推动了企业持续发展。当年，公司实现主营业务收入13.29亿元，钢圈销售收入比预算增长13.7%，车轮销量达760万套，市场占有率明显提升，其中乘用车市场新市场开拓及同步开发大幅增量，同比增长12%。

【经营计划控制体系完善】 公司以事业计划为导向，以年度经营方针为核心，以KPI管理为手段，以方针管理为工具，建立公司和工厂两级运营管理体系，推进公司年度目标有效落实。在事业计划控制方面，不断完善计划控制体系，将公司中期、年度经营计划同各职能专业计划结合起来，建立起以部门职能计划为公司经营目标支撑的计划体系，发挥经营计划对公司各级经营管理的指导作用。同时，根据公司“153事业计划”，对事业计划流程和模板进行梳理，制定市场、产品、制造、人力资源、信息系统、资本等六大规划的流程及模板，为未来事业计划的策划及管控提供支撑。公司还致力于重构目标管理体系，实现经营系统围绕市场抓管理、制造系统确保交付促改善的管理模式。在日常推进过程中，建立了公司和工厂两级经营分析会议体制，公司级会议每月/季/半年度召开，关注公司各级经营计划及执行结果跟踪，着重公司级经营计划及目标完成情况，汇报公司经营、市场、研发、品质、采购及工厂制造业绩管理结果及异常点改善；工厂级会议每月召开，关注制造过程管控及改善，着重工厂级制造保证情况，汇报工厂及各生产车间每月生产/作业计划达成、作业效率、停工、装备、成本、品质现状分析及相关改善情况，分析结果上报公司级经营分析会。同时，完善KPI实施管理办法，采用季统计、半年评价，并导入平衡预算点评价方式，综合考评公司各级单位业绩完成情况，推动各部门目标的有效实现，从而确保公司目标的顺利达成。

【“市场年”活动开展】 公司围绕东风零部件集团组织的“市场年”主题活动，结合公司“效率效益提升年”要求，制定“市场年”行动方案，重点在市场理念、客户服务、制造品质和运营模式四个领域组织开展改善。在宣传培训领域，倡导培育“备受供应商信赖”的理念，让客户信赖东风车轮卓越品质，信赖东风车轮的合理价格，信赖东风车轮售后服务，信赖东风车轮的诚实守信。在客户服务领域，从四个方面强化精益制造：以客户需求拉动生产，以关键工序控制生产，以线序计划指挥生产，以节点调节优化库存。在制造品质领域，制造环节着重在生产性班组全面推进全数品质保证管理活动；采购环节着重定期开展供应商现场审核及质量帮扶，提升供应商管理水平，确保供应链质量安全；售后环节着重加强售后服务管理，减少顾客报怨。在运营模式领域，进一步完善管理制度和流

4月11日，公司在十堰本部召开“争创A级供应商行动”启动大会。

程，深入开展课题改善活动。4月，公司邀请东风零部件集团进行管理辅导，组织公司市场规划，对目标客户、对应产品、市场规划和TNF市场计划进行梳理。通过深入开展“市场年”主题活动，推进TNF进度管理，新市场开拓稳步开展，实现新品收入增长。当年，新产品销售收入贡献度达18%，同比增长14%，超额完成年初制定的新产品销售收入指标。

【研发流程建设和项目管理】 公司围绕研发体系构建开展研发能力提升工作，引进项目管理机制，完善研发流程。根据东风零部件集团相关文件的要求，公司成立项目管理领导小组和项目管理推进办公室，建立项目经理授权机制和项目激励约束机制。明确项目管理“421”推进计划的响应目标与方策，确定项目汇报的主要内容及模板。6月，确定了“D760车轮项目开发”、“东风悦达起亚YDC车轮项目开发”两个集团级项目，以及“出口产品车轮项目开发”、“东风神龙T88车轮项目开发”两个公司级项目，下发红头文件，任命了项目经理，并按照项目管理的方法运行。9月，公司发布《东风汽车车轮有限公司产品研发流程手册》，以APQP、ANPQP、TS16949为基础，结合项目管理要求，制定了产品研发流程。《产品研发流程手册》确定公司研发流程的基本阶段、关键节点、管理工具和操作程序，形成“5个开发主阶段、21个开发子阶段、66项活动”的基本产品开发流程。公司确定7个零部件和公司级产品研发项目，按此流程推进。

7月8日，公司在十堰本部召开研发领域管理重点项目启动会。

【东风攀钢车轮研究所建立】 为加强公司与攀钢集团研究院有限公司之间的技术合作，做到资源共享、优势互补，使公司更经济、更科学地选择和使用热轧钢板，缩短车轮新品研发周期，提高相应车轮产

11月8日，东风攀钢车轮材料研究所挂牌仪式在车轮公司举行。

品的性价比，双方共同建立车轮材料研究所。研究所由三部分组成：1.攀钢研究院所属相关研究单位与实验室，如产品应用技术研究中心、材料研究所、检测中心等。2.东风车轮公司所属相关研究单位与实验室，如研发部、随州工厂等。3.在东风车轮公司设立一间车轮材料研究所的常用工作室。双方共享研究所平台，互惠互利。

车轮公司在前期已与攀钢集团合作开发多种车轮专用钢的基础上，双方整合研发与制造方面的优势资源，共同致力于车轮专用材料技术的自主开发和利用，对车轮钢材质及车轮在设计、制造和使用性能等方面进行联合研究，以技术合作的方式加强车轮钢选材、成形工艺、模具设计和焊接工艺等应用技术研究，促进科研能力与技术优势迅速转化为生产力，加快产、学、研步伐，降低研发投入成本，开发出更具技术含量和市场竞争力的车轮产品。研究所挂牌成立后，随即确立了“高强度汽车车轮用热轧钢板开发”、“冲压和旋压车轮疲劳寿命研究”等8项研究课题。

【党群工作】 公司党委深入贯彻落实党的十七届四中、五中、六中全会和东风零部件集团公司第一次党代会精神，以“四强”党委、“四好班子”建设和“创先争优”活动为抓手，统筹推进人才队伍建设、和谐企业建设的各项工作，不断提高党建工作科学化水平。公司党委坚持“抓班子、带队伍、促发展”的基本工作思路，以领导班子思想政治建设为基础，以增强班子整体合力为保障，着力打造学习型、民主型、务实型、廉洁型的团队，构建政治引领力强、推动发展力强、改革创新力强、凝聚保障力强的“四强”党组织，实现了五星级“四强”党委和“四好班子”复评目

标，被东风公司授予五星级“四强”党委、五星级“四好班子”称号，两个党支部获得东风公司五星级党支部称号。

公司党委深入开展“创先争优”活动，结合公司实际，制订实施方案和推进计划，并将责任目标细化分解。在实施过程中，大力构建上下联动活动机制，强化对活动的监督、指导与服务，保障了活动的有序推进。在建党90周年之际，党委组织60余名党员和干部前往重庆，参观革命历史教育景点，并开展了“入党为什么，为新事业发展做什么”的思想大讨论活动。各基层党支部积极拓展活动渠道，把现场改善、完成急、难、险、重任务作为最佳党日活动重点，发挥党员在“促生产、降成本、增效益”的主力军作用。

公司工会围绕年度经营目标，开展“抓机遇，夺高产，造精品，抢市场”全员立功竞赛和“决战一百天，挑战千万套”全员劳动竞赛活动，调动员工的积极性和创造力，为实现企业生产经营目标作贡献。工会还充分发挥班组建设优势，挖掘员工创造力，以班组为立足点，围绕改进和改善质量，提升产能，大力开展群众性经济技术创新活动。收集“群创”项目125项，立项107项，共创效250万元。

（张　慧）

东风汽车泵业有限公司

【概况】 东风汽车泵业有限公司（以下简称“公司”）是一家专业化的汽车零部件制造企业，隶属东风零部件集团。公司拥有资产总额2.36亿元，各类生产、加工设备951台（套）。公司主导产品为空压机、润滑机油泵、冷却水泵、各种车用软管与硬管、底盘类零合件，产品覆盖重、中、轻商用车和轿车等车型，除为东风有限、神龙公司、东风朝柴、云内动力等整车及主机厂配套外，产品还远销美国、俄罗斯和伊朗等国家。截至年底，员工总数943人。

公司经营管理紧紧围绕东风零部件集团“市场年”工作要求，以规范管理为基础，以品质提升为主题，以市场拓展为中心，多途径优化管理，控制内部成本，巩固并扩大了扭亏为盈的经营局面，全年取得良好的经营业绩：完成主营业务收入4.44亿元，与上年基本持平，营业利润超额完成东风零部件集团下达的挑战目标，企业经营呈现连续23个月持续盈利的向好态势，市场竞争能力进一步增强。

【“市场年”活动推进】 按照东风零部件集团“市场年”活动要求，公司成立“市场年”活动推进领导小组，制定“市场年”活动计划，从活动策划、学习培训、劳动竞赛、市场拓展、技术支持、品质保证、精益制造和管理支持八个方面开展工作，使全员的市场意识、协同意识有所增强。同时，修订完善公司中期事业计划，初步搭建了市场营销、新品研发、集中采购等管理体系，规范管理流程，夯实管理基础，为公司持续发展奠定了基础。

2月9日，东风公司副总经理欧阳洁（左四）到东风汽车泵业有限公司指导工作。

【外部市场拓展】 为做大社会主机配套市场和社会零售市场，公司在巩固东风内部市场的基础上，将市场营销部的职能和职责进行调整，推进客户经理模式，让客户经理围绕目标客户开展全方位的管理与服务，提高客户订单的交付率。根据事业计划和现有客户的信息和产品，制订TNF计划，并每月组织客户经理对目标客户进行信息调查和反馈，对达成情况回顾并提出改善对策，保证TNF和新订单目标的实现。定期开展三层级走访服务，了解客户对质量、交付、成本等的要求与评价，快速应变客户需求，全年社会市场销售收入同比增长22%。同时，加大海外市场的开拓力度，对伊朗、俄罗斯市场的出口量不断攀升，全年实现空压机、油水泵出口收入1200多万元。

【产品品质提升】 根据东风零部件集团“争创A级供应商”和公司“品质提升”工作主题，公司制定了“争创A级供应商”行动计划，将研发、制造、采购、售后服务等指标分解落实到相关责任单位，实现质量指标过程监控。围绕经营管理重点，定期对质量体系运行的有效性进行监控与评价，针对性地开展内部审核与管理评审，提高质量管理体系的符合性和适宜性。坚持每天召开一次QRQC(快速反应质量控制)专题会，及时传递、反馈并解决现生产中出现的各类质量问题，努力把产品质量问题消灭在萌芽状态，控制在公司内部。以劳动竞赛和“百日质量活动”为平台，引导全员用精益求精的工作质量保证公司的产品质量。在质量攻关改进项目运行过程中导入“七步法”工具，坚持每月召开攻关改进项目听证会，督促质量攻关改进项目如期完成。经过全员坚持不懈地努力，各主要顾客质量指标完成情况较上年有明显提升，相继获得东风商用车公司“优秀供应商”、东风朝柴“质量优秀奖”和云内动力授予的“优秀质量奖”等称号。

【技术创新与专利申报】 根据东风零部件集团的要求，公司制定新品研发流程，健全新品研发的制度体系和运行机制。认真推进项目管理，严格研发项目的执行节点，缩短新品研发周期，有序推进18项CPT开发项目，新产品贡献率达14.79% 。通过完善技术降成本管理方式，对重点材料、制造技术实施产品竞拆及工艺改进，全年实现降成本628万元。公司进一步加强技术知识的积累、运用、开发和保护，当年在国家知识产权保护局申报专利7项，其中受理6项，授权5项。

【产品交付】 为抓住市场需求机遇，确保产销衔接，公司健全生产计划信息化管理，推行以装配线为管控点的拉动式生产方式，有计划地开展库存基准制定、物流方案优化和管控体系建设等工作。重新修订公司制造CPU推进目标及行动计划，实现各生产线的CPU按月管理，并对异常点进行分析改善。建立物流CPU分析管控体系，明确物流费用CPU 统计方法、业务流程，分市场(业务)实施CPU预实管控。合理调配资源，实施EQ153空压机生产阵地搬迁，优化空压机分厂、油水泵分厂和底盘零件的生产布局，解决了部分工序产能不足、物流效率低下和制造能力薄弱的“瓶颈”，保证生产计划的落实和生产效率的提升。以推进TPM为主线，强化了装备计划保全和自主保全，实施重点示范线装备管控，故障强度率由年初的29.2%下降到23.4%，计划保全率由年初的17.6%上升到30.3%。围绕现场管理，分别从现场3S提升、设备治漏、日清日结、KYT活动等方面开展工作，促进现场安全文明生产。

【采购管理】 公司坚持“两集中一统一，数据导向，分工负责”的原则，完善采购管理流程，实施采购工作的专业化、规范化、集中化管理。通过实施供应商要因系和结果系QCDD评价、季度品质提升会和供应商帮扶培训等，顺利完成2.77亿元的物资采购。严格供应商管控，减少64家供应商，开发4家潜在供应商，实施供应商改善课题12项，供应商纳入不良品率与目标比下降571ppm。通过商务谈判、B点开发，实现采购降成本率(毛值)4.28%，材料边际贡献率达37.72%，比目标提升2.6%。通过有理有据有节地开展二次索赔，完成二次索赔183.4万元。

【党群工作】 公司党委把创建“四好班子”和争创“四强”党委两项活动与加强领导班子建设有机结合起来，以提升领导班子科学发展的能力和水平为主线，结合品质提升主题，制定16项重点改善课题，领导班子成员参与其中，认真组织推进，较好地发挥了主体作用。在深化“创先争优”活动中，围绕“融入生产经营中心、促进企业科学发展”重点，相继开展了党内主题竞赛活动、全员劳动竞赛活动、百日质量竞赛活动、最佳党日活动和立项攻关活动等，找准“创先争优”活动的切入点。两级党组织和广大党员针对影响品质的薄弱环节展开立项改善，确定的111个项目全部完成，党员参与率达95%以上。同时，党委加强对争创活动的过程控制，建立责任机制、评价机

8月29日，日产汽车公司副总裁轻部博(右一)一行到东风汽车泵业有限公司考察。

制和激励机制，坚持每季度对各党支部的争创活动进行诊断评价、集中点评，提出整改措施，及时整改，使“创先争优”工作落到实处。

公司工会围绕经营目标开展“提升品质保市场，铸就泵业新辉煌”为主题的全员劳动竞赛，从管理、安全生产及设备保全、质量和现场改善等四条主线入手，引导全员参与QCD改善活动，全年完成QCD改善274项，实现改善效益180.76万元。围绕“五大”内容，深化“五小”活动，扎实推进了班组建设工作。以“四项制度”为抓手，不断改进和加强民主管理工作，把员工的积极性和创造性凝聚到推动公司发展上来。

公司团委以团系统“创先争优”活动为主线，以“融入市场年、青年勇争先”立功竞赛活动激励青年，通过开展青年QCD改善、导师带徒、青年科技攻关、修旧利废等活动，使团员青年的生力军作用得到充分发挥。当年，公司党委被评为东风公司五星级“四强”党委，公司领导班子被评为东风公司五星级“四好班子”，公司工会被评为东风公司“模范员工之家”，公司团委被评为东风公司“青年岗位立功竞赛先进集体一等功”，管件事业部党支部被评为东风公司五星级“四强”党支部，零件事业部党支部被评为东风有限五星级党支部。

（谈应铭）

东风汽车悬架弹簧有限公司

【概况】 东风汽车悬架弹簧有限公司（以下简称“公司”）是一家专业化汽车用悬架弹簧生产制造企业，是东风有限的全资子公司，隶属于东风零部件集团。公司拥有资产总额4.04亿元，主要生产设备356台（不含公用动力、厂内物流车辆、环保设备），其中重点设备48台（套）。实现年销售收入11.18亿元。公司主营产品为钢板弹簧悬架和空气悬架系统，公司年生产板簧能力10万吨，空气悬架6000套，能够为30万辆各类乘用车、商用车提供板簧圆簧及空气悬架产品，覆盖全系列车型，除为东风有限和国内主要整车厂配套外，产品还远销美国、加拿大和意大利等国家。公司下设两家子公司——东风钟祥汽车弹簧有限公司、上海欧雷法汽车弹簧有限公司。自1988年行业创建开始，公司连续25年担任中国汽车工业协会悬架委员会理事长单位。截至年底，员工总数1310人，其中工程技术人员200余人。

当年，面对难得的市场机遇和严峻复杂的生产经营形势，公司以科学发展观为指导，全面落实东风零部件公司“扬帆130”中期事业计划，坚持价值经营理念，扎实推进“市场年”主题活动，圆满完成当年经营目标，经营再创历史新高，获得“2010年度湖北省双优企业”、“2009—2010年度湖北省文明单位”、“湖北省创新型企业”、东风零部件集团“经营管理先进单位”，公司总经理卢伟荣获“十堰市2011年度十大经济人物”称号。

【经营强势增长】 当年，根据东风零部件集团要求，公司深入开展“市场年”主题活动，明确制定公司级和部门级“市场年”行动方案，以课题为载体，以项目为支撑，坚持定期检查评价，使活动落在实处。在“市场年”活动中重点关注销售、研发、质量、制造等部门的课题项目，强调部门协同意识，加强对部门行动方案的检查督导，确保行动方案整体“齐步走”。全年7大类24项主要活动有序推进，重点课题全面完成，促进了经营管理水平提升和目标完成。全年共完成产量14.23万吨，销量14.31万吨，实现主营业务收入11.18亿元，较预算增长2.12%；剔除超挑战奖励款，营业利润较预算增长25.67%，提前两个月完成东风零部件集团下达的年度经营目标，继续巩固了行业“龙头”地位。

公司加强库存管控、强化应收账款清收、推进全价值链降成本工作开展，不断提升经营质量。全年通过实施库存削减项目，库存周转天数达40天（预算为53.9天）；通过强化销售回款，加大回款现金比例，应收账款周转天数达40天（预算为46.5天），为公司经营和新事业推进取得较为充裕的现金流。结合经营保本点上升的严峻现实，开展全价值链降成本，财务部门实施管理费用削减和现金流改善，制造系统实施精益制造保证工厂低成本运营，坚持推进材料采购降成本和技术降成本，当年实现收益832.5万元，降成本率为1%，完成挑战目标。为进一步强化管理，提高效率，继2010年实施“大制造管理”，对制造资源进行优化整合后，又实施了“大采购”，原资源保障部拆分为储运部和采购管理部，进一步实现采购与仓储分离。储运部承担要货计划及催交工作，采购管理部则主要加强供应商管理，提高采购集中度，建立专业化采购团队，提升采购对经营的贡献度。

【新工厂建设】 1月29日，东风零部件集团十堰工业园暨悬架弹簧新工厂奠基仪式在十堰西城工业园区隆重举行。东风公司领导徐平、朱福寿、童东城、欧阳洁，十堰市领导陈天会、周霁、师永学等出席奠基仪式。悬架弹簧新工厂作为东风零部件集团十堰工业园第一家开工建设项目，力争在技术创新、先进装备、物流集成和节能环保等方面充分体现"国际先进、国内标杆"的建设目标。在随后近10个月时间里充分开展了技术论证、工艺优化、设备选型、设备采购等工作，工厂筹建按时间节点推进，有序完成了工厂建设过程中的多项准备工作。11月21日，新工厂举行开工仪式，建设周期为一年，投入使用后将进一步促进产品结构调整、产能提升和产品品质改善。新工厂总投资约1.39亿元，占地面积267亩，本着"一次规划、分步实施"的原则，分三期建设完成，其中一期用地119亩，一期工厂建筑面积3.6万平方米，生产纲领为6万吨高应力、轻量化、变截面、轧尖等高技术含量、高附加值产品。新工厂投产后，将新增销售收入5亿元，新增利税3000万元。

在筹建新工厂的同时，公司持续对十堰工厂的现场进行能力提升，完成能力建设项目及设备更新改造共70余项，投入资金近千万元，满足了现生产需要和产能提升的要求。着眼新事业发展，12月，公司乘用车稳定杆生产线建成，规划产能30万根，进一步丰富公司产品线，产品系列向乘用车领域延伸。

11月21日，公司举行新工厂建设开工仪式。

【产品研发】 公司坚持"产品研发与整合结合，传统产业和新事业同步，结构调整紧跟市场需求，科技项目着眼前沿研究"的原则，扎实推进技术创新和产品研发工作，当年通过实施研发CPT项目（即C：适应性开发项目。P：预研发项目。T：未来研究的技术项目），实现板簧新产品开发288个，当年新产品销售收入1.5亿元，新品贡献率为16.5%（必达11%，挑战13%），在东风CV的新产品开发跟进率达100%，空气悬架产品销售收入500万元，成功开发了载货车电子控制空气悬架，自主设计开发ECU（电子控制单元），顺利装车并在上海车展亮相。

科技创新与技术进步方面，有 4个项目获国家专利，其中"一种高强度及高淬透性的弹簧钢材料"、"一种钢板弹簧喷丸工艺"获得国家发明专利，"一种板簧切单边模具"、"一种稳定杆复合模具"获得国家实用新型专利。"重型车F3000系列板簧弹簧开发及应用"获十堰市科技进步奖二等奖；与东风工艺研究所联合开发的"提高变截面钢板弹簧可靠性和抗过载能力方法的研究"项目、自主完成的"新型降噪钢板弹簧的开发及应用"项目分别获东风公司科技进步奖二等奖和三等奖；QC成果"降低重型钢板弹簧资金赔偿率"获2011年度全国机械工业优秀质量管理小组活动成果一等奖，公司"微笑QC小组"获"全国工人先锋号"和"全国机械工业群众性质量管理活动模范团队"称号。

同时，公司加强研发管理，编制完成《研发流程纲要》和《项目管理体系》，进一步规范研发流程和项目管理体系建设，推进研发管理科学化、流程化。当年凭借深厚的研发实力和突出的技术创新成果，公司成为湖北省首批、十堰市唯一一家"湖北省创新企业"。

【市场营销】 公司以市场为导向，以客户为焦点，进一步完善市场营销体系建设，重点推进TNF市场拓展计划，强化营销管理，全面提升营销质量。当年，TNF市场（T：今天的市场。N：明天的市场。F：未来的市场）拓展计划，16项T类项目、6项N类项目、10项F类项目均按序推进，按节点达成了目标。其中T类项目当年实现销售4656.6万元。公司强调市场与研发协同，以产品研发优势支持市场拓展，以对前沿市场的跟踪把握促进研发水平提升。通过对销售TNF计划和研发CPT计划的梳理，确定一致性项目，发挥协同配合作用，共同提高公司的产品及市场占有率。

为进一步扩大市场，巩固营销成果，提升竞争力，公司提出了以核心大客户培育为主要内容的“八五规划”，即到2015年，培育起8个年配套销售收入在5000万元以上的核心大客户，以支撑公司的市场与经营发展。同时，针对下半年市场淡季形势，启动公司范围内市场营销“亮剑”行动和销售公司内部“野狼”行动，发挥顽强拼搏和团队协作精神，进一步巩固扩大市场，提高销售增量。全年，实现社会配套市场销量3.93万吨，实现销售收入3.55亿元(含税)，与上年同期持平，实现回款3.47亿元。“八五规划”中销售超过5000万元以上的外部市场客户达两家，千万元以上的达12家。

【第九次党代会召开】 11月25日，中国共产党东风汽车悬架弹簧有限公司第九次党员代表大会胜利召开，会议选举产生了新一届党委和纪委委员，明确了公司“十二五”战略目标，确定了今后一段时期的重点工作。公司党委将以科学发展观为指导，不断加强和改进公司党建思想政治工作，以“致力于成为中国悬架行业的领航者”为目标，牢牢把握合资重组的历史机遇，围绕“经营、发展、稳定”三大主题，以价值经营推动公司科学发展，不断创造和谐稳定、科学发展、跨越发展的良好局面。

当年，公司党委围绕企业生产经营工作中心，提升党建科学化水平，重点推进“四好班子”五星级建设，深入开展“为民服务创先争优”活动，进一步完善干部选拔任用和管理监督工作机制，不断发挥基层党支部战斗堡垒作用和党员先锋模范作用，继续深化实施“党建双培工程”和“员工素质提升工程”，加强员工队伍稳定和公司和谐氛围的创造，有力支撑经营目标达成，获东风公司本年度五星级“四强”党委、五星级“四好班子”称号。

11月25日，公司第九次党员代表大会胜利召开。

（肖　慧）

东风汽车传动轴有限公司

【概况】 东风汽车传动轴有限公司(以下简称“公司”)是东风汽车零部件(集团)有限公司出资85%、苏州创元(集团)有限公司出资15%组建的合资公司，下设十堰分公司、苏州分公司，并拥有一个参股子公司；是生产经营汽车传动轴、转向器、转向传动装置、离合器等四大总成及零部件的大型企业。公司拥有注册资金2.35亿元，占地面积47.66万平方米，主要生产设备1147台(套)，其中进口数控机床、加工中心109台(套)。截至年底，在册员工1235名，其中工程技术人员101名。

12月16日，东风公司副总经理、东风有限副总裁、东风零部件集团董事长童东城(中)在公司调研。

面对严峻复杂的市场与生产经营形势，公司确立了“内抓管理强体质，外拓市场树形象，打造全新事业环境”的经营方针和“以市场为导向，加大新品研发，以改善为切入点，强化基础管理，改善市场结构，控制成本，提升公司经营质量”的具体工作思路，制定完善了公司中长期事业计划并提出了公司发展的“三步走”战略。通过“市场年”一系列主题活动的开展，公司新品研发、基础管理、市场形象和成本控制得到明显改善，公司经营质量得到明显提升。

当年，公司完成主营业务收入5.3亿元，完成全年预算目标的96%，剔除预算外净追索赔偿预提、存

与用户同步开发，提供精铸轻量化服务；通过BOM系统的应用、TNF新订单管理，预计下一年新订单收入将达6000万元以上，并将提升公司市场的影响力和竞争力。新模式构建、新工具应用结合管理方式，提升了营销能力和营销质量，销售收入实现逆势增长。经过持续四年的市场结构优化，客户结构和产品结构得到改善，形成以CV、奇瑞、宇通为战略客户，长城、北汽福田、陕西重汽为潜在战略客户，郑州日产、华菱、江淮、沃尔沃等为重点客户的优质客户结构，当年淘汰三家劣质客户。产品结构正按“平、安、极、天、成”布局加快推进，极端件产品由上年的56个提高至78个，极端件与合件占比17.07%，同比增长3.5%，产品价值和客户价值平均得分同比提高11.68%。

以争创A级供应商活动为载体，采取强化品质管控体系建设、专项改进与技术进步、在线服务与快速反应等措施，实物质量与客户感知质量有较大提升，净追溯赔偿率0.01%，同比下降87.5%；VA/VE提案为客户降成本657.1万元。当年获东风商用车公司“质量优胜奖”、东风股份“优秀供应商”称号，被长城、宇通等战略客户评价为“A类供应商”，客户满意度有较大改善。

【效能提升】 公司以“效能提升年”为主题，开展了全方位效能改善、全员全过程反浪费降成本系列活动。持续优化生产计划体系指标——从首序抓品种遵守率、从过程抓计划执行率、从库存方面抓安全基准库存及存货周转天数管控，使制造业务链在高效运转的同时将制造资源最小化，充分高效利用现有制造资源。在制造系统全面开展五项监控效能提升——低效装备改善、低效产品改善、低效工艺改善、铸件外包推进、重点产品管控，全面提高制造效能。当年自产JPH达1.8吨/小时，同比提升3.28%，日产能由79.2吨/日提升至82.4吨/日；铸锻件外包产能达31.5吨/日，其中新品贡献产量1238吨，机加工由 1960工时/日提升到2560工时/日； JPMH3.1千克/人•时，同比增长8.4%(自产产量、本部不含外包的直准人数计算)，人均销售收入47.36万元/人•年，同比增长7.7%，其中低效产品改善、免修模等装备改善和业务流程优化、反浪费竞赛活动和业务外包等为效能提升作出了较大贡献。

【战略规划与华东工厂建设】 公司“A8”中期事业计划(2011—2015)发布。“A8”中期事业计划包括市场规划、产品/技术规划、制造规划、人力资源规划、信息规划，明确了公司中期事业可持续发展的方向指针与阶段行动。“A8”中期事业计划确定公司到2015年战略目标：销售收入突破8亿元、营业利润率大于8%，员工年均薪酬突破8万元，使公司成长为东风旗下的零部件A类企业、中国铸造业A类企业、世界精铸A类企业，在更高层次上实现与“客户、员工、股东、合作伙伴、社会环境”的和谐发展。

根据公司发展战略的需要及产能不足的现状，结合未来市场发展状况，于11月10日在安徽合肥巢湖经济技术开发区汽车零部件产业园正式启动东风精密铸造(安徽)有限公司(华东工厂)建设项目。项目规划总占地86671.6平方米(约130亩)，规划总建筑面积98572平方米，分阶段建设，逐步达到年产20000吨精密铸造件的生产能力。当年，华东工厂已完成组织架构设计、桩基施工收尾、土建工程的全面展开，以及研发中心外移设计第一阶段设计，“1＋3＋4”组织架构取得新突破。

11月10日，东风精密铸造安徽有限公司华东工厂项目在安徽巢湖奠基。

【技术进步】 在有效遏制市场与经营业绩下滑的同时，公司以提升产品技术、工艺技术、材料技术、仿真技术、装备技术为重点，导入项目管理方法，应用CPT项目管理工具，研发投入与研发管理得到强化，研发技术得到提升。产品开发以高附加值、高技术含量为两大主题，从单件优化到总布置优化，产品向大型化、极端化方向发展。大型复杂件设计开发水平与工具装备水平再上台阶，全年开发大型复杂件20余个，批量应用于D310平台多款新型重卡及通过D760平台多款牵引车、载货车试装。通过薄壳技术、低效产品改善技术等创效课题与以校代加工技术、免磨浇口技术等实用性课题研究，降低了劳动强度，提高了劳动效率。开展材料技术咨询、CAE分析等各类技术服务1251次（方案数），及时率评价100%。批量应用大型压蜡机、大型抛丸机、大吨位摩擦压力机、大件加工中心等高效装备，主要工序劳动效率提高60%以上。制定各单位技术降成本管理模板并规范应用，引导技术降成本提案挖掘方向，技术降成本全年过千万元。

【党群工作】 公司围绕企业经营与发展中心，制定争创"四强"党委、争当"四优"党员为主要内容的"四强四优"活动计划，并紧贴生产经营组织实施，突出创建工作实效性，突出管理团队作风建设，夯实基础工作，提升班子建设和党委自身建设水平，顺利通过东风公司五星级验收。成功举办改制十周年庆典、参与精铸分会第十二届年会、承办汽车铸件分会第三届年会与企业文化内涵的升级诠释等系列活动，提升了企业形象，凝聚了员工向心力，增强了企业"软实力"。持续推进和完善"沟通、关爱、评价"三大体系，出台2011年度薪酬优化实施细则与开展"三个善待"活动（善待员工、善待客户、善待供应商）等一系列措施实施，员工满意度得到提升。在强化公司廉洁文化建设的同时，围绕党风廉政责任制与"制度+科技"惩防体系建设采用PDCA管理方法展开党风廉政各项工作。公司两级党组织加强对群团工作领导，通过不断完善"1+3"民主管理体系，以集体合同为基础，建立沟通会制度、通报协商会制度、员工满意度制度三大制度体系，加强企业与员工的沟通协商，维护员工的合法权益，促进公司可持续发展。

5月16日，东风精密铸造有限公司在十堰武当大剧院举行改制十周年庆典。

（徐春艳）

东风粉末冶金公司

【概况】 东风粉末冶金公司（以下简称"公司"）是东风零部件集团下属的分公司，注册地为湖北省丹江口市。公司是国内粉末冶金零件和商用车发动机摇臂总成的重要生产基地，主要生产汽车粉冶件和商用车摇臂总成两类产品，生产设备246台（套），现生产粉冶件386种、摇臂总成6种，年生产能力：粉冶件1700吨、摇臂总成120万套。截至年底，固定资产原值10173万元、净值5128万元。2011年主营业务收入1.234亿元、营业利润80万元。员工总数为476人，其中正式员工366人、劳务工110人。

公司的经营方针是："调结构、促增长，抓质量、创品牌，重改善、求实效"。当年为"改善年"，确定了公司重点改善方向和十个方面的主要经营方策。公司围绕年度经营方针，积极开拓市场，强化管理，深化改善，在生产经营、改革发展等方面付出了艰辛努力，取得了一些成绩和进步，为公司事业发展奠定了基础。由于外部市场环境复杂多变，公司年度经营结果不理想，具体指标完成情况如下：1.主营业务收入：必达12340万元，实绩9475万元，未达成目标；2.营业利润：必达80万元，实绩-1251万元，未完成目标；3.新订单贡献度：必达22.05%，达成目标；4.自由现金流：必达-531.4万元，实绩-167.2万元，达成目标；5.存货周转天数：必达 36.63天，实绩31.55天，达成目标；6.应收账款周转天数：必达104.56天，实绩116天，达成目标；7.净追索赔偿率：必达1.03%，实绩0.80%，达成目标；8.劳动生产率：必达9.22万元，实绩7.79万元，达成目标；9.安全、环保事故为零，节能减排目标全面完成。

【市场开拓】 公司导入了TNF计划，明确了商品规划。粉冶件乘用车市场取得实质性进展：通过吉利公司供应商认证；确定启辰719粉冶件信号盘产品市场，进入了东风日产乘用车采购体系；开展与东风乘用车公司、神龙公司、东风裕隆等客户前期沟通，为市场拓展创造了条件。并与福田康明斯、康斯克、湖泵等重点外部客户沟通交流，明确了合作意向。

【新品研发】 与北京福田康明斯发动机有限公司

签订协议，启动了福田康明斯2.8升发动机摇臂总成研发项目。制定发布了公司第一版《研发流程管理手册》，燃油泵齿轮、吉利变速箱粉冶件和X7摇臂总成等重点项目，已按项目管理要求推进。开展知识产权保护和技术标准化，申报专利成果取得受理通知书4项、取得东风有限绝密级专有技术3项，开展技术进步活动5项。

【“改善年”活动】 3月24日，公司召开“改善年”活动启动大会。持续开展现场管理，“5S”水平明显提升；对6个总成和重点粉冶件展开CPU管理；导入应用JPMH，开展生产性向上活动；积极推进No.1－No.4计划管理。制定和发布新的质量方针，即顾客至上、人人尽责、持续改进，修订并发布了新的质量手册。

【基础管理强化】 9至12月，在全公司范围内开展“强化基础管理，加强日常考核”活动，修订和发布了新的《考核管理办法》及细则；各层级、各部门对照查找基础管理方面的问题，制定并实施相应整改措施；各部门制定和发布内部《约法三章》，监督执行；各职能部门强化服务和约束职能，提升横向沟通和协同效率。

【党群工作】 以“争创四强”党组织为契机，开展“四好班子”建设、党委党支部双达标和“创先争优”等主题活动，加强干部党风廉政建设，落实党风廉政责任制；开展东风零部件集团公司“扬帆130”计划及《企业文化行动纲领》宣贯；创办了《粉冶风采》电子期刊。当年，被东风公司党委授予五星级“四强”党委、五星级“四好班子”称号，机关二党支部、模具党支部和粉末冶金党支部被授予“五星级党支部”称号。

（黄培勇）

东风汽车紧固件有限公司

【概况】 东风汽车紧固件有限公司（以下简称“公司”）是一家专业化的汽车紧固件制造企业，是东风有限的全资子公司，隶属东风零部件集团。公司拥有资产总额 3.8亿元。主营产品为各类汽车用螺栓、螺母、管接件和异形件等10000余种。产品主要覆盖东风商用车重、中、轻系列车型，东风内外主流乘用车、发动机等配套市场。公司已由单纯的汽车紧固件工艺设计与制造型企业，发展成为一个为用户提供紧固件技术解决方案和优质产品的综合性服务供应商，是中国机械通用零部件工业协会紧固件分会副会长单位。截至年底，在册员工1239人。

公司以质量提升和现场改善为工作主线，扎实推进精益化制造，提升产品质量和交付能力。以市场需求为导向，强化营销管理，规范研发流程和项目管理，进一步优化产品和市场结构。以“十二五”规划为核心，推进实施“攀登131”中期事业计划，加快推进武汉乘用车新工厂建设等一系列重要工作，公司经营取得了产销双双达成年度挑战目标的优异成绩，全年实现销售收入5.058亿元（本部）。达成目标的100.12%。其中东风外部市场销售11269万元，同比增长3%，占总销售的23%；实现乘用车业务销售7287万元，同比增长3%，占总销售的15%。当年获东风零部件集团“争创A级供应商先进单位”，东风有限“制造/SCM领域QCD改善优秀奖单位”，获东风公司五星级“四强”党委和五星级“四好班子”称号。

【武汉乘用车紧固件工厂开工奠基】 11月18日上午，东风零部件集团武汉工业园暨紧固件公司武汉工厂项目奠基仪式在武汉市蔡甸区常福工业园隆重举行。 武汉乘用车紧固件工厂项目的破土动工，是公司实施“攀登131”中期事业计划，加快推进产品结构调整，走高强度、高精度、高附加值产品产业化发展之路的倾力之作。新工厂总投资1.9349亿元，占地面积100亩，建筑面积3万平方米，2012年11月完成一期建设，年产能1万吨，销售额2亿元，原工厂PV紧固件转移到新工厂生产；预计2014年12月，二

11月18日，东风零部件集团武汉工业园暨紧固件公司武汉工厂项目奠基。

期建成，产能提升至2万吨，主要为神龙公司、东风日产、郑州日产、东风本田、东风乘用车、比亚迪公司、广汽菲亚特公司和浙江吉利公司等车企配套。

【“质量市场年”活动】 公司以贯彻落实“总经理一号令”为发端，以“争创A级供应商”为目标，打响一场提升品质、改善服务的攻坚战。深入开展全数品质保证提升、SGS吉利质量专项提升和CV质量提升帮扶等系列质量提升活动，严肃特控项目管理，持续提升研发、采购、制造和售后服务等领域的质量管理水平，带动全价值链质量管理水平的提高，确保了公司年度质量工作目标的达成。在“争创A级供应商”行动中，八大重点客户质量业绩均有不同程度的提升。客户投诉次数大幅降低，重大质量批量事故为零。其中，商用车公司纳入不良水平由上年的127ppm下降到16ppm，商用车质量评价由D级升级为C级，先后通过TS16949质量体系审核、神龙安全件审核、SGS吉利项目审核，荣获“SGS质量改善优秀企业”称号，东风商用车公司、东风股份“优秀供应商”称号，东风零部件集团“争创A级供应商先进单位”称号。

【现场改善提升活动】 公司开展外学经验、内树标杆现场改善提升活动，深入开展“3S”，OEE提升，强化IE、SCM管理，推进现场GK诊断和“高管一日行动”，公司现场管理水平、改善课题、收益管理和物流效率提升等改善活动取得较大进步。全年共完成各类QCD改善课题54项，实现改善收益330.3万元，现场3S诊断得分78分，现场改善课题成效得到东风零部件集团的高度肯定，获东风有限“制造/SCM领域QCD改善优秀奖单位”称号。

公司全面推进现场改善、能力提升、精益制造、技术创新和课题挖掘等基础管理工作，不断加大QCD改善工作推进力度，呈现出领导重视、全员参与、成效明显三大特点，涌现出一批生产一线QCD改善的行家里手，挖掘出多项具有一定代表性和推广价值的课题，在提升产品质量、提高劳动生产率、降低制造成本等方面均取得新的突破。其中，“车轮螺母产能提升”、“突破井式炉极限产能，提升材料交付满足率”两项课题，分别获得东风零部件集团本年度制造领域改善成果二等奖、SCM领域改善成果二等奖以及东风有限年度改善成果发表会三等奖；“热成型机OEE（设备综合效率）提案”课题获东风零部件集团本年度TPM改善成果一等奖。

【精益制造水平稳步提升】 公司以强化大制造管理模式的有效运行为着力点，精益制造水平实现“四个增长”和“两个下降”。“四个增长”：日均入库产值同比增长11.5%，入库品种完成率同比增长20.4%，急件关闭率同比增长11.5%，综合需求满足率同比增长15.9%。“两个下降”：累计停线时间同比下降89%，累计订单损失同比下降78.4%，为公司年度销售目标的达成提供了有力支撑。

【“攀登131”中期事业计划制定】 “攀登131”中期事业计划从公司的发展愿景、战略目标、产品技术规划、市场规划、制造能力规划、人力资源规划、信息技术规划和战略投资规划等各个方面制定了新的目标和措施。“攀登131”即到2015年销售收入突破10亿元；加快十堰、武汉、上海三大汽车紧固件制造基地建设，形成三足鼎立、优势互补、协同发展的格局；打造具有国内一流的汽车紧固件集成供应商，为客户创造价值，为员工创造机会，为股东创造财富，为社会创造效益，从而为完成东风零部件集团“人与事业共成长，企业与社会共和谐”的使命作出应有贡献。

【技术研发】 公司紧跟东风公司产品结构调整步伐，着力开展市场结构和产品结构调整，以发布实施《产品研发流程纲要》为标志，进一步优化了新品项目先期策划与评审，导入量产初期流动管理，引入CPT计划管理工具，注重知识产权保护和4M变更管理。全年实施新品项目27个，完成新品研发860种，获得两项专利，实现新品销售收入6656万元，同比增长12.6%，乘用车收入由上年的12%增长到14.6%。当年，成功引进并应用无铬锌铝涂层表面处理环保技术，实现螺母冷镦机1250材料棒改盘工艺，开发CAE模拟软件并正式应用，攻克细长类产品的制造工艺，并开发乘用车细长杆缸盖螺栓，开发M18及以上法兰面螺栓，形成Q185系列细牙法兰面螺栓标准，并制定了产品标准。

【党群工作】 公司党委紧紧围绕公司年度中心工

作和经营发展目标，按照争创五星级“四强”党委、“四好班子”的目标要求，强化思想政治工作，加强党政领导班子和中层管理团队思想作风建设，维护员工队伍的和谐稳定，党委的政治核心作用、党支部的战斗堡垒作用和党员的先锋模范作用得到充分发挥。公司党委通过了五星级“四强”党委、五星级“四好班子”考评验收，党建工作迈入东风公司五星级行列。

各党支部紧紧围绕“质量市场年”的中心工作，深入开展“创先争优”和“质量提升、党员先行”主题实践活动，实施重点改善课题160多项，创造经济效益300多万元。技术开发部、市场营销部和机械加工分厂等三个党支部率先跨入五星级“四强”党支部行列。

深入贯彻落实东风零部件集团企业文化《行动纲领》，在员工中开展了企业文化故事会，力求企业文化内化于心，推进企业文化落地生根。组织开展了一系列健康有益的文化体育活动，为公司企业文化建设增添了新活力。公司获东风零部件集团企业文化宣贯“优秀组织单位”称号。在东风零部件集团举行的第四届羽毛球比赛上获得高管组第一名和团体第三名的好成绩。

10月30日，在东风零部件集团举行的第四届羽毛球比赛上，高管组获得第一名和团体第三名。

公司党委坚持以人为本关爱员工，为员工解决生活、工作难题，从而进一步增强了员工队伍的凝聚力。当年，安排117名有毒有害岗位员工进行为期一个星期的疗休养；慰问生活困难和生病住院员工100多人次，发放慰问金29000元；实施“爱心工程”救助24人，发放爱心款12265元；投入32万多元做好防暑降温和防寒防冻工作，为800多名一线员工发放了保暖棉裤。

扎实推进ILU员工技能提升培训和全员OJT培训，发挥专业岗位人员传、帮、带作用，通过导师带徒定向培养关键岗位梯队人才，进一步提升了员工队伍技能水平。同时，认真开展“六五”普法和“平安单位”创建活动，为公司生产经营和事业发展创造了和谐稳定的环境。

公司工会以创建“工人先锋号”和“工人先锋岗”活动为载体，深入开展群众性的“金点子”提案征集活动，实施“金点子”提案352条，两项班组成果被编入东风零部件集团《班组建设优秀成果集》。公司女员工委员会还在全体女员工中举办“重温三大纪律，执行三大纪律”知识答题活动，共有223名女员工参加。同时，班组建设“五大五小”活动取得新进展，全年达标率为75%，完成了年初设定的方针目标。获东风零部件集团“先进工会女职工委员会”、东风有限“工会工作创新奖”称号。

公司团委引导青年员工围绕公司中心工作，广泛开展“给力市场年，青年勇争先”主题实践活动，积极抓好青年思想引导教育工作、“创先争优”活动、推进学习型团组织建设、深化岗位建功行动和推进青年文化品牌建设等五个方面的特色工作，引导团员青年积极参加现场改善、科技攻关和质量提升等活动，组织团员青年完成各类改善项目32项，创效益超过400万元。

（陈志明）

东风活塞轴瓦有限公司

【概况】 东风活塞轴瓦有限公司（以下简称“公司”）是东风零部件集团所属的子公司。公司固定资产原值3.77亿元，主要生产经营汽车发动机活塞、活塞环、轴瓦和铝铸件，年生产能力活塞300万只、轴瓦1000万片、活塞环2000万片、铝铸件1000吨，是集科研开发、生产、销售、服务为一体的大型汽车零部件企业。产品主要为东风商用车公司、东风康明斯公司、东风乘用车公司、东风轻型发动机有限公司及广西玉柴股份公司等客户配套。备件销售遍布国内22个省、市，部分产品出口俄罗斯、伊朗等国家。截至年底，在册员工1280人。

2011年，公司以市场为中心，以研发为龙头，以质量管理为基础，抓住“市场年”机遇，扩大销售收入，导入TNF、CPT管理工具，加强项目管理，夯实管理基础，大幅改善质量、大力控制成本、全力保证交付，全年主营业务收入2.6亿元，营业利润同比增幅38.8%，在商用车发动机厂dCi 11产品份额为100%，4H产品份额由70%提升到80%；在东风康明斯公司B、C活塞份额均为100%，ISD活塞由限量装机提升至25%，B活塞环装机份额由25%提升到50%；备件销售实行现款现货，采取组合销售、促销、专控专卖等商务政策，全年销售突破6000万元；公司薪资表回归标准薪资表，取消负档，实现了员工收入适度增长，应发工资平均增长13.25%，实发工资平均增长10.95%。

【总经理部署“帮扶”工作】 4月28日，东风公司新任总经理朱福寿、副总经理欧阳洁一行到公司开展调研工作。就如何帮扶公司走出困境实现扭亏提出四点要求：1.困难面前，全体干部员工一定要正视困难，在判断市况和实际运营过程中，要更加务实、细致，要抓住东风集团公司发展的时机，紧跟发展步伐，为适应东风集团公司未来40万辆的规模布局打好配套基础。2.东风零部件集团要紧紧围绕东风公司整车规划，尤其是紧跟东风商用车的升级换代的步伐。东风商用车公司和东风零部件集团相互之间要向下而行，要积极发挥东风零部件的优势，借助东风商用车升级换代的机会，体现东风零部件的价值。3.集团公司总部要加强对东风零部件集团的支持力度，积极协调各板块之间，通过总部支持，各整车及主机厂对东风零部件集团的带动，以及东风零部件集团自身的努力，推动东风零部件集团及下属子公司的发展。4.支持公司实现扭亏，公司要上下联动，各单位不能仅限于口头上，要体现在行动上，体现在具体的实施项目上。

4月28日，东风公司总经理朱福寿（左二）到公司调研。

8月22日，东风公司在武汉总部专题召开对公司“帮扶”工作督办会，朱福寿总经理明确指出，要把“帮扶”项目建设成“新基地帮助老基地，新事业带动老事业，反哺十堰基地”的示范性项目，只能成功，不能失败。9月19日，公司召开“帮扶”工作动员会，正式发布20个帮扶项目及10个重点改善课题。截至年底，20个帮扶项目达成4项。

【质量管理导入三级QRQC活动】 9月开始，公司启动车间级、职能部门级和公司级三级QRQC活动。活动坚持每日开展，针对现场问题及时协调解决。全年公司级QRQC会议共提出问题927项，落实859项，完成率92.7%。活塞加工、活塞环加工和铝铸件铸造不良率同比大幅度下降，下降率超过20%，32项降低自工程不良率改善课题，其中23项不良率呈大幅度下降，最大降低率78%。净追索赔偿率同比下降27.91%，在商用车发动机厂和东风康明斯发动机公司评价为B级供应商。

【雷诺活塞产能实现年产目标】 围绕“雷诺生产线产能提升”改善课题，公司成立品质组、节拍组、OEE组和在制品组，完善生产计划运行体系，日计划完成率由年初不足70%提升至90%。细化生产管理过程，建立各车间日停工管理台账，及时通报停工信息，落实相关单位责任，雷诺活塞从日产840只提升到1000只。实施现场改善，围绕“一个达标竞赛、三项重点活动”，编制每季度现场管理内部诊断日程安排，按时诊断服务。开展“5S”三定量化评价活动，加强现场整理整顿；加强班组长方针管理、现场管理实践能力培训，提高班组长管理水平提升；构建

2月6日，公司党政领导在车间召开质量现场会。

公司“3+2”课题管理平台，实现各部门课题统一管理，公司产值同比增幅4.08%，雷诺活塞入库14.8万只，同比增幅9.05%，实现公司雷诺活塞年产4.2万台份目标。

【《产品研发流程》发布】 7月18日，《东风活塞轴瓦有限公司产品研发流程》编制完成并发布。流程分5个阶段、28个子阶段、78项活动、153个管理工具及61项制度，用于指导公司新产品研发的全过程，确保研发成本、质量、进度始终处于受控状态，推动公司研发能力持续提升，核心竞争力不断增强。年度S06材料开发、活塞重熔技术开发、全钢活塞技术开发和高性能铝合金材料开发等一批先进技术的掌握，为公司技术储备打下坚实基础。先后申报专利技术8项，其中1项专有技术、2项发明专利、5项专用技术，获得东风公司科技成果奖2项、产品专利6项和十堰市科技成果奖二等奖1项。

【党群工作】 公司党委工作以深入开展“创先争优”活动为载体，深化“四好班子”、“四强”党委创建活动，促进领导班子管理水平提升。深化“党支部星级达标”和创新创效专题立项活动，促进“四强四优”活动不断取得成效；深化主题党日活动，促进发挥党员的责任和义务；深化服务保障水平，促进“为民服务创先争优”活动有序展开；深化党群共建，促进工会、共青团组织围绕中心工作建功立业。党委、党支部、党员创新创效专题立项239项，促进价值实现549.21万元。当年，公司党委被评为东风有限四星级“四好班子”、“四强”党委。工会“四项制度”建设经验做法，作为东风有限八家代表之一在全总冶金、建材工会系统进行经验交流，“四项制度”通过3个平台（信息沟通平台、民主管理参与平台、结果反馈平台），向基层分会延伸，向一线员工延伸，公司基层单位分会组建率100%，员工入会率100%，基层分会建立“四项制度”率100%。团委以开展团员青年立功竞赛、青年QCD“示范线”和“示范岗”活动，充分发挥团员青年生力军作用，获得东风零部件集团团委2项集体荣誉、3项个人荣誉，党建带团建“创先争优”活动经验在东风公司层面进行交流。

公司党委书记何鹤立（左中）现场指导党支部目视管理工作。

（刘永华）

东风汽车电气有限公司

【概况】 东风汽车电气有限公司（以下简称“公司”）是一家专业化汽车电机、电气产品生产制造企业，是东风有限全资子公司，隶属东风零部件集团。截至年底，公司拥有资产总额2.18亿元，员工总数574人，其中工程技术人员53人。主要研发、生产、经营汽车电机电器和电子产品，在国内率先成功开发减速式起动机、大功率发电机和新能源汽车用电驱动电机等，产品覆盖东风系列所有商用车车型，并扩展到上柴、重汽、常柴、玉柴、庆铃等十几家国内主机厂，年生产能力达90万台（套）。拥有20余条高效优质生产线，主要生产设备600余台，关键进口设备15台（套），满足了自动化、高精度加工要求。按世界领先的产品技术标准建成产品研发试验中心，在用试验设备80余台，检测设备、仪器7600余台（项），可全面开展发电机、起动机性能试验，试验数据采用多通道快速数字采集系统，实现了对产品关键性能的长时间测量监控、分析。坚持贯彻实施ISO/TS16949标准，导入先进的管理工具，在商品规划、研发、采购、制造、营销及售后服务展开基础管理改善，提升了公司的整体经营能力和竞争实力，企业经营规模及效益不断提高，销售收入和营业利润连创历史新高。

2011年，在汽车发动机行业与上年同期相比走势趋弱的形势下，公司上下齐心贯彻落实以市场为主题，提升公司生产经营效率与效益，全面达成年度经营目标，综合评价为A，主营业务净收入4.02亿元，销售收入首次突破4亿元，同比增长5.26%，息税前利润1733.5万元，营业利润8247.8万元。公司分别被东风公司、东风有限、东风零部件集团授予“最佳文明单位”称号。公司党委被东风公司、东风有限、东风零部件集团党委授予“党建思想政治工作优秀单位”称号。

【新品开发】 当年,东风公司明确了电气公司为永磁同步电机及BSG电机的开发责任主体,并与东风新能源汽车事业平台签订了战略项目的委托开发协议。获得东风总部拨款313万元及湖北省科技厅电动车专项扶持资金150万元。通过自主开发、联合开发和对外合作等多种形式,公司承担了东风公司混合动力、纯电动车用驱动电机等战略项目的开发。成功开发的BSG电机已通过60万次台架试验,两万千米道路试验;EJ02驱动电机及控制器,已通过了国家公告试验,实现ET装车;BSG电机及EJ02电动车驱动电机系统均已获得供应商资格。同时开发的项目还有:纯电动轿车用YTD50永磁同步电机、混合动力卡车用SRM40电机等。

在起动机、发电机的研发中,共研发新品16项,其中11项产品实现批量生产,新品销售收入3477万元;申报4项实用专利技术,3项已经获批。

当年,公司还申报了湖北省预算内工业固定资产投资重点产业调整振兴和战略性新兴产业培育项目,并取得湖北省预算内固定资产投资第一批专项资金补助50万元。

【市场开拓】 经过一年的努力,公司通过与依斯克拉、三菱的竞争,为中国重型汽车集团公司的装机份额由34%提升到44%;通过与长沙日立的竞争,取得了重庆庆铃汽车(集团)有限公司供货资格,起动机份额由0提升到50%;通过和上汽法雷奥的竞争,为上海柴油机股份有限公司的装机份额由70%提升到76%;在广西玉柴机器股份有限公司,实现了与其高端产品6M机的产品配套批量装机,实现装机11110 台。

【QCD改善】 发电机车间工艺布局由三层合并为一层(“三合一”项目)的QCD改善中:生产周期和物流距离的缩短目标均已达成,生产周期由6.12天降低到3天,减少物流转运距离由500米降低到60米。主要生产线(端盖、转子、定子生产)形成小批流作业。实现精度提升项目22项和自动检测项目19项、自动反馈项目19项、自动防错报警项目19项、自动加工项目22项、全自动无人操作项目5项;完成产品性能改善项目16项、产品可靠性提升项目23项、降成本项目9项、产能提升项目2项和专利1项,改进后加工技术达到国内一流水平项目共20项。

【管理优化】 完成了军品业务剥离项目,实现了军品业务顺利过渡、人员平稳安置的管理要求。解除合同33人,并通过与东风公司社会事业管理中心和东风有限薪酬部沟通,解决了分流到改制单位人员关于养老保险担忧的问题,使这部分人员能安心分流到新公司工作,并顺利分流安置剩余人员29人。进一步精干了主业,消除了因军品业务萎缩对公司带来的经营风险。

【党群工作】 以党内“创先争优”带动群团“创先争优”,推动全员为企业发展作贡献。紧紧围绕公司管理发展,开展党内主题竞赛,在产品开发、市场拓展、质量改进和过程能力提升等方面展开改善立项,全年党委立项5项、党支部立项17项、党员立项83项,所有立项均按项目管理的要求实现了过程控制,“创先争优”活动效果明显。

另外,经过两年建设,二期124套新房完工并分配给员工,解决了无房户居住问题,改善了员工居住条件,稳定了员工队伍。

(汤　欣)

苏州东风精冲工程有限公司

【概况】 苏州东风精冲工程有限公司(以下简称“公司”)是一家集设计、研发、生产和销售为一体的精冲零部件、变速箱操纵机构专业化生产制造企业,是由东风汽车零部件(集团)有限公司与苏州创元集团合资组建的有限责任公司。截至年底,公司拥有资产总额1.009亿元,占地面积14600平方米,主要生产设备300余台,其中重点设备10余台。员工总数355人(其中工程技术人员40余人),全年共实现销售收入9076.2万元,公司主营产品为精冲零部件、乘用车变速箱操纵机构。已形成精冲零部件2000万件、乘用车变速箱操纵机构200万套的年总生产能力。自2006年起，公司连续6年担任中国锻压协会精冲技术委员会主任委员单位。

当年，面对难得的市场机遇和严峻复杂的生产经营形势，公司以科学发展观为指导，全面落实东风零部件集团“扬帆130”中期事业计划，圆满完成当年经营目标，经营再创历史新高。

【精细策划 强化管控】 年初，公司组织召开2011年度经营工作策划的Workshop研讨会，确立年度经营方针为“提升研发能力、提高产品质量、培育专业人才”，确定年度方针管理活动计划书和专项工作计划27项、突破课题1项、重点课题5项。为了确保各项工作得到有效展开，公司按照分级管理、职能对等的原则进行层层分解、逐级落实，逐步建立月度督办、季度回顾、半年修订计划的循环管理机制。公司每季度组织一次诊断，以确认工作计划进展、协调内部资源和明确支援事项；每月组织召开经营分析会，持续跟踪公司各级指标实际达成情况，及时发现和分析差异点，快速制定和落实对策。为了提升各级执行力，公司还将部门年度KPI中重点指标的月度分解直接纳入月度KPI，通过月度KPI评价和考核的实施，促进了各层级人员自主展开各项工作。

【促进改善 全员参与】 全面深化开展QCD改善工作，优化、简化管理流程与表单，实现数据化、图表化和目视化，PDCA循环得到切实应用。随着现场管理、设备保全、物流改善、安全预知训练和全数品质保证等QCD改善活动不断深入，夯实了公司的管理基础，提高了管理效率。

为逐步建立良好的改善氛围，提升员工的改善积极性，公司组织开展多项竞赛活动：下半年策划实施一次改善成果发表会，每半年组织一次小改善评比，年中组织一次TPM成果发布和质量知识竞赛。

4月1日，ERP系统和PDM系统顺利实现上线运行。

【市场营销】 依据集团公司的总体策划和安排，结合战略和事业计划要求，公司策划实施了“市场年”主题活动。

以汽车变速箱操纵机构和座椅机构为核心推动TNF计划展开。通过持续开展对标分析和竞争力分析，做到知己知彼，准确定位市场。借助集团内部关系、客户关联关系、互联网等建立市场信息收集渠道，持续分产品、分市场的对标分析，顺利完成变速箱操纵机构市场分析报告和座椅机构市场分析报告。

实施“走出去、请进来”的市场开拓战略，主动开展产品推介活动，积极组织技术交流活动，不断扩大公司知名度、挖掘潜在市场机会。4月，参加上海国际自动变速箱会议，参展变速箱部件产品，会议期间与博格华纳、贺尔碧格等国际知名厂商进行产品交流。参观上海国际汽车展，组织了变速箱和座椅两组专业团队分别进行展品研究和技术交流。5月，先后两轮次分别在武汉和花都向东风日产作产品推介会，为取得东风日产MT变速箱项目打下坚实基础。

积极落实OEM客户产品技术审核，主动推动客户技术交流，把握每一个市场机会。全年共迎接顾客审核11次，全年落实客户走访163家/次。公司推进T类项目8项，展开N类项目9项，跟进F类项目15项，累计完成新订单6600万元，新订单贡献度57%；已成功开发东风日产、唐山爱信、长城汽车、江麓容大、株齿等新客户。

全面开展“争创A级供应商”行动。策划并切实执行项目管理的质量监控管理，不断提高新品开发的过程质量与采购质量，确保新产品开发的QCD。系统开展全数品质保证活动和全面推广QRQE活动，加强关键工序和关键特性的管理，提高产品工艺的稳定性，降低内废损失。持续开展后工程不良分析，实现质量问题表面化和课题化，推动内部质量提升和供应商质量提升及供应商责任追赔，降低净追索赔偿率。当年，公司立项开展“降低MT452（支撑板组件和控制轴总成）后工程不良率”战表项目，通过问题解析开展子课题分解，分职能实施改善。

MT452（支撑板组件和控制轴总成）后工程不良率从2167ppm下降到138ppm。通过“争创A级供应商"行动的开展，公司各项质量指标得到明显改善，后工程不良率从610ppm降到301ppm；OEM产品后工程不良率从91ppm降到37ppm。其中，神龙公司后工程不良率累计为16ppm，格特拉克公司后工程不良率累计为138ppm，格特拉克后工程不良率已连续6个月为零。

【研发能力提升】 公司重点推进变速箱机构产品的模块化设计能力提升和座椅机构产品商品化实现的工作。1.重新梳理了研发系统内部职能和职责，强化产品研发的系统性，有效整合了产品研发、产品试制、工装制造资源，实现了产品开发、过程开发的专业化分工，从职能上保证了产品研发工作有序实施。2.持续优化产品研发与项目管理流程。公司专门成立了产品开发流程和项目管理优化领导小组、编制小组和执行小组，由总经理、副总经理全程参与，不断完善产品设计开发流程、过程开发流程以及项目管理方法等内容，并逐步实现标准化。3.建立和完善产品研发管理机制，通过日跟进、周例会、月考评以及重点问题专项方案研讨等，推进产品研发工作开展。公司全年已经启动并开展新产品研发项目37项，已完成神龙一至五挡轴和X7T7选挡、江淮6T32拨叉以及施耐德3P主轴等6项产品研发任务，累计实现新产品销售收入1093.6万元，新品贡献率15%。4.公司始终坚持展开新工艺、新材料研究，本年度启动了同步器锥环冲压技术研究和双离合器壳体及自动箱壳体类钣金件技术研究专项工作。

【重点项目成果】 年初，公司共确定了四项重点项目，分别组建项目领导小组与实施小组，有计划、有组织地推进项目展开，确保重点项目的完成。1.ERP系统和PDM系统于4月1日顺利实现上线运行。2.700吨和400吨精冲机于10月和12月顺利完成安装调试与培训工作，正式投入使用。

（郭　静）

东风贝洱热系统有限公司

【概况】 东风贝洱热系统有限公司(以下简称"公司")，拥有各类专用生产设备500余台(套)，武汉总部和十堰工厂两大实体；公司总部主要以研发、生产和销售与东风有限、神龙公司及其他汽车厂家商用车、乘用车相配套的汽车空调器、铝散热器、中冷器和硅油风扇等热交换系统产品为主；公司下属十堰工厂，主要以生产商用车空调器、铝散热器、中冷器和乘用车铜、铝散热器为主。时有中外籍员工647人，其中常驻外籍员工6人。

公司下属子公司是与台湾派恩国际公司的合资企业——东风派恩公司，主要研发、生产、销售东风系列车及其他汽车厂家乘用车、商用车相配套的汽车空调器和暖风机等产品。

【整体经营强势增长】 面对复杂多变的外部环境和严峻的市场形势，公司经营管理团队在股东双方的正确指导下，公司全体员工不畏艰难，奋力进取，圆满达成公司既定的挑战目标，实现主营收入6.6亿元(预算 6.29亿元)，达成目标的105%；营业利润5400万元(预算5349万元)，达成目标101%的业绩。公司不仅稳定实现了当期盈利，而且以近三年来的累计利润弥补了合资公司创立以来的所有亏损。在创"A"行动中获得多项称号：东风商用车年度"最佳供应商"、"优秀军品供应商"称号，神龙公司"最佳供应商"称号，东风乘用车"战略供应商"称号，并获得东风零部件集团"经营管理优秀单位"、"最佳文明单位"称号，东风有限"最佳单位"称号，东风公司"最佳文明单位"称号。

12月8日，公司获得东风商车公司授予的"最佳供应商"称号。

【调整产品 支持市场】 当年，公司平稳地全面退出铜产品市场，完成了产品结构调整。同时，实现了新产品硅油风扇的量产。公司进一步深化和东风公司内部客户的合作关系，并积极开发新的乘用车市场，其中包括东风日产、东风乘用车和长安标致。社会备件销售和海外出口业务取得明显增长。实现SOP的项目包括：日本日产柴G205冷却模块项目（出口项目）、上汽菲亚特红岩Cursor 9硅油风扇项目，上汽依维柯红岩Stralis 908冷却模块项目、陕汽F3000 Module4冷却模块项目、东风商用车D901冷却模块项目，一汽J6M、J6P项目以及福建戴姆勒NCV2冷却模块项目等。获取并开发的项目包括：东风商用车D760冷却模块、空调系统和硅油风扇项目，神龙公司T8、T9空调系统，B73散热器和TX3空调系统项目，东风日产乘用车L02B后鼓风机项目，沃尔沃P9103空调系统项目，潍柴硅油风扇项目，上汽菲亚特红岩Cursor 13硅油风扇项目，长安标致的B81空调项目、SFH的C13硅油风扇项目等。公司以市场和客户为中心，积极提高服务意识和服务质量，提升了客户满意度。当年，公司新增成立十堰办事处、襄阳办事处和设立重庆驻点，以便向客户提供更高效、便捷的服务。与全国各地20多家服务站点签订了特约服务站的合作协议，初步建立了自己的服务网络，并向东风商用车主要服务站免费配置硅油风扇检查仪30余部，帮助服务站快速准确查找和判明硅油风扇的故障原因，客户反映良好。

【质量管理】 公司着手全面、系统地提升质量管理水平，其中包括：公司对质量体系文件进行全面修订、完善，并按照新版TS16949标准进行公司级体系文件的换版，形成公司正在运行的C版质量手册、28个程序文件及40个管理流程。4月，公司对武汉、十堰两地进行为期两周的全过程的内部质量体系审核，即质量体系内审，内审共提出问题点72个并予以整改。

结合德国贝洱和东风商用车公司的标准，建立、完善适合公司的供应商选择、评价标准，并注重对供应商的培养。 建立供应商问题的整改进度跟踪机制，实现质量问题的闭环管理。公司顺利通过二三方质量体系审核，其中在一汽解放汽车有限公司审核中被评为A级供应商。产品质量较2010年有明显改善，各项指标处于国内行业领先水平。

【研发能力提升】 2011年，公司全面完成了研发投资计划，自主创新和自主研发能力取得进步。公司完成了提升研发能力建设的五年规划。在武汉工厂新建试验阵地，并已新增振动试验台、盐雾箱、高温箱、TCC、RCP盒等设备，改造搬迁乘用车风洞等研发设备。另外，空调性能试验台、硅油风扇耐久性试验台以及商用车风洞改造均已启动。公司组织编写了《科技创新激励办法》。当年，公司获得专利授权一项，另有7项已在受理中。

【精益运营管理推进】 推进精益的运营管理、提升供应链信息化管理水平。2011年，公司的企业管理得到进一步的改善。公司积极将贝洱生产方式与日产生产方式相结合，并切实运用于生产管理；扩展ERP系统的功能和应用领域，提高企业信息化水平。对制造部进行机构调整，形成以制造、物流、装备、现场工艺与质量、改善为一体的工厂制管理模式，并加强了班组建设，通过导入制造CPU管理，有效控制了制造成本，OEE水平不断提升。

【员工能力和素质提升】 公司加大培训力度，培训累计3398人次，培训总学时35177.5学时，人均培训42.1小时，培训计划完成率达95%。公司内部申报9个OJT项目并予以实施，其中上报东风零部件集团两个项目，分别为铝水箱芯子装配机（天津容大）保全作业培训和芯子装配工序装配机作业技能提升培训，两个项目分别获得东风零部件集团一等奖和三等奖。装配机保全作业培训的项目被东风零部件集团推荐到东风有限参加发布和评选活动。在公司首次开展的技能大赛中，参赛人员98人，参赛工种为氩弧焊、芯子装配、总成咬边、空调装配和检查员5个工种。

【和谐企业建设】 2011年初，工会和公司通过协商达成了为公司员工提高人均8%的基础工资增幅的协议。至11月份，全年基本工资上调8%得以兑现。同时，公司工资集体协商经验，得到了全国总工会的认可。公司召开的总经理与工会主席定期会晤会议关于工资集体协商的现场观摩会议，受到了中央电视台及全国各大新闻媒体的现场录制和采访。此次交流和观摩提升了公司在东风公司和行业的品牌知名度，树立起东风贝洱公司良好的企业形象。

（李　莉）

东风富士汤姆森调温器有限公司

【概况】　东风富士汤姆森调温器有限公司(以下简称“公司”)是由中、美、日合资组建的调温器生产企业，位于武汉经济技术开发区枫树二路51号。公司下设经营管理部、财务部、技术中心、市场营销部、工厂、质量部和采购部。公司产品主要有四大系列：调温器产品系列、热动元件产品系列、散热器盖产品系列、温控开关产品系列。产品应用领域主要有：汽车、坦克、火车、飞机、船舶、化工、水暖、建筑等。国内主机客户近70家，产品远销北美、南美等，出口额占公司销售额的26%以上。截至年底，在册员工327人。

2011年，公司坚持贯彻“以市场为中心，以客户为焦点，以研发和现场为落脚点，以收益分析为工具，把效益改善作为工作重点，把制造管理提高作为着力点，构建高效的管理机制体制，提高效率，提升QCD水平，增强公司竞争能力和盈利能力”的经营方针，全年实现销售收入2.03亿元，预实比增长3.14%，同比增长10.4%。利润总额、净利润预实比分别上升5%、11.47%，生产经营再创佳绩。

【质量年整理整顿活动开展】　为提升公司管理水平和产品质量水平，提升公司员工整体素质，营造公司QCDD改善氛围，7月1日至9月30日开展整理整顿工作。整理整顿工作旨在集聚员工的智慧，发现问题，在调整期内形成公司“研发能力强，质量稳定”的内部优势，确保公司“三个人才队伍”(技术、技能和管理)的建设落到实处，夯实发展的人力资源基础，提高公司发展“软实力”。通过开展整理整顿月活动，公司各项工作都有了一定的改善和提升，也为公司大幅度提高管理水平奠定了坚实基础。

【市场营销】　公司当年销售收入超额达成目标，首次突破2亿元。主要得益于四方面：1.国内主机、备件业务相对均衡发展，基本符合公司的市场结构趋势，备件收入有了很大的提升空间。2.以争创A级供应商为推手，提升客户满意度。公司已获得一汽大众、南京京滨、成都发动机、昌河铃木等客户的A级或优秀供应商。3.持之以恒的海外营销市场，全年达成挑战目标，且超预算1300万元左右，预实比超额30%以上。

【试验阵地建设】　经过一个多月的改造，公司独立的试验室于当年8月建成完工。按试验类别将振动试验台、耐久试验台、环境试验台、盐雾试验台和清洁度试验台进行隔离。新增了多层寿命耐久试验台、高低温循环试验箱、弹簧疲劳试验机、高温试验箱、低温试验箱等试验设备。引进一名具备试验验证的专职试验工程师，配置了一名专职的试验员，使公司试验验证能力在设备硬件与人员软件两方面都得到升级。

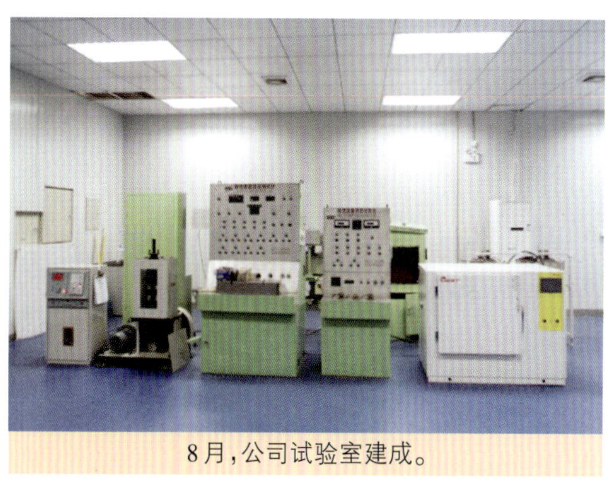

8月，公司试验室建成。

【党群工作】　党总支围绕公司中期事业计划，不断改进和加强党组织能力建设，深入开展“创先争优”活动，为推进公司持续、健康、科学发展提供坚强的政治思想保证。发挥《DFT简讯》传递信息、沟通情况、指导工作的作用，多途径、多形式与员工沟通，定期分析员工思想状况，积极开展对困难员工的帮扶工作，认真对待员工关心的热点难点问题，及时排除消极因素，及时做好宣传鼓动和思想沟通工作。各党支部以“立足岗位作贡献”为载体，把纪念活动与“创先争优”活动紧密结合起来，在全体党员中开展争创“党员示范岗”活动，经各党支部推荐，公司党总支评比，授予王乾、曹锡宁两名党员“党员示范岗”称号。

(翁　倩)

上海弗列加滤清器有限公司

【概况】　上海弗列加滤清器有限公司(以下简称“公司”)专业生产车用、发动机用滤清产品，是中国

3月16日，东风公司党委副书记、工会主席范仲（中排右）到公司考察工作。

首批获得国际质量认证的滤清器生产厂家之一。产品系列广泛应用于汽车、工程机械、发电机组、船舶、铁路机车等领域，除满足国内市场的需求外，还出口远销到北美、欧洲、日本、澳大利亚等国外市场。客户涵盖了国内外主流汽车、发动机厂商，如东风集团、康明斯集团、一汽集团、上汽集团等以及工程机械厂商，如小松集团、徐工集团、柳工集团、现代集团和斗山集团等。截至年底，在册员工700多人。

2011年，中外双方高层领导变动，总经理、副总经理先后调动，新班子新人员，公司高层领导做好交接平稳过渡，生产经营不断持续发展，共开发新品48个项目，生产2600万只滤清器，实现销售收入9.35亿元。党委通过东风公司五星级“四好班子” 和“四强”党委的考核，接受了东风公司党风廉政建设责任制考核，公司荣获东风零部件集团“优秀经营管理单位”称号，内部审计工作被康明斯公司评审为B级，滤清器产品在当年中国汽车配件行业“十佳”品牌评选中被慧聪网评为 “优秀滤清器跨国品牌”称号，双文明建设蝉联上海市浦东新区“文明单位”十连冠称号。上海弗列加武汉工厂于12月30日奠基，标志着公司生产规模不断提升，管理水平正向世界级工厂迈进。

【领导班子更迭】 3月8日，公司主要领导变动，东风有限人力资源总部总部长房章福到公司宣布：调周晓伏到神龙公司赴任，任命于翔为公司总经理。当日，公司召开周晓伏欢送会及于翔到任的欢迎会。6月，副总经理赵杰辞职。10月，康明斯公司委任李配章接任副总经理职务。

【市场开拓】 当年，公司市场营销团队积极开拓市场，产品和服务得到市场认可，完善销售渠道，进行强化战略客户管理，销售人员走出去入市场，到全国各地进行滤清器产品的介绍宣传，如到四川、南昌、兰州、西宁、石家庄等地，带着产品进行实物介绍，让分销商及客户充分认识产品。公司领导到北京公交集团拜访，建立了互信友好的伙伴关系。同时公司还与全国各大城市公交等建立了合作关系。

公司积极跟进新产品的开发，全年共获取48个新项目，主要新项目包括：东风板块6项、商用工业板块5项、轻轿板块6项。销售人员强化渠道内产品推广和扩充分销渠道的布网，当年累计实现销售收入达2.74亿元，比上年同期增长24.1%。积极开发新产品， 与弗列加全球合作拓展新客户，累计实现出口销售收入达1.62亿元，比上年同期增长35.4%。在滤清器市场上开拓出一片新天地，在配套市场、售后市场、海外市场全年实现销售收入9.35亿元。

公司荣获慧聪网2011年度中国汽车配件行业十佳品牌评选“优秀滤清器跨国品牌”称号。公司营销部被东风零部件集团评为“优秀营销团队”称号。

【技术开发】 当年共开发206个滤清器项目，其中一级项目14个、二级项目39个、三级项目153个。同时更加专注于主机厂的同步开发项目，以提升产品开发能力，增加企业的核心竞争力。乘用车应用领域的开发取得明显进展，当年共开发16个乘用车项目，其中15个为同步开发项目（上汽燃料电池车和台湾中华汽车项目等）。另外，商用车和工程机械领域分别有6个和1个同步开发项目，项目节点完成率稳定在90%以上，较上年提升10%。

技术工程人员专注新技术的研发和专利的申请，当年共有6项专利获得授权，还有1项发明专利已受理。

【管理工作】 质量部门清理质量体系、审核流程、优化表单，以提升标准化，100%通过客户评审以及BV监督审核。现场建设Stratapore滤纸产品生产线，完成9112线与9103线项目，增加液滤产能240万套，空滤产能84万套。完成磷化线的改造，产能提升100%。完成十堰分公司的搬迁，降低劳动强度、提升效率6%。提升9101线VSM，并落实“瓶颈”管理、OEE

及TPM管理，班产稳定在14000只左右，增长20%。全年累计完成2609万只产品，比上年同期增长8.2%。持续提升“3+1”降成本团队的领导力（运用六西格玛，ACE逐个进行零件成本分析，PCR竞拆、改进改善的工具），全年关闭82个项目，累计实现降成本金额达3837万元。推进“N+3”滚动预测计划管理，建立5级报警机制，提升采购订单按时交付水平和生产计划达成率。

【武汉工厂项目奠基】 12月30日，武汉工厂项目成功进行开工奠基仪式，总经理于翔主持仪式，东风公司副总经理、东风有限副总裁、东风零部件集团董事长童东城，武汉经济技术开发区工委副书记、管委会常务副主任杨新年，美国康明斯集团副总裁曹思德，以及东风零部件集团总经理翁运忠、副总经理肖大友等出席奠基仪式。上海弗列加公司副经理李配章等到会见证这一历史性时刻。

12月30日，上海弗列加武汉工厂奠基仪式。

【党群工作】 8月31日，公司党委获评“四强”党委和五星级“四好班子”。公司党委围绕“创先争优”的主题开展党员点评活动，开展争创好业绩向党生日献礼活动。据统计，公司党员、员工共计创新立项61项，合计508万元，其中党支部完成项目20项，创效206万元，党员立项35项，创效84万元。6月26日，组织党员参观中国共产党“一大”会址，参观陈云故居，接受革命传统教育。

9月9日，公司召开一届十三次员工代表大会，通报了生产经营、质量、人力资源、员工福利等情况。10月25日，工会召开员工沟通会，大家畅所欲言，对老员工关心的问题进行了沟通和交流。工会关爱体贴员工，全年累计探望员工或直系亲属85人次，累计费用18048.9元。

工会开展寓教于乐的活动，丰富员工文化生活，消除员工的疲劳。4月，组织钓鱼协会活动，参加高行镇“激情五月 律动青春”庆“五一”演出；5月，组织协同高效庆“五一”拔河比赛等。据统计，篮球活动参加352人次、游泳活动149人次、钓鱼活动12人次、羽毛球活动320人次以上、工会小组开展活动328人次、跳绳220人次、全年员工参加活动总计1794人次。

（武崇玉）

上海东森置业有限公司

【概况】 上海东森置业有限公司（以下简称“公司”）成立于2004年，是东风有限与东风电子科技股份有限公司合资经营的公司，合资双方分别占股比90%和10%。公司经营范围：厂房、土地、辅助性设施出租以及物业管理。

公司位于上海市浦东新区康桥镇康桥东路1268号，是原上海东科汽车零部件有限公司为进行对外合资经过股东会讨论同意，从该公司分离出来成立的一家有限公司。

公司向上海江森自控汽车电子有限公司提供土地、厂房、道路、上下水管道、供电、通讯线路包括宽频互联网等设施。

公司严格履行合同规定，执行规范的管理制度，奉行“服务主动，质量保证”的宗旨，按时定期检查设施，及时做好维护保养工作，确保出租设施安全使用，公司的服务连年得到上海江森自控汽车电子有限公司的好评。

（黄振华）

东风电子科技股份有限公司

【概况】 东风电子科技股份有限公司（以下简称“东风科技”）是一家在上海募集上市的股份公司。下辖仪表电子、制动、饰件系统等13家控股、参股公司，其中中外合资公司6家，主要分布在湖北、上海、广东三地。公司经营范围：研究、开发、采购、制造、销售汽车仪表系统、传感器、车身控制器等,汽车电子系统、饰件系统、制动系统(含ABS气压防抱死制动系统)、供油系统中产品、有色压铸件的设计、制造和销售,自营和代理各类商品和技术的进出口。截至年底,公司包括东风襄阳仪表系统有限公司、制动系统公司等8家合并报表单位,用工4824人。

东风科技以提高竞争力为主线,强化精益管理、深化结构调整,加快战略重组,扎实推进各项工作,全年公司实现主营业务净收入25.04亿元,同比增长12.19%,主营业务收入和营业利润均超过年度挑战目标。

【系统营销】 东风科技认真组织开展"市场年"主题活动。编制15个月滚动销售计划,提高市场预测能力。继续推进项目经理制,协助并督促子公司按照集团公司要求建立客户经理机制,确定2011年东风科技重点推进项目13个。全年新订单贡献率实现20.47%,按计划完成。"市场年"主题活动在大势下行的情况下有序展开,销售收入实现年度预算目标。

东风科技总部组织相关子公司先后访问东风日产、东风柳汽、广汽三菱和三一重工等客户,落实RFQ定点,提升销售额,开发潜在的F类市场。与东风日产乘用车公司探讨扩大有色铸件、座椅、组合仪表及电子产品合作,以及参与同步开发的意向,推进与东风柳汽的深化合作。在巩固东风襄阳仪表系统有限公司、东风伟世通(十堰)饰件系统有限公司与陕重汽合作的基础上,推动制动系统公司ABS产品导入,以及陕重汽HX、HD新车型的同步开发工作。走访湖南重点主机厂,推动东风科技旗下的板块业务在湖南市场的延展。发挥北京、武汉、西安等战略大客户室的作用,密切跟踪客户信息和竞争对手情况,快速反应、满足客户需求,不断提高客户满意度,持续扩大战略大客户销售规模和市场占有率。在北汽福田产量同比下降7%的情况下,抓住福田欧曼仪表升级契机,争取到两款步进电机仪表的100%份额。全年,公司在北汽福田的全年销售收入同比增长95%。

【产品研发】 东风科技全年重点新产品开发项目立项36项,其中包括新能源项目的无刷直流电机控制器、摩托车电喷等,这些项目均按时间节点扎实有效地推进。全年,合并新产品销售贡献率11.95%。累计(不含德利)实现技术降成本率0.65%。制动系统公司"安徽华菱ABS项目组"、东风伟世通(十堰)汽车饰件系统有限公司"S15顶棚项目组"、东风(十堰)有色铸造有限公司"圣龙C14泵体项目组"表现突出。东风伟世通(十堰)汽车饰件系统有限公司研发管理获东风科技"研发管理优秀单位"称号。当年,东风科技申请专利66项(其中发明专利3项,实用新型42项,外观设计21项),受理53项,授权27项。在新能源汽车开发中,东风科技抓住机遇,发挥东风零部件集团公司内部协同优势,成功开发新能源汽车电机控制器,并顺利完成开发节点,已完成试装车,新能源产品实现突破。充实研发人员,增加研发试验设备,在上海漕河泾开发区浦江高科技园购买研发楼,扩大电子产品研发阵地建设项目取得实质性进展。

【精益管理】 东风科技与东风零部件集团一起对仪表、制动、饰件、压铸4家主要零部件子公司开展市场、制造诊断活动,从品质提升、装备和物流效率提高、成本降低、安环保障和改善等各方面进行全面回顾,及时改善。并对子公司深入开展市场、研发诊断,促进各项管理工作不断进步;同时,加强商务督查和应收分析,提高风险控制能力,坚持经营、审计、法务应收账款管理联合督导机制,对重点单位应收账款管理工作实施有效地检查督导。

以改善课题为载体,落实各项QCD工作。主要零部件生产经营单位共制定公司级改善课题58项,促进了产品设计、工艺改进或材料改代、采购、制造、仓储物流、用工等各个价值链环节的成本降低。深入开展"争创A级供应商"活动,加强关注市场与响应速度,提高质量、降低索赔,提升产品竞争力和销售服务水平。

【经营效益】 当年,汽车行业增速大幅下滑,各子公司经受住严峻考验,东风科技全面消除亏损单位,继续保持稳定的发展势头。

制动系统公司:实现全面扭亏增盈。全年营业利润873万元,同比增长2617万元;9项一级KPI指标中,7项达成挑战目标。全年公司营业利润增幅远高于销售收入增幅。ABS累计销量同比增长199%,占销售收入比例从2010年的9%快速提升至22%,实现了战略性产品对公司销售的强有力支撑。

制动系统公司以新厂房建设为契机，建立高起点新工厂规划，保持强有力的竞争后劲。新工厂的定位是“国内一流的制动产品研发及生产基地”，并将在产品、工艺布置、新工艺应用、降低劳动强度、节能与环保、物流、装备以及工厂信息化方面体现先进性。为此，该公司抽调装备、技术等相关骨干人员，成立了新厂房建设项目领导小组和推进办公室，进行专项推进。

东风襄阳仪表系统有限公司：加速市场开拓与结构调整，稳步提升市场占有率。同时，积极跟进整车发展技术，提高公司自主研发能力，打造研发领域核心能力。电控模块产品系列由VECU为主，扩展到东风股份T01和A08车型的BCM、遥控钥匙、东风乘用车EECU等。当年，步进电机仪表、电控模块和欧III传感器平台的构建，成功实现产品升级换代。

东风伟世通（十堰）汽车饰件系统有限公司：深入开展全数品质保证活动，持续客户满意度。乘用车外部ppm连续六年保持为零；神龙公司外部ppm保持在100以内；东风股份外部ppm保持在50以下。同时，强化研发能力建设，不断提升企业核心竞争力。S15项目成功SOP，实现了乘用车内饰技术上的跨越。东风伟世通（十堰）汽车饰件系统有限公司顺利通过湖北省国资委“最佳文明单位”的评审。

东风（十堰）有色铸件有限公司：围绕“市场年”活动要求，以TNF市场拓展计划、新订单为管控重点，深化项目管理，继续推进产品和市场两个结构调整，TNF拓展项目由30个增加到46个。相继取得神龙公司STT变壳等新品开发定点，完成东风日产乘用车公司719项目发电机支架等产品的开发，新订单贡献度达29.4%。同时，引进了3500吨大型压铸单元自动化生产线和2吨中频熔化炉，对未来公司规模提升起到有力支撑。

上海东仪汽车贸易有限公司：相继建成风行菱智标准A级店和东风股份轻卡标准A级店。轻卡业务保持稳定，并与东风股份实现在上海合资经营；与东风柳汽紧密配合，风行MPV销量一直保持全国第一。通过调整品牌代理结构，细化精益销售和精益服务指标，汽车贸易的盈利模式进一步优化。全年整车销售6597辆，同比增长30%，完成销售收入3.71亿元，同比增长29.60%。

东风伟世通（十堰）汽车饰件系统有限公司：全

4月18日，上海东仪汽车贸易有限公司与东风股份合资成立的上海东嘉汽车销售服务有限公司开业庆典。

年，销售收入完成预算指标116.3%，同比增长9.8%。税前利润完成预算指标117.4%，同比增长2.7%。公司加强研发能力建设，2011年设计开发的新产品项目达24个。当年，东风伟世通（十堰）汽车饰件系统有限公司被神龙公司确定为仪表板产品的战略供应商。同时获得东风公司“优秀经营协同单位”、东风乘用车有限公司“战略供应商”等称号。

湛江德利化油器有限公司：全年完成主营业务收入预算的110.53%，净利润完成预算的101.82%。在整个摩托车行业同比下降-0.4%的情况下，公司摩托车化油器销量增长7.88%（其中自主开发的电控化油器全面推向市场销量超过30万套），销售收入增长21.8%，市场占有率从25.8%提升至27.81%。摩托车电喷技术研发取得了阶段性进展。获东风日产“优秀供应商”、东风本田“最优秀供应商”等称号。

上海江森自控汽车电子有限公司加强内部质量控制，零千米ppm控制在3以内；贴片生产线顺利投产，实现马自达产品出口的突破，并获神龙公司“最佳供应商”称号。东风康斯博格莫尔斯控制系统有限公司在工程机械领域的市场上实现了新的突破，并在东风集团的销售收入比重进一步增大，同时成功转入套管生产线，可为公司今后带来每年数千万元的销售收入。广州东风江森座椅有限公司成功取得郑州日产719新项目，进一步拓展了业务规模，年生产能力从24万套提升至36万套。

【结构优化】 完成对湛江德利化油器有限公司增持股权项目。2010年，湛江德利化油器有限公司股东签署东风科技转让日本京浜株式会社持有的全部20%的股权的协议，6月，完成工商变更。东风科技持有52%的股权，成为湛江德利化油器有限公司控股股东。湛江德利化油器有限公司纳入合并报表，进一步强化东风科技的主营业务和整体实力。

上海江森自控汽车电子有限公司双方增资后，外方股比为60%，已完成工商登记变更。东风伟世通(十堰)汽车饰件系统有限公司、东风友联(十堰)汽车饰件有限公司股权整合项目已正式签署一体化及股权调整协议书。完成上海科泰投资有限公司股权转让，上海科泰投资有限公司成为东风科技的全资子公司。上海东风康斯博格莫尔斯控制系统公司股权整合项目重新启动，合同章程修改谈判已近尾声。

【党群工作】 东风科技党委积极开展争做“质量先锋、技能先锋、改善先锋”活动，引导广大党员在岗位工作中争做先锋、争创佳绩。各级党组织积极搭建学习培训、技能比武等平台，帮助党员、员工提升素质，提高“创先争优”的能力和水平。中国机械工业优秀质量管理协会组织的QC成果发布会上，东风襄樊仪表系统有限公司仪装车间副主任张翊发表的“降低机芯焊接不良率”QC改善课题荣获QC小组成果一等奖。制动系统公司党委开展的以“我为搬迁奉献力量”为主题的最佳党日活动，东风(十堰)有色金属铸件有限公司开展的以“为客户增值”为主题的党内实践活动等均收到积极效果。

东风科技主要党政领导先后在上海、十堰、襄阳、武汉等地为所属单位员工作形势报告7场。各单位党委、党总支也认真开展了多层次的形势目标教育活动。

4至5月，东风科技邀请东风有限和东风汽车零部件集团企业文化讲师团成员，分别在上海总部和各单位集中宣讲“扬帆130”企业文化《行动纲领》，培训企业文化建设重点及理念。10月，又组织各单位认真学习宣贯东风公司“十二五”《企业文化建设纲要》。同时，结合东风科技实际，深入宣贯公司愿景、经营哲学等，大力弘扬“求严务实，争创一流”的企业精神。

认真落实领导干部联系点制度，着力提升群众满意度。公司主要领导经常深入基层一线，了解生产状况、慰问上岗员工，帮助解决防暑、防寒等问题。各基层党、政、工、团通过看望生病住院员工，慰问节假日加班员工，关心关爱困难员工、离退休人员等方式，充分体现公司的人文关怀，营造了浓厚的和谐氛围。

9月，上海江森自控汽车电子有限公司获“江森自控中国区足球锦标赛”第二名。

(黄振华)

装备公司

组织机构图

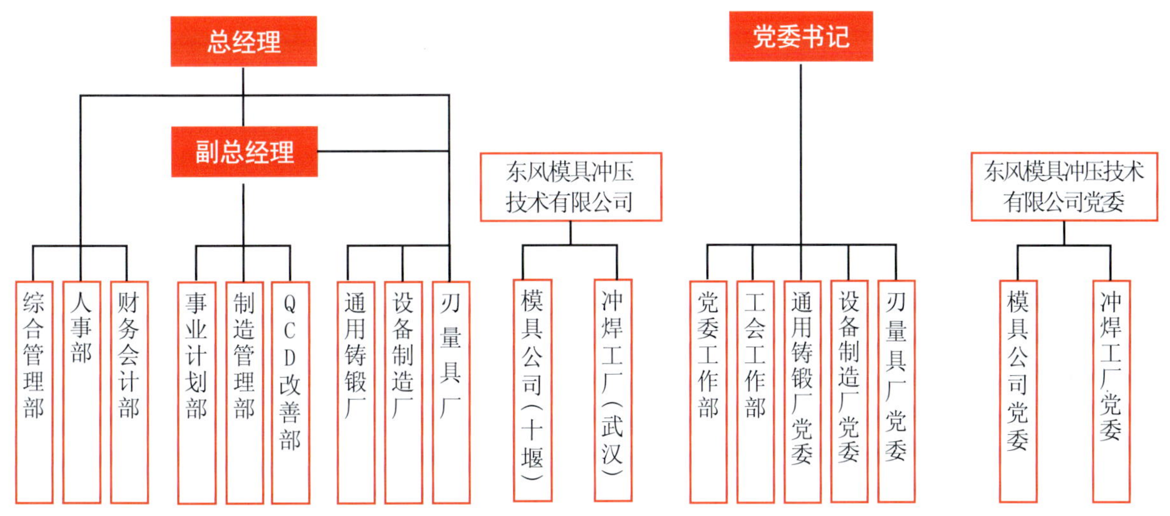

【概况】 东风有限装备公司（以下简称“东风装备”）现为东风有限的一个事业部（分支机构）。其生产阵地分布于十堰市、武汉市两地，下属3个专业生产厂和1个子公司：通用铸锻厂、设备制造厂、刃量具厂和东风模具冲压技术有限公司。东风装备机关职能部门有8个部：综合管理部、事业计划部、财务会计部、QCD改善部、人事部、制造管理部、党委工作部、工会工作部。东风装备占地面积620594平方米，工业生产用房屋建筑面积254302平方米，拥有总资产25.7988亿元。

东风装备以其技术含量高的特质在东风公司独树一帜，其技术已经成为东风公司核心竞争力的组成部分，其核心业务被日产公司列为全球中心化供应商（HUB）。经过不断发展，东风装备已经成为中国最大的汽车装备制造企业。当年，东风装备实现销售收入19亿元，营业利润达成挑战目标。截至年底，有员工5371名，其中正式工（合同制员工）3943名，劳务工1428名，正式工中专业技术人员598名，中高级技术工人1408名。拥有享受国家特殊津贴的专家2名，全国劳动模范2名，全国“五一劳动奖章”获得者1名。尹肖彤任总经理，陈万兴任党委书记。

根据东风装备发布的“3223”发展规划，主营业务如下：1.以车身开发为主线的装备业务，包括冲压模具、焊装设备、大型铸件等；2.以动力总成为主线的机床业务，包括发动机缸体、缸盖加工线、刃量具等业务；3.支撑装备业务发展的高附加值、高技术的汽车零部件业务。

经过多年努力，东风装备在主营业务上取得长足发展，已成为国内组合机及自动线三大骨干企业之一。近年来，东风装备加大对柔性精密设备的研究开

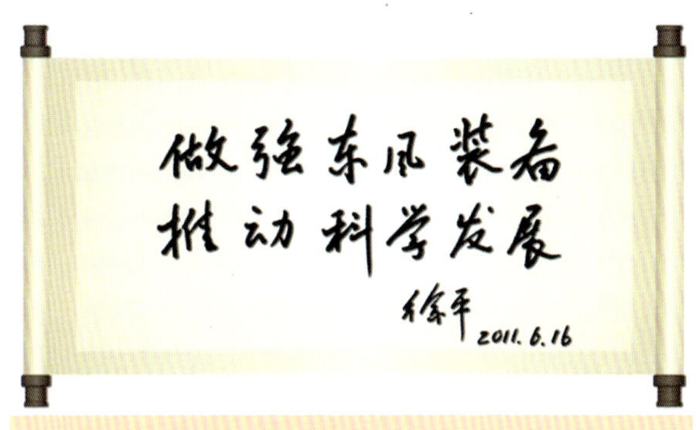

东风公司董事长、党委书记徐平为东风装备题词。

发，成立机床作业部，与国外公司合作开发PM系列加工中心，已形成高速加工中心规模化生产供货能力。

将焊装设备提升为东风装备的核心业务之一进行重点开发，成立焊装作业部，与日产、雪铁龙等公司进行技术合作，使自身焊装设备的制造水平有了较快发展，已经形成了卡车、轿车的宽系列、多品种的焊装设备研发制造能力，成为日产雷诺全球5大核心供应商。

作为我国最大的汽车模具制造企业之一，东风装备生产开发的日产系列轿车模具、神龙系列轿车模具、标致系列轿车模具、东风自主品牌轿车模具等产品，以优良性能和可靠性成为国内模具企业标杆。利用技术优势，开发出重型车平衡悬架，东风装备成为全国最大的平衡悬架生产基地。建成规模化生产贯通桥、发动机齿轮业务单元，专业生产发动机，变速箱，后桥精密齿轮，大、中、小型冲压件等。汽车零件已经形成多品种规模生产，其中汽车精密齿轮实现批量出口，当年实现出口超过7000万元。

东风装备以“百年东风、百年装备”为发展愿景，在“十二五”期间，全面实施“3223”战略目标——第一个“3”：集中发展三大主导产品。第一个“2”：形成两个小型巨人，一是以模冲公司为龙头、规模化发展的企业集群；二是以设备制造厂为龙头、规模化发展的企业集群。第二个“2”：规模、效益倍增。最后一个“3”：三大核心装备业务机床、模具、焊装等要进入行业三强。依托东风，面向全国，放眼世界，大胆进行管理创新、技术创新和文化创新，不断满足客户高技术、高附加值的产品需求，为持续做强、做精东风装备事业不懈努力。

【市场开拓】 东风装备持续发展的势头在2011年得到进一步确认，用户口碑提升，品牌效应开始显现。当年，东风装备累计完成装备订单9亿元，同比增加43%，达成年度目标138%。东风装备各单位将市场营销作为经营工作的基础，强化营销管理，重要项目、困难项目领导直接参与，取得明显成效。汽车产品方面，东风装备各单位加大了与整车厂新车项目的前期沟通，同步开发，汽车产品销售收入中新品收入有明显增加，实现汽车产品新品收入2.4亿元，占汽车销售收入的16%。东风装备主要领导先后走访东风本田、东风股份、东风乘用车、东风日产、神龙公司、东风裕隆、潍柴动力、重庆长安、江西五十铃等单位，提升了双方合作潜力。

设备制造厂承接郑州日产缸盖、缸体柔性生产线合作协议，项目包括DH500系列加工中心44台，成为从事柔性设备生产以来最大的一个项目。

继续做足用好“东风题材”，充分利用东风公司反哺十堰基地的历史机遇，全力近身服务东风，东风装备实现集团内市场销售收入达15亿元（模冲公司按50%口径），占总收入的80%。模冲公司做好东风日产乘用车公司、神龙公司、东风自主品牌乘用车的模具营销，取得了预期效果，全年模具产品2亿元销售收入中80%以上的模具订单来自东风公司。

刃量具厂狠抓齿轮出口业务，重视出口齿轮的如期优质交付，得到外商的肯定。

11月19日，东风装备在成都召开紧跟东风大协同战略研讨会。

【产品研发】 全年产品研发项目68项，新品收入2.4亿元，同比增加7.8%。东风装备充分利用模具、焊装两大业务成为日产公司的全球HUB供应商（中心化供应商）的有利条件，通过对现有能力进行现状分析，改善硬件水平，提高综合能力得分，提升Q（验收问题点数）、T（项目按时交付率）、C（装备成本）水平，使两大业务研发综合能力得到了较大的提高。

当年，东风装备获国家专利授权15项，获东风公司“十一五”优秀科技项目1项，获DFL专有技术11项，其中3项为绝密技术。东风模具冲压技术有限公司开发制造的“侧围斜楔整形斜楔冲孔模具”荣获第十三届中国国际模具技术和设备展览会“精模奖”一等奖。

装备产品实现与汽车产品同步研发的良好态势，为整车企业大幅缩短研发周期，提高市场响应速度，提供了有力支撑，如在东风商用车公司D760，东风股份A08、

W03、EJ02，东风乘用车公司S30、H30、S15，东风日产启辰，东风（十堰）实业公司新品开发中，东风装备提供了大批成套装备。

装备业务研发：1.完成DH500I型高速加工中心试制，并参加北京国际机床展览会获得好评；2.完成拉延模自动化设计工具运用和多工位模具设计技术开发；3.完成专用数控刀具开发和在线测量自动化技术开发与应用等。模具分公司在技术研发上实施走出去战略，先后组织设计、工艺青年技术人员17人赴日产公司进行技术培训，自身技术开发能力有了质的提高。当年，在神龙公司T88冲焊总成件设计制造中，将需要两个月的设计制造周期，缩短到20天实现全工序冲压的好成绩。刃量具厂与苏尔寿公司关于刀具涂层技术的合同协议已经草签，合作开始后，将提高刀具涂层技术水平和市场占有率。

汽车零件方面，东风装备各单位抓住东风产品当年产量大、新品推出力度大的好形势，超前服务，满足用户需求，完成A08车型43种、T01新品31种试制和供货；完成大型薄板冲压焊接件的工艺开发及应用；完成东风标致508车型零件国产化材料替代和不等厚激光拼焊板深拉延件研制；完成发动机齿轮（X7、Y5、L0I）、十四挡变速箱齿轮、小速比桥齿研制等。

【管理改善】 实施通用铸锻厂“启程梦想，激情跨越”振兴工程。通用铸锻厂围绕工厂“做大（强）冲压，做精铸铁”的战略目标，按照“拓市场、调结构、促改善、严管理”工作方针，全力投入扭亏攻坚战，不断提高销售收入。全年成功实现扭亏，实现营业利润超过20万元，实现销售收入2.15亿元，同比增长25%。

开展管理改善，降低运营成本。刃量具厂、东风模具冲压技术有限公司针对产能不足的现状，结合生产经营亟待解决的问题，制定并下达11项战表。设备制造厂开展“质量年”活动，进行了质量立项和战表下发。东风装备各单位切实开展成本管理，通过规范采购行为，加大商务谈判力度，化解市况变化对生产经营造成的不利影响，全年实物成本水平处于可控范围内。推进课题改善，7个公司级管理改善课题，24个间接业务效率化课题（3个东风有限级，10个公司级，11个工厂级），以及112项QCD改善、12项采购降成本课题等有序推进，降成本效果明显，实现降成本8200万元，达成年度目标170%。

积极推进各单位创新发展思路、拓展发展渠道。通过采取“一厂一策”、“一个业务单元一个政策”的办法，实施体制机制的改革推进工作。全面推进设备制造厂三大作业部运行。为推进机床、焊装、汽车零件三大业务专业化、扁平化、团队化管理，在上年焊装作业部成功试点的基础上，成立了三大作业部（机床作业部、焊装作业部、汽车零件作业部）。体制的创新优化了内部流程，提升了市场快速反应能力。至此，三大业务都有了较快增长，为东风装备进一步体制机制优化提供了经验。

完善东风装备内部协调运行机制。模具和机床支持铸造业务，机床拉动刃量具业务，大、中、小冲压业务协同开拓市场的机制初步见到效果。协同机制的运行对东风装备整体效益的提升作出了贡献。

【投资项目】 产能不足已成为制约东风装备快速发展的突出矛盾，当年，公司集中资金，加速关键业务发展，完成战略投资项目4项，对模具、焊装、冲压、发动机齿轮制造水平、生产能力提升产生积极影响。

模具制造能力提升项目：总投资1.68亿元，增加设备11台，厂房已经竣工验收，2400吨压床、数控龙门铣、三坐标测量机已经投入使用。

模冲G3线能力提升项目：总投资9315万元，进口的多工位压力机已安装调试完工，并完成13个品种工装调试工作。

焊装项目：总投资6431万元，增加9台设备，如期实现了开工典礼，厂房基础部分已经完工，5台设备已到货，预计2012年5月将实现厂房竣工。该项目建成后，将扭转焊装生产现场的窘迫局面。

通用铸锻厂两条中冲线建设：总投资657万元，1台800吨单动液压机已经竣工验收，铸钢厂房改造经过三年改造已经完成，为通用铸锻厂提高冲压件产能1亿元以上。

齿轮能力提升项目：总投资8156万元，增加46台设备，主要包括2台德国磨齿机和1台滚齿机完成订货，并已按合同支付。该项目建成投产后，将改变齿轮能力不足、质量精度不稳定的状况。

【关爱员工 加强培训】 东风装备针对上一个年度员工满意度调查反映出的问题，总经理尹肖彤到三厂、一公司召开与员工面对面的沟通会，听取意见，就员工关心的事宜向大家解释。党委书记陈万兴组织工会对各单位食堂、单身宿舍进行随机调研，实地了解单身青工的生活状况。

东风装备为更好地彰显先进人物作出的贡献，关爱其身心健康，组织了首批先进人物赴恩施、宜昌疗休养。认真解决家属工、占地合同工社保的参保难题。4月下旬，东风装备三厂、一公司及机关按期完成了家属工、占地合同工的参保工作，在符合条件的人员中有224人按时完成了参保缴费工作，成为湖北省城镇居民基本养老保险的受益人。

东风装备将提高员工素质作为关爱员工的重要内容，通过拜师学艺、技能竞赛等方式提高青工技能，效果很好。“东风装备第二届员工技能竞赛”经历4个多月，圆满完成了工种培训、理论考试、实做比赛等各项工作。近百名员工参加竞赛，37人进入决赛。在东风有限技能竞赛中，设备制造厂王勇获“数控车工冠军”称号。2月26日，设备制造厂李峰荣获“全国青年岗位能手”、“全国技术能手”称号，朱力、王兆军荣获“中央企业青年岗位能手”称号，李峰、叶洪波、张磊均荣获“湖北省杰出青年岗位能手”称号，蒋波荣获“湖北省青年岗位能手”称号。

东风装备十分注重对高管的教育和培训，以提高讲政治、强素质、重业绩的氛围。5月5日，党委召开中心组(扩大)学习会，邀请东风股份总经理卢锋就东风股份业务拓宽、营销变革、资本运作及转变发展方式等问题作专题报告，以启发高管思考如何求变，如何改变，如何实践科学发展观，加快推进东风装备“3223”事业计划。7月20日，邀请湖北省委党校教授、党史党建教研部副主任任大立，就学习胡锦涛总书记“七一”讲话精神给全体高管作专题辅导报告，引导高管重温党的历史，牢记党的宗旨。

(梁建国)

通用铸锻厂

【概况】 通用铸锻厂紧紧围绕拓市场、调结构、严管理、促改善“十二字工厂方针”，不畏艰难，直面挑战，脱困振兴工程迈出坚实的一步，全年实现销售收入22725万元，超过当年预算的26.53%，同比增长17.53%，营业利润20.2万元。

【营销管理】 通用铸锻厂不断完善营销策略建设，创新营销管理模式。在突出营销重点的同时，采用跟踪账龄等方式控制风险，实行订单评审、交期预警保证订单交货期，客户抱怨明显减少，老市场的扩大和新市场的开拓成绩明显。

坚持大客户理念。通过建立“大客户室”，加强对大客户服务，“十•武•长”战略(十堰、武汉、长沙)初见成效，客户群订单增加59%，销售增加1328吨，销售额增加1584万元，坚持技术营销。随着市场竞争日趋激烈，技术创新的重要性日渐突出，该厂以市场为中心，以技术为先导，积极开展与客户的技术交流与技术服务工作，连续模项目被DCEC立项，且有8种已批量生产，13种正在按计划推进。坚持市场独步、市场同步策略，中冲零件和有色件分别采取了市场突起和市场重拾策略。北汽福田康明斯由2010年新进入市场到2011年销售收入增长到176万元。编写《营销手册》，收集整理历年有效的营销方式、合同文本，使合同管理及票据管理更加规范，各业务员有了业务指导书，独立处理业务的能力迅速增强。

【新产品开发】 通用铸锻厂充分发挥科技创新在市场战略和事业发展中的两大支撑作用，加快产品结构调整，加大投资和研发投入，不断增强新产品开发能力，在冲压产品上取得重大突破。

A08车身项目——冲焊产品的突破，A08车身件投入开发25种，进入PT2阶段，克服模具、夹具和工艺能力等问题，完成26辆份装车任务。

长头车项目——大型覆盖件产品的突破，完成东风商用车车身厂长头车37种零件转移项目。

脚踏板项目——总成产品的突破，脚踏板项目完成产品设计和试装验证。

同时，开发东风股份T01项目33种冲压件、一品系3个总成，开发北汽福田康明斯轻型发动机23种冲压件、有色铸件4988520进气过渡管，另外承接S15、D310、D530拓展车，设备制造厂平衡轴承盖等20种零件。当年，形成新品产值2224.9万元，比上年同期增长34.8%，为工厂持续盈利增长提供保障。

【制造技术提升】 碗型塞自动化生产技术的应用研究，使工厂碗型塞生产技术处于国内领先水平，生产效率大幅提升，产品质量明显提高。目前，连续模投入模具17套，投入生产使用10套；单人单班产量由4000件提高到13000件，生产效率提高225%。机器人多品种焊接技术水品的提升，提高了机器人的焊接品种数，扩展了机器人的工作范围，焊接效率提高3倍。

碗型塞自动化生产线。

【管理提升】 当年，通用铸锻厂进一步推行精细管理，管理改善持续推进，系统职能不断调整、优化，管理流程日益精细、规范，系统管理水平明显提升。

质量管理基础工作扎实开展。加快质量基础数据管理建设的力度，开发了质量信息管理系统，对顾客质量投诉和现场质量问题建立数据化处理跟踪系统，共记录汽车产品质量问题400余条，装备产品质量问题 2000余条。供东风商用车公司、东风康明斯发动机有限公司及神龙公司的产品质量都在稳步提升，顾客质量投诉较上年下降50%以上，并荣获东风商用车公司“最佳供应商”称号。

当年，进一步修订完善安全管理各项制度，实行四级安全监控管理，实施安全周例会制度，构建安全系统管理循环图。加大安全责任制的执行力度，从严考核，打击违章，不断消除隐患，安全基础管理工作循序深入。

安全文化建设。创建工厂安全管理网，开展特色安全活动，全面推行 “诚信、关爱”的安全文化理念，员工的安全意识明显提高。

QCD改善工作初见成效，方针管理全员参与程度明显增强。

全厂各单位以扭亏为盈为目标，全面开展QCD改善和降成本工作，累计立项185项，实现经济效益116.2万元，达成技术降成本额173.1万元。通过QCD改善，现场管理水平进一步提升，方针诊断得分达到2.56分，现场诊断示范班达到2.72分。

方针管理推进有力，主管领导每季度对各部门进行诊断，各部门指标分解落实到专业岗位人员，工厂整体方针管理向全员层层渗透。现场管理突出以现场培训和指导为主，采取班组长交流学习互相提高管理的应用型做法快速提升现场水平。班组管理水平稳步提升，现场3S/5S水平也有较大提高。标准作业按计划推进，全年共编写1306份，标准作业书主体作业覆盖率达到75%。

【党建工作】 当年，通用铸锻厂党建工作 围绕“四个突出”、“四个力求”，进一步开展思想政治工作和精神文明建设，凝心聚力，鼓舞士气，带领广大员工积极投入扭亏攻坚战，为工厂的改革和持续发展提供了有力的政治、思想和组织保证，促进了建厂40多年来扭亏为盈艰巨目标任务的实现。加强引导，在各个层面开展“我为扭亏作贡献”主题活动。厂党委先后组织召开“启程梦想，激情跨越”振兴工程誓师大会，“我为扭亏献一策”建议征集活动，“凝心聚力保目标，实现发展新跨越”、“坚定信心，全力冲刺年度扭亏目标”为主题的形势目标教育等系列活动。通过活动的开展，营造氛围，凝心聚力，鼓舞士气，激发党员、员工全力投入扭亏攻坚战，促进了工厂年度扭亏目标的实现。厂党委抓住重点，认真组织开展创建“四强”党委、“四好班子” 星级达标活动，有效提升了党委领导班子和高管团队的整体素质和能力。厂党委通过了东风有限党委专项考核检查组检查、评审、验收，被东风公司命名为五星级“四强”党委、五星级“四好班子”。

（骆艳民）

设备制造厂

【概况】 截至2011年，设备制造厂固定资产原值34342.33万元。各种生产设备505台，其中高精度机床22台，数控机床42台。当年工厂销售收入完成7.42亿元、生产产值完成8.08亿元，营业利润完成2206万元。在册员工1447人，其中正式工1076人，劳务工371人。当年，获得中国机床工业协会授予“精心创品牌十佳企业”称号。

设备制造厂主营业务为汽车、内燃机、摩托车等行业提供专用设备、组合机床及其自动线、加工中心、柔性加工设备及其自动线、焊装夹具及焊装自动线，属于高技术密集型、单件小批量生产性企业；同时为社会提供平衡悬架、主减速器、转向机支架等系列汽车零部件产品，具有从设计、工艺、制造到安装调试及新产品开发的全方位服务能力和综合配套能力。

【三大业务提升】 机床作业部——“DH500加工中心开发和批量商品化”。当年4月，设备制造厂首台样机DH500I在北京展出。7月，该台加工中心接受了东风日产实际工况的实战切削，切削结果达成东风日产所有指标要求，为承接东风日产发动机第三次扩能项目奠定了基础。7月1日，设备制造厂召开了DH系列加工中心商品化启动会，至此，开启了自主研发的新一代加工中心DH系列的商品化历程。

焊装作业部——“东风日产乘用车NSL焊装自动线制造与现场设置”。该项目是设备制造厂于上年10月承接的焊装线的项目，也是日本日产推行焊装设备现地化战略背景下的重点项目。线体主体设备的制作部分由日本日产通过日产贸易(NTCN)发包，承接公司为原日志会下属的4个厂家，线体的设置和调试由东风乘用车公司发包，设备制造厂总承包。NSL焊装自动线技术要求高、涉及专业技术面广泛而新颖，是日本日产高水平的汽车白车身焊接自动线，线体节拍为60JPH。NSL焊装自动线可同时将8种车型混流生产，所有的点焊、涂胶、滚边、弧焊、台车切换均由机器人完成，全线采用机器人的数量达278台。经过一年多的制作—预设—现地设置—调试，

11月16日，东风装备工业园设备制造厂焊装项目开工典礼。

12月21日，历时19个月筹建的花都二工厂竣工投产(比计划提前4个月)，实现焊装产值近4000万元，提升了设备制造厂的焊装技术能力。焊装总线集成技术、机器人集成应用技术、NC轴系统应用技术，都在此次项目的实施过程中得到提高，巩固了该厂在日产现地化战略中的中心地位。年初，东风有限和日产BSO确认设备制造厂在日产焊装项目中的唯一核心供应商地位。

汽车零件作业部——“持续改善不断提高汽车产品市场竞争力”。设备制造厂从2000年开始生产汽车产品，11年以来的累计销售收入和利润，超过设备制造厂建厂40年以来的累计销售收入和利润。对12个新品开发进行项目管理，逐步导入ANPQP模式及project项目管理。开拓外销市场，当年，外销占总销售收入8%，同比上年4%增长一倍。

【市场开拓】 2010年，机床订单完成3.76亿元，焊装订单完成1.51亿元，累计完成装备订单5.27亿元。机床作业部以2009年为基点，2010年订单同比增长76%，产值增长60%，收入增长37%。焊装作业部以2009年为基点，2010年订单同比增长923%，产值增长391%，收入增长101%。汽车零件作业部开拓CV外市场，以2009年为基点，2010年CV外销售收入增长120%。海外出口实现“零”的突破。2010年成功试制完成混合动力副箱(环保汽车领域)，并获得2012年500辆份订单。

【财务管理】 财务部价格室的成立，使设备制造厂对采购、制造、销售，外委协作、基建项目等环节价格监控评审，全年审核降成本264万元，同时汽车零件商务降成本555万元。价格室还依据BOM报表、工艺材料清单、工时定额，以及市场材料市况作出了DH500Ⅰ加工中心、滚道原价值分析数据，为研发部门做好成本分析，市场部门做好市场价值定位提供了数据支撑。

【人力资源管理】 当年，共招28名应届本科毕业生，补充设备制造厂三大作业部设计、电气、工艺等人员缺口。1—11月，该厂通过劳务用工择优选聘、技校顶岗实习生转正式工、成品人才招聘、应届毕业生招聘及安置退伍军人等方式共录用55人，缓解了

技能人员后备难题，形成多层级人才梯队。

【精益管理】 设备制造厂完成组织机构的重新架构，三大作业部均集成了产品所对应的营销、研发、制造、服务等职能，主题职能明确。对新版部门职责进行修订，根据三大作业部的组织机构和部门职责变化，优化部门KPI评价体系。

推动信息化建设，其中包括新生产管理系统、CAPP系统在焊装、机床作业部上线运行，降低了管理人员的工作强度，提高了工作效率。优化OA系统，开发SEA信息平台，逐步将管理流程实现计算机化、网络化，使各类信息更加及时和透明、管理流程高效和可控。零星项目实现网上审批、查询进度，并向申请者反馈完成信息。

11月16日，装备工业园设备制造厂焊装能力提升项目顺利开工，为工厂实现“312”发展战略打下基础。(“3”是机床、焊装、汽车零件三大业务并驾齐驱、协同发展，预计到2015年业务综合实力达到行业前三。“12”是机床、焊装、汽车零件三大业务到2015年实现销售收入12亿元；“2”是收益倍增)

通过开展“汽车产品研发方向Workshop活动”研讨会、“降低平衡悬架总成加工不良产生的ppm”V-FAST活动、“降低Z66平衡轴支架赔偿率”DECIDE课题、“降低K0804推力杆月赔偿率”V-FAST课题、“建立DFG采购协同平台”DECIDE课题等V-up活动的组织实施，较好地实现设计、采购、制造等多环节降成本的目标。

(李　彤)

刃量具厂

【概况】 刃量具厂主要以生产刀量具和汽车零部件产品为主。刀量具主导产品有：复杂刀具、螺纹刀具、曲轴加工刀具和电子量检具等；汽车零件主导产品为各类发动机精密齿轮、桥类齿轮、油泵类齿轮、轮边减速器、分动箱总成等。刃量具厂经过近几年不断发展，汽车零部件业务逐渐壮大，实现了装备与汽车两个业务、内部与外部两个市场同步发展。

全厂上下紧紧围绕东风装备“3223”发展战略和经营目标，着眼于工厂可持续发展，坚定不移地深化产品结构调整。当年4月后，国内汽车市场需求逐渐萎缩，刃量具厂适时调整产品结构，紧紧抓住海外市场需求依然旺盛的难得机遇，生产制造能力向出口齿轮产品倾斜，弥补了国内市场不景气带来的损失，有力地支撑年度销售收入目标达成，国内、国际两个市场的战略格局愈发显现。全年实现销售收入2.75亿元，同比增长16%，其中汽车产品销售收入同比增长19%。

在取得良好经营业绩同时，实现了厂领导班子年初提出的“高质量完成经营目标，让员工分享工厂经营成果”的承诺。当年，刃量具厂被评为东风装备“经营管理优秀单位”，东风有限“最佳文明单位”，东风公司“最佳文明单位”、五星级“四强”党委，彭泽龙厂长荣获东风公司“优秀经营管理者”、东风有限“优秀管理者”称号，刃量具厂党委被国资委授予“中央企业先进基层党组织”称号。

根据国家“十二五”规划和东风装备发展目标，制定2011—2015年中期事业计划和齿轮5年发展规划，根据事业计划科学制定满足事业发展的制造投资计划，为工厂未来发展奠定了基础。

【市场开拓】 当年，刃量具厂着力拓展新项目，挖掘新市场，积极走出去，新开发辽宁丹东“五一八”内燃机配件有限公司和江苏沃德机电集团有限公司电子量具市场，积极向湖北神马齿轮制造有限公司、湖北元辰汽车传动轴有限公司、浙江法德利齿轮有限公司、洛阳华冠齿轮股份有限公司推广使用复杂刀具、电子量仪和曲轴刀具产品。电子量具、曲轴刀具产品市场成长性好：天润曲轴市场经过多年的培育，产品覆盖越来越广，销售收入不断扩大，销售额从2007年的121万元提升到当年的978万元，成为刃量具厂首家销售额达到近“千万级”的装备产品外部客户，为同类产品在全国曲轴加工制造行业市场拓展打开了新局面。

【新品研发】 全年完成重点研发项目10项，装备产品开发新品245种，已完成和正在开发的汽车零件品种达40种，新品贡献度12%。电子量具技术不断升级，由曲轴在线测量发展到连杆、凸轮轴在线测量；数据传输技术从有线向无线延伸，实现无线智能测量网络。成功开发曲轴高速高效内铣刀，线速度由100m/s提升到130m/s,加工效率由12分钟一件缩短到7分钟一件,标志着曲轴刀具设计及制造水平再上新台阶。奇瑞车拉刀通过终验收,表明刃量具厂全面掌握发动机成套曲轴车拉刀设计及制造技术。高效滚刀的现场使用有效提升滚齿生产效率。

开发汽车产品X7发动机齿轮、14挡变速箱齿轮、小速比轮边桥齿轮、ZD30联轴器总成、分动箱、Y5轮边减速器。分动箱关键技术取得重大突破,相继通过了台架和道路试验,7月通过解放军总装备部国产化鉴定审查,可批量生产。7月24日—10月18日,搭载整车进行"服务国防质量万里行"活动,行程25000千米,东风猛士分动箱全程未出现问题,性能良好。分动箱试制成功,即将形成汽车零部件产品新的收入增长点。技术成果"一种薄壁金属支板"项目和"设备管理BS系统软件开发"项目,分别获湖北省第二届职工技术创新成果一、三等奖,受到省总工会的表彰。"曲轴在线综合测量仪的开发"及"重型变速箱副箱支板轻量化"项目获得当年度中国机械工业科学技术奖二等奖。刃量具厂"图实锐"品牌从刀具产品延伸到汽车齿轮产品,并申报湖北省著名商标。

【管理改善】 刃量具厂将2011年确定为"效率提升年",结合生产经营亟待解决的问题,制定并下达与生产经营密切相关的11项战表,有效保证全年生产经营目标顺利达成。构建安全供应链、生产保障及时有效,在持续高产、需求结构不断变化及行业资源偏紧的状况下,毛坯、原材料及时组织到位,保障生产有序进行。建成桥齿轮成线生产阵地,尝试汽车产品成线生产模式,生产工艺、组织方式整体优化,集中管理,降低在制品数量,缩短物流距离,提高了生产效率。注重现场工艺改善,通过改进贯通桥齿轮夹具和加高回火炉门高度,提升热处理多用炉装炉量达65%。刃量具厂"中间垂臂黑漆件质量改善"获第三届全国QC小组成果二等奖。努力改善基础环境,治理生产现场油污,改造设施,控制油雾,作业环境得到改善,齿轮新厂房增加14台无动力风机,改善现场温度和空气环境。通过宣传、培训,提高员工安全素质,强化隐患排查和整改,提高本质化安全程度,年内无重大工伤事故发生。自3月份起,在生产车间实施新收益性考核办法,将公平、公正,有效激发基层单位和员工的工作积极性。

【涂层合作】 刃量具厂涂层加工设备老化,由于投资额度大、投资回收期长等原因,相关投资一直未能落实。涂层技术落后,制约刃量具厂刀具及汽车零件的生产和发展能力。出于多方考虑,历经近一年的调研、沟通、商谈,最终确定与苏尔寿美科表面技术(上海)有限公司(简称:"苏尔寿")采取厂中厂(即在刃量具厂厂内建立苏尔寿涂层工厂)合作模式达成涂层技术合作,双方于8月19日达成意向并签订合作意向书。该项目实施不仅对刃量具厂高效刀具的发展起到重要支撑作用,还能有效地提高刃量具厂齿轮滚齿加工效率。

【员工满意度提升】 坚持以人为本,为夜班员工修建洗浴间,暑期提前部署防暑降温工作,并深入冷饮供应商了解安全卫生情况,确保卫生达标并及时供应;共设班组建设阵地4个,为员工营造工作、学习、休息的良好空间,其中热处理分厂淬火班荣获东风有限工会"小团队"标杆班组荣誉称号。调整刃量具厂"爱心工程专项款"救助标准扩大救助范围。及时慰问加班员工、看望生病和困难员工。投资对单身楼改造,改善单身员工居住生活环境,同时对厂幼儿园进行部分设施维修改造。召开以"沟通面对面,诉求零距离,关爱直通车"为主题的民主沟通会,打通员工与厂管理层零距离交流的通道,使管理层深入了解基层员工思想动态,听取员工代表的声音,解决员工关心的实际问题,并建立跟踪调节机制。在员工中开展"创先争优"季度评比,营造"创先争优"氛围,激发组织和个人创优热情。广泛开展丰富多彩、积极向上的文体活动,让员工感受快乐工作、快乐生活的内涵,提振士气,缓解压力。深入基层、贴心服务,赢得员工信赖,年度员工满意度同比提升11个百分点。

(勾晓芳)

东风模具冲压技术有限公司

【概况】 东风模具冲压技术有限公司(以下简称"模冲公司")合资成立于2007年10月18日,占地面积20.8万平方米,现有员工2000余人。股东方为东风鸿泰(武汉)控股集团有限公司和东风有限,双方各持股50%。

模冲公司下设模具分公司和冲焊工厂两个生产单元，形成一个总部加两个下属生产工厂的架构模式，是国内一流的具有商用车及乘用车整车模具及零部件研发与制造能力的企业。

模冲公司产品主要是汽车冲压模具的设计制造和小轿车配套冲压焊接零件的生产。模具业务主要在十堰，当年在武汉投资新建模具生产阵地，冲焊业务主要集中在武汉经济技术开发区。全年公司销售收入达到14.32亿元，其中模具产品销售1.95亿元，汽车零件销售12.37亿元。

公司在精神文明建设上成果丰硕。全年获得各类称号12项、科技成果10项，18人次在各类竞赛、课题发表中受到表彰，其中包括东风公司授予的“优秀经营协同单位”，东风装备授予的“经营管理先进单位”、“劳动竞赛先进单位”，主要客户授予的“东风乘用车战略供应商”、“神龙公司战略供应商”、“东风本田优秀供应商”、“东风商用车质量优胜奖”、“东风乘用车最佳供应商”，武汉经济技术开发区授予的“最佳文明单位”，武汉市总工会授予的“优秀职工书屋”等。

【市场开拓】 2011年，模冲公司通过优化客户市场、调整产品结构，加大大型化、总成化冲焊零件和收益性好的模具产品的市场开拓力度。全年新开发汽车零件产品共计87个供货单元133种，其中东风本田2EE后侧围总成和东风EJ02左右门总成项目，标志着模冲公司在轿车外观总成零件制造技术实现突破。

【产品结构优化】 模冲公司按照“模具产品向覆盖件方向发展，冲焊产品向大型化、总成化、系列化方向发展”的思路，调整产品结构。在模具订单中，外表件比率加大，东风集团内的模具订单中外表件模具比例达到64%；冲焊产品中技术含量高、附加值高的总成化产品比率上升，生产能力向供货量大、收益性好的产品集中。

【战略投资】 模冲公司投资1.6亿元的新建模具制造阵地和投资近1亿元的多工位压力机及焊接机器人项目完成主体安装工作，进入调试阶段。新建项目全部投产后，模具产能将翻一番，冲焊零件制造自动化比率、工作效率将大幅提升，为模具公司中长期事业计划提供产能保证。

【人员结构优化】 公司通过完善岗位职责、制定关键技术岗位激励政策、实施员工岗位技能培训等措施，在满足工作需求的情况下逐步减少准直接、间接人员数量。2011年“直接∶准直接∶间接”比例由1∶0.33∶0.43优化到1∶0.26∶0.42，人员配备进一步向生产一线和技术岗位倾斜，公司人员结构更趋合理。

【作业效率提升】 模冲公司在汽车零部件生产中通过推进日顺序计划、SPM（每分钟冲次）与WPM（每分钟焊点数）细化、换模作业标准化以及员工技能培训等措施，使SPM由6提升至6.39，WPM由4.6提升至4.923，换模作业时间由62.5分钟减少到47.5分钟。在模具制造过程中，通过优化绩效分配、实施工序化作业，使模具产品主体作业时间由58.6%提升至61.8%。

【美化家园行动】 4月，模冲公司武汉园区由制造管理部负责实施美化家园行动。通过大讨论征集意见、召开研讨会、制订行动计划，完成武汉园区人行通道、道路基石修补更新、绿化草坪的铺设、路灯亮化、电子显示屏建设等厂区环境美化工程。

（朱国盛）

神龙汽车有限公司

组织机构图

DFG:指东风汽车集团股份有限公司派驻人员
PSA:指PSA集团派驻人员

经营管理机制图

董事会

- 董事会确认或股东参与的委员会：财务委员会、产品工业技术委员会、东风雪铁龙品牌委员会、东风标致品牌委员会、公关委员会、任命考核薪酬委员会
- 执行委员会
  - 总经理和执行副总经理指定常设的工作委员会：日常信息通报会、采购委员会、产品技术委员会、质量委员会、生产计划委员会、环境与安全委员会、物流委员会、标准化管理委员会、投资管理委员会、东风雪铁龙经营委员会、东风标致经营委员会、组织与人力资源委员会、信息委员会、市场分析委员会

【概况】 神龙汽车有限公司（以下简称“神龙公司”）成立于1992年5月18日，总部位于湖北武汉，是国内重要的乘用车生产经营企业，注册资本金为70亿元人民币，股比为东风汽车集团股份有限公司50%、法国PSA标致雪铁龙集团50%。

神龙公司在武汉经济技术开发区和襄阳市汽车产业开发区分别建有冲压、焊装、涂装、总装及发动机、车桥、变速箱生产工艺的武汉一厂、武汉二厂、武汉三厂（在建）和襄阳工厂，全部工装设备、工艺流程达到国际先进水平；现具备年产45万辆整车、60万台发动机的生产能力。截至年底，神龙公司总资产322.2亿元，其中固定资产95.6亿元；在册员工8800人，其中外籍人员39人。徐平兼任董事长，毕高诚（法方）任总经理，邱现东任执行副总经理，汪舒鸥任党委书记。

神龙公司实行“一个公司、两个品牌”的经营模式，拥有东风雪铁龙C5、凯旋、世嘉（三厢/两厢）、新爱丽舍（三厢/两厢）、C2和东风标致508、408、308、307（三厢/两厢）、207（三厢/两厢）等十大系列车型，发动机排量分别为1.4升、1.6升、2.0升和2.3升；产品首批通过国家“CCC”认证，在安全、环保、节能方面居行业先进水平。在全国拥有东风雪铁龙4S网点358家、东风标致4S网点286家。

2011年是神龙公司推进中期事业发展规划——“5A”计划、追求新一轮跨越的起步之年。神龙公司抓住中国汽车市场快速增长的良好机遇，以提升市场占有率为目标，以提升客户满意度为重点，强化产品结构性调整、营销能力提升、客户理念、精益管理等，推进战略性绩效管理项目，提升经营水平。神龙公司经营高质量地跨上了40万辆的新台阶。经营质量进一步提升，各项经营指标均达历史最好水平，在第二次跨越式发展的征程中，迈出了坚定的第一步。截至年底，神龙公司已累计整车生产227.68万辆、销售226.48万辆，实现销售收入2270.51亿元，上缴税费（含关税）266.55亿元，为推动中国汽车工业发展、促进湖北省和武汉地区经济繁荣作出了重要贡献。神龙公司被中国产品质量协会授予“2011年度全国质量守信企业”称号，并成为“国家级征信企业”；被武汉市科学技术局等单位授予“2010年度武汉十大科技创新突出贡献奖”；被中国质量协会授予“2011年全国实施卓越绩效模式先进企业”称号，同时因连续三年获得该奖项，还被中国质量协会授予“全国实施卓越绩效模式先进企业特别奖”；被中国“战略执行明星组织”评选活动组委会授予2011中国“战略执行明星组织”奖等。

【经营班子如期换届】 根据神龙公司合资合同及章程以及第25次董事会相关决定，当年1月23

日起，神龙公司经营班子换届，新一届经营班子正式履行职责。毕高诚(M.Maxime PICAT)任总经理，邱现东任执行副总经理、党委副书记，康理任党委书记、纪委书记、工会主席。神龙公司经营班子中其他10名执行委员会成员包括：魏文清任商务副总经理兼东风雪铁龙商务部总经理；德拉莫特(M.Arnaud du TEILHET de LAMOTHE)任东风雪铁龙商务部副总经理；雷新任商务副总经理兼东风标致商务部总经理；齐默尔曼(M.Timothy ZIMMERMAN)任东风标致商务部副总经理；丁绍斌任行政副总经理兼人力资源部部长；柏杨松(M.BRIANCON)任生产副总经理兼生产部部长；勃拉姆(M.BRAME)任神龙公司技术副总经理兼技术中心总部长；周晓伏任采购副总经理兼采购部部长；唐腾任产品企划部部长；毕葛(M.BIGOT)任质量部部长。8月10日，汪舒鸥接替康理任神龙公司党委书记、纪委书记、代理工会主席。9月2日，汪舒鸥当选为公司第三届工会主席。

【产销和经营质量实现新跨越】 当年，神龙公司生产整车405935辆，同比增长7.87%；销售404139辆，同比增长8.24%，高于行业平均增长水平。全年销售收入达到413亿元；降成本10.8亿元，超过目标值11%；实现经营成果26.12亿元，经营利润率7.4%；实现税前利润31.07亿元，超过预算6.68亿元；各项经营指标再创历史新高，综合竞争力进一步增强，经营质量持续稳步提升。

【东风标致508、308上市】 神龙公司新产品研发和投放步伐不断加快。7月10日，东风标致首款中高级旗舰车型508上市，这是东风标致品牌成立8年来，推出的最高端的车型。同时，东风标致508也是神龙公司发布"5A"中期事业计划后投放的首款新车型。10月20日，东风标致高品质中级风尚车型308上市。公司产品结构进一步优化，市场竞争力显著提升。

2011年，神龙公司年销量跨越40万辆。

【营销能力进一步提升】 东风雪铁龙销售整车230002辆，同比增长2.7%；明星车型东风雪铁龙世嘉保持月销过万辆的良好势头，新爱丽舍稳中有升。东风标致全年实现整车销售174137辆(含出口)，同比增长16.6%；在保持207、307、408车型销量稳定的同时，508、308的加入有力地促进了东风标致品牌形象和销量的提升。截至年底，东风雪铁龙已累计销售整车超过150万辆、东风标致累计销售整车近75万辆。

7月10日，东风标致508上市。

【技术创新实力增强】 神龙公司加大研发设施投入，新建立的发动机+250热冲击试验能力，结束了所有发动机国产化该类试验必须外委的历史；对技术中心11个分部57个室794人进行的人员能力评估显示，重点专业领域的能力均有所增长。截至年底，神龙公司累计有38个领域、121个项目、273人次获得PSA的认可和授权；在研发软件上，到位了22个开发系统及工具，形成了相对完备的开发体系。公司在东风研发体系技术创新工作评价中连续六年排名第一。

【新工厂项目全面开工建设】 3月30日，襄阳新发动机项目开工建设，涡轮增压、缸内直喷等代表国际最新科技发展趋势的EC\EB\EP三大系列六款全新发动机三年内将先后投产。5月18日，神龙公司第三工厂在武汉隆重奠基。按照"一次规划、两期建设"，预计2013年9月一期15万辆工程建成投产，2015年

5月18日，神龙公司举行第三工厂奠基仪式。

全面建成投产后，将形成年产30万辆的能力。6月10日，EC5适配试装整车在武汉一厂总装分厂成功下线。截至年底，武汉三厂重点项目建设有序进行，总装车间厂房钢结构已全部完工；冲焊、涂装车间工程进展顺利。

【质量管理水平提升】 神龙公司推行新的质量管理体系方法(SMQ)，深入推进质量领先战略和PQ365质量行动计划，建立质量作战室(OEBYA)，着力加强质量文化建设，实施一系列质量改善行动，产品售后三个月保用故障率处于历史最低，产品可靠性质量接近竞争对手的最好水平，东风标致508新车投放质量创历史最好。J. D. Power2011年中国汽车行业CSI售后服务质量调研结果显示，东风雪铁龙名列第四，东风标致名列第六。神龙公司接受湖北省“长江质量奖”的专家评审，评审结果在历年参评企业中排名第一。

【战略绩效和精益管理推进】 神龙公司全面展开战略绩效管理和精益管理，战略执行和运营能力进一步增强。从战略图、平衡计分卡的制定及分解到执行回顾，已形成了一套完整的体系，并按照该体系高效运转，各部门围绕战略目标，实现了横向和纵向的良好协同；神龙公司被授予2011中国“战略执行明星组织”奖。通过深入推进精益管理，广泛运用精益工具，使精益理念与方法进一步深入人心，成为促进重要绩效指标改善的强大动力；同时，神龙公司精益理念和方法进一步在企业全价值链延伸和拓展，供应商精益管理现场辅导——武汉鑫赛尔项目荣获PSA集团卓越管理体系奖；11月，神龙公司《精益管理手册》正式发布。

12月2日，神龙公司荣获“战略执行明星组织奖”。

【与供应商、经销商深化合作】 神龙公司实施了战略供应商发展计划，10月14日，与首批12家战略供应商签订《战略供应商合作框架协议》，建立评价体系和管理规则；加强与集团供应商的战略合作，已同佛吉亚、东风零部件等20家集团供应商高层建立沟通机制；与东风系各业务板块进一步深化合作领域和合作项目，进一步强化价值链两端的管理。同时，神龙公司进一步深化与经销商的合作，推出“领奖台计划”，优化网络布局，推进网络下沉，网点管理能力和盈利能力进一步提升，并启动了P500县域市场网络发展计划。东风雪铁龙新增4S网点90余家、东风标致新增4S网点70余家。

【整车及零部件外销实现新突破】 6月23日，首批120辆东风标致408整车出口埃及，标志着神龙公司海外市场开拓实现历史性新突破；同时，公司整车进一步出口到尼日利亚；全年整车出口(含折合当量)3129辆；成套散件出口马来西亚和伊朗，其他零部件出口到法国、巴西、阿根廷、俄罗斯等国。出口销售额超过2.37亿元人民币。同时，深入推进对国内厂家的动力总成配套，实现发动机销售47904台，变速箱销售42784台，累计销售额5.03亿元(不含税价)。

【社会责任履行】 神龙公司在全面提升生产经营业绩的同时，一如既往地坚持履行社会责任，带头做企业社会责任的倡导者、实践者和推动者。神龙公司当年实现万元增加值综合能耗同比降低11%，化学需氧量排放总量(COD)同比降低36%；同时，神龙公司积极投身社会公益事业，当年捐资助学助教340多万元，为贫困山区爱心捐款20多万元，赞助体育文化赛事100多万元。神龙公司先后被授予“中国社会责任优秀企业”、“武汉市节能先进企业”、“东风公司节能减排突出贡献奖”等一系列荣誉称号，以实际行动彰显了对社会负责的诚信形象。

【安全生产】 神龙公司坚持贯彻“珍爱生命健康，营造和谐企业”的安全理念，加强安全管理和改善活动，包括强化安全目标管理和考核，根据各部门上年度安全目标的完成情况，进行年度安全考核，同时采用由下至上签订“安全承诺书”方式进一步明确各级人员安全责任和目标；开展风险辨识活动，组织相关人员从人、机、料、法、环五个方面对公司的安全风险进行梳理、汇总，制定控制措施；从源头控制事故，由政府监管部门对公司二期工程、3号平台项目的安全设施、职业病防治设施进行了验收，以确保生产现场符合国家有关安全、职业病防治方面法律法规及标准的要求；进一步改善生产现场作业环境；采用多种形式提高和强化各级人员的安全意识和水平，采取“请进来、送出去”的方式对公司领导干部进行安全理论培训，采用STOP(安全观察审核)、KYT(危险预知训练)、“安全一周一讲”等方式提高各级领导和员工风险辨识与控制的水平和能力，开展应急演练提高员工应急技能与水平；坚持隐患排查与治理，开展公司专项检查、各级领导定期检查与专职安全管理人员日常检查相结合的方式，强化现场隐患的排查与治理工作。神龙公司杜绝了重伤死亡事故，轻伤事故频率控制在目标值以下。当年，神龙公司获得“2010年度全省安全生产先进单位”、“2010年度机械制造行业安全生产工作红旗单位”和“2010年度特种设备安全管理先进单位”等称号。

【党群工作】 神龙公司党委坚持融入中心促发展，以“创先争优”为发展新动力，持续提升党建科学化水平，引领科学发展，助推“5A”计划，工作融入度和贡献度稳步提升。5月，神龙公司党委和6家基层党委被东风公司授予五星级“四好班子”和五星级“四强”党委。8月，《中国优势》正式发布，系统总结了神龙公司党建的实践经验，进一步丰富了党建品牌内涵。同时，进一步推进中法文化融合，梳理出台了《中法员工共同行动纲领》，发布了第三版《企业文化手册》。当年，员工整体满意度相比上年提升6.5%，员工自豪感和归属感进一步增强，企业文化软实力进一步彰显。

神龙公司以中纪委十七届六次全会精神为指导，坚持标本兼治、综合治理、惩防并举、注重预防的工作方针，紧紧围绕神龙公司中心工作，全面推进惩治和预防腐败体系建设。神龙公司党委全面贯彻落实党风廉政建设责任制，坚持“一岗双责”，进一步加大反腐倡廉工作力度。神龙公司新一届领导班子带头开展廉洁自律承诺，各级领导干部层层签订党风廉政建设责任书和廉洁自律承诺书，党风廉政责任意识进一步增强；继续加强对关键岗位人员的廉洁从业教育，举办了以“让廉洁成为习惯”为主题的党风廉政宣传教育月活动，通过创新教育形式和载体，进一步强化领导干部廉洁自律意识；按照上级要求组织开展“领导干部利用职务便利为近亲属和特定关系谋取利益专项治理”活动，开展供应商廉政共建问卷调查，加强对领导干部和关键岗位人员的监督；制定《提高选人用人满意度实施办法》，修订了《党风廉政建设责任制实施办法》、《效能监察管理办法》、《能力建设建筑项目变更管理程序》等制度和程序；积极开展效能监察，加强对武汉三厂等重大投资项目的监督，运用“制度加科技”预防腐败的先进理念，开展廉洁风险防控体系建设，确保权力规范运行，为神龙公司实现“5A”计划提供了有力支撑。

神龙公司工会以构建和谐劳动关系为目标，在生产经营中始终注意维护员工权益，促进国家劳动法律法规贯彻实施，加强对员工的关爱行动，坚持开展全员素质提升工程，搭建员工学习、进步、展示的舞台，神龙公司与员工代表大会团组长会议建立协商沟通机制。截至年底，神龙公司共有工会会员7684人，占员工总数的 87.7%。

(李家骥　叶飞龙)

武汉神龙置业有限公司

【概况】 武汉神龙置业有限公司(以下简称“公司”)位于武汉经济技术开发区神龙大道66号，是神龙公司中方权益资金注资成立的公司，承担神龙公司后勤服务的职能，主要业务有房地产开发、物业服务、房产租赁、绿化园艺等，在册员工108人。同时，负责神龙板块3个单位(神龙公司、东风鸿泰和神龙置业公司)的离退休(养)员工管理及服务工作。公司注册资本为1.0036亿元,截至年末,公司资产总额2.38亿元,净资产1.08亿元。

2011年,是神龙置业公司实现自我超越和提升的重要一年。公司紧紧围绕"精细管理、精细服务"提升目标,团结拼搏,务实创新,各项工作再上新台阶。管理服务的宁康园小区、单身公寓、商业网点及施工现场等区域全年未发生一起安全事故,离退休老同志和谐稳定。当年实现非房地产开发收入2896万元,利润678万元,宁康园小区物业亏损控制在126万元,超额完成上级挑战指标,取得公司成立以来的最好经营成绩,并荣获东风公司2011年度"最佳文明单位"称号。

【项目建设管理】 稳步推进工程项目建设,其中壹品苑商住项目于10月完成两层地下室的施工,12月已达到地面14层;新办公楼改扩建项目如期完工并于7月28日顺利搬迁到位,该项目充分利用潜在资源增加建筑面积908平方米,崭新的办公环境进一步提升了置业公司的企业形象;为配合神龙公司第三工厂建设,年中立项的神龙(二号)国际青年公寓,11月23日正式破土动工。通过3个工程项目的次第推进,建立健全了工程项目管理的管控制度和流程,吸收推广先进的项目管理理念和工具,项目管理的规范化、精细化程度明显提高,管理的有效性明显改善,工程技术人才队伍综合素质显著提升。

【经营效益提升】 小区物业服务在保安、保洁等各项成本费用大幅提高的情况下,通过拓展游泳池经营及动能堵漏等增收节支渠道,保持亏损与上年度持平;单身公寓以其完善配套和优质服务吸引了众多客户,房屋出租供不应求,并为神龙公司产能提升新增人员入住的需求提供了保障;商网经营拓展招租,加强管理,确保新增的商业街二期、老办公楼等门面提前预租、提前开业,并坚持选择有品牌、有实力的商户,提升商业街的品牌形象和持续盈利能力。

【精细化管理】 管理手段智能化,在宁康园单身公寓及新办公楼增设智能化远程监控及门禁识别系统,提高公司的智能化管理水平。管理制度规范化,

公司举办消防演习。

认真梳理管理制度和流程,累计修订和建立了近20项管理制度,物业服务通过新版质量管理体系的转版复评,并初步建立房地产开发业务工程管理手册。管理体系科学化,进一步完善目标考核体系,建立职能部门服务效能考核体系,提升职能部门对基层的服务效能,按照消防安全"四个能力建设"等要求,全面强化安全管理体系建设,调整安全生产组织机构,加大技防投入,大范围开展消防实战演习提升自救能力,重拳整治和关停"三合一"隐患等,建立安防工作长效机制。

【客户满意度提升】 全面导入为民、惠民工程。累计实施宁康园小区停车位、人行道、绿化、游泳池、自行车棚等六大工程改造,实施单身公寓楼道粉刷、门禁增设、商网改造、值班室改造、水表更换等六大工程改造,有力提升了客户的居住品质;积极倡导"三到三化"服务,即日常服务到位、重点服务到家、特殊服务到人,让客户享受到差异化、个性化、亲情化的服务。在服务方式上,各岗位结合各客户群的特点,丰富服务内涵。如窗口岗位实现统一着装上岗,物业处推行短信、便签等温馨提示的便民措施,单身公寓设置一站式服务台、定期召开单身座谈考核会,收集建议等。全年物业及单身客户满意率达93%以上,单身公寓服务中心被评为"神龙公司后勤保障优秀服务供应商"。

【离退休服务】 离退办以四星级"五好党支部"建设为抓手,将离退休工作与老年科协工作紧密结合,坚持开展歌舞拳球、琴棋书画等各类培训和竞赛活动,并举办空巢老人生日聚会、重阳节庆祝大会等各类活动,配备合唱台、手风琴、储物柜等完善

东风公司及神龙公司领导莅临重阳节庆祝活动现场。

设施，新建深圳联系点，开通网上银行和短信平台，加强离退休人员联系，使400多名老同志在快乐中度过每一天，在关爱中享受每一天，离退休工作得到广大离退休人员及东风公司离退休人员管理处的高度评价。

【党群工作】 公司党委深入开展“为民服务创先争优”活动，并与群团工作紧密融合，形成了立体化的“创先争优”体系。在党委层面开展争创五星级“四好班子、四强党委”活动，被授予东风公司五星级“四好班子”、“四强”党委称号，获开发区“先进基层党组织”称号；在党支部层面，开展“四强”党支部星级达标考评工作，指导党支部找准工作切入点，实现五星级“四强”党支部1个，四星级“四强”党支部2个；在党员层面，全面启动党员亮身份、亮承诺活动，全体党员积极践行“三先三最”，争当“四优”共产党员。

以人为本，构建和谐置业。大力开展员工培训，实施星级服务员考评激励机制，扩宽员工职业发展渠道，增强员工职业认同感。工会围绕公司中心工作，组织公司领导班子直面一线召开4场不同领域的研讨会，将征集的78条意见责成相关部门对照梳理整改，以立功竞赛的方式立项整改，当年全部完成。坚持开展生日慰问和爱心帮扶活动，开展篮球、乒乓球、文艺表演等活动，丰富职工文化生活、关爱职工，被评为武汉经济技术开发区2011年度“先进职工之家”。团委以创建武汉市青年文明号为目标，紧密联系和服务公寓团委，开展沟通互动、游泳比赛、文明宿舍创建等活动，单身公寓服务中心获东风公司2011年度“青年文明号”称号。

（姚瑞华）

东风日产柴汽车有限公司

组织机构图

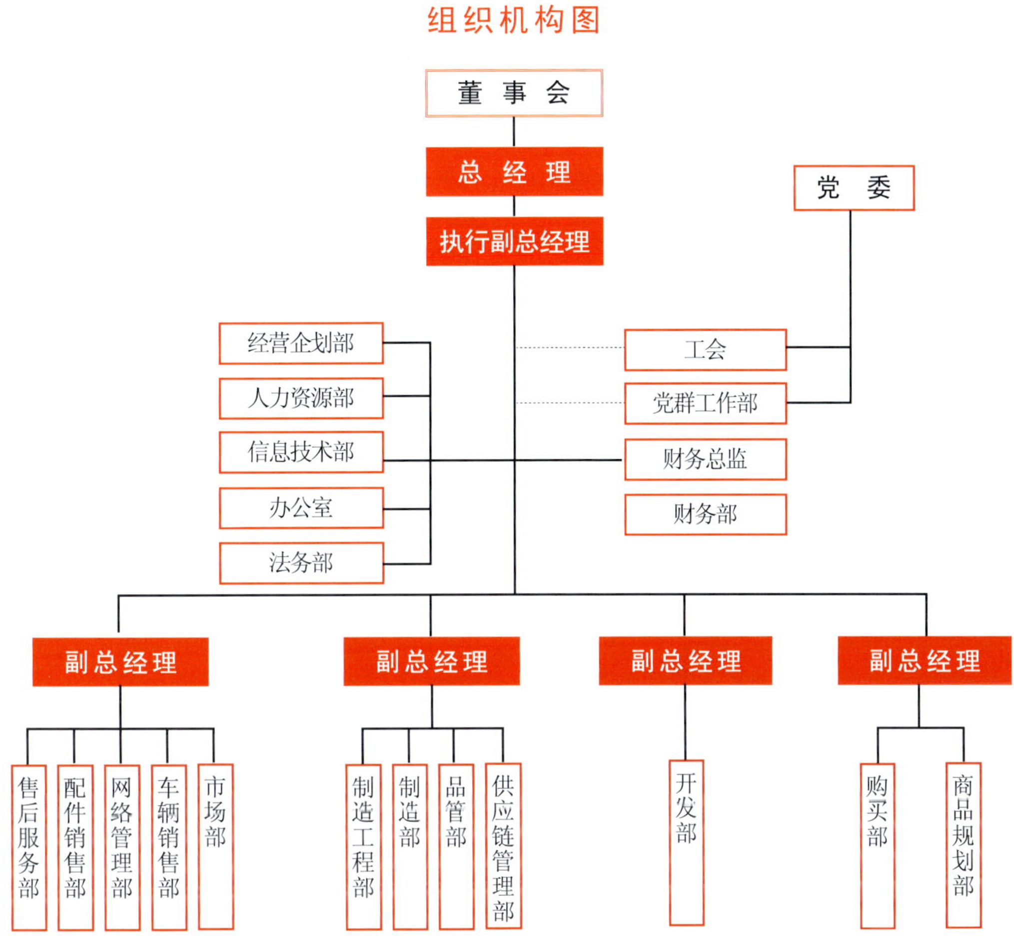

【概况】 东风日产柴汽车有限公司(以下简称“公司”)于1996年5月由东风集团股份、日本日产柴油汽车工业株式会社(后改名优迪卡汽车株式会社)、日本住友商事会社、新加坡陈唱父子公司等三国四方投资成立,总投资57980万元人民币,注册资本28990万元人民币。公司主要制造和销售大型客车底盘、重型卡车底盘及零部件,是首家经国家批准生产重型车及大型豪华客车底盘的合资企业。2005年8月,优迪卡汽车株式会社(以下简称“UDT”)出资收购住友商事和新加坡陈唱父子公司股份,将股比从25%增加到50%。2007年沃尔沃集团全资收购UDT,2008年2月,UDT把对东风日产柴汽车有限公司的管理权移交给沃尔沃集团,现由沃尔沃集团联盟办管理。东风集团股份与优迪卡汽车株式会社各持50%股份。童东城兼任董事长,闵丙宽(VOLVO方)任总经理,陈文彪任执行副总经理,曹炎华任党委书记。

公司致力于“高、精、尖、特”重型专用车细分市场,以“诚信、创新、发展”为企业生存和发展基石,以“优迪品质,终极信赖”为企业经营理念,秉承UD高品质、高性价比特点,2011年实现销量860辆,实现销售收入近4亿元。

【公司整体搬迁工作有序进行】 在省、市领导及股东双方的大力支持下,公司启动了整体搬迁建设项目，将通过整体搬迁、增加投资、导入新产品等措施在萧山经济技术开发区江东新城新建一个现代化重卡生产企业，项目总投资18.26亿元，一次规划，分步实施，新工厂一期将完成双班2万辆产能建设，并导入VOLVO P9103产品，实现每年2万辆的产销规模。该项目已于2011年5月列入杭州市工业企业搬迁计划，省发改委已接受项目立项申请，并于2012年1月出具了工作联系单，公司的环评报告和能评报告正在公示中，各项工作均有序推进。与此相关的新产品导入的准备工作，新工厂建设，以及相关的销售、采购、生产、IS/IT等准备工作都在相应推进中。

【营销模式创新】 在确保现有产品销售的同时，创新营销模式，提升营销能力。尤其是在销售模式上，坚持发展网络、培育网络、提升网络的战略思想；重视大客户、忠诚客户的建立和维护；积极开辟海外市场。继续对网络、营销人员实施单项激励政策导向，取得显效。鼓励销售牵引车，全年销量增长3%，改善了销售产品结构的不均衡；鼓励全网开发新用户，提升新用户销售比例，改善了新老客户比重不平衡的问题，新开发用户销量占年度总销量的20%；继续拓展海外市场，占总销量的20%以上；继续扩大消防车市场。同时加大消费信贷覆盖广度，促进销量。充分整合网络成员金融平台，多渠道利用消费信贷，有效扩大了消费信贷规模；借助母公司金融平台，通过与东风财务公司签订总的按揭协议，建立了稳固的融资平台，使公司2011年按揭销售增长50%以上。逐年建立的3S功能店趋于成熟，充分利用其资源整合优势，服务、配件、销售形成有机互补，3S店在整车销售、配件供应、维修服务上，为同一客户群体提供全天候、全方位、系统化服务，取得不俗业绩，又为转型项目的新品批量销售奠定了扎实的基础。

【配件网络整合】 配件网络经整合后，销量稳步增长，市场占有率已提升到24%。全年配件销售总额为含税4295万元，同比增长8.6%。此外，公司在配件管理方面，库存管理上，积极跟UDT沟通，通过进一步缩短配件供货周期，改善库存配件结构，加快了库存周转。在配件供应满足率上，通过优化库存结构和管理，全年的平均配件供应满足率达到92%以上，既满足了客户的配件需求，又较好地控制了费用和成本。

【海外销售再创新高】 公司自主出口业务起步于2009年底，经过一年多的摸索实践，使公司出口业务从无到有快速发展。公司2011年自主出口占出口总销量90%，同比增长400%以上。在国外市场的开发培育过程中，首先选择有实力的海外代理，利用好出口贸易政策，注重不同的市场阶段采取不同的销售策略；在与代理商建立良好合作伙伴关系的同时，共同遵循国际惯例，诚实守信，利用厂家的优势主动维护好市场秩序，树立起海外代理商的信心，使其在获得利润的同时能主动对市场推广和开拓有不断的投入；同时还从销售、技术、配件、售后服务等方面给予多方面的支持，为公司的车辆在当地运行提供可靠支撑，树立良好的品牌口碑，为继续保持和扩大市场份额打下了基础。

【新产品研发】 公司就未来产品布局、产品战略和新产品导入与双方股东进行了大量的研讨。公司重点着手导入VOLVO全球战略产品P9103项目。为积极配合VOLVO集团做好P9103项目商品企划和开发工作，进行了大量的前期市场调研和会议商讨，对目标市场、商品定位、导入车型等方面基本达到共识，开发设计、产品认证等工作正在积极推进中。

【33吨混凝土泵车专用底盘获奖】 公司一直以客户需求为前提，对现有的UD产品进行适应性开发设计、产品改进、国产化等工作，不断提升产品竞争力。根据用户的要求，开发了“33吨混凝土泵车专用底盘”，该产品通过关键技术的运用，提高了整车的安全可靠性能，缩短了与国际先进设计水平的差距。该车型的开发不仅引领国产高档重卡底盘的发展方向，降低混凝土泵车企业的采购成本和营运成本，同时也对

33吨混凝土泵车

混凝土泵车行业的技术水平、质量水平、安全性能的提高起到促进和推动作用，得到用户和有关部门的一致好评。该底盘被杭州市评为“国内首台(套)重大技术装备及关键零部件产品”，获得杭州市政府的奖励。

【产品质量提高】 公司始终贯彻“产品质量最优先”的质量方针，严格遵守ISO质量管理体系、“CCC”认证体系的各项流程，坚持开展NDPS(UDT生产管理体系)、QRQC/QRQE(质量快速应对体系)、CS-VES(客户质量评价体系)、节点管理、初期流动管理和3H管理。4月，公司按CNCA-02-023：2008规则对生产一致性的要求，编制了《生产一致性控制计划》，得到国家质量认证中心的认可，对其生产一致性控制的目的、适用范围、计划内容与控制手段和方法等，做了文件化的规定并于5月下发实施。7月，公司通过了ISO9001：2008内部质量管理体系的审核。8月，按CNCA-02-023：2008实施规则，CQC对公司进行了工厂的初审，并通过了“CCC”审核。3H管理是公司新引进并实施的质量管理方法，对改善提高新产品的质量水平起到了关键作用，有效地保证了新产品质量。在质量控制方面，采取质量考核点统计到个人的方法进行考核，极大地提高了装配质量，初期6个月故障率、下线车不良率等质量管理目标全部达到。为提高劳动生产效率，在充分满足销售需要的前提下，制造部门在多品种生产上下工夫，在常规工程车下滑的情况下，生产部门合理调配生产线的布置，提高了特殊专用车的生产量，提高了劳动生产率，同时也为今后P9103项目车型的批量生产进行了技术练兵。

【节能减排】 深入贯彻国家、地方政府及东风公司有关节能、环保的政策，加强宣传，充分认识节能、环保的重要性，紧迫性，把节约能源、污染物减排作为公司调整经济结构、转变经济增长方式的突破口，全面推进节能、环保各项工作。工业总产值综合能耗、万元增加值能耗、主要污染物COD排放量得到了有效控制。在日常设备更新技术改造过程，逐步淘汰了能耗高、不符环保要求的老旧技术、工艺、设备和材料，采用节能的工艺、技术、设备和材料，降低能源消耗。管理部门开展无纸化办公活动，或尽量提高纸张的利用率。为提高能源的利用率，公司根据季节产量的不同通过变更线路合理停用一台1500KVA变压器，不但为公司节约了用电容量费，而且为社会节能减排作出了贡献。

【企业内部管理完善】 公司建立了规范的企业管理业务制度及流程，并严格按制度运行。为防范运行风险，在财务、人事、采购、工程项目招投标等重要管理项目上，强化制度在管理中的刚性作用，推进决策程序化，审批流程化，进一步改善规范内部运行制度、流程。公司完成对《公司企业管理手册》的编撰工作，该手册将与公司《质量手册》、《人力资源管理手册》一起构成完备的企业内部管理体系。

【员工培训】 公司非常重视员工的能力开发和职业教育。根据企业战略规划需求，积极开展英语、营销、管理等方面的培训，不断提高员工素质，提升员工职业能力。截至年底，公司在岗员工308人，共组织培训98次，培训380人次，累计培训时间达到4481小时，培训满意度达88%。通过培训，公司员工的技能水平得到明显提升，为公司转型项目的实施提供了充分的人力资源保证。

【组织机构变更】 为满足公司转型事业发展的需要，10月对原有的公司组织机构进行了调整变更。取消了原综合管理部、营销总部、总务部等部门，新增设了办公室、人力资源部、信息技术部、网络管理部、商品规划部、供应链管理部、党群工作部等7个部门，并对部门职责进行了相应调整。

【15周年庆典】 5月27日，为庆祝公司成立15周年，公司组织全体员工在萧山传化会所举行“15周年庆典活动”。时任小林直树总经理、陈文彪执行副总经理就公司15年的发展及转型期的展望作了重要讲

5月27日，东风日产柴汽车有限公司隆重举行15周年庆典。

话，同时向所有曾经或现在在东风日产柴工作的员工和一直鼎力支持公司发展的股东、客户及各级政府表示感谢。营销总部部长陈绍武、开发部部长华兴良、生产部部长董宝发等在会上作了发言。开幕式后，进入丰富多彩的文体竞赛活动，大家以最大的热情投入到各项活动中去，以自己的优异成绩为公司15周年庆典活动献礼。当15位为公司发展作出特殊贡献的员工站在领奖台上接受领导的颁奖时，全场的气氛达到了最高潮。15年的创业历程，为公司奠定了坚实的基础；转型事业的稳步推进，将引领公司迈进崭新的未来。

【“创先争优”活动开展】 公司党委根据东风公司党委和杭州市委进一步深化“创先争优”活动的指导意见和工作精神，结合东风日产柴的建设和发展，以“创建和谐企业、提升党建水平、争当党员工业标兵”为指导，把党组织的思想政治优势、组织优势和群众工作优势，转化为公司的创新优势、竞争优势和发展优势，在政治上和组织上为打造和谐企业、效益企业，促进企业的全面发展提供坚强的保证。公司党委在“创先争优”活动的各个节点上，及时召开会议和布置各项工作，各党支部以支部大会的形式由党支部书记向全体党员报告工作情况，对党员开展“创先争优”活动的情况进行点评，在此基础上，评选出优秀共产党员，推选出先进党支部，党员全部签署了“创先争优”公开承诺书。在“创先争优”活动中，公司党委根据东风日产柴被杭州市委列为杭州市企业社会责任建设试点单位和杭州市工业系统党群共建创先争优八家企业之一的情况，即确定了将企业社会责任建设和党建带工建这两个方面作为公司“创先争优”活动的载体。这两个工作载体的确定，对公司的全面建设和转型发展，具有重要的现实意义。

【党群工作】 公司坚持全心全意依靠广大员工办企业、发展企业的宗旨，逐步提升企业民主政治建设。通过定期召开员工代表大会和各个层面的员工交流会、座谈会，倾听员工关于企业经营发展的心声和建议，充分保障了员工的知情权、参与权、表达权和监督权，激发了员工的主人翁意识。在创建和谐劳动关系方面，公司严格遵守《劳动法》、《劳动合同法》等相关法律、法规，建立完善的劳动保障机制和制度，及时签订、续订集体工资协议，劳动合同签订率100%，全年未发生1起劳动争议事件，未进行1例裁员，树立了良好的企业社会形象，保护员工的根本权益。此外，公司还积极组织员工文体活动，如羽毛球比赛、篮球比赛等体育活动。 7月，公司应VOLVO集团邀请，组织参加了VOLVO主办的内部足球赛，队员们在赛场上敢打敢拼的精神展示了DND的良好风貌；另外，春秋季旅游、员工疗养等活动极大地丰富了员工的业余文化生活，不仅激发了员工热情，凝聚了员工士气，而且促进了企业文化建设。

（汪伟惠）

东风日产汽车金融有限公司

组织机构图

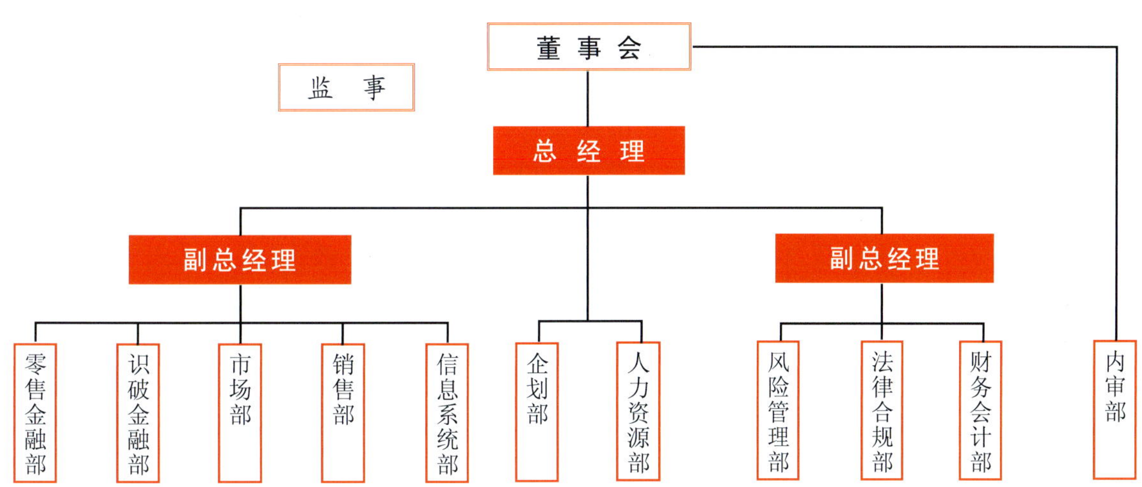

【概况】 2011年，国家加大了宏观调控力度，年初就开始调控信贷投放规模。东风日产汽车金融有限公司(以下简称“公司”)采取多种措施，在没有影响经销商和个人融资的情况下，全面满足了人民银行新增资产规模限制的要求，并获得人民银行授予的资产管理成功奖；突破了央行不断提升准备金率和银行贷款利率，有效控制融资成本；持续发展网络渠道、扩大品牌，零售业务进一步提升；盈利水平不断改善。当年，公司在247个城市，与近700家经销商开展业务；零售渗透率达到11.6%，同比上升50%；零售合同达到89520件，同比增长82%，业务实现跨越式增长；实现利润2.37亿元，同比增长265%。经营质量进一步提高。朱福寿任董事长，石井克已(日方)任总经理。

当年6月，公司顺利完成了增资扩股手续和流程，注册资本增加到12亿元人民币。各股东持股比例调整为：日产出资4.55亿元人民币，占注册资本的37.9%，东风出资4.2亿元人民币，占注册资本的35%，日产中国出资3.25亿元人民币，占注册资本的27.1%。

【零售业务】 截至12月底，东风日产专营店517家，其中514家与东风日产汽车金融有限公司建立了合作关系，基本实现东风日产销售网络全覆盖；郑州日产项目于4月28日启动，截至年底，三批试点共130家经销商与公司签约合作；英菲尼迪经销商已达到49家。公司全国渗透率达到11.6%，全年实现合同89520件，超额完成预算15%。

【库存业务】 年初，中国人民银行首次对所有金融公司实施窗口指导，要求新增贷款规模不超过2010年，月度新增贷款不超过上一年增幅。在东风汽车集团和日产(中国)投资有限公司的支持下，库存金融通过赊销和委托贷款操作，不仅圆满完成了公司下达的资产管控目标，而且，满足了对东风日产经销商的融资需求，并完成了英菲尼迪经销商数量的挑战目标。

【业务创新】 5月，公司完成了在零售产品中以VPS产品责任险替代盗抢险的可行性研究，并从6月开始进行试点。这个产品除能覆盖盗抢险的功能外，还能对公司的贷后催收工作提供指导工具，同时还能在一定程度上提高客户满意度和经销商满意度。

7月，零售贷款和抵押合同实行自动化，包括自动转换格式、盖章、自动打印合同封皮等。同期，贷前审批工作正式上线，实现审批全程无纸化、可视化，极大提升了审批效率和经销商满意度。

【风险管理】 5月，风险管理部门开展对核销合同进行原因分析。通过核销分析，为零售运营部门提供了风险指导意见和建议，指引零售部门吸取审批和催收工作中的经验教训，促进业务健康发展。8月，风险管理部门正式采用统计软件SAS对零售信贷资产进行深入分析。采用SAS软件后，风险管理部对贷款早期逾期率、经销商逾期比率排名、区域逾期比率排名等指标按月进行分析，风险管理分析更加精准。

【人力资源管理】 由于持续增长的CPI和候选人对薪资的高预期，给招聘工作带来重重困难。在各部门负责人和公司高层的积极配合和支持下，人力资源部按调整后的预测圆满地完成了人员的招聘，截至12月31日，公司员工达到210人。

4月，公司员工自助服务系统(Employee Self-service System)开通，员工可以在线申请假期。主管可以在线进行批复并全面了解下属员工的休假情况以便更好地安排工作。7月底，公司网上业绩评估系统开通。员工的业绩评估系统已经可以在线完成。

【董事会召开】 2011年公司召开了两次董事会，分别于7月11日和12月5日召开，会上听取了公司管理层就公司经营情况等所作的汇报，并就第二、三次银团贷款、公司授权矩阵、2012年预算、中期事业计划、税后利润分配原则、董事履职评价制度等议题进行了讨论和决定。

【高管人员变动】 由于公司股权变化，以及公司董事桥本泰昭的工作调整，公司日方股东日产公司委派桥本泰昭担任的董事职位改由日产(中国)投资有限公司委派的西林隆担任。上海银监局于7月11日出具了核准西林隆任职资格的批复。

【拓展培训】 10月22至23日，公司开展全员拓展培训活动。拓展培训中通过多个团队游戏竞赛活动，让员工体验到了创新及合作的现实意义。

【重大活动】 2011年年度区域大会于5月至6月在13个地区分别举行。共有460家经销商，超过1000人次参加。通过区域大会这个平台，经销商、厂商与公司三方进行了充分有效的沟通，并为未来更好地合作打下了坚实的基础。

10月，公司携手东风日产经销商开展了“携手七彩云南，共享版纳风情”的旅游拓展活动。通过该活动大幅度地提升了公司的零售金融产品渗透率和合同量，完成率达111%。

12月，公司联合东风日产乘用车公司及九大集团经销商在昆山召开了“第一届集团经销商峰会”。通过此次会议，各集团经销商分享了对汽车金融行业的经验，并对公司的业务发展提出了宝贵的意见和建议。

12月，集团第一届经销商峰会参会代表合影。

(张世伟)

东风本田汽车有限公司

组织机构图

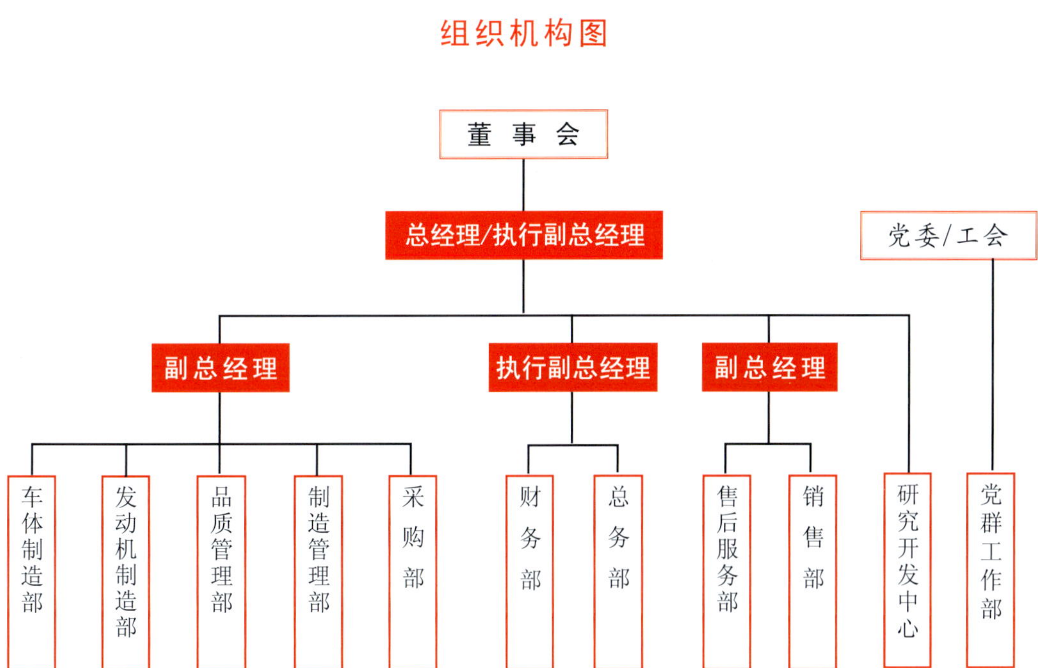

【概况】 东风本田汽车有限公司(以下简称“东风本田”)是东风集团股份与日本本田技研工业株式会社合资兴建的整车生产经营企业。股权比例为:东风集团股份50%,本田技研工业株式会社40%,本田技研工业(中国)投资有限公司10%。东风本田占地面积181万平方米,建筑面积31万平方米,一工厂产能规模为24万辆/年,主要生产车型有CR-V、思域(CIVIC)、思铂睿(SPIRIOR),在全国拥有321家特约销售服务店。东风本田设有11个部门,共47个科室。截至年底,东风本田员工总数为5120人,平均年龄25.81岁,30岁以下员工占员工总数的84%,本科以上员工占员工总数的20%。周文杰任董事长,蔡玮任党委书记,水野泰秀(日方)任总经理,陈斌波任执行副总经理。

2011年,东风本田克服了日本地震、泰国洪水等不利因素的影响,销售汽车255468辆,向国家缴纳税金73.39亿元,位居湖北省纳税第二名。

【领导视察】 1月24日,中共湖北省委组织部部长侯长安,省委组织部副部长、省人社厅党组书记翟天山等领导对东风本田进行了视察。东风公司党委常委周强,东风本田党委书记蔡玮、工会主席伍少波等领导热情接待了省委组织部一行。在视察过程中,省委组织部一行详细了解了东风本田的生产工艺,并对工人熟练的操作技能和东风本田高效的生产现场管理表示了赞许。

2月15日,工信部产业政策司司长郑立新一行在东风公司规划部部长廖振波等领导的陪同下视察东风本田。东风本田执行副总经理陈斌波、副总经理刘洪等领导热情接待了郑司长一行。

4月18日下午,国务院国资委邵宁副主任视察东风本田。东风公司董事长、党委书记徐平,总经理朱福寿等领导陪同视察。东风本田党委书记蔡玮、工会主席伍少波、副总经理下大泽诚等领导热情接待了邵宁副主任一行。

2月15日，工信部产业政策司司长郑立新在东风公司规划部部长廖振波等领导的陪同下视察东风本田。

8月19日下午，在东风公司董事长、党委书记徐平等领导的陪同下，交通银行总行行长牛锡明、副行长于亚利到东风本田进行了参观考察，东风本田执行副总经理陈斌波等领导热情接待了牛锡明行长一行。

【第100万辆车暨第50万辆CR-V下线】 7月25日上午，东风本田第100万辆车暨第50万辆CR-V下线仪式在总装科隆重举行。武汉经济技术开发区、东风公司、本田技研工业株式会社各级领导与经销商、供应商代表、特邀媒体以及300名东风本田员工代表齐聚一堂，共同见证了这一历史性时刻。

在仪式现场，东风本田总经理水野泰秀向各位莅临的领导与嘉宾表示感谢。对于东风本田100万辆销量的完成，东风公司和本田技研工业株式会社两大母公司都给予高度评价。东风公司副总经理、东风本田董事长周文杰指出，东风本田以“高品质、有格调、能保值”的口碑获得了广大用户的厚爱与认可。本田技研工业株式会社中国本部长仓石诚司向东风本田表示了衷心的祝贺，他希望东风本田能够继续构筑量与质平衡的产销体制，面向下一个100万辆，持续提供高品质的产品和服务，努力践行“三个喜悦”，继续向着“社会所期待其存在的企业”奋进。

7月25日上午，东风本田第100万辆车暨第50万辆CR-V下线。

武汉经济技术开发区工委书记、管委会主任罗长刚代表武汉市人民政府、武汉经济技术开发区管委会，向东风本田在成立8周年之际迎来第100万辆车下线表示祝贺，他高度赞扬了东风本田为武汉经济技术开发区经济发展所作出的贡献，并表示，武汉经济技术开发区管委会将一如既往地支持东风本田的发展。

上午9时36分，东风公司董事长、党委书记徐平宣布下线，东风本田领导及嘉宾共同启动按钮，东风本田迎来了第100万辆车暨第50万辆CR-V下线的历史性时刻。

【第九代思域上市】 10月29日，东风本田第九代思域隆重上市。东风本田领导水野泰秀、陈斌波、下大泽诚、刘洪、伍少波分别前往上海、广州、成都、武汉、南昌出席上市活动并公布价格。各地区经销商、东风本田车主、媒体人士等齐聚各地活动现场，见证喜悦共享。

第九代思域延续了第八代思域精致融汇的特点，并以先进技术为基础进行了自内而外的全面革新，针对新精英消费群体的需求，强化了科技智能的产品特征，在外形、燃油经济性、安全性、静音性、操控性以及装备水平等各方面都实现了大幅超越，而价格体系比原同级别车型平均下调1万元，产品综合性价比及竞争力更加突出。上市未超过1周，东风本田第九代思域意向客户已突破3.5万名，4千余名客户已交付订金等待提车。

【登峰“6016计划”完成】 当年，在日本大地震、泰国洪水等因素的影响下，东风本田近1个月时间处于半停产状态，在此情况下，为完成全年销售目标，东风本田于8月17日正式启动“登峰6016计划”，确立了“全年销售CR-V16万辆，累计销售60万辆”的销售目标。

为保证“登峰6016计划”的顺利完成，东风本田提出了“五大战区，团队作战”的口号，将全国市场分为南区、北区、东区、华中、西区五大战区，由东风本田销售领域科长带领区域督导队伍进行销售攻坚，分别完成各自区域的销售目标。经过公司全员的共同努力，东风本田全年销售CR-V16万辆，CR-V在继续占据国内SUV市场头把交椅的同时，成为首款销量突破60万辆的中高级SUV车型，其中12月单月销量突破2.2万辆，成功超越北美市场，东风本田"登峰6016计划"顺利完成。

【自主品牌标识发布】 11月21日，在第九届广州国际汽车展览会上，东风本田发布了旗下自主品牌的品牌标识，并正式发布了其自主品牌首发车型的中英文命名，该车型中文名称为思铭，英文名称为CIIMO。2012年，思铭将会正式上市。

东风本田自主品牌思铭标识。

【经营业绩】 当年，东风本田销售汽车255466辆，实现销售收入438.02亿元，上缴税收73.39亿元，年纳税额位居湖北省第二名、武汉市第一名。

在营销网络建设方面，东风本田在全国已开业的特约店总数达321家。其中西藏特约店的开业，填补了东风本田营销网络在内地省级区域的最后一个空白，至此，东风本田特约店已遍及全国31个省、自治区和直辖市，营销网络全面铺开。

在售后服务领域，东风本田实现售后产值18亿元，同比增长50%，到厂台次、客户维系率等主要管理指标均大幅提升。专营店的售后毛利占总体管理费用的比例达到86%，抗风险能力进一步提升。同时，在第三方评测机构J.D.Power2011中国售后服务满意度调查中，东风本田售后服务满意度(CSI)由2010年的第3名上升到第2名，销售满意度(SSI)由2010年的第19名上升到第4名，两项成绩均以大幅度超越平均分的结果名列行业前茅。

【产能建设】 当产能从年初的1000辆/日提高至1030辆/日时，东风本田遭遇日本大地震，导致零部件供应中断，日产量一度被迫降至760辆。通过合理安排休假与加班，东风本田最大限度地规避了因地震带来的损失，并在下半年全面恢复产能，10月，顺利完成1060辆/日的生产体制，达到24万辆产能目标。

此外，东风本田第二工厂建设工作稳步推进。截至2012年1月底，东风本田第二工厂建设厂房和公用动力已全面完工并投入使用。焊装车间、涂装车间、总装车间和发动机装配车间已按计划完成各条主线设备及搬送系统的安装，进入试运行调试阶段。预计到2012年7月，东风本田第二工厂将正式投产，初期产能为10万辆。

【管理改善】 东风本田对管理领域多方面工作进行了优化。在薪酬管理领域，东风本田在委托专业机构调研论证的基础上，进行了与发展相适应的薪酬体系结构性变革，并在4月1日正式实施到位。

在沟通领域，东风本田通过主题恳谈会的形式搭建了管理层与基层员工的沟通平台，使员工的合理诉求得到回应。员工满意度第三方调查显示，2011年东风本田员工满意度得到大幅提升，较2010年提升了17个百分点，高于中国汽车行业平均水平7.5个百分点。

在人才培养方面，东风本田在一工厂进行了科长、系长轮岗，并根据第二工厂建设需求，适时发布并实施了人才培养的"π计划"，即规划在2013年前为东风本田各领域培养100名管理人才，400名技术人才。

在组织机构方面，东风本田结合企业自身的发展特点、借鉴相关企业的优秀经验，将沿用了8年的直线型组织机构调整为矩阵式组织体制。通过组织机构优化，东风本田将依托事业与职能两大主轴，充分培育制造、品质、营销、管理、事业企划、采购、研发及党群等7+1职能领域，强化C-RV、思域两大车型平台的管理、加大重点及薄弱领域的培育力度，在体制上支撑东风本田两个工厂的有效运作。

此外，东风本田还规范与更新了50余项已有制度并新增10项重大制度，实现了ISO14001、ISO9001、OHSAS18001三大体系在公司内的有效运行，从而有效支撑了东风本田各项生产经营工作的顺利开展。

【环境保护】 自2003年成立以来，东风本田长期秉承"给孩子留下一片蓝天"的理念，提倡全方位的"绿色价值观"，在建设绿色工厂、生产绿色产品、加强绿色采购、构建绿色销售等企业生产经营的全价值链上，不断向着环境友好型和资源节约型的企业方向发展。当年，在节能减排方面，东风本田重点对非生产能源消耗进行削减，通过非生产能耗节约的项目改造，在非生产时电能消耗年节电达30万度；中水利用率提高至94%，关键指标COD减排达到8%，再创新高。在绿色采购方面，东风本田通过对供应商环境意识的渗透，推进供应商ISO14001体系，构筑循环型(PDCA)

管理体系，从供应商的体制、产品、制造等方面设定二氧化碳削减、废弃物的减少、排水的削减等管理项目，降低环境负荷。东风本田全体供应商每万元产值二氧化碳排出量削减幅度达到6%。基于在环保领域所作出的优异成绩，6月，东风本田获得联合国环境署评选的“中国区环境规划示范企业”称号，成为汽车行业首家当选的企业。

【社会责任履行】 1月23日，东风本田邀请武汉市黄陂区帽子小学受东风本田员工资助的20名小学生及其家长、老师到东风本田，参与了东风本田“让爱成就未来”的系列活动。3月11日和7月17日，东风本田先后参加了武汉经济技术开发区、内蒙古兴和县友谊水库植树活动。11月11日，东风本田向茂县东风本田励志小学捐赠7万元爱心教学用品，并看望了学校的孩子们，慰问了教职员工。11月27日，第三届“东风本田杯”小学生环保绘画比赛在沌口小学圆满举行。

【党群工作】 在党建工作方面，7月7日，东风本田召开党风廉政建设暨惩防体系建设工作推进会。会上，东风本田签订了高管人员廉洁自律承诺书和党员承诺书，邀请东风公司纪委书记马良杰作了党风廉政建设的专题教育，并聘任12名第二届党风廉政建设监督员。此外，为进一步贯彻党风廉政建设工作，东风本田召开了新任职科长和新任系长轮岗干部集体廉政谈话会，对新任职干部进行廉政教育，签订廉洁承诺书。同时，东风本田还开展了“三重一大”专项检查和领导干部及其特定关系人的自查清理活动。

在工会工作方面，1月23日，东风本田2011年度新年联欢会暨颁奖典礼在武汉体育中心篮球馆隆重举行。武汉经济技术开发区、东风公司、东风本田各级领导、合作伙伴及4000余名员工及其家属欢聚一堂，欣赏了一场精彩的新年联欢会暨颁奖典礼。

5月29日，东风本田第二届文化体育节在公司南区体育场热烈举行。来自东风本田各部门各科室、供应商和特约店等22支代表队、1500余名运动员参加了活动。

6月4日，庆祝中国共产党成立90周年第四届“东风杯”羽毛球赛在武汉体育中心羽毛球馆落下帷幕，东风本田羽毛球队勇夺员工组比赛亚军。此外，东风本田高管队也参加了此届比赛，并取得了不俗战绩。

9月11日，东风本田在武汉艺术学院举行首届古典文化节开幕式暨民族歌曲大赛。文化节以“东方吟舞　古韵流香”为主题，集中展现了东风本田员工“雅静”的气质风貌和精神内涵，为增进东风本田中日双方传统特色文化交流、促进文化建设提供了一个良好的平台。

11月，湖北省总工会在东风本田召开了全省重点建设项目劳动竞赛现场会，对东风本田在劳动竞赛方面的做法给予了高度肯定。同时，东风本田工会开展了“最优班组”评比活动，有5项成果分别获得东风公司2011年度班组建设成果一、二、三等奖，其中，“降低车身涂装线面漆设备电能消耗量”获得全国机械工业职工创新技术成果二等奖。基于“创先争优”活动和班组建设活动的深入开展，东风本田发动机装配科B班被全国总工会授予“全国工人先锋号”称号，品质管理部整车品质科终检1系2班被湖北省总工会授予“湖北省工人先锋号”称号，何小平、熊涛被湖北省总工会授予“湖北省五一劳动奖章”。

11月12日，武汉经济技术开发区篮球邀请赛在东风本田文体中心落下帷幕。除武汉经济技术开发区的4支球队参赛队外，此次比赛也吸引了凌云集团、长江报业等武汉市的业余强队参与其中，比赛共有6支球队进行循环赛的角逐。最终，东风本田男篮以5战全胜的战绩获得冠军。

（杨春梅　孙子佳）

东风本田发动机有限公司

组织机构图

- 董事会
  - 总经理 / 执行副总经理
    - 检查主任技术者 / 副检查主任技术者
    - 新机型室
    - 综合管理部
      - 总经理办公室
      - 人力资源科
      - 财务会计科
      - 企划管理科
      - 总务安全科
      - 监察科
    - 采购销售部
      - 配套科
      - 采购科
      - 销售科
      - 零部件采购科
    - 研究开发中心
      - 品质科
      - 产品科
      - 市场品质科
    - 制造部
      - 制造管理科
      - 设施管理科
      - 物流科
      - 物流二科
      - 制造技术科
      - 机械加工一科
      - 机械加工二科
      - 发动机装配科
      - 铸造科
      - 传动轴科
- 党委
- 工会

【概况】 东风本田发动机有限公司(以下简称“DHEC”)是由东风公司和本田技研工业株式会社各出资50%,注册资本金1.21亿美元,于1998年7月1日共同创建的中日合资企业,与广汽本田汽车有限公司共同构成新的广州轿车项目。公司位于广东省广州市黄埔区横沙广本路111号。DHEC负责开发、生产、销售轿车用的发动机及其零部件,并提供相应的售后服务。产品主要用于广汽本田汽车有限公司生产的歌诗图(CROSSTOUR)、雅阁(ACCORD)、奥德赛(ODYSSEY)、飞度(FIT)及锋范(CITY)系列乘用车型。同时向东风本田汽车有限公司供应思铂睿(SPIRIOR)、思威(CR-V)、思域(CIVIC)部分车型用缸体、缸盖,向本田汽车(中国)有限公司供应JAZZ车型用缸体、缸盖、传动轴等零部件。现已达到年产48万台发动机总成和56万套以上零部件的生产能力。截至年底,DHEC共有员工1839人。周文杰任董事长,守口均(日方)任总经理,廖建军任党委书记。

2011年,DHEC先后遭受了东日本大地震、泰国大水灾的严重影响,经受了供应链问题导致生产无法正常化的严峻考验。全年销量36.9万台,营业收入161亿元,利税27.1亿元。DHEC党委被东风公司党委授予五星级“四强”党委、五星级“四好班子”称号。

【领导视察】 12月12日上午,国务院国资委监事会工作局24处办事处主任嵇永如、处长徐丽华及东风公司法务部处长周文捷等4人莅临DHEC进行调研。DHEC总经理守口均、执行副总经理占富清等参加了接待。占富清向嵇永如主任一行报告了DHEC基本情况、中长期计划、2011年生产经营情况及2012年生产经营预测与安排。随后,嵇永如主任一行对公司机械加工工厂、铸造工厂及发动机装配工厂进行了参观。嵇永如主任对DHEC的生产经营情况进行了详细的了解，对于DHEC的经营和生产现场管理表示赞赏。

【缸体/缸盖SP生产线柔性制造系统(FMS)量产投入启动仪式】 11月15日，在DHEC的C3车间热烈举行了“缸体/缸盖SP生产线柔性制造系统(FMS)量产投入仪式”。总经理守口均、厂家代表及员工代表参加了仪式，共同见证东风本田发动机有限公司发展史上一个具有里程碑意义的重要时刻。

总经理守口均等为缸体/缸盖SP生产线柔性制造系统(FMS)按下启动按钮，标志着FMS设备正式量产，它为企业核心竞争力和可持续发展能力提供了良好机遇，为公司的事业目标完成和开动率提升奠定了坚实基础。

11月15日，总经理守口均(左二)按下仪式启动按钮，标志着FMS设备正式量产。

【健康零伤害工作环境创建】 DHEC围绕“2014年单台二氧化碳排放量较2009年削减25%”的中期目标，重点完善节能减排体制，建立能源管理架构，全面加强节能减排意识的宣传教育，在持续推进节能项目的同时，充分利用能源计量系统数据，有效削减CO_2排放，全年单台二氧化碳排放量实现较2009年下降11%的既定目标。在安全生产方面，2011年作为安全管理提升年，通过建设危险体验培训室，提高员工安全培训效果，增强员工安全意识；另外，注重创建零伤害的工作环境，加强宣传、监督、检查，强调人、设备、环境的本质安全，对设备安全装置进行联合点检，提高检查效果，及时消除设备设施安全隐患。

【“工人先锋号”创建】 为进一步推动创建“工人先锋号”活动的深化发展，不断总结创建活动开展以来DHEC各班组所取得的经验和成绩，并将在创建活动中积极围绕DHEC各项工作开展群众性劳动竞赛、技术创新、节能减排和班组建设活动，取得突出成效的班组进行评比表彰，DHEC工会于2010年11月向东风公司工会推荐7个班组申报“工人先锋号”，经过上级工会层层筛选，2011年2月，DHEC制造技术科保全系B班以突出的成绩被东风公司授予“工人先锋号”荣誉称号。

【档案管理加强】 2月25日，在东风公司办公室会议上，DHEC被东风公司授予“档案工作先进单位”荣誉称号。2010年4月开始，东风公司对二级单位开展档案安全专项检查，共4个大项20个子项。在为期5个月的检查中，DHEC在档案工作组织管理、档案业务建设、档案设施建设、档案工作创新服务等方面表现突出，在业内处于先进水平，并受到上级单位领导的一致好评，最终获得东风公司“档案工作先进单位”的荣誉称号。

【怀集民田小学爱心图书馆建立】 怀集民田小学坐落于肇庆市怀集县，学校教学成绩一直在所属镇名列前茅。但是由于经济落后，学校的教学设施非常陈旧。在得知此情况后，5月28日，由DHEC团委发起并组织员工参与资助怀集民田小学公益活动，在学校建立了“东风本田发动机有限公司爱心图书馆”，向民田小学赠送课外读物、笔记本、作业本、文具、书包、体育用品和现金等，为学生提供课外书籍丰富他们的知识，为学校提供体育用品改善他们的体育活动条件。

【向东风公司高级技工学校捐赠教学用发动机】 东风本田发动机有限公司以“回报社会，共同发展”为宗旨，以“模范企业、提升道德、促进和谐”为目标，积极推动DHEC社会公益事业的发展。从2000年开始，DHEC已先后向国内各汽车专业学校赠送教学用发动机50余台。

12月16日上午，DHEC社会公益委员会代表公司向东风公司高级技工学校武汉分校捐赠了8台发动机，为莘莘学子提供机会接触世界先进的发动机实物，开拓了学生的眼界。

【向真君希望小学发放助学基金】 8月23日，DHEC社会公益委员会向安徽省太湖县弥陀镇12名贫困学子发放助学款30300元。并出席了助学款发放仪式，勉励贫困学子们继续努力学习，坚守知识改变命运的信念，长大后回报父母、家乡和社会。

8月23日，DHEC向安徽省太湖县弥陀镇12名贫困学子发放助学款。

【Honda在华企业植树活动】 7月17—18日，DHEC代表一行7人参加Honda在华企业植树造林活动。植树活动除14家企业的100多名员工代表外，Honda还特意邀请了国家林业局、内蒙古自治区林业厅、兴和县的相关领导、北京师范大学教授及当地的小学生和居民共250余人参加此次植树活动。通过植树学习交流会、现场植树劳动和对2008年植树成果的考察，增加员工对环境保护的认识和理解，使大家更深刻地认识“十年树木，百年树人”的植树造林意义。

【环保讲堂】 促进工厂与周边居民的和谐关系，向社会宣传环保，提倡人人环保，10月19日，DHEC邀请黄埔区港湾中学学生和老师到公司展开环保主题班会。班会上主要介绍绿色工厂建设、DHEC办公楼太阳能光伏并网发电系统以及员工自主研制的超级节油车的情况。会后，学生们到办公楼具体了解太阳能光伏并网发电系统运行情况。通过此次活动，学生们不仅学习到了世界先进的环保技术，更使广大师生对DHEC的环保工作有了更深刻的了解。

【“油”我做主节油车大赛】 12月4日，第二届节能竞技大赛以“油我做主”为主题，在DHEC厂区内举行。DHEC普及组共有11支50cc组和11支125cc组车队，邀请了广汽本田汽车有限公司、东风本田汽车有限公司(武汉)、东风本田零部件有限公司(惠州)、本田生产技术(中国)有限公司等兄弟企业和华南农业大学等共7支节油车队，参与竞逐“最省油赛车”的称号。共青团黄埔区书记杨励、广州市黄埔区新闻中心主任姚新、公司总经理守口均、执行副总经理占富清等领导出席此次活动。同时DHEC还邀请了共青团黄埔人家社区服务中心领导、广州市港湾中学师生等观摩此次活动。

比赛中，50cc组吸取第一届的比赛经验，提高技术，应对自如。而作为此次普及的新增车型组125cc组则吸取了DHEC专业组车队的技术，引进了许多创新技术，使得比赛更加精彩。此次活动使更多的人参与到节能环保的活动中，共同分享了绿色动力及推动节能技术进步的喜悦。

【向日本灾区捐助救灾款】 3月11日13时46分，日本本州岛东北部宫城县以东海域发生里氏9.0级地震，并引发海啸，造成重大人员伤亡。DHEC全体员工对此深表关切，为帮助日本友人尽快渡过难关和重建家园，4月6日，DHEC决定通过中国红十字会向日本灾区捐助50万元人民币。

(郑　晖)

东风本田汽车零部件有限公司

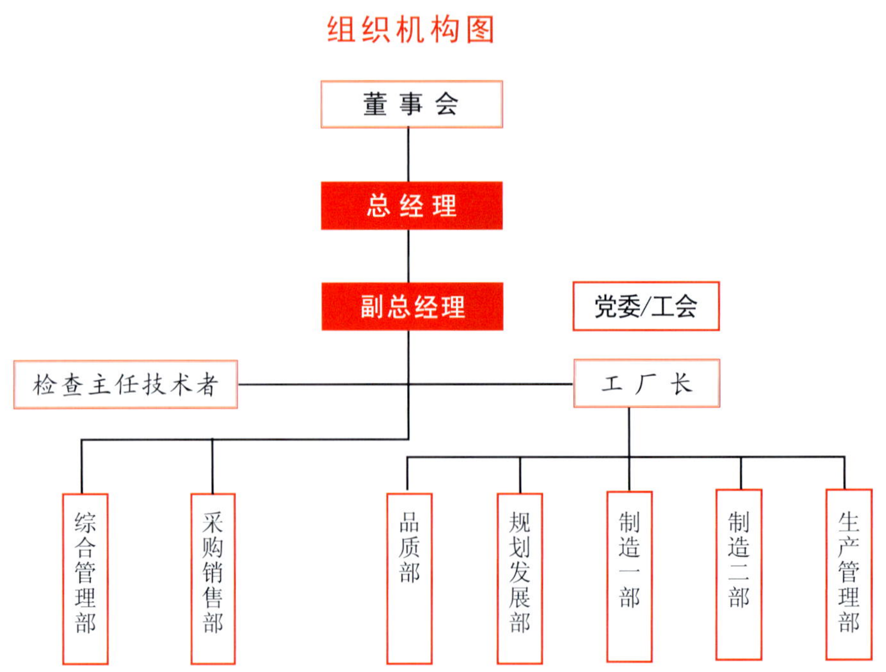

【概况】 东风本田汽车零部件有限公司(以下简称“公司”)由东风公司和本田技研工业株式会社共同出资兴建,股比为东风集团股份占44%,本田技研工业株式会社与本田技研工业(中国)投资有限公司合占56%。公司主要生产本田系列轿车发动机及底盘关键零部件,产品涉及凸轮轴、连杆、曲轴、缸套、前后转向节、叉臂、前后刹车盘等,主要配套应用于东风本田汽车有限公司、广汽本田汽车有限公司、本田汽车(中国)有限公司及英、泰、日、巴西等海内外公司生产的本田系列车型。截至年底,公司在册员工2262人,周文杰任董事长,木下茂幸任总经理,温良任党委书记。

2011年,公司克服了日本地震、泰国洪水、错峰用电、产量调整等因素给生产经营带来的困难,在生产效率提升、铸造品质改进、节能减排、作业环境改善、成品仓库建设、信息化建设、管理创新、薪酬调整、节能竞技大赛、NHC发表、环境美化、企业文化建设等方面取得了一定成效,强化了公司生产经营管理体制,实际生产量为526万台(套),实际销售量为539万台(套),销售总收入达14.2亿元。公司荣获2011年度惠州“纳税百强企业”、大亚湾区2011年度安全生产工作“先进单位”、东风公司“工人先锋号”等荣誉称号。

【生产效率提升】 为提高生产效率,公司在工艺创新、新技术导入、设备更新、生产线合理布局等方面做了多项努力。当年,公司底盘科刹车盘线通过工艺创新和机内物流改善,实现了1人多机,要员人数由21人减少至12人,日产量加工完成需手动搬运零件次数由23370降低至6150次,搬运总重量由142.6千克降低至37.5千克,手动倒角孔数由11070个降低至0个,大幅提高了要员效率并降低了员工的劳动强度。底盘科前轮毂生产线通过采用上拉式机床和简易机械手上料,消除了高台作业的安全隐患,实现了一人多机生产,并减少要员3人。发动机科涨断连杆生产线通过改善线内物流,减少要员10人。发动机科曲轴加工生产线通过工艺优化,合并一道加工工序,减少要员6人,节约劳动成本约42万元/年。

【铸造品质改进】 公司一直致力于提高铸造品质的改善。当年，公司投入大量人力、物力，通过刹车盘与无芯子零件搭配生产、减小型砂性能波动、制定X(—)-R管理图、提高可控性及可视化管理等措施，大幅度降低了刹车盘铸造毛坯的不良率，改善了铸造品质。对策实施后，刹车盘加工区的料废率逐月下降，截至11月，加工区不良率仅为3.5%；加工区综合料废率由2010年的11.5%下降至2011年的7.8%，同比下降32%。年料费成本节约128.5万元。

【节能减排】 节能减排是公司年度事业方针的重要内容，为完成事业计划目标，公司采取了一系列措施。公司通过技术创新，研制了具有国内领先技术水平的工业固体废物收集系统，该自动化系统实现了固体废物分类收集、转运，使炉渣的再利用量由853.8吨提高到1867.2吨，利用率提高118.69%；固体废物(废砂/粉尘)的填埋量由12832吨削减到9281吨，总填埋量同比下降27.67%，年节约成本54.55万元，该项目获得东风公司2011年科技进步二等奖。1月，发动机部品车间钢铁屑收集系统投入使用，该收集系统是集铁屑、钢屑分类及收集，铁屑压块回用，切屑液、油集中处理于一体的综合收集系统，最大处理能力由原来的4吨/天提高到25吨/天，全年公司钢铁屑回收利用率提高到91%。在削减刹车盘机加料费方面，通过控制造型机型砂CB值、强度、水分、剪切力和改善前盘中子原砂粒度，使刹车盘机加料费比2010年下降32%。在提高中子覆膜砂出品率方面，通过在一级与二级冷却传送槽之间增加一层筛网，使废弃的结块砂停留在筛网内，利用二级传送槽的震动将结块的砂震碎，变为成品砂，此项措施使固体废物产生量比2010年减少23吨。在提高抛丸钢粉利用率方面，将废弃的钢粉通过压块机压成块后再熔化，钢丸消耗每年减少12吨，废钢使用量每年减少12吨。制造一部通过给机床辅助设备增加接触器控制改善，年节约用电量441766千瓦时，削减二氧化碳排放445.31吨；空气压缩机排风由2台电机变更为1台电机，年节约用电量152778千瓦时，削减二氧化碳排放154吨；厂区道路照明使用太阳能路灯，年节约用电量24410千瓦时，削减二氧化碳排放24.61吨。在降低涂装烘干炉加热管损耗项目中，将所有加热管用耐高温防护板防护起来，使热管使用量比2010年使用量减少60根。通过提高涂装生产线的能力降低涂装化学品的损耗，使化学品使用量比2010年减少6%。

【作业环境改善】 制造二部是公司部分零部件毛坯的铸造部门，铸造车间内温度较高，尤其是高温季节，铸造作业岗位平均温度达36℃，个别作业岗位超过42℃。虽然已采用工业风扇进行降温，但效果并不显著。高温不仅加重员工的疲劳度，也影响员工的作业情绪，为了改善铸造岗位的作业环境，公司做了多项努力：利用中央空调的富于制冷能力对40℃以上的作业岗位进行降温改善；新增风柜及压风机，保障各作业岗位制冷效果稳定、正常；设置风量调节阀及可调式出风口，使员工能根据自身需要灵活调整作业岗位风量大小。通过以上措施，铸造岗位的平均作业温度由原来的36℃降低至31.2℃，作业环境得到较大程度的改善。

【成品仓库建设】 由于公司原有仓库面积不足，零件成品及毛坯须利用外租仓库存放，存在成品分散放置不便于先入先出的批量管理、出荷倒箱及装卸货占用厂内道路、外租仓库费用高(243.54万元/年)等问题。为了解决以上问题，公司投入1064万元，建设了占地面积约8784平方米的新成品仓库。3月，新仓库建成并正式投入使用。新仓库建成后，明显改善了公司的仓储和物流状况，提高了公司的仓储能力，取消了外租仓库；集中存放零部件成品，统一管理；不再占用厂区道路进行毛坯、成品装卸和存放，保持了厂区主干道的畅通，减少了安全隐患。新仓库的仓储能力可满足未来3年的发展需求。

公司新成品仓库。

【信息化建设】 为保障公司业务数据安全、规避丢失风险、实现数据和资源共享、提高工作效率，公司加强了信息化建设。7月，公司投资310万元建成中心机房，实现了及时收集、整合、共享信息资源和促进各部门协同工作的目标。10月，公司视频会议系统建成并投入使用，视频会议以高效率、低成本的特点满足了集中式管理的需求，避免异地会议在时间、费用、安全等方面的不便，节约差旅费用，提高沟通效率，缩短决策时间。

【管理创新】 管理创新是公司经营管理体制提升的重要措施之一。公司管理创新主要体现在实施了月度实绩报告会。月度实绩报告会实施前，公司会议存在种类多、时间长、效率低、落实难、无公司整体情况汇报等问题。为了改善这一现状，公司派人员赴日本本田铃鹿制作所考察、学习后，成立了月度实绩报告会事务局。事务局结合公司的实绩情况及会议的目的，将报告内容按S(安全)、M(管理)、E(环境)、Q(品质)、D(交货期)、C(成本)六个领域进行划分和管理，每个领域设领域责任者1名，负责本领域管理项目的设计、数据收集、报告资料生成等，报告会在每月的第9个工作日召开，报告上月S、M、E、Q、D、C六领域的主要数据及管理情况。

月度实绩报告会的实施，减少了公司级会议的数量，提高了会议效率，更重要的是将各月各领域的整体信息呈现给公司经营管理层领导，为经营决策提供了重要参考。

【薪酬调整】 在“3•11”日本大地震及日益激烈的市场竞争的影响下，为确保公司生产经营持续稳定、有序健全地发展，公司根据深、莞、惠三地物价指数，结合企业经营利润、发展需要和个人绩效考核结果，遵循“CPI+α”的指导原则进行薪酬调整。薪酬调整后，人均工资上涨9.3%，约290元；全年奖金人均上涨3.4%，约388元，有效地提高了企业的薪酬竞争力。

【节能竞技大赛】 9月24日，公司科学技术&技能委员会组织筹办了公司首届节能竞技大赛，大赛以“能源有限，节约无限”为主题，共有9支参赛队伍，其中125CC车队2支，50CC车队7支。获得首届节能竞技大赛第一名的“神风”车队代表公司参加了东风本田发动机有限公司主办的节能车邀请赛，取得了121公里/升油的成绩，在50CC组参赛的13支队伍中排名第三。

公司首届节能竞技大赛。

【NHC发表】 NHC是本田公司特有的改善活动的代称。公司自1997年引入NHC活动以来，参加活动小组数、人数、参与率及改善课题完成数不断增加，并多次获得NHC活动中国区和世界区金奖。9月，在以“携手你我，共筑梦想”为主题的第12届NHC中国区发表大会上，公司“给力”小组和“卫士”小组获双金，取得公司NHC活动历史最好成绩。

第十五届NHC发表大会。

【环境美化】 “自己动手，美化环境”活动由公司工会委员会提案，通过此项活动对公司大面积的预留地进行管理和利用，美化公司环境。公司现有发展预留地约43367平方米，预留地面积大且未做绿化处理，存在多种安全隐患，如杂草丛生，易滋生蛇、鼠、爬虫等动物，易引发火灾等。“自己动手，美化环境”活动把公司预留地划分为若干责任区域，由各党支部、分会、团支部进行维护管理。活动的实施，改变了预留地杂草丛生的现象，美化了公司环境，消除了潜在的安全隐患；同时，此活动通过集体劳动，强化了员工的环保责任意识和团队合作意识。

【企业文化建设】 公司秉承"关怀每位员工，关爱每件产品"的经营理念，为调节员工身心，落实人性化管理，公司积极建立、健全了员工关怀慰问新机制。公司按2010年通过的《员工短期疗养制度》规定实施了短期疗养计划，全年参与疗养的员工达到2137人，参与率达93.1%；制定、颁布了《员工慰问制度》，该制度规定凡遇国家重大节日、公司庆典日等喜庆节日，员工疾病、工伤、亡故，直系亲属(父母、配偶、子女)亡故，员工家庭遭受重大自然灾害等事宜，公司将视不同情况分别进行慰问。

公司根据员工要求，成立了13个文体协会，各协会定期举行活动，对丰富员工业余文化生活，增强企业凝聚力，推动公司企业文化建设起到十分重要的作用。此外，公司工会根据公司实际，有选择性地组织员工参加母公司及外部举行的文体赛事，提升公司形象。文艺协会组织排练的女子舞蹈《追太阳》获得东风公司和湖北省文艺汇演舞蹈类一等奖。

【社会责任履行】 公司致力于承担社会责任，支持公益事业的发展。4月，公司向日本地震灾区捐款6万元，向云南盈江地震灾区捐款4万元。7月，公司积极组织7名员工参加Honda在华企业内蒙古植树活动，用行动实践环保理念。9月，向广东省技师学院捐赠数控车床1台。

【党群工作】 公司党、工、团系统通过公推直选产生新的组织机构，并在公司生产经营的日常工作中发挥重要作用。

党务工作的重点及成果是：1.进一步明确了党组织与公司的关系及其合法地位和作用，将"两公开、两纳入"纳入合同和章程管理。2.完善了工作机制，发挥党组织在重大问题决策方面的作用，行政负责人定期向党委会汇报或通报经营管理工作；完善由党委统一领导，相关部门各司其职、密切配合、齐抓共管、一级抓一级的企业党建工作格局；充分发挥基层党支部的作用，探索党小组发挥作用的途径；提高党务干部素质，在培养具有双料素质的党务干部队伍方面取得初步成果；优化年龄结构、知识结构和专业结构，改进基层党组织活动方式。

工会工作迈上新台阶。组织建设方面，完善基础工作，制定《工会工作手册》，保证了基层分会工作有条不紊地开展。爱心帮扶方面，积极开展爱心帮扶活动，向困难员工给予2000元/人的补助；组织员工为患重病而困难的员工捐款7.2万元，倡导员工传递爱心、传送温暖。民主建设方面，为充分保障员工的知情权、参与权、表达权、监督权，公司工会积极研究挖掘并实施了4个新课题：1.每季度举行一次"面对面交流，心与心沟通"主题活动，公司党政、工会领导直接听取和受理员工意见或建议。通过此活动，共收集员工意见或建议73条。2.创新合理化建议征集方式。围绕公司的生产经营和管理改善工作，提高合理化建议活动的针对性和有效性，力求做到重点突出、集思广益，从6月开始，各分会每月轮流承办，以S、M、E、Q、D、C六大领域中的一项为主题的员工合理化建议征集活动。全年共收集合理化建议605条。3.为更好地开展集体协商工作，兼顾各层面员工的切身利益，公司工会在充分征求员工意见的基础上，采用公推直选的办法对员工集体协商代表进行改选，成立了新的集体协商委员会。4.建立健全员工(会员)代表大会提案征集、审理、立项、督办和跟踪管理机制。发布实施了《员工(会员)代表常任制(试行办法)》。三届二次员工代表大会共收到员工代表提案35件，经工会提案委员会审查，最终提出了正式提案32件，占提案总数的91%。

共青团的工作主要以生产经营为中心，围绕服务于公司发展、服务于员工成长成才、着力提升青年员工素质、推动公司企业文化建设的指导思想展开。共青团通过一系列活动，发挥了青年生力军和突击队的作用，强化了团员的组织意识；通过推优工程，帮助企业青年成长成才，为企业的发展储备力量。

(刘艳平)

本田汽车(中国)有限公司

组织机构图

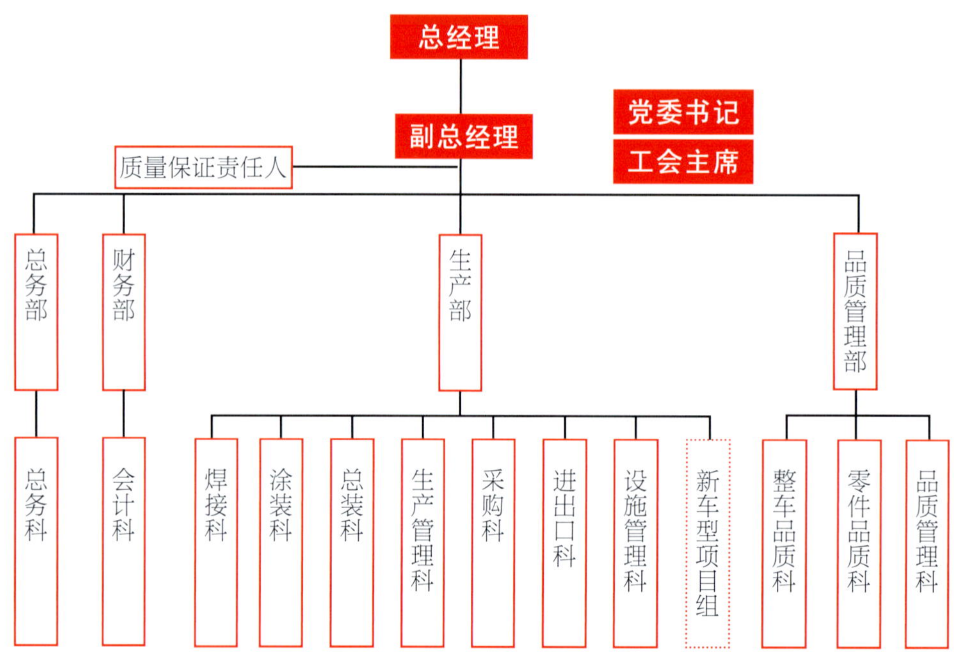

【概况】 本田汽车(中国)有限公司(以下简称“公司”)成立于2003年9月8日,是中国汽车史上首个产品100%出口的整车制造企业。公司由本田技研工业株式会社(股比:55%)、本田技研工业(中国)投资有限公司(股比:10%)、广州汽车集团股份有限公司(股比:25%)和东风汽车集团股份有限公司(股比:10%)共同出资成立。公司位于广东省广州出口加工区内,占地面积47万平方米,具备焊接、涂装、发动机组装、整车装配以及整车检测等工序,根据崭新的生产理念导入最先进的生产设备,通过精密的手工作业,建成了高效率、高品质的生产线。项目总投资1.25亿美元,注册资金8200万美元,生产能力为6万辆/年(两班制生产)。截至12月,公司在册员工793人。渡边康治(日方)任总经理,苏杰任党委书记。

10月15日,公司举办了庆祝成立八周年庆祝活动暨北美Fit下线庆典。

公司生产的产品为经济型轿车Jazz和Fit,产品全部出口欧洲各国及北美洲加拿大。公司通过充分利用国内现有的资源,采用先进的生产技术与管理机制，生产出高品质、低成本的汽车。公司产品的销售国家从最初的德国等4个国家扩大到包括俄罗斯在内的31个欧洲国家，覆盖到欧洲大部分地区。同时，公司积极开拓其他海外市场，将产品出口到北美洲的加拿大。尽管面临金融危机导致欧洲市场持续低迷的困难，公司仍努力在确保品质的前提下尽可能争取出口的订单。全年出口超过 2.4万辆，达到了董事会设定的预期目标。截至12月，公司已经累计向欧洲及北美洲出口超过20万辆。

【制造品质提升】 在管理制造过程品质方面，公司引进日本本田的G-PACV（全球工序保证能力检证）及变化点管理，进一步巩固和提高了生产过程的品质能力和异常应对能力。在品质改善和课题推进方面，公司引入先进的分析工具“系统图”，以FTA为蓝本结合实际情况，对不良问题层层分析、深入解析。同时增设公司级别品质活动平台——Q-day会议，每周召开一次，定期总结检讨制造品质并交流分享各部门的改善成果。每年两次品质总点检，为生产过程夯实了坚实的品质基础。经过品质部门和现场部门的努力，公司GDP（全球直接合格率）持续提高，逐步稳定。在确保制造品质同时，公司还对市场品质给予高度关注，对品质部门开展的削减市场不良推进活动给予大力支持。全年未发生任何市场召回事件，且原有的顽固品质难题也得到显著改善。

制造品质提升，也得到外界的一致认可。首先，公司继续顺利通过了WVTA（欧洲统一车辆形式认证）的年度COP审查（产品符合性审核），加拿大本田（新增出口地）公司考察后，对公司的生产制造和品质管理给予了高度评价。

【经营效率提高】 公司认真贯彻落实事业方针，通过全体员工的不懈努力取得了有目共睹的成绩。特别是在日本大地震和泰国水灾的影响面前作出了迅速的应对；另外，公司12月15日开始了加拿大新市场的销售，12月16日实现累计出口20万辆。为共享公司经营成果、表彰先进，以此提高员工集体荣誉感，激励员工不断积极向上，进一步促进公司事业再上新台阶，公司首次对在生产、质量、成本、效率和管理等各方面有突出表现的5个科、7个系和19名个人予以表彰。同时，号召全体事业单元及员工要以先进集体和

12月16日，公司累计生产的第20万辆产品车下线。

先进个人为榜样，积极适应新形势的要求，为公司实现世界QCDMS标杆而奋斗。

【民主管理加强】 为营造全员士气高涨的工作氛围、强化沟通，公司持续开展每月一次的科长以上管理者接待日活动。通过活动，加强了公司管理层与员工的沟通，互相倾听对方的声音，也明确了公司的课题，作为整体共同推进，并且在公司营造了信任的氛围，收到了良好的效果。

同时，为营造平等和积极的沟通氛围，公司举办了三期员工代表与正副总经理恳谈会。员工代表就公司最受关注、最热点的问题踊跃地向管理层提出了各种改善建议、意见和疑问，正副总经理就相关问题发表了公司的立场和想法。通过平等的交流平台，双方对议题充分交换了想法和意见，经营层和员工最关注的事项达成了共识，为公司进行持续发展规划和员工安心工作体制完善提供了良好的决策参考。

1月20日，公司举行新春晚会。

【企业管理强化】 公司治理委员会通过每年自查与不定期内部监察的形式对公司经营管理的情况进行回顾，并对存在的问题向公司提交管理报告。2011年度公司治理审查中，各部门在治理、遵循法律、风险管理、企业管理4个领域进行自查，由事务局对自查的结果进行审核并向公司经营层和董事会进行报告。与此同时，公司治理委员会日常也以各种宣讲以及宣传素材征集竞赛等形式向员工宣传相关的法律法规和公司制度，增强大家维护自身权益和共同参与公司管理改善的意识，强化公司稳定、有效和健康的管理体制。

公司内部审计体制自2009年正式构建以来，在公司内控体制的效能、风险管理的可靠性和公司治理的成效方面进行监控，并向公司经营层提供反馈和建议。2011年的内部审计工作除日常性项目审核外，还根据对公司业务和经营情况的分析，针对工程供应商的合规情况开展了专项审查活动，涉及项目检查225项次，对发现的问题点和建议事项均提交了整改措施和计划。

【安全管理】 公司始终坚持“安全第一，预防为主，综合治理”的安全方针。公司安全生产第一责任人及安全生产直接责任人始终坚持“没有安全就没有生产”的理念严抓安全管理工作。公司通过PDCA循环持续改善、不断加强安全工作，通过三条主线构筑公司安全体系：通过OHSAS18001体系统筹安全管理；通过安全质量标准化推进本质安全；通过目标管理推进日常安全工作。

通过以上三方面逐步深化、落实“横向到边，纵向到底”的安全生产责任制，逐层落实安全生产责任并进行定期目标考核，公司构建了全员参与的安全体系，挑战事故尤其是重大灾害事故“零”化，共创员工安心工作的工作环境。

另外，为确保安全措施落到实处，公司投入共计1941万元，主要包括安全宣传费21万元，劳动防护和防暑降温费934万元，工艺设施的安全改造186万元，防火、交通、工伤、医疗保险费573万元。

通过努力，公司全年轻伤、重伤、死亡、职业病事故、火灾事故、交通事故均为零，实践了“营造安心工作的环境”的理念，保障了公司生产经营的正常开展。

【环境保护】 公司2011年推行节能、降耗、减污、增效，于8月获得广州市“清洁生产优秀企业证书”，并获得开发区30万元一次性奖励。

4月，公司环境事务局组织实施了内部审核，没有不符合项，审核结果表明公司环境管理体系的运行情况符合ISO14001:2004标准要求，运行是适宜、充分和有效的。9月，顺利通过了通标标准技术服务有限公司(SGS)对公司进行的环境管理体系换证评审核，没有不符合项，ISO14001证书继续有效。12月，召开管理评审会，公司领导一致认为公司环境体系是适宜、充分和有效的。

公司在4月和12月组织广东环境保护学院对公司环境绩效进行监测，所有监测项目均符合广东省地方标准。生产过程中排放的废水、废气、噪声及危险废弃物达标。

环境管理，公司按月进行排污申报及缴纳排污费，按时完成各级环境部门对污水处理站24小时管理，处理后的废水达到“中水”回用标准，没有受到政府罚款及周边群众投诉。

【社会责任履行】 为使公司成为被社会期待的公司，公司在2011年继续开展了各种社会慈善活动。公司响应广州市幸福工程办公室的号召，向该机构捐赠善款1万元。秉承“尊重人 三个喜悦”的公司理念，在公司内部支援非因个人责任陷入生活困难的员工，安定员工队伍，营造专心工作的氛围。此外自2007年起，公司每年派出员工代表参与内蒙古植树活动，致力为中国绿化事业贡献出一分力量。

（王　海）

东风电动车辆股份有限公司

组织机构图

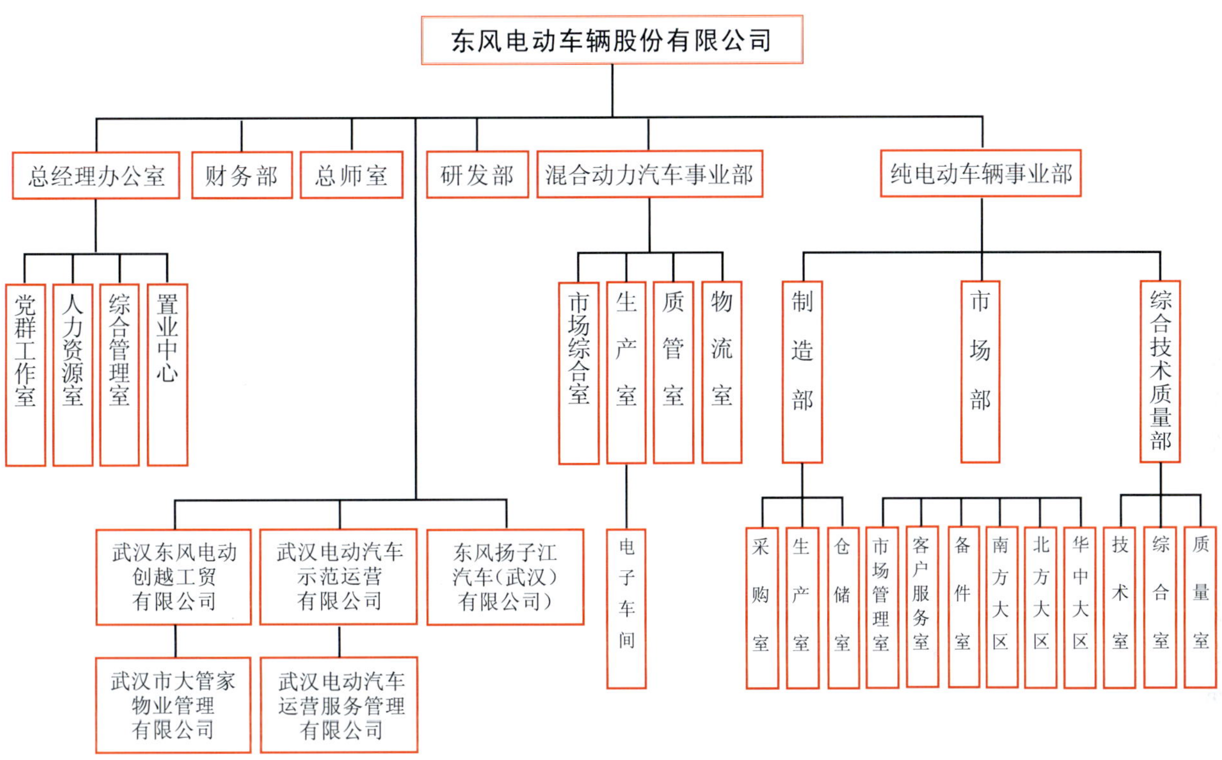

【概况】 东风电动车辆股份有限公司(以下简称“公司”)作为东风公司电动汽车研发与产业化的重要业务单元,围绕东风公司“三个跨越、一方和谐”战略目标和公司战略转型要求,牢牢抓住发展汽车电子电控产品契机和低碳经济提供的历史机遇,紧密跟踪和配合技术中心产品开发,联手保持核心技术领先优势,加速培植具有行业竞争力核心业务,通过战略合作成为汽车电子电控产品领军团队、纯电动车辆市场主力军,构建灵活高效的运行机制,确保稳定和谐发展。当年实现销售收入10462万元,销售纯电动场地车637辆,混合动力客车180辆。截至年底,公司拥有总资产22507万元,净资产8723万元,员工123人,本科以上学历49人,其中博士、硕士9人。黄佳腾任董事长,黄兆勤任总经理。

【组织机构调整】 11月21日,东风集团股份人事部发文,推荐黄兆勤任公司总经理,信继欣、向开永任副总经理。12月23日,集团公司发文,对公司组织机构进行调整,与新能源汽车事业平台实行一体化运行。按照滚动发展、稳健经营的原则,构建高效紧凑型组织机构。内设营销部、综合管理部、制造工程部、工厂、产品技术部、质量部、采购部和财务部。东风公司技术中心新能源汽车研究所承担公司研发部职能。

【战略转型】 2月25日,东风公司新能源汽车战略指导委员会召开2011年第一次会议,会上,同意东风集团股份和东风汽车股份有限公司(以下简称“股份公司”)共同对电动车公司增资,做强电动车公司,其领导班子由东风公司统一安排。项目初期委托股份公司进行管理，并成立项目推进领导小组，负责项目推进和新公司成立。10月27日，在东风公司召开的东风电动车公司回购增资、公司新能源汽车事业推进体制调整和东风电动车公司组织机构方案汇报专题会议上决定：公司股权回购工作，同意按照“暂时保留两高校股权”方案进行；考虑到EJ02纯电动车开发延续性和项目实施有效性，该项目正在转移至东风集团股份技术中心承担，同意由集团公司单独对电动车公司增资；同意剥离电动车公司5宗商业用地和持有的创越公司股权；由东风房地产公司受让上述土地及股权；生产阵地建设，要按照精益方式，进行滚动投入；保留新能源汽车事业平台机构和职能，与新电动车公司“一套机构，两块牌子”；新电动车公司组织机构方案，要按照高效、精简的原则，对汇报方案进行优化调整。

基于东风公司新能源汽车战略和电动车产业化推进需求，新电动车公司定位为纯电动轿车及相关技术的研发主体；纯电动乘用车的经营主体；核心总成业务的投资经营主体；东风公司新能源汽车事业的管理主体。

随着东风公司新能源战略和对电动车公司定位的进一步明确，公司开始实质性推进资产重组、增资扩股工作。9月30日完成工商变更登记，公司股东由原来的7家减至4家，分别是东风汽车集团股份有限公司65.39%、武汉经开投资有限公司17.31%、武汉华中科技大产业集团有限公司8.65%、武汉理工大产业集团有限公司8.65%。实现了东风集团股份绝对控股。

随着电动车公司与技术中心、新能源汽车研究所关系的理顺，将为公司三横技术研发、纯电动场地车新品开发、混合动力客车技术优化改进提供强大的研发支撑，为持续推进东风新能源汽车研发能力建设，大力培育自主创新能力，保持核心技术的行业领先优势创造条件。

【EJ02纯电动轿车产业化推进】 EJ02纯电动轿车是东风全新开发的一种微型乘用代步车，该车型造型时尚、韵致、传神，整车采用先进能量存储与供给系统、动力驱动系统、操纵控制与能量管理系统、强电保护和整车安全系统、以及智能信息和娱乐系统，驾驶方便舒适，安全可靠、节能环保。额定乘员数2人，最高车速80千米/小时，一次充电续驶里程180千米，采用磷酸铁锂电池，充电时间6小时。

按照东风公司计划，该车型将于2012年12月在公司实现量产，电动车公司也将搬迁至中誉阵地办公，中誉阵地占地面积467亩，整个项目建设分两期进行，而一期又分为两个阶段，一期一阶段工程主要包括焊装、涂装、总装以及辅助工程的建设，一阶段总投资计划达到1.52亿元。一期工程建成后，新园区(中誉阵地)将形成具备年产3万辆电动轿车生产能力的综合型生产阵地。该项目的顺利投产将成为东风公司实现可持续发展的重要支撑，是东风公司不断挑战自我，实现更大发展的客观要求，将为东风新能源事业注入新的活力。

东风纯电动轿车EJ02。

【电子中试阵地建设】 为适应东风公司在新形势下新能源汽车战略规划，加强新能源电子电控核心产品的产业化能力，公司启动了“电子车间工艺升级改造”项目。目标在原有电子车间的基础上升级改造为具备完整的自动化工艺流程，先进的管理水平，质量控制能力的小批量电子生产车间，作为大批量生产前的过渡，同时具备中试开发的试制能力。为东风公司自主开发的汽车电控产品工程转化和公司未来大批量电子生产能力建设奠定坚实的基础。

该项目2月开始车间基建的改造工程，8月23日，车间改造扩建工程整体验收评审通过，建成SMT(贴片生产线)、THT(插件生产线)、Coating(涂覆生产线)3条自动化流水线，1条总装流水线，1条测试线，总共5条生产线，360平方米净化厂房。已具备完整的自动化生产与检测工艺能力，设备产能10万台(套)/年，综合能力达到国内汽车电子产业先进水平。电子车间具备年产2万台各类控制器的生产能力，通过适当调整可扩展到10万台年产能。该阵地当年共承接技术中心新能源电控试制产品任务45项，完成试制样件241套。

该阵地在工艺升级的同时也启动了MES生产制造执行系统的建设项目，通过导入先进的管理工具提高生产效率和管理水平。该系统通过条码管理、电子看板和制造执行的控制充分落实TS16949质量体系5M管理理念，实现从物料到产品全过程的追溯和实时监控，同时实现工艺文件的电子显示和过程文档的无纸化记录。

已实现项目一期建设目标：制定完成工艺管理、生产管理，物流管理、质量管理各项业务的技术路线和管理路线；完成系统总体架构，生产和仓库管理的基础功能；网络拓扑、硬件设施的安装和调试；物料及设备的编码规则，基础档案数据库的架构。

升级改造后的电子中试阵地。

【国家“863”项目与研发工作】 12月20日，国家科学技术部印发“十二五”“863”计划现代交通技术领域电动汽车关键技术与系统集成一期重大项目立项通知，公司承担该项目中“电动汽车整车控制器产业化技术攻关”课题，参与东风公司承担的“东风插电式混合动力轿车产业化技术攻关”课题和“东风中度混合动力乘用车产业化技术攻关”课题。

公司进一步规范和优化开发流程，完善开发手段和增强工程化能力，有序推进产品研发进度，协调好先行产品、适用性改进、市场化产品、技术储备及基础研究之间的关系，为实现产品开发的滚动持续发展、提升东风电动汽车事业核心竞争力打下良好基础。

【“十城千辆”工程示范推广】 作为武汉市“十城千辆”节能与新能源汽车示范推广工程的主要实施主体，公司在研发和产业化方面作出周密安排，并积极寻求省市政府支持，着力推进混合动力客车生产及市场拓展、混合动力轿车关键零部件生产准备和产业化能力建设，在25个示范城市中走在前列。实现混合动力公交车销售180辆、纯电动场地车销售637辆。

截至12月底，公司生产、在武汉市上线运营的各类节能与新能源汽车总数达759辆，开通各类运营线路53条，累计运行7223万千米，载客12906万人次，CO_2减排11688吨，节油439万升，使武汉市成为国内启动最早、规模最大、产业化程度最高的混合动力汽车研发、产业化和示范运营基地。其中，东风混合动力客车500辆，总行驶里程4235万千米，运行线路31条，观光小巴等其他纯电动城市用车259辆。

【管理优化与企业文化建设】 公司重构运营管理体系、财务管控体系、综合服务体系，实施组织流程再造，构建简洁高效的服务和管理平台；同时建立科学可行的对外投资管理评价体系、经营考核体系，提升公司整体运营质量和盈利能力。

继续深化落实三级安全生产责任制，各方齐抓共管，实现全年安全事故为零，火灾事故为零；没有因暴雨、冰雪等极端天气造成人员或财产损失；特种设备100%检验合格后使用，安全隐患整改率100%。年初与各责任部门签订安全责任目标书，确保责任落实、目标落实，定期开展安全培训，增强全员安全意识。

经过十年沉淀，公司已形成具有特色的企业文化，公司党组织以“争先创优”活动为主导，紧紧围绕公司工作主题，夯实党务基础，提升工作有效性，创新工作方式，大力增强党组织的战斗力、创造力、凝聚力，充分发挥基层党组织的战斗堡垒和先锋模范作用，为实现公司新的战略目标提供支撑。

工会以第四届职工文化体育节为龙头，积极开展工会工作规范化建设达标活动及丰富多彩的文化体育活动，团结动员公司员工在新能源汽车事业发展中锐意进取，奋发努力。

（戴　菁）

中国东风汽车工业进出口有限公司

组织机构图

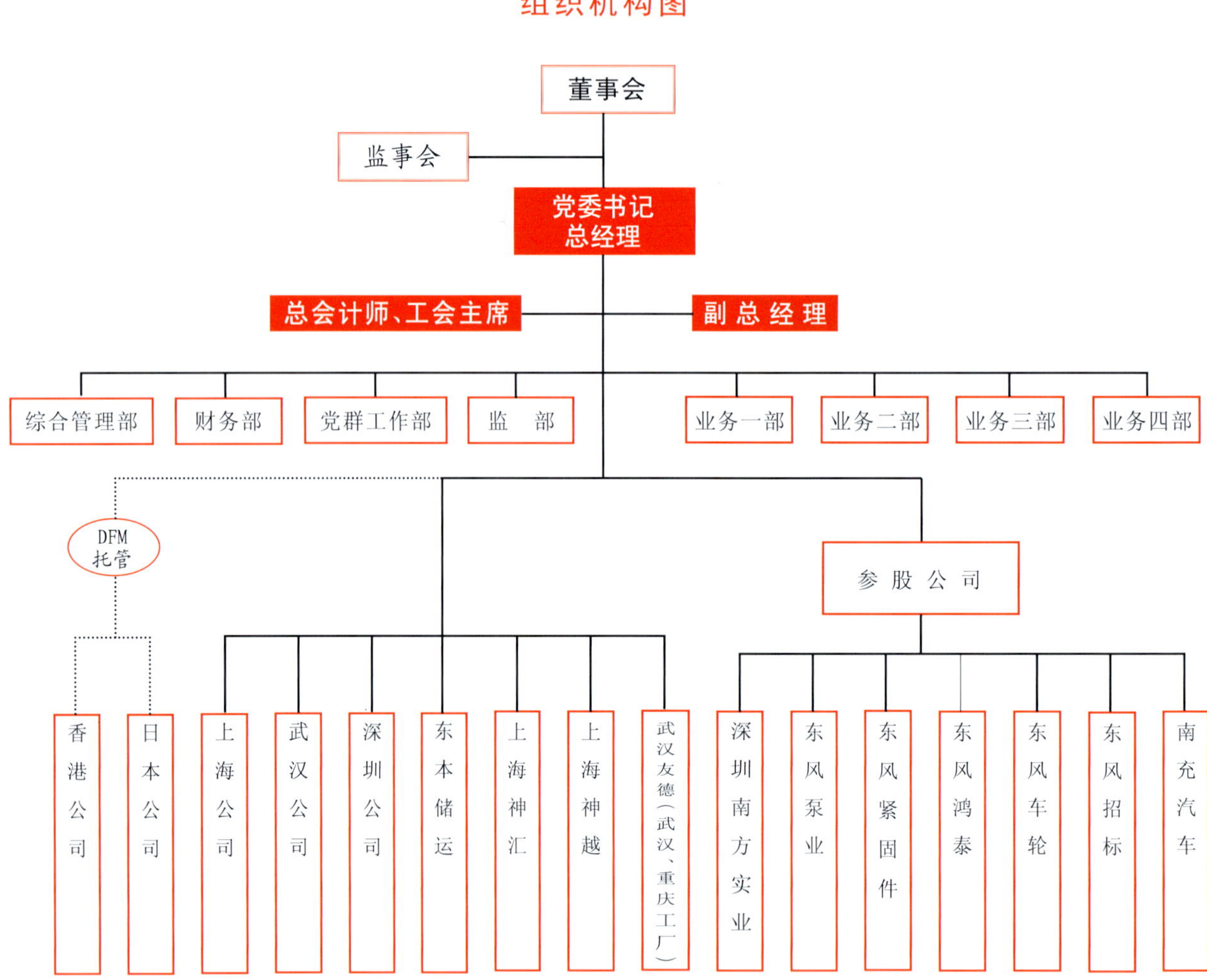

【概况】 中国东风汽车工业进出口有限公司(以下简称“公司”)组建于1983年5月,前身为第二汽车制造厂对外经济联络办公室,是中国汽车行业第一个经国家批准成立的外贸公司,是中国商务部管理的重点外贸企业之一,公司注册资金2亿元人民币,公司总部设在上海,并在上海、深圳、武汉等地设有子公司。周强任董事长,潘成政任总经理,胡建国任党委书记。

公司秉承东风发展理念,积极融入东风事业,发挥外贸专业优势,为东风公司的建设和海外市场的拓展作出了重要贡献。公司已与世界五大洲50多个国家和地区近300家公司建立了友好的合作和贸易关系,东风(AEOLUS)品牌载重车、自卸车、越野车、客车等近60个车型已销往东南亚、中东、非洲、南美洲等数十个国家;零部件已销往北美、南美、西欧和日本等。

公司总部2000年底从湖北十堰转移到上海后,公司加快了自身体制和机制创新,以“构建东风集团外贸事业公共服务平台,实现价值最大化”为发展目标,制定“以外贸为主,拓展工业和物流”的经营发展方向,按照“外贸做强、物流做精、工业增效”的经营方针，推动公司的发展，取得了积极的成效，各项经营指标及经营绩效不断创出新高，连续多年被评为东风公司最佳经营单位、双文明单位等，成为东风公司立足上海，面向国际的重要窗口。公司已经发展成集物流、工业投资、贸易和综合服务为一体的集团公司，拥有16家参股、控股公司，其中独资公司3家，控股公司(含共同控股)4家，参股公司7家，托管公司2家。当年，公司获得东风公司“最佳文明单位”称号，这是公司连续第九年获得此项殊荣；公司党委被东风公司评为五星级“四强”党委和五星级“四好班子”。

【经营业绩】 2011年，公司经营团队凝心聚力，苦练内功，坚持“开源”“节流”并举，推进精益管理，精细经营，公司3个事业单元克服诸多不利因素，沉着应对，顺应变化，在变化中找机遇，积极开拓市场，努力减少外部条件变化给公司带来的影响，公司的外贸、物流、工业事业3个单元的业绩均创新高，保障了公司整体业绩的提升。实现了公司“外贸做强、物流做精、工业增效”的事业计划。公司实现销售收入28亿元人民币，进出口总额达到54200万美元，同比增长24%，其中出口完成15500万美元，同比增长25%，进口38700万美元，同比增长23%，公司利润连续九年创出新高，实现利润总额19700万元，同比增长20%，各项经济指标达到集团公司下达的KPI挑战Ⅱ的目标。

【外贸事业】 公司积极推进“两个代理”(即做外商在中国的进口代理和采购代理)的经营发展模式，加大市场开发，提高市场的稳定程度；另外公司转变贸易增长方式，积极拓展东风以外的市场，使公司进出口贸易量上升较快，跨过年进出口总额5亿美元的大关，全年实现进出口总额5.4亿美元，其中进口3.87亿美元，出口1.55亿美元。同时公司提供贸易“门对门”的服务，延伸进出口贸易的价值链，提高了贸易利润率，全年实现贸易利润1亿元。在进口方面，传统项目，如武汉公司的原材料进口、设备进口，深圳公司易进项目等继续保持稳定，新项目康明斯工业机进口代理大幅度增长，加之采用新的贸易方式，推动进口业务和效益的同步增长；出口方面，康明斯出口平台规模逐步扩大，相关新项目稳步开展，以及出口dCi 11缸体项目和车轮出口项目的增长等，共同带动了进出口业务的增长。

公司领导会见美国康明斯客人。

【物流事业】 3月，日本大地震给公司的物流事业带来很大影响，公司物流事业主体东本储运公司原本安排的作业计划被打乱，东风本田的减产、运输成本的上升以及运价调整，诸多的不利因素致使上半年的经营成本大幅上升，造成业务利润下滑。但在不利的局面下，东本储运始终坚持公司提出的物流做“精”的发展方针，积极保持与主机厂的联系，及时调整生产作业安排，推行精益管理方式，向管理要效益，同时利用调产时机，加强对员工的各种培训，配合东风本田共同渡过难关，实现恢复性增长，全年实现物流销售收入9亿元，利润6000万元。

【工业事业】 公司坚持“工业增效”的事业方针得到有效体现。武汉友德重庆、武汉两个工厂在汽车市场由“热”变“冷”的过程中，在保持原有市场稳定的前提下，加快产品开发和生产阵地建设，开拓新的汽车电线束市场，实现了稳步增长，销售收入再创新高，达到15亿元，为公司创造投资收益5000万元。神汇公司加强对转向器售后市场的开发，提升产能，加强内部管理，销售收入达到4000万元，实现了扭亏为盈。

【党建工作】 公司党委围绕公司经营发展中心任务，在深化“创先争优”活动的基础上进一步开展“为民服务创先争优”活动，扎实有序开展领导干部点评创先争优工作，通过点评工作，加强党员干部之间的沟通交流，统一思想，提高工作的积极性、主动性和创造性，有力地促进了“创先争优”活动的深入开展。在

东风进出口公司召开干部大会。

党组织建设方面，公司党委印发《中国东风汽车工业进出口有限公司基层党组织工作评价标准（试行）》，全面夯实公司党建工作基础，并以此为指导，抓好下属各单位党建工作的规范化、制度化建设。为进一步加强党的建设，更好地发挥党组织在中外合资企业的政治核心作用，公司党委批准成立了武汉东本储运有限公司党委。公司党委认真按照“坚持标准、保证质量、改善结构、慎重发展”的方针，加强党员教育管理，认真做好党员发展工作，不断将公司优秀人才吸收入党，使党员的结构不断得到优化。

公司党委认真开展创建“四好班子”和“四强”党委活动，按照“四好班子”和”四强”党委评比标准积极开展工作。年初，修订完善了《2011年度党委中心组年度学习计划》，并加强了中心组学习的考勤和组织工作，定期将每月学习课件整理成PPT文档发放给中心组学习的领导，增强了学习的实效性；认真贯彻民主集中制，定期召开民主生活会，党群部门采取发放调查问卷的形式，组织8个直属党组织广泛征求员工对领导班子及成员的意见、建议，并将意见收集整理后反馈给班子成员，班子成员除个人进行批评与自我批评外，还认真分析班子存在的主要问题，并制定了整改措施。

【党风廉政建设】 公司认真贯彻执行《党风廉政建设责任制实施细则》的有关规定，贯彻落实党风廉政建设责任制，组织公司领导班子签订《进出口公司2011年领导班子成员廉洁自律承诺书》，并组织下属6个单位主要领导签订《进出口公司2011年子公司领导班子成员廉洁自律责任书》，保证了党风廉政建设责任的层层落实。

公司认真贯彻落实《国有企业领导人员廉洁从业若干规定》，严格执行《关于东风汽车公司领导人员廉洁自律若干规定的实施办法》的有关规定，并加大对领导干部执行廉洁自律规定的监督检查。坚持正面典型教育和反面警示教育相结合，筑牢党员干部拒腐防变思想道德防线，5—6月开展党风廉政宣传教育月专题活动，组织领导干部观看反腐倡廉警示片《国土惩腐》，不断深化领导干部廉洁自律意识。

【群团工作】 公司各基层工会通过完善职代会制度、深化厂务公开、健全平等协商与集体合同制度等方式，切实维护广大职工的合法权益，实现企业发展和职工发展和谐统一。各基层工会召开会员代表大会，认真研讨审议《集体合同》以及专项合同，听取公司行政工作和薪酬方案介绍，畅通民主管理渠道，倾听、收集和处理员工的意见和建议。

公司坚持党建带团建，公司党委指导公司团委深入开展“创新争优”活动，“立旗帜、树标杆”，争当青年明星、青年岗位能手等活动，发挥青年主力军的作用。5月，武汉东本储运有限公司向其昌荣获“东风公司2010－2011年度十大青年岗位能手”称号。

公司工会组织职工代表讨论薪酬调整方案。

武汉东风汽车进出口有限公司

【概况】 武汉东风汽车进出口有限公司（以下简称“武汉公司”）组建于2003年，是东风进出口公司的全资子公司。武汉公司位于武汉经济技术开发区，注册资金1000万元人民币，主要为东风公司在湖北地区各板块事业单元的相关产业提供进出口贸易服务。

2011年,武汉公司不断增强业务实力,提高服务质量,以优质的服务提升了客户的满意度和信赖度,尤其是东风本田原材料进口项目,虽然受到日本地震对整机厂的影响,但专业化的外贸服务依然使这个项目成为武汉公司的业务项目主导;另外武汉公司密切关注东风公司在湖北地区各板块的投资计划,在相关大型项目启动时或项目执行过程中,主动分析、跟踪是否有新的项目切入点,以便及时为客户提供解决方案,赢得技术引进、设备进口以及零部件进口等延伸项目的机遇;武汉公司还加大市场开拓力度,尤其是出口市场,通过广告宣传、参加展会等多种途径加强出口产品的宣传力度,对内加强资源开发,寻求出口业务的突破点,开拓新的市场。武汉公司业务规模持续稳步增长,完成进出口总额18279万美元,其中进口18024万美元,出口255万美元,实现利润5695万元,同比增长40%。业务总量占进出口公司进出口总额的34%。

深圳市东风南方汽车进出口有限公司

【概况】 深圳市东风南方汽车进出口有限公司(以下简称“深圳公司”)是东风进出口公司和东风车城物流股份有限公司合资组建的一个子公司。公司注册资本为600万元人民币,进出口公司占股比75%。公司主要以汽车零部件的进出口业务为主,着眼于广东地区。2011年,深圳公司继续以进口业务为主,服务对象主要为东风易进和东风本田发动机零件。2011年实现进出口总额3822万美元,同比增长6%,其中进口3715万美元,出口107万美元。

上海东风汽车进出口有限公司

【概况】 上海东风汽车进出口有限公司(以下简称“上海公司”)始建于1996年,是东风进出口公司的全资子公司,注册资本3000万元人民币。上海公司主要承担东风华东地区及东风外的进出口业务。

2011年,上海公司坚决落实“二个代理”的发展战略,积极创新工作方法,精细经营,精益管理,稳健发展,盈利能力得到不断提高。共实现进出口总额3.2亿美元,完成利润4000万元,实现销售收入15.6亿元。当年获得东风进出口公司“经营管理优秀单位”荣誉称号。

【两个代理】 上海公司积极推进“做外商在中国进口代理和采购代理”两个代理的经营发展模式,加大市场开发,提高市场的稳定程度。进口方面,公司坚持做康明斯发动机在中国的销售代理,进一步扩大康明斯进口发动机的市场份额,通过在康明斯工业机项目上的努力,已将康明斯进口工业机的型号从一种逐步扩大到十几种,已成为广西玉柴、现代(常州、北京、泰安)等工厂的独家康明斯工业机进口商,全年共进口康明斯工业机18440台,进口额达1亿多美元,实现利润超千万元;出口方面,公司围绕做好外商在中国的采购代理这一课题,重点保证康明斯OEM零件出口项目的稳定,并在服务上下工夫,从细节入手,抓好每一道流程,保证了100%的准时交付,当年康明斯零部件出口额8800万美元,同比增长30%,再创历史新高,公司专业化、规模化的服务得到了康明斯IPO的肯定,被评为“2011年度最广泛合作奖”。

武汉东本储运有限公司

【概况】 武汉东本储运有限公司(以下简称“东本储运”)成立于2004年4月,是由东风进出口公司、日本株式会社本田运输公司、本田技研(中国)投资有限公司共同组建的一家专业物流公司,主要为东风本田提供零部件调达运输、厂内零部件配送、售后零部件运输及整车运输等全方位的物流服务。东本储运还经营普通货运、仓储配送、汽车零部件的组装生产、物流咨询业务、捆包、捆包资材的生产、销售等业务,在零件采购领域、生产制造领域、商品车及售后备件领域与客户进行了全面的物流合作。

2011年,东本储运遵循“物流做精”的指导思想,在科技创新上下工夫,大力推进科技兴企的发展战略,积极打造服务品牌,提高整体效益,全面完成了年度各项任务。虽然受到日本大地震的影响,但东本储运上下积极应对,较好地保证了客户的生产调整,赢得客户的认可,为实现东本储运可持续发展打下坚实的基础，实现了两个文明的双丰收。计划完成经营收入7.96亿元，实际完成8.87亿元，实际比计划增长11.4%，与上年同期相比（扣除东风本田降耗成本部分）增长1%；营业利润实际完成值也超出计划目标，为企业增强后劲打下良好的基础。

【东本储运党委成立】 6月18日，武汉东本储运有限公司81名党员（70名正式党员）齐聚一堂，召开武汉东本储运有限公司第一次党员大会。东风公司党委副书记范仲为中共武汉东本储运有限公司委员会授牌。东风公司纪委副书记张昌东、党委工作部部长陈郧，中国东风汽车工业进出口有限公司总经理潘成政、党委书记胡建国出席会议。会议通过了《中共武汉东本储运有限公司委员会工作报告》和《中共武汉东本储运有限公司纪律检查委员会工作报告》，选举刘莹、蒋晖、王喆、张晓山、李鲁阳为中共武汉东本储运有限公司委员会第一届委员，选举刘莹、王喆、尚敏为第一届纪委委员。会议结束之后，武汉东本储运第一届党委和第一届纪委分别召开了第一次全体会议，选举刘莹为党委书记、纪委书记。

6月18日，武汉东本储运有限公司党委成立。

【ISO9001质量管理体系认证】 全面推进ISO9001质量管理体系工作，以满足客户、获取信赖为最高目的，构筑品质管理标准，持续改进，提高服务质量。2011年开始，东本储运着力推进质量管理体系认证工作。1月18—25日，东本储运《质量手册》、《程序文件》相继发布，东本储运各部门按照新的标准开始试运行。4—8月，东本储运先后进行了3次内部质量体系审核，建立了自我检查和改进机制。6—8月期间，先后进行了两次管理评审，对东本储运质量体系运行状况有了准确和整体的把握，及时调整了第三方审核的审查时间，为后期顺利通过审核打下了基础。9月28—29日，在第三方审核提出一个不符合项的情况下，顺利地通过了审核。11月14日，在提交不符合项整改完结报告后，11月25日取得中国质量认证中心颁发的《质量管理体系认证证书》。标志着东本储运质量管理迈上了一个新的台阶。

【连续五年荣获汽车物流创新奖】 11月27日，在深圳举行的2011年汽车物流行业年会上，东本储运“物联网技术在车辆调度中的集成应用”项目，获得“2011年度汽车物流创新奖”，此为东本储运连续第五年获此殊荣。该项目立足于东本储运零件运输领域面临的管理、调度等问题，经过调研分析后，采取多种物联网技术与通信技术集成的解决方案在汽车物流领域的集成应用。通过将RFID技术、GPS技术、移动通信技术运用到车辆调度管理中，实现车辆调度作业的高效化、智能化。项目实施后缩短了整个零部件运输的周期，提高了车辆调度的效率及零部件装载的准确率。

武汉友德汽车电器有限公司

【概况】 武汉友德汽车电器有限公司（以下简称“友德公司”）是美国李尔公司和中国东风汽车工业进出口有限公司合资组建的公司，成立于1994年，其中李尔公司控股75%，中国东风汽车工业进出口有限公司占股比25%。注册资本为800万美元，投资总额1900万美元。友德公司主要从事研究、设计、试验、生产、销售汽车电线束、汽车电器以及相关汽车电器零部件等业务。友德公司在武汉、重庆、南京均设有工厂。

2011年，友德公司围绕客户需求，在汽车市场出现波动的情况下，大力开展经营改善，推进低成本运营，减少库存，加快产品开发和生产阵地建设，继续保持了盈利性增长的良好态势，综合实力和竞争能力也呈现出不断增强的发展态势，“工业增效”的事业方针得到了有效体现。全年实现销售收入132237万人民币，较上年同期上升5%，其中武汉工厂66051万元，重庆工厂66186万元。实现净利润20175万人民币，其中武汉工厂10124万元，重庆工厂10051万元。

友德公司武汉工厂完成了厂房扩建工程，极大缓解了生产场地面积不足的困难，也为稳定神龙公司和东风乘用车公司两个主要客户打下了坚实的基础；友德公司重庆、南京两个工厂克服因日本地震、泰国洪水等因素导致的材料组织的重重困难，确保了长安福特福克斯、马自达3因销量增加而带来的整车线束的高需求，保证了原材料供给和产出增加，满足了客户的交付和质量需求。

【武汉工厂厂房扩建】 友德公司武汉工厂厂房扩建工程于2010年11月30日破土动工，2011年9月7日竣工验收，9月中旬厂房投入生产运行。新扩建厂房主体为两层钢结构，建筑面积8390平方米，占地面积5032平方米。厂房的扩建，大大提高了友德公司武汉工厂的生产制造能力，年生产能力将从配套整车线束18万套提高到45万套，友德公司的产品结构和产品组合将更加丰富、均衡、合理，为友德公司多元化市场发展的突破，提高行业竞争力打下了坚实的基础。

上海神汇汽车转向器有限公司

【概况】 上海神汇汽车转向器有限公司（以下简称“上海神汇”）始建于1994年，位于上海浦东康桥工业园区，建筑面积1.6万平方米，注册资本4700万元人民币。上海神汇是中国东风汽车工业进出口有限公司按照“外贸带内贸，工业促发展”思路收购的子公司，其中长城资产管理公司是企业债转股形成的股东，持有股权56.42%，中国东风汽车工业进出口有限公司持有股权41.73%，上海东风汽车进出口有限公司持有股权1.85%。上海神汇作为中国东风汽车工业进出口有限公司的外贸生产基地，积极配合中国东风汽车工业进出口有限公司各种出口零部件的生产制造、加工、仓储物流等，先后为神龙公司、采埃孚、德尔福以及荆州恒隆等公司供应转向器及其零部件，产品远销美国、德国、日本等。

2011年，上海神汇根据国内外汽车工业现状及自身实际情况，确立了以汽车转向器生产为主业，逐步扩大其他零部件出口的发展方向，采取“借鸡下蛋、借船出海”的措施，以“稳定品质、降低成本”为中心，主动寻求市场机遇，积极改革创新，实现转向器总成及其零部件齐头并进发展。经过上海神汇全体员工的不懈努力，克服重重困难，扎实稳定地推动上海神汇的发展，在市场开发、产能提升及各项管理工作中取得了积极的成效，各项经营指标及经营绩效不断得到改善。从3月份开始，上海神汇甩掉了亏损的“帽子”，自2008年股权变更后首次实现了盈利，步入了良性循环的发展道路。全年实现主营业务收入4000万元人民币，实现利润35万元。

【物流仓库建设】 12月，上海神汇物流仓库建设工程在经过立项、可行性分析、审批和工程招标等程序后破土动工。物流仓库建筑面积4301平方米，总投资262.809万元。物流仓库的建设，为中国东风汽车工业进出口有限公司在上海提供一处较完善的仓储集散基地的同时，增强了自身的盈利能力，为上海神汇步入快速发展通道打下坚实的基础。

上海神越实业有限公司

【概况】 上海神越实业有限公司（以下简称“上海神越”）组建于1994年，注册资金1000万人民币，是中国东风汽车工业进出口有限公司在上海成立的以内贸为主的工贸公司，早期主要承担东风公司整车出口的海外备件仓库职能，服务于东风的海外市场。上海神汇拥有5000平方米土地和建筑面积8800平方米的厂房。上海神越主要从事内贸经营活动、厂房租赁和加工生产。2008年4月，中国东风汽车工业进出口有限公司收购上海神汇汽车转向器有限公司股权后，为便于统筹管理，对上海神越和上海神汇的生产和管理进行了业务整合，以便发挥各自优势，促进生产发展。

（屈年东）

东风汽车(武汉)招标咨询有限公司

组织机构图

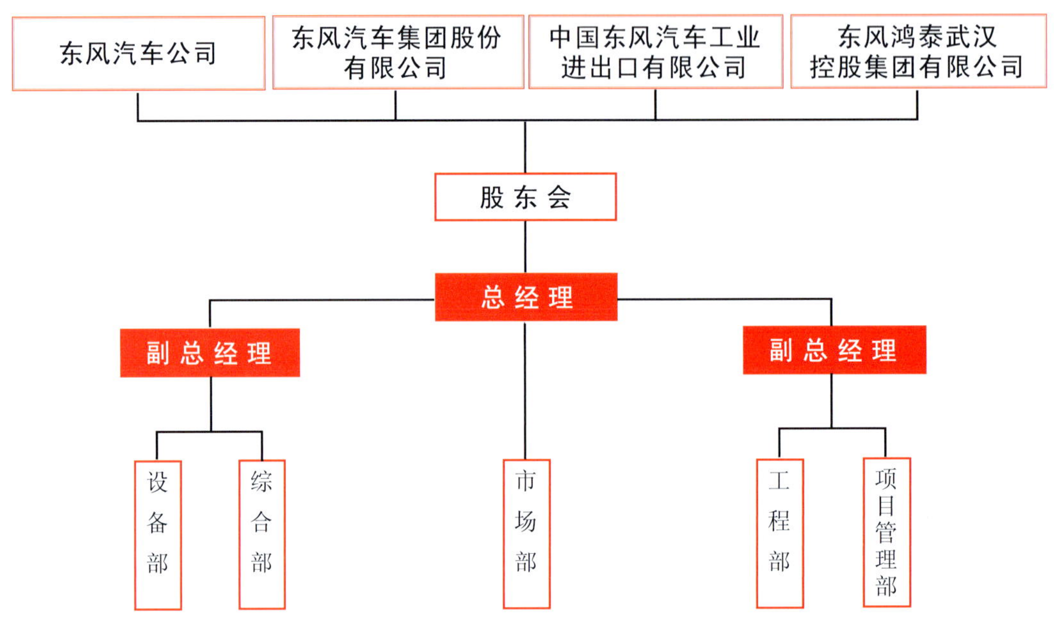

【概况】 东风汽车(武汉)招标咨询有限公司(以下简称"公司")是由东风公司、东风集团股份、中国东风汽车工业进出口有限公司和东风鸿泰共同出资组建的招标、咨询公司。公司位于武汉经济技术开发区,注册资本1000万元人民币,拥有国际招标甲级资质、工程招标乙级资质、中央投资项目招标预备级资质等。公司分别在武汉、十堰、襄阳设有项目部,经东风公司转移国家授权开展招标和投资、咨询、管理等相关业务活动,内设设备部、综合部、市场部、工程部、项目管理部。截至年底,公司总人数31人。廖振波任董事长,田清武任总经理。

2011年公司仍以设备招标、工程招标为主,确保了设备国际甲级资质。全年共实施招标业务733项,同比增长79%。其中设备国际招标79项,同比增长41%;国内招标440项,同比增长80%;工程招标214项,同比增长96%。全年总计委托金额 44.7亿元,同比增长51%。中标金额41.1亿元,同比增长51%。其中,国际设备18089.6万美元(按汇率1:6.5折算,合人民币117582.4万元),同比增长43%;国内设备12.3亿元,同比增长32%;工程项目17亿元,同比增长79%。以委托金额及中标金额口径计算,为东风公司(集团概念)节约资金3.6亿元。全年实现收入2535万元,同比增长37.3%;利润总额711万元,同比增长27.6%;企业缴所得税189万元,同比增长25%,超额完成公司下达的年度指标。

【市场开拓】 公司为保持可持续性发展和追求效益持续增长,积极面向市场面向业主,做到业主利益至上,从向业主提供满意服务转变为业主创造价值服务。

2011年,市场范围进一步扩大,在原有武汉、襄阳、十堰、郑州、杭州市场的基础上,又开辟了常州、柳州、广州市场,同时公司抓住东风本田第二工厂建设、东风杭汽工厂搬迁的契机,加大市场开拓力度,取得阶段性成果。东风本田工程招标项目30727万元，杭州汽车工程招标项目6335万元。同年7月，襄阳分部1个项目经理开标14个，武汉总部1个项目经理开标20个，造价管理人员1人担负起近40个项目的造价核查工作。公司上下承担很大压力，始终坚守住各自"防线"，确保任务完成。

12月12日，东风公司总医院住院医技综合楼招标会。

【T03项目开发设计招标】 当年，东风股份T03项目开发设计招标，委托金额1200万元。公司以818万元的中标金额为业主节约资金382万元。

【业务多元化发展】 公司现存业务中设备招标所持有甲级资质、工程招标乙级资质以及现有专业人员的配置，是公司竞争力核心所在。通过开展前期服务和延伸服务，特别是东风裕隆项目为公司设备、工程招标开拓市场打下基础。为实现做强做大目标，通过与具有资质企业合作方式，进一步开展了标底编制、预决算审计和项目咨询的业务，扩展和紧密了公司与相关业主单位的关联度。尤其项目管理作为公司拓展的新业务发展方向，成功获取了东风杭汽搬迁项目，为公司取得一定收益，且无论是从外部市场开拓还是内部流程及管控，均取得有益经验。

【员工队伍建设】 公司根据业务发展需要，以稳定和发展现有业务为基础，合理配置人力资源，用灵活的岗位调整措施，最大限度地发挥和调动了各类人员所长，对内部人员进行合理调配。

随着公司业务领域不断扩大，需要更多专业型复合型人才。公司严格实行"三个规范"基本要求，采取多种方法，提高员工素质，力求做到从招标文件的发出、开评标的过程、中标通知发出等主要环节内部监控及监管，培训针对项目经理自身业务素质和思想品德教育，在有限的条件下进行各种不同形式的学习、培训、交流，逐步优化人员结构以适于公司发展需要。并鼓励员工参加与本岗位有关的资质证书的培训和考试，当年公司已有7人获得招标师资格，为公司核心竞争力不断提高作出贡献。

公司切实落实员工各种权益保障制度，充分利用各种载体，采取多种形式，开展"招标流程"学习、形势目标教育、组织员工座谈会、业余时间组织员工开展内容健康形式丰富多样的文娱体育活动等方式，增强员工体魄，活跃企业文化，增强公司生存发展忧患意识、目标意识和风险意识，通过持久、稳健的学习制度，造就一支爱岗敬业、遵纪守法的职工队伍，不断提高职工整体素质。

【财务制度完善】 公司全面推行以业务为主线的预算和成本核算制度，结合新会计制度的实施，按现行公司的组织机构以及人员，按市场部、设备部、工程部、项目管理部以及综合部等五类独立申报预算与核算各项业务收入，以考核期实际达账为准。以全面推行利润目标考核办法、预算和成本核算制度为主体的经营机制转化，增强公司经营活力，提高公司经营绩效，为当年取得良好经营业绩作出贡献。

【统计强化】 当年开展公司以及各分部两级统计工作，进一步明确岗位及相关职责，细化内部的流程管理程序，加强各项业务统计分析工作，为公司经营层及时掌握项目动态和经营决策提供必要的支撑。逐步完善和建立客户的基本资料数据库，及时把握市场动态，为应对市场变化及时采取对策提供重要支撑。针对当年市场预测，与公司各项业务资质年审要求特别是设备招标甲级资质8000万美元门槛有一定差距的情况，实时跟踪客户动态，及时提供应变措施，确保了设备招标甲级资质8000万美元门槛值。

（刘　萍）

东风汽车财务有限公司

组织机构图

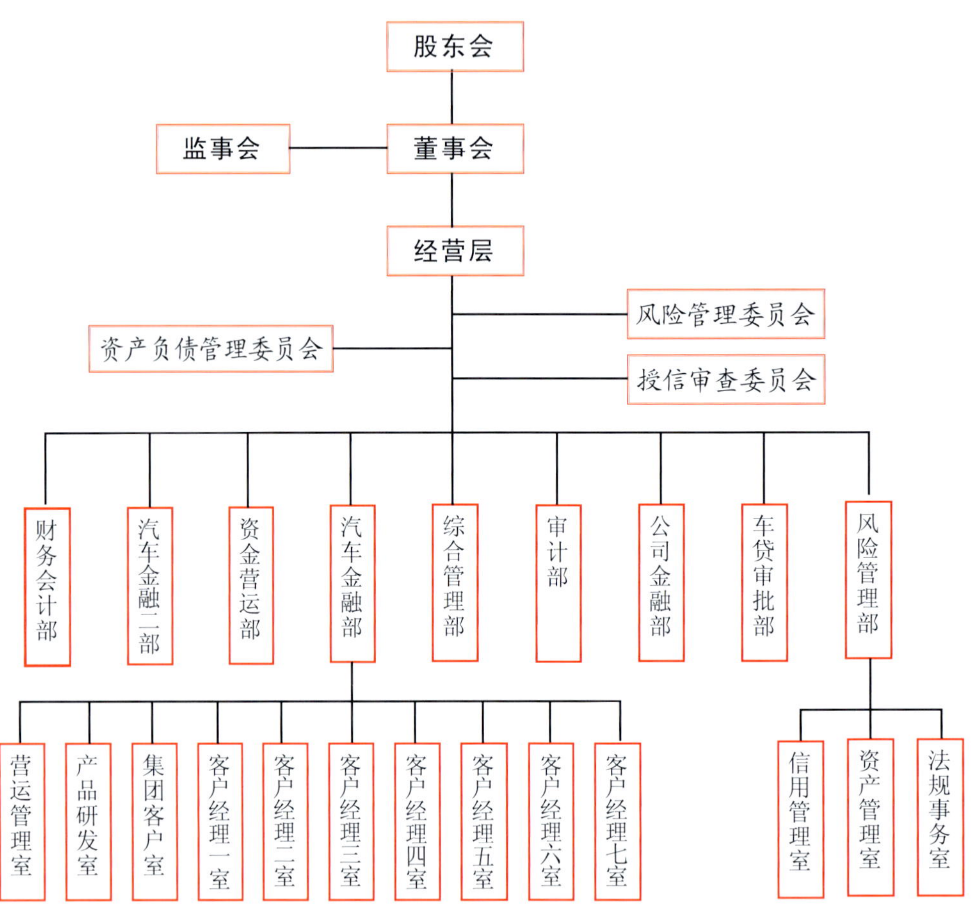

【概况】 东风汽车财务有限公司(以下简称“公司”)是东风汽车集团所属非银行金融机构。1987年5月7日经国家银行业监督管理机关批准设立。公司注册资本金5.58亿元,其中东风汽车集团股份有限公司持股20%,东风汽车有限公司持股80%。朱福寿任董事长,马华任总经理兼党支部书记。

公司以“依托东风集团、服务东风集团”为经营宗旨,秉承“专业、效率、创新、服务”的经营理念,主要开展资金集中管理服务和汽车金融业务,重点拓展东风商用车及东风风神品牌乘用车消费贷款业务,公司已发展成东风有限资金集中管控平台和东风品牌汽车消费信贷中心。

2011年,公司紧紧围绕“乘势而上,全面发力,继续谱写超越式发展的新篇章”的工作主题,真抓实干,攻坚克难,超额完成全年工作目标。截至12月31日,公司资产规模达到349.05亿元,较上年增加42.93亿元,增幅为14.02%;公司实现营业收入7.42亿元,较上年增加3.19亿元,增幅为75.41%;实现营业利润4.62亿元,较上年增加1.62亿元,增幅为54%。各项监管、监测指标全部达到银监会要求,公司全面完成

4月21日，东风汽车财务有限公司召开七届七次董事会。图为与会人员合影。

董事会和东风公司下达的KPI挑战指标。公司被东风有限授予“最佳单位”称号，被东风商用车公司授予“2011年度最佳金融促销单位”称号，被东风乘用车公司授予“合作贡献奖”；被财务会计总部党委授予“先进党支部”、“员工信赖之家”、“先进单位团支部”称号。被武汉市政府授予“金融机构支持武汉市经济发展突出贡献奖”、武汉经济技术开发区管委会授予“十大纳税企业”称号。公司再次被选为“中国财务公司协会理事单位”，被财资中国杂志授予“中国现金管理行业杰出贡献大奖”等荣誉称号。

【资金集中管理】 公司继续做好资金集中管理系统（CMS系统）的各项服务工作，进一步提升了CMS系统的效果。东风有限资金集中管理的层级已增到四级，东风零部件集团的三级公司已陆续加入CMS系统。在东风集团的协调下，CMS系统的服务范围已向东风有限外延伸：东贸公司及下属的9家子公司已于2011年上半年加入CMS系统。下半年积极推进东风实业公司和十堰管理部资金集中管理的各项工作，年底东风（十堰）实业公司23家子公司和十堰管理部9家单位加入CMS系统，公司作为东风集团的资金集中管理平台取得了显著成效。

【资金营运管理】 公司着力提升资金收益议价能力，使得公司资金营运收益率得以大幅提升。另外，还成功投资了累计5.3亿元的安全性与收益性兼具的投资品种，既丰富了有价证券投资品种，又提高了投资收益。公司全年实现资金运营收入2.67亿元，同比增加1.1亿元，增幅为142.73%，有效保障了公司全年目标的实现。

【汽车消费信贷】 公司汽车金融业务突破商用车零售单一格局，开始达到商乘并举、批零联动。截至年末，公司促销东风车辆30616辆，较上年增长56.64%，其中促销商用车22578辆（其中拨款22435辆），同比增长16.89%，商用车本部网络覆盖率达60%。促销乘用车8038辆（其中拨款6688辆），同比增加7808辆，增幅为3394.78%，东风风神乘用车网络覆盖率达72.73%。乘用车促销比重已占全部促销车辆的26.25%，且继续保持快速的增长态势。

【风险管理及内部控制】 公司加强和改善各项风险管理取得了新成效。公司加强对合作经销商的信用管理及对预警经销商的跟踪管理，制定完善相关管理制度；加强零售金融信贷资产管理，尤其是在乘用车消贷催收上不断探索，逾期客户比例控制得当，信贷资产质量优良。同时，公司积极开展法务工作，促进风险管理，完成对主要业务合同文本的重新系统修订和完善，建立了比较完善的合同管理体系，并为合作伙伴提供法务咨询服务，共同控制业务风险。

在内部控制方面，公司加强合规文化建设，组织开展了多种形式的合规培训及宣传，及时处理公司在业务拓展及管理过程中的相关合法合规方面的问题，开展合规自查及整改，重点对汽车金融业务各环节的风险点进行自查并制定了控制措施；不断完善内控制度及操作管理流程并确保规范执行。同时，大力开展内审工作，强化对汽车金融等重点业务及财务、票据管理、贷款审核等关键岗位的审计检查，进一步规范了业务操作及管理。

【基础建设】 公司开展以“强化精细管理、提升管理水平”为主题的实践活动，确定了“汽车金融系统重建”等10个竞赛项目，成果显著。此外，公司将组织开展的“合规文化与执行力建设年”活动与公司党风廉政建设宣传教育活动相结合，牢固树立“合规从我做起”、“人人合规”、“主动合规”的理念，促进各项制度和监管要求落实到位。

【信息化建设】 汽车金融重建系统在年初启动开发，10月正式开始上线运行。该系统完成了9个模块共计275个功能点，系统功能覆盖了商用车消费信贷、融资租赁全业务、乘用车消费信贷业务流程及财务核算、综合管理等。系统上线后有效地支持了公司的业务规模,电子印章、银企直连等新技术的使用,大大提高了经销商和财务公司业务处理效率。

CMS系统扩建项目年底前完成实施。通过对软硬件进行改造和升级,实现了十堰管理部、东风(十堰)实业公司等集团层面单位资金的集中管理。系统功能也进一步提升,增加了银行银企直连平台,支持成员单位不同的费率设置等功能。系统升级后,提高了公司的CMS系统业务处理能力和服务能力。

7月14日,东风汽车财务有限公司举办“青年与廉政建设”主题活动。图为全体参与活动员工合影。

【业务创新及拓展】 公司先后制定《股份轻型商用车零售金融业务方案》、《东风公司员工优惠贷款购车方案》、《东风本田乘用车消贷业务方案》、《东风汽车贸易公司消贷合作规划》等,有效支持了集团成员单位产品销售。积极拓展与第三方的业务合作,推动与东风GPS试点,启动消贷车辆保险试点,完成乘用车进件初审及电话征信业务外包谈判,完成与相关管理公司的外包谈判并与部分单位签订了合作协议。

【企业文化建设】 公司党支部积极开展以“四强四优”为主要内容的“创先争优”活动,加强干部队伍和“双培工程”建设;开展“我身边的优秀共产党员”推荐评选活动,大力宣传优秀共产党员的先进事迹,以党员争优秀带动身边群众争优秀。

公司团支部积极开展了“客户经理价值观”主题演讲比赛、“青年与廉政建设”知识竞赛等活动,充分调动和发挥青年团员的聪明才智和主观能动性,让青年团员为公司的经营发展献计献策,贡献力量。

公司工会以关心、关爱员工为重点,继续着力营造快乐工作、快乐生活的工作环境,组织开展多种形式的文体活动,丰富员工的业余生活。公司通过组织看望和慰问生病或生活上有困难的员工及其家属,对员工结婚、添子给予祝贺,对困难员工家庭给予帮助慰问,安排公司全体员工体检等方式,深入开展公司企业文化建设,取得显著效果。

(蒋旻宏)

东风特种商用车公司

组织机构图

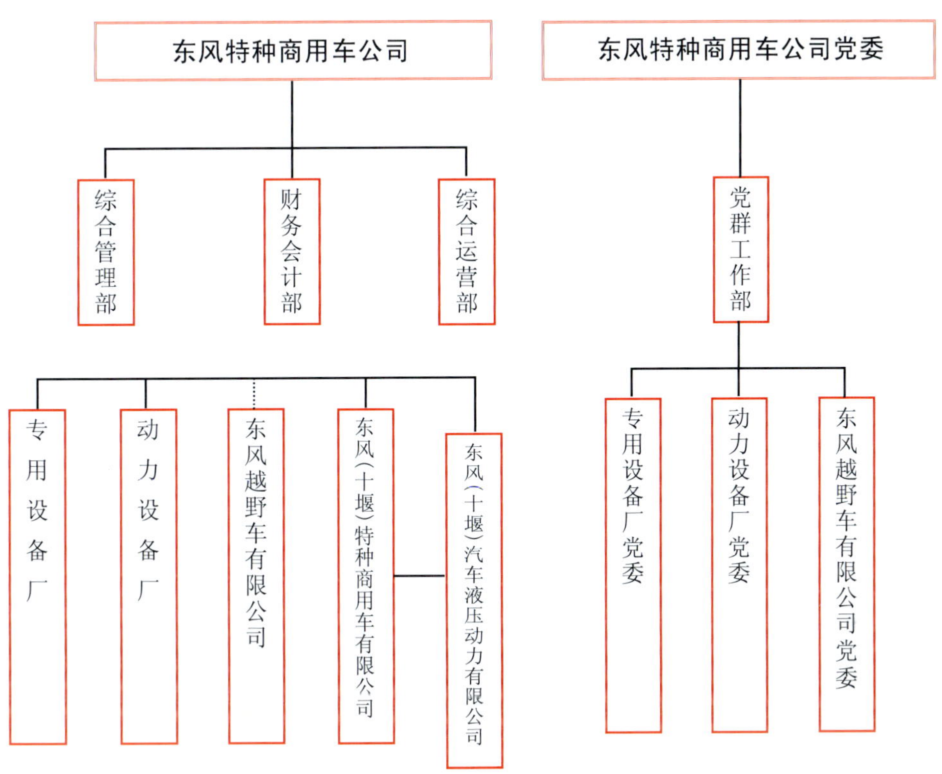

【概况】 东风特种商用车公司(以下简称“特商公司”)突出专用车、特种车战略研究,深入实施整车带动零部件技术升级、零部件促进整车做强做大的协同发展战略,坚持自主创新,优化产品结构,延伸产品价值链,实现产品、技术、营销转型和管理提升,完成扩能、搬迁项目一期工程建设,培育公司核心优势,向成为国内一流的“特种专用车辆设计制造集成商”与“物流设备集成商”的目标稳步迈进。截至年底,共有从业人员2873人。王建军任总经理,陶正强任党委书记。

当年,特商公司初步实现“十二五”的良好开局。全年共销售特种车7499辆,完成年计划的101.34%,同比增加1.3%;销售东风猛士1440辆,完成年计划的144%,同比增长102.82%。“两厂、两公司”实现销售收入17.94亿元,完成年计划的105.55%,同比增幅2.95%。其中,特种商用车实现销售收入9.525亿元,零部件实现销售收入6.79亿元,专用设备实现销售收入1.62亿元,实现利润总额5548万元,完成年计划的184.94%,同比增利1118万元。

【总部高层前来专题调研】 2月7日,东风公司总经理朱福寿到东风(十堰)特种商用车有限公司进行调研,并与公司管理层和一线管理者就如何更好地发展东风特种车和专用车业务进行了深入研讨。朱福寿指出,企业需要进一步转型升级、结构调整、组织优化和资源整合,加快业务向价值链高端调整,提高核心能力,做精、做强、做响东风品牌专用车业务,使其成为东风公司经营增长的新亮点。

2月7日，东风公司总经理朱福寿(左四)在特商公司调研。

【重大投资项目建设】 “东风(十堰)汽车液压动力有限公司扩能、搬迁项目”、“东风(十堰)特种商用车有限公司扩能、搬迁项目”两个投资计划获东风总部批准后，特商公司成立了领导小组和工作小组，明确职责，聘请专家开展技术咨询和指导，完成了项目具体方案的策划和论证工作。

当年，东风(十堰)汽车液压动力有限公司扩能、搬迁项目新工厂所需的土地已与地方政府签订协议并支付了土地预付款项；与东风设计院确定了工厂整体平面方案，4个标准厂房(每个厂房面积各6480平方米)，1个联合厂房(面积18400平方米)，已出平面图和鸟瞰图，新增设备48台已经到位，工艺布置图完成4轮初稿评审。

东风(十堰)特种商用车有限公司扩能、搬迁项目新工厂所需土地已列入十堰市规划之中，新工厂可行性分析方案已拟定，工厂平面图和工艺布置图已完成初稿，并上报集团评审。

东风越野车有限公司新工厂建设项目方案已向东风公司战略规划部进行过两轮汇报，与东风设计院初步商定了用地的标高。下步工作委托东风设计院进行实地勘探、工艺设计及工厂施工图设计。

【内外市场拓展】 当年，在中、重卡市场全年降幅达10%的情况下，特商公司坚持“依靠东风，但不依赖东风”的市场战略，积极开拓外部市场、不断挖掘潜在用户以及开拓国际市场，同时得益于东风公司的“新事业支持老事业，山外支持山内”的大战略，仍然取得了不错的经营业绩。在市场开拓中，由原来的各自为战，转变为信息共享、互相支持、互相协同、联合作战，进一步增强了共同面对市场的信心和勇气。

【产品结构调整】 以自主创新为主题，以提高产品核心竞争力为导向，坚持产品结构调整升级和新品研发两条主线，逐步实现产品的优化升级。

在东风总部领导和技术部门的支持下，成立了东风汽车公司技术中心特种商用车研究所、液压研究所，加上之前成立的越野改装车研究所，在研发工作方面，进一步加强了与技术部门的联络与沟通。研究所的成立标志着公司的汽车产品研发纳入到东风研发体系，特种车产品成为东风业务板块的重要组成部分。在整车、汽车零部件、非标设备等各方面的新品研发都取得新的成果，通过这些成果增强了公司的技术实力，提升了研发水平。

整车向专用车、天然气汽车和特种车型延伸开发。自主开发常规柴油车达204种，自主开发天然气车18种，协同、合作启动了矿用车、防暴车、随车起重运输车、电动商用车、四轮转向消防车、轻量化天然气牵引车和宽体自卸车的研发。两款防暴车的试制工作已完成并实现小批量销售。在DFE50矿用车第二轮研发中，各单位发扬协作精神，运用项目管理方法，统筹协调，共同参与重点项目的推进，全年开发越野车车型40种166辆。根据市场用户需求开发系列改装车型，新开发的改装车型涉及航天、医疗救护、防空、防化等新领域，改装车设计赋予整车新的功能，为后续市场的开拓和可持续发展奠定了基础。同时，根据对军方、公安的走访以及历届车展等信息的反馈，配合技术中心重新定义整车舒适性、美观性及多媒体功能等，积极开发试制民用版车型。完成民用版平硬顶、警用通信指挥车(加长轴距高硬顶)两种车型试制，两种车型均入选参加上海车展。

零部件向部件、总成、乘用车领域延伸开发。当年开发新品31种，量产13种，实现销售收入1400万元。新增客户7家，发展意向客户6家，其中通过协同沟通，从东风乘用车公司、东风日产乘用车公司获得的意向产品有5种。

专用设备增加关键技术数量，并向集成化项目延伸开发。物流设备合同项目81项，合同承揽额达3亿元，项目由分包向总包发展，涉及商用车的总装、焊装、涂装、发动机四大工艺，涉及乘用车的发动机、冲压、焊装、涂装五大工艺。

【产品竞争力提升】 特商公司通过提升产品实物

质量、产能、售后服务质量和制造水平，更好地满足客户需求，进而提升产品竞争力。

整车单位通过全面开展“十二五”质量提升计划，确立项目课题与方策，按年度逐层实施目标工作要点，以提升产品实物质量。部分零部件单位通过开展QRQC 工作，确定项次列入QRQC项目管理表，并针对问题制定处理措施，以改善产品质量。

东风越野车有限公司在产能严重不足、物流不畅的情况下，为了确保部队交车，开展了产能提升系列活动，包括内部生产能力提升、市场品质体系建设、技术质量问题排除和供应商生产能力提升等，使内部产能由班产5辆提升至班产10辆。动力设备厂继续坚持每年提升生产效率5%的活动，取得了很好的效果。液压动力公司通过合理增加投资，实现减员增效。

为了降低质量赔偿率，改善企业形象，开展了售后服务质量提升活动。如“东风猛士服务国防万里行”活动为期87天、行程25000余千米，获得了部队官兵的高度赞扬。东风（十堰）汽车液压动力有限公司开展“服务站走访”活动，走访100家东风服务站，并发放视频教学资料，使质量赔偿从2.17%降低到2.09%。

【系统管理改善】 特商公司以改善系统管理为落脚点，着力提升市场的应变和响应能力，提高管理效率。通过制度流程建设，规范系统管理，防范管控风险，并在贯彻实施中不断更新与优化。当年，建立涉及人事、财务、运营、办公等方面的制度流程12项。重点完善了人工成本总量管理和财务管理系列制度。同时，通过导入合资公司V-up管理方法、QRQC管理方法、工程产品监查管理方法、现场管理改善等，提高解决问题的效率。重点完善健全了人工成本总量预决算管理机制、工资计划申报审批机制、中层干部竞争选拔机制、劳务工择优选录机制、全面预算管理机制、资金集中管理机制、信息化建设机制和安全生产监督管理机制等。如中层干部岗位竞争性选任机制，除了技术部门副部长外，新提拔中层干部一律实行竞争上岗，全年共组织6批10个岗位的公开竞聘，竞争选拔机制业已形成。

【合作交流】 10月14日，特商公司高层与东风股份高层在襄阳就双方合作事宜进行座谈，并达成“充分发挥相互优势，深化合作领域，实现共赢发展”的共识。特商公司希望，在汽车零部件和装备方面继续得到东风股份的帮扶和支持，在液压助力器带制动总泵系统项目上与东风股份研发院同步开发。东风股份领导表示，将继续为特商公司的发展提供支持，实现合作共赢。

4月15日，特商公司在十堰与东风裕隆汽车销售有限公司签订战略协议，双方将致力于建立持续发展、互惠双赢的营销合作新模式。公司总经理王建军、党委书记陶正强，东风（十堰）特种商用车有限公司总经理李保才和东风股份党委书记兼副总经理李建刚等出席签字仪式。

东风（十堰）特种商用车有限公司作为东风特种商用车公司的核心业务单元，拥有专用车底盘、新能源汽车底盘、电动商用车、矿用车和装甲防暴车等五大系列500余种特种商用车产品，年生产能力12000辆。作为东风股份主力营销单元，东风裕隆引进台湾裕隆先进的营销理念和营销模式，有一个好的营销团队和营销模式。本着“诚信为本、合作双赢”的原则，双方将更好地发挥各自在产品、市场和服务领域的优势，实现差异互补，和谐共进。

【LNG+CNG重卡亮相车展】 3月29日，在第十二届中国国际天然气汽车、加油站、燃气设备展览会上，特商公司8X4天然气自卸车参加了此次车展，此外，还着重推荐了6X4系列天然气自卸车和6X4系列天然气牵引车。东风6X4系列天然气牵引车是公司针对国内市场开发的物流运输用车，采用东风新款驾驶室，驾乘舒适，豪华气派，可达欧III标准。在此次展会中，公司这两款车的最大特点是既可以使用液化天然气，也可以使用压缩天然气，更方便了用户的选择及使用。

【党建工作】 本年度，特商公司党政班子以良好的经营业绩和作风形象，全面实现“四好班子”和“四强”党委的创建目标。在东风公司“纪念建党90周年暨创先争优表彰大会”上，公司党委及专用设备厂党委、动力设备厂党委被授予五星级“四好班子”和五星级“四强”党委称号。

特商公司党委把握“创先争优”活动以及“三先三最”、“为民服务创先争优”活动与“强东风党建工程”的衔接点，找准活动的有效载体，开展党内主题

6月27日，特商公司召开"创先争优"总结表彰会暨庆祝建党90周年歌咏比赛。

竞赛，把"创先争优"活动落到实处，并取得实效。根据总部党委的要求，公司党委4月中旬召开了三项活动、一个竞赛"创先争优"工作推进会。

9月28日，特商公司召开第一次党员代表大会，大会审议并通过了题为《深入学习践行科学发展观，为公司可持续发展保障发力》的党委工作报告和题为《以科学发展为引领，努力开创反腐倡廉工作新局面》的纪委工作报告。选举产生中共东风特种商用车公司新一届党委和纪委。

9月26日，特商公司召开第一次团员代表大会。会议审议通过题为《青春践行使命，奉献引领未来，为实现特商公司又好又快发展而努力奋斗》的工作报告。大会选举产生了共青团东风特种商用车公司第一届委员会。

（丁　晶）

专用设备厂

【概况】　专用设备厂以"十二五"发展规划总揽全局，围绕"向质量要效益、向管理要效益、向成本要效益、向工作效率要效益"的工作重点，通过优化产品结构，推进产品升级，精益组织生产，强化设备资源高效配置，改进工艺和自制专机提高加工效率，加快能力建设步伐，全年实现销售收入4.45亿元、利润443万元，销售收入与利润均完成公司下达的挑战Ⅱ目标，进一步提升了企业持续盈利能力。

当年，专用设备厂获"湖北省国资委2010－2011年度文明单位"，东风公司"最佳文明单位"称号，五星级"四强"党委和五星级"四好班子"。

【新品研发】　专用设备厂全力提升技术创新能力，推进新产品研发，在汽车零部件方面完成了D310悬架小改型、变速箱取力器总成、动力分配器、上海重型柴油机小取力器、油气悬挂缸、斗山后取力器总成、TR50矿用车车桥及悬置缸等产品的研制开发，拓展了汽车零部件产品市场，形成了具有自主设计能力、有核心竞争力的产品系列。在装配输送设备方面，完成了无接触供电AGV装配输送小车、轿车总装滑板的研制开发。其中为东风本田研制的"东风本田侧围立体仓储自动装配系统的研制"获得东风公司2011年度科技进步奖一等奖，另有两个新产品获得三等奖。

【精益管理】　专用设备厂继续强化全价值链的精益管理工作，不断加强装配输送设备项目前期策划和设计方案的优化工作，严把项目评审关，实施项目阶段负责制、跟踪分析制、标准化设计制和图纸审核制。狠抓项目施工组织管理，确保项目设计、采购、制造、安装效益的最大化，同时，还提升了对技术要求高、时间节点要求短等项目的风险点控制。不断建立和完善企业内部工作标准及工作流程，制定并印发了《专用设备厂项目外包管理办法(暂行)》、《专用设备厂(招标)价格评审工作管理规定》和《专用设备厂采购评审管理办法(暂行)》等制度，规范了业务操作行为，并加速推进ERP系统在生产管理中的应用，规范了采购和库存管理。

【专用设备项目总包转变】　专用设备厂当年装配输送设备项目合同承揽达3.5亿元，项目承揽从"分项分包型"向"总包型"的转变尤为突出，总包项目有东风本田第二工厂、商用车动力总成、重庆长安汽车有限公司EA发动机项目等，占合同承揽额的80%，其项目覆盖面广，涉及商用车的总装、焊装、涂装、发动机四大工艺，涉及乘用车的发动机、冲压、焊装、涂装、总装五大工艺。

【质量管理】　专用设备厂展开"提升管理效率，防范质量风险"为主题的"质量提升80天"活动，组织全员参与的质量竞赛、QC改善、岗位竞赛等群众性活动，在全厂大力推行先进的质量管理工具——质量改善"七步法"。同时，还导入了QRQC(质量快速反应)、LPA(分层过程审核)等管理改善工具，并强化供应商的质量管理工作。

【员工培训】 专用设备厂举办基础技能知识培训班，采用脱产集中授课的方式，进行刀具基础知识、常用金属材料及热处理、机械制图基础、工艺基础知识、加工要领、装配要领、计量基础知识、零件的基本检测方法和产品质量过程控制等理论培训，并安排培训员工到装配输送设备生产现场进行实际操作培训。通过培训，使20名从事汽车零部件产品工序机加人员具备了装配输送设备机加工的能力，30名从事汽车零部件装配人员具备了装配输送设备的安装能力。通过着力培养复合型员工，促进了员工结构优化，充分挖掘了人力资源对企业绩效的关键作用，提高了企业整体生产效率和员工的工作效率。

【党群工作】 专用设备厂进一步完善党内主题竞赛工作机制和竞赛内涵，以党内"争创五个一流"(一流的作风、一流的管理、一流的质量、一流的效率、一流的业绩)竞赛活动为载体开展"创先争优"活动。在全厂各党支部中开展"三项活动，一个竞赛"创先争优工作(即开展"最佳党日"、"公开承诺"、"立项攻关"活动，创建五星级党支部升级达标竞赛)。各党支部开展"最佳党日"活动53次，党员参与率达100%，党支部公开承诺事项92件(次)，党员公开承诺事项465件(次)，党支部结合生产经营实际，开展立项攻关课题22项。

专用设备厂在推进"创先争优"活动中，共表彰年度先进单位10个、厂标兵11人、"四优"党员11人、科技和销售标兵5人、青年先锋岗10人和优秀员工31人，当年发展新党员10名。按照东风公司的部署，继续推进"小金库"专项治理工作，并根据东风公司相关规定，认真进行动员部署，扎实开展自查自纠，同时领导班子成员作出了廉洁自律承诺。

厂党委、工会召开困难员工座谈会一次，慰问困难家庭18户，春节、"五一"、"十一"期间探望生病住院人员70人次，端午节、中秋节为单身员工送慰问品400余份。9月组织全厂员工进行了身体健康检查，并对单身楼进行了改造，改善了单身员工的生活条件，改造和修缮了退休人员的活动场所，把原空置的大食堂改造为单身食堂，为全厂员工发放误餐补贴，提高了员工的福利待遇。

(张维志)

动力设备厂

【概况】 动力设备厂上半年汽车零部件产品销售高开高走，月均销售额跃上近2000万元的新台阶。进入7月后，随着中重卡行业、工程机械行业进入低迷期，汽车零部件产品销售开始出现大幅度回落，进入月均1500万至1800万元的波动区间。截至年底，全年销售额达2.17亿元，比上年同期增长2.78%，实现利润369.28万元，人均销售收入36.75万元/人·年，质量赔偿率控制在 0.54%以内，完成年度KPI挑战值目标。经营形势持续走好，企业的经营质量稳步提升。

【市场开发与拓展】 完成了美国康明斯公司全球采购平台战略新机型发动机主轴承盖、飞轮总成、风扇支架总成和堕轮支架等产品的开发协议签订、样件制造。根据其产量规划，预计将在2013年后为动力设备厂每年新增5000万元以上的销售额。通过了康明斯东亚国际采购部和世界著名汽车零部件供应商——佛吉亚公司的联合审核，并就向佛吉亚青岛工厂转供的排气连接管价格进行商务洽谈，标志着动力设备厂又新增一家国际化公司顾客。通过了美国克莱斯勒汽车公司东亚国际采购部对动力设备厂主轴承盖产品的现场审核，并入围了最终的两家供应商选择之列。

在特商公司领导关心协调和动力设备厂领导班子成员参与下，东风集团内乘用车顾客开发取得重大突破，获得东风乘用车公司油电混合动力车AMT执行机构总成的试制开发协议。同时，获得东风日产自主品牌——启辰车型的飞轮总成、主轴承盖产品的询价函并报价，尽管由于动力设备厂自身实力原因未能最终实现产品开发方面的突破，但该公司仍然给予动力设备厂TR2K2新发动机项目主轴承盖产品的报价机会，已完成报价并在跟踪后续信息。上海日野190飞轮壳项目已形成月均150－200套的交付。福田康明斯已有7个零件号产品完成PPAP形成批量供货，还有7个零件号产品处在开发之中。上述产品均为该顾客向俄罗斯、巴西、韩国等新兴市场供货产品，属于增量较大且附加值高的产品，动力设备厂也已成为该顾客最主要的铸件类零部件产品供应商之一。

【新产品开发】 当年,动力设备厂新增16个新品立项,涉及新产品21个,包括历年遗留共70个新产品 ,其中13个产品在当年进入量产阶段。康明斯国际采购部属于新顾客,涉及产品主要有主轴承盖、风扇支架等。全年新品销售超过1400万元。

【现场管理与工艺改善】 动力设备厂瓦盖车间主轴承盖专线改造经过近半年的工作,现场和生产效率均达到了预期,主轴承盖混流线工艺改善已于11月底完成既定目标,风扇支架装配线改善已经完成了调研和技术方案定型,预计2012年完成改造。截至年底,全厂工艺降成本共完成约120万元。针对厂柔性化生产线较多,产品切换频繁,分厂作业计划不便实施的实际情况,增加了“生产作业计划及设备运行记录”,每天分厂以邮件形式上报,使作业计划和控制周期从3.5天缩短至1天。每天人员、班产、物料、设备状况信息反馈及时,并针对出现的问题及时协调处理。对2009年下半年开始导入的线边物流管理工具,对生产线周边物流现场进行改善。通过一段时间的运行,在线边工位器具的改善、线边在制的削减、线边零件的放置状态及月供给不良记录体系的建立等方面取得进展,在保持生产现场物料供给通畅、降低分厂在制品库存、改善作业现场环境等方面发挥了积极作用。

【两级领导班子建设】 动力设备厂认真落实两级领导班子自身建设的要求,积极抓好干部的培养、任用、考核、奖惩等各个环节,坚持公开、公正、公平选拔任用干部。认真贯彻和执行《中共东风特种商用车公司委员会关于加强和改善中层干部管理的指导意见的通知》的要求,建立健全中层干部考察档案,加大对党员干部的教育和业绩考核,严格控制干部职数。厂党委始终坚持对厂中层干部进行年度工作述廉述职,采取群众评议、干部互评、厂领导评议相结合的方式进行综合评价,并对在考核中获得A类业绩优秀的中层干部以工资进档的方式进行奖励。在强化后备干部管理方面,建立后备干部的动态管理机制,为动力设备厂可持续发展提高各类人才保障。

年初,动力设备厂党委按照特商公司党委的要求在厂内公开推荐技术部副部长岗位,通过两轮的民主推荐、差额考察和党委会票决,产生一名“80后”年轻技术员担任技术部副部长。厂团委按照两级公司团委要求进行换届,厂纪委对两名新任干部进行廉政谈话和发放相关党纪政纪资料,让年轻干部从思想上充分认识干部廉洁从业的重要性和增强严守党纪政纪的责任意识。5月17日,动力设备厂在接受特商公司五星级“四好班子”和“四强”党委考核验收时,向验收领导小组和干部员工报告了近两年来关于选人用人满意度调查情况,在干部提拔提员工作中充分接受群众监督,积极确保在干部提拔使用中的规范性和透明度。

【党建工作】 动力设备厂党委以党建思想政治研究工作和“创先争优”活动为载体,充分发挥党建思想政治工作研究分会作用,以课题研究为重点,以年度党建思想政治工作和“创先争优”活动成果论文发表为契机,以课题的针对性和成果的推广应用为重点,积极探索新时期思想政治工作和党建工作的新途径、新方法,提高党建工作的创新力和凝聚力。厂党委向上级公司党委上报党建思想政治论文课题两个,其中“如何结合党支部实际,认真开展好‘三项活动 一个竞赛’活动”课题获东风公司“创先争优”党建课题三等奖;“在创先争优中增强党员意识、加强党性锻炼、提高党员素质”课题获东风公司“创先争优”党建课题优秀奖;党委中心组撰写的《以“创先争优”活动为抓手,不断提升党组织在企业发展中的核心作用》,获东风公司党委中心组2011年度学习心得体会二等奖。

动力设备厂党委坚持按照两级公司党委的要求,按照东风公司新颁布的《党支部工作条例》,进一步规范党支部工作程序,每季度开展党支部工作经验交流活动,通过工作经验交流,有效地解决各党支部间不均衡的问题,使党支部工作紧紧围绕党委和企业中心工作,进一步提升党建工作在生产经营中的贡献度和融入度,逐步提升党支部工作水平。并结合建党90周年纪念活动,党委、厂部集中表彰党支部在“创先争优”活动中的先进党支部,通过考核评价共评出厂级五星级“四强”党支部4个,四星级“四强”党支部6个,三星级“四强”党支部2个,特商公司级五星“四强”党支部两个,全厂12个党支部均在三星级以上标准。其中四缸机分厂党支部被东风公司党委授予五星级“四强”党支部和“模范党支部”称号，动力设备厂被东风公司党委授予2010年度“四好班子”和“四强”党委五星级称号。

（许　欣）

东风（十堰）特种商用车有限公司

【概况】 东风（十堰）特种商用车有限公司（以下简称“公司”）围绕“科技创新、机制创新、管理创新、文化创新”的工作方针，按照“四字六化”（四字即特、新、快、精；六化即技术国际化、产品个性化、市场区域化、采购市场化、管理科学化、利润多元化）的经营思路，内强管理，外拓市场，在汽车行业增速放缓，中重卡市场全年降幅达10%的情况的形势下，初步实现“十二五”规划的良好开局，全面完成各项工作任务，取得良好的经营业绩。全年生产汽车底盘7499辆，完成年度目标值（7400辆）的101%，同比上升1.29%。实现销售收入9.53亿元，完成年度目标值9.52亿元，与上年相比基本持平。实现利润总额2845万元，完成年度目标值2300万元的135%，同比上升82.8%。截至年底，公司下设13个科室、两个车间，合同制员工174名。

【新品研发】 全年公司共完成常规柴油车开发204种，天然气车开发18种。以品牌分类，特商品牌（DFE）新车型9种，东风品牌（EQ）新车型196种；以车型类别分类，普通载货车33种，自卸车84种，牵引车两种，专用车85种。从车型使用类别来看，专用车和自卸车的新产品开发占多数。以驱动方式分类，4×2车型81种，6×2车型19种，6×4车型62种，8×2轻量化车型1种，8×4车型41种。以驾驶室分类，长头车15种，平头车189种。在以上车型中，以EQ3319GF为代表的8×4自卸车型的开发为公司的经营利润作出了较大贡献。

公司完成EQ2111SF-301等两款防暴车的试制工作，并实现了小批量的销售，防暴车的动力也从170匹马力提升到245匹马力，防暴车完成系列化的设计工作。启动了随车起重运输车、电动商用车、四轮转向消防车、轻量化天然气牵引车和宽体自卸车等项目。矿用车，确定了竞品车各部件的基本功能参数，掌握了竞品车的缺陷、不足等市场反馈信息。并针对竞品的专利，确定了基本的技术方案。

公司完成“轻量化天然气系列车型的开发”、“EQ2111SF装甲防暴越野车底盘的开发”两个东风公司科技进步奖的申报及鉴定工作，申报专利13项，科技论文计划3篇，科技奖励项目申报项，获得奖励资金99万元。完成公司一致性控制计划，通过了强制性认证的年度审核；完成6个“CCC”新单元、26个变更单元的申请，保障了公司COC证书的发放。3月1日，营运车辆燃料消耗量准入全面实施，达标车型公告16批，公司共发布了118种车型配置，完成东风公司“十二五”项目规划的建议书，并在东风公司第一批“十二五”项目规划中确定了“EQ3126四轮转向消防车底盘技术开发和研究”、“DFE50矿用车研发与制造”等两个科技项目。

6月29日，东风公司技术中心特种商用车研究所成立，东风公司党委副书记范仲为研究所授牌。研究所的成立标志着公司汽车产品的研发纳入东风公司研发体系，特种车产品成为东风业务版图的重要组成部分。

6月29日，东风汽车公司技术中心特种商用车研究所成立，东风公司党委副书记范仲（后排左三）为研究所授牌。

【营销创新与市场开拓】 当年，商用车市场在“货币政策调整、汽车刺激政策退出、投资增速进一步下滑”等一系列不利因素影响下，商用车市场增长率持续放缓。公司营销部门围绕年度目标，采取多种措施，突出“特、新、快、精”经营方式，强化市场部门和技术部门的信息沟通与交流，在车型上实行多元化、系列化配置，最大限度地推进车型细分、差异化和快速反应。

对于天然气管线建设重点区域的内蒙古、新疆、四川等市场，重点发展属地经销商。公司通过产品提升和营销转型，改变过去产品覆盖宽、营销手段单一的做法，采取重点产品、重点市场、重点发展的思路，在重点市场有较大突破。打破原有产品完全买断销售模式，新发展属地化经销商达15家，进一步丰富和完善了公司属地化销售网络，初步搭建了公司天然气车型的二级区域销售网络，为公司未来走区域销售打下基础。内蒙古区域市场全年实现130辆天然气车的销售；四川区域实现LNG产品零突破，已实现5辆销售；新疆市场采取授权区域经销商的销售策略，天然气汽车销售累计达到32辆，三地销售天然气车占到56%。全年天然气各类车型年销售量300辆，同比增长313%。海外销售进一步扩大，当年出口汽车252辆，出口金额为334万美元。

与东风裕隆汽车销售有限公司签署了战略合作协议，以导入先进的营销模式，引进先进的营销理念、方法，并构建统一、完善的营销网络和服务平台，以提升营销业务水平，解决市场营销的局限，扩大销售。同时，加强售后服务网络建设与管理，提升服务意识和能力，为促进销售起到重要的保障作用。

【产品品质提升】 4月底，公司召开质量工作会及“十二五”品质规划发布会，确定了质量工作目标，发布了详细的行动计划，提出了当年质量课题，并得到贯彻落实。

为提升现场质量管理水平，公司学习和引进QRQC新的管理方法，自导入以来，坚持每天召开QRQC会议，共确定管理项目113项，完成101项，完成率89%，促进了现场质量水平提升。组织制定14个管理制度与规定（标准），并贯彻执行。为切实掌握公司实物质量状况，公司邀请东风有限专家定期进行CS－VES评审，并对问题加以整改，不合格点数得到有效控制。9月，开展了“质量月”系列活动，对质量工作起到了有效推动作用，公司员工的质量意识有了进一步提高。

4月26日，公司召开质量工作会暨“十二五”品质规划发布会。

例会制度的正常运行，为加快推进公司“十二五”质量工作规划实施、加速品质与品牌战略推进步伐、确保质量方针、质量目标贯彻执行起到了积极的推动作用。同时加强对供应商的品质管理，开展工程产品监查活动，提高了产品质量水平。

【党群工作】 公司党总支以党的十七届五中全会精神和科学发展观为指导，贯彻落实东风特种商用车公司第一次党代会精神，紧紧围绕经营发展中心工作，加强党建、发挥优势、创新特色。以“创先争优”活动和创建学习型党组织为载体，融入中心，服务大局，不断增强党建工作活力和实效。以“五好五带头”党内竞赛活动为载体，进一步丰富“四强四优”活动内涵，深入开展了“创先争优”活动。5月12日，公司5个党支部进行了“三项活动一个竞赛”的交流活动。各党支部制定了活动推进计划，党支部及全体党员在“创先争优”活动中实现100%公开承诺。党支部在活动中共设定攻关项目8项。各党支部还结合实际开展了“最佳党日”活动，如质量采购联合党支部组织的形势目标教育活动、技术党支部组织的党员交心谈心活动、生产联合党支部组织的围绕生产现场开展小改小革活动等。以徐平书记讲话精神和东风公司“三先三最”为指导，坚持全员参与，在对外对内两条线上开展活动。如“三先三最”营销部门：优质服务最先做到，便民措施最先实施，目标业绩最先完成。经销商：客户需求最先满足，客户服务最先到位，客户满意最先达到。客户：绿色环保最先想到，文明安全最先做到，和谐稳定最先达到。公司以人为本，满足员工的需要，促进员工的全面发展。切实落实员工权益保障制度，坚持执行员工带薪休假制度、定期体检等。组织员工业余时间开展形式多样、内容健康丰富的文娱体育活动，强健员工体魄，为活跃企业文化创造必要条件。

（董　婧）

东风越野车有限公司

【概况】 东风越野车有限公司（以下简称“越野车

公司”)围绕全年工作方针，全面超额完成年初董事会下达的各项经营指标，实现公司成立近十年来的整体扭亏为盈，为实现公司“十二五”战略目标——“135计划”打下坚实基础。全年生产整车1906辆，同比增长122%；销售1440辆，同比增长103%；销售收入5.11亿元，同比增长99%；净利润4070.7万元，同比增长214%。越野车公司连续两年被评为东风公司“最佳文明单位”。截至年底，共有员工559人，其中技术人员36人，质量管理(检测)人员47人，管理人员122人。

【参加军演及展示活动】 东风猛士于2010年先后参加沈阳军区开展的战区机动演练和南京军区后勤装备机动拉练活动，以“随时拉得动，出动必打赢”的表现，获得军区机关首长和战区各级指战员的一致肯定和高度评价。

通过参加以“创新•未来”为主题的第十四届上海国际汽车展览会，以“绿色•未来之路”为主题的第十届青岛国际车展、以“汽车引领中部崛起”为主题的武汉国际车展、以“合作•贸易•发展”为主题的(澳门)国际汽车博览会，以及东风自主品牌年度百万辆汽车下线仪式，东风猛士引起广大用户和新闻媒体的广泛关注，获得一致好评，公司也因东风猛士的出色表现获得部队赠送的锦旗13面。

【深化管理】 越野车公司围绕“系统科学、严格规范、协同包容、崇尚业绩”的管理16字方针，分别从管理理念、管理基础、管理有效性、管理效率、管理人员素质提升等方面，开展一系列卓有成效的工作，管理水平有了质的飞跃。

完善内控体系建设。根据内控建设的要求，在财务管理、市场营销管理、人力资源管理、采购管理等方面加强内控体系的推进建设。完成《资金管理办法》、《全面预算管理流程》、《合同管理流程》、《采购管理流程》和《价格管理办法》等数项流程制度的建设，使内控体系进一步完善和加强。

完善KPI绩效管理体系。在前期绩效文化建设已取得成绩的基础上，重点推进团队KPI绩效管理，KPI指标设置、测量更趋科学合理，绩效管理成效有了质的飞跃。越野车公司已形成战略目标、年度目标、部门绩效和个人绩效为一体的绩效管理体系，形成了部门内部、部门之间相互协同、相互配合的绩向导向，行为考评与团队绩效评价相互间起到相辅相承的支持作用，注重业绩的理念基本形成。

借助信息化系统，实现科学管理。信息化系统经过测试，进入运维阶段，建立系统运维制度，进一步完善基础数据工作，建立完备的数据链，实现企业数据的标准性、唯一性、实时性和企业资源共享。

在巩固现场改善成果的基础上，适时启动QCD中的方针管理，采取以点带面的工作推进模式。一年多来，QCD改善的理念及QCD改善工具的学习、领会、运用得到贯彻，现场改善实现从“3S”到“5S”的跨越。

【质量安全】 越野车公司结合内控体系建设计划，以“深化管理，提升素质”八字方针为原则，生产系统全面推进标准作业、3×3岗位训练、再发防止、生产安全和班组管理五项工作的规范化；职能部门全面梳理业务计划，完善各项管理制度；持续运用行业先进的质量管理工具和质量管理手段，积极构建独具特色的东风猛士质量管理文化。质量管理模式逐步从“救火”为主的应急方式向“预防”为主的控制提升管理模式转变。

确定“十二五”“个十百千”品质提升计划，同时发布“十二五”品质开展计划。分别从质量文化体系建设、质量管理体系完善、市场品质改善、供应商品质保证、量产过程品质保证和新车准入品质保证六个方面，共计立项119项改善课题，当年完成40个改善课题。

运用先进质量管理工具促整车质量提升。整车一次交检合格率从上年的66.7%逐步提升到84.2%，AVES评价不良件数由15件逐月下降至9件，与军方共同进行的5次500千米路试中，未出现1起四类以

9月19日，东风越野车公司举行“质量安全月”活动启动仪式。

上质量问题；由襄阳质检中心进行的5000千米的道路试验中，平均故障间隔里程达到5130千米；在“服务国防的万里行”活动中，超过万里不动扳手。

开展“百日质量安全月”活动。针对公司产量快速提升，从产量不足、达产到超产的现状，开展以“筑基固本可持续，质量安全保目标”为主题的“百日质量安全月”活动，紧紧围绕公司面临的新形势，以及全年的经营目标、质量任务及管理要求，为公司质量文化建设、实物质量持续提升和质量安全管理水平再上台阶起到强劲推动作用。

【“质量万里行”活动】 7月24日—10月18日，开展为期87天、行程25800千米的东风猛士服务国防万里行活动，累计走访七大战区和两大附属军区的77个单位，开展51次军企沟通座谈会和47次技术培训（为部队培训达369个学时、培训人次达1365人），免费检查、维修保养959辆东风猛士车辆；向部队赠送价值54万元的备件器材、3790本技术资料；签约授牌10个东风猛士特约服务站，沿途考察和培育30个社会服务站点；收集用户品质调查问卷80份，被称为中国军车装备服务史上的一次壮举。

7月24日，总装通用装备保障部车船局局长王钧向东风猛士服务队赠旗。

【产能提升】 越野车公司通过准确的现状把握，合理有效的生产组织和有限的资源配置，圆满完成全年生产任务，10月，完成整车下线266辆，刷新越野车公司成立以来单月最高产量。

成立产能提升领导小组和工作小组，分别从内部制成能力、供应商供货能力、产品技术质量和市场品质体系建设四个方面系统开展工作。通过精心策划、系统有序分解、定期例会推进，10月，内部生产形成10辆/天的能力，供应商达成第一阶段15辆/天的生产能力，标志着越野车公司的生产组织模式、质量控制模式，以及管理模式发生了质的飞跃。越野车公司生产合同履行率由上年同期的96.4%提高到99.6%。“高新工程”重点车型EQ2050DZ—2，生产全线环节均全力以赴，最终历时8天交付客户，创造了最短的订单交付时间。

（刘 涛 黄煜欣）

东风（十堰）汽车液压动力有限公司

【概况】 东风（十堰）汽车液压动力有限公司（以下简称“液压动力公司”）主要生产驾驶室翻转升降系统、液压助力器/离合器制动系统和三角臂悬挂系统。截至年底，在职员工346人。

液压动力公司坚持“创新、进取、认真、奉献”的企业精神，抢抓市场机遇，积极推进各项工作，经营规模持续扩大，经营质量进一步提升。当年实现销售收入1.8亿元，利润再创历史新高，超额完成挑战Ⅱ目标。获东风商用车公司“最佳供应商”、“战略供应商”称号；三一湖南汽车制造有限责任公司“最佳质量奖”等称号。

【董事会换届】 因任期届满，根据东风（十堰）特商函［2011］1号文件，完成了董事会的换届工作，7月4日召开第三届一次董事会会议，确定了公司的中期战略，批准了年度经营计划和预算。

【搬迁扩能投资】 经过东风公司、东风集团股份投资管理委员会同意，液压动力公司实施厂区搬迁和产能扩建项目。项目总投资6217万元，能力建设投资3920万元，项目建设期2011—2012年，实施整体搬迁至东风龙门沟工业园，占地213亩。

【市场拓展】 液压动力公司前往安徽华菱、三一湖南汽车制造有限责任公司、济南重汽、北汽福田、集瑞重工、郑州宇通、南京徐工和太原长安等整车厂进行走访，并与上述国内重卡企业建立和保持良好的合作关系。当年签订配套销售合同18份，实现销售金额 2118万元。参与东风商用车公司D760驾驶室翻转升降系统项目的招标，在预选供应商中排名第一。同时，与东风公司下属整车生产企业东风柳汽、东风新汽和东风南充展开合作，实现东风市场销售收入1.5891亿元。

【生产管理】 1至3月，生产任务节节攀升，面对生产区域、设备、人员紧张的情况，制造部充分利用机加、装配、三角臂和助力器各工段的现有设备和人员，挖掘潜力，相互协调，统一安排，制定了行之有效的应对措施。同时，开展"大干60天，确保全面实现年度目标"、"安全生产法律法规知识教育竞赛"和QCD成果改善等竞赛活动，在质量安全上获得较大提升，一举突破了遏制生产的"瓶颈"和难题，大大提高了生产效率。

提高市场和用户意识，严肃生产指挥，严密生产计划，灵活生产调度，提高应变能力，确保生产计划实施。制定了《不合格产品处罚条例》、《物资转运管理规程》、《安全生产责任制》、《劳动保护"三同时"评审制度》、《安技环保教育管理制度》和《对外承包工程项目的安全管理规定》等多项规章制度，推进现场精益管理。

【质量改善】 为激励员工不断提升品质意识，提高公司的质量保证能力，提升公司的市场影响力，确保和扩大公司的市场份额，液压动力公司制定了《质量考核制度》，开展各项质量改进活动，采纳实施356条合理化建议，完成24项QCD班组建设成果及预见性、预防性课题，获得越野车公司百日质量竞赛活动"优秀供应商"称号。装配工段"D310油缸后盖阀芯孔工装的设计改进"项目获东风公司"2011年度班组建设优秀成果"三等奖。11月，顺利通过上海NQA认证有限公司的TS16949:2009质量管理标准监督审核，质量工作得到进一步提升。

【财务管理】 加大对应收账款的清收力度，坚持督促销售人员对到期货款的回收，使应收账款降到最低水平，加快流动资金周转，全年共完成销售收入1.8亿元，收回资金1.1682亿元。细化了会计核算，组织以财务会计部牵头的全面预算工作，进行部门文件的修订。2月初，信用中和会计师事务所审计液压动力公司2010年度财务工作；9月，接受了北京华泰会计师事务所的2009—2010年度财务审计；12月，接受了安永华明会计师事务所对2011年财务情况预审。

【人力资源管理】 严格规范内部人才培养与管理工作，坚持民主、公开、竞争、择优的方针，坚持科学化、民主化、制度化的原则，按照公司规定的公开招聘流程操作，通过公布职位、公开报名、资格审查、能力素质测试、民主测评、组织考察和决定任命等环节，实施竞聘上岗，完成4名中层干部选拔任免工作。针对新厂区搬迁扩能，加大培训力度，加强人力资源体系建设，薪酬与绩效管理有效运行，员工专业技术培训，全方位持续开展，职级晋升进一步规范，内部员工激励与发展机制逐步完善。以创建学习型组织为契机，开展岗位培训和岗位交流，当年共组织451人次参加各类培训，举办各种培训班48班次，人均38学时。

【产品研发】 通过引进和消化吸收，自行研发新产品4项，并成功申请专利4项。完成全电动液压举升装置一套样件的试装试验，扩充了举升系统产品品种；完成与东风公司技术中心浮动桥控制单元项目的技术沟通，下发样件试制计划；轻型车液压助力器带制动总泵项目已实现三轮试装，汽车液压升降平台项目开始研发。

【信息化管理】 根据液压动力公司办公特点，技术部信息技术室通过自主设计生产加工工序计算机流程管理、引进OA办公管理系统的实施，开发设计并推广使用技术，在销售、采购、仓库、刀具、财务信息化管理等平台，搭建了一个横向沟通、纵向交流的平台，基本实现无纸化办公。

【科技成果】 当年，汽车液压系统的研究和生产拥有专利25项，参与了东风公司和国内各大汽车企

6月29日，东风汽车公司技术中心液压研究所成立，东风公司党委副书记范仲(左二)向研究所授牌。

业(北汽福田、中国重汽、安徽华菱、陕西重汽等)的液压系统研究工作,尤其是液压助力系统和汽车驾驶室翻转系统,产品在全国细分市场占有率达25%,在业内享有极高声誉,液压产品被评为湖北省高新技术产品,是东风公司和国内液压系统行业中为数不多的高新技术企业之一。6月29日,东风公司技术中心批准液压动力公司为"东风汽车公司技术中心液压研究所"。

当年,驾驶室举升单回路油泵、液压助力器制动泵、多柱塞式电动油泵总成等6项产品获湖北省"自主创新产品"称号;液压动力产品生产管理系统的研发与应用、东风D530驾驶室单回路液压翻转升降系统的研制获东风公司科学进步技术奖三等奖。

【发展战略确定】 紧扣液压动力公司中长期发展规划,营造企业、客户和供应商的和谐关系,确保产品的科技、品质、性价比持续领先,以4个50%的战略发展目标,即国内和国际各占50%、乘用车和商用车各占50%、新产品和老产品各占50%、东风内部市场和社会外部市场各占50%的发展战略,抢抓市场机遇,积极推进各项工作。

【党群工作】 液压动力公司党总支围绕企业生产经营和改革发展重点,坚持党建带工建、带团建、带妇建,充分发挥党群系统联系和服务广大员工,特别是青年员工的优势,进一步培养青年员工为企业建功立业。通过开展"创先争优"、创建"学习型党组织"和"三项活动一个竞赛"等活动,推进企业文化建设,打造企业核心竞争力。

6月27日,液压动力公司参加东风特商"创先争优"总结表彰会暨庆祝建党90周年歌咏比赛合影。

加强党风廉政建设,贯彻"三重一大"制度,配合采购部门完成了驾驶室举升控制器投标、报价以及开标会;对43台设备进行招标采购,全方位、全过程进行监察,节省资金210.8万元。

在纪念建党90周年之际,组织60人参加特商公司庆祝建党90周年歌咏比赛活动,获得三等奖。组织全体党员参加"送温暖、献爱心"活动,为白浪开发区祥安幼儿园、马路小学、郧县大柳希望小学送去玩具、图书、文体用品等。组织全体党员、入党积极分子和共青团员57人参加"红色之旅"活动,全体党员在郧县革命烈士纪念碑前重温入党誓词,表彰了4名"四优"共产党员。

关爱员工方面,通过改进员工午餐质量,改善休息室、工具库的工作环境等,提高了员工满意度,充分体现了公司以人为本的理念。

(郭　双)

其他控股、参股子公司

东风鸿泰控股集团有限公司

组织机构图

【概况】 东风鸿泰武汉控股集团有限公司(以下简称"公司")下辖3个分公司、15个子公司、3个参股公司，主要业务范围涵盖汽车零部件、工业服务与物流、汽车销售服务及水平事业等三大领域。主要产品及服务包括:汽车模具、冲压件及焊装件、空调总成、塑料零部件、零部件分装、配送、线边物流、MAF库、废旧物资回收及再制造、汽车客服、汽车改装、汽车销售及服务等。截至年底，公司总人数1235人(不含3个50%的合资公司)。沈立任总经理，王振坤任党委书记。

2011年是公司"十二五"事业计划的开局之年，也是公司为"事业倍增"中期事业目标顺利实现进一步夯实基础、大规模投入、积极布局、主动调整和优化的一年。公司立足于"稳增长、调结构、创和谐、谋长远"的工作思路，紧密围绕当期经营和长远发展目标，紧跟东风公司发展步伐，内强素质，外拓市场，积极推进结构优化，合资合作全面展开，继续保持了公司经营的持续快速增长，中期业务布局按既定战略进一步优化，实现了"十二五"良好开局。公司各项主要经营指标再创历史新纪录，其中销售收入38.4亿元，利润总额1.05亿元，首次突破亿元关口，继续保持了经营持续快速增长的良好态势。全面超额完成了董事会下达的年度经营目标，东风总部下达的六大关键绩效指标全部达到挑战Ⅱ目标。与此同时，整体经营质量进一步提升，继续保持了盈利性增长的良好态势。利润增幅高于收入增幅，营业利润率、投入资本回报率、资产负债率、劳动生产率等主要财务指标持续优化，绝大部分单位保持了健康稳定增长。公司先后被湖北省政府授予第十七届"湖北省优秀企业"金鹤奖称号，被武汉市政府授予"年度工业发展进步奖"称号，被东风公司授予"最佳文明单位"称号。

【核心业务与主营业务】 立足于"将东风模冲打造成为华中地区最大的模具中心"的目标，支持东风模冲做强做大，模冲公司G3线能力提升一期工程和模具能力提升工程顺利实施，为模冲公司抢抓市场机遇，做强做大提供了有力支撑;汽车销售公司加快网络布局和新店建设，汉阳雪铁龙店、经开标致旗舰店、沙湖标致店、宝丰路城市展厅先后完成建设，东风鸿泰有5家4S店正式投入运营，另有6家4S店正在建设中，预计在2012年5月全部建成，同时，为开发潜力巨大的汽车水平业务市场，销售公司分别成立了旧机动车交易公司和汽车租赁公司，承担二手车销售和汽车租赁的水平业务发展职能，东风鸿泰汽车销售业务第一阶段的业务布局和网络布点基本完成;依据公司发展战略，积极推进塑料零部件业务重组，并引入延锋彼欧战略合作，在塑料零部件业务领域形成了自身的特色，具备了一定业务规模和技术实力。

【合资合作】 围绕东风公司整体发展战略，在充分研讨的基础上，制定《东风鸿泰汽车零部件产品业务分工与布局》，进一步明确了"十二五"东风鸿泰零部件业务方向和产品路线。并以此为基础，推动内部业务调整有序推进，合资合作全面展开，在核心业务培育与发展、产品升级、资产效率提升等方面实现了新突破，持续快速发展的事业格局形成。立足战略目标，公司先后与上海延锋江森座椅公司、上海延锋彼欧汽车外饰系统公司成功签约，总计注资1亿余元人民币，分别合资成立了新的东风江森汽车座椅有限公司和东风彼欧汽车外饰系统有限公司。以两家公司为平台，全面进入汽车座椅系统和汽车外饰

9月30日,公司与上海延锋彼欧汽车外饰系统有限公司汽车外饰项目合资合同签字仪式在武汉举行。

9月8日,公司与上海延锋江森座椅有限公司汽车座椅项目合资合同签字仪式在武汉举行。

系统两大新业务领域。在东风鸿泰全力推进“事业倍增”计划的征程中，两大合作项目的成功实施必将起到重要的推动和支撑作用，对于加速东风鸿泰结构调整和产品转型升级，学习和引入国内外优秀的零部件企业的先进技术与管理经验，提升零部件业务核心竞争力，进一步做强做大东风鸿泰汽车零部件业务都具有战略和现实意义，为公司持续快速发展增添了新活力与动力。

【业务领域改革和突破】 从内部业务整合方面提升集团运营效率和质量。及时启动了分装、物流、油品、资源循环利用等内部业务调整和优化。其中大物流体系建设取得重要成果，11400平方米的新库建成，对东风捷富凯公司进行了增资扩股，出口包装业务顺利整合进入，在此基础上，进行业务结构、组织结构等一系列内部调整与优化；原再制造分公司改组为东风鸿泰全资子公司(更名为“武汉东风鸿泰汽车资源循环利用有限公司”)，并通过湖北省商务厅验收，获得报废汽车回收(拆解)企业资格，启动了报废汽车回收拆解阵地建设，实现由依托主机厂向依托社会市场的转变；顺利完成工业服务油品相关业务、资产、人员划转至锦龙油品公司的工作，避免内部业务重叠，为下一步更大规模的废旧物资回收业务的整合奠定了基础。同时，公司进一步强化对小股东权益和闲置房地产等资产的管理与运作，获得较好的收益。

【市场开拓】 公司采取“整合资源、全面对接、具体跟进、重点突破”的方式，全面整合营销资源，大力开展集团营销，积极与主机厂开展业务对接，深化与主机厂的战略合作，充分发挥集团合力，抓住东风强化协同的机遇，在新业务获取和市场开拓方面取得新突破和新进展。公司已经成为神龙公司、东风乘用车公司、东风裕隆三家主机厂的集团战略供应商，整体市场结构进一步优化，抗市场风险能力进一步提升。

东风模冲完成冲焊新品收入1.14亿元，占主营业务收入9.53%，新增装备订单超2亿元，被评为东风公司“优秀经营协同单位”。汽车销售公司新、老网点同时发力，整车销量和维修量均好于预期，其中神龙鸿泰样板站年销量突破11000辆，连续3年蝉联PSA集团全球单店销量冠军，7月开业的沌口标致店，销售量在4个月内达到华中区域第一。零部件集成分公司完成神龙W23车型六大分装产品的开发和客户签级，东风乘用车CROSS系列前桥、BF系列前桥的开发及批量化生产，新增两家中转库业务。富康洁能公司积极实施“走出去请进来”的营销战略，完成在用车改装1976辆，社会市场比重提高到19.4%。商务咨询公司成功开发东风标致雪铁龙汽车金融公司客服外包业务，将客服业务从主机厂拓展到周边产业。华龙公司继续争取到宝钢为神龙开卷落料后的废料回收业务和武钢废钢收购最高价格政策。锦龙油品公司在东风裕隆公开采购中，助力转向油、差速器油、SL5W－40装车、售后用油中标。东风彼欧、东风江森两家公司尽管成立不久，但经营层已经积极开始新业务的获取工作，进入到抢夺市场的“战斗”状态。

8月29日，位于武汉经济技术开发区沌阳大道368号的东风标致东风鸿泰沌口旗舰店盛大开业。

【和谐企业建设】 在公司经营发展各项工作取得突破性进展的同时，党政工团齐心协力，推动和谐鸿泰建设不断取得新成效。落实3年全员工资晋一档的目标，2011年人均工资比2010年增长12.4%，在企业发展的同时，员工收入和福利待遇实现了同步增长。进一步加大员工培训力度和公开竞争选拔力度，为员工成长成才和施展才干提供了平台和舞台。进一步完善用工管理，继续加大对安全和员工劳动保护的投入。节能减排万元产值能耗比同比下降16.5%，全面完成节能减排目标。协调处理好与主机厂、供应商、服务商等各方面的利益关系，不断强化利益共同体的建设。党委的政治核心作用和党支部的战斗堡垒作用充分发挥，“创先争优”活动扎实推进，党风廉政建设贯彻有力、群团活动蓬勃开展，具有鸿泰特色的企业文化体系初步形成。企业凝聚力、向心力显著增强，员工满意度、整体精神面貌和企业整体形象显著提升。

【“创先争优”活动】 根据东风公司关于开展“为民服务创先争优”活动的相关要求，公司两级党组织立即行动起来，全面启动此项工作。公司成立 “为民服务创先争优”活动领导小组，加强活动的领导和统筹；制定符合本单位工作实际的“为民服务创先争优”活动的实施方案，落实分工，明确责任，确保活动扎实推进，取得实效；通过公司内网对“为民服务创先争优”活动进行全面宣传动员，让全体员工明白“创先争优”活动的精神实质和内涵。公司举行东风鸿泰汽车销售公司4S店“三先三最”公开承诺宣誓仪式活动，在公司8家整车销售及服务窗口单位率先启动“八店联创”活动，并扎实推进，服务质量显著提高，受到了广大顾客和东风公司“创先争优”活动领导小组的肯定和好评。

【党群工作】 公司党委以“强东风”党建为主题，积极开展“四好班子”、“四强四优”和“创先争优”活动，进一步加强党风廉政建设和干部作风建设，为公司顺利完成各项工作提供了可靠的政治保障和有力的支撑。坚持以“强东风”党建主题为指导，结合工作实际开展“四强”党组织建设和“四好班子”创建活动，取得初步成效；坚持党的工作与生产经营中心工作紧密结合，围绕“事业倍增”中期事业计划开展各项党建活动，经营业绩取得新的突破；坚持结合实际开展各项活动，如 “镜头中的管理改善”、“读书助我成长”、“党员一线体现日”、“党日活动与生产经营两促进”等活动，创新了党的活动载体，受到员工的好评；坚持推进以“诚人成事、共存共赢、求实创新、高效和谐”为核心的东风鸿泰企业文化理念，取得初步成效；建设“以人为本、和谐鸿泰”的信念深入两级组织，公司的凝聚力和向心力进一步提升，和谐鸿泰建设取得新的成果。

11月13日，举行庆祝公司成立5周年第二届职工田径趣味运动会，14支代表队1000余名职工参加。东风公司领导徐平、朱福寿、刘卫东等为公司成立5周年题词。东风公司副总经理刘卫东等领导出席活动。

（王　佳）

10月26日，公司举行神龙鸿泰汽车销售服务公司获“中央企业青年文明号”揭牌仪式、东风鸿泰汽车销售公司4S店“三先三最”公开承诺宣誓仪式。

东风鸿泰武汉控股集团工业服务分公司

【概况】 东风鸿泰武汉控股集团工业服务分公司（以下简称“工业服务”）地处武汉经济技术开发区车城东道北段1-6地块。经营范围为工废件、废旧物资同步清理及回收再利用、汽车配套贸易和物资采购配送。

2011年，工业服务实现营业收入7400万元，完成预算的119%。利润总额完成预算的209%，成本费用比、应收账款周转天数、劳动生产率等管理类指标也均呈持续优化趋势。全面超额完成了东风鸿泰下达的各项经营指标，被评为东风鸿泰2011年度“优秀经营单位”。

【管理提升】 2011年，是工业服务的“管理提升年”。工业服务认真落实年度工作主题：精益管理以财务预算管理为核心，加强预算的刚性、执行的刚性、考核的刚性不动摇；管理改善以降成本管理为重点，实现企业低成本运营。从年初开始，工业服务强化人工成本管理，严格控制用工数量和加班，保持人均人工成本增长低于人均销售收入的增长幅度，人事费用率控制在21.7%，完成年度预算考核目标。不断提高劳动生产率，全员劳动生产率达到36.95万元/人.年，超出年度目标25.52万元/人。

【业务重组】 为实现业务结构优化，东风鸿泰启动了分装、物流、油品、资源循环利用等内部业务调整和重组。7月，依据东风鸿泰业务重组工作整体安排，工业服务油品业务划转至锦龙油品销售公司；9

月，工业服务出口包装业务按其业务性质整体划转至东风捷富凯武汉物流有限公司，至此，工业服务成为一家以再生资源废料回收利用为主业的公司。期间，为保证有关资产、人员、业务的平稳交接与过渡，工业服务成立了专项工作小组，在资产清点、物料价值确认、业务及厂房场地租赁合同转移、人员合同变更、生产组织保障等方面进行了大量的前期工作，确保了业务整合的平稳推进。

【党群工作】 工业服务党支部按照年度工作计划，紧紧围绕经营管理目标和党支部KPI考核指标，结合实际情况，扎实开展争创“四强”党组织、争做“四优”共产党员活动，以及“四强”党支部星级达标创建活动。期间，工业服务党支部制定了五星级“四强”党支部创建推进计划，相关工作明确时间节点，责任落实到部门和责任人，较好地完成了神龙公司对五星级“四强”党支部验收工作。工业服务先后获得东风鸿泰第四届羽毛球比赛“道德风尚奖”、东风鸿泰第二届趣味运动会团体第四名、东风鸿泰“红旗团总支部”、东风鸿泰“女职工示范岗”等各类称号。

（李　靖）

东风鸿泰汽车零部件集成分公司

【概况】 东风鸿泰汽车零部件集成分公司(以下简称“公司”)位于武汉经济技术开发区车城大道158号。公司现有员工231人，拥有路力检测机、拆装机、平衡机、充气机、空压机等各类设备63台，车轮半自动装配生产线13条，前桥流水装配线1条，以及顶棚、制动泵、制动踏板、座舱后隔板、天线电缆等多个部件分装阵地。公司主要经营业务为汽车零部件集成分装，主要产品有：标致-雪铁龙全系列各车型车轮合件、顶棚、制动泵、制动踏板、座舱后隔板、天线电缆等部件集成，东风乘用车S30、H30和CROSS系列前桥部件集成。

2011年，公司紧紧围绕年度经营目标，精益管理，严控各项成本费用，高质量完成年度各项经营目标。全年完成20.2万套车轮生产交付，踏板、制动泵各40.5万辆份的生产交付，顶棚22.4万辆份的生产交付任务，实现销售收入12.8亿元，完成目标的111%，完成利润总额目标的138%，达到年度经营挑战Ⅱ的目标，全面超额完成总公司下达年度各项KPI指标。公司被东风鸿泰授予2011年度“优秀经营单位”称号，被东风乘用车公司授予“优秀供应商”称号。

【新品开发】 年度新产品新项目开发又结新成果，高质量地完成年度8个新产品的研发任务：6月15日，完成神龙公司W23车型的车轮、顶棚、踏板、制动泵、座舱后隔板、天线电缆6大产品的研发和客户签级工作，进入批量生产阶段；3月9日，完成东风乘用车CROSS系列前桥16个品种，BF系列前桥16个品种的研发及批量生产工作；拓展仓储新业务，新增两家中转库业务，当年实现收益。同时，梳理并固化新产品研发流程和审核验证流程，提高新品研发质量，控制研发成本，研发综合能力得到了提升。

公司向武汉市经信委提交申报了“武汉市企业自主创新项目”资料，主要以现生产所有产品的装配技术工艺、物流工艺等为背景，详尽阐述了公司在企业自主创新方面所做的工作及未来的发展规划。10月18日，该项目获市政府自主创新项目奖励资金65万元，在获得政府鼓励的同时也提升了企业的自主创新能力和企业声誉。

【管理提升】 2011年为公司的“学习管理年”，年度内公司导入了日产管理模式，计划用时一年半对班组长以上人员从方针目标管理、现场管理、设备自主保全等8个方面开展培训与实践活动，通过“培训—实践—辅导—再实践—总结”的方式，将日产管理模式植入公司各个管理层面。全年开展培训21.17 学时/人，比2010年增加14学时/人。公司注重开展QCD现场改善活动，每季度组织1次QCD成果发表，全年共发表QCD改善课题项目35项，其中管理类15 项，降成本类 20项，创造直接经济效益35万元。这些改善项目在生产改善、物流优化、质量提升、成本控制等方面取得了显著成绩。

【体系完善】 顺利通过ISO/TS16949:2009质量体系、环境体系ISO14000和职业健康安全体系ISO18000的第三方监督审核，表明组织已有效实施与维持/改进其管理体系，符合管理体系要求。

【团队建设】 公司党工团组织围绕各级组织年度内的中心工作，将“创新、争优、实干”六字方针落到实处。围绕上级组织开展的各阶段工作，公司党工团在活动载体上创新，积极组织员工参与各类活动，分别开展了红歌赛、党员一线体验、劳动技能竞赛以及降本增效等十余项主题活动，在总公司举办的各项比赛中都取得了较好的成绩：荣获东风鸿泰第二届趣味田径运动会团体总分第一；羽毛球比赛、篮球比赛分获第二、第三名等。通过这些活动，增强团队活力和员工对企业的凝聚力，把全员思想统一到强管理保目标的要求上来，使员工的岗位意识、责任意识、服务意识、竞争意识不断增强，保证了生产经营任务的圆满完成。公司分会被东风鸿泰工会授予“模范员工小家”称号；公司同步物流班被东风鸿泰工会授予“工人先锋号”称号，公司团总支部被授予东风公司“青年学习型小组”称号。

（唐光英）

武汉东风鸿泰汽车资源循环利用有限公司

【概况】 武汉东风鸿泰汽车资源循环利用有限公司（以下简称“公司”），其前身为东风鸿泰汽车零部件再制造分公司，成立于2008年8月。东风鸿泰系国家14个汽车零部件再制造试点单位之一，经东风公司、神龙公司授权实施汽车零部件再制造业务，开展零部件再制造、品牌废旧汽车的回收处理、工业制造多余物的回收处理等业务。原零部件再制造分公司承担东风鸿泰再制造项目实体化运作。

2011年8月，根据湖北省商务厅要求，为争取报废汽车回收（拆解）企业资格，原再制造分公司变更为东风鸿泰全资控股的子公司，注册资本800万元，企业名称变更为“武汉东风鸿泰汽车资源循环利用有限公司”。

【经营改善】 当年，虽然受国家政策环境影响，公司一直无常规业务，但通过公司上下的开源节流，实现自公司成立以来的首次扭亏为盈，完成营业收入585万元，与预算比增收185万元，完成年度目标的145%，各项经营指标都大大优于历年，全面完成了年度KPI目标。

【拆解资质与阵地建设】 经过精心筹备，武汉东风鸿泰汽车资源循环利用有限公司于9月2日通过湖北省商务厅验收，正式获得报废汽车回收（拆解）企业资格。此次资格的获得，是再制造项目推进的重要成果，解决了汽车资源循环利用的来源问题，实现了由依托主机厂逐步向依托社会市场的转变，也为完成国家再制造试点和东风公司的汽车资源循环利用实验工作奠定了坚实基础。在此基础上，公司启动并完成了报废车拆解阵地建设及拆解设备的安装调试工作，并实现年度回收主机厂报废车127辆，社会报废车回收20辆，销售110辆。

公司召开报废汽车回收拆解阵地建设汇报会。

（管淑艳）

武汉富康洁能汽车改装有限公司

【概况】 武汉富康洁能汽车改装有限公司（以下简称“公司”）成立于2001年7月24日，主要从事天然气两用燃料汽车（简称CNG汽车）改装、车用气瓶检测，年生产及检验能力达3万辆。公司最早在全省获得CNG汽车改装资质，并成为神龙公司线下CNG汽车唯一的改装点。现有员工104人。

2011年，公司市场份额、改装生产同比都有较大提高，全年完成CNG双燃料改装19261辆（其中，神龙主营业务改装16557 辆，在用车改装2704辆），同比增长73.92%；气瓶检测线完成各种气瓶检测6107支（报表数），同比增长46.76%。全年实现营业收入9164万元，同比增长57.16%，投资回报率12.97%。全面完成东风鸿泰和富康洁能公司董事会下达的年度各项考核指标。获得东风鸿泰

“管理课题一等奖”、东风公司“档案管理达标单位”称号。

【市场开拓】 在确保主机厂市场占有率的前提下，公司大力拓展社会市场。多元化经营模式继续深化，改装品牌辐射效应及企业综合竞争力得到进一步提升，成为华中地区行业标杆。采用“请进来、走出去”的策略，强力商务攻关，敲开异地改装之门。已导入宜昌、岳阳、荆州、洪湖、潜江、仙桃、京山等8地在用车来公司改装；完成并通过资质证审核共5家（咸宁、孝感、公安、十堰、监利），全年完成在用车改装2704辆。

【技术开发】 技术开发创新是改装生产的支撑点，质量管理是改装生产的生死证。技术开发创新成就企业核心竞争力，质量管理铸就优质品牌。公司完成“爱丽舍欧四CNG”项目的前期研发工作和工业化生产的前期准备工作，并申报国家目录，于6月开始正式实现改装量产化。完成东风乘用车开始配套“风神S30+CNG” 项目的开发、申报国家目录工作。已完成6辆样车改装，基本确定相关流程以及工艺，为2012年的工业化生产打下坚实的基础。

【文化建设】 公司一直坚持以人为本的经营理念，大力实施员工关爱，积极为员工提供良好的工作氛围和成长平台。公司成立了羽毛球协会、足球协会、桥牌协会等组织，积极组织员工培训，开展丰富多彩的团队活动和群众性改善活动，着力培育和打造“融合创新、激情奋进”的团队文化，企业凝聚力不断增强，员工精神面貌和企业整体形象明显提升。

6月7日，首届“富康洁能杯”员工羽毛球赛在公司羽毛球馆成功举办。

（胡津呈）

湖北神龙九泰汽车科技发展有限公司

【概况】 湖北神龙九泰汽车科技发展有限公司（以下简称“公司”）成立于2005年8月19日。公司注册资本为2000万元，东风鸿泰占注册资本的60%，湖北九州运贸有限公司为40%。公司地处东西湖区东山农场，购地170余亩，租地160余亩。其中，投资兴建的武汉市机动车驾驶员第四考场已于2007年5月投入使用。

2011年，公司利用行业管理部门开展整顿驾驶员培训市场及规范考场考试流程之机，围绕推介“考训基地模式”拓市场创收益、抓培训质量树品牌、抓全员绩效考核练内功等系列管控工作，超额完成年度KPI主要经营挑战目标，减亏效果明显，公司整体经营质量得到全面提升。全年完成营业收入1175万元，同比增长30.4%，预实增加10.85%，全面完成董事会和东风鸿泰下达的各项生产经营任务。

【市场拓展】 公司与谨训驾培公司签订了考场租用协议后，又先后开拓了奥通等5家定点考试驾校；与锦辉等6家驾校签订了桩训协议；与北京驾驭、雪铁龙及标致销售公司签订了场地广告协议。不仅为公司带来年度100余万元直接效益，而且为以后借势进一步对外推介基地考、训场资源市场奠定了基础；同时，通过进一步加强“走出去宣传，请进来训练”、“联合考官齐抓共管考训活动”等主动营销力度，实现考场对外模训收入250万元，比上年同期增加80万元，为完成年度利润指标起到了支撑作用。

【行业比武】 6月，公司配合驾协在公司考训基地成功举办武汉市第三届驾培行业教练员职业技能大比武活动。公司教练员潘建华勇夺小车项目第三名并取得代表市行业参加湖北省比赛资格。让驾培、驾考行业更好地了解江北考训基地模式与资源，为后期无场地驾校选择公司基地进驻租训起到推介和展示效果。

【绩效考核】 公司进一步完善员工绩效考核办法，特别是通过对驾培部员工的日常考核、月考核、质量考核、动能考核、工作业绩排行榜等进行综合评定，加强了内部管理，使驾培部各项工作达到了人性化，制度化和规范化；做到了“经营指标重担全员挑，人人肩上有指标”的压力传递，有效提高了全员的工作积极性和工作效率。取得主要经营指标的大幅增效而不增员，劳动生产率同比提升53%的同时，人事费用率同比预算下降23%的实绩。

（郝建宏）

武汉华龙物资回收再生有限公司

【概况】 武汉华龙物资回收再生有限公司(以下简称“华龙公司”)地处武汉经济技术开发区沌口街新华村,318国道升官渡路段东侧。华龙公司注册资本为525万元,东风鸿泰占注册资本的60%,武汉经济技术开发区新华实业总公司占注册资本的40%,系东风鸿泰控股子公司。华龙公司现有员工181人,中级职称5人。华龙公司主营业务为:废旧物资回收、再生利用;兼营劳务服务。经营区域覆盖神龙公司、东风乘用车公司。当年实现回收量6.79万吨,销售量6.71万吨,实现销售收入21816.44万元。华龙公司被东风公司授予“模范党支部”称号(连续三年),被东风鸿泰授予“先进党支部”称号。

【生产管理优化】 进行现场改善。针对华龙公司搬迁条件尚不成熟,但主机厂产量提升而导致场地不足的矛盾,加大推进现场改善工作,并做好应急预案,千方百计保生产,使华龙公司人员和车辆、物流处于安全态势。针对市场变化,华龙公司改变了传统的“粗分细拣、细分精拣”的模式,依据市场变化的情况及时调整分拣类别和品种,形成了“两拣两不拣”,既考虑了客户需求,又兼顾了公司效益。抓好工厂服务质量。全力做好神龙公司和东风乘用车公司两个工厂现场的服务工作,建立完善了服务制度与流程,提升服务品质。得到神龙公司和乘用车公司的一致肯定和好评,客户满意度评价一直保持在90分以上,神龙公司现场服务班组被东风鸿泰授予“工人先锋号”荣誉称号。

【材料延伸加工】 华龙公司材料分为可利用材料和不可利用废料两大类。可利用材料主要销售给客户用于生产深冲加工的产品。由于沿海发达地区小家电零件和小五金加工业集聚和规模化,加工成本和人工成本均具有优势,对华龙公司推进加工项目带来极大的挑战。华龙公司将此作为突破性的课题进行重点推进。在东风鸿泰的领导和东风模冲公司的大力支持下,华龙公司积极做工作,年内拿到了东风模冲10个零件,进行产品加工业务,同时,华龙公司又与广东一家客户进行加工项目的合作,两项业务新增利润约20万元。既提高材料盈利空间,又锤炼了队伍,为华龙公司探索建立“废料回收+现场服务+加工利用”新型的经营模式打下了良好基础。

【经营方式转变】 华龙公司从战略发展方向考虑,经营方式由“回收+服务”向“回收+服务+加工”转变。通过协商谈判,6月广东省丰顺县誉华电子发展有限公司与华龙公司签订加工协议,东风模冲公司7套模具已进行生产,主要用于汽车零件初加工,全年完成201吨加工产品。材料延伸加工不仅提高华龙公司材料的利用率,增加产品市场竞争力,同时产品延伸加工,也是华龙公司在加工领域的尝试,对华龙公司管理的深度和广度将产生影响。

东风模冲公司冲压技术人员现场指导华龙公司冲压。

【服务质量提升】 针对钢材市场价格波动频繁的状况,华龙公司采取不同的价格策略,积极探索与武钢的合作模式,争取到了武钢废钢收购最高价格政策并实现了共赢。华龙公司凭借100%的优质废钢压块和100%产品供应量为武汉钢铁金属资源有限责任公司提供了合格产品,被武汉钢铁金属资源有限责任公司授予“优质供应商”称号。

【废钢基地建设】 根据《关于2011年开展再生资源回收利用体系建设有关问题的通知》的精神,华龙公司按照武汉市再生资源回收体系的申报时间、申报条件、申报程序、所需要的申报材料,认真做好加入武汉市再生资源回收体系的准备工作。这一工作的开展将有力推进华龙公司废钢基地项目建设的市场化、规模化、产业化进程。

【体系认证】 在华龙公司生产部门牵头组织，各部门和员工共同努力下，根据体系要求，进一步明确质量、环境、职业健康安全的各个管理要素在华龙公司的规范落实，实现了企业管理的标准化、程序化、科学化。以全面的品质管理，更环保的产品理念，开发客户需要的产品，提供客户最完善的服务。

【党群工作】 华龙公司党支部在东风鸿泰党委的领导下，紧紧围绕生产经营工作中心，坚持加强党建思想政治工作，积极开展“创先争优、为民服务”活动，较好地发挥了党支部的战斗堡垒作用和党员的先锋模范作用。

6月荣获东风公司“五星级四强党支部”称号，并被东风公司授予“模范党支部”称号（连续三年）和东风鸿泰“先进党支部”称号。

（朱江月）

东风捷富凯武汉物流有限公司

【概况】 东风捷富凯武汉物流有限公司（以下简称“公司”）成立于2008年9月1日，由捷富凯国际（中国）物流有限公司和东风鸿泰控股集团有限公司合资组建，注册资本2500万元人民币，合资双方各占50%股份。2011年10月1日，股东双方增资，公司注册资本、股权变更，注册资本达到2551万元人民币，其中东风鸿泰控股集团有限公司占股51%。公司主营业务为：线边交替式物流、看板供货、同步配送、备件调达、外销件包装等全方位物流服务，为100多家汽车零部件公司提供各种物流服务（仓储与配送、取货、物流方案设计等）。主要客户有神龙公司、东风乘用车公司，博世、德尔福、法雷奥等国际著名的汽车零部件制造商。截至年底，有员工830人。公司设有财务部、人力资源部、销售部、采购部、设备管理部、工艺部、质量部、项目工艺部8个职能部门和ALT、MAF、外销件3个操作部门。

2011年，公司再次荣获神龙公司“优秀运输商”称号。

【质量管理体系认证】 12月16日，公司顺利通过ISO9001:2008质量管理体系认证。公司质量体系于5月中旬开始宣贯ISO9001:2008版标准，经过培训学习消化，编制文件等11个过程，9月1日，发布了符合ISO9001标准要求的质量手册，编制21个程序文件，管理规范19个、技术文件213个，87份质量记录，各部门宣贯质量体系文件，实施运行，进行了一次内审、管理评审，使建立的质量体系文件得到了实施和保持。

【新仓库落成】 4月，东风捷富凯MAF 3号库开始施工，经过半年紧张而有序的施工，10月20日投入生产营运。新仓库面积为11400平方米，拥有现代化设计的卸货平台和大跨度的空间利用，很好地与原有仓库进行了无缝对接，大大提高了仓库的使用效率和物流运行质量。新仓库的落成使用不仅解决和改善了公司原仓库面积不足和仓库条件简陋等硬件服务质量无法提高的问题，而且在集中整合仓库资源，优化人员和车辆，降低成本，提高整个运营效率方面起到了极大的促进作用。

新库落成典礼。

【公司更名】 10月1日，公司股东双方着眼未来，对公司进行增资，公司注册资本、股权发生变更，注册资本达到2551万元人民币，其中东风鸿泰控股集团有限公司占股51%，捷富凯国际物流（中国）有限公司占股49%，与此同时，公司由“捷富凯鸿泰武汉物流有限公司”更名为“东风捷富凯武汉物流有限公司”。此次更名是在合资公司股权结构、业务结构和组织结构都进行了调整的背景下进行的。新的企业名称、新的股权结构、新的组织结构和业务结构、新的库房投入都标志着合资公司进入了一个新的发展阶段。股东双方将依托东风捷富凯这一业务平台，全面整合和注入各方优质资源，全面提升各项能力，加速合资公司做强做大，实现集调达、仓储、分装、线边配送为一体的集成化物流服务，并通过合资公司，为打造主机厂物流供应链成本、技术优势提供强有力的支持。

【外销件业务】 自2011年10月以来，外销件圆满完成神龙公司零星出口项目的包装任务，做到无包装质量问题客户零索赔；完成T73承载地板包装方案的优化工作，将原来防锈膜加衣膜的包装方式更改为防锈膜加缠绕膜的包装方式，将部分总装件及一些重量较轻的零件包装方案由原来木箱包装更改为纸箱，降低了实物成本。完成了外销给东风乘用车零件的仓储和物流，共发货14309个UC，收发货准时率和准确率98%；完成外销给郑州日产零件的仓储和物流，全年共发出14309个UC，收发货准时率及准确率100%。

【现场改善】 神龙公司总装生产节拍由71V/H提高到74V/H，在人员极度超负荷的情况下，为保证生产，减少投入，公司工艺部门改革交替式物流人车共同上线的方式，采取车辆保证长距离运输，线边增加人员，辅助牵引车司机搬运零件的方式，减少了车辆的投入，全年节省6.6万元。在总装物流面积紧张的情况下，积极建议DPCA将小件库转移到A库，一方面减少了"量份结算"服务区的工作内容，优化操作人员；另一方面增加了"流量结算"服务区的业务，增加服务收入。总装全年减少支出4.6万元，A库增加收入2.7万元，二项共计7.38万元。

（李　鹏）

武汉东风鸿泰商务咨询有限公司

【概况】 武汉东风鸿泰商务咨询有限公司（原武汉市神龙鸿泰人力资源服务有限公司）成立于2005年9月5日，注册资金200万元，为东风鸿泰的全资控股子公司。公司经营业务范围包括市场调研、商务咨询、商品信息咨询、人力资源招聘和租赁、劳务派遣、劳务外包和职业介绍等。公司员工205人，其中大专以上学历人员占98%。

2011年，在东风鸿泰中期事业计划的指导下，公司狠抓内部管理，巩固、开拓市场，严控运营成本，确保了各项年度生产经营目标的顺利实现，全年累计收入3416.63万元，截至12月31日，公司资产总额为1026.54万元，净资产收益率、劳动生产率等指标实现持续优化。被东风鸿泰授予"先进党支部"、被东风公司团委授予"东风公司青年文明号"等荣誉称号。

【业务发展】 公司主营业务客服外包项目持续发展。东风雪铁龙客服中心项目除了保持原有的服务项目外，于年初新增了水平业务支持，于9月新增了销售精英俱乐部支持业务，该两项业务使得东风雪铁龙客服中心的服务领域进一步拓展，年增加收入30万元；东风标致客服中心项目积极探索营销新思路、新方法，并扩充营销队伍，由8人增加到13人。在东风风神客服中心项目上，公司借东风自主品牌提出"服务领先"的理念之机，先后与自主品牌进行了自上而下的广泛沟通，利用公司与神龙公司的合作经验，分别为东风自主品牌提交了主动行销方案和客户主动关怀方案，此方案已得到对方的采纳，并于12月委托公司启动该项目。

6月30日，公司召开"东风鸿泰呼叫服务中心能力成熟度标准认证"项目启动会。

【技术创新】 公司投资200万元（其中100万元是通过商务运作由电信出资），搭建了一套基于高端品牌AVAYA交换机的多媒体呼叫中心系统，具备对外承接240座席规模的全外包呼叫中心及提供车载信息服务的能力，为今后承接全外包型呼叫中心项目提供了可能。该系统正投入使用于标致雪铁龙金融公司呼叫中心项目及东风标致部分呼出项目。下半年公司引入了行业先进的国际标准——呼叫中心能力成熟度模型（以下简称CC-CMM）对公司进行咨询，帮助公司用国际标准审视并完善现有的体系，寻找公司运营管理中的不足之处，缩小与行业标杆的差距，在运营管理过程中形成有效的沉淀，降低运营风险，减少运营管理成本。这些都将为公司的标准化运营、可持续发展打下坚实的基础。公司着力于引进IT、通信信息行业背景中高端人才，组建了公司的技术团队。

【和谐发展】 公司在发展的同时，努力让员工分享企业的经营成果，实现企业与员工、社会的和谐发展。1.员工的工资和福利实现了同步增长。通过员工分级认证，并将认证覆盖面由呼入扩大到呼出，全年评定的中级员工达32人，员工收入得到不同程度的增长，人均工资涨幅达9%。2.积极搭建员工职业发展通道。对于内部岗位空缺，通过内部招聘、直接任命、调动的形式，使员工走向新的工作岗位。3.为员工学习成长提供良好环境。公司开展新员工培训5期，培训员工66人次；外派员工参加投诉处理技巧、班组长能力提升、网络安全、社保及人力资源等方面的培训21人次；聘请外部老师举办形象礼仪、普通话讲座2次以及CC-CMM导入培训、管理者角色认知培训2次。4.开展"百分百关爱员工谈心活动"，通过与员工一对一，面对面的沟通，针对员工提出的问题归纳整理出6大类别13个问题，逐个讨论解决方案，就员工反映比较集中的问题一一落实解决。

4月14日，公司聘请外部老师举办形象礼仪培训。

【T业务平台打造】 面对已形成良好发展态势的呼叫中心运营业务，公司一直在寻求提升服务价值的渠道。借着坐拥三大汽车品牌呼叫中心的优势，公司确立了从劳动密集型企业向提供Telematics车载信息服务(下文简称T项目)的高价值技术型企业发展的思路。公司已完成奠定T业务运营基础的工作，5月在呼叫中心基础上搭建了TSP平台，整合了众多的服务资源；并与电信和联通进行了网络对接(短信、语音与数据中继、计费、充值等)；也成功与多款终端进行了业务对接，平台上可演示的业务功能已包括：一键通导航 /目的地下发/在线音乐/在线视频/实时交通/智能天气/新闻/航班资讯等。8月又依靠TSP平台的多套GIS系统，搭建了货运汽车的监控信息服务平台，可为物流车辆提供相关安防监控、物流信息等服务。

(张海丽)

武汉申龙汽车空调有限公司

【概况】 武汉申龙汽车空调有限公司(以下简称"公司")由东风鸿泰武汉控股集团有限公司和上海德尔福汽车空调有限公司共同投资组建，于1999年3月23日成立。注册资本300万元，东风鸿泰为投资主体，投资额占注册资本的60% ，上海德尔福占40%。经营范围为汽车用空调系统和相关产品的开发、制造、销售及售后服务，目前生产能力为每年10万套空调总成的生产能力，是神龙公司的定点供应商。

2011年，公司围绕"外拓市场，内控成本，精细管理，提升质量"的工作思路，生产空调总成37800台，营业收入2763万元，利润总额55.4万元。

【市场开拓】 公司投产东风雪铁龙爱丽舍12款空调，4月份产销空调4800台并一直保持份额优势，全年完成37800台，同比增长8%，全年超过产销合同议定份额10%，全面完成年度生产经营目标。

【降本增效】 公司积极开展降本增效活动，加大培训投入，内外培训总时数达到1200小时，培养了企业急需的产品开发人才，同时，多工位培训使劳动生产率提升12%。通过新产品的投入单台空调利润率由9%提升至11%。2011年公司获得东风鸿泰管理课题三等奖。

(陈亚川)

武汉锦龙油品销售有限公司

【概况】 武汉锦龙油品销售有限公司(以下简称"公司")是东风鸿泰武汉控股集团有限公司与中石化集团各出资50%，于2008年9月组建的合资公司，注册资本1500万元。主营车用乙醇汽油、柴油、煤油零售，

东风南充汽车有限公司

组织机构图

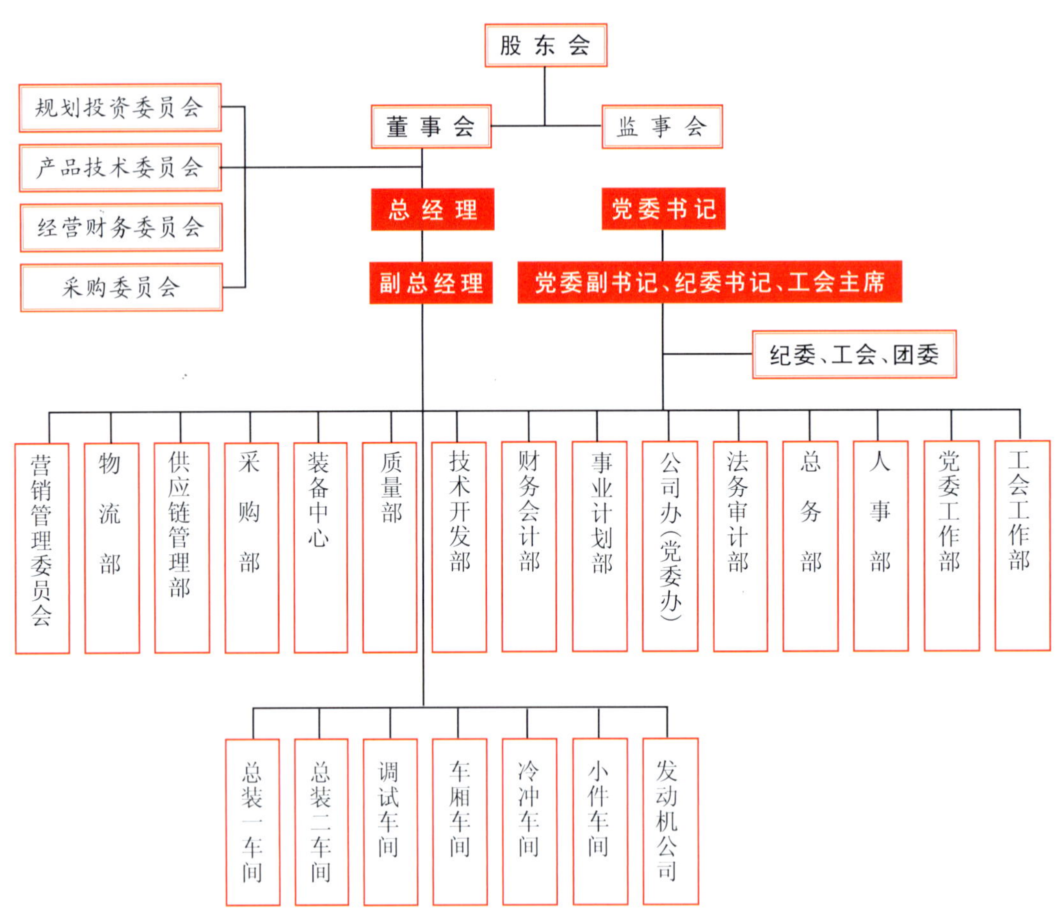

【概况】 东风南充汽车有限公司(以下简称“公司”)是东风公司的全资子公司,集载货汽车和天然气发动机设计、制造、销售、服务的专业化国有大型企业,东风公司在西部的汽车和清洁能源商品基地,国家清洁燃料汽车产业化试点企业。截至2011年底,公司有员工1095人,学历分布为:研究生2人,本科79人,大专146人。周强任董事长,冯勇任总经理、王劲任党委书记。

2011年,面对国家宏观调控政策趋紧、经济形势复杂多变、刺激汽车消费政策退出等不利影响,公司大力调整产品结构,着力加强网络建设,不断夯实管理基础,努力提升运营质量,生产经营保持稳定发展势头,实现了“十二五”良好开局。

公司工会荣获“南充市2011年度先进基层工会”荣誉称号;NQ系列天然气单燃料发动机产业化开发项目被评为“四川省重大科技成果转化工程示范项目”;货厢车间装厢组被四川省总工会授予“四川省安康杯竞赛活动优胜班组”荣誉称号。

【生产经营】 受国家宏观经济环境及汽车产业政策影响,公司当年销售汽车7072辆,同比小幅下降。凭借南内品牌燃气发动机多年来市场积累和用户认同,公司销售发动机8419台,同比增长5.03%。

公司产品结构调整初见成效，中重型车销量比重增加，产品附加值得到有效提升。管理改善效果明显，盈利水平逐步提升。当年累计实现利润1938万元。

迎合国内燃气货车高速增长的趋势，公司大力开拓燃气货车市场，新建NG汽车经销网点8家，并发展包括湖北新捷天然气公司、湖北宜昌兴山矿业集团汽车运输公司、西南油气田川中油气矿石油输运部等集团用户，燃气货车销量同比增长251%以上。

燃气发动机市场进一步拓展。公司新发展的济南重汽、银川公交等一批集团用户已实现批量装机。南内燃气发动机已大批量销往国内各主要客车生产企业，配装公司燃气发动机的整车已覆盖了全国所有通气城市，随着加气站等配套设施逐步完善，新的用户群体正在不断增加。

【产品开发】 面对市场整体形势下滑的不利局面，公司积极调整产品结构，着力满足区域市场需求，成功地开发出DNC3310G-30(8×4)和DNC3250G-30(6×4)重型车；在“龙驹”轻型车的基础上开发出DNC3033“村村通”轻型车；借助自产燃气发动机资源优势开发了EQ1040GN、EQ1070GN及EQ3200GN等7款燃气车。通过新产品开发拓宽产品型谱，完善产品结构，逐步改变了公司以中型自卸车为主的产品结构。

发动机产品开发，在康明斯C系列发动机基础上开发了NQ260N4、NQ280N、NQ310N4系列燃气产品；在东风4H系列发动机基础上开发NQ180N4H燃气发动机；承接的第二个国家“863”计划项目“东风低排放专用天然气发动机开发”顺利通过验收；完成了现有主流机型排放升级工作，达到国Ⅳ排放要求。

【股东股权转让】 3月7日，公司第十九次股东会审议通过《关于转让南充嘉庆汽车配件厂股权的提案》，会议同意嘉庆汽车配件厂将所持有的公司1.6%的股权以不低于156万元人民币的价格一次性全部转让给中国东风汽车工业进出口有限公司。

按照股权转让的相关规定，公司聘请湖北精信众和资产评估有限公司对南充嘉庆汽车配件厂所持公司股权进行了评估，经东风公司批准，南充嘉庆汽配厂持有的1.6%的股权以180万元的价格一次性全部转让给中国东风汽车工业进出口有限公司。按照《公司法》、《公司章程》和南充市工商局相关要求，公司召开了股东会、董事会、监事会，修改公司章程，举行换届选举。6月24日，股权变更登记事宜在南充市工商局办理完毕，中国东风汽车工业进出口有限公司正式成为公司新股东。通过股东股权转让工作的顺利完成，公司法人治理结构得到进一步完善，为公司未来获得投资、加快发展扫清了障碍，奠定了良好开局。

【参加北京展会】 10月18日，公司作为唯一一家集燃气发动机和整车生产、研发于一体的企业，携EQ1040GN-40CNG轻卡，EQ3166GN-40LNG自卸卡车和NQ180N4H、NQ260N4天然气发动机代表东风公司的清洁能源板块参加亚太地区天然气汽车协会第四届北京展览会，受到业界同仁高度关注。借助展会平台，公司向行业和社会宣告了致力于清洁能源动力技术和整车技术研发应用的企业愿景。中国机械工业联合会执行副会长、中国汽车工程学会理事长、中国汽车工业协会名誉理事长张小虞参观公司展位时表示，希望东风南充有限公司作为东风公司清洁能源基地，扛起重任，担起责任，为中国天然气汽车行业作出更大贡献。

10月18日，中国机械工业联合会执行副会长、中国汽车工程学会理事长、中国汽车工业协会名誉理事长张小虞(左三)参观公司展位。

【“863”课题验收通过】 7月27日，国家“863”计划节能与新能源汽车重大项目专家组一行8人到公司检查验收“东风低排放天然气专用发动机开发”课题。专家组在公司领导陪同下到装试车间、燃气发动机研究所现场对样机及改进设计的凸轮轴、汽缸盖、座圈等零部件进行了检查验收。随后审查课题研发资料，并听取了课题执行情况。在充分交流及沟通后，专家组查阅了相关验收报告、设计报告、实验报

7月27日，国家“863”计划节能与新能源汽车重大项目专家组一行到公司检查验收“东风低排放天然气专用发动机开发”课题。

告、排放报告等资料，一致认为，课题组已圆满完成合同规定的内容，达到课题目标和考核指标的要求，该课题通过验收。

此项目是公司承担的第二个“863”课题，开发的NQ280N天然气发动机通过了国Ⅳ排放标准，可配装12～16米后置公交客车和重型载货汽车，具有巨大的市场潜力。随着项目的运用推广，将会节约大量燃油资源，为城市环境优化作出突出贡献。

【“管理年”工作推进】 2011年是公司的“管理年”。5月10日，公司召开管理改善项目启动大会，会议以战表形式下达了解决当前突出问题和未来发展基础性问题的十大管理改善项目，主要内容包括：导入全面预算管理、建立工艺定额体系、降低外购零部件成本、降低库存物资占用、缩短生产交付期、完成经销商转型、薪酬制度改革、公务用车改革、规范废旧物资处理、降低发动机应收账款率等内容。

通过实施公务用车改革项目，完善了公务用车管理制度，每年将节省费用约70万元；通过实施降低外购零部件成本项目，建立完善了采购管理制度，采购成本大幅降低，供应商平台基本稳定；通过实施规范废旧物资处理项目，完善了相关管理制度，加强了监管，当年，在废旧金属总量同比下降19.2%的情况下，增长处置收益21.7%。截至年底，10项管理改善项目按照计划进度基本完成。通过改善，公司管理逐步规范，经营质量有效提升，盈利能力大幅提高。

【“QI118”品质提升工程】 为提升产品质量，增强产品竞争力，公司通过市场调研，挑选主流车型，有针对性地开展了“QI118”品质改善工作。工程提出十项任务，涉及设计、工艺、采购、装配、调试、检验等各个环节。在两个多月时间里，各生产单元充分运用VES评价与QCD改善方法，整改了398项质量问题，推进了VES评价体系与改善体系的建立，使公司的4个主流车型从产品设计到生产制造工艺日趋完善，整车品质得到大幅提升，其改进效果得到总部VES评审专家的肯定和好评。

【管理信息系统项目启动】 为加强企业管理，提高工作效率，实现质量流程提升，4月18日，公司启动了管理信息系统项目。用友公司凭借解决方案的科学完整性、系统良好的适应性、管理理念的先进性、较为恰当的产品性价比中标公司项目。公司与用友公司共同组建了信息系统项目委员会，并从各部门抽调了多名业务骨干组成9个实施小组开始项目推进工作。截至年底，一期工程已基本按计划完成，财务、采购、仓储、整车及发动机排产实现信息化管理。

通过信息系统建设顺利推进，公司改善了管理手段，全面提升了企业经营管理水平，固化了公司改革和管理改善成果；也让员工的思想观念、管理观念和行为习惯发生了较大变化，成本意识大为增强。

公司管理信息系统项目签约仪式。

【燃气发动机技术改造项目获批】 12月26日，公司燃气发动机技术改造项目获得集团批准立项，项目总投资近亿元，其中东风公司以现金方式增资6680万元。该项目将通过整合集团现有的燃气发动机资源和技术，解决制约公司燃气发动机发展的产能、研发等问题，提升装备水平和研发检测能力，实现主流机型缸体缸盖自制，增强质量保证力。该项目是公司“十二五”规划重点产能建设项目，彰显了在东风大商用车战略下，公司作为东风公司清洁能源商品基地的明确战略定位。

【南内LNG发动机推动“低碳绿色公交”】 2011年初，福建仙游县新购56辆LNG公交车和广东湛江市首批40辆LNG小公交正式投入运营。这两批LNG公交车分别配装南内NQ120N和NQ100N4两款LNG发动机。

在仙游县使用的东风南内LNG发动机，燃气控制系统采用中国汽车工程院最新研发的增压稀燃顺序喷射控制系统，是中海石油气电集团在福建省投放的第一批LNG公交车。

湛江市政府为建设“绿色、低碳、生态”的湛江，计划新购400余辆LNG公交客车。首批40辆LNG公交空调小巴全部配装东风南内LNG发动机，排放达到国Ⅳ标准，成为湛江市发展低碳公交的标杆。

【CNG发动机标配宇通客车】 经过为期两年的整车匹配磨合，东风南内CNG发动机正式加入宇通供应商体系，成为该公司10米以下天然气前置客车发动机标准配置，这是南内CNG发动机继被绵阳公交、烟台公交列入标准配置后，首次被客车制造企业列入标准配置。

进入宇通公司营销平台，将极大促进公司天然气发动机市场影响，巩固行业领先地位。2011年，南内CNG发动机在郑州宇通的装机量由2010年的400台提升到1000台以上。

【珠海地产处置工作完成】 东风汽车集团南充内燃机厂1993年为拓展沿海市场，在珠海市横琴经济开发区购得土地3553.5平方米。因拓展沿海市场受阻、人员变动、管理不便等因素影响，珠海地产一直处于闲置状态。为盘活闲置资产，最大限度地发挥资产效能，实现价值最大化，根据东风公司关于闲置资产处置的批复及公司董事会决议相关要求，公司正式启动闲置资产处置工作。通过大量工作，9月28日，公司与珠海市国土资源局签订《收回土地使用权补偿协议书》，收回土地补偿金184万元，有效盘活了资产。

【党群工作】 公司党委按照东风公司党委统一部署，紧密结合公司实际，以“推动企业发展上水平，实现生产经营新突破”为主题，把生产经营作为“创先争优”活动的主战场，使“创先争优”活动真正为公司改革发展提供强大精神动力和组织保证。紧紧围绕公司改革发展稳定大局，在基层党支部开展“三项活动，一个竞赛”创先争优活动，设立了党员示范岗和党员先锋岗，把推进中期事业计划、加强技术创新能力、完成年度生产经营目标等纳入活动内容，努力提高基层党支部推动公司科学发展的能力和水平。各党总支部、党支部根据本单位生产经营情况，把提高工作质量，完成急、难、险、重任务等作为“创先争优”活动的重点，通过开展“最佳党日”、“党员挂牌上岗”活动，发挥党员“促生产、降成本、增效益”的主力军作用。

面对复杂多变的市场环境，公司党委结合企业不同阶段的重点工作，开展形势目标教育活动，引导员工认清形势，坚定发展信心。上半年，在全体员工中开展了以“统一思想、坚定信心、弘扬正气、共谋发展”为主题的思想大讨论，激发了广大员工积极参与企业生产经营的热情。公司广大员工本着对企业高度负责的态度，认真开展讨论，针对企业管理和生产经营中存在的问题提出40多条建设性的意见和建议。

12月，公司团委开展以“学技术、当能手”为主题的青年拜师学艺活动，发挥技能技术领军人才在带徒传技、技艺传承、技能推广等方面的重要作用，通过传、帮、带的方式，将企业优秀人才多年积累的专业知识和实作经验，一代代传承下去。14对师徒签订了结对协议书，形成了结对帮扶关系，为公司可持续发展提供有力的人才支持和技术保障。

为进一步密切党群、干群关系，促进企业和谐稳定发展，公司坚持一切从员工利益出发，建立完善了困难员工动态管理档案，设立特困员工救助基金，发放员工困难补助金55200元；为6名员工子女争取了市总工会捐资助学款；开展5次为重大疾病员工募捐活动，筹集捐款24860元。

公司“东风之声”女子合唱团参加南充市总工会“庆三八·展风采”女员工歌咏比赛，获得三等奖。

（王　谦）

东风云南汽车有限公司

组织机构图

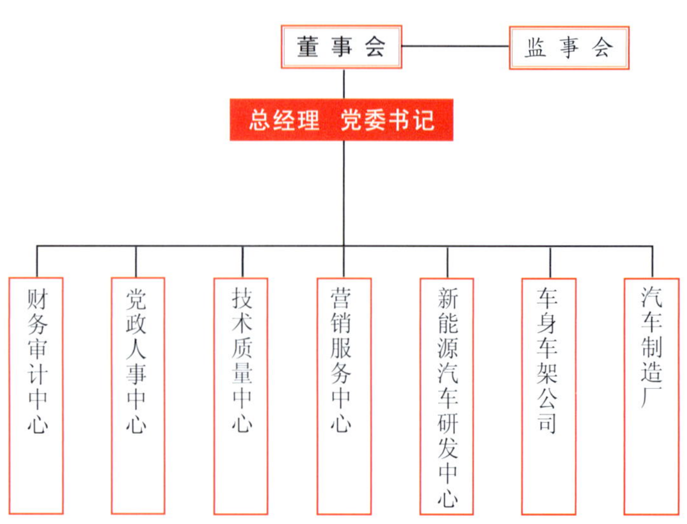

【概况】 东风云南汽车有限公司(以下简称“东风云汽”)是东风公司控股的子公司。东风云汽位于云南省昆明市,占地面积46.05万平方米,其中生产性用地33.29万平方米,非生产用地12.76万平方米。截至2011年底,资产总额为3亿元,流动资产1.2亿元,非流动资产1.8亿元。在册员工871人,其中各类工程技术人员40余人。杨少杰兼任董事长,胡伟明任总经理兼党委书记。

东风云汽主营汽车及汽车零部件、金属机械、铸锻件、工具和模具的开发、设计、制造、销售等。产品为东风系列平头和长头轻、中、重型柴油、汽油类载货车、改装车、客车和客、货两用车、皮卡车以及汽车底盘。

【生产经营】 东风云汽充分挖掘内部资源,盘活存量资产,发挥资产效率。对部分闲置的厂房、土地开展了短期租赁业务,2011年又向外出租了铸造车间、通用车间等,维持了公司的基本开支。采取合作经营方式,提高产销增长率,4月推出了“金泰龙”轻卡产品,受到用户热捧,销售300多辆;抓住了中巴增长的机遇,产销量突破800辆;长头车逆势而上,取得突破,销售长头车自卸车100多辆;教练车也突破了100辆;批量生产8×4重型工程用车,挤占云南市场。根据近几年云南重型工程车市场需求量大的情况,采取重点突破方式,确定了运煤的重点市场,上半年销售300多辆。全年生产汽车2361辆,销售汽车2370辆,同比增长11.3和9.87%。

新开发的EQ3061FP3、EQ3020FP3车型。

【技术改造】 东风云汽为了不断提高现场管理水平,降低生产成本,按照“花钱少,效果好”的原则,投入200万元对总装生产流程、生产现场布局进行调整和改造，制作了工位器具、改造翻身架等，既缩短了生产物流运输距离，又改善了生产环境，促进装车质量的提升；投入290万元开发皮卡货箱模具；投入300万元建立货箱生产线；投入400万元，建立机加工生产线。通过评审，以上改造项目有效地提升了产能和产品可靠性，能够为将来企业发展和生存带来较高的经济效益。

新建的货箱油漆线。

【产学研合作进程加快】 为了加快新产品开发进程和解决人才招聘、配置的问题，2月，东风云汽聘请昆明理工大学博士担任副总工程师，共同解决纯电动汽车开发的难题。9月，联合昆明理工大学一起按高标准设立了新能源汽车联合试验室，该试验室配备了电动车涡轮测功机和国际先进的汽车虚拟测试软件（Virtual Test），全面测试电池、电机、控制系统的可靠性。10月，昆明理工大学津桥学院、西南林业大学将东风云汽设为实习就业基地。

【新能源汽车取得生产资质】 在上年建立“高原型新能源汽车整车研发基地”后，按照省市政府的要求，东风云汽成功开发了两台10米纯电动城市客车，3月，在昆明市公交54路线上试运营3个多月，行驶6000千米，各项技术指标均达到设计要求。4月23日，东风云汽联合云南省工信委、省汽车办和市科技局，组织举办了云南电动汽车发展论坛暨东风云汽纯电动公交车发布会，与会代表及专家就电动车发展提出了一些建议和意见，形成了“纯电动汽车公交先行、高原先行、昆明先行”的共识。昆明市市长张祖林、东风公司党委副书记范仲等领导应邀出席论坛会，并对云南电动车产业发展寄予厚望。9月底，国家工信部委托中机车辆技术服务中心对东风云汽进行现场技术审查，并通过了工信部专家组的审查，取得新能源汽车生产资质，这是云南省第一家具有新能源汽车生产资质的汽车生产厂家。东风云汽纯电动车项目已被云南省科技厅列为云南省“十二五”重点扶持项目。

4月23日，云南电动汽车发展论坛暨云汽纯电动公交车发布会。

【重组改制稳步推进】 东风云汽积极推进主业重组，转变体制机制。东风云汽对主业重组方案进行了调整，与明想达成了合资重组方案，并于11月7日签署了新的合资重组协议。2010年完成了辅业分离改制的新公司运营一年来，业务拓展，经营平稳，员工安心，员工收入比改制前有较大提高。

【党群工作】 5月，东风云汽党委组织编写了《和谐云汽工程纲要》，改进和加强党建工作，扎实开展“创先争优”活动，把“四强四优”建设贯穿到强东风云汽党建工作上，进一步落实和完善党风廉政建设“六抓”体系；建设和谐小区，在完成廉租房建设的基础上，对员工小区进行改造，提高和美化员工小区居住环境，加强保安防范，为员工安居乐业提供保障；创建文明单位，在区级文明单位基础上，积极争取创建市级文明单位，通过创建工作促进企业与社会、企业与员工、员工与社会的和谐发展，营造和谐氛围。6月23日，组织“纪念建党90周年重走长征路”活动，东风云汽领导、党员、入党积极分子80余人参加，行程约20千米，并向革命老区捐赠一辆EQ1020FP4皮卡车。

（何启奎）

大的促进作用，朝柴在发动机总体技术、燃烧技术、增压技术等方面具备了较强的能力。2011年，朝柴完成国IV、国V各产品的开发项目15个，完成10个试验室试验台架设备改造提升工作，完成国IV机型的技术推广，完成所有重点用户的国IV产品样机匹配和标定工作，为提升国IV产品市场占有率奠定了基础。

【研发能力建设】 以培训为手段，快速提高项目总师级人员的项目管理能力。通过开展《研发项目管理》培训，使项目管理人员系统地掌握了项目管理的思想、过程、方法和工具，认清项目管理者的角色地位，提高了项目经理的自身素质和掌握相应的技术，为帮助项目经理成为研发团队领导者起到了积极的促进作用。

试验室进行全面的升级改造。改造内容包括油库及油路改造、电气线路更新、防火板、吸音棉的置换、监控系统的安装、冷冻水管路铺设、试验台设备的升级调试等。改造后，试验室可进行30～600千瓦功率范围的性能及可靠性试验，新安装的两个深度冷热冲击试验台架可满足国标冷热冲击试验规范及NGD3.0发动机所要求的万国标准试验规范要求，试验能力提升。

新建冷启动环境舱。冷启动环境仓最低制冷可以达到零下50℃，全自动温度控制，控制精度可达±1℃，多通道数据采集，实现了转速、电流、电压等参数的自动监控，其性能在行业内较为先进。提高了公司的试验开发能力，为加快新产品开发进度提供了保障。

试验室通过了中国合格评定国家认可委员会(CNAS)认可现场评审。CNAS对试验室一次性确认了包括排放试验、性能试验、可靠性试验、噪声试验、曲轴疲劳试验等14项试验检测申报能力。CNAS评审的通过标志着公司试验室的管理体系及技术水平获得了国家级认可。朝柴试验室具备了柴油机、整车和发动机零部件检测结果国际互认的资质。朝柴试验室将被列入《国家实验室认可名录》，提高了试验室的知名度和影响力。

【市场营销推进】 8月17日至28日，东风朝阳柴油机有限责任公司市场商品战略高层研讨会暨“剑指神峰 问道巴蜀”第四届文化节在风景秀丽的四川康定隆重召开。来自汽车行业的领导、专家及汽车厂、经销商、大客户代表共商发展大计，良好的沟通和品牌传播为全年合作共赢奠定了基础。

随着轻卡动力市场竞争的加剧，朝柴下大力度开拓市场源头即卡车、客车、工程车等主机厂，全年新增主机厂公告资源390多个，新开发客户4个，配套新车型148款，在客车和工程动力市场销售有所增长，形势趋于利好。以缅甸CKD工厂建设完成、匹配NGD3.0发动机的土耳其SUV项目顺利开发为代表，海外市场开发也取得了可喜的成绩。销售公司还发挥市场营销功能，与江淮骏铃、时代金刚等开展联合推广活动，在主机厂、经销商的全力支持下，提升了新车型的市场竞争能力。四季度关注售后，开展了“服务送温暖”活动，从朝柴抽调50人组成专项服务小组，奔赴主机厂服务站第一线驻站服务，把技术服务和业务指导送到一线服务商，体现了朝柴对服务网络的关注与支持。

朝柴海外事业持续开展，先后向越南、缅甸、马来西亚、印度尼西亚、菲律宾、土耳其、秘鲁、埃及、伊朗、俄罗斯等国派驻业务代表或服务代表，开拓、维护海外市场，提高单机出口和海外流入量。完成单机出口1683台；海外随车流入量5429台。

在菲律宾、越南新建服务网络3家，使海外网络总数达到11家，在主要出口国建立服务体系，通过服务培训、技术支持、配件供应，满足海外用户需求。

完成CY499TI技术转让项目总装线设计、安装、调试并交付缅方验收。实现QD32CKD出口8台。完成4102两气门系列发动机欧盟认证，完成4D发动机乌拉圭使馆认证，实现欧III发动机销售800台。完善了全系列产品的英文资料，包括说明书、维修手册和备件目录等；同时还完成了西班牙语、越南语和俄语的培训材料的编译工作。

朝柴在缅甸组装的第一台柴油机一次点火成功。

在越南、缅甸、菲律宾、朝鲜、俄罗斯等国家，通过参加展览会、树立朝柴LOGO牌、展示样机、培训客户，取得良好效果，扩大了朝柴品牌的海外影响力。

【现场管理强化】 现场管理是企业管理的基础，也是现代企业致胜的法宝。7月11日，随着5S管理推进动员大会暨《图解5S管理实务》赠书仪式的举行，朝柴再次推进5S管理，以此提升朝柴现场管理水平。8月末，全面进行办公室5S整顿，从总经理到普通员工全员参与“整理”、“整顿”、“清扫”活动，促进了工作现场的整体改善。9月10日，朝柴再次召开现场管理推进大会，11位代表分别从5S管理、标准作业、改善活动方面作经验介绍和交流，为朝柴全面推进现场管理提供借鉴和参考。

朝柴在各专业厂、车间、班组全面推广，在现场5S、质量、设备、标准作业、改善等管理提升方面制定行动方案并实施，取得了较好的效果。5S每月进行诊断并限期整改，现场水平逐步提升，11月朝柴现场5S诊断结果达到3.4的目标。标准作业以铸造一厂缸体制芯车间为试点，取得了良好经验，并在全朝柴开始推广。自主保全已开展5轮工作，共保全主要生产设备160台，自主保全覆盖率达到18.7%。三季度，朝柴现场管理诊断达到1.4的目标。

现场培训标准作业。

【采购管理提升】 以采购管理提升为突破口，8月15日，朝柴启动了精益供应体系之采购管理提升咨询项目。这是继朝柴生产、质量、信息化管理之后的又一个重要管理项目，也是朝柴首次在采购领域实施的管理项目，其意义重大。此次特别聘请国内“生产与供应链管理”领域培训师和咨询顾问周云担任朝柴管理提升顾问，从采购思想论和方法论上双管齐下，提升采购队伍素质，降低采购成本，全面提升采购管理水平，最终促进朝柴业绩提升。

该项目先后经历调研、培训和辅导三个阶段，对采购管理现状进行梳理，对采购管理原则进行界定，对采购的未来发展进行了展望。经审慎决策，就相关方面达成共识，在思想和政策上为采购管理提升指明了方向，正在逐步实施。

【质量管理加强】 “不接受不合格品、不制造不合格品、不传递不合格品”是快速提升质量管理的有效方法。9月1日开始，朝柴启动“快速提升采购产品质量行动”，全面贯彻“三不”原则。首先从不接受不合格品开始，从16个部处室抽调70名机关干部成立了15个监督检查小组，深入各供应商库房和周边生产线，全面开展采购产品质量把关和检验活动，通过关口前移，将问题采购件拒收在入总装厂之前，入总装厂故障率明显下降。

同时，朝柴将“三不”活动向制造现场和供应商厂家延伸，由“不接受不合格品”向“不制造不合格品”转移，从源头上提升产品质量。朝柴派出驻厂监督整改小组10人，先后到供应商厂家进行现场监督和指导。在制造过程贯彻“三不”，朝柴各责任单位成立相应的“三不”管理团队21个125人，每人每天至少到现场工作5小时，加强质量控制，增强质量意识。

【建党90周年活动】 6月22日，朝柴红歌演唱暨红诗朗诵会隆重举行，一曲曲荡气回肠的经典红歌，一首首饱含深情的红诗，中间穿插现场抽取党史党建知识学习答题活动优秀奖，组成了朝柴庆祝建党90周年的一场盛典，弘扬了伟大的民族精神，表达了对祖国的挚爱深情。

“七一”前后，朝柴还举办了一系列丰富多彩的活动庆祝建党90周年。举办庆祝建党90周年图片展，给广大员工上了一堂生动的党史教育课；举行新党员入党宣誓仪式，29名新党员面对党旗庄严宣誓，为党的肌体注入了新的活力；群团组织陆续开展了健球、羽毛球、排球、乒乓球、钓鱼、足球比赛等活动，喜庆建党90周年；各党总支部、党支部纷纷开展“最佳党日”活动，以义务劳动、改善创新等各种形式为党的生日献礼。

（李一容）

东风朝阳思益有限责任公司

组织机构图

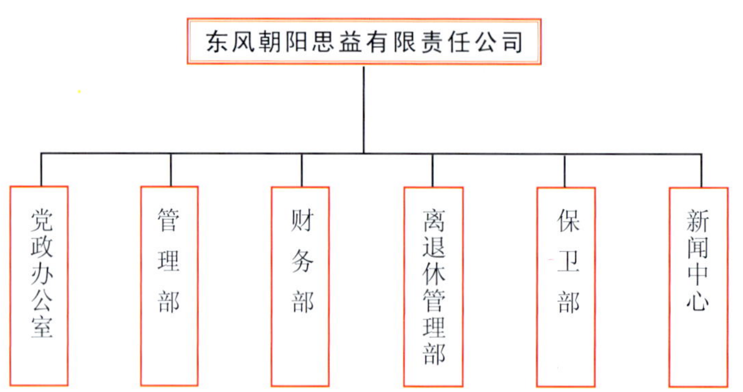

【概况】 东风朝阳思益有限责任公司(以下简称“思益公司”)是东风公司的控股子公司,位于辽宁省朝阳市。2009年底,完成对所属分公司及经营单位的改制任务;2011年,思益公司保留少量工作人员继续处理改制后的遗留问题和收尾工作。张辅志任总经理、党委书记。

改制后的思益公司设有党政办、管理部、财务部、保卫部、离退休管理部、新闻中心6个部门,人员110人。主要工作是处理党政业务、管理债权债务、处置剩余资产、解决法律纠纷及为东风朝阳柴油机有限责任公司提供安全保卫、新闻宣传和离退休人员管理等。

(朱　迪)

东风车城物流股份有限公司

组织机构图

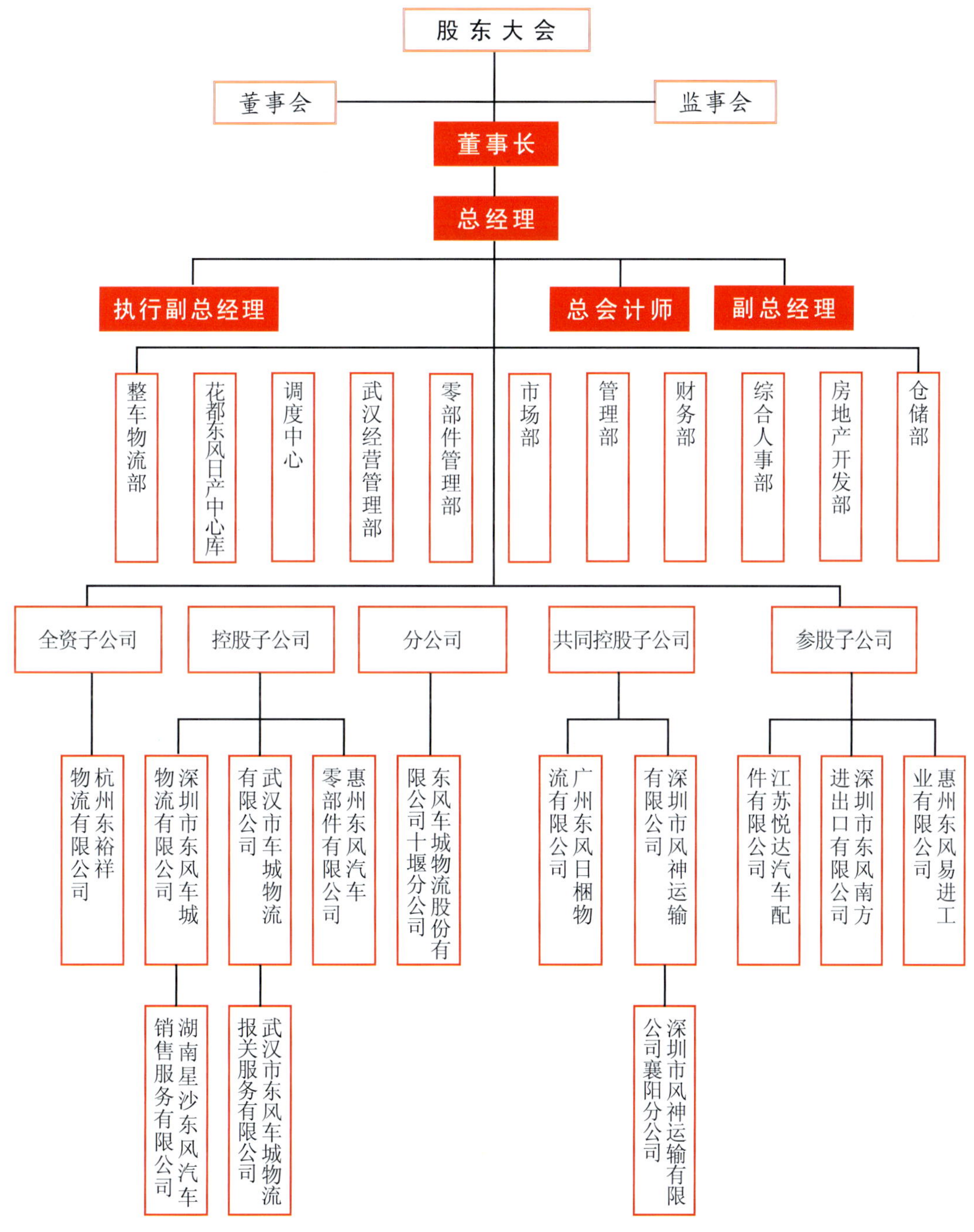

【概况】 东风车城物流股份有限公司(以下简称“公司”)是东风汽车集团的核心物流企业。公司经营范围:整车物流仓储(危险品除外)、乘用车、商用车及汽车零部件运输,普通货物运输(凭许可证经营);房地产经营;销售汽车及零部件;集装箱运输;金属结构件加工制造;汽车维修;铁路货物运输代理,水路货物运输代理,联运代理,国际货物运输代理;生产经营汽车零部件,金属件,塑胶件及模、夹、检具的加工和销售及服务(产品100%内销)。随着中国汽车工业的快速发展,公司物流业务也不断扩大,由最初仅在花都1个物流基地发展到在全国设有9个子公司、1个分公司、8个物流基地、5个驻外办事处。公司在册员工860余人,自有车辆达到400余辆,服务于东风旗下多家汽车生产厂商,2002年投资结构全面调整已经取得“十年磨一剑”的阶段性胜利。经营收入从2006年的28080万元增加至2011年95649万元,增长340%;整车运输能力从132000增加至591738辆,增长448%。李绍烛任董事长,唐金任总经理。

【经营目标会议召开】 1月18日至23日,公司分别在武汉、花都召开中南片区、华南片区“东风车城物流集团2010年终总结及2011年经营目标”会议。部署2011年集团公司及各子公司的经营工作,为“十二五”阶段发展布好局、开好头;加强集团战略管控,成立财务管理委员会、投资管理委员会、经营管理委员会、物流管理委员会,在实际经营运作中发现问题,发挥专业委员会职能,分析问题,不断完善各项制度,保障各项工作任务顺利完成。

【东风日产中心库成立】 2月,成立花都东风日产中心库,负责管理东风日产花都中心库商品车的入库、在库、出库、整备相关工作,使日产中心库朝着专业化、规范化管理发展。

东风日产中心库停车场。

【六届四次董事会召开】 4月2日在惠州大亚湾总部召开“公司第六届董事会四次会议暨股东年会”,向股东汇报2010年经营成果及企业财务报告,并审议其他议题。

【成立管理部】 根据东风公司总部机构变化及公司业务发展需要,7月成立公司管理部,主要对口总部运营管理部、规划部,及公司内部运营、内控管理工作。

【李绍烛副总经理视察工作】 8月30日,东风公司副总经理、公司董事长李绍烛莅临公司检查指导工作,肯定公司整车物流业务的实力,对公司今后的发展及定位提出建设性的指导意见。

8月30日,东风副总经理李绍烛(左六)视察工作。

【供应商大会召开】 12月22日,公司在云南召开主题为“携手同行、和谐共赢”合作与发展工作会议,首次对合作的优秀承运商进行表彰及物质奖励,为公司下一年度物流发展规模做运力保障准备工作。

【重大项目】 郑州物流项目。公司中标取得东风日产郑州工厂2011—2013年整车运输业务份额,通过2010年第四季度的试运行,各项物流服务均得到了主机厂的肯定。2011年正式成立郑州物流部,本着“诚信服务、用户至上”的经营服务理念,克服初期的困难,在没有增加投资的情况下,顺利完成主机厂下达的全年运输任务。郑州物流部运量已占郑州工厂产量近70%份额。

杭州物流项目。4月7日，在花都召开东风裕隆项目招标说明会，首次采用招标方式对东风裕隆项目运输业务进行分包。7月，公司对中心库及管理平台管理方案通过东风裕隆采购委员会审核，东风裕隆乘用车中心库开始运行。

惠州厂房扩建项目。惠州东风汽车零部件公司厂房扩建工程及配套外网工程已通过验收，新设备调试完毕，产能提升建设于2011年底已全部完成。

惠州零部件新办公楼。

武汉车城办公楼项目。2011年，武汉市车城物流有限公司办公及宿舍楼、维修车间、外网工程完成施工；预计2012年初能够投入使用，改善武汉地区办公环境。

杭州冲压件项目。公司与东风杭州汽车有限公司在杭州萧山建立合资公司，为东风裕隆商用车与东风裕隆乘用车公司提供高品质、高精度、大批量冲压件产品。

【荣誉与表彰】 5月22日，公司通过质量管理体系第二次监督审核，保证GB/T9001-2008标准的保持使用；11月，经中国物流与采购联合会物流企业综合评估委员会审定通过，公司获得“国家4A级物流企业”资质，以此引领公司向着标准化、现代化、规模化方向发展。2011年，公司连续获得东风日产“优秀供应商”称号，树立了企业良好的社会形象；公司被深圳市交委和拖车协会评为“深圳市道路集装箱运输行业信息采集优秀样本企业”。

（张立伟）

东风小康汽车有限公司

组织机构图

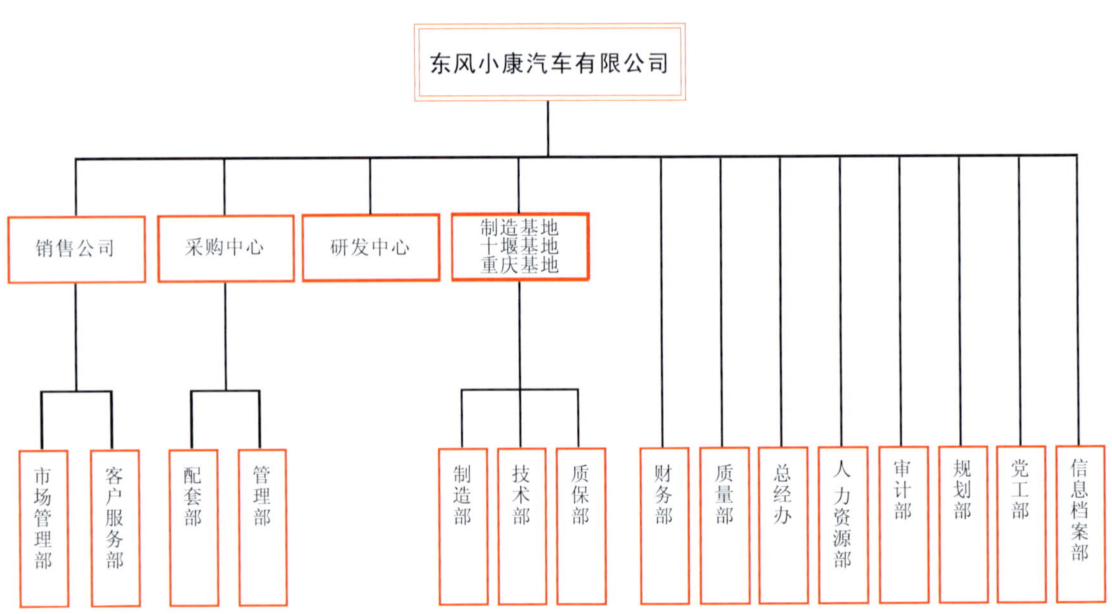

【概况】 东风小康汽车有限公司(以下简称“公司”)始创于2003年6月,由东风公司、重庆小康工业集团有限公司双方共同合资经营。合资公司注册资本出资比例为东风公司50%,重庆小康工业集团有限公司50%。公司机构设有总经办、人力资源中心、财务中心、采购中心、信息中心、研发中心、销售公司、规划部、审计部、质量部、管理部、精益生产办公室、党工部。朱福寿兼任董事长,张兴海任公司副董事长、总经理。

公司坐落于湖北省十堰市经济开发区,拥有十堰、重庆两大生产基地,现有员工7000余人(其中十堰基地3600余人),具备年生产各型东风小康微车50万辆以上的产能(其中十堰基地具备年产25万辆生产能力)。公司拥有产品研发中心和工艺先进的冲压、焊装、涂装、总装生产车间以及先进的整车检测线。公司致力于微型乘用车、商用车及汽车零部件的研发、生产和销售。已开发生产“东风小康”微型汽车“K”、“V”两大系列200余个品种。

2011年,公司生产汽车33.42万辆,同比增长10.6%;工业产值73.23亿元(以工厂出厂价计算),同比增长12.85%;汽车销量33.06万辆,同比增长9.6%;营业收入81.39亿元,同比增长11.1%;市场占有率12.6%,同比增长近两个百分点;人均劳动生产率100余万元/人·年。10月,全球最具权威性调研机构J.D.power亚太公司发布了2011年中国新车质量调研(IQS)报告,东风小康V27获得“2011年微客细分市场新车品质最高车型”,成为11个细分市场中获评第一的仅有的两个国产自主品牌之一。“东风小康”系列微车自2005年5月上市以来,已累计实现产销100余万辆。

【中央及湖北省市领导调研东风小康】 1月4日,时任湖北省代理省长王国生在十堰市委书记陈天会、市长周霁的陪同下到公司二工厂视察工作。

10月12日,湖北省原省委书记贾志杰在十堰市委书记陈天会的陪同下到公司二工厂调研。

12月5日，全国人大财经委员会委员、原湖北省常务副省长周坚卫在十堰市委书记陈天会陪同下到公司二工厂调研。

【新品研发与产品提档升级】 公司已具备“K”、“V”、“C”三大系列生产制造平台，可以生产客车、货车、专用车、小型商务车等200多个型号的微型汽车。即将上市的中国首款小型商务车C37是统筹兼顾“商务、商用、家用”需求的高品质全新车型。具有比微客更大、比轻客更实用的特点。是东风小康改变市场格局，打破车型壁垒的一次重要尝试。车型采用豪华立体式中控台、智能制动门系统，搭载豪华MP5影音系统，装配了迎宾踏板和豪华MPV座椅，同时，具有超强承载力。预计将和C37先后上市的V29除了与C37共同的特质外，还搭载了强悍的VVT发动机，这也是行业首款搭载了VVT动力的微车。

【中期质量文化建设战略制定】 2011年2月，制定2012—2015年度东风小康暨2012年度质量承诺战役质量文化：是企业在生产经营中形成的一系列有关质量方面的意识、价值取向、行为准则、思维方式以及习惯。是一种以质量道德、质量意识为基础，激发员工自主性和自觉性为手段，以提高产品质量、服务质量和质量绩效为目的的文化管理方式。质量文化核心内容：质量理念、质量价值观、质量道德观、质量行为准则。实施措施：1.建设东风小康质量文化，推进工作质量转型升级。质量文化是质量体系的升华和延伸，质量文化是汽车质量的思想。东风小康汽车质量是产品质量+工作质量所组成。产品质量是结果，工作质量是过程。造汽车就必须造好汽车质量。2.实施质量自动化，推进精益生产转型升级。“质量自动化”就是遇到质量问题立即停止作业，问题解决了再继续作业。实施质量自动化是公司坚定不移地深入推进精益生产方式的具体执行。3.倡导质量诚信，实行质量问责制、质量追责制。东风小康对用户坚持做到诚实、守信，秉承“关怀每一个人、关爱每一部车”的理念，100%完成质量指标，认真履行质量承诺。实行质量问责制和追责制。4.质量底线不突破。产品质量底线是产品的最低质量要求，公司产品质量最低标准和实物质量绝不允许低于对标品牌同类车型或对标车型质量标准和实物质量。

【重庆双福工厂建成投产】 4月，公司重庆双福工厂建成投产。该项目设计产能20万辆，主要生产V系列车型。作为重庆市的重点建设项目，东风小康重庆双福工厂建成投产，标志着东风小康已经形成年产50万辆微车生产能力。

【产品竞争力与产品结构调整】 大力提升产品竞争力，加快产品结构调整，确保小型商务车C37和V29实现量产的同时，减少K17等3万元以下的车型占比。以合理的产品结构保证东风小康能够满足不同消费层次的用户需求，使产品成为公司新的经济增长点。

【总经理负责制】 确定2011年为公司“管理提升年”，重点推行全面预算管理和公司治理下的总经理负责制。完善的公司治理结构，是企业可持续发展的基础，是基业永固的重要保证。其主要目的就是把企业打造成行业领先、管理一流、具有核心竞争力的行业领军型企业。

公司开始在销售、采购、制造、研发四大运营板块推行公司治理下的总经理负责制，要求既做到遵守“公司治理”的各项体制、原则和底线，更要发挥好“总经理负责”的机制。

【科学布局产品生产】 公司的制造平台布局为十堰基地生产K、C平台系列车型，目标产量为20万辆；重庆双福工厂生产V系列车型，产能20万辆；重庆井口工厂作为卡车和出口车的生产地，经整合产能将达10万辆。

（王志雄　何　莎）

东风李尔汽车座椅有限公司

组织机构图

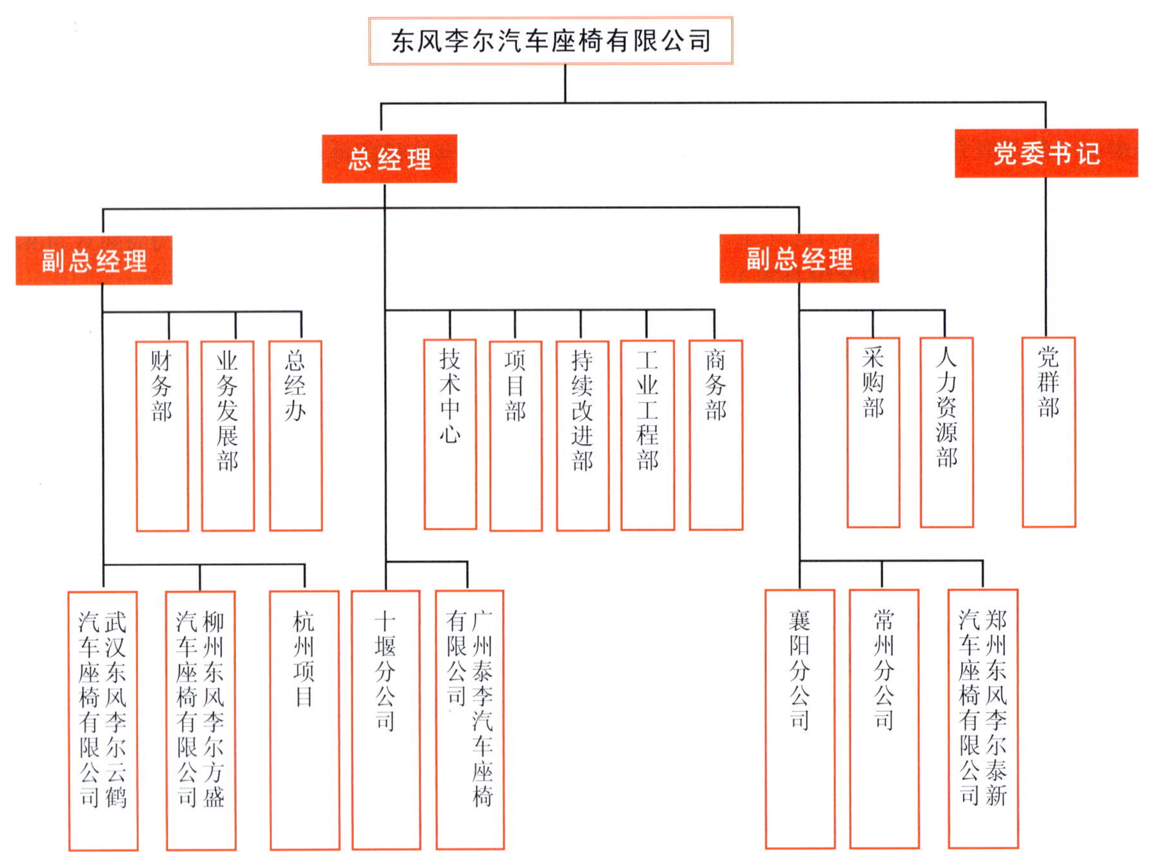

【概况】 东风李尔汽车座椅有限公司(以下简称“公司”)是由东风汽车公司(20%)、东风(十堰)实业公司(30%)和美国李尔(毛里求斯)有限公司(50%)于2004年3月合资组建的中外合资企业。公司是东风公司专业汽车座椅生产企业,主要从事汽车座椅及其功能件的设计、研发、生产、营销和服务。公司产品涵盖东风重、中、轻商用车,全系列乘用车以及客车、微车。具备年生产45万套重、中、轻型商用车座椅和60万套乘用车座椅能力。主要客户为东风乘用车公司、东风商用车公司、东风股份、东风日产、神龙公司。截至2011年底,在册员工579人。罗元红任董事长,孔繁国任总经理,钟同富任党委书记。

2011年,东风李尔“DL5316”中长期发展战略及规划起步,公司抢抓机遇,顺势发力,规模发展取得重大突破,在“哪里有东风,哪里就有东风李尔”市场战略的指导下,先后完成了在郑州、武汉、柳州的合资合作以及在常州的投资建设。客户新产品同期开发和新项目量产稳步推进。公司本部全年生产座椅25万套,同比增长3%。销售收入3.2亿元,同比增长14.7%,含投资收益利润实现5600万元,同比增长69.7%。

12月,根据集团化规模扩张发展的需要,公司组织机构新增业务发展部和工业工程部。业务发展部主要负责业务拓展、法律事务、IT、新项目跟踪报价及目标成本的制定等;工业工程部主要负责各分子公司工业布局及设备设施的规划等。

公司重视与客户建立良好的战略合作关系。12月28日,公司与东风乘用车公司签订战略合作协议,成为东风乘用车公司战略供应商。公司荣获东风商用车公司、东风日产及神龙公司2011年"优秀供应商"称号,荣获东风股份2011年度"十佳供应商"荣誉称号。公司被湖北省国资委授予2010—2011年度"文明单位"称号,公司领导班子荣获东风公司五星级"四好班子"(保级)称号,被东风公司授予"优秀经营协同单位"称号,被东风(十堰)实业公司授予2011年"优秀合资企业"称号。

【市场发展战略与合资合作】 公司在"整合东风公司汽车座椅零部件资源,支持东风公司整车事业发展"企业宗旨的指导下,以"独立自主研发制造安全舒适、环保节能、美观时尚、低价优质汽车座椅"为使命,依托东风,服务东风,市场发展战略取得重大突破,先后完成了在郑州、武汉、常州和柳州的市场布局,形成了拥有3家分公司,4家控(参)股子公司的事业格局。

3月17日,公司与郑州泰新汽车内饰件有限公司合资成立郑州东风李尔泰新汽车座椅有限公司合资合同签字仪式在广州花都举行。双方股比分别为51%、49%。7月21日,郑州东风李尔泰新汽车座椅有限公司奠基及新工厂开工仪式在郑州经济技术开发区举行。新合资公司工厂占地50亩,规划建设能力年产50万套汽车座椅。工厂建设分两期建设,一期工程计划2012年3月建成,实现年产能35万套。合资公司目标客户是东风汽车公司在郑州基地的汽车座椅市场。

10月19日,公司与武汉新云鹤汽车座椅有限公司签署投资合同。

10月19日,公司与武汉新云鹤汽车座椅有限公司合资组建武汉东风李尔云鹤汽车座椅有限公司投资合同签字仪式在武汉经济技术开发区举行,东风公司总经理朱福寿、副总经理刘卫东、李尔全球总裁及全球CEO马特•西蒙奇尼出席仪式。新公司双方股比分别为80%、20%,将在2012年1月正式运营,目标客户是东风公司在武汉的乘用车座椅市场。新工厂计划在2012年5月开工建设,预期到2017年产能达到前椅49万套,后椅72万套,泡沫32万套的能力。

11月1日,常州分公司成立。目标客户是常州东风汽车有限公司。

12月28日,公司与东风乘用车公司签署战略合作协议。

12月12日,公司与广西方盛实业股份有限公司及武汉新云鹤汽车座椅有限公司合资成立柳州东风李尔方盛汽车座椅有限公司投资合同签字仪式在柳州举行。三方股比分别为51%、29%、20%,合资公司的目标客户是东风公司在柳州市的关联企业。

当年,公司在杭州东风裕隆汽车有限公司客户市场积极争取新产品业务,规划在2012年投资建厂。年底,东风裕隆应邀到公司进行参观考察。同时,公司在盐城设立项目部,积极争取东风悦达起亚汽车有限公司新产品业务。

【东风李尔技术中心成立】 作为公司产品战略的重要支撑,10月19日,东风李尔技术中心、李尔中国商用车座椅研发中心挂牌成立。同时,东风股份商品研发院也在公司设立汽车座椅开发研究所。公司在国内汽车座椅技术研发行业领先地位得到确立,核心竞争力继续增强,成为东风公司汽车座椅专业生产厂家。

东风李尔技术中心的成立,提升了公司核心竞争力,构筑了新产品研发技术资源平台,实现集团化座

10月19日，东风李尔3个研发中心揭牌。

椅研发资源共享。公司以新产品开发为突破口，实施市场领域先期介入。在商用车方面，完成东风商用车公司座椅D530气囊座椅的投产及新品D760座椅前期开发准备；实现东风（十堰）实业公司特种车身T660座椅的小批量供货。在乘用车方面，东风乘用车公司新项目S15年底进入小批量试制，神龙公司W2项目实现了工业化及量产，郑州东风日产P32L座椅实现生产转移；其他座椅项目，完成了东风股份新品A08工业化准备，常州东风汽车有限公司微客W03进入小批量试制阶段；非东风座椅业务开发得到推进。

【经营水平提升】 7月1日，公司发布新版《东风李尔管理运营体系》。新版体系是在原质量管理、环境管理、安全管理及MOS运营管理体系的基础上，历经4年的实践和探索，结合公司规模发展并融合新的管理理念而得到完善。该体系具有范围广泛、形式直观、性能优越、内容精致的特点，逐步适应公司集团化规模发展所要求的程序化、标准化和规范化，独具特色。

新版管理运营体系将为构建包括商务管理系统，产品研发管理系统，高效率、高质量、标准化运营系统，采购管理系统，人力资源管理系统，企业文化管理系统，财务管理系统等在内的卓越运营系统（EMOS）的建立奠定基础。

人力资源和组织机构逐步优化，通过实施人才培养和人才引进计划，员工综合素质逐步提升；通过推进人才战略，明晰了员工职业发展规划。6月25日，公司举办客户关系管理及商务礼仪培训，强化“关注客户，质量第一”核心价值观，适应规模化发展需要的客户关系管理进入新阶段。

5月19日，公司2011年商务委员会在武汉总部召开。此次商务委员会是在公司步入集团化规模发展新阶段首次召开的一次会议，会议深入分析公司商务工作所面临的挑战和发展机遇，转变观念，强化措施，以“DL5316”中长期规划为目标，加强客户关系建设与管理。

11月24日至25日，公司组织现场管理“5S”检查评比。此次现场检查以十堰分公司、襄阳分公司、武汉工厂为重点，旨在加强公司各分子公司现场管理经验交流，提升员工整体素质，不断提高现场管理水平，促进公司现场管理规范化、制度化。检查内容涉及11个方面，即工厂整体印象、企业文化氛围、员工行为规范、环境安全管理、生产现场管理、办公区域管理、其他场所管理、目视管理、计划及仓储管理、精益容器及包装、全面预防性维护等。

2011年，公司荣获东风（十堰）实业公司2011年度“现场改善十佳单位”荣誉称号。

【二届董事会四次会议召开】 公司第二届董事会四次会议于10月31日在十堰召开。会议审议通过2012年预算，审议并批准公司技术中心组织架构和人员安排规划，批准公司合资组建武汉东风李尔云鹤汽车座椅有限公司，审议并通过公司新业务规划（柳州、杭州）基本方案。

董事长罗元红，副董事长唐庆丰，董事吕宏顺、黄青松、黄旭平、钟同富出席会议，公司总经理孔繁国、副总经理张国良、工会主席李洪亮列席会议。会议突出加强投资风险控制和资金安全，科学实施人才培养、引进和使用战略，提升各业务单元的经营管理水平。

【党群工作】 公司党委以开展“创先争优”和争创五星级“四强四优”活动为载体，发挥党建工作保障作用，确保公司 “四好班子”五星级保级荣誉。公司荣获东风公司2010—2011年度五星级“四强”党委称号，荣获东风（十堰）实业公司2011年度“创先争优立功竞赛优秀组织单位”称号，襄阳分公司党支部获东风公司2010—2011年度五星级“四强”党支部称号。

公司党委顺应集团化发展形势，提出了“哪里有东风李尔，企业党组织就建到哪里”及“哪里有东风李尔，党员先锋作用就发挥到哪里” 党建工程建设目标。

3月，公司成立企业文化建设委员会，在各分子公司建立宣传和企业文化建设组织机构。9月，公司开展以“我为公司发展作贡献”为主题的第四届企业文化月活动。在此次企业文化月活动期间，各分子公司及工厂建立了企业文化核心理念，初步建立了具有公司企业文化共性又具各分子公司个性的母子企业文化体系。活动中，公司党委组织全员参与“我将怎样贯彻落实公司核心理念”大讨论，并组织宣讲团，巡回宣讲公司核心理念和企业文化践行先进事迹。公司党委发挥宣传和企业文化建设优势，继续以《东风李尔简报》及网络为平台，开展宣传和形势目标教育。年底，公司荣获东风（十堰）实业公司“2011年度宣传报道工作先进单位”称号。

4月5日，公司召开一届四次员工代表大会，大会听取审议了总经理孔繁国所作的《抢抓机遇，统一目标，顺势发展，推进东风李尔中长期战略规划的全面实施》的工作报告。工会被湖北省总工会授予“湖北省企业工会工作规范化建设一级企业工会”称号，荣获东风（十堰）实业公司“班组建设先进单位”称号。公司工会女职工委员会被东风（十堰）实业公司工会授予“优秀女职工委员会”称号。襄阳分公司项目“东风股份A08座椅总成开发”及“东风股份DN15座椅二次开发”荣获东风（十堰）实业公司“实业杯”三等奖。

5月中旬，在纪念“五四”运动期间，公司团委与人力资源部联袂在十堰郧县虎啸滩组织青年员工联谊会。十堰分公司、襄阳分公司团员青年及新入职大学生50余人参加。联谊活动包括组织新入职大学生座谈会，组织《东风李尔企业文化宣言》和“DL5316”中长期战略规划宣传培训以及公司企业文化知识竞赛等。

十堰分公司青年立功竞赛项目“东风小霸王座椅总成开发”荣获东风实业公司“青春杯”二等奖。

（杨敬东）

东风嘉实多油品有限公司

组织机构图

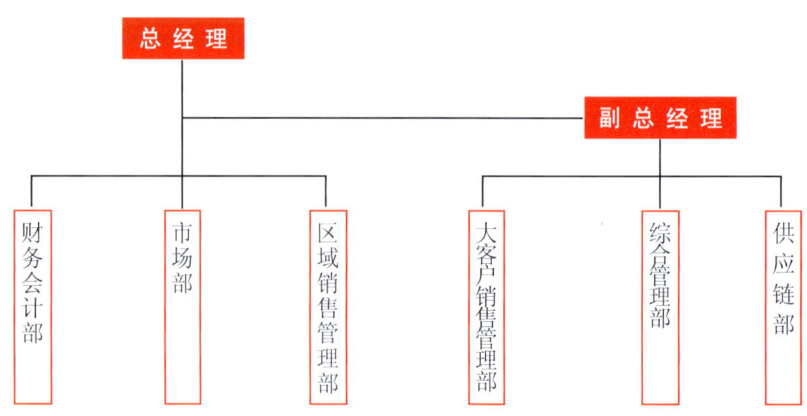

【概况】 东风嘉实多油品有限公司(以下简称“公司”)是由东风汽车公司、东风汽车股份有限公司、英国BP环球投资有限公司三方于2005年2月共同出资成立的中外合资经营公司,注册资金8000万元。截至年底,公司在职员工106人(含派驻人员6人),具有中专、大专、本科及以上文化程度的占员工总数70%。张雨松任总经理,陈信东任党总支部书记。

公司开发和拥有各种润滑油配方85个,产品覆盖矿物油、半合成油、全合成油等,适用于微型、轻型、中重型商用车,中、高、低档乘用车及各类恶劣环境下工作的工程机械所需的发动机润滑油、齿轮油、液压油等。自主开发防冻液配方29个,覆盖微型、轻型、中重型商用车,中、高、低档乘用车及各类恶劣环境下工作的工程机械所需的防冻液,其中DF-4、DF-6等系列产品处于国内领先水平;生产和技术水平通过了BP和法国埃尔夫等公司的认证,作为BP和埃尔夫等防冻液产品代工基地。依据油品行业生产基地的布局原则,公司严格挑选委托加工调配厂,在深圳、上海、山东、无锡和太仓等地建立了润滑油委托加工基地,确保了连续供应能力和具有竞争力的成本优势。

【销售服务】 在大客户销售与社会市场开拓两翼齐飞的营销战略下,当年实现销售收入2.13亿元,实现利润1086万元,新增有效客户5个,较好地完成年度经营目标。

大客户销售方面,积极开拓新客户的同时加强了对已有重点客户的深度开发,实行大客户驻点服务,以服务优质、客户满意为原则进一步改善了服务模式,变过去单纯的产品“点单式”、“被动跟随式”等大客户开发方式为“优化匹配式”及“同步开发式”,提高了客户满意度。社会市场上,克服困难积极开拓市场,全年累计开发经销商41家,同时充分利用呼叫中心平台优势,采取业务代表和呼叫中心联动的

10月15日,公司召集湖北区域经销商在武汉总部召开经销商会议。

方式，不断提高对服务站和经销商客户的服务质量。10月15日，公司召集湖北区域经销商在武汉总部召开了题为"新起点，新征程，携手湖北合作共赢"的经销商会议，以推动全年销售目标的圆满实现。

【品牌推广】 4月，公司携旗下"劲达"、"佳弛"两大自主润滑油产品品牌亮相上海国际车展，并推出自主研发的"电动汽车变速器专用齿轮油"。东风嘉实多此次参展的亮点是润滑油配方研发兼顾发动机耐久性、发动机燃油经济性、发动机排放三项指标的平衡理念，为客户量身打造车用润滑油产品和提供润滑油整体解决方案。

4月19日，公司产品亮相上海车展，倡导三角平衡理念。

7月，公司旗下商用车润滑油产品品牌"劲达——东风汽车专用油"首发亮相东风裕隆——多利卡事业部、福瑞卡事业部2011年中商务会，并召开了新品发布会。8月，面向全国整车售后市场的新品推广从首站杭州正式启动，来自杭州分库周边的各省、市近百家"东风汽车"服务站站长和大型车队等终端客户代表、媒体记者出席了推广会。

9月，公司旗下商用车润滑油产品品牌"劲达"商标申报"武汉市著名商标"初审获批。

【产品研发】 更新产品研发理念，强化自主研发，年度新产品研发项目成果丰硕，包括东风康明斯试机油、高抗磨性齿轮油、"凌浚"7型防冻液复合剂等。加强研发管理及优化工作，注重知识产权归属，通过各项试验进行优化、匹配，成功转化出17组拥有自主知识产权的油品配方，有力充实了公司的配方数据库。在此基础上，注重研发资源保障和提升，通过引进技术人才，逐步壮大自主研发力量，并将筹建武汉油品实验室。

【供应保障】 油品成本大幅上升，乙二醇价格持续上涨，采购难度加大。公司通过科学研判行情，采取锁定价格、改装库存慢销产品、拓展采购渠道等方式有效降低采购成本，并通过对主要客户运输保障能力的评估及与物流公司的积极沟通，在保证产品供应和业务开展的前提下，将物流费用控制在年度预算指标之下。全年严把质量关，制定了符合公司实际的油品检验方案，通过不定期进行现场交流和监控，加强了对委托加工厂和包材供应商的审核和质量控制，并对产品进行多批次检验，大大减少了不合格产品流入市场的几率。

【体系建设】 2011年，公司顺利通过第三方认证机构的跟踪审核。本着科学管理、持续改善的原则，2011年因机构变更、职能调整、流程优化等因素共修订体系文件7个，新制定文件10个。进一步完善客户咨询与投诉处理流程，编制投诉处理操作指导书，规范了投诉的处理过程。完善设备管理办法，明确设备投资预算、设备维修与报废等的处理流程。修订与产品相关的工作流程，对产品价格管理、产品成本分析和SKU增减等管理流程作出了修正等。通过完善体系文件提高了管理体系文件适宜性、可操作性，促进管理标准在全公司范围内贯彻执行，为管理体系的有效运行提供了制度支持。

【员工培训】 培训工作引进网络视频的培训模式，解决了驻外销售代表、管理人员由于地域、时间等限制难于组织培训的问题；就不同层级的员工设置了针对性更强的课程，通过在线学习、考试、改进计划、分享学习心得等过程的实施，促进培训效果的转化，有效提高员工的学习积极性和学习效率，增强新员工入职培训课程的系统性。除了常规培训外，还增加了工厂实习的环节，让新员工更快更直观地了解生产组织及生产工艺等过程，加速了新员工对公司及产品的认知。此外，每周五定期开设的周末课堂，针对员工需求，选择具有特色、丰富多彩的学习内容，成为员工学习技能知识的新基地。全年除网络学院课程外，共开展各类培训96期，人均培训学时28小时，为员工职业生涯创造了提升平台，为公司持续健康发展提供了保障。

（胡文娟）

东风设计研究院有限公司(集团)

组织机构图

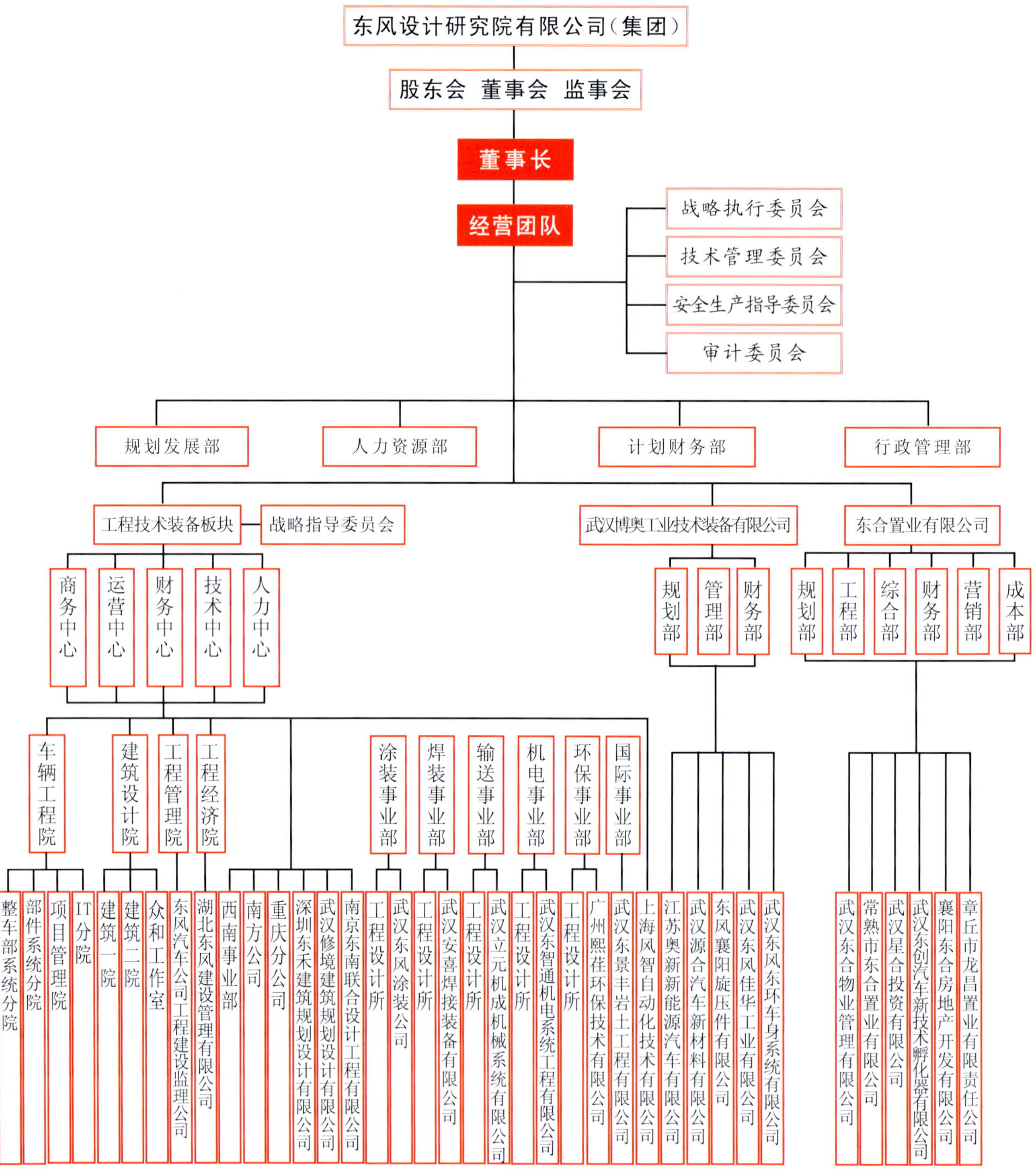

【概况】 东风设计研究院有限公司(集团)(以下简称“公司”)是由技术装备、实业投资、地产置业三大事业板块组成的多元化集团公司,是湖北省高新技术企业。公司总部位于湖北省武汉经济技术开发区,在广州、南京、北京、重庆、深圳、十堰、襄阳等地设有分支机构。公司能为客户提供项目规划咨询、工程勘察设计、工程总承包、工程项目管理、工程监理技术服务,以及新能源、新材料等环保产品和装备制造、地产置业优质产品。公司有员工1062人,其中研究员高级工程师20人,高级工程师296人,工程师158人,国家一级注册建筑师19人,一级注册结构工程师25人,注册规划师15人,注册造价工程师33人,注册监理工程师49人,其他各类注册工程师193人。李绍烛兼任董事长、党委书记,吕卫东任总经理。

9月,新一届董事长、党委书记李绍烛(左六)到任。

2011年,公司贯彻落实“强化管理能力、打造竞争能力、提升盈利能力、发挥协同效应”的战略方针,全面完成了事业目标,实现利润11000万元。公司净资产为2005年改制时的5.16倍。在全国14325家勘察设计单位中,公司营业收入排第76名、工程总承包排第61名、项目管理排第32名、境外收入排第30名。获得国家、省部级科技进步奖及优秀工程项目成果奖共9项。连续六次进入“中国承包商和工程设计企业双60强”榜单,并位列2011年最具成长性的工程设计企业(总共10家企业)。连续两年进入全国工程勘察设计企业百强。获得2011年武汉市“和谐企业”称号。

【获得五星级“四强”党委、五星级“四好班子”称号】 6月29日,公司党委获得2010—2011年度东风公司五星级“四强”党委、五星级“四好班子”称号。2010—2011年度,公司党委按照东风公司党委关于开展“四强四优”争创活动的部署和安排,全面组织开展了争创“四强”党组织、争做“四优”共产党员活动,将创建“四强”党委、“四好班子”星级达标活动作为“创先争优”活动的重中之重,紧贴工作实际制定活动内容,创新丰富活动内容与方式,全面推行“创先争优”项目化工作,党建工作与经营管理工作相互衔接、融合、提升,不断增强新形势下党建工作的生机与活力。

6月29日,公司举行纪念建党90周年活动。

【经营模式创新】 公司拓展技术服务业领域,以市场为导向,先后承接了东风本田第二工厂涂装线总承包、中信戴卡秦皇岛项目、北汽福田南海客车工厂、东风商用车公司新工厂等一大批重大工程项目的总承包和项目管理业务。以客户需求为中心,逐渐形成了“工程咨询+工程设计+项目管理+项目总承包”新的业务模式,向“技术+管理+资本”经营新模式迈进,使工程技术板块开始建立新的盈利模式;市场经营正在形成国内市场与国际市场的协调发展、相互补充;设计手段瞄准行业发展前沿与趋势,BIM协同设计正稳步推进,全力打造公司品牌。

【BT项目初显成效】 BT(Build Transfer)即建设移交,是基础设施项目建设领域中采用的一种投资建设模式,是指根据项目发起人通过与投资者签订合同,由投资者负责项目的融资、建设,并在规定时限内将竣工后的项目移交项目发起人,项目发起人根据事先签订的回购协议分期向投资者支付项目总投资及确定的回报。2010年年底,商用车动力总成山地整理项目,公司以BT方式进驻十堰市,在该项目工期、质量上得到了十堰市政府部门、东风公司相关

十堰市BT项目签字仪式。

单位的一致好评。2011年又在BT项目模式上得到实质上的突破。7月7日，公司与十堰市城投公司在十堰市接待中心签订发展大道BT投资建设项目合同。十堰市发展大道是连接城市中部和西部的一条城市主干道，全长18.9千米，宽42米，项目概算总投资11亿元。该项目标志着公司从核心业务的单一设计，发展到“设计+项目管理+设备总承包”的业务模式，使公司进一步向“技术+管理+资本”经营新模式迈进，向国际工程公司转型迈出了具有重大意义的一步。

【汽车节能设计规范】 11月25日，由公司和武汉工程设计产业联盟共同举办的“汽车业先进制造技术”为主题的行业高峰论坛上，公司隆重发布首部《汽车工厂节能设计指导手册》，主要内容是在建筑的全寿命周期内，最大限度地节约资源（节能、节地、节水、节材）、保护环境和减少污染、保障员工健康、加强运行管理，为生产、科研和人员提供适用、健康、安全和高效的使用空间，与自然和谐共生的工业建筑。此

11月25日，首届武汉设计双年展“东风设计研究院主题日”在湖北省美术馆举行。

举填补了汽车行业绿色“工业建筑”评价标准的空白，将更加规范汽车工厂的节能设计。

【BIM技术稳步推进】 BIM(Building Information Modeling)是指建筑信息模型，创建并利用数字模型对项目进行设计、建造及运营管理的过程。2005年初，公司启动BIM技术研究项目。通过近7年的致力探索研究，公司BIM技术应用水平处于国内同行业领先水平，成为公司核心竞争力的重要组成部分。神龙公司新1号平台、新2号平台技术改造项目，是公司将BIM技术实现产业化的第一个项目，实现现代工程复杂专业协同的精益设计特性。长安标致雪铁龙汽车有限公司污水处理及回用水项目工程，采用BIM技术实现新材料、新技术整合新工艺，打造全新的施工工艺流程和操作模式。2011年，完成《BIM设计标准》和《Revit ARC本地化说明及指导手册》的编制和实施，重点项目均采用BIM技术设计完成，其中采用3D协同设计方式完成的项目不低于80%。

【首项发明专利获得授权】 8月26日，公司申报的发明专利“基于超越离合器滚道的工件转挂方法及装置”获得国家知识产权局授权，这是建院以来获得的首项发明专利，也标志着公司在新一轮科技革命和产业革命中为赢得发展主动权迈出了坚实的一步。2009—2011年以来，公司共申报专利35项，共获得授权发明专利1项、实用新型专利17项。

【商用车联合工厂建成投产】 6月18日，由公司承建的商用车联合工厂新总装车间建成首辆车下线。商用车联合工厂位于十堰东高速路口，四面环绕东风大道、发展大道及林荫大道二号线。项目总占地206万平方米，生产产品为搭载DCI11及ISL大马力发动机的高端重卡和出国车。公司承担了该项目的勘察、设计、招投标、项管、造价审核等技术服务，以及关键设备总承包两大合同任务，按照“雕琢一件作品、打造一个标杆”的思想理念，精心策划，精细管理，精诚服务。该项目一期工程从2010年7月28日开工至2011年6月18日第一辆车下线，仅用了10个多月，建设速度得到客户的高度赞扬，项目采用的太阳能光伏发电、自然通风采光等节能环保技术也得到了中外专家的肯定。

东风设计研究院有限公司

公司完成业务收入101356万元，利润8036万元。围绕“成为机械车辆工程制造装备全系统解决方案的工程商”这一目标，原工程技术和装备制造进行合并重组，重构了技术装备事业板块。公司将绿色节能、低碳环保设计贯穿于汽车工厂规划方案、工程投标、施工图设计、运行管理、竣工验收和技术改造等各个不同阶段，绿色设计运用于汽车工厂建造全过程，以低碳环保的理念倾力打造工程价值链的绿色工厂，促进先进制造技术研发应用与节能减排的创新，共同推进汽车业先进制造技术的可持续健康发展。

东合置业有限公司

公司以东合中心二期和官湖郡一期9号楼项目开发及市场营销为中心，完成了年度经营创效和管理服务目标。当年销售收入实现1.89亿元，完成确保目标的112%；落实土地116亩，注册成立襄阳雅可商务区开发有限公司，开发“襄阳新天地”项目。同时，公司的管理能力得到了显著提升，官湖郡一期和东合中心二期的工程建设稳步推进，市场营销有序展开，工程成本有效控制，规范管理逐步深化，人力资源得到优化，为公司的可持续发展奠定了坚实的基础。

武汉博奥工业技术有限公司

实业投资板块销售收入47700万元，投资收益589万元，完成了“1+6”实体格局构建，即实业投资板块由一个投资公司(武汉博奥工业技术有限公司)和两家全资子公司(江苏奥新新能源汽车有限公司、武汉东风佳华工业有限公司)、两家控股公司(武汉源合汽车新材料有限公司、武汉洛特福汽车排放技术有限公司)和两家参股公司(东风襄阳旋压技术有限公司、武汉东风东环车身系统有限公司)组成。这一格局的形成，为实业投资板块谋求长远发展，打造和提升自身核心竞争力奠定了重要的基础。

(卢忠庆)

东风悦达起亚汽车有限公司

组织机构图

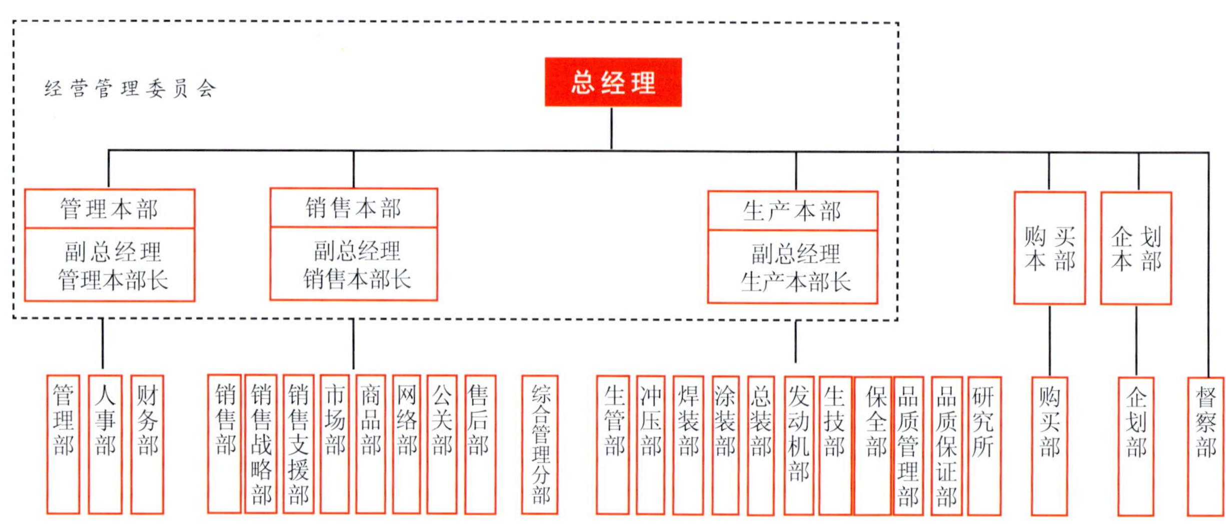

【概况】 东风悦达起亚汽车有限公司(以下简称“公司”)系由东风公司、江苏悦达投资股份有限公司、韩国起亚自动车株式会社共同组建的中外合资轿车制造企业。公司主要产品有K5、K2、智跑、狮跑、秀尔、福瑞迪、赛拉图/赛拉图欧风、RIO锐欧、远舰系列车型,均引自韩国起亚,以先进技术精心打造。公司按照建立现代企业制度的要求和运作模式,大力实施科学化、精益化管理,全面推进业务流程再造和管理创新。建立了5个本部24个部门和督查部的组织机构。5个本部分别为管理本部、生产本部、企划本部、销售本部、购买本部。其中管理本部负责公司人事、财务和后勤管理,下设人事部、财务部和管理部3个部门;生产本部负责公司生产任务,下设生产管理部、冲压部、焊装部、涂装部、总装部、发动机部、保全部、生产技术部、品质管理部、品质保证部和研究所11个部门;企划本部总领各部门,负责设立公司目标、商品导入和部门间的协调任务,下设企划部;销售本部负责公司的销售任务,下设销售部、销售战略部、销售支援部、商品部、市场部、公关部、售后部和网络部8个部门;购买本部负责整车装备和日常用品的购买任务,下设购买部。截至年底,公司员工5802人。陈云华任董事长,苏南永任总经理。

2011年,公司产品销售突破43万辆,乘用车行业排名第8位,是历史上最好成绩,为2012年“顾客满意年”奠定坚实的基础。截至12月,东风悦达起亚运营348家4S专营店,达成协议432家,售后服务体系不断完善,以最快的速度、最佳的服务满足用户需求。

【销售突破43万辆】 截至当年,东风悦达起亚以总销量432518辆,顺利完成年初43万辆销量目标,乘用车行业排名第8位,达到新的历史高度。销量同比增长29.9%,增幅排名乘用车行业第1位。

2011年,东风悦达起亚以“品质年”为指导战略,取得了产品升级、品质革新和创新营销三大突破。

在产品方面，K5、K2领衔的“K系列”新品车型表现尤为突出。K5以完美的设计和优异品质，将东风悦达起亚精品化、高端化造车理念深入人心，月均销量稳定在4000余辆，并带动东风悦达起亚品牌力的提升；K2为中国消费者量身打造，精准的定位和出色的性能使其迅速占领入门级轿车市场，上市5个多月，销量接近6万辆，处于细分市场前列；2012款智跑于11月上市，搭载最新技术“Nu”发动机，上市后销量显著提升，12月销量超过6000辆，加上狮跑，全年销量接近11万辆；精品中级车福瑞迪始终稳居主流中级车行列，全年销量高达12.8万辆；上市6年的赛拉图也保持良好销量，保持近6万辆的全年销量；此外，SOUL秀尔和RIO锐欧也以时尚、活力的魅力，吸引了众多年轻消费者的关注。至此，东风悦达起亚已经形成以K系列产品领衔，众多明星车型全面覆盖的产品矩阵。

销量的大幅增长，一方面是产品性能出色，另一方面更离不开卓越的品质、优质的服务及创新的营销支持。企业通过开展K5“5年10万千米”的超长保修以及成立人才培训中心，强化服务品质。企业荣获了J.D.POWER销售服务满意度排名第9，福瑞迪、智跑亦跻身中国消费者满意度所在细分市场榜首。在完善服务软实力的同时，企业还积极开展各项营销活动，进一步提升年轻、激情、活力的品牌形象。延续体育营销传统，企业先后赞助2011东亚男篮锦标赛、2011斯坦科维奇杯洲际篮球冠军赛、第26届亚洲男篮锦标赛、2011环太湖国际公路自行车赛等知名体育赛事。此外，为期3年投资1200万元的希望小学援建工程、向中华儿童慈善救助基金会捐赠55万元爱心基金救助贫困白血病患儿等公益活动，铸造了富有高度社会责任感的企业公民形象。

【培训中心揭牌】 2月25日，东风悦达起亚新培训中心揭牌仪式在江苏盐城一工厂举行。新培训中心是东风悦达起亚设施最先进、最完备的培训中心。中心拥有大型培训教室1个，中型培训教室2个，电算化教室1个，小型培训教室5个，可同时容纳260名学员。在培训硬件建设的基础上，转变观念、科学规划，构建了以职级别、职务别、部门别、岗位别培训为主与特色培训为辅的培训体系，运用On-line与Off-line相结合的培训方式，加大内部讲师培养力度，注重提升培训品质，为公司的发展提供强有力的人力支持。

通过新车型技术培训，确保K5及K2等新车型成功上市；通过销售一线员工培训，不断强化提升销售能力与服务水平；通过品质管理培训，确保产品制造品质，零部件品质和感知品质。

【东风悦达起亚K5上市】 3月10日，东风悦达起亚全新中高级轿车K5在上海上市。K5共推出2.0升和2.4升两个排量7款车型，每款均有8种车身颜色可供选择。东风悦达起亚三方股东代表、全国媒体、经销商代表以及各界嘉宾共500余人共同出席了当晚活动。K5的形象大使——上海爱乐乐团常任指挥张亮亲临现场，以高雅激昂的交响乐表演及个人魅力，演绎K5尊贵优雅的格调以及动感激情的品质。

3月10日，东风悦达起亚K5在上海上市。

K5仍由世界三大汽车设计大师之一的彼得•希瑞尔主创，拥有时尚的外观设计、舒适的乘坐空间、卓越的动力水平、动感的精准操控、领先的安全性能以及潮流的科技配置等六大突出优势。

K5更是在上市后不久决定将整车保修期从3年/5万公里延长至5年/10万公里，包含发动机、变速箱、悬挂、转向等整车部件，喇叭、玻璃、橡胶等易耗件除外。此举领先于同级别其他车型的整车保修期。充分体现了“客户满意是企业生命”的服务理念，更表达出东风悦达起亚对K5产品品质的绝对信心，受到了众多消费者和业界人士的称道。作为一款性能卓越的中高级轿车，K5的上市推动东风悦达起亚进入新的发展阶段。

【“城市悦行派”K2上市】 7月20日，由汽车设计

待的“绿能科技”的双重优势，制造世界级质量的智慧科技车。3月，东风裕隆确立了极具挑战性的“5205”的乘用车中期事业计划，即到2015年(5年内)，东风裕隆销量要达到20万辆以上，销售收入要达到250亿元，息税前利润率要达到5%以上，成为智能与节能创新的领航者，逐步跻身国内一流汽车企业。为保证中期事业计划的实现，东风裕隆制定并启动了“6+3”行动策略，在商品企划、研发体制确定与研发能力提升、全阶段成本管理体系构建、均衡生产体制建设、差异化体验式营销新创、精益投资，以及信息系统、人力资源和企业文化等各个方向都作了详尽的安排，以期在东风裕隆价值链各环节建立差异化、独特性的功能能力，构筑核心竞争优势，为东风裕隆发展提供全方位的支撑。

【电动车事业发展】 发展电动汽车，在新能源领域有所突破已成为东风裕隆品牌战略的重要组成部分。凭借母公司的技术支持和自己研发中心的努力，东风裕隆已掌控了电动汽车的电池集成、电机生产和电控调整3大核心技术，在已经以及即将上市的SUV、MPV、CEO及轿车产品基础上，均安排了各自相对应的电动车车型。自2011年6月起，提供杭州市政府3辆纯电动汽车示范运行，累计运行逾4000千米，不论在产品设计上还是性能质量上均显示出较高的水平，获得各方的好评；并累积了相当多的试运行数据与用户使用的经验反馈推动电动车项目。东风裕隆电动车事业发展实施“三步走”策略，即2015年前，通过在试点城市开展电动车示范运行，探索商业模式，重点在研发和产品验证上解决电动车核心技术，并实施订单车辆生产；2016年至2020年，着重在试点城市培育市场，推出可获得高市场占有率和高收益的商品；2020年以后，形成较成熟的商业模式和一定市场规模，树立起东风裕隆电动车行业领先者的品牌形象，具盈利能力。

【精益生产推行及产能建设】 东风裕隆以建设行业优秀的QCD均衡生产体系，构建Grade A工厂为目标，强化现场管理，全面推行精益管理体系，确保计划产能的实现，初步形成了具有特色的东风裕隆生产方式。

围绕管理方式精益化以及制造成本最优化推行精益生产。东风裕隆各车间于量产前即开始推动班组GK活动，提前夯实班组现场管理基础。在物流管理方面，重点扩大卫星工厂范围，导入同步序列交货，初步建立了JIT 送料模式，有效减少了线边库存，并降低了零件错装的风险。同时，通过启用CCR实时生产监控系统并结合QRDC会议快速对应各类生产异常，准时交付率于量产后逐步提升。配合精益管理的推进，通过直接材料和间接材料地产化、生产力提升、物流及动能费用管控等方式，同步展开制造成本的优化活动，特别在生产力提升方面，不断进行合理化改善，并通过作业编成优化，在相同生产体制下，有效精简作业人员编制。

总装配线。

东风裕隆一期投资项目建设规模为年产各类乘用车12万辆和配套发动机12万台。总建筑面积287250平方米，用地1118亩。总投资338418万元。2011年六大核心车间(冲压、焊装、涂装、树脂、总装、发动机)全部建成，年产6万辆乘用车的设备全部安装完毕，产能达到设计产能的50%。同时为应对2012年市场预期需求，各车间均会在不停产的前提下，增加设备或对部分设备进行改造以满足年产12万辆的产能需求。

【差异化营销策略】 差异化的品牌策略——“预先设想，超越期待”。东风裕隆创立之初，就致力于发展高端华系汽车事业，创造以智能科技与绿能科技为核心的高端自主品牌“LUXGEN纳智捷”，力图“以超越期待的新创”铸就世界级质量的智慧科技车。东风裕隆纳智捷在设计研发之初，就创造性地将造车技术与先进的电子科技进行结合，通过创新前瞻科技与细腻体贴的服务让消费者感受到“预先设想、超越期待”的品牌价值。

差异化的产品策略——步步为“赢”。纳智捷以“智能科技+绿能科技”树立了业界差异化的市场优势。首创的“智慧双引擎”概念一经推出，便广受业界关注。

“动力引擎”尽显驾乘之能。纳智捷大7 SUV全系搭载性能澎湃的2.2吨动力引擎，全系匹配五速手自一体变速箱，创造出131 Kw的最大功率，轻松展现出等同3.0升发动机扭力和卓越中低转速加速反应。而在保障强劲动力的同时，纳智捷大7 SUV的引擎重量仅135公斤，比同级排气量引擎轻约13%，领先的“轻量化”技术彰显世界一流的工艺水准。

“智能引擎”创造生活之美。以Think＋智慧系统为亮点的智能引擎是纳智捷大7 SUV必胜的王牌策略之一。这套操作系统除了基本的影音、导航、安全等服务之外，还将4项全球顶尖科技进行整合，包括Eagle View＋360度环景影像系统、Night Vision＋高感光夜视辅助系统、LDWS＋行车偏移侦测警示系统、Side View＋车侧安全影像辅助系统，构成全方位视频智能驾驶系统。Think＋智慧系统使只能在国际高端品牌车型应用的顶尖技术走进更多用户生活中。

差异化的体验式营销策略——汽车生活馆。纳智捷汽车生活馆是东风裕隆创新型销售模式。它融“多媒体软件技术”的产品介绍、特制的产品体验式销售流程、酒店式的硬件设施和贵宾式尊崇服务于一体，创造汽车销售服务行业全新的“体验式销售”模式。它以高品质的服务以及体验型的销售理念，令每一位消费者都能够在汽车生活馆中感受从未经历过的，绝妙的汽车生活体验之旅。作为差异化体验式营销的核心场所，以观车、讲解为主的传统销售模式将演变为科技博物馆级别的体验剧场方式，进行车辆品质全方位展示，并以互动数字科技为用户带来全新沟通体验。

首创移动服务——造就尊荣感受。纳智捷首创业界唯一的上门移动服务——“一站式”FOR YOU移动服务车，FOR YOU移动服务车配备6项检修装备，让检修保养走向车主。

售后服务上引入“243”的全面关怀，提供“24小时道路救援”和“24小时客服中心”，并首创“24小时保姆”，为每一位纳智捷车主安排了专属的3位服务人员，提供24小时在线的保姆服务，让满意服务无限延伸。

【财务管理】 东风裕隆启动财务核算的元年，SAP上线运行。5月结束开办期，财务进入损益核算。6月16日SAP成功上线，财务核算管理全面转入SAP系统中运行，实现了SAP财务会计、管理会计、采购库存、制造管理4个模块功能，并与7个外部系统成功对接，建立了7250条物料主数据、315个生产物料清单、85条工艺路线，为提高生产效率及准确核算成本打下坚实的基础，初步实现了基础数据精细化管理，财务业务一体化，在东风裕隆范围内建立起覆盖企业各个管理级次的财务管理信息统。

低成本融资。为保证东风裕隆投资及日常经营活动，财务部采取低成本的融资方式，充分利用投注差向外资银行融资26000万美元，外资融资成本平均1.75%较人民币融资成本有明显优势，并且通过理财取得了可观的收益，为东风裕隆经营提供了充足的现金保障。

【商用车事业】 改制重组和人员安置。2011年完成东风杭汽的顺利搬迁，原1659名在册员工全部依法依规分流完毕。经过一系列股权转让，已将东风裕隆由3家股东变更为1家股东：由东风有限51.69%、杭州市工业资产经营投资集团有限公司31.68%、中国华融资产管理公司16.63%变更为东风公司100%。计划2012年初完成受让东风杭汽100%股权及工商变更登记。

工程建设和生产经营。商用车工厂南厂区（大客）已全部建成，共完成单项工程21项。商用车工厂北厂区（轻客）建屋基本建成（涂装车间除外），共完成单项工程5项。7月28日，举行正式投产及批量订单签约仪式，具备了量产能力。实现8个系列的产品在产，覆盖全系大中轻型客车和客车底盘、特种车底盘、改装车底盘。初步建立了零部件供配体系和营销网络体系。

【辅助设施建设】 1月中旬，东风裕隆第一食堂正式投入使用，该食堂占地面积1330平方米，承担了全公司员工和辅助人员近2000人的就餐，结束了员工自2008年筹备期开始连续3年吃盒饭的历史。3月到10月期间，又陆续开放了发动机车间、总装车间、涂装车间、焊装车间的配餐间。同时，东风裕隆还成立了膳食管理委员会，通过实施整改，不断提高膳食质量、服务水平，改善员工就餐环境和条件。

10月22日，东风裕隆举行办公楼启用仪式，这标志着公司历经3年的活动板房办公时代宣告结束。

11月19日，东风裕隆举行员工宿舍入住启动仪式。首批200多名员工喜迁新居，这标志着公司员工生活配套体系建设取得了初步成果。该员工宿舍区占地面积25亩，建筑面积2.5万平方米，一期建有员工宿舍楼4栋，可同时容纳900多名员工入住。宿舍区内每个房间均配有储物室、卫生间、淋浴间、有线电视、空调等生活设施，同时还建有健身房、洗衣房、篮球场、食堂等配套设施。员工宿舍启用后，餐饮、休闲娱乐等服务也已陆续跟进，广大员工的生活条件得到了进一步改善。

10月22日，东风裕隆举行办公楼启动仪式。

【第一届董事会第二、第三、第四次会议召开】 东风裕隆召开第一届董事会第二、第三、第四次会议。

第一届董事会第二次会议于3月25日在杭州召开，董事会听取了东风裕隆经营层关于生产准备情况、车型采购成本管控、NVU1试装质量情况、营销策略等内容的报告，并决议通过关于高级管理人员任命、东风裕隆中长期(2011—2015年)战略愿景、2011年财务预算方案、东风裕隆增资、沈半路旗舰店运营模式方案等议案。

第一届董事会第三次会议于10月28日在杭州召开，会上，东风裕隆经营层向董事会汇报了关于2011年度财务工作状况的报告、经营指标分解设定情况、营销情况的报告、产品品情等内容的报告，同时审议通过了关于高级管理人员任命、受让东风杭汽100%股权、委贷3亿元人民币予临江管委会、购买临江工业园区十二直河西侧(试车道北端)30亩土地、GPK1车型投资、发动机10万台扩能的议案。

12月30日，第一届董事会第四次会议在台北召开，经营层汇报了关于东风裕隆筹建销售公司、东风杭州汽车有限公司并入东风裕隆、东风裕隆2012—2016年中期事业计划、2011年度财务工作状况等内容的报告，并通过了关于2012年财务预测的议案。

【党群工作】 2011年是东风裕隆党建元年。一年来，公司党委以企业生产经营为中心，科学谋划党委工作，明确工作思路，夯实工作基础，为东风裕隆筹建、试装、量产、首款车型纳智捷大7 SUV上市，到年底订单破万，提供了坚实的思想基础和组织保障。

经过研究探索，党委确立了以“智慧工程”为统领，以“1+3”四大工程联动，与企业经营目标同向，与经营管理功效互补，党政工团协同的合资企业党建工作新模式。

“智慧工程”——“造智慧车、育智慧人”、“把智者培养成党员，把党员培养成智者”，以合资企业党组织“有位”促“有为”，以“有为”促“有位”，凝聚两岸华人智慧，提升党建对生产经营的贡献度，赢得双方母公司和全体员工的尊重。

“1+3”四大工程——“1”，就是统领党委工作的“智慧工程”，“3”分别是：加强纪检监察工作，打造“清风工程”，加强工会工作，打造“合力工程”，加强青年工作，打造“扬帆工程”。

东风裕隆成立了纪委筹委会，设立了纪检监察工作机构，配备了专职纪检干部，并在各党支部设置了纪检委员。充分发挥监督保证作用，确保企业按照规则流程运行。

同时，党委成立伊始就把工会和团委组建工作列为重要议事日程。年初，工会组织共成立了16个分工会，其中独立分会14个，联合分会2个；还成立了53个工会小组，选举产生了各分工会委员会。共青团共成立了1个直属团委、1个直属团总支部、7个直属团支部，其中直属团委下设4个团支部，直属团总支部下设9个团支部；选举产生了各团支部委员会。

11月上旬和下旬，东风裕隆分别召开了第一次工会会员代表大会和共青团第一次会员代表大会，会议选举产生了第一届工会委员会、工会经费审查委员会和共青团第一届委员会，明确了今后群团组织的基本思路。

【企业文化建设】 围绕东风裕隆中期事业计划，坚持以人为本管理为核心，以提升企业核心竞争力为宗旨，以践行东风裕隆核心价值为根本，构建了与东风裕隆发展战略相一致、与大中华自主品牌发展相适应、与企业生产经营相促进、与企业和员工共同发展相统一的东风裕隆企业文化。

通过开展思想动态调研，广泛收集员工对东风裕隆发展、经营管理、薪酬福利、生活服务、文化生活等方面的意见和建议，明晰了员工的思想动态和诉求，为东风裕隆创业阶段制定和实施“员工关怀方案”奠定了基础，赢得了员工的信任和支持。

团员青年通过开展“我为打造倍受尊重的华系汽车献一策”活动，积极为东风裕隆发展共献策。

7月29日，在大7 SUV下线之际，东风裕隆党群部门组织1000多名员工在总装车间隆重举行“量产誓师大会”，回顾了东风裕隆创业历程和创世产品“纳智捷”淬炼过程，全体员工进行了集体宣誓，凝聚了力量，激发了创业的激情和活力，将企业文化融入了生产经营之中。

东风裕隆组织了迎新春联欢晚会、“激情·智慧·迎三八”座谈会、东风裕隆企业文化知识有奖问答、员工集体游览等丰富多彩的活动，并举办了首届员工运动会。加强沟通和交流，培养团队意识，增强了企业凝聚力。

（牛　然）

直属单位

十堰管理部

组织机构图

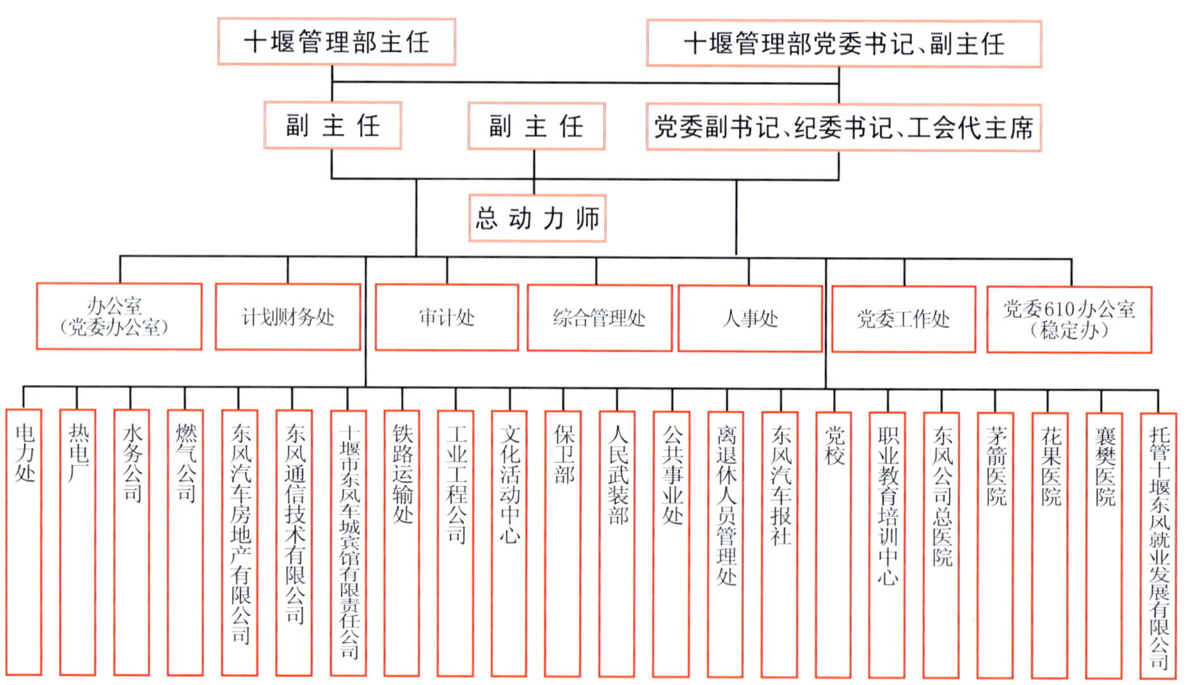

【概况】 十堰管理部成立于2002年12月26日，是东风公司“实施主辅分离、推进战略重组、融入国际合作、加速做强做大”战略产物，具有东风公司在十堰地区的派出机构与非法人分支机构的双重职责。主要职能是“保障十堰基地生产生活，维护一方和谐稳定，有效实施改革改制，协调推进政企合作，履行公司其他授权”。十堰管理部机关设5处2室，即办公室、人事处、计划财务处、综合管理处、党委工作处、审计处和党委610办公室。截至年底，所属有22个单位，在册员工为7217人。

东风公司专务副总经理孙长海兼任主任（至当年5月），自当年6月起，东风公司党委常委周强兼任十堰管理部主任，李振华任党委书记。

十堰管理部按照公司要求，坚持科学发展，全面履行服务保障、维护稳定、改革改制基本职责，着力能力提升和管理进步，克服原材料成本超预期带来的压力，积极应对，精心运作，实现了党政工作大纲确定的工作目标和任务，持续保持了稳健运营局面，为实现“十二五”目标开好了局。

【“开门红”活动持续实施】 针对2011年高产形势，十堰管理部继续推进“开门红”活动，提出了“开门红”工作三大目标，制定了详细保障措施，全过程实施定量评价。各单位全力保障服务，创收增效。工业工程公司加快了商用车重卡新工厂施工，截至一季度末，已完成总工程量的95%；热电厂坚持“抢峰、优热、保平、压谷”的调度原则，优化电量结构，持续开展大方式运行，采用谷段蓄能、平移粉位等方式实现“抢峰”，综合电价同比提升0.0064元/千瓦时；燃气公司一季度空混气累计生产172万立方米，销售150万立方米，与上年同期151.5万立方米和133万立方米相比，分别增长13%和12.8%。水务公司一季度供水2132万吨，售水1770万吨，收入较同期大幅增长。通过各单位共同努力，效益、安全、稳定三大指标全面实现。

1月4日，十堰管理部召开“大干一季度，实现开门红”动员大会。

【精细运作】 在“高产量”和“高成本”双重压力之下，十堰管理部两级单位坚持高质量服务、低成本运作，积极应对前所未有的经营困难。1.建立运营分析机制，按月开展经营预实分析，查找问题，预防预控，及时纠偏，重点对热电厂煤炭采购和生产经营进行跟踪监控，按周诊断，降低经营风险。2.坚持效益优先，节支增效并举，如热电厂不断开拓移动供热业务，全年移动供热量达25.4万吨，同比增长182%；铁路运输处努力拓展社会运输市场，同时积极与国铁沟通，仅货车延期占用费就节约了300多万元。3.稳步推进协同发展。十堰管理部及时跟进新工业园区建设，制定了水务、供电、蒸汽、燃气、通信、建筑等配套服务方案，正按计划推进，为持续发展奠定了坚实基础。通过精心运作，两级单位为主业发展发挥了保驾护航作用，实现了经济效益与社会效益双丰收。

【改革改制推进】 1.平稳推进东风公司高级技工学校与东风公司汽车工业学校整合工作：当年5月11日，十堰管理部在203会议室召开了东风汽车公司职业教育培训中心成立大会；9月28日，举行东风汽车公司职业教育培训中心揭牌仪式。2.有序开展了襄樊医院移交工作：经过长期协商，9月14日，市企签订关于襄樊医院移交的框架协议。目前，市企各专门工作组正按年底正式签订襄樊医院移交协议的目标组织推进。3.组织医院改革发展研究：组织了茅箭医院、花果医院改革发展调研；5月中旬致函十堰市政府，提出“市企共建东风医疗卫生服务体系”；8月初，十堰市政府复函，明确了市企共建东风医疗卫生服务体系的三项措施。4.开展了工业工程公司专用车业务划转，车城宾馆体制调整、集体企业改革方案研究，完成了国资委对辅业改革的调研工作。

【先进管理方法推进】 通过有计划、有针对性地导入先进管理方法、管理工具，进一步完善了现场与经营基础管理，加速推进了方针目标管理。首批在八个试点单位建立了方针管理体系，分期分批进行系统培训，实行了推进员系统例会制度，开展了TOP诊断；分别建立了三级目标诊断评价体系，有效提高了现场管理水平和运营质量；广泛开展课题改善，针对管理的重点和难点，两级单位积极进行课题研究，

8月7日，十堰管理部召开先进管理方法导入推进会。

实施改善。如燃气公司为应对天然气入市准备，确立“合作方式研究”等9项主课题和27项子课题等；薪酬优化取得重大突破。6个试点单位全面完成，正按照新的绩效体系运作，效果良好；财务管理优化工作得到有序推进，组织了前期项目准备、现场调研和方案设计工作；发布了资金集中管控实施计划与方案；第一批9家单位CMS资金管理系统已于12月30日正式上线。

【维稳工作】 尽管十堰基地稳定形势严峻，不稳定隐患多，各项矛盾突出，但在各事业单元的共同努力下，十堰基地和十堰管理部总体稳定，生产、生活秩序正常。

两级单位更加注重以预防促稳定，基本做到抓早抓小抓苗头。特别是围绕全国两会、建党90周年和国庆62周年，十堰管理部分别在3月初、6月初和9月初，在十堰基地组织了3次不稳定隐患大排查活动。全年共排查化解不稳定因素14起，基本都化解在萌芽状态，没有酿成重大事端。协调处置重点涉稳事宜的力度进一步加大，当年最突出的是做好家属工参保过程中的维稳事宜。针对参保过程中可能出现的问题，十堰管理部同公司相关部门详细制定了稳定预案，组织和利用多方面力量，仔细宣讲和严格落实参保政策，及时处置家属工多次大规模群体上访和拦堵交通要道事件，促进了整体工作有序推进。对其他一些涉稳重点问题，也都着力进行了组织协调和处置。如针对辽东路、中岳路拆迁问题，同十堰市政府有关部门协调多次，同时组织召开相关板块和相关单位联席会议一次，到具体责任单位调研、沟通、对话多次，使问题处在可控状态。同十堰市就异常进京上访问题，建立了联运协调机制，全年共处理了异常上访6起7人次。进一步加强了“610”工作，全年实现教育转化9人，查处了法轮功地下组织非法活动2起；加强了社会管理综合治理，维护了一方平安。

【政企共建与区域管理】 2011年是东风公司的发展年，东风（十堰）新基地建设的全面开工，动力总成奠基建设及重卡新工厂的投产，为东风事业注入强大动力，也为十堰的振兴注入了强大的活力。当年是十堰市的建设年，各项工作全面铺开，九大重点工程建设全面启动；是政企工作的跨越年，政企双方都

9月1日，金鼎工程竞赛活动推进会。

进入了一个大发展的关键时期，在建造百万辆级汽车产业的大合作框架下，政企双方齐心协力，共谋发展的新篇章。

配合市政府开展“三城联创”工作，协调组织政企“三创工作”高层会谈；配合城管支队协调东风辖区围墙粉刷、协调东风商用车公司车身厂配合贵州路改造、协调东风特商公司路面修缮等事宜，确保了市创卫工作通过国家验收；组织协调十堰新基地开工暨商用车动力总成项目奠基仪式和商用车新工厂投产仪式；协调中岳路建设、车城西路改造、发展大道建设前期调研、拆迁等相关工作；协调张湾区政府解决东风铁路处车身厂张湾货场建设问题等。

完成公司“十二五”援藏规划的编制工作；加大援藏力度，援助资金由原来的400万元/年，增加到700万元/年，援藏项目顺利推进；完成公司第五批援藏医生的选拔、派遣工作。

对口帮扶丹江口市脱贫奔小康工作，重点在对丹江口市汽车产业的帮扶上，通过对丹江本土企业的培训、配套率的扶持等有效措施，取得明显成效。东风公司扶贫办被湖北省政府评为先进单位及先进个人；新农村建设工作及对口支援三峡工作，依然按照“造福民生、惠及百姓”的原则，为对口帮扶点修建了拦河坝，解决农民农田灌溉问题；修建农村卫生医疗设施，解决百姓看病难的问题等，受到老百姓的交口称赞。

残疾人工作、计划生育、爱国卫生、离退休人员管理服务、武装保卫等，都得到高效推进，较好地履行了各自职责。

【党群工作】 深化了“四好班子”、“四强”党委创建活动。房地产公司等6家党委荣获公司五星级“四

3月9日，十堰管理部开展"创先争优"活动点评活动。

好班子"、"四强"党委称号；开辟了"学习与实践"大课堂，创新了党委中心组学习制度；加强了党建课题研究工作，按季度开展研讨活动，3项课题获得公司一等奖，10项课题获公司二等奖。

有效推进 "为民服务创先争优"活动。坚持把活动融入十堰管理部"和谐发展年"活动中，围绕现场安全和管理优化等，共形成党支部立项攻关39项、党员立项攻关26项，对24个"最佳党日"活动给予表彰；加强了对活动过程的指导，切实做到了按月、按季度进行部署检查，保证了活动的正常推进。

队伍建设力度明显加大。启动了高管人员和后备干部跨板块挂职锻炼，先后分3批派遣14名同志到东风有限挂职锻炼，效果良好；拓宽了教育培训的深度与广度，全年整体培训10989人次，完成39.3万学时，人均培训达50.2学时，特别是组织109名高管及业务主任到中央党校参加集中轮训，开阔了视野；有序组织劳务工选聘录用，全年录用329人，稳定了员工队伍。

建党90周年系列活动丰富多彩。精心组织了"七个一"系列庆祝活动，《鼓舞东风》等4个献礼节目参加公司演出，3个节目参加湖北省工会演出获得一等奖；离退休人员管理处举办的广场文化周活动获得广泛好评。

同时，员工文娱活动有声有色，成功承办了十堰基地元宵节焰火晚会，组织开展了第五届员工羽毛球赛等。

"金鼎工程"竞赛更趋完善。加强了对竞赛过程的管控，完善了考核模式。三季度对15家党委竞赛活动开展情况进行集中评价，提出了30项整改项目，已基本整改到位。

党风廉政建设持续深入。积极开展了第十五次党风廉政建设宣传教育月活动；十堰管理部"小金库"、特定关系人专项治理工作得到公司高度肯定；建立重点项目免于公开招标的审批会签制度；开展效能监察和"制度加科技"防治腐败交流推广工作，年初确定的11个效能监察项目全面完成。

（张文涛）

电 力 处

【概况】 电力处是东风公司十堰基地汽车生产和员工生活用电的保障部门。截至年底，全处共设置职能机构14个，生产工区3个，东风公司常驻电力处单位1个（机械工业节能监测中心东风监测站），东风公司防雷装置检测站二分站。在册员工427人，固定资产净值1.16亿元，辖110千伏变电站7座，10千伏配电所9座。共有110千伏线路16条，总长度86千米；10千伏线路178条总长度340千米，年供电量13.06亿千瓦时。

截至年底，实现跨年度连续安全运行6394天。当年，电力处紧紧围绕两个"主题年"（管理部"和谐发展年"，电力处"市场拓展年"）活动，抢抓机遇，保高产电力需求；适时调控，应对市场疲软；拓展市场，争取效益增量；调剂余缺，总体平衡，实现了上级下达的挑战Ⅱ经营目标。电力处被东风公司授予五星级"四好班子"、五星级"四强"党委荣誉称号，被十堰管理部评为"双优单位"；被东风公司评为"最佳文明单位"、"先进党委中心组"，被湖北省评为"最佳文明单位"。

6月19日，东风公司党委常委周强（前排左四）在电力处调研。

【"开门红"目标实现】 电力处认真贯彻落实十堰管理部"和谐发展年"和"开门红"工作部署，抢抓机遇，在"双保"（保电力供应、保安全运行）上用力，驱动双轮（和谐发展年、市场拓展年），圆满完成了"开门红"安全、效益、稳定三大目标任务，实现了城区东西部电源规划建设量的推进和质的突破。一季度销售电量35853.58万千瓦时，实现利润3492.23万元，均超过管理部下达的目标值，为完成年度经营目标任务奠定了基础。

【市场拓展】 电力处紧跟东风"61行动计划"反哺十堰老基地的发展建设节拍，制定了东风电网总体发展规划，致力于供电能力建设和服务能力提升，争取东风电网发展空间。

供电能力建设进一步加强。规划新建的两座变电站（西坪110千伏变电站、炉子沟220千伏变电站）已获东风公司原则同意，后续工作正在推进中。以满足东城、西城、龙门沟3个工业园区内新建厂区临时用电需求，布局的临时供电设施已全部到位。东风商用车公司联合工厂开闭所建设、西城工业园2号开闭所建设完工，动力总成、东风零部件（集团）有限公司、装备公司、东风商用车联合工厂、东风（十堰）实业公司、东风神宇车辆有限公司、东风（十堰）林弘汽车配件有限公司、东风征梦（十堰）专用汽车有限公司等东风企业新址建设用电得到了保障，市场份额实现了量的增长。

服务能力提升有效。建立联动应急服务机制，使突发事故处置能力得到提升。全年现场服务715人次，接受用户业务咨询260次，配网事故抢修128次。走访用户征求意见，针对用户反映的"闪停"问题，与用户联合成立攻关小组进行研究，制定《发动机厂闪停问题改善计划书》，提出改善方案，取得了共识。持续推进"站所共建"活动，配网安全运行水平提高。运行工区共建服务243人次，发现和处置安全隐患63处。

客服中心坚持"四统一"原则，规范配网设计建设，工程合格率达100%；兑现"工程零利润"承诺，让利于用户；回访客户820余次，配网用户对东风电网的依赖和信任度空前升温，良好的供用合作关系进一步得到巩固。忠实履行服务承诺，保居民生活用电需求，保重点公共场所安全用电。

【安全管理】 电力处严格执行规程，落实安全责任，导入先进管理方法，使安全基础管理、现场"在线监督"效果明显提升。电力处在"四个重点"着力，强力推进安全责任落实。1.坚持在线监督。全年专兼职安全员现场督查516人次，考核119人次。2.进行KYT危险预知训练，采用正负激励机制，对习惯性违章行为进行遏制。3.开展"五查一整治"（查安全意识、查安全隐患、查现场违章、查规章制度、查本质化安全，"两票"整治）活动，将各类隐患纳入生产计划及时消除，考核56人次。消除各类设备缺陷96项。4.推行节假日及大型施工现场领导带班制，跟踪现场72次，增强了现场安全管理力度和突发事件处理的及时性。

坚持每月一次专职安全员检查监督，加大设备周检、线路巡视力度，全年完成周检任务210项，线路巡视805条次，线路隐患消除124条次，危险隐患及时发现率100%，违章处理及通知书发放40余次。

增强安全责任考核的可操作性，先后修订了《安全考核办法及标准》、《两票实施细则》、《劳保用品管理办法》等，使笼统的考核理念具体为针对性的考核内容。

【经营管理】 当年，经营形势前高后低泾渭分明。一季度汽车生产全线飘红，4月份生产骤然回落，电力处吸取往年经验，在十堰管理部未下达年度经营目标之前，于2月和4月分别对中层干部、科室管理骨干集中培训方针目标管理知识，将全处KPI指标、安全责任、党风廉政建设等"一揽子"目标分解完成，并与二级单位签订责任书。

把握市场，严格控制成本。电力处坚持每月经营活动分析、生产例会、线损分析，全面诊断生产经

3月10日，电力处处长与二级单位签订经营目标责任书。

营环节的利弊，统筹平衡。4月份以后，生产回落，专业厂报停变压器要求迫切，电力处有序管控，保持经营起伏年份基本运行容量平稳运行；建立线路分析模型，实现线路平衡分析，促使网损持续下降，实现了线损管理“四分”法（分区、分压、分台、分线），管理水平进一步提升；节假日，实施变电站单台主变经济运行，减少变压器铁损；控制无功平衡，获功率因数电费奖励181.41万元。

稳健操作，规避经营风险。电力处接受了央企“小金库”专项检查，未发生违规事件；对中层干部进行离任审计，对全处科室可控费用管理情况进行审计，总体情况较好，对个别不符合管理要求的单位限期进行了整改。同时，每月对可控费用管理进行跟踪监督，严格执行财务预算，确保了可控费用管理受控。

【薪酬优化工作】 按照十堰管理部要求，电力处从7月份展开了薪酬优化推进工作。为了确保其科学、合理、公平、公正，从工作开始之初，处领导班子十分重视，成立了领导小组和专门工作小组，确定了聘请院校专家帮助策划设计的工作思路。

经过近半年的紧张工作，截至年底，已完成了现行组织机构、部门职责的优化梳理、岗位分析和岗位设置、员工能力评估工作，下一步，薪酬优化工作将在十堰管理部的统一部署下，展开人岗匹配、人薪匹配和绩效考核体系建立工作。

【党群工作】 当年，电力处党委紧紧围绕“和谐发展年”、“市场拓展年”两个主题年活动，以“金鼎工程”竞赛为载体，以“五项建设”活动为抓手，充分调动党政工团系统合力，依靠、引导和激励员工奋发进取，推动各项工作开展。

巩固五星级“四好班子”创建成果，争创五星级“四强”党委。持续推进学习型党组织建设、党内民主建设、党建研究活动，完善相关工作制度和流程，拓宽党员参与党内事务渠道，将党建研究课题纳入两级干部的“一岗双责”考核中扎实推进，提升了领导班子的整体功能。

开展“创先争优”活动。电力处党委在各党支部开展“三项活动，一个竞赛”，并将此项活动与“三先三最”为民服务活动紧密结合，开展了“最佳党日”、党员公开承诺、立项攻关活动，党群部门深入党支部指导服务，按评价周期进行诊断，有效促进了党员先锋模范作用的发挥。

企业文化建设持续推进。制定了《电力处企业文化建设“十二五”规划》，组织企业文化培训和知识竞赛，使安全文化、服务文化、创新文化不断深入人心，用户对东风电力品牌的信任度和依赖度进一步增强。

党风廉政建设成效显著。在“廉政建设宣传月”活动期间，开展廉政文化进班子、进岗位、进家庭教育，对“三管人员”进行法规、案例警示教育，以案施教，增强了拒腐防变的抵御能力。加强生产经营效能监察。当年，全处效能监察项目立项13项，推进效果明显，其中“对花果变电站实施效能监察实现‘三好’”获东风公司一等奖。

各种竞赛活动有效开展。工会以争创“全国模范职工之家”为目标，不断规范自身建设、民主管理等各项制度，率先通过了湖北省工会规范化建设一级达标的检查验收。共青团组织以“三星级团委达标”为目标，扎实开展“青年文明号”、“青年服务先锋”创先争优活动，尤其是“青年突击队”和“青年志愿者”在推动企业生产经营工作中充当了生力军，朝气蓬勃，奋发有为，得到了上级团委的高度评价。

（赵少荣）

热电厂

【概况】 热电厂是十堰基地的热电联产企业，装备5台锅炉、3台汽轮发电机组，发电能力达18万千瓦时，供热能力达600吨/小时；平均年发电量10亿千瓦时，占东风公司总用电量的70%；年供热量400万吉

2月3日，东风公司董事长徐平（前排右四）在热电厂电气主控室了解生产情况，并慰问运行一线员工。

焦，供热面积518万平方米。截至年底，拥有固定资产净值1.69 亿元，较上年增值0.06亿元。设有18个管理部门，5个生产车间。在册员工821人，其中中级职称137人，高级职称39人，研究员级高级职称2人。

热电厂克服设备大修技改项目多、工期长、备用设备少、人员短缺等困难，坚持全年“四炉三机”、“五炉三机”运行，完成全年发电量9.5亿千瓦时，供热量完成113万吨，创历史发电量第二新高，完成了东风公司和十堰管理部交给的保供电、保供热任务，不仅缓解了十堰地区电力紧张局面，也为十堰基地汽车生产和生活用能提供了保证。

【生产经营】 精调细控，增强了能源服务保障能力。紧跟东风公司用电曲线，及时调整热网末端压力、温度，全力保障生产和员工生活用能。坚持以“效率、效益优先”的原则为指导，确定负荷分配，提高主设备对产能的贡献度。采取长周期三炉调峰、谷段蓄能的运行方式，优化机组调峰启、停，全年锅炉调峰启、停达655次。当年，因综合电价上升，增加收入2072万元。

创新生产管理模式。坚持开展运营分析、课题改善、对标管理、小指标竞赛等活动，为确保安全生产和降低物耗提供了有力支撑，全年柴油消耗同比降低284吨，节约成本202万元；推行了配煤掺烧“七分工作法”、“菜单式上煤”，优化了配煤掺烧的均衡性、合理性，入炉煤质趋于稳定，同比上年减少灭火次数116次。

【安全管理】 强基固本，夯实安全环保工作基础，完善安全管理体系。编制下发了《热电厂安全生产责任追究制度》、《热电厂全厂无伤害管理办法》等多项安全管理制度，提高了安全管理水平。加强安全监察力度，建立了各级安全管理网络，全面推进安全隐患排查治理和现场文明生产活动，提高了全员安全意识；加大安全生产各项规程制度的执行力度，定期或不定期对生产现场进行检查、抽查，严格按照安全工作行为准则和各项安全规章制度查处问题。

认真抓好标准化作业程序的执行、危险点分析和控制措施的落实，在全厂生产班组中开展危险预知训练活动483场次，参加人数1600人次。加强现场安全管理，做到责任到位、管理到位、执行到位、监督到位。截至年底，累计安全运行2765天，实现了安全环保“六个为零”目标。

【节能减排】 热电厂依靠技术、管理创新，稳步推进热电联产节能减排，让设备节能和管理节能做到最好。继续实行脱硫设施委托第三方运营，最大限度降低环保成本。同时，规范了脱硫例会制度，全面分析运行过程中存在的问题，及时纠偏。通过强化环保设备规范运行监督检查，实现污染物达标排放。当年，二氧化硫减排量为12627.2吨，减排效果明显，环保指标达到国家标准，为十堰市、东风公司全面完成“十一五”节能减排目标提供了保障。

以煤、电、油、水“四耗”指标为基础强化节能管理，有效维护设备，加强运行参数监视及调整，不断优化机组运行方式，全力推进设备治理管理水平的提升。

【煤炭管理】 严格控制煤炭采购价格。加强煤炭市场信息的收集、整理、研判，为调整采购策略提供依据；抓住煤炭“价、质、量、时”四项指标，全力以赴控制煤价；根据市场变化形势，实行降价提质的煤炭采购策略，有效地控制采购成本；充分发挥资金调节作用，用资金杠杆调节煤炭均衡、提质、控价问题。

积极拓展煤炭采购渠道。加强厂矿直供合作力度，适时加大汽车运煤量，全年汽车运煤量占总进煤量的35.94%，同比上年增加86.95%。

强化煤炭全价值链管理。坚持以计划为龙头、以合同为核心、以结算为手段的管理措施，提升煤炭采购合同执行率；成立质量检测中心，规范采制化管理，实现精确采样、精细制样、精准化验，质量监控、严格结算；根据市场环境及时调整煤炭采购政策和

11月23日，十堰市副市长成佳刚（前排右三）调研热电厂脱硫设施和节能减排工作。

策略，优化来煤结构，提高来煤均衡性；建立煤炭掺配掺烧会议制度，并形成常态化管理。

【供热开拓】　蒸汽管道供热实现新突破。坚持全力推进供热拓展规划，当年共有12家热用户签约，供热面积开发67.9万平方米，供热量上升12.44万吨。六堰山支线一、二期工程于当年10月底全线竣工并投入使用，凯旋大道支线于12月中旬竣工，西城工业园蒸汽管线获得东风公司建设许可。

移动供热逐渐形成了规模。当年新增热用户13家，新增老用户供水点7处，累计供应热水25.4万吨，同比增长182%，实现销售收入473万元。

蒸汽制冷初步获得市场认可。武当国际园、人民商场已实现热水、采暖、制冷“三联供”；东风公司总医院、动力总成工厂蒸汽制冷项目正在跟进中。

【技术改造】　技改大修工作成效明显。燃烧器、励磁系统、ECS、5号炉本体、2号发变组、2号机本体等51个项目实施大修技改后，消除了设备隐患，保障了设备可靠性，提升了设备节能效率。

热电厂积极响应国家节能减排号召，在安全生产的前提下，开展技术改造，节能挖潜，提高设备运行效率，全年完成2号汽轮机通流扩能改造，1号炉低压省煤器改造，2号机无刷励磁系统改造，4号炉、5号炉喷燃器改造、电气系统ECS技术应用等项目。运用先进、成熟的三维气动热力设计技术对2号汽轮机通流部分进行设计，配合高效汽封组合运用，以及凝汽器铜管更换不锈钢管等技术，单台机组年可节约煤炭约2475吨标煤；采用国家积极推广且成熟可靠的复合相变换热技术，对热电厂锅炉实施低压省煤器改造，并进行余热回收综合利用。实施后，锅炉运行排烟温度由165℃降低至115℃左右，年回收热量折合标煤2800吨，取得了良好的经济效益和社会效益。

7月18日，2号汽轮机组大修改造现场。

【党群工作】　深入开展“创先争优”活动，增强党建工作服务生产经营的能力。把党组织的工作重点放到为生产经营排忧解难上，全厂10个党支部分别围绕安全生产、经营管理中需要解决的难题，先后开展了18次“最佳党日”活动，使党支部的战斗堡垒作用得到充分体现，广大党员通过践行服务承诺，把党员的先进性扎扎实实地体现在工作岗位上。

在东风公司率先开展党支部“公推直选”，支部“公推直选”率达到70%；通过开展“我为和谐发展作贡献”、建党90周年庆祝等党建主题活动，教育和激励广大党员发挥模范作用，服务生产经营；发挥思想政治工作优势，增强企业文化“软实力”，针对工厂面临的严峻形势和员工关心的问题，编写成“三个怎么看，一个怎么办”形势目标教育材料，通过厂局域网进行广泛宣传；两级领导干部采取党建课题研究、专题讲座、干部上讲台等形式，开展党建理论、时政精神、管理知识学习，有5篇学习研究成果分别在东风公司和十堰管理部获奖。热电厂荣获十堰管理部“党建思想政治工作优秀单位”称号。

加强宣传教育，推进党风廉政建设。认真学习贯彻中纪委十七届五中全会精神，坚持在全厂开展效能监察工作，全年立项8项。加强煤炭全价值链管理效能监察，促进煤炭管理制度、采制化工作及煤场管理的进一步规范。

关心关爱员工，努力创建和谐人文环境。当年，节假日慰问一线员工317人，慰问生病住院员工139人。坚持开展员工帮扶工作，补助困难员工24人，发放慰问金1.1万元。热电厂获十堰管理部“和谐发展年活动”特等奖。

（潘子彦）

水务公司

【概况】　水务公司是东风公司所属的能源服务单位，至2011年底，共有在册员工415人。设置10个职能部门、总师室和工会。生产部下设4个供水厂、

2月3日，公司党委书记徐平（左二）视察水务公司。

1个污水处理厂、1个纯净水厂和1个管道车间。供水设计能力为28.22万吨/日，供水管线149.4公里，供水涉及面积45平方公里，占十堰市城区自来水市场的70%。污水处理能力为8000吨/日，主要负责花果片东风公司的6个专业厂和花果医院的污水处理业务。水务公司获十堰管理部“双优单位”称号，党委先后获“中央企业先进基层党组织”，东风公司五星级“四强”党委、“四好班子”等称号。

【机构调整】 为满足企业快速发展的需要，水务公司对组织管理体系进行了全面、系统调整，将原来20个部门，优化为10部1室1会（1个总师室和1个工会）。推进薪酬优化工作，实现内控管理规范化。4月份，对水务公司的机构、岗位进行了全面的梳理，共编制了158个岗位说明书和岗位职责，创建业务流程618项，编制与之配套的21项制度和办法。建立岗位管理体系、能力评价体系、绩效管理体系的薪酬优化体系，打开了技能、管理、技术三类人员的职业发展通道，调动了全体干部工人的主观能动性。为优化中层管理队伍的结构，建立健全干部选拔任用机制，制定了《水务公司中层管理岗位、关键岗位竞聘办法》，组织开展中层管理人员竞争上岗工作，有102人次报名参加中层管理岗位的竞聘，29人通过竞聘走上了中层管理岗位。关键岗位竞聘达到91人次，最终32人竞聘到关键岗位。中层管理人员正科级岗位由上年的21个精简至11个，减幅达47.6%，有效地增强了中层管理岗位的整体功能。

【企业转型与经营】 3月8日，原东风公司水厂正式更名为东风汽车水务公司（以下简称“水务公司”）。体制由工厂变为公司，围绕生存与发展，水务公司调整组织形式，优化企业资源，明确企业经营方向、经营模式，从原有自来水、城镇污水处理向自来水、城镇污水处理和工业废水处理业务一体化转型。履行服务保障职能，在确保十堰基地生产、生活用水的同时，主动融入东风新事业发展，着力实施发展转型、经营转型、管理转型，以花果污水处理厂建设项目为突破口，确立水务事业发展方向，谋求长远可持续发展。今后东风的业务发展到哪里，水务公司的服务就会跟进到哪里。其中，花果污水处理厂技术改造能力提升建设项目的实施，避免了因无法满足南水北调对十堰地区污水排放标准的要求而面临的关停风险，巩固了水务公司污水处理事业的根基，为承接十堰工业新区及东风公司各单位工业污水处理业务的展开奠定了基础。水务公司争取十堰工业新区工业污水处理项目，把工业废液处理转换为业务发展的资源，是实施企业转型，实现水务事业价值链、产业链迈出的关键一步。截至年底，该项目完成调研、可行分析、方案设计，待东风公司投资委员会讨论通过。同时，积极申办环境污染治理设施运营资质，主动承担东风公司节能减排责任，促进业务发展延伸。

切实履行“服务东风”职能，保证公司十堰基地生产、生活用水。通过强化科学调度，加强设备基础管理，实现安全供水500天无责任爆管。当年重点在提升应急响应能力上下工夫，有效地应对了旱涝急转形势。上半年，十堰地区遭受50年不遇的干旱，水务公司通过优化运行方案，合理调配水源，确保“西水东调”不断流。下半年，大暴雨不断，特别是7月26日十堰地区遭受特大雷暴雨袭击，各供水厂因高

5月26日，水务公司环境污染运营情况检查。

压电缆线被大风刮断造成大规模停电，水务公司启动应急预案，在最短时间内恢复供水。当年，共争取双向用水户15户，年增用量近50万吨，结束了自2005年以来连续7年水量下滑的窘境，实现了产销“止跌回稳，稳中有升”。

【管理提升】 启动运营管理，建立《水务公司运营分析会制度》，保证了年度各项目标顺利实现。运用方针管理和QCD手段进行定期诊断，使财务预算指标、成本及可控费用、安全生产、物资采购、水质处理与检测等管理工作得到加强。开展KYT危险预知培训，进一步增强全员安全责任意识。导入先进管理工具Workshop，使程序正确，工作高效，促进团结协作。建立科学的考评制度，实行KPI管理，使考核更具科学性、实用性。编制的行动计划内容全面，细化，涉及生产、经营、费用、采购等方面，工作安排到月，责任落实到人。

加大培训力度，提高全员整体素质。全年举办厂级培训28期，培训1733人次，外出培训学习调研83人次，各级培训共22220学时，人均52.3学时，新入厂员工培训率和特殊工种员工复训率达100%，实施重点岗位人员专业技术能力提升工程，与湖南大学进行校企合作，建立课题组研究解决当前生产、技术方面的难点问题。拓展污水处理岗位业务培训，共16名相关岗位人员取得了国家环境保护部环境污染治理设施培训合格证书。试推行水泵、净化两岗合一制度，对制水岗位人员进行了业务培训，为今后水务公司自动化能力提升打下基础。

加强项目日常管理。1.确保项目投资决算不超预算，预算不超概算，概算符合项目实际。2.强化签证管理、强化过程管控，强化第三方审核。3.以行业标准为标杆，科学严谨地设计和制定项目方案，确保经得起历史的检验。

【项目建设】 水务公司对影响发展的重点问题和新事业跟进项目进行了梳理，共立项8个，投资总额达到7508万元，涉及管网更新、技术改造、能力提升、市场拓展等多个方面，有力地推进了水务事业的转型发展。

黄龙管线复建工程是水务公司有史以来投入人力和物力最大的工程。南水北调项目建设在丹江口

6月30日，污水处理技术改造项目开工。

水库大坝加高后，黄龙水库至一级站的3条管线部分管段将处在淹没线以下，无法进行阀门更换和爆管抢修，而这条输水管网涵盖从黄龙到张湾整个西片的沿线企业生产、居民生活用水，是水务公司的输水主动脉，事关东风公司十堰基地生产、生活用水稳定。此项目从马家沟口铺设至1级站，全长6247米，年底已完成竣工验收。花果污水处理厂技术改造项目总投资2180万元，改造后污水日处理能力将达10000吨，破解了地方政府垄断水务市场的战略布局，为今后水务公司同步跟进和发展东城、西城工业园区水务项目奠定基础，截至年底，已完成投资总额的60%。东风商用车公司联合工厂“863”工业园上水工程项目，管线全长4000米，为水务公司提高水量、拓展自来水业务，促进发展提供了机遇，年底已实现通水。

同时，西城工业园上水一期、吴家沟二回路改造竣工；十堰工业新区工业污水处理项目正待审批；纯净水产能扩建项目已投入运营。头堰水厂改造、中岳路管网改建、一级站改造、龙门沟工业园上水等项目也在设计规划和有效推进中。

【党群工作】 创新活动载体，大力开展“三项活动一个竞赛”，不断提升服务生产经营能力。当年，水务公司各党支部开展最佳党日活动14次，上报立项攻关项目13项，制定服务承诺22项。创新党建工作新方法，积极借鉴ISO9001质量管理体系、QCD等先进管理方法，建立水务公司党建工作标准和流程，加强党建工作过程管理，使党建工作更加标准化、规范化和科学化。

关心关爱员工，职代会提案落实率达100%。落

实水务公司员工互助补充保险制度；组织参加东风公司“爱心工程专项款”募捐活动，全年有2人次得到互助补充保险及“爱心工程专项款”救助，发放救助金1万余元。慰问各类困难人员达76人次，发放慰问金2万余元。

（韩　励）

燃 气 公 司

【概况】　燃气公司是东风公司旗下的一家从事燃气生产、经营、开发、安装、维修、服务的能源企业，主要经营管道空混气及瓶装液化气。截至年底，总资产5677.42万元，下设11个科级单位，拥有在岗员工297人，其中高级职称29人，中级职称43人，初级职称54人。

燃气公司以开展“和谐发展年”活动为主线，坚持做到抓发展，推动产品结构调整；抓经营，推动企业扩销增利；抓管理，推动企业竞争力提升；抓安全，推动平安燃气建设；抓稳定，推动企业和谐发展，在液化气等主要原材料价格不断上涨，经营压力倍增的不利形势下，主动作为，积极探索发展新途径，继续加大市场开发力度，深挖内部潜力，努力改善经营状况。全年销售管道空混气584.65万立方米，销售瓶装液化气4303.53吨，与上年同比分别增长18%和4.6%。新开发管道燃气民用户8747户、工商用户15户，管道燃气供气总户数达107333户。当年，燃气公司被评为“湖北省机械行业安全生产先进单位”、“十堰市安全生产红旗单位”、“东风公司消防安全先进单位”。

【市场开发】　燃气公司密切关注房地产市场变化，及时了解房地产开发资讯，对十堰城区14个新楼盘进行全面调查摸底，详细了解工程进度计划、楼盘建筑面积、市场定位、开发商信誉状况及合同履行能力等，逐一进行登记、分类和分析，有针对性地制定营销计划，找准时机，发展用户，抢占市场。全年共签订燃气安装合同49份，合同户数达8747户。

【天然气对接准备工作】　为顺利实现燃气产品从空混液化气向天然气的过渡转换，提前做好各项对接转换准备工作。组织开展应对天然气入市的技术准备与方案研究，确定“合作方式研究与制定”等9项主课题及27项子课题，成立多个跨职能团队，进行专项研究、推进；对燃气管网设施进行全面普查，对不适应天然气运行的调压器、阀门等进行改造更换；采取顺序逐步升压方式进行管网升压运行试验，并将管网分成12个片区，定人定时巡查。共巡查各类井4870座/次，调压器2417台/次，阀门井192台/次，及时消除存在缺陷；编制天然气气源置换技术方案及组织方案、天然气管网泄漏抢险抢修方案；协同十堰中石油昆仑燃气有限公司完成天然气转供点建设；开展天然气安全知识宣传及培训活动等。

7月4日，党员员工在巡查调压器。

【产销差控制】　燃气公司采取一系列措施，加强关键环节管控，降低产销差。通过专人巡线、外网普查测压、重点时段重点监控、引入管及架空管专项治理等方式，降低管网泄漏率；通过集中治理、集中作业、控制作业放散量等方法，降低燃气管损；通过定期分析、有效监控用气情况，开展工商用户计量器具改造，开展违规用户及账外户清理、问题户专项整治工作，有效遏制和打击违规用气行为，产销差由上年的11.81%降至当年的8.83%。

【KYT活动开展】　按照“全面启动、示范班组先行”方式，年初在混气站等3个试点班组推行以KYT（危险预知训练）为中心的安全改善活动。下半年又在推广试点班组经验基础上，在其余17个班组全面开展KYT活动，引导和推动班组安全自主管理能力的提升。9月底，在十堰管理部专家组KYT诊断考核中得到2.72分，在8家试点单位中名列第一。

【员工培训】 燃气公司以"周末大课堂"为载体，制定针对现场常见问题、针对常用法规条例、针对先进管理方法年度培训计划，多渠道、多层次、多形式组织开展员工教育培训工作，不断提升全员综合素质。全年共开办、参加各类培训班75期，参加培训2935人次，人均培训学时达65学时。

【"创先争优"活动开展】 党委坚持践行科学发展观，在各党支部开展以"三项活动、一个竞赛"为主要内容的"创先争优"活动。1. 积极开展最佳党日活动。"七一"前夕，管道气分公司党支部"义务献工保目标"活动获十堰管理部"最佳党日"活动一等奖。2. 广泛开展党组织服务承诺活动。通过公开承诺，让党员把身份亮出来，把承诺事情做起来；通过领导点评、群众评议、评比表彰等方式，让先进的有光荣感、后进的有危机感、一般的有紧迫感，激发"创先争优"内在动力。7个党支部作出38项公开服务承诺，148名党员作出347项岗位承诺。3. 认真开展立项攻关活动。各党支部围绕年度重点工作和关键环节，完成攻关项目28项。4. 扎实开展星级党支部达标竞赛活动。各党支部对照"四强"党支部评价标准和星级支部考评细则，制定措施，创新载体，突出特色，推动竞赛活动深入开展。

3月26日，"最佳党日"活动现场。

（杨　洁）

东风汽车房地产有限公司

【概况】 东风汽车房地产有限公司（以下简称"公司"）是东风公司的控股子公司，由东风公司和东风汽车车轮有限公司共同出资，于2000年1月6日在原东风公司生活服务部的基础上改制而成，现为一个机构两块牌子（东风汽车房地产有限公司和东风汽车公司生活服务部）。公司经营业务以房地产开发、物业管理、资产经营为主，多种经营为辅，兼有东风公司生活后勤系统管理职能。2001年12月，公司武汉分公司在武汉经济技术开发区成立，迈出了跨区域规模化发展步伐。

截至年底，公司注册资本17000万元，在册员工767人，其中各类专业技术人员400人，拥有中高级职称人员184人，下设9个职能、业务部门，13个生产经营及服务单位（包括3个子公司），具有房地产开发二级资质和物业管理二级资质，累计开发住宅近100万平方米，民用物业服务面积达400余万平方米，工业物业服务面积近40万平方米。

公司坚持依托东风、服务东风、面向社会的宗旨，坚持走社会化、市场化发展道路，秉承"关心千家万户、营造温馨家园"的经营理念，以质量求生存，以诚信求发展，为业主（客户）提供优质的产品和良好的服务，努力打造"东风地产"和"东风物业"品牌。当年，公司积极应对国家宏观调控政策和市场形势变化，实现税前利润4406万元，超额完成十堰管理部下达的挑战Ⅱ指标，创历史最好水平。

当年，公司荣获湖北省"优秀企业"、十堰管理部"双优单位"荣誉称号，并被东风公司评为五星级"四强"党委和五星级"四好班子"；公司物业管理分公司被评为十堰市 "优秀物业服务企业"。

【房地产开发】 公司新开工项目4项，开工面积16.29万平米，分别为武汉阳光城四期青荷苑2～4号楼、十堰阳光城三期1～3号楼、总装配厂虹景阳光大厦、红卫建设大厦。1月，公司抢抓市场机遇，确定最佳开盘时机，赶在武汉市限购令出台前，完成了武汉阳光城四期紫竹苑2～4号楼的销售，销售率达99.27%。10月，武汉阳光城四期紫竹苑组团全面实现竣工交房，竣工面积4.45万平米，交房套数446套。

在房地产开发过程中，公司创新项目管理模式，由项目经理委派制转变为项目经理竞聘制，成本、技术等专业人员全程介入项目管理过程，为项目管理提供支撑和保障；公司转变开发观念，从关注主体建设到全面关注配套及开发细节，保证了项目整体品质，提升了项目品牌影响力。同时，制定完善房地产开发技术管理办法、设备设施管理办法、统一采购平台管理办法以及合作单位评价管理办法等，房地产开发管理制度体系和流程进一步完善。

【物业服务】 以“提升服务质量、提高客户满意度、维护和谐稳定”为主题，开展物业管理服务工作。

老区物业基础管理进一步加强。组织开展物业小区调查，摸清物业基础状况，为物业管理提供了强有力的基础数据；进一步加强现场保安、保洁、清运、绿化、维修服务管理，加大分包方管理考核力度，提升了现场管理水平；创新物业服务收费方式，开展各类便民服务活动，拉近与业主的距离，提高了物业费收缴率；积极开展小区专项整改，解决了一批业主关心的重点、难点问题，突出为民服务，业主满意度提升，有效投诉较上年同比下降11%。

商品房物业管理质量进一步提高。以提升品牌价值为主要出发点，开展商品房物业服务改善活动，从服务形象、服务礼仪、服务细节、售后维修等方面进行改善，服务质量得到提高，为地产开发品牌提供了强有力支撑。

工业物业市场进一步巩固。加强对原有工业物业服务项目的管理，关注服务细节，为业主提供优质、快捷服务，做到服务零投诉。根据市场形势，提高工业物业服务收费标准，对规模过小、业务单一、收益率较低的项目退出服务，集中精力和资源做精做强优势项目。积极开拓新市场，新增工业物业服务项目4项，增加服务收入116.46万元。

【先进管理方法导入】 公司按照十堰管理部统一要求，积极开展先进管理方法导入，完成了方针管理、课题改善和KYT训练导入工作。1.编制完成了5级方针管理活动计划书，做到中高层管理人员人手一份活动计划书，强化目标责任，确保各项重点工作逐级逐层落实。2.围绕房地产开发技术、质量、成本和售后维修，物业基础管理，资产经营模式和信息化建设，综合收费平台建设，动能供应，幼儿保教，现场改善等，确定11项改善课题，并取得11项改善成果，其中1项获十堰管理部三等奖，5项获优秀奖。3.在公司5个重点班组开展KYT训练，制定KY卡，每月至少开展一次KYT训练活动，通过演练，规范操作行为，从源头上控制危险源。

3月22日，公司召开先进管理方法导入动员会暨方针管理计划书编制专题培训。

【资产经营】 公司按照市场化原则，积极探索资产经营模式，资产经营效益得到较大提升。1.积极开展市场调研，对租金水平进行对比分析，调查了解各类商户信息，对所有合同到期的经营门面租金统一进行上调，平均上调幅度15%左右。2.加大招商引资力度，通过广告宣传、现场营销、上门营销等方式，开展十堰阳光城一、二期商铺、机关单身公寓等经营资产的招商引资工作，做到定位准确、标准统一、宁缺毋滥，为商户创造良好的经营环境。3.积极探索商务公寓经营模式，更新改造机关单身公寓，并由原来的单纯房屋出租调整为商务公寓经营模式，提高配套服务质量，租金价格、水电动能完善市场化。

【惠民工程】 按照东风公司和十堰管理部的部署，认真组织实施“惠民工程”，使十堰基地员工分享改革发展成果。当年，组织整改十堰基地生活区安全隐患120处、影响员工正常生活的问题345个，改善了员工的生活环境；更换机关辖区变压器10台、改造供电线路5条、改造站泵房9个等，提高了机关动能供应的安全性和可靠性，使十堰基地广大员工享受到东风公司改革发展的成果。当年，共收到业主感谢信15封、锦旗8面。

【“创先争优”活动】 公司按照东风公司党委和十堰管理部党委要求，积极开展为民服务“创先争优”活动，坚持以“践行承诺在先，工作作风最好；服务客户在先，工作效率最高；创新管理在先，工作业绩最优”为主要目标，创新载体，注重实效，提升服务质量，促进了十堰基地和谐稳定。

当年，公司认真开展服务承诺活动：1.突出主营业务。在房地产开发方面，承诺质量、进度、售后服务等，努力打造东风地产品牌。在物业管理方面，承诺维护标准、保洁标准、绿化标准，为业主提供优质服务，营造良好的居住环境。2.突出排忧解难。深入现场，着力解决客户（业主）最关心的突出问题，努力办好事、办实事。如屋面漏雨大修、室内上下水管道大修、卫生间治漏等项目的实施，深受业主欢迎。3.突出岗位职责。30个党支部围绕“为民服务”，向客户（业主）作出公开承诺。296名党员围绕工程质量、物业服务等内容，作出912条服务承诺，践诺率达95%以上。

坚持“创先争优”活动与推进“三城联创”相结合。公司围绕“三城联创”和服务业主，建立了131个党员责任区、76个党员示范岗，开展“最佳党日”活动43次。如机关物业处党支部开展“服务进小区，关爱暖人心”最佳党日活动；大岭物业处党支部开展了“从我做起，服务业主”最佳党日活动；三堰物业处党支部开展“除安全隐患，建和谐小区”最佳党日活动。

1月15日，党员在“为民服务”活动中一展身手。

坚持“创先争优”活动与构建和谐社区相结合。通过规范化管理、标准化服务，提升业主满意度；坚持开展业主恳谈会和便民服务活动，增进与业主的交流和沟通，赢得业主的理解和支持；坚持开展丰富多彩的社区文化活动，如开展“和谐家园”主题征文活动、红色电影进社区活动、形式多样的文体比赛等，促进小区和谐。

（陈小花）

东风通信技术有限公司

【概况】 东风通信技术有限公司（以下简称“公司”）是东风公司的全资子公司，是东风公司综合信息服务、运营和管理的企业专网单位，业务涵盖通信行业的所有种类。与国家电信公网互联互通，基础传输网、基本电话网、宽带互联网覆盖东风公司十堰、襄阳、武汉基地。截至年底，公司下辖4个分公司（十堰、襄阳、武汉、杭州），10个生产、经营、管理部门。在册员工293人（含长期待岗员工37人），其中具有高级技术职称25人、中级技术职称55人。在用劳务工57人。固定资产净值1.04亿元。固话用户63874台、宽带用户34414台，东风公司企业网接入用户72家、城市监控点1152个，视频会议系统建设、视频会议服务、GPS业务和呼叫中心外包项目29项。

当年，公司围绕“创新驱动、转型发展、引领新跨越”的工作纲要，以转型升级、管理优化、业务创新、区域开拓、转换机制为重点，以东风商用车公司“863”计划和杭州裕隆项目配套服务为主线，以激励和薪酬优化为动力，开发新的业务资源，实现销售收入8151.47万元，同比增长9.85%。实现利润超过年度预算目标19.51%，达到十堰管理部挑战Ⅰ目标。公司荣获湖北省“优秀单位”、湖北省企业家协会“优秀企业”、十堰管理部“双优单位”称号。

【“业务创新年”活动】 结合通信行业、东风公司发展战略，围绕“十二五”规划和中期事业目标，公司把2011年确定为“业务创新年”。加速推进NGN技术改造，12月底完成了NGN软交换技术改造，“四地”顺利割接，新业务提供能力大幅提升。导入缓存技术，实现互联网视频业务本地存储，改善出口流量，节省宽带租用近1G，节约费用199.2万元。组建以呼叫中心、视频会议和车载通信为主营业务的东风资讯公司，完成了呼叫中心平台的升级和扩建，购入美国思科IP化呼叫中心系统，导入上海维音公司的软件和管理，实现对业务流程、组织机构的优化再造。加大视频会议、安防监控、通信工程建设、网站开发维护、座席外包等业务的投入力度。实施国资委与东风公司专线视频会议系统的技术升级和改造，构造东风集团视频会议平台。与十堰移动公司业务合作，联手为东风（十堰）实业公司提供信息（通信）系统合作共建。开发新业务，实施东风财务公司征信调查，东风本田二工厂弱电工程，东风股份二公司厂区视频监控，东风商用车联合工厂一期、二期工程和动力总成工程通信等项目，其中东风本田二工厂弱

司获得东风公司五星级“四强”党委、五星级“四好班子”，十堰管理部“双优单位”荣誉称号。

公司承建的东风商用车公司重卡联合工厂总装车间项目获2010—2011年度第一批“湖北省建筑(结构)优质工程奖”，车间地坪误差控制在2毫米之内(行业标准为5毫米)，在行业内达到国际先进水平。该工程成为公司项目管理的“标杆工程”。

【市场拓展】 当年，公司重点拓展了十堰市中岳路、东风商用车公司重卡联合工厂后续项目、动力总成新工厂、襄阳管理部、武汉东风本田二工厂、神龙公司三工厂、东风乘用车二期、东风有限研发院等项目，实现了以“十堰为主体，武汉、襄阳为两翼”的市场格局。全年拓展新项目26个，合同造价达5.2亿元。

【中岳路项目中标】 8月5日，经过与合作伙伴3个多月的共同努力，公司中标十堰市中岳路二标段工程，合同造价1.67亿元，创造了公司参与市场竞争以来单项目造价最高的新纪录。

【经营管理提升】 推行方针目标管理，建立“标杆管理”方式，提升公司经营管理水平。1.建立“公司—分公司—项目部”三级管理体系，实施公司、分公司两级TOP诊断，增强数据化工作意识；2.在各单位及项目部广泛推广运用先进管理工具，如方针目标管理、目视管理、工作计划书、重点项目滚动计划等；3.广泛开展基于现场改善的KYT活动，建立了以“滚动计划”、“周计划”、“三天调整计划”及“日历计划清单工作表”组成的项目管理方法。

【参保工作完成】 根据东风公司的要求，解决公司所属各单位原“家属工、占地合同工”的参保问题。由于公司情况特殊、人员复杂、时间跨度大、对象众多、原始资料不全，工作难度非常大。公司抽调10人组成专项工作组，从文件精神传达、业务培训、资料整理、调查取证，到参保手续、缴费等环节，有序组织、认真操作，顺利完成236名“家属工、占地合同工”的参保工作，确保了和谐稳定的局面，得到东风公司的肯定。

【党群工作】 结合公司特点，坚持“五个融入”和“五个领先”。把“创先争优”活动的要求融入到工程项目建设的QCDSS(质量、成本、工期、安全、服务)改善主题中；融入到公司的员工行为规范化达标活动中；融入到提升客户满意度工作中；融入到员工的“学习日”活动中；融入到合理化建议活动中。要求党员“学习领先”，不断提高学习能力和实践能力；要求党员“工作领先”，在各项工作中发挥作用，争做表率；要求党员“执行力领先”，以身作则，规范行为；要求党员“业绩领先”，开展以“保目标、作贡献”为主题的“党员示范岗”、“东风工程一面旗”等竞赛活动；要求党员“稳定领先”，顾全大局，和谐相处，共同维护公司的稳定工作。当年，公司开展的优质服务示范窗口，客户满意项目部流动红旗、优质服务达标单位流动红旗竞赛活动，评选出“客户满意项目部”9个，“优质服务达标单位”1个；“四强”党支部3个，优秀党员干部6名，“四优”党员17名，全年评选优秀员工48人次。

关心关爱员工，确保队伍稳定。真诚地关心关爱困难员工和一线员工，开展各类慰问和帮扶，全年累计发放各类慰问帮扶金32.45万元。竭力解决历史遗留问题，稳妥处理群体问题3起。开展纪念建党90周年歌咏比赛、“最佳党日”、党员风采展示等活动，提升政治素养。开展“以休代训”活动，丰富员工生活，提升业务素质，223名员工参加。开展青年员工“我学习、我改善、我提升”交流会，举办拓展训练、厨艺大赛等活动，多渠道帮助青年成长成才。公司多次开展了系列员工喜闻乐见的文体活动，增强了公司凝聚力。

(周晶晶)

人民武装部

【概况】 人民武装部(以下简称“人武部”)主要负责公司民兵预备役建设、国防教育、拥军优属、人防管理、兵员征集、国防动员、二类预备役军官教育管理等工作。截至年底，在册员工8人。

当年，人武部按照“突出主线、着眼打赢、发挥作用、创新发展、巩固一流”的工作思路，以“创新管理、创造价值、创建模式”为重点，不断强化“兴”武措施，努力拓宽“用”武渠道，全面建设，保持了稳步发展的良好势头，获湖北省“拥军优属先进单位”和“人防工作先进单位”称号。

3月31日，人武部召开人武、人防拥军优属系统工作会。

【国防动员】　深入推进民兵预备役建设调整改革，巩固深化“六个有”（有房子、有牌子、有章子、有桌子、有旗子、有柜子）整组模式，建立基层人武部45个，组建民兵连103个，建有应急救援、勤务保障、防卫作战及其他四支队伍13个分队（连），民兵总数6347人。遵循“平战结合、便于组织、便于保障”的原则，在重型车厂等单位，组建了25人的北京二炮预备役专用保障装备维修分队，实现了各专业技术分队结构布局与战时兵员动员相协同的要求。10月下旬，组织14名预备役人员参加北京二炮部队组织的军事训练，获得“训练优秀单位”称号。围绕提高兵员质量和廉洁征兵，完善征兵工作目标责任制，圆满完成17名新兵征集任务。

【军事战备】　以新时期军事战备方针为统揽，突出抓好应急力量建设，全面完成上级军事机关下达给东风公司的210名民兵预备役高炮分队、应急分队训练任务。9月8日，组织30名民兵预备役进行防洪演练，提升了民兵预备役完成多样化军事任务的能力。

【民兵参建】　围绕东风公司做强做大战略目标，以争创“四强四优”为主要内容，在人武、人防系统开展“岗位作贡献、创业争先锋、文明当表率”为主题的“创先争优”活动，引导广大民兵预备役人员立足岗位创高产、行节约、控成本、多创利，努力学习新知识、掌握新技术，争做生产技术能手、技术革新能手和修旧利废能手，充分发挥民兵预备役在生产经营中的突击作用、三个文明建设中的带头作用和维护社会稳定中的骨干作用。当年，人武人防系统组织民兵预备役参加设备检修、抢险任务800余人次，义务献工3100多工时，修旧利废4200多件，在东风公司新一轮大发展、大调整中实现了新作为。

【拥军优属】　坚持抓创新、重特色、谋发展、求实效，把实现军企共建促双赢和维护优抚对象根本利益作为拥军优属工作的出发点和落脚点，不断深化教育拥军、窗口拥军、职能拥军、装备拥军服务力度，进一步健全数据系统，完善政策制度，增加资金投入，提高优抚标准，拓展合作领域，加大解决力度，使复转军人得到妥善安置，优抚对象得到特殊照顾，服役战士得到健康成长，军企共建得到全面加强，拥军优属工作呈现出良好的发展态势。为了深入落实东风公司“军民融合式发展”的战略思想，7月24日，选派5名二类预备役军官参加了“东风‘猛士’服务国防万里行”活动，协助部队做好“猛士”军车服务保障工作，受到部队官兵高度赞誉。当年，人武部妥善处置军烈属、复转军人来信来访36人次，接待上级军事机关首长赴东风公司视察和观摩军车生产线985人次。

【人防建设】　坚持两建统筹，依法加强对人防工程建设管理，配合市人防办做好人防“结建”工程质量的监督和管理，对已建、在建的人防工程及时跟踪督查，实现人防工程量与质的同步提高。全年开发利用人防工程16个，较好地发挥了人防工程的经济效益、社会效益和战备效益。对照防空防灾警报社会化管理“六有”标准，完善了通信警报设施的建设和管理，确保警报鸣响率和完好率达100%。

【国防教育】　根据不同教育对象的特点，将国防教育的对象分为广大员工、民兵预备役人员和领导干部三个层次实施，明确了各层次的教育重点，有针对性地开展教育，增强了国防教育的实效。9月17

9月8日，人武部组织民兵开展防洪抢险演练。

日，人武部在张湾青年广场举行第十一个“全民国防教育日”宣传活动，通过鸣放警报、发放宣传资料，宣传国防教育的相关法规和重要意义，增强了东风员工和市民的国防意识。

【党建工作】 根据东风公司和十堰管理部党委的统一安排部署，扎实开展了创建“四好班子”星级达标活动，制定出台《关于在公司人武、人防系统实施“创先争优”考评细则》，加大对服务公司主业力度，通过实施活动方案、划分工作阶段、落实管理措施，推动党组织创先进带动本单位创先进，党员争优秀带动身边群众争优秀，使“创先争优”活动取得预期实效。

（黎振宇）

保 卫 部

【概况】 保卫部担负着十堰基地的治安保卫工作及东风公司在湖北省内企业的内部治安保卫、消防、交通安全、社会治安综合治理等工作的指导职能。内设7个派出机构、9个执法勤务机构和3个综合管理机构，有民警、员工440余人。

当年，保卫部紧紧围绕东风公司和十堰管理部年度工作重点，认真履职，各项工作目标全面达成，为公司实现“十二五”良好开局营造了稳定的社会治安环境，被十堰管理部评为“主题年”活动优秀组织单位，被十堰市公安局评为“全市优秀公安局”。

【维稳责任履行】 有效发挥情报信息研判预警作用，共收集涉稳情报信息150条，对95起不稳定因素做到超前疏导防控；会同东风公司相关部门妥善处置各涉稳群体策划组织的聚众上访、围堵办公场所、堵塞道路、扰乱医疗秩序等36起群体性治安事件；通过整合企业和社会多方力量构建社会矛盾纠纷大调解体系，排查化解矛盾纠纷4100起；对“法轮功”分子，缠访、闹访及易肇事肇祸精神病人等重点人员逐一落实管控措施，没有形成现实危害；及时监控发现和有效处置网上涉东风公司不良信息650条，成功阻止了33起拟通过网络串联策划的非法活动。

【安全保障服务】 综治、内保、消防、交管四个系统通过与东风公司各单位逐级签订目标责任书，层层落实责任，结合形势变化健全各系统工作和管理制度；排查整改危险化学品、重点单位、要害部位等安全防范管理隐患200余处，消防安全隐患350处，交通安全隐患180处，消防部门参与抢险救灾420起，成功率达到100%，继续保持了15年无特大火灾事故纪录；通过举办系统安全管理人员培训班，开展安全知识宣传教育，组织重点单位开展消防应急演练等方式，进一步提升了各系统保障内部安全、服务生产经营等能力；圆满完成上海国际车展、动力总成奠基、庆祝建党90周年等大型活动安保任务53次；实施“零距离”跟踪服务，保证了新事业项目建设安全顺利进行。

【整治效果明显】 对各类刑事犯罪继续保持严打高压态势，共破获涉及东风公司企业内部案件307起，打击处理犯罪嫌疑人185人，挽回经济损失520万元，其中，快速侦破发生在装备公司设备制造厂家属区周边持刀系列抢劫案、“4•8”以危险方式危害公共安全案等一批大要案取得了良好的社会效果；成功打掉了盗窃东风商用车公司车身厂价值200万元的生产油漆，盗窃东风（十堰）有色铸件有限公司价值50万元的生产物资，盗窃东风汽车悬架弹簧有限公司价值30万元的生产原油等犯罪团伙。

【治安防控提升】 通过动员整合企业及社会力量强化人防，全面推进以视频监控系统为主的技防建设和规范管理应用，加大治安防范宣传教育，增强居民物防意识，不断完善人防、物防、技防三位一体的治安防控体系，刑事发案平稳，员工安全感增强。对员工群众反映强烈的“黄赌毒”等社会丑恶现象和易引发违法犯罪的重点场所，开展不间断专项整治，查处“黄赌毒”案件289起，查处违法人员1440人。辖区流动人口、出租房屋，公共娱乐服务场所，危险、危禁、管制物品治安管理得到全面强化，没有出现疏漏造成现实危害的情况。

【权益保障力度增强】 共破获侵害东风公司合法权益的假冒注册商标、诈骗、职务侵占、商业贿赂等案件52起，挽回直接经济损失1200多万元，规避经济损失2000多万元。尤其是成功摧毁了一个特大制售假汽车机电发票、假合格证犯罪团伙，收缴各类假发票86万份，假冒东风汽车合格证27万份，严厉打击了制售非法拼装车各类假票证的犯罪行为；捣毁制假窝点2处，查获假冒东风商标标识产品15000余件、整车1辆，价值680万元。

【内部管理规范】 以十堰管理部及公安机关组织开展的“和谐发展年”和“发扬传统、坚定信念、执法为民”主题教育活动为抓手，加强形势目标教育，开展纪律作风教育整肃和公安保卫业务能力大培训活动，大力提升了服务保障能力；以人为本，不断拓展从优待警举措，激发了工作积极性和集体归属感，员工队伍呈现出良好的发展态势；通过完善资金开支、固定资产、能源消耗、值班备勤、工程建设等内部管理制度，并强化日常监督严格执行到位，进一步优化规范了内部管理。

（周　淼）

公共事业处

【概况】 公共事业处有11个职能部门（爱卫办、计生办、残联、防洪办、绿化办、医政办、房改办、产权产籍办、住房公积金中心、住房补贴中心、维修资金中心）。截至年底，在册员工28人，其中中高级专业技术人员16人。主要负责东风公司十堰基地后勤保障等公共事务的管理，东风公司所属医院相关业务和十堰基地公共卫生管理，并根据东风公司委托，管理东风公司爱国卫生运动委员会办公室、东风公司计划生育委员会办公室、东风公司残疾人联合会执行理事会、东风公司住房公积金管理中心、东风公司住房补贴管理中心、东风公司住宅专项维修基金管理中心。

2011年，依据十堰管理部党政工作大纲和公共事业处年度工作提出的目标，确保完成十堰管理部下达的费用控制指标，做好“国家卫生城市”的创建工作，四星级党支部的创建工作，全面完成了年初确定的工作目标。

【住房保障工作】 住房问题是基本的民生问题，公共事业处在国家住房政策调整，保障性住房加快建设的宏观背景下，加强企业员工住房保障工作。由房改办牵头，住房维修资金参与，在上年工作的基础上，再次对东风公司十堰基地旧房进行调研，摸清基本数据，与国家棚户区改造政策相符合的9个区域，共197栋，涉及人口19639人。这些住房都是六七十年代建设，标准低，功能不完善，抗震、防滑坡灾害隐患大，将此与十堰市旧城改造相结合，纳入十堰市棚户区改造与旧城改造计划中，提出首批项目范围，东岳路沿线和立交桥片区，至张湾转盘区域、公园路、大岭路、神定河、六堰区域、车城西路供应处临街社区，以此解决十堰基地老旧小区危房改造，形成一个分年度、分区域、逐步落实的方案。

当年，第二批经济适用房有70余户通过初审，有28户已公示入网。

【医政工作】 参与东风公司医院管理委员会的相关工作，为东风公司办医院适应国家医改相关政策建言献策。当年，帮助协调解决医疗纠纷9起，参与十堰市卫生事业“十二五”规划的修订工作，推动医院工作外部环境和氛围的改善，为东风公司医疗卫生系统下一步的发展提供平台，全年对东风公司医疗卫生系统的医疗费用进行监控，对医保和医院双方的管理进行有效对接，为员工就医提供方便、快捷的通道。

【企业社会责任】 人口和计划生育工作落实胡锦涛总书记4月26日在中央政治局第二十八次集体学习的重要讲话精神，围绕稳定低生育水平，继续维持现行的生育政策，统筹解决人口问题的中心任务，稳水平、强基础、破难题、创特色、争一流，全面落实党政一把手负总责的责任体系和抓“一票否决”不动摇的追究体系。2011年，东风公司十堰地区总人口79745人，其中当年出生176人，出生率2.21‰。

当年，爱国卫生工作主要是东风公司以参与十堰市创建国家卫生城市为工作重点，配合十堰市创建国家卫生城市并取得成功。东风公司有东风商用车总装配厂等4家单位获“湖北省卫生先进单位”称号，25家单位获“十堰市爱国卫生先进单位”称号。

东风公司爱卫办按照《国务院关于加强爱国卫生工作的决定》和《湖北省爱国卫生条例》精神，以新修订的《国家卫生城市标准》要求，结合东风公司实际，从环境卫生、健康教育、食品卫生、病媒生物控制等8个方面21大项入手，开展创建国家卫生城市和环境治理工作。全年下发各种指导性文件40个，建立创建国家卫生城市周例会制度，召开专题会议20多次。积极参与十堰市创建国家卫生城市工作，为顺利通过国家暗访、技术评估和取得创卫成功，全年投入资金近1200万元。

残疾人联合会紧紧围绕构建“和谐东风”的总目标，加快推进残疾人社会保障和服务体系建设，利用东风公司医疗资源，为精神疾病患者康复治疗650人次，训练弱智、脑瘫儿童30多例，为残疾人提供辅助用具12件。

防洪办在东风公司防洪指挥部的领导下，及早行动，常备不懈，预防为主，积极应对隐患整改。当年，气候异常，湖北省发生罕见的秋汛，由于汉江上游水库泄洪影响，十堰市周边县、市发生了洪涝灾害。东风公司防洪办与十堰市气象部门、防汛部门联系，及时了解气象情况，在整个汛期发气象预报5份。防洪办加大汛期的督导检查力度，特别是对新建成工业园区进行重点检查，十堰基地未出现重大险情。

【党群工作】 当年，公共事业处党支部发挥党建的战斗堡垒作用，在党群工作中开展“创先争优”活动。加强学习型组织建设和员工思想政治教育。以争创“四强四优”党支部星级达标为抓手，全年按照东风公司和十堰管理部两级党组织的要求，开展领导点评活动，以信息改善党员管理，全面落实星级达标，并获得十堰管理部“三星”党支部称号。

党支部按照十堰管理部“和谐发展”主题年活动要求，建设公共事业处和谐发展“五型”单位，即“民主型”、“人文型”、“服务型” “安全型”、“向心型”单位。充分发挥工会等组织的作用，开展寓教于乐、丰富多彩的各类活动，如组织卡拉OK比赛，开展野外拉练和步行锻炼，增强员工之间的团结和凝聚力，促进了单位两个文明建设。

（鞠　艳）

离退休人员管理处

【概况】 2011年，离退休人员管理处紧紧围绕东风公司事业目标、“和谐发展年”工作主题，认真履行东风公司离退休工作归口管理的同时，还直接管理、服务2217名离退休（养）人员；承担东风有限离休干部药费报销、生活补贴发放，退休副处级以上干部健康体检，退养人员生活费代发及五金缴纳等工作。截至年底，在岗员工54人，其中高管3人，劳务2人。职能科室7个，挂靠部门3个，直属管理站5个。

【李岚清亲切接见东风老同志】 11月4日，原中共中央政治局常委、国务院副总理李岚清在视察东风的间隙，在武汉与曾经在东风共事过的马跃、刘章民、宋延光、孙长海、毛德犹、支德瑜、赵云集、兰芝尚、徐美善、马志诚、戴宗晴、吴耀荣、吴新元等24名老同志代表进行了亲切交谈，共话发展，并向老同志们赠送了自己的新书《我为大师画素描》，还邀请老同志们出席了11月5日在湖北美术馆举行的李岚清篆刻书法素描艺术展开幕式活动。

【工作体制调整】 东风公司党委为提升离退休工作的定位，提高离退休工作服务东风公司全局和中心任务的贡献度，按照“管、运”分离的原则着力打造精干高效的专业化管理和服务团队，全面提升离退休服务管理水平，于7月将离退休人员管理处的工作管理体制由十堰管理部调整到东风公司总部社会事业管理中心。

【多彩活动颂党恩】 为隆重纪念建党90周年，离退休人员管理处采取集中组织与分层组织的方式广泛开展了“忆党史、颂党恩、送温暖、看发展”为主题的多项庆祝活动。1.6月28至30日，在张湾青年广场举办了4场文化展演活动，来自十堰、襄阳基地的46家单位近3000名演员展演了涵盖歌舞、健身操、民乐合奏、戏曲等内容的98个节目。近两万人观看了演出。2.成功举办了老年摄影、书画、手工作品

6月28日，在张湾青年广场举办文化展演活动。

展，共展出作品322幅。3.“七一”前夕，分层次对508名老党员、老干部和生活困难党员进行慰问，发放了51.1万元慰问金。4.组织开展“回厂看、看发展”活动，让老党员们感受到东风公司的发展，激发爱企业的热情。5.开展“与党同呼吸、共命运、心连心”主题征文活动，共收到113篇征文。

【武汉服务工作站成立】 在东风公司领导的高度重视支持下，武汉服务工作站于7月在阳光城设立，配备了3名工作人员，租借了480余平方米的房屋作为老同志学习、活动场所，投资30万元配备了必要的健身器械和活动设施。9月又开办了两个专业的东风公司老年大学教学点，让居住武汉的离退休（养）人员能够就近学习、活动。

【爱心工程帮困力度增强】 为充分发挥东风公司离退休（养）人员爱心工程帮困解难的效能，针对基层单位和老同志反映爱心工程的救助门槛高、覆盖面较窄等问题，重点在扩大爱心工程的帮扶面，增强爱心工程的帮扶力度上下工夫，适时对爱心工程章程和实施细则进行了修订和补充，增强了对特殊人群的关爱力度。当年共救助582人，较上年增加406人，救助金额达到240万元。

【“创先争优”活动开展】 在“创先争优”活动中，注重彰显离退休党建工作特色。通过“强党性、增活力、树典型、扬正气、促和谐”主题活动，调动离退休党组织和党员参与“创先争优”活动的积极性。彰显“创先争优”活动的闪光点，将“创先争优”活动与中组部开展的“学先进、见行动、争优秀”活动相结合。

2月8日，离退休人员管理处党委召开“创先争优”活动群众评议会。

首先，选树身边的典型。在东风公司133个离退休党支部、14093名离退休党员中开展“五好离退休党支部”星级达标和“四好离退休党员”评比表彰活动。在老年节前夕，东风公司党委授予25个“五星级五好离退休党支部”称号，表彰了100名“四好离退休党员”。

其次，组建先进事迹巡回报告团。在东风公司各相关单位的配合下，挖掘整理出了心系企业的李化平、十年如一日植树造林绿化荒山的杜光保、为厂分忧解难的成时举、心系东风事业的孙铁汉、东风老年网球领跑者孙振亚、响亮喊出“有困难找支部，我们就在你身边”的东风商用车锻造有限公司第一党支部等10个事迹突出的先进个人和党支部典型事迹。并先后进行了8场先进事迹报告会，公司上下反响热烈。

【服务大局保稳定】 为给东风公司事业发展营造稳定和谐氛围，多次召开座谈会或以问卷形式就离退休（养）人员关注的热点、难点问题进行收集分析排查，防患于未然；加强涉老政策的跟踪督导，确保政策规定的待遇得到及时落实，从源头上促进队伍的稳定和谐，坚持每月与人事部门的协调沟通会，当年，先后就37项问题进行了有效沟通；全力配合做好原家属工参保工作，对处直管67名符合参保条件的家属工做到100%参保、100%提前上缴参保费，同时配合系统单位进行跟踪服务，确保4078名家属工参保工作如期完成，得到东风公司党委、总部和各单位领导的充分肯定。

【拓宽服务新途径】 1.注重服务方式的探索创新，大力推行“日常服务到位，重点服务到家，特殊服务到人”的“三到”服务和“工作内容零差错、人员慰问零遗漏、活动开展零事故、服务质量零投诉”的零缺陷管理。进一步提升了服务管理水平。2.引入社会资源，借力服务。同东风总医院、花果医院、茅箭医院联手开展健康知识进社区活动17次，5389人听了健康讲座，为4746人次进行了义诊。3.开展结对互帮互助活动。组建了32支老年人志愿者服务队，定期到孤寡、空巢家庭进行帮扶活动，办好事、办实事，解决实际困难1371件次。全年离退休人员管理处直接走访慰问老同志

1月29日，东风公司召开离退休干部迎新春团拜会。

487人次，系统单位走访慰问5709人次，让广大老同志感受到了组织的关怀，真情关爱促进了队伍的稳定。

【鄂大型企事业老干部工作会召开】 8月16—17日，2011年在鄂大型企事业单位老干部工作会在东风公司十堰基地召开，武汉钢铁(集团)公司、长江水利委员会、江汉石油管理局、葛洲坝(集团公司)、三峡总公司等在湖北省的21家大型企事业单位领导参加会议。会上主要就各企事业单位"创先争优"活动开展情况进行了交流探讨。

湖北省委老干部局副局长胡家勇、东风公司十堰管理部党委书记李振华、东风公司社会事业管理中心主任周伟勇等出席会议。

东风公司离退休人员管理处处长、党委书记朱小军作了题为《围绕中心，服务大局，在推动科学发展观中"创先争优"》的经验发言。

胡家勇高度评价了东风公司等单位老干部工作开展情况，认为东风公司党委、行政领导高度重视支持老干部工作，在打造老干部工作新形象等方面取得了实实在在的成效和鲜活经验。

【老年大学再创佳绩】 东风公司老年大学在十堰、襄阳、武汉三地形成了1总校、6分校、1个教学点的办学格局，开设35个专业105个班级，在校学员达3551人次。老年大学顺利通过湖北省委组织部、老干部局省级示范校评审，被中国老年大学协会授予"全国老年教育宣传工作先进单位"的荣誉称号。

【争创优秀获先进】 当年，东风公司离退休人员管理处机关二站第四党支部荣获"湖北省先进离退休党支部"称号。离退休人员管理处机关一站被评为湖北省"敬老模范岗"先进单位。东风公司干休所所长郝天华被授予"全国先进老干部工作者"荣誉称号，并受到党和国家领导人习近平、李源潮、张德江等中央领导的亲切接见。支德瑜荣获湖北省"老有所为科技贡献奖"二等奖，樊冠球、许国勤荣获湖北省"老有所为科技贡献奖"三等奖，曾盛安等7户家庭被授予湖北省"老年温馨家庭"。东风公司老年活动中心荣获湖北省首批"老年活动中心达标示范场所"。

【李惠民获"湖北桥牌20年突出贡献奖"】 东风公司老领导、桥牌爱好者李惠民在2011年12月25日湖北省桥牌协会成立20周年表彰会上，被湖北省桥牌协会授予"湖北桥牌20年突出贡献奖"奖牌。李惠民曾任湖北省桥牌协会副主席，现任东风公司桥牌协会顾问兼老年桥牌协会名誉会长。李惠民因为在推动东风乃至湖北桥牌事业上的突出贡献而被授予此项荣誉。

(叶付斌)

东风汽车报社

【概况】 截至2011年底，报社在册员工36人，在岗员工45人，其中具有高级职称4人，中级职称12人，初级职称8人。30岁以上员工约占22人，研究生学历4人，本科以上35人。

2011年，报社紧扣"跟上东风发展的步伐、跟上传媒发展的趋势、跟上员工发展的需求"的工作主题，着力推进报、刊、网统筹协调发展，专注于采编能力与经营能力建设，实现了"三提高一加强"，即新闻宣传的质量和水平同步提高；经营规模和经营质量同步提高；人才队伍的综合能力和稳定率同步提高；党建工作在"创先争优"中得到明显加强，继续保持和扩大在企业报行业中的领先优势。充分发挥了公司党委机关报和党的宣传喉舌作用，得到了公司党委、总部的认可和公司员工和广大读者的广泛认同。

当年，共出版237期报纸，总版量达3532个；编辑出版10期《东风》杂志；网络媒体更新量达12855条；完成了"东风精神家园网"网站的建设等工作。与上年相比，平面纸质媒体出版量有所增加，网络媒体发稿量增幅较大。人均发稿量和人均出版量均领先于国内同类媒体。《东风汽车报》再次被评为湖北省优秀企业报,《东风》杂志获"千企万象"中国企业内刊联展"金奖"。

【新闻宣传质量提升】 牢固树立政治意识、大局意识、责任意识、阵地意识,不断深化对新形势下新闻宣传工作特点和规律的认识,不断增强新闻宣传的亲和力、吸引力、引导力,新闻宣传工作的质量和水平得到同步较大提升。

1. 注重做好重大事件和重大主题的宣传策划,把握新热点,挖掘新亮点,传播新价值,为开创东风事业新境界营造良好氛围。《东风汽车报》、《东风》杂志,坚持策划先行,在重大事件和重大主题,特别是在大协同、大自主、大调整等公司力推的中心工作上,通过消息、通讯、评论、栏目、特刊等传播手段和传播方式的合理组合、持续跟进,把公司新思维、新观点、新规划、新战略、新举措变为全集团持续关注的新热点和积极响应、主动跟进的新实践。

2. 注重做好典型经验的解读和典型形象的推介。把发现典型、树立典型、宣传典型、典型引路作为新闻宣传工作重点,相继推出了《回眸十一五》、《科学发展看最佳》、《倾情反哺看神龙》、《全力支持自主品牌看东财》、《聚焦东风商用车销售模式(DCSW)》、《东风英模·2011》等一系列典型报道,弘扬榜样力量,揭示东风发展道路,彰显东风核心价值观,在集团内营造了"比学赶帮"、"创先争优"的浓厚氛围。

3. 重视评论员文章的写作与刊发。先后推出了评论员文章20多篇,特别是《论如何推进公司"十二五"奋斗目标》、《让科技创新的春天永驻东风》、《努力构建具有东风特色的营销体系》、《举全集团之力支持自主乘用车事业发展》、《努力开创协同发展新局面》等系列评论文章在读者中产生较大反响,提高了宣传工作对公司战略意志和发展实践的解读能力和新闻报道思想性、引导力。

11月11日,东风汽车报社召开记者节暨课题研究成果发布会。

4. 注重民生新闻的报道,最大限度地增加和谐因素。增加民生新闻版面和报道量,变换报道视角,改善写作与编排方式,更加重视对涉及员工切身利益的政策的宣贯与解读,对各单位帮扶困难员工的宣传和各单位员工业余文化生活的报道更加充分。同时,B版积极探索参与企业文化建设的方式和途径,以较合理的版面定位和内容选择,实现报纸所倡导的价值取向与员工阅读习惯和审美趣味的有机统一。

5. 注重新闻出版工作流程的规范与优化,采编校质量与出版质量以及读者满意度与美誉度显著提升。建设了视频会议系统,升级了采编系统,重建了编前会制度,严格执行重大事件和重要会议稿件送审制度。在采编校、出版印刷与发行投递等诸环节,实现资源共享、优势互补,各部门与各环节的改善和创新,使出版差错率得到有效控制,出版质量显著提升。

十堰采编中心和记者站(包括新设立的华东记者站)切实履行区域新闻服务职能,以新的业绩为报社新闻工作的全面提升形成强力支撑。《东风》杂志继续保持了较高的办刊水准和出版品质;"东风精神家园"网站建设并成功上线,进一步丰富了报社新闻传播的手段和途径。

【人才队伍建设加强】 进一步加大人才聚集力度,优化人才队伍结构,加强新闻从业人员的素质培养和采编能力提升工作。开展贯穿全年的"采编校质量专项治理整顿活动"、"业务能力竞赛活动"、"新闻业务改善活动"。年初,开展"新闻业务整顿"工作;年中,开展"新闻业务课题研究"活动,在报社内刊《新闻一线》发表30余篇课题研究、业务探讨等文章。相继出台《关于重要活动、重要会议采写、送审、见报的规定》、《报社"网络新闻发布"管理办法》和《东风汽车公司报社新闻图片管理条例》等管理制度文件;推行导师带徒,加速新入职员工成长;公开竞聘选拔3名年轻的骨干人员；基本完成武汉采编中心和十堰采编中心调整整合；成功举办通讯员培训班，通联范围和通讯员队伍进一步扩大，通讯员全年在《东风汽车报》发稿人数达300人。

【“创先争优”活动开展】 深入开展“创先争优”活动，推进党风廉政建设，进一步加强社内文化建设，“激情与和谐报社建设”取得新的进展。以“迈向卓越”为主题，“争做学习创新的典范”，以及业务能力提升和出版质量显著改善为主要内容，以学习、培训、考核、竞赛为载体，深入开展“创先争优”活动。工会和团支部开展了较为丰富的主题活动，举办了第三届乒乓球赛，组织了春游和记者节庆祝及秋游，十堰、武汉两地制作了文化墙，举办了首届“记者节杯”摄影征文大赛等，丰富了员工业余文化生活，激发了活力，增强了凝聚力。“激情•和谐•创造”报社建设取得新进展，员工队伍表现出了良好的工作激情和吃苦耐劳、乐于奉献的工作状态，初步形成了“管理进步、形象提升、和谐快乐”的良好局面。

（吴　刚）

党　校

【概况】 党校（干部培训中心）是东风公司干部培训和社会科学理论研究的重要阵地。党校坚持“求真务实，德业日新”的党校精神和“以创新服务创新，以知识塑造未来”的办学理念。党校领导体制为校委会制，设有办公室、教务科、科研信息室、总务科和财务科5个管理科室和政治法律教研室、经济学教研室、企业管理教研室、计算机教研室（兼网络信息室）4个教研科室。

教学基础设施比较完备。有多功能学术报告厅1间；多媒体教室7间，能同时容纳800人上课；一般教室10间，微机100多台的网络教室1间。建有中央党校卫星远程教学网站、中国企业家远程培训网站和“东风公司高阶学习网”。图书馆藏书7万册，订阅报刊260多种，图书资料重点突出政治、哲学、党建、经济、管理等内容。

截至年底，党校教职员工共有52人，其中具有副高级以上职称的有14人；专职和兼职教师21人，其中具有副教授以上职称的10人，讲师7人，助教1人。

党校以中国特色社会主义理论体系为指导，在东风公司党委和十堰管理部领导下，贯彻落实科学发展观和中央四中、五中、六中全会精神，以“和谐发展年”活动为重点，坚持教学、科研、信息、后勤服务等工作的持续创新，统筹协调各方面的发展关系，稳步跨上新台阶，提高了工作贡献度，做到工作规模扩大、质量提高、运行稳定，增强了转型信心，实现了科学发展。当年，党校被评为十堰管理部“双优单位”。领导班子被十堰管理部直接定评为“四星级”领导班子。教务科被评为十堰管理部“优秀科室”。

【开发项目推进】 当年，培训项目通过开发新项目，基本弥补了传统项目的下降，总体保持了基本稳定。完成教学量为30050人天，办班139期，培训18157人次，授课3504课时，其中宣传讲座4000多人天（不含教师个人承接的专题课），主办承办班次15306人天，协办商务班次7600人天，学历班次3144人天。

在高管轮训班上，邀请权威专家授课，开展现场互动活动，学员普遍反映较好。中青班按研究式教学模式对专题课程进行了调整，研究报告质量大幅提升，整体模式实现了升级。完成高阶网结构调整，建立高潜质人才学习系统。协助东风公司人事部建设“干部网络培训系统”、“干部培训网络调查系统”、“干部网络测评系统”。开展迎接建党90周年、党的六中全会等重要主题宣讲活动。

班组长轮训班全面展开，分生产类、服务类培训，开设选修课，学习与考察相结合。在主要板块未能实施原计划的情况下，向外地板块如襄阳管理部、东风股份送教上门，为中层骨干开班培训，该班开办了10期，近400人接受培训。

11月12日，党校开办东风公司高级管理人员轮训班。

继续扩大市场化培训，为东风公司各板块办中级管理人员培训班。招收2011级班组长大专班学员154人。

【科研成果】 参与完成5项重要科研项目，包括"东风公司管理文化研究"、东风（十堰）实业公司"企业文化研究"、公司总部课题"不断提升党支部工作科学化水平"、十堰管理部课题"新形势下企业和谐发展的对策与思考"、"十堰管理部的服务生产方式"等。以"企业党建科学化"为重点，召开庆祝建党90周年党建理论研讨会并发表研讨综述。教研人员发表论文20篇。1篇入选全省党校纪念建党90周年理论研讨会，并在大会上交流。《湖北跨越式发展探讨》、《网络学习系统构建》两篇论文在省委党校分获一、二等奖。两篇论文获全国生产力学会二等奖。编辑校刊4期，刊登文章51篇。编辑发布信息文章5787篇，1893万多字。编辑电子刊物《社科文萃》24期、《信息周报》52期、《专题学习资料》25期，以上3种电子刊物都按期发到部分高管的电子邮箱。

【管理服务水平提升】 当年，普及教师PPT制作和管理服务人员办公软件知识，人均培训62学时，有效提升服务水平。

对学员楼进行了全面的维修和整治。采购各类设备8项共30余台（套），总计金额61万余元。针对后勤服务条理不清晰、业务负荷不均等问题，对相关岗位进行流程重组和优化，组建了现场服务小组，使效率和工作热情得以提高。

保持环境和餐饮质量稳定，妥善解决后山拆迁和移交过程中的历史遗留问题，做到了平稳安全过渡，后山地块顺利完成全部移交。

社会治安综合治理工作做到"底数清，情况明，信息畅通，防控措施得力"，确保了校园政治稳定、社会安定的目标；计划生育工作达到要求。

【党群工作】 围绕"谋发展、抓转型、增能力、办实事"开展"创先争优"活动，学习六中全会精神、管理提升等专题，提炼党校三先三最主题（创新争先，业绩最优；学习在先，能力最优；关爱在先，团结最优），做到活动宣传"环境有、桌上有、心里有"；扎实开展点评活动，各支部和党员抓问题准确，改进及时，工作积极性得到有效激励。

3月8日，党校召开女教职工庆"三八"座谈会。

密切联系群众，积极服务群众。坚持民主管理，定期向员工通报学校重要情况，收集员工建议55条，全部得到处置；把握好员工利益诉求、利益保障的规律，解决队伍中不协调问题，保证了稳定；完成4名家属工参保工作；做好离退休管理和送温暖活动，帮助退休员工残疾家属取得低保，看望离退病困员工21人次；开展"三八"节活动、排球比赛、拔河比赛、庆祝教师节活动、迎新年团拜等活动，丰富员工文化生活。

（徐浩明）

职业教育培训中心

【概况】 根据《东风汽车公司关于成立职业教育培训中心的通知》东风司发（2011）48号文件精神，东风公司于2011年6月14日成立东风汽车公司职业教育培训中心，并于9月28日在十堰市挂牌。东风汽车公司职业教育培训中心是由东风汽车公司高级技工学校和东风汽车公司汽车工业学校合并成立，但保留原东风汽车公司高级技工学校、东风汽车公司

9月28日，职业教育培训中心挂牌仪式。

汽车工业学校和东风汽车公司技师学院，实行一个学校，多块牌子的制度。东风汽车公司职业教育培训中心依托实力雄厚的东风公司，继承了原两校与国内外多家基金会和企业合作的传统，是一所高起点、高标准、高质量的职业教育机构，同时承载着东风公司员工培训的主要职能。

【整合工作有序推进】 9月28日，东风公司高级技工学校与东风公司汽车工业学校正式整合为东风公司职业教育培训中心(以下简称"培训中心")。两校整合是东风公司辅业改制的重要工作，在整合过程中，培训中心高度重视，统一思想，提高认识，凝心聚力，扎实推进工作。通过大力宣传，让全体师生明白职教整合是职业教育发展的必由之路，也是建立职教名校的成功之路。它能更好地实现资源共享、优势互补，节约办学成本，跳出现有的办学条件和办学规模的框界，跳出生源的地域限制，以全新的机制，更新的模式，在更大的平台上发展自己、壮大自己，融入主业服务。

培训中心在十堰管理部的指导下，根据未来事业发展成立了24个科室，其中8个教研室，4个分校区，增加了职业教育研究室、保卫科，合理配置现有资源。在干部调整中，根据各自的特长与优势，把他们放在更能发挥其所长，更能彰显其优势的岗位上发挥作用。在教师调整与安排中，充分考虑教师的个人发展，通过尊重个人意愿、加大学习力度、参加企业实践、组织内部培训、开展拜师学艺等手段，使部分教师尽快适应新的工作岗位和工作要求，稳定了教师队伍。

【国家示范性学校创建启动】 创建国家级重点建设示范性职业学校，是学校继获评为国家重点技工学校、国家级重点高级技工学校、全国教育系统先进集体、国家高技能人才培养示范基地、全国中等职业学校德育工作先进集体之后全力以赴的奋斗目标。

当年，学校创建工作领导小组和示范校推进办公室，规划中职示范校总的建设思路和目标，提出示范校建设的工作方法和基本路径，力争在两年内通过实现师资梯队建设、教师职业规划、教师结构完善、建设核心技术团队、精品课程遴选、构架重点专业核心技术等主要过程，达到湖北省乃至全国一流的技师院校，与东风品牌匹配的国家最好的企业院校，为东风公司创造价值，为培训中心创造价值。

一年来，示范校推进办公室积极协调，有效沟通，细化工作任务，狠抓工作落实，积极推进示范校各项建设工作。总体工作包括三个阶段，一是建设方案和任务书的修改完善；二是建设项目实施方案的论证；三是建设项目的具体实施指导，确保项目顺利实施。项目建设方案和任务书公示后，中心示范校建设办公室安排专人进行项目建设动态的跟踪，及时掌握建设项目进展情况。同时，认真做好"十二五"规划工作，为学校创建示范校引航指路。

【多种渠道扩大生源】 当年，中职学校面临生源减少的困难，科学制定招生战略，并根据形势变化及时调整招生方案，在困境中勇于拼搏，保持了较好的招生规模。

1. 科学策划招生方案。根据上年生源情况以及招生人数在招生学校的分布，确定十堰市周边5县1市的招生布局点，明确每个点的招生人数。同时对全体教职员工设定招生指标，并加大奖励力度。2. 扎实做好招生宣传。学工部和武汉分校充分利用电视广告、报纸宣传、会议宣传、上门宣传、在籍学生宣传等多途径进行广泛而细致的宣传；组织专门的宣传骨干小分队定期深入到本地区的各中学进行宣传，在当地设置报名点，为上门报名提供了便利的条件，使广大考生多途径了解到各层次的招生信息。

通过全员努力，在生源大幅减少的情况下，招生2175人，高级工在校生的比例达到55%，其中十堰校区招生1315人，武汉校区招生756人，襄阳分校招生104人。

11月16日，东风职业教育培训中心召开2011招生工作总结表彰大会。

【高技能人才培训】 当年，培训中心为东风公司各专业厂开办各种培训班90个，培训人数达1600人；组织技能竞赛10场，参赛人数为784人；举办三期高技能人才培训班，培训人次达88人次。

1. 与东风商用车销售部联合开办了"DC11+4H发动机电气维修"、"天龙、天锦整车电气维修"、"整车底盘维修"、"国Ⅳ发动机维修"、"天然气发动机维修"5个专项培训班。汽车教研室利用寒暑假，组织教师到各厂实习、编写教材、布置实训场地、安装设备等，保证了开班要求，现培训班的条件虽然不是太完善，基本能保证每个月开6个班的能力。

2. 开办海外维修培训班。东风汽车畅销海外，汽车的售后服务成为一大难题，培训中心根据东风公司海外汽车的技术状况，组建教师团队，在英语教师中挑选口语熟练的英语教师，首次实现在培训中心用英语的汽车维修教学。全年共开办海外维修培训班3期，前后举办了缅甸班、印尼班等，均收到较好的效果。

3. 与东风康明斯发动机有限公司建立良好的合作培训关系，成功举办定向培训班。当年，该公司组织100个经销商到培训中心挑选学生，在学校有针对性地专门就康明斯发动机维修进行半年的培训，每个学员必须通过严格的考核，获取资格证书，才能顺利进入东风康明斯发动机有限公司工作。这种模式对学校培养学生产生了很好效果，极大地调动了教师教学和学生学习积极性，为学校培养高质量技能人才提供了成功的经验。

4. 与蒂森克虏伯金属成型（武汉）有限公司合作开办定向班，首批毕业生按时入职，该公司继2010年10月向学校捐赠教学仪器价值16万元后，当年又赠送价值10余万的实习材料。4月，依据协议，该公司又在十堰举行奖学金颁发仪式，极大地激发了学生到该公司的信心，也为校企合作打开一条宽阔的道路。

5. 服务东风，支持东风事业发展。本年度，汽车业飞速发展，东风公司各板块也紧随市场，加大生产任务，人员紧缺成为一大难题。培训中心根据服务东风的理念，优先鼓励学生到东风公司企业参加实习和就业，为东风公司发展作出贡献，当年进入东风公司就业的学生达1780人。

【党群工作】 1. 积极开展"三项活动一个竞赛"创先争优活动。根据东风党发（2011）8号文件和东风技党发（2010）22号文件的要求，在党支部开展最佳党日、公开承诺、立项攻关，以及创建五星级党支部升级达标活动，制定了"创先争优"工作方案，明确了活动内容、活动目标、活动载体、活动要求。各项活动按计划推进，达到了年度目标要求。2. 继续深化"金鼎工程"竞赛活动。培训中心将"和谐发展年"、"开门红"、党内主题竞赛活动和"金鼎工程"竞赛活动紧密结合，制定了竞赛活动方案，对竞赛项目进行了分解。在活动中注重增强服务品牌意识、责任意识和市场意识，使培训中心服务能力不断得到提升，发展优势逐渐增强。3. 落实党风廉政责任制。年初组织分解党风廉政责任制，领导班子、各党支部书记、中层干部、"三管人员"分别签订党风廉政承诺书，构建党风廉政惩防体系。

国家助学金是国家对中等职业教育，尤其是对农村家庭经济困难的学生实行新的助学金和免学费优惠政策，学生每年享受国家助学金和免学费资金近千万元，为使国家助学金在申报、使用及管理中规范有序，确保国家助学金使用安全，培训中心对国家助学金的申领、使用及管理实施效能监察，制定了效能立项表，明确了监察内容和实施计划，积极推进落实。

（金　利　江　洋）

东风公司总医院

【概况】 东风公司总医院（以下简称"总医院"）下设一家专科口腔医院，建有3个研究所（肝脏外科研究所、湖北医药学院器官移植研究中心和湖北医药学院心脏病研究中心）。拥有64排螺旋CT，1.5T双梯度共振仪、ECT（发射单光子计算机断层扫描仪）、本地区最先进数字平板血管造影机、中能直线加速器、全省最大三舱七门高压氧舱等现代化高精尖设备600余台（套）。当年，总医院为支撑"二次创业"的跨越式发展，先后引进了德国西诺德公司CAD/CAM AC 系统、美国GE公司四维彩超、美国强生公司三维电生理标测系统（carto）、德国爱尔博电外科工作站、美国威利能量平台等一批领先于湖北省的高精尖设备。当年，总医院各项工作指标创历史新高，门诊量达87.1万人次，增幅7.48%；出院人次达2.7万，增幅12.4%;病床使用率92.8%;平均住院日12.3,患者满意度达98.5%。团队KPI指标全面达成。截至年底,有员工1618人,其中高级职称184人,博士、硕士126人,开设病床1100张。

当年,总医院获中国企业文化促进会"全国企业文化建设百强单位"、"中央企业五四红旗团委",湖北省"最佳文明单位"、十堰管理部"经营管理优秀单位"、"主题年活动优秀组织单位";器官移植技术荣获"十堰市首届十大名片"、心血管疾病应用基础研究团队获"十堰市第二批重点产业创新团队"、神经内科杨文琼博士获国家留学基金委的公派留学名额(这是十堰市在2011年获得的唯一医学类公派留学名额);贡亦军获国家卫生部"全国优质护理服务先进个人"称号。

【李岚清亲切会见戴宗晴】 11月4日,原中共中央政治局常委、国务院副总理李岚清同志在武汉与总医院戴宗晴教授等老同志座谈。李岚清回顾了二汽创建初期东风员工艰苦创业的情景。他十分关心老年员工的身体健康状况,向戴宗晴详细询问了东风公司老年员工的就医保健情况,称赞总医院为保障东风员工的身体健康作出的巨大贡献。

11月4日,原中共中央政治局常委、国务院副总理李岚清(前排左)与戴宗晴(前排右)合影。

【住院医技大楼奠基】 3月26日,总医院住院医技大楼举行奠基仪式。大楼的建设是东风公司实施的一项重大民生工程,是总医院实现"十二五"规划的一项重要内容。大楼总建筑面积4.8万多平方米,双子座16层,设计床位790张,有12个电梯通道,中央空调、中心供氧、中心吸引、中央询呼、层流手术间、应急三通,一应俱全,集现代化、智能化、人性化为一

3月26日,东风总医院举行住院医技大楼奠基仪式。

体。5月31日,总医院住院医技大楼的建设工程正式启动。

【学科建设】 总医院着力抓好科教工作,培养一流科研人才;加强对科研平台的建设和管理;积极申报国家级科研项目;健全对科研成果的考核机制;完善"双百基金"奖励制度;保持教学质量的领先水平。当年,科教部共接收课题申请书55项,其中申报国家自然科学基金2项,申报十堰市科技局项目29项,申报湖北省科技厅项目8项,目前获得各级科研立项26项;新增科研成果鉴定3项,申报湖北省科技进步奖3项;申报十堰市科技进步奖4项,获二等奖2项;获东风公司科技进步奖二等奖1项,三等奖2项;获得国家实用新型专利1项。全年完成统计源期刊论文216篇,其中SCI(科学引文索引数据库)论文8篇。

当年,总医院党政办公会研究决定成立学科建设办公室、教学培训办公室、公共卫生科。3月12日,湖北省卫生厅正式授牌总医院普外科"省级临床重点专科"。中药分析实验室申报湖北省重点实验室并获得资质;12月2日,湖北医药学院药物分析与筛选研究所在总医院药学部挂牌;输血科在湖北省卫生厅首次临床输血建设与管理督导检查中荣获第二名。中医骨伤科、影像科、急诊科、口腔科、麻醉科、检验科、皮肤科7个科室审报市级重点专科并进入评审,产科申报省级重点专科并进入终审。

【医疗质量】 总医院全面贯彻"医疗质量荆楚行"精神,以"提高医疗质量,改善医疗服务,保障医疗安全,切实维护群众的健康利益"为主题思想,健全医疗安全管理体系,实施临床路径管理。全年甲级病案

率99.5%；开展抗生素专项治理活动，药费比控制在38.1%(湖北省三级医院评审标准40%)；加强医院感染管理。严格贯彻落实《患者安全目标》，建立腕带识别标示制度；完善特殊情况下医务人员间的沟通机制；建立临床实验室“危急值”报告制度；鼓励患者参与医疗安全管理；制定重大医疗过失行为、医疗事故防范预案和处理程序；加强对急危重症患者的管理。提高急诊科能力，做到专业设置、人员配备合理，抢救设备设施齐备、完好；加强输血科建设和临床用血管理。加强医疗纠纷预防，做到实时监控，提前介入，通过高风险手术再告知制度，成功预防多起纠纷倾向严重的病例，减少医疗纠纷。当年，取得湖北省卫生厅颁发的“心脏死亡患者心脏、肝脏、肾脏器官移植资质”(属湖北省地市级医院中同时具有心脏、肝脏、肾脏器官移植资质的第一家医院)；是十堰市5县1市5区新农合儿童先心病定点救治医院；医疗对口支援西藏自治区贡觉县医院、房县人民医院及竹山县人民医院，结对帮扶西沟相公村。

【护理工作】　总医院对护理管理、护理模式、激励机制等方面进行了一系列的改革与探索。实行APN排班模式，即8小时连续值班制，减少交班次数，确保病人安全；简化护理文件书写为表格式；实行分组责任护士包干的整体护理；修订护理工作各项制度及各级护理人员职责，编写《护理工作手册》，给各病区下发《关键在于落实》等相关学习材料，努力实现无陪护病房管理模式。目前，总医院“优质护理服务示范工程”试点病房达18个。在省卫生厅对全省72所三级医院护理服务满意度的调查中，总医院排名全省第8名。

【绩效管理创新】　为规范总医院员工薪酬管理，吸引、稳定和激励人才，满足医院发展的需要，根据东风公司有关绩效考核要求，结合医院行业特性和实际情况，确定薪酬激励制度体系框架，建立以岗位评价体系、能力评估体系和绩效考核体系为支撑的薪酬激励体系。充分考虑医院未来业务发展定位及需要，合理设置岗位(共设置岗位735个)。建立医院特色的宽带薪酬模式(20个薪级、每级9档)。拓宽技术(医疗、医技、护理)、管理、技能专业发展通道。薪酬模式于当年1月1日起执行。

【电子病历实施】　2月23日，总医院建设本地区一流的电子病历临床信息系统(EMR)，并在全院正式实施。EMR可将患者在院期间的检查、用药、费用、诊断、手术管理、治疗方案、效果评价等全部信息资源高度整合并共享。患者在院期间的一切健康信息作为健康档案进行数字化永久保存，医护人员可以在线查阅30年的病历信息，对患者健康状况给予客观清晰的分析评价。同时患者也可以借助互联网远程实时掌握自己的历次就诊情况。

【甲状腺病友组织成立】　5月16日，总医院名誉院长戴宗晴教授、副院长袁方均和患者代表按动“甲友之家”的水晶球，开启了十堰市首个甲状腺病友组织的大门。总医院举办的“甲友会”给甲状腺疾病患者提供一个医患、患者之间互相沟通交流的平台，促进新老病员们共同战胜病魔，共享健康生活。

【湖北医药学院护理二系落户总医院】　9月3日，湖北医药学院护理二系成立暨首届学生开班仪式在总医院举行。护理二系的成立和教学工作的启动，标志着总医院护理教学工作步入正式运作阶段，录取学生43人。举办护理专业，独立承担护理本科人才培养任务，是东风总医院科教事业发展的重要战略部署。

【第三次党代会召开】　10月15日，中国共产党东风公司总医院第三次代表大会召开。会议确定了总医院今后5年的奋斗目标：全力实施“661”体系(创建6个省级重点专科；形成6大重点学科群；主要经营指标翻一番)，以高水平的“三级甲等综合性医院”为目标；

10月15日，东风总医院召开第三次党员代表大会。

【业务经营】 全年实现业务收入3730万元，较上年增长6.8%，创历史新高；门诊量16.3万人次，较上年增长4%；住院量4200人次，较上年增长2%；手术人次1269例，较上年增长8.4%；社会和病人对花果医院的满意度达98.5%；各类安全事故为零，员工思想保持稳定。

【医疗质量提升】 深入开展“医疗质量荆楚行”暨“优质服务护理示范医院”活动，提升医疗服务质量，出入院诊断符合率99.9%，三日确诊率99.9%，急危重症抢救成功率90%，护理质量合格率95.7%，病历甲级率99.1%，，处方合格率99.2%。

花果医院在突发性公共卫生事件处置过程中，行动迅速，措施得力，提高了急危重患者抢救成功率。全年“120”出车800余次，抢救急、危、重患者700余人次，“120”出车总量和抢救患者人次名列全市二级医院首位。

【学科建设与科研】 当年12月，小儿脑瘫专科被十堰市卫生局和十堰市残联评为市级临床特色专科，神经内科被十堰市卫生局评为市级临床重点专科。小儿脑瘫专科被确定为十堰市“0～6岁贫困脑瘫儿童抢救性康复工程”定点单位，病床扩充到60张，全年收治弱智脑瘫患儿300余人次。肛肠外科采用EMR技术治疗结肠难治性息肉25例，采用直肠系膜全切低位保肛术治疗直肠癌10例，手术保肛率达85%以上。眼科承担十堰市“复明工程”，为60余名农村地区贫困患者带来光明。

副院长、主任医师胡万保撰写的科研论文被收入国际重要医学期刊SCI。医院申报重大科研课题2项，开展新业务、新技术24项。撰写科研论文60篇，其中在省级以上医学期刊发表学术论文20篇，上交东风公司科技部论文50篇。

【社区服务与公益事业】 花果医院开设的6个社区门诊部坚持贴近服务、便捷服务、温馨服务，取得较好的社会效益和经济效益。各社区门诊部组织义诊咨询10次，举办健康讲座20次，为社区居民建立健康档案2万余份，开设家庭病床百余人次。

当年，先后派出两批医师及护士组成的医疗队，对口支援竹山县双台乡卫生院和楼台乡卫生院，共开展义诊和健康咨询3000余人次，完成带教手术50余台，开展培训讲座6次，发放健康宣传资料5000余份。

【工厂救生演习】 为提高东风公司工厂员工的自救互救能力，引导工厂员工掌握自救互救基本知识，医院安排内科、外科、急诊科医疗、护理骨干深入东风科技汽车制动系统公司，举办员工医疗自救互救培训，充分利用多媒体及模型向工厂员工普及急救常识，开展救生演习，东风公司20余家专业厂领导现场观摩演习。

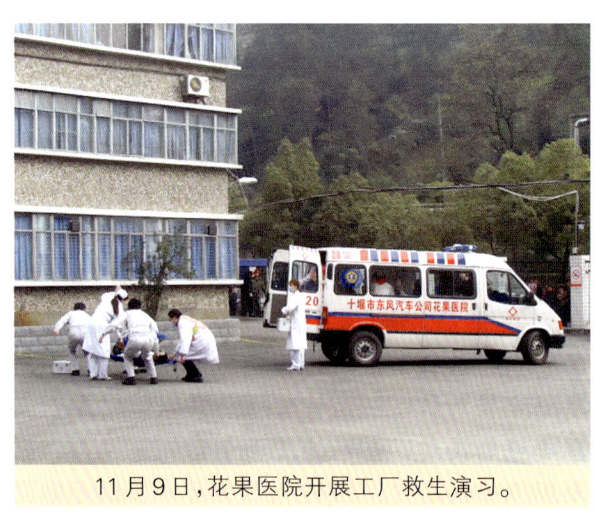

11月9日，花果医院开展工厂救生演习。

【党风廉政建设】 花果医院多层次、多途径强化反腐倡廉教育：1.在班子成员中开展“为近亲属及其他特定关系人谋取利益问题”专项治理。2.在两级干部中开展廉洁自律承诺和警示教育讲座。3.在全院党员中开展党风廉政建设宣传教育月活动。4.在“三管”部门开展“药品、设备和工程领域突出问题”自查自纠。5.在各个科室开展杜绝“小金库”和规范医疗收费活动。

花果医院举办防范商业贿赂学习班，重点剖析商业贿赂案件。公开社会服务承诺事项，各科室员工签订《行风建设责任书》。建立健全医护人员医德综合考评档案，完善医德医风检查、考核、评价体系。

【党群工作】 花果医院开展以“最佳党日、公开承诺、立项攻关”为主题的党支部升级达标竞赛，把等级医院评审、重点专科建设、和谐医院建设等纳入竞赛内容，各党支部选准攻关项目，着力实施推进。外科肛肠党支部实施的“开展医疗下乡，关注农民健康”党日活动，荣获十堰管理部“最佳党日”活动二等奖。

党委成员和党群干部带头参加党建思想工作理论研究，积极撰写党建思想工作论文，当年共撰写论文15篇，其中有5篇论文在十堰管理部评比中获奖。此外，医院组织春节团拜、“三八”节庆祝活动、“五四”青年节联欢、"七一"红歌比赛、老年节娱乐活动、郊游踏青、登山比赛、广播操比赛、参观博物馆、护士节文艺表演、医患沟通情景剧示范表演等活动，陶冶了员工精神情操，丰富了员工业余文化生活，促进队伍的和谐稳定。

（王征珂）

东风公司襄樊医院

【概况】 东风公司襄樊医院地处襄阳高新技术产业开发区，是一所集医疗、预防、保健、康复和体检于一体的综合性医院。医院占地90亩，建筑面积近2万平方米，拥有床位219张。医院现有员工300余人，其中硕士研究生11人，副高级以上职称28人，中级职称百余人。设有20个临床、医技科室，两个门诊部。

2011年，襄樊医院围绕十堰管理部党政工作大纲，大力开展"和谐发展年"活动，导入科学的管理方法，不断提升各项管理水平和服务能力，圆满完成了各项工作任务。当年业务收入同比上升26.05%；门诊就诊病人同比上升15.7%；出院病人比上年同期下降5.2%；手术人次比上年同期下降1%；人均比上年同期上升13.3%。

【信息系统建设】 襄樊医院在十堰管理部的大力支持下，完成医院信息系统建设，为临床诊疗工作的正常开展提供了有力支持。信息系统全面启动后，所有硬件设备全部配备到位，门诊、住院病人均使用电子诊疗卡、电子处方和电子病历，简化了患者就医流程，是襄阳市率先建立信息系统的二级医院，保障了全省门诊病历"一卡通"等顺利实施。

襄樊医院外景。

【重点专科建设】 根据疾病谱的变化和医院中长期发展规划的要求，制定了《院级临床重点专科建设方案》，确定普外科等4个院级临床重点专科。在人力、物力、财力等方面给予重点扶持，以逐步形成医院优势品牌，走特色专科带动各临床科室共同发展的道路。

当年，骨科不断励精图治，增强自身技术实力和学术水平，成功地开展高位断臂再植术等业务，重点专科建设取得明显成效。

中西医结合糖尿病专科开展健康宣教、义诊活动宣传糖尿病及其并发症的相关知识，给予糖尿病患者有关防控、治疗、日常饮食方面的指导。制定了具有中西结合病区特点的"专病专治专护路径"，使糖尿病的诊断规范、治疗有效，得到广大患者的欢迎和好评。

【应急管理】 建立并完善医疗应急管理系统，调整了医院应急管理组织机构，成立应急管理领导小组，下设5个工作小组，修订和新增应急预案35个；在面临突发性重大公共卫生事件时积极应对，周密部署，全员参与，保障基地员工、家属及周边群众免受疫情的威胁，发挥了为群众健康保驾护航的作用。

【抗菌药物临床应用专项治理】 根据省卫生厅办公室《关于印发<湖北省抗菌药物临床应用专项整治工作方案>的通知》的要求，襄樊医院成立了抗菌药物专项整治活动工作领导小组和工作专班，制定了《东风襄樊医院抗菌药物临床应用专项治理行动工作方案》。领导与各临床科室主任签订"抗菌药物合理使用责任状"，全面开展抗菌药物临床应用专项整治活动，加强抗菌药物临床应用管理，提高抗菌药物临床合理应用水平，促进抗菌药物临床合理应用能力和管理水平持续改进。

【临床路径管理】 组织医务人员学习《临床路径管理汇编——12种疾病（病种）临床治疗规范》，结合卫生部要求选取24种病例临床路径流程，组织编撰了《东风汽车公司襄樊医院实施临床路径指导书》，要求各临床科室按指导书开展临床路径管理，保证医患的权利，规避医疗风险，保障医疗安全。

【科研工作】 当年，骨科申报的科研课题"组织工程骨在山羊的横突间植骨融合的局部基因疗法”获得襄阳市政府批准立项，目前正在积极实施之中。

【医疗服务创新】 1.服务外延进一步扩大，服务形式更加多样。为更好地服务于东风驻襄企业员工，与襄阳基地专业厂合作开展“员工身心健康关爱活动”，提供多层次的医疗保健服务。自7月份开展此项活动以来，为风神公司员工提供康复理疗服务1814人次。深受大家欢迎和好评。2.服务意识进一步增强。节假日，门诊、住院部和机关后勤各部门照常上班，临床科室保证各种急救设备完好、各类急救药品充足齐全，急救“绿色通道”24小时畅通。值班人员坚守岗位，认真完成假期医疗、护理工作任务。3.服务流程进一步改善。建设信息系统，使医保系统与襄阳市医保系统接轨，电子病历、电子处方的应用，方便了患者就诊；在门诊设立农合患者接待办公室，专人陪同办理入出院、报销医疗费用相关手续；对出院病人进行电话回访、上门随访及健康指导服务；对于年龄大、行动不便的病人、产妇等实行免费接送、开展家庭病床上门服务；主动为住院患者订餐，帮助不能自理的患者进餐等。

【“护理示范医院”创建活动】 以“护理示范医院”创建工作为有利契机，推动全院护理工作再上新台阶。强化主动服务意识，把微笑服务及护理礼仪落实到日常工作中，加强与病人的沟通能力，提升护理服务质量。每季度进行护理理论考试及三项常用护理操作（口腔护理、吸氧、心肺复苏等）技能培训、考核，开展护理知识竞赛，培训率100%，考核合格率达99%。住院病人护理满意度达97.9%，加强服务细节管理。在护理示范病区，制定护理安全警示标示，确保护理安全。护理示范病区中西医结合科获十堰管理部班组建设成果二等奖及东风公司班组建设优秀成果二等奖，外二科获十堰管理部班组建设成果优秀奖。

【市场拓展】 加强与东风襄阳基地各专业厂的沟通和联系，收集基地员工及家属对医疗服务质量方面的意见和建议，并逐项落实到位。对远在市区的东风车桥厂、电气厂就诊患者，采取免费接送、入厂提供医疗咨询等措施，全年共接送病人36人次。针对襄州区农合的医保政策，策划了“医疗支持百姓，安全方便实惠”的营销方案，制定系列优惠政策，采取“入院送生活用品，出院送免费复查，离院送康复基金”等方式吸引患者到院就医。襄州区新农合住院病人全年增加80人次，市场营销政策初见成效。高新区车城社区卫生服务中心为社区居民建立健康档案3000份，开展健康教育讲座16次，接受健康教育1020人次；定期派专家到仪表门诊坐诊。全年仪表门诊转入襄樊医院住院治疗的病人40次，进行门诊检查治疗的病人80余人次。

【“创先争优”活动开展】 1.在深入开展”创先争优”活动中，党委围绕医疗中心工作，立足医院职能，强医疗质量、筑坚强堡垒、树先锋形象，创建四星级“四强”党委和“四好班子”，促进医疗运行、经营管理和党建思想政治工作和谐健康稳定发展。2.在领导干部中开展点评活动，并结合医院各党支部和党员本职工作，对党支部、党员进行点评。3.在党支部开展“三项活动、一个竞赛”。党委将活动纳入对党支部工作评价体系，每季度对值班工作开展情况进行考评。全年组织开展“最佳党日”活动7次，76名党员作了公开承诺，申报立项攻关课题3项。

（王　莹）

襄阳管理部

组织机构图

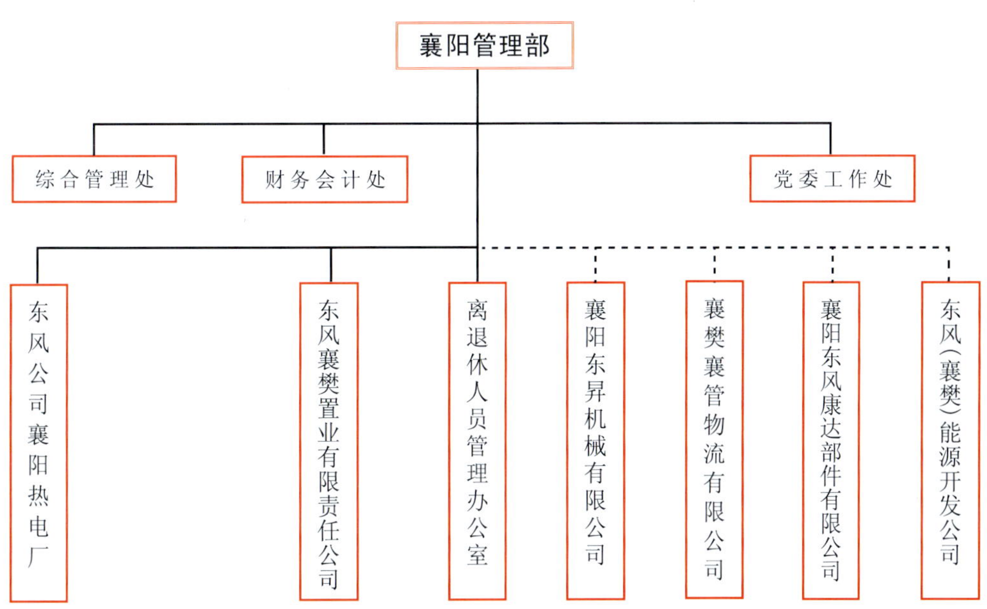

【概况】 襄阳管理部作为东风公司在东风襄阳基地的派出机构,代表东风公司在襄阳基地履行区域管理和后勤服务职能。襄阳管理部机关内设综合管理处、党委工作处、财务会计处。截至2011年底,襄阳管理部合并报表单位(部机关、襄阳热电厂),在册在岗员工862人;非合并报表单位东风襄樊置业有限责任公司、襄阳东昇机械有限公司、襄樊襄管物流有限公司、襄阳东风康达汽车部件有限公司、东风(襄阳)能源开发有限公司,从业员工1157人。王非任主任,谢大顺任党委书记。

襄阳管理部以东风公司2011年工作会和襄阳管理部第一次党代会精神为指导,以襄阳管理部中期事业计划为主线,围绕"确保一方稳定、提供优质服务、追求持续发展"的工作目标,按照精益管理的工作要求,优化人力资源配置,提升各项管理水平,增强服务保障能力,夯实持续发展基础,发挥党群工作优势,经过全体员工的共同努力,利润(合计)完成-120万元,达到东风公司下达的挑战Ⅱ值(-300万元)。本部单位利润实现-2077万元,达到目标值(-2200万元);子公司及参股单位利润实现1957万元,达到挑战Ⅱ值(1500万元)。

3月28日,经东风公司批准,原东风公司第二动力厂正式更名为东风公司襄阳热电厂。

【中期事业计划定位】 确定襄阳管理部中期事业计划定位:围绕东风发展,营造良好的内外环境,确保基地和谐稳定,一方平安;围绕基地发展,提供持续、稳定、优质、高效的服务保障,满足基地各单位和广大员工的多样化需求;围绕自身发展,培养核心竞争力,提高服务水平,为东风各驻襄各事业单元共兴共荣而积极作为;创新服务理念,提高服务水平,改善服务质量,不断提升生产、生活服务保障能力;进一步巩固和拓展能源业务、汽车零部件业务、商业物业(房地产)业务和仓储物流业务。

【一季度实现"开门红"】 1月,襄阳管理部实现利润-190.71万元,比预算节约46.90万元,剔除折旧因素影响101.75万元(公司调整折旧计算方式,使得年折旧费用增加1221万元)以及为使预算均衡预提的大修费用100万元，1月份实际利润为11.04万元，实现了扭亏为盈。

【能源业务】 面对煤炭价格持续高位和基地用能高峰的双重压力，为确保襄阳基地各专业厂安全连续稳定的生产生活用能，从加强设备管理、合理调整运行方式、建立安全管理责任制、降低煤炭采购成本等关键环节，进一步夯实能源业务。其中生活区智能电表改造工程全部完成，共涉及生活区5562块老式机械电表，民用能源收费实现了从人工上门既抄既收模式转变为远程电子集抄后用户到营业服务厅交费模式，解决了计量误差大、电费抄收率低等问题；加大了供热产品的营抄收费力度，房改房采暖费抄收率达到93.3%，商品房采暖费抄收率94.29%；根据襄价函[2010]23号文件精神，推进基地民用能源价格市场化运作，商品房热水由5元/吨调整至10元/吨，采暖由1元/平方米•季调整为5元/平方米•季。

【房地产业务】 根据东风公司与襄阳市政府签订的《促进襄阳汽车产业发展战略合作框架协议》，完善并建设基地生活及配套服务设施。完成了东风佳园一期职工住宅建设（建设面积32650平方米，220套），并办理竣工决算及财务决算手续，完全实现销售收入；东风佳园二期职工住宅（建设面积140530平方米，1000套）已于12月18日完成奠基仪式；启动了金融服务区（建设面积14090平方米）、商业服务区及文化娱乐中心建设项目，为基地各单位及居民提供优质全面的金融服务、商业服务和文化娱乐服务，其中金融服务区已竣工并交付承租单位，商业服务区及文化娱乐阵地建设项目正在进行规划报建。

【东风襄阳基地稳定】 为履行确保基地一方稳定的职责，重点解决了襄阳管理部“家属工、占地合同工”参保工作问题。多次召开家属工、占地合同工参保沟通会，做好了相关政策的解惑答疑工作。此次符合参保条件的家属工、占地合同工共计31人，参保率达100%。解决了风和园二期、新区二期土地证和房产证办理问题。襄阳管理部成立了解决风和园二期、新区二期商品房房产证、土地证办理问题CFT，及时与地方政府沟通，协调解决具体问题；定期向业主反馈情况，接受基地员工监督；专题向总部反映问题，争取东风公司支持。土地证已经办理到位，房产证计划于2012年上半年办理到位。此问题涉及风和园二期264户，新区二期144户。

【配套服务设施建设】 根据东风公司领导的批示和企地高层会谈精神，襄阳管理部统筹规划和建设一批“员工安居房”，用于东风公司驻襄企业员工。为了顺利实施东风襄阳基地员工安居房建设项目，组织召开了基地各单位参加的专题推进会，并发放了东风襄阳基地员工安居房建设项目需求调查表。

改造东风襄阳基地员工活动阵地。对原有体育场所进行翻修，新体育场10月正式投入使用。运动场总占地面积23500.72平方米，其中包括透气式塑胶面跑道、足球场、灯光球场、室内羽毛球和乒乓球场地。

翻新后的运动场。

【员工薪酬优化】 编制完成襄阳管理部薪酬优化方案，并于9月提交东风公司总部讨论通过。为统一广大员工思想，确保员工思想稳定，分层次组织召开薪酬优化宣传专题会，从薪酬优化的背景、薪酬优化的目标、原则、主要流程及岗位评估方法、绩效管理方法等方面进行了宣传和培训。襄阳管理部薪酬优化方案自2011年1月执行。

【专项投资】 召开襄阳管理部投资决策领导小组会，审议了东风公司襄阳热电厂、东风襄阳置业公司2011年拟申报专项方案和大修计划方案，形成了襄阳管理部2011年更新改造计划并上报东风公司。主要包括新LCV及新能源配套公用动力项目（二期）、供水加压泵、送水泵改造、110千伏及10千伏主母线开关改造、10千伏馈线及厂用电6千伏开关改造、热网加热器改造、凝汽器胶球清洗装置、生活区智能电表改造、2号炉燃用劣质煤改造、2号发电机空冷器改造等项目。

【员工培训】 组织在职高管、后备干部、部分科长两批共计24人参加东风公司组织的中央党校2011年干部专题培训班；选拔4名业务骨干送往清华大学进修；选拔5名高管到东风有限交流学习，全部完成学习任务；推荐1名中层干部参加了为期4个月的东风公司中青班学习；先后派遣3批业务骨干共计45人赴DFL装备公司研修，并举办了襄阳管理部赴外研修团课题汇报会，将学到的先进管理理念、工具在管理部范围内推广；制定一年内分三期的班组长培训计划，培训班组长共计125人，轮训班圆满结束。

班组长培训。

【精益管理】 按照"持续改善、消除浪费、降低成本、增加效益"的工作要求，分三个阶段集中开展了精益管理活动。12月28日召开襄阳管理部精益管理活动成果发布会，总结和回顾一年来精益管理活动取得的经验与成果（管理部税务研究、热电厂采购降成本、幼教中心KYT活动）成果汇报，对下阶段精益管理活动的目标和任务进行布置和安排。

【CFT活动规范】 2010年起全面推行跨职能团队(CFT)工作方式，为了规范CFT活动的开展，成立了襄阳管理部CFT活动领导小组，并出台《襄阳管理部CFT活动指导意见》。根据此意见，襄阳管理部成立了信息报送CFT、档案升级达标CFT、热电厂循环水利用CFT、生活区智能电表改造工程CFT、617和103线路改造工程CFT、商品房房产证和土地证办理CFT、职工活动阵地大修项目CFT、东风襄阳基地能源规划编制CFT、热电厂第二战略业务拓展CFT、东风襄阳基地生活环境改善CFT。

【先进管理工具导入】 编制并上墙公示襄阳管理部及部职能处室2011年方针管理活动计划书，制定了工作进度，确保年度目标顺利实现。导入了v-fast、work-shop等先进管理工具，运用头脑风暴法对襄阳管理部公司化改革、如何提高党群工作贡献度等议题进行了讨论并输出了研讨成果。

【污水、脱硫整改】 10月22日，环保部华南督查中心对热电厂脱硫、污水进行专项检查，针对检查中发现的脱硫系统未连续运行、脱硫设施在线监测数据显示紊乱，历史数据调取不方便、人员操作不熟练；污水系统中存在的生物接触氧化池停运时间较长、污水分厂作业环境较差、进出水量无计量，事故排空阀无有效控制等问题做出整改计划和方案，按照制定的方案逐步完成整改计划。

【东昇二工厂投产】 为进一步提高产品加工能力，扩大生产规模，管理部合资单位襄阳东昇机械有限公司投资20000万元新建的第二工厂于10月18日正式投入使用，其建筑面积1.8万平方米，拥有一条日本先进的600吨开卷落料生产线，年落料能力可达2400万件；一条由800吨、400吨、400吨、400吨组成的冲压一线，一条由1300吨、500吨、400吨、400吨组成的冲压二线，年冲压能力可达600万件，主要配套生产乘用车零部件。

10月18日，襄阳东昇二工厂投产。

【东风佳园二期奠基】 12月18日，东风佳园二期举行隆重奠基仪式。东风佳园二期工程项目占地面积6万平方米，总建筑面积13.9万平方米，将建设13栋高层共计996套住房，预计工期为24个月，计划于2013年底竣工。东风佳园二期的建成将进一步改善东风襄阳基地员工居住环境，满足基地各单位生活后勤保障的需求。

【金融服务区竣工】 为满足东风公司襄阳基地员工对住宅及生活后勤设施的需求，开发建设了位于东风汽车大道东侧南转盘处金融服务区项目。该项目拥有14000平方米的金融服务区和5000平方米腾飞广场。12月18日，随着中信银行襄阳高新支行的开业，金融服务区正式投入使用。

12月18日，金融中心投入使用。

【中层干部绩效考评实施】 为规范管理部中层干部绩效考评和管理工作，客观、公正、科学地评价中层干部绩效，根据《东风汽车公司绩效管理暂行办法》和《襄阳管理部中层干部管理办法(试行)》，制定《襄阳管理部中层干部绩效考评实施细则》。

【企地会谈】 9月2日，东风公司副总经理欧阳洁与襄阳市市长别必雄等在襄阳市南湖宾馆会晤，协调解决东风在襄企业尚未解决的部分困难和问题，双方就东风襄阳基地生活配套设施规划与建设、东风佳园二期城市基础设施配套费免收、东风襄阳基地企业高管个人所得税返还及公司驻襄企业土地征用、项目规划等问题达成共识，并形成了会议纪要。

9月2日，东风公司与襄阳市举行企地会谈。

【东风街道办成立】 6月15日，根据襄阳政函[2011]40号批复，东风襄阳街办正式成立。企业所承担的城镇居民低保与社会保险、流动人口管理与计划生育、政府征兵、人民调解、社区建设等社会职能将逐步移交东风襄阳街道办。

【建党90周年活动】 7月1日，召开襄阳管理部庆祝建党90周年纪念大会，回顾党的光辉历程，缅怀先烈丰功伟绩，铭记党员自身使命，大会共有新党员宣誓、新党员代表发言、宣读表彰决定并颁奖、党委书记谢大顺讲话4个议程，会议表彰五星级"四好班子"1个，五星级"四强"党委1个，五星级"四强"党支部4个，四星级"四强"党支部10个，三星级"四强"党支部14个。

(陈西宁)

东风公司襄阳热电厂

【概况】 3月28日，经东风公司批准，原第二动力厂更名为东风公司襄阳热电厂，是一个集发电、供热、供水、污水处理和动力安装于一体的综合性能源厂。现有3台75T/H煤粉锅炉、1台35T/H循环流化床锅炉、1台130T/H循环流化床锅炉、4台1.2MW汽轮发电机组。发电能力为4.8万千瓦时/小时，供热能力为300吨/小时，供水(清水)能力6万吨/天、处理污水能力18000立方米/天。截至年底，在册员工692人。

2011年，工厂通过开展精益管理课题攻关、节能挖潜降成本、增效益，保证了生产经营工作的有序进行和东风襄阳基地的生产、生活用能需求，为襄阳管理部完成年度目标作出了应有贡献。工厂获襄阳管理部"精益管理活动优秀组织单位"、东风公司"模范职工之家"称号，热力作业部本体检修班获东风公司"工人先锋号"称号。

【生产管理】 面对煤炭价格持续高位运行和基地用能高峰的双重压力，襄阳热电厂为确保襄阳基地各专业厂安全连续稳定的生产生活用能，抓住设备管理、运行方式调整、安全管理责任制等几个关键环节，从内部深挖潜力，最大限度地高产高效。

发电结构日益完善。按照"峰段满发、谷段限发、平段限发(采暖季满发)"的调度原则，通过每月定期制定下发月度机炉运行调度方案，指导机炉运行方式及热、电负荷的合理分配，实现发电效益最大化。当年汽机调峰启停900多次、锅炉调峰启停800多次，在实现发电效益最大化的基础上，做到了设备安全无事故，运行操作无事故。

设备保障水平提高。面对频繁的机炉调峰运行方式给设备管理带来的压力，热电厂坚持“精益检修”、“设备预检修”、“修后零缺陷”等检修理念，通过开展谷段消缺、周末节假日集中检修、设备巡检标准化等工作，加强设备缺陷管理，大大提高了设备保障能力。当年完成小修239项、消缺694项、大修9项、更新改造16项，取得了明显效果，重点完成了3号汽轮机等大修任务，解决了3号机后汽缸裂纹的重大缺陷，机组安全性、经济性明显提高。针对5号锅炉缺陷较多、故障率高的问题，通过重点改善，实施了12项技术改造及20多项的消缺，为实现5号锅炉连续稳定运行创造了条件。

安全管理效果明显。坚持开展“反事故演习”、“事故预想”、“百日安全无违章”竞赛、“千次操作无差错”、“工作票办理无差错”、安全性评价和KYT(危险预知训练)活动，通过开展质量和职业健康安全结合型管理体系贯标工作，确保通过了第三方监审；通过开展班组KYT预知训练活动，进一步规范安全管理行为和现场作业行为，有效地减少各类安全事故的发生，确保了生产运行的安全稳定。全年共查找安全隐患315项，消除315项，全厂累计实现安全生产2556天。

【煤炭管理】 当年，受国际、国内宏观经济形势的影响，煤炭、柴油价格持续上扬、铁路运力紧张等多种因素使生产成本大幅度攀升，尤其是煤价的持续高位，对工厂生产经营造成非常大的压力。为保证襄阳基地各单位连续、稳定能源供应，襄阳热电厂以精益管理思想为指导，坚持以成本为中心，以“保障供应、优化结构”为主线，加大煤炭采购力度，抓好黄陵、义马煤矿等重点合同的签订和执行率，在确保供应量的基础上，严控采购成本，确保生产有序进行；以改善煤炭管理工作为突破口，严把煤炭质量验收关，通过规范和强化煤炭供应商、煤炭采购管理、入场煤管理等方面的流程管控，重点加强了入场煤取样、化验过程控制、炉前煤取样规范，建立健全监督管理考核制度，大大降低了炉前煤与入厂煤之间的热值差，煤粉炉入场煤与炉前煤平均热值差367.76千卡/千克，完成了襄阳管理部下达的KPT挑战Ⅰ值，入厂原煤煤样热值和炉前煤样热值差日趋精确化和具有科学性，较好地指导了精益化生产，提升了工厂的经济效益；通过完善《煤炭采购管理办法》等十二项管理制度和制定《入场煤取制样工作奖惩考核办法》等五项管理规定，进一步细化和规范厂煤炭采购管理体系；认真研究煤炭库存、消耗、市场情况，做好煤炭采购资金平衡计划，减少煤炭库存，降低资金占用和生产成本；通过强化煤炭混配和取样化验分析、分仓计量的精细化管理，对吨汽标煤耗成本比较分析，以生产指导采购，努力把握煤炭采购的性价比，确保了当年经营目标的顺利实现。

【技术革新】 工厂围绕生产经营难点、关键成本点和核心业务流程，全面开展精益管理改善课题攻关活动，成立了10个CFT小组，以节能挖潜、技术创新作为切入点，通过科学技术降成本，取得了较好的经济效益。

通过对1号汽轮机组实施冷凝器胶球清洗系统改造，加装凝汽器胶球清洗装置，真空较同期上升2.0KPa，端差下降3.6℃，提高了经济效益；通过实施劣质煤改造，2号锅炉在燃用4000大卡/千克燃煤时，能够在高85吨低35吨负荷下稳定运行，且各项参数、指标保持较好水平，提高了锅炉稳定性和经济效益；通过对全厂主要设备电动机实施变频改造，经改造的11台6千伏高压变频、1台10千伏高压变频、3台380伏低压变频设备均已完成，其中供水分厂3号取水加压泵变频改造以来，不仅设备运行稳定，节电效果明显(节电率达到25%以上)，且运行人员参数监视简单直观，操作步骤简化，提高了倒换运行泵时源水管线安全性，降低了源水管线的爆管几率；通过扩大移动供热能力，进一步拓展了热能市场，日产量能力由原来500吨/天提升到1500吨/天，年产热水达到20万吨，经济效益明显提升。

【能源营销管理】 襄阳热电厂通过加强能源营销管理，提高经营绩效。生活区智能电表改造工程按时间节点全部完成，民用收费由人工上门既抄既收模式逐步改为电子化(电表集中抄表.水表入户抄表)，用户到营业服务厅交费模式，解决了计量误差大、电费抄收率低等问题；加大了能源产品的营抄收费力度，当年实现房改房采暖费抄收率93.3%，商品房抄收率94.29%，创历史最好水平；通过对电产销存在问题进行分析，制定完善了报装管理制度、稽查管理制度、计量管理制度和激励办法等，电产销率取得较大提升，达到挑战值99.7%，提高了工厂经济效益。

【精益管理】 为进一步加强经济分析对生产经营的指导力度和有效性，工厂每月对影响生产经营水平的各项指标进行认真分析，及时提出下一阶段工作的指导原则，用以指导采购、生产、营销整个管理链、资金链中的不同环节，确保工厂经营水平和经营质量的提高。

建立CPU成本核算体系，有效指导生产经营。按照新的成本核算规程，制定工厂成本核算体系，通过建立CPU成本分析模型和数据库，对13项产品业务开展诊断和分析。通过分析供水和污水等产品的成本，发现存在成本偏高、计量不准等问题；通过分析热水产品的成本，发现产销平衡过低、变动成本较高、热水收费较低等问题。通过这些诊断和分析，加强了成本精益化管理力度，有效地指导了工厂的生产经营活动。

严格可控费用预算管理，减少各项费用支出，取得明显成效。工厂将全年度总费用目标逐项、逐月分解落实到各单位，明确可控费用的使用范围、额度及考核、严控审批流程；外委项目立足厂内、合理安排，完善奖励制度，控制外委项目发生。通过多项措施，可控费用比上年下降30%。

大宗原材料降成本取得成效。通过选用燃料油、副酸 、铸造球等3种替代品，全年实现采购降成本 70多万元。

【薪酬优化推进】 按照东风公司薪酬制度体系框架和襄阳管理部的要求，襄阳热电厂加强落实薪酬优化工资制度改革，有计划分步骤积极稳妥地推进新的薪酬分配机制，通过调研走访，征集意见、宣传培训、关注和谐，以工作责任、工作技能、劳动强度、劳动环境四要素科学归级套档，初步建立了以岗位评价、能力评估和绩效考核为支撑的薪酬激励体系。

【安全环保和节能减排】 襄阳热电厂秉承“社会效益与经济效益并重、能力提升与环境保护共赢”的经营理念，自觉履行企业社会责任，以提高能源利用效率和减少污染物排放为落脚点，着力推进节能减排工作，提高环保设施运行效率。

2011年，工厂紧紧围绕“安全零事故、污染零排放、能源零浪费”方针，通过采取技术手段，持续改进和优化脱硫、污水处理系统，狠抓环保目标责任制的落实，使节能减排工作得到有效提升。

（刘玉华）

东风襄樊置业有限责任公司

【概况】 东风襄樊置业有限责任公司（以下简称“置业公司”）成立于2009年5月，前身为东风襄樊物业公司和车城东厦房地产开发有限公司，主要为东风公司襄阳基地提供生产、生活后勤服务。截至年底，从业人数232人，主要业务涉及职工住宅及配套设施建设、物业服务、幼儿教育、宾馆、房屋租赁、绿化工程等服务工作。

2011年是置业公司质量效益年，紧紧围绕襄阳管理部年度工作目标，强化管理，深化改革，创新机制体制，进一步稳固经营服务基础，确保了年度KPI目标的稳步推进。全年实现营业收入11911.39万元，营业成本11241.18万元，另有营业外收支净额4.69万元，账面利润674.90万元，考核剔除406万元，实际实现利润1081万元，完成上级下达的KPI挑战Ⅰ值。

【《管理制度》汇编】 置业公司自成立以来，十分注重制度建设和流程再造，先后修订和完善了33项管理制度，并分类汇编成册，形成《东风襄樊置业有限责任公司管理制度汇编2009-2011》，明晰了各部门和各级管理人员的工作职责和工作流程，初步形成适应生产经营和改革发展需要的管理模式，推进全员对制度的学习和认知，促进“按制度管理、按流程办事”的规矩养成，为置业公司全面发展提供了组织保障和制度保障。

【东风佳园二期奠基】 12月18日，襄阳基地迄今最大的一项住宅项目——东风襄樊置业东风佳园二期

12月18日，东风佳园二期奠基仪式。

宜居工程隆重奠基。襄阳市委常委虞国旗，襄阳市委常委、副市长李述永，襄阳市高新区主任李德彰，东风襄阳管理部主任王非，东风公司社会事业管理中心处长姜细想，东风襄樊置业总经理何志伟等领导出席了庆典。

东风佳园二期工程项目，占地面积6万平方米，建筑面积13.9万平方米，有13栋高层建筑共996套住宅。项目规模之大、档次之高、人文气息之浓厚及建设速度之预期，在东风襄樊置业发展史上绝无仅有。这将是东风襄樊置业回报东风、奉献社会的又一精品工程，将有效改善东风襄阳基地员工的住房需求，为东风襄阳基地再增添一道靓丽风景。

【薪酬优化】　根据置业公司发展目标，建立以岗位评价体系、能力评估体系和绩效考核体系为支撑的薪酬激励体系。遵循东风公司薪酬优化总体原则，按照襄阳管理部统一的优化流程，从岗位评价、能力评估、人岗匹配、薪酬优化和绩效优化5个环节展开建立行政管理、专业技术和技能人员发展通道，拓展员工职业发展空间，注重员工的岗位价值、能力差别、业绩导向 ，优化资薪结构，充分发挥薪酬保障和激励作用，明确岗位责权，优化工作流程，提升工作效率，梳理业务流程，规范全员岗位说明书，以点因素分析法，完成岗位评估打分、输出岗位图谱，获得东风公司专家组审核通过，于2011年12月全面实施薪酬优化。

【党群工作】　置业公司十分重视党群工作，通过加强班子建设和落实党委工作条例，坚持了集体决策制度，加强基层党群组织建设。并按照上级党组织的统一部署，结合置业公司的实际情况，以服务质量提升和社区环境改善为重点，组织开展了“为民服务创先争优”与立项竞赛活动。

召开置业公司首届工代会，选举产生了新一届的工会两委委员；全员动员，组织开展了“冲刺100天，全力保目标”立功竞赛活动；积极动员，精心组织了“五型”活力班组创建活动。员工关爱工程建设有效实施，员工外出轮训、员工子女就业平台搭建、员工生日祝贺、困难员工爱心救助与帮扶等工作的人性化、制度化，促进了“和谐置业”的建设。

（姜　洋）

离　退　办

【概况】　襄阳管理部离退办按照“老有所为、老有所学、老有所乐”的工作要求，继续履行襄阳区域离退休管理的业务指导职能，落实离退休人员“两个待遇”，开展丰富多彩的文体健身活动，确保东风公司襄阳基地离退休人员的稳定。截至年底，东风公司襄阳管理部离退办拥有离退休人员459人，在职员工8人。

2011年，襄阳管理部离退办被东风公司离退休人员管理处评为“离退休工作先进单位”，被东风襄阳区域维护企业及社会稳定工作委员会授予“2008—2011年度东风公司襄阳维稳、防范先进单位”称号，通过了襄阳管理部党委四星级“四强”党总支部达标验收及东风公司离退休人员管理处“四好”党员的达标验收。

【关爱老同志活动】　1月8日，东风襄阳基地离退休老干部团拜会在离退办老年大学召开。东风襄阳管理部主任王非、东风汽车股份公司总经理卢锋、党委书记李建刚等领导出席团拜会，并向72名副处级以上离退休老干部发放了春节慰问品和慰问金。

1月8日，召开东风襄阳基地离退休干部春节团拜会。

1月8日，东风襄阳基地举办离退休老干部春节团拜会。

坚持开展重大节日的走访慰问活动，把组织的关怀和温暖送到家中。通过上门询计问策、征求意见，了解老同志的思想现状、身体状况、家庭情况，帮助他们解决生活上的具体困难。共慰问78人次，送去慰问金9000元。

按照程序申报并及时办理了“爱心工程救助款”19200元，共涉及重大疾病3个、单亲助学2个离退休人员。

每月25日为老干部阅文日。提供东风公司各类文件30份、襄阳管理部各类文件50份，并围绕“为民服

式会社常务伊藤芳雄等参加典礼并致辞。

【品质强化】 几年来，襄阳东昇为了求生存谋发展，抓住国内汽车市场快速扩张的时机，在汽车零部件生产品种、规模方面得到快速发展，取得了较好的业绩。为了继续稳固汽车零部件市场，在强化经营管理的基础上，公司将品质管理提升作为年度重要课题，整个活动围绕着上年度主要品质问题点展开，完成了如下课题：对焊装、冲压、品质检查等区域的重点项目监察、指导、改善；规范和强化班组作业观察和作业遵守执行力度；编制具有针对性的品质手册，强化员工品质意识和辨别能力；利用改善卡对现场问题进行强化解决等。经过一年品质强化工作的推进，进一步提升了现场品质管理水平，年度各项质量目标全部完成，市场索赔率为零，纳入不良率为2PPM，顾客满意度94%，产品准时交付率100%。

【重大投资项目】 随着襄阳东昇发展规模不断扩大，经董事会决策，当年度公司新增重大投资项目：

襄阳东昇第二工厂完成投资建设，新增土地使用面积38900平方米，新增建筑面积18000平方米。

新增大型设备：600T开卷落料生产线一条；800T+400T+400T+400T冲压线一条；1300T+500T+400T+400T冲压线一条。

【新产品开发】 借助与广州东昇机械有限公司在新产品开发方面的战略合作关系，当年新品开发项目如下：2010年7月自启动NCIC X81C项目开发工作以来，部品总数增加至148个，计划2012年3月量产； 12月启动NCIC R42H项目开发工作，共有2个部品，2011年6月实现量产。2011年2月启动中航精机东风李尔泰新的泰李423项目开发工作，共有12个部品，计划2012年2月量产；启动轻型发动机 A08项目开发工作，共有10个部品，2012年4月实现量产； 4月启动东风日产L42L项目开发工作，共有35个部品，计划2013年2月量产； 5月启动郑州日产D511项目，共有17个部品，计划2012年3月量产； 2011年底共完成新增F91A-NCIC项目部品11个，并实现量产。

【党群工作】 充分发挥党群工作能动性，大力开展各种群团活动，积极参与襄阳管理部举办的各项活动，丰富员工业余文化生活，缓解平日紧张的工作压力，营造工作和谐氛围。当年，襄阳东昇员工分别获得东风公司“青年岗位能手”、“四优”共产党员、“优秀团员”、“和谐家庭”等多项荣誉称号；襄阳东昇团总支部表演的舞蹈《中国鼓》作为第八届东风文化艺术节的开场舞蹈；由襄阳管理部组织公司员工参演的《走向辉煌》节目获东风公司建党90周年表演一等奖、组织一等奖；当年7月，公司成功组织开展了首届“三人制篮球赛”等活动。

（邹　文）

襄樊襄管物流有限公司

【概况】 襄樊襄管物流有限公司（以下简称“襄管物流”）是东风公司与自然人共同出资组建的有限责任公司，东风公司委托襄阳管理部管理。1月，为使各板块运营更加通畅，襄管物流进行组织机构调整，下设4个分公司，2个职能部门。襄管物流主要设备有16辆各型平板帘布车，6箱式卡车，26辆各型柴油、电瓶叉车及手动液压车，3辆高位电瓶叉车，2台堆高机，1套集装箱龙门吊，防火防盗闭路监控设备；设施占地面积53800平方米、库房24000平方米，卸货平台240平方米。卸货区7500平方米，卸货雨棚3600平方米集装箱吊装设备及堆场3000平方米，露天停车场27000平方米；登高桥3个、信息系统有U8库房管理软件及条码管理系统。当年技术管理支持部配合仓储配送、包装储运分公司完成了8项工位器具及包装设计改进方案。襄管物流总资产4800多万元，东风公司相对控股。全年收入5048万元，利润总额比预算超出6%。

2011年，襄管物流认真贯彻襄阳管理部第一次党代会精神，紧紧围绕公司年度工作目标，不断完善党群组织基础管理工作，通过开展争创“四强、四优”、“为民服务创先争优”、“精益管理推进”、“群众性创新成果活动”、“五型活力班组创建”等活动，充分调动党员和员工的积极性和创造性，当年通过襄阳管理部党委正式验收授予三星级“四强”党总支部。8月，工会第二次代表大会召开，会议民主选举产生了第二届工会委员会及经费审查委员会，委员会第一次会议选举产生了工会主席刘臣和9名委员；11月26日，襄管物流成功召开第一次全体团员大会，正式成立了襄管物流团总支部，选举产生了第一届委员会，郭晓霞为团总支书记和4名委员。截至年底，在册员工203人，其中管理人员25人。

【备件包装精益管理】包装协配件包装产量大幅上涨，全年增加150多万件，包装工艺、复杂程度、客户要求也同步增加，包装作业人员增加2人，差错同比下降2起；包装自制件上半年增幅达到56%。当年备件出库量增加141万件（全年销售5.3亿元，其中油品6700万元），发运车次增加188车次，客户抱怨下降3起，顺利完成备件销售出库任务。

建立易混淆零件比对档案。备件包装的零部件涉及几千个品种，几百家供应商，很多零件外观非常相似，但性能不同，还有很多零件本体上无零件号，增加了零件识别难度和包错风险，为了降低包错风险，包装区建立了易混淆零件的比对档案，进行培训和公示，并不断完善更新档案，降低了外观相似的零件错包的差错。

实施“按前置库分类包装的作业模式”优化流程，实现包装下线成品直接进入二次包装环节，优化了备件在备件库的重复分拣动作。降低备件分拣的物流强度，备件在物流环节的周转期减少了0.5至1天，规避了备件重复分拣过程产生差错的风险。

将精益管理的理念与质量体系管理进行结合，建立“提货作业信息反馈记录”、“供应商到货信息记录”、“备件订单发交跟踪报表”，提高了作业过程的监控力度，形成了整个备件从提货、入库、包装、分拣、起运、交付等全过程的质量监控、信息反馈解决的体系。

10月，总结客户反应最多的包装破损问题，分析原因，加强二次包装能力，采用4种方式进行运输包装：网箱、木箱、纸箱、托盘加缠绕膜的方式，提高了运输过程对备件的防护工作。

对包装材料区按照材料类别、规格进行定置管理；对二次装箱区按照客户进行定置管理，减少包装员找寻材料的时间，提高作业效率；规范二次装箱的零件摆放，改善了库容，降低错发、漏发的风险。

【仓储配送项目提升】 仓储配送经营收入为916万元，同比上升16.18%，出库总次数为83962次，差错155起，同比下降61%。

7月，仓储配送通过EXCEL设计了与东风康明斯发动机有限公司MES计划相匹配的模板，此模板主要是用于指导保管人员根据东风康明斯发动机有限公司的计划需要进行作业，提高计划员的操作效率，降低了计划漏发和数据转换所出现的差错现象，7月至12月各种差错30起，同期同比下降82%。

对员工开展了MES拉料培训、叉车司机作业培训、保管员送检单培训、库存零件管理培训、送检流程培训、零件出库质量培训、消防知识培训、电脑操作知识培训、班组长培训、安全培训共200余起。

【运输配送业务发展】 2月，弗列加业务的调整确定上海业务公司正式介入管理和监控，4月初对上海弗列加业务进行了运输商的成功切换，襄管物流成立上海办事处，全面监管运输信息各环节，针对上海业务及现场工作进行了作业梳理，加强与上海弗列加公司库房主管及物流专员沟通；6月，对东风康明斯发动机有限公司备件运输业务全面接手，进行备件运输条件和业务调查，全面接手备件运输的准备工作，同时对调达业务各供应商的运价进行上调，签订了襄阳到十堰运输柯邦公司业务。

【襄管物流成为国家A级物流企业】 10月30日至11月1日，国家中物联专家评审组对襄管物流进行了为期两天的现场评估，对企业经营状况、管理现场等情况进行详细了解后，向襄管物流颁发了“通过A级物流企业现场评估证明”。授牌仪式于12月20日在北京举行。

10月30日，国家中物联专家评审组现场评估。

【神龙项目优化】 神龙项目年收入比2010年度增加109万元，增长44.9%，平均月收入增加91343元，2011年差错下降56.4%。

通过EXCEL模板设计，优化了报表发送流程，计划员每日发送报表可节省3小时。优化前，报表由6个表格组成，发送前要删除其余表格，71家供应商，发送大约需要3.5小时，优化后，把每个供应商报表单独作出，与总表进行数据链接。各供应商单独报表进行更新，71家供应商，大约需要0.5小时。

先进先出管理。制作零件带吸铁石的标识，写有零件号、零件名称、供应商。以不同颜色区分零件发送的库房。如绿色代表神龙01库；固定零件在货架上第一层货架的货位。吸附此标识的货位为此零件的第一发货批次。集配员根据磁条标识信息备货；当贴有磁条的货位空置时，叉车司机根据货架上零件到货标识取下该零件现有库存第一优先发货的零件，放入此货位；当货位需要调整时，将磁条取下跟随零件一起调整。

（郭晓霞）

襄阳东风康达汽车部件有限公司

【概况】 襄阳东风康达汽车部件有限公司（以下简称“康达公司”）成立于2003年3月，是襄阳管理部与另一家社会企业联合成立，集仓储、运输、配送以现代物流为主的第三方物流公司。康达公司以“准时、快捷、安全、高效，追求卓越，顾客满意”为质量方针，以“让客户满意”为工作目标，树立“服务内容创新、服务方式创新”的经营理念来满足客户需求，成为东风康明斯指定的战略伙伴。截至2011年底，康达公司占地面积13352平方米，仓储面积9000平方米，在册员工72人，其中管理人员7人。通过了ISO9001质量体系认证，成为专业规范的物流公司。

【完善制度】 康达公司重要的经营事项、制度流程，都是以中高管理层会议讨论通过，以文件形式下发，并且逐步建立了一整套严谨的管理制度。修改完善了“采购申请流程”、“人事管理流程”、“交通、安全事故处理流程”等制度。通过完善各类流程制度形成了长效管理机制，提高管理服务水平。

【精益管理】 制定了业务部KPI指标，并将指标完成情况与部门负责人绩效工资挂钩，明确部门的关键工作，增强和调动部门领导的责任心和积极性；康达公司坚持每月召开月度经营分析会，全面了解各部门KPI完成情况，及时通报上个月运营工作中存在的问题和整改落实情况，采用横向纵向的数据分析法，对影响当月整体运营情况的主要指标进行诊断和分析，找出关键因素，制定整改措施。8月，在全公司范围内开展主题为“提升流程效率，防范质量风险”的“百日质量活动”。 公司员工踊跃参加，共收到员工提出的质量口号60份121条，并筛选出具有代表性的优秀口号。此次活动提高了作业人员的技能水平和管理人员的质量管理水平，提高康达公司流程执行效率，识别身边质量隐患，防范质量风险，提升客户对康达公司服务质量的满意度，确保物流配送的质量安全，以优质服务书写客户满意的答卷。

【条码系统管理】 2010年康达公司在仓库管理中引入条码技术，通过一年的摸索、开发、调试于2011年9月全面启动。实行条码系统以来，零件的到货、入库、出库、调拨、移库移位、库存盘点等各个作业环节工作效率都得到了有效的提高。该系统已成为东风康明斯第三方物流系统的模板被推广。

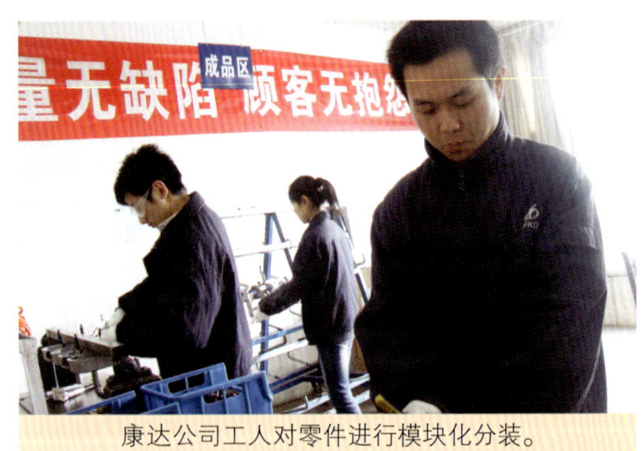

康达公司工人对零件进行模块化分装。

【仓储配送】 提高仓储工作效率，降低仓储配送成本。所有库存入、出库零件采用条码系统对零件扫描，自动分类，识别零件状态，并且根据主机厂订单需要，按要求配送到主机厂，节约了大量的人力、物力、时间，提高配送效率，配送率达到98%以上。

【分装模块化实施】 物流仓库对主机厂采取零件模块化分装，降低主机厂生产成本，减少存货，减少库存面积及资金。2011年，分装共完成装配任务73707套摇臂室总成，比2010年分装所装配的摇臂室总成75217套减少了1510套总成，减少幅度为2%。

（何　了）

东风汽车公司技术中心（东风汽车工程研究院）

组织机构图

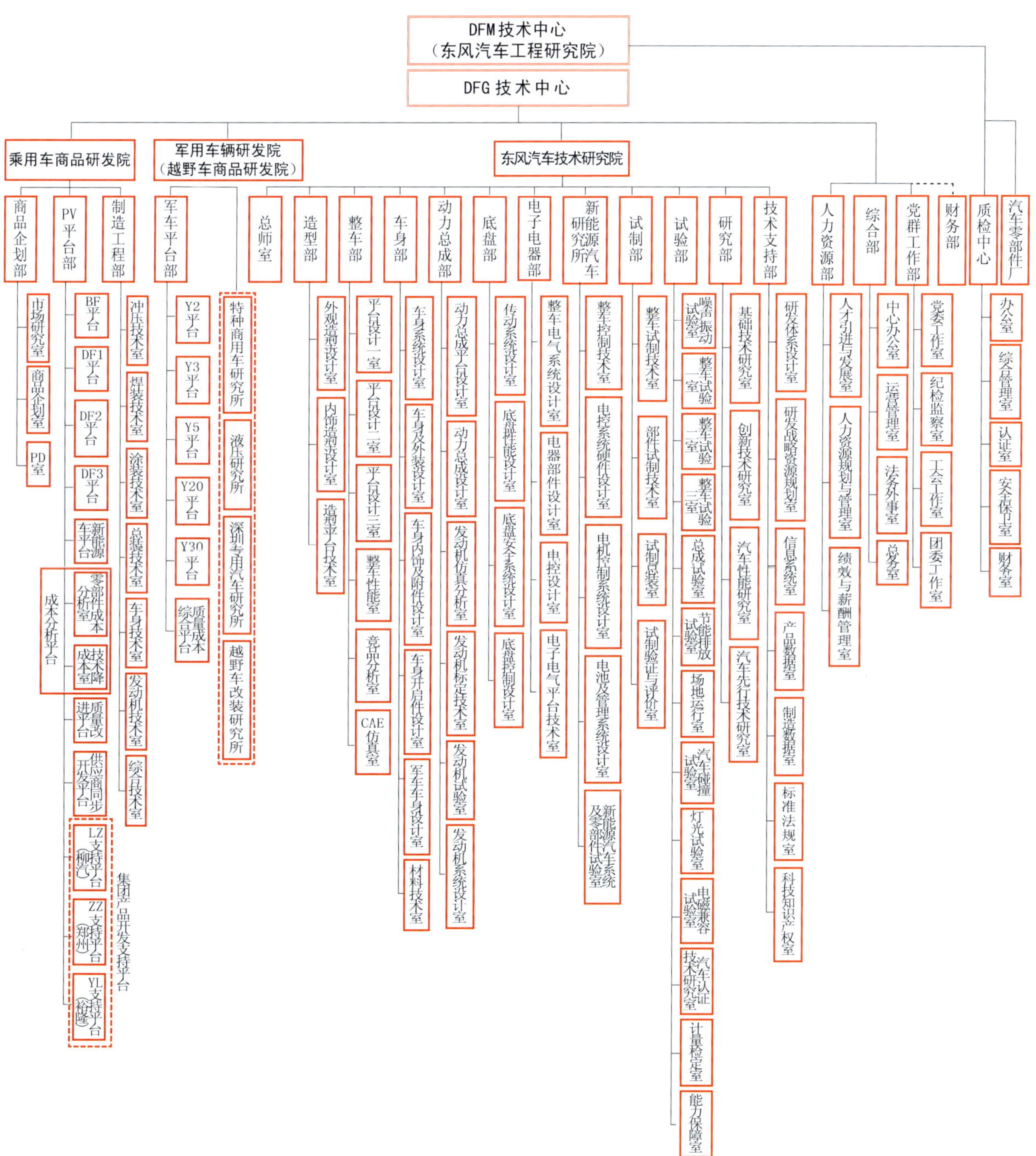

【概况】 东风汽车公司技术中心(东风汽车工程研究院)(以下简称"技术中心")作为东风公司汽车新产品研发的重要部门,2011年按照"解放思想、找准定位、创先争优、协同发展"的工作方针,全面开展机构改革、流程优化、商品调整和平台开放等工作。当年,完成组织机构调整、流程梳理、V-UP培训研讨以及研发能力协同工作。按照"中心—研究院—部—室"层级设置,构建了乘用车商品研发院、军用车辆研发院、东风汽车技术研究院,加强和改善了全价值链的项目管理、质量改进和成本控制,使产品研发真正面向市场,提升了技术中心的运营支持能力。

技术中心下设商品企划部、PV平台部、制造工程部、军车平台部、总师室、造型部、整车部、车身部、动力总成部、电子电器部、底盘部、新能源汽车研究所、研究部、试制部、试验部、技术支持部、人力资源部和综合部等部门。截至年底,在册员工1352人,其中研发技术人员1103人,管理人员73人,技能人员176人。在册员工中,高级职称人员279人,享受国务院政府津贴的5人,博士21人(含博士后工作站1人),硕士286人,大学本科以上学历者占总人数的81%。黄佳腾任主任兼党委书记(2011年7月22日调离),当年7月22日始刘卫东兼任党委书记,方驰任主任。

技术中心全年开展研发项目80项,完成节点49项,实现技术降成本效益1171.7万元,开展"十二五"能力建设项目立项推进和大自主能力规划工作,实现东风风神CROSS成功上市、A60搭载MR20发动机车型在广州车展正式发布、Y20样车试制完成并通过中国科工集团航天二院206所样车评审、"EJ02纯电动微型轿车"完成公告申报并在第26批节能环保目录中发布,技术中心连续3年获公司"最佳文明单位"称号。黄佳腾入选武汉市"十百千人才工程",陈赣入选湖北省"创新创业人才",陈彬荣获湖北省政府津贴专家,史建鹏荣获武汉市政府津贴专家;张社民入选中组部第六批"千人计划"专家,刘浩、马钊入选中组部第七批"千人计划"专家,章国光入选湖北省"百人计划"专家,蔡文新、张社民入选武汉市"黄鹤英才"专家,王云中、陈迹入选第六届武汉经济技术开发区"制造业拔尖人才",王云中入选东风公司"'十一五'优秀科技人才"。

【胡锦涛总书记视察技术中心】 6月1日,在湖北考察工作的中共中央总书记、国家主席、中央军委主席胡锦涛专程到技术中心视察。徐平、朱福寿、李绍烛、刘卫东等东风公司领导陪同视察。

6月1日,胡锦涛总书记(前排右)与技术中心首席总工程师陈赣(前排左)握手。

当天,胡锦涛总书记参观了东风公司40多年来自主开发的50款代表性车型。讲解员向总书记介绍了东风猛士火力突击车,总书记说,东风公司的越野车在部队很受欢迎。在整车设计部,总书记仔细询问了公司新款电动轿车设计开发情况,并与整车设计部整车设计一室年轻的工程师万良渝就电动汽车的关键技术和发展方向进行了探讨。在造型室,总书记仔细观看了东风自主品牌乘用车同比例新车模型的制作过程,要求公司高度重视品牌建设,高度重视自主创新,努力掌握核心技术。在一楼展厅,胡锦涛总书记在东风纯电动微型轿车——EJ02面前驻足大约4分多钟,详细询问了汽车的相关技术情况和投产时间。东风股份副总经理、商品研发院院长方驰向总书记介绍了EJ02的相关情况,并回答了总书记关心的汽车安全问题,总书记频频点头,并坐进EJ02内仔细查看,称赞车内空间宽敞,适合家庭使用。随后走到纯电动汽车电池电机展台前的总书记详细询问了相关情况:"这个电池有多重?采用的是什么电池啊?"当听说该电池是具有长循环寿命和良好安全性的磷酸铁锂电池并具备快换系统时,总书记特意取下眼镜仔细观察了一番。临行前,总书记在造型室前厅亲切接见了东风公司劳模夏洪、蒋国英和国家"千人计划"技术专家周剑光、陈赣等。

【东风风神H30 CROSS开发工作】 东风风神H30 CROSS自2009年12月启动开发,历时14个月,顺利完成造型设计、产品定义、工程设计和FT试制、试验等开发工作,并顺利通过各关键节点,车型按计划顺利上市。该项目制定产品技术标准4份,申请专利8项。试制了16辆样车，完成76项试验，试验里程累计200000千米，台架试验73300台时。该车型实践了变型车的开发模式，摸索了变型车的验证方法，整个项目周期短，开发代价小，差异化明显，快速响应市场需求。

【东风风神S30 2012款开发工作】 东风风神S30 2012款自2010年4月启动开发，历时20个月，经过造型设计、产品定义、工程设计和FT/ET/PT试制、试验等自主研发工作，于2011年12月底顺利上市。该车型动力系统源自基础车S30 2011款，车身、电器、底盘系统根据商品定义，重点改进内饰、外饰小改及满足未来法规项的要求作适应性开发，试制了25辆样车，完成76项试验，试验里程累计320000千米，进行43项质量改进，增加了多处储物空间，提升了整车内饰品质，电子装备更具科技感。整个项目周期短，开发代价小，差异化明显。

9月9日，东风公司总经理朱福寿在技术中心听取工作汇报。

【东风风神A60 2.0升车型主体开发工作】 东风风神A60 2.0升车型作为东风自主品牌推出的首款中高级车，自2009年9月启动开发，历时28个月，在较短的开发周期内，采取多项任务并行推进工作模式，年内完成了ET、PT阶段的设计文件发布、试制和试验，顺利通过各项试制及试验评审、FT向ET及ET向PT移行等关键A级节点。对32辆样车开展了243项试验，与JD power公司共同进行了IQS评价，开展了225项质量改进及性能提升；碰撞安全性能满足五星要求。同时，大力推进自主化降成本工作，完成了290余种沿用件的自主化工作。2011年11月，开发工作完成，并在广州车展成功面市，进入批量爬产及营销准备阶段。

【EJ02纯电动微型轿车公告申报】 “EJ02纯电动微型轿车”是央企新能源联盟中代步电动车的研发产品，并是国资委、中电联重点开发项目。历经3年的自主研发试制、试验、认证，先后完成整车碰撞、电磁兼容和电动车安全等65项强制性测验。4月18日，EJ02登陆第十四届上海国际汽车展览会；8月24日，EJ02车型在国家工信部第288批公告中发布，并在第26批国家节能与环保车型推荐目录中发布。截至年底，申报专利51项，其中发明专利3项，实用新型18项，外观专利30项。

【“混合动力客车用机电耦合动力传动装置关键技术”通过国家结题验收】 “混合动力客车用机电耦合动力传动装置关键技术开发”是东风公司承担的国家“863”课题。该课题主要针对混合动力客车的技术特点，开展驱动电机与变速器机电耦合动力合成装置结构方案和关键技术研究，开发混合动力专用集成双模式机电耦合装置，研究具有模式切换功能的耦合装置自动换挡控制技术和整车控制技术，制定混合动力汽车动力耦合装置的设计、计算分析和试验开发规范。2010年6月，完成第一轮样机试制、试验验证，同年12月，完成第二轮样机试制、台架试验验证以及整车性能、可靠性试验验证。2011年6月，通过专家组结题技术验收，11月通过专家组结题财务验收，12月通过东风公司科技部组织的科技成果鉴定。该项目的成功开发，提升了混合动力客车的性能指标，解决了整车能量回收量受机械结构限制的问题，为整车制定更优的能量管理策略提供了机械基础。混合动力系统的开发，填补了国内商用车集成双模式混合动力系统的空白。

【东风猛士国产分动器、差速器总成通过部队鉴定】 东风猛士国产分动器、差速器总成是根据部队下达的“1.5吨级高机动性军车国产分动器”和“差速器总成研制要求”开发的两大关键总成。这两个总成的开发成功，填补了国内链式全时分动器和限滑自锁差速器的技术空白，打破了国外货源和技术封锁，保障了部队车辆的正常装备。分动器及差速器总成从2002年12月开始研制，2010年10月通过台架鉴定试验，2011年3月通过总装试车场组织的道路鉴定试验，同年7月21日通过总装陆装军工产品委员会办公室组织的设计鉴定审查，分动器和差速器总成实现零件100%的国产化。

【Y20轮式车辆阶段性评审通过】 Y20轮式车辆是重

要载车平台，集装载平台、发射平台和机动平台为一体，搭载载车的液压、空调、供电、波导充气、定位定向装置及武器系统，为武器系统提供所要求的机动能力，可跟随陆军机械化部队并提供野战防空和要地防空能力。2011年3月通过中国航天科工集团二院和东风公司共同组织的Y20专用车辆方案评审，7月通过中国航天科工集团二院组织的Y20专用车辆试验大纲评审，10月通过中国航天科工集团二院和东风公司共同组织的专用车辆工程设计评审。该车型的成功研发使东风公司首次进入主战装备领域，并首次进入重型军用越野车领域，对于扩展东风公司产品覆盖面和扩大品牌影响力有重要意义。

【东风自主品牌1.6升发动机进入ET阶段】 3月14日，技术中心自主研发的第一款发动机DFMA16-40顺利通过ET移行判断会，正式转入ET阶段试制、设计改进和试验开发。至此，A16共完成三轮发动机设计、试制和性能标定，三轮共15项的可靠性耐久性试验，解决了160多项设计开发质量问题；发动机完成超过20000小时的台架试验，以及70万千米的整车耐久性试验，具有动力强劲、油耗低和成本竞争力等优点，可匹配东风公司自主开发的BF、B级车和A60等多款车型。

【A16 BSG控制器试验验证完成】 12月30日，历时两个半月夜以继日地60万次启停耐久性试验，A16 BSG控制器完成全部项目的验证试验。技术中心于2010年3月启动BF/A16/BSG车型的BSG控制器的开发，采用同步整流和低压大电流驱动等关键技术，获得3项专利，经过两轮工程样件的试制改进及15项零部件试验验证，搭载该控制器的微混合动力乘用车可实现综合节油5%以上，形成了东风自主混合动力轿车中BSG控制器这一关键零部件的设计能力，达到国内领先水平。2011年1月，BF/A16/BSG车型在中国黑河完成启停系统的冬季标定，实现BSG系统低温环境下的启停控制；7月，该车型顺利完成在高原和高温环境下BSG启停控制系统的匹配标定，高温发电与温升特性满足设计需求，实现恶劣环境下的安全运行。

【通用型整车控制器开发】 技术中心当年自主研发的整车控制器在ISG和EV项目中取得新的突破，成功构建了通用化控制器硬件平台。1月，BF/A16/ISG车型的ISG整车控制器在中国黑河完成ISG车型寒区的冷启动、反复启停和驾驶性标定；7月，在高原和高温环境下完成与发动机EMS的联合标定以及整车控制策略、驾驶性标定，确保BF/A16/ISG车型满足了高温、高原环境下的驾驶性和电量的平衡性；11月，完成BF/A16/ISG车型整车经济性的标定工作，性能指标达到设计任务书要求。EV整车控制器，搭载BF/EV纯电动轿车，当年1月装车，经过标定、测试，FT1功能样车达到设计任务书指标。两款车型采用通用的整车控制器，实现了控制器硬件平台的通用化。

【ISG电机控制器开发】 10月19日，技术中心拥有完全自主知识产权的ISG电机控制器在武汉完成台架测试。12月28日，搭载A16+ISG AMT动力总成一次启动发动机点火成功，标志着东风公司在新能源汽车核心零部件研发方面取得重大突破性进展，成为国内唯一拥有自主ISG电机控制技术的整车厂。技术中心于2010年11月启动ISG电机控制器开发，该项目瞄准国际先进水平，在考虑国内工艺能力和产品成本的基础上，按照量产要求，经过项目策划、方案论证、方案设计、工程设计和试制整车匹配搭载测试等阶段，历时13个月完成阶段目标。该项目运用了先进的设计理念和最新技术成果，ISG电机具有功能完善、体积小、重量轻和成本竞争力强等优点。

【ISG动力电池系统功能样件开发】 9月22日，技术中心自主研发的第一款144V 4.4Ah ISG锂离子动力电池系统试制完成，各项指标均达到设计目标。12月28日，搭载A16+ISG AMT动力总成，采用自主研发的Li离子动力电池系统，实现了ISG电机首次启动发动机一次点火成功。于2010年12月启动功率型动力电池系统的自主开发，通过两轮功能样件的设计、试制和试验，在电池单体的连接方式、模块的散热分析及电池管理系统的优化设计方面积累了经验。该系统具有良好的电性能、优良的控制策略和SOC估算精度高等优点。

【基本建设项目】 能力建设项目完成节点419个，投资17657万元；形成了整车半消声试验能力、造型NC加工、虚拟仿真能力、国Ⅴ排放试验能力、电磁兼容EMI能力等；申报国务院国资委支持项目，获得5660万元的支持，并顺利通过国务院国资委的检查。

【发动机试验室能力建设】 发动机试验室建设是技术中心扩建项目(即新基地建设)的一个重要子项，截至年底，完成17间试验台架和相关项目的能力建设，完成投资约2亿元，可进行发动机及动力总成的性能开发、NVH开发、进排气道开发、可靠性开发和动力总成零部件机械开发的多项开发性试验工作，并可进行动力总成相关的道路模拟试验和整车排放转毂试验，具备可同时进行两个平台的六种发动机试验开发能力，在东风公司自主品牌乘用车A平台1.4升系列和B平台2.0升系列发动机开发过程中起到重要作用。

【自主研发能力协同】 根据东风公司发展战略，明确了大协同能力建设的重点领域重点课题，即商品开发、研发试验、高性能计算和新能源开发协同等四大框架下自主研发能力建设上新台阶。

商品开发协同方面。在集团内和东风柳汽、郑州日产在A16发动机、DF2平台上开展商品协同的工作，取得阶段性成果；根据各板块对C级车、中型MVP和SUV的商品规划，推进了DF2平台上的商品平台协同。

研发试验协同方面。形成12个核心试验能力专业；设备投资集中，提升了试验技术能力；提供了研发试验资源、试验数据共享、满足了集团内企业产品国家法规检测需求。

高性能计算协同平台建设方面。提升了技术中心HPC平台的能力，建立了安全的网络通道；为全集团研发部门提供碰撞仿真、空气动力仿真等计算服务，为全集团研发部门提供大型高性能计算的协同平台。

新能源开发协同方面。统筹新能源乘用车的整体规划，强化共性技术的开展及其对整车项目的支持，基础能力与共性技术资源共享，推进“三横”、“三纵”技术研究与应用。

【组织机构调整】 根据东风公司发展战略和“十二五”发展规划需要，为进一步加快自主创新和自主品牌乘用车事业建设发展步伐、提升技术中心研发能力，构建东风乘用车公司与技术中心一体化的运行体系，建设全价值链技术中心，以精干高效、减少沟通成本为目的，按照“适度授权、分层决策原则和高效协同、功能完整性原则”，对技术中心组织机构进行优化调整。理顺东风乘用车公司与技术中心在商品企划、项目(平台)管理、产品开发、工程开发、工业化、生产准备、质量控制、成本控制、供应商选择和市场营销等方面的分工与协作关系。将东风乘用车公司的商品企划、项目管理、工艺设计及工业化准备、成本工程等职能和154人划转到技术中心，以整合构建完整的、全开发链的技术中心，并按项目平台模式推进新品开发，对乘用车公司实施“交钥匙”和项目承包工程。机构设计上按照“中心—研究院—部—室”层级设置，构建起乘用车商品研发院、军用车辆研发院、东风汽车技术研究院。根据新组织机构，技术中心部门科室增至103个。12月21日，正式发布机构调整文件，标志着新的组织机构初步到位。

10月9日，技术中心举行东风乘用车划转人员欢迎会。

【研发流程梳理和优化】 技术中心为适应组织机构的调整，改善现有研发体系运行中暴露出的问题，对研发流程进行了全面的梳理和优化。成立了领导小组、CFT团队及各部门推进小组，共梳理优化流程232项，其中包括产品开发管理类157个，科研管理类6个，人力资源管理类18个，资产管理类9个，综合管理类42个。覆盖了市场调查、商品企划、产品设计、生产准备、成本、质量、计划等产品开发体系的各个方面，体现了产品开发全价值链管理，优化了质量管理体系，理顺了部门间及技术中心与相关事业单元之间的同步协同关系，建立了一整套与东风公司中长期发展规划相匹配的高效研发体系，为公司商品开发项目顺利推进提供了制度保障。

【专利、专有技术、知识产权管理】 专利工作取得新突破，核心技术得到保护。专利年申请量首次突破100项，达到147项，较上年同期增加107%。其中发明专利申请量达23项，增幅155.6%。“乘用车(BF三厢)

ZL200830352706.X”外观专利获得第十三届“中国专利优秀奖”及“第三届湖北省优秀专利奖”，“乘用车(BF两厢)ZL200830352713.X”外观专利获得2011年“武汉市外观设计专利奖金奖”；专有技术管理工作取得进展，首次发布了《东风汽车公司技术中心专有技术管理办法(暂行)》，建立了技术中心级专有技术认定模型及流程，并开展多期培训；申报东风公司专有技术25项，最终认定公司级专有技术15项，其中绝密级4项，机密级11项。

【人力资源管理】 开展人才招聘引进工作，招聘各类研发人员239人，引进4名海外高层次人才，2名入选中央“千人计划”。加强员工培训工作，全年投入培训费88.7万元，完成培训130项169期，学时36942小时，累计培训4165人次。

立足市场和技术中心现状开展薪酬分析工作，完成薪酬体系优化及标准调整，激励保留研发人才。6月24日，东风公司批准技术中心薪酬调整方案，方案通过后于2010年7月起执行。

完善内部人才竞聘选拔机制，引入现代人才测评技术手段，开展中层后备干部选拔、中层干部竞聘和内部专业岗位跨部门、跨专业公开竞聘工作，优化员工职业生涯多渠道上升通道，充分发挥广大员工的工作热情和聪明才智。

【党群工作】 以“创先争优”活动为契机，不断加强“四强”党组织建设，培育“四优”共产党员。在所属党支部中开展最佳党日、公开承诺、立项攻关、创建五星级党(总)支部升级达标竞赛活动，在全体党员中开展争当“四优”共产党员活动，以实际行动全面完成年度工作目标，成功创建五星级“四好班子”和“四强”党委。

认真贯彻落实党风廉政建设责任制和反腐败工作，以东风公司“党风廉政建设宣传月”、“小金库”专项治理、“廉洁风险防范”、“制度加科技防治腐败”等工作为契机，通过“三维一体”的防腐体系建设、“小金库”专项治理、招投标监督体系建设等一系列行之有效的学习、检查、督导活动，增强了技术中心领导干部拒腐防变能力。截至12月，纪委共参与招议标项目监督110场，涉及金额1.1974亿元，未发现违纪行为。

按照“对内凝聚力量，对外树立形象”的宣传原则，贯穿技术中心工作重点，夯实内宣平台，开展对外宣传工作；加强与媒体的合作，利用报纸和电视的宣传优势，推动技术中心企业文化建设；结合高管企业文化“V-UP”活动研讨成果，提炼技术中心的“使命”与“核心价值观”，营造“幸福工作，快乐生活”的环境氛围，全年发表文章及播发文稿58篇。

工会、团委积极开展党群团共建“创先争优”活动。工会在完成职代会提案、慰问生病住院员工、补助困难员工和发放慰问金方面行动积极，获得“湖北省一级企业工会”称号。共青团组织先后组织无偿献血和多项捐赠活动，并开展青年岗位立功竞赛、青年自主创新科技成果评选等活动，通过东风公司团组织三星级验收，被评为东风公司“五四红旗团委”。

(楼永红)

东风乘用车公司

组织机构图

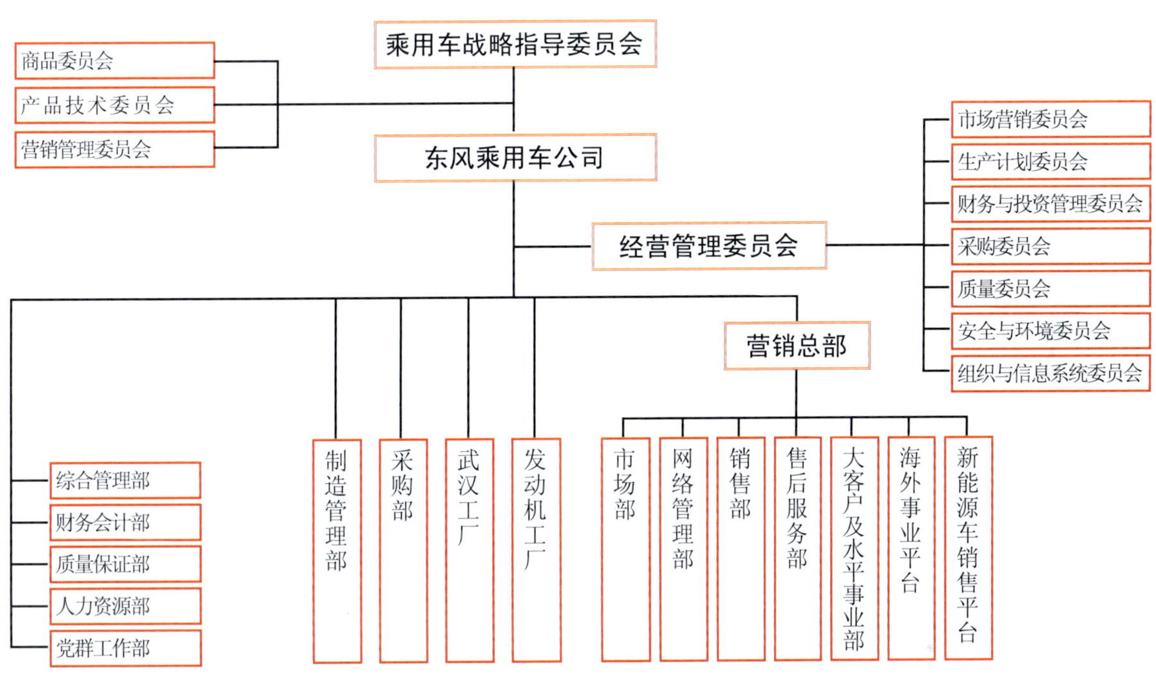

【概况】 东风集团股份乘用车公司(以下简称“公司”)成立于2007年7月25日,是东风公司全资组建的集研发、制造、销售东风自主品牌乘用车为主的新兴事业板块。公司下设武汉工厂和发动机工厂,具备年产8万辆整车和6万台发动机的生产能力,拥有东风风神品牌产品S30、H30、H30 Cross和A60。截至年底,公司总资产达23.45亿元,在册员工1484人。刘卫东兼任总经理,李春荣任党委书记。

公司围绕“自主东风,奋战11”的工作主题,积极推进各项工作。4月,成功实现H30 CROSS车型的投放,强化了商品能力,并积极推进了后续商品项目的建设,2012款BF系列车型年底上市,第二个平台上的首发车型A60于12月成功下线,B级车和A16发动机项目进展顺利。7月,公司新的领导班子上任后,围绕“反思、优化、调整、改善”的工作主题,加快推进内部变革调整和业务改善。1.抢抓市场机遇,制定营销新政,推行精准营销,实现终端销量稳定增长。2.推进公司课题的研讨,破解发展难题,并制定公司2012—2016年中期事业计划,明晰了公司未来发展战略,即通过持续实施“质量卓越”和“服务领先”战略,以“魅力产品”为载体,5年内累计实现销量100万辆以上。3.本着高效协同、适度授权、分层决策和功能完整性的原则,对东风乘用车公司和技术中心组织机构进行全面优化和调整。4.积极响应集团“大自主、大协同、大发展”的战略部署,有序推进与东风柳汽和郑州日产的战略协同,并取得阶段性成果。

公司全年终端交车28865辆,较上年增长3.65%,高于行业自主品牌1.19%的平均增速,CSI、SSI排名持续攀升,CSI排名居自主品牌行业第二,SSI排名居自主品牌行业第四,IQS排名居自主品牌行业第六,质量水平和质量管控能力取得了长足进步。当年,公司获“武汉市和谐企业”称号,公司党委获东风公司四星级

“四强”党委称号，武汉工厂总装车间机械分装班获“武汉市工人先锋号”等称号。

【朱福寿到公司调研】 4月14日，东风公司总经理朱福寿到东风乘用车公司进行调研。他指出，发展自主品牌乘用车是东风公司的重大发展战略，自2005年工作启动以来，东风自主品牌乘用车在后手入市、外部环境极其严峻的形势下和内部资源不占优势的情况下，经过两年筹备、两年建设和两年运营，共有3款车型投放市场，建成8万辆的轿车产能。

4月14日，东风公司总经理朱福寿（左四）在东风乘用车公司听取汇报。

他强调，要清醒地认识到发展东风自主品牌事业创业的艰难性、事业的复杂性、成业的长期性与从业的光荣性。全集团上下要在战略上坚定自主品牌发展的信心，全体干部员工要在思想和认识上达成统一，在舆论上给予宽容，在精神上给予关心，在行动上给予支持，在过程中给予帮助，要为东风自主乘用车事业发展营造一个良好的环境。

【东风风神H30 CROSS成功投放】 4月19日，东风风神H30 CROSS在全国上市，售价区间为8.68万元~9.78万元。H30 CROSS是在BF平台上开发的跨界车

4月19日，东风风神H30 CROSS在上海车展上市。

型，采用国际先进的动力系统和电喷技术，实现了动力和节能的高效统一。H30 CROSS是公司在跨界车细分市场投放的第一款车型。投放市场后，销量持续攀升。截至年底，实现销量8377辆，稳居跨界车细分市场第一位置，成为风神品牌的明星车型。

【组织机构优化调整】 基于公司战略发展的需要和集团大自主乘用车协同工作的展开，为提升整体管理水平和运营能力，当年下半年，东风乘用车公司与技术中心对组织机构进行全面优化和调整，构建了东风大自主乘用车的组织架构。调整的核心是强化“四大中心”建设：大技术中心、大制造中心、大运营管控中心、大营销中心。在自主乘用车事业的整体框架下，公司设立了12部和两厂，将商品企划部、制造工程部和产品工程部划分至技术中心，设立营销总部取代原先的市场销售部，下设市场部、销售部、网络管理部、售后服务部和大客户及水平事业部5个部门；新增制造管理部，负责生产计划、整车零部件物流和安技环保等方面的工作，并对部门内设机构进行了适度补充和完善。在新的组织机构生效后，公司着手对内部各项管理制度和业务流程进行了梳理和完善，确保整个组织高效运行。同时，对各委员会、各部门、各科室和各岗位的职责进行梳理，发布了50余项管理标准。通过组织机构的优化调整，公司营销能力、生产制造能力和组织整体运营能力进一步提升，市场营销、生产计划、财务与投资管理、采购、质量、安全与环境、组织与信息系统等重大问题决策也更加及时、科学和有效。

【CSI、SSI排名持续攀升】 当年，公司不断贯彻用户至上的理念，持续提高客户满意度，通过营销创新、网络下沉和管理下沉等手段，扩大网络的覆盖面，缩小服务半径，打造差异化服务优势。公司全面梳理营销过程的每一环节，围绕目标客户，寻找客户感动点，在不断强化“满意到家”服务理念的同时，通过开展品牌营销服务大赛、组织职业技能培训，不断提高市场响应速度。

根据JD-Power发布的数据显示，2011年中国售后服务满意度(CSI)东风风神位列自主品牌第二，销售满意度(SSI)居自主品牌第四，顺利完成公司设定的挑战II目标。

【课题研讨深入推进】 公司经过4年的发展，各项工作取得长足的进步，但在全价值链的各环节积累和

9月5日，公司举行战略课题研讨。

暴露了不少问题和风险。为清除发展障碍，公司于当年7月6日开始，开展了全公司范围内的课题研讨活动，通过深入剖析问题，查找原因，归纳提炼出包括战略体系、营销创新、商品项目推进和企业文化等在内的9个公司级课题。截至年底，9个课题均取得阶段性成果，并制定了推进计划，为破解发展难题、寻求超越发展奠定了坚实基础。通过课题研讨的推进，解决了一些长期困扰发展的“绊脚石”，提升了团队与员工的士气，激发了组织和个人的潜能，全公司上下的精神面貌为之一新，增强了内部协同合作，引进了新的管理工具和方法，收到良好的效果。

【公司中期事业计划制定】 公司中期事业计划即2012年到2016年，主要战略目标是实现事业由小到大、从弱到强的转变，即通过经营规模和销量的显著提升，成长为东风集团自主品牌的主力军。基于这一发展思路，2011年，针对国内外汽车行业发展现状和东风大自主战略的背景，公司制定了2011中期事业计划，即“A1计划”。“A1计划”即通过持续实施“质量卓越”和“服务领先”战略，以“魅力产品”为载体，5年内累计实现销量100万辆以上。

为支撑“A1计划”的实现，公司在未来5年将建成7个整车平台、3至4个动力总成平台，平均每年推出2至3款全新产品，5年内形成13款车型的商品阵容。

【东风风神A60车型发布】 11月21日，东风风神A60车型在广州车展上发布。A60是汇聚东风集团优势资源，集成创新，经1500余名工程师历时两年精心打造的一款车型，也是东风风神第二款平台上的首发车型。

东风风神A60造型大气时尚，搭载国际领先的MR系列2.0升排量发动机，采用CVT无极变速器，高效节油，具有高科技含量。A60是公司立足高起点、融合高科技、塑造高品质的中高级轿车，承载着提升东风风神品牌形象和扩大市场销量的重大使命。

【大自主乘用车战略协同有序推进】 根据集团“大自主、大协同、大发展”的整体战略部署，8月，东风公司副总经理、公司总经理刘卫东先后到东风柳汽、郑州日产就协同工作进行调研和交流，共同探讨协同项目和操作方案。随后，确定成立技术研发能力协同、商品平台协同、品牌梳理和网络渠道协同、动力总成协同、新能源事业协同和海外事业协同6个工作小组和推进办公室，确定了领导体制和工作推进机制。

11月15日，东风大自主乘用车协同工作中期汇报会召开。会议确立了东风大自主乘用车协同工作的5项基本原则和工作目标，同时启动了网络渠道协同的试点工作，首批3家协同试点经销商已同时销售风神、风行和郑州日产的产品。12月，公司与东风系零部件企业10家战略供应商和20个经营协同单位签订合作协议。两者通过同步开发等方式，加强成本管控力度，提高产品研发速度，实现互利共赢。

11月15日，东风大自主乘用车协同工作中期汇报会召开。

【市场营销】 面对激烈竞争的市场形势，公司不断夯实营销基础，采取灵活的策略积极应对，开展一系列针对性的营销活动和传播活动，保证了销量稳定增长和品牌知名度的持续攀升。1.调整商务政策，稳定网络渠道。制定以交付为导向的促销政策，销售部先后发布阶段性促销政策，有力促进了终端交付任务的完成。2.加大区域营销活动支持力度。调整SP活动支持政策，鼓励专营店积极开展SP活动；调整车展活动支持政策，增加对覆盖面最广的D、E级车展的支持力度，场租支持均达最高80%的比例。3.制定合理的专营店考核目标，加大对专营店激励措施，依据专营店销售能力制定销量目标。4.提高区域管理专业化水平。扩充督导团队，加强督导培训，建立销售督导机制，提高督导人员积极性。5.以目标客户为导向开展促销活动。持续开展“首付15800金融信贷促销活动”，刺激了终端销量的提升，下半年消费信贷量占全年比重的80.9%。

11月29日，东风风神第三届品牌营销服务大赛全国总决赛。

【质量管控】 公司紧紧围绕质量卓越这一目标，在制造、设计、服务和市场等各个环节寻找“短板”，在量产车型质量改善、新车型质量控制和完善质量保证体系三个方面开展工作。1.量产车质量改善。在BF新车型上市前成功进行19项重大市场改善的基础上，又下达IQS重点改善项目实施战表，对顾客反映较多的13个问题及11个魅力品质项目立项改进，对30个与竞品相当的项目合理采取销售战术。2.新车型质量控制。公司进一步完善A60车型零部件和整车评价、考核体制，导入了新的质量评价机制，使A60较以往车型有很大提升。3.完善质量保证体系。公司把“质量体系不够完善，质量职责不够落实”作为战略研究课题，课题小组全年共发现问题112项并逐一进行分解落实整改。建立起八大类质量指标体系，在以往开展QRQC/持归会，Task Force/MQIC等会议体制上，进一步导入质量委员会、质量专题执委会以及月度问题供应商例会等，完善了质量治理结构。通过在全体员工中开展调查征集活动，提出了“质量卓越战略”和5项“战略性质量目标”，为今后3至5年车型市场定位、开发评价奠定基础。

【商品企划】 公司紧紧围绕东风公司“乾”D300计划，从资源协同和项目开发入手，推进产品竞争力提升。进一步细化落实东风品牌乘用车商品计划，加快产品研发和建设。按照东风大自主乘用车协同工作部署，与东风柳汽、郑州日产和神龙公司建立了集团乘用车平台资源协同及沟通机制，并初步达成了首批平台资源协同项目。

当年，完成S30/H30/H30 Cross 2012款、S30 DFMA16系列车型和S30出租车等单一商品项目的企划工作，并开展新能源商品概念研究工作，提出了《2012版东风乘用车商品计划》草案，明晰了公司未来五年商品平台的技术资源和商品安排。后续商品计划的确立为“A1计划”的实现奠定了坚实基础。

【选人用人满意度提高】 公司干部管理工作围绕干部队伍建设这一要点，以“提高选人用人工作满意度”为核心，不断完善选人用人制度，为推动公司的稳健发展提供了有力的组织保证。1.进一步加强中层干部队伍建设。公司于6月上旬至7月中旬对全体中层管理干部任职以来的履职情况进行了综合考评。考评采用业绩考核与素质(行为)评价相结合方式开展360度评价。考评工作完成后，公司分别对胜任者与不胜任者进行了激励和调整。

在选拔干部方面积极开展民主推荐和公开竞聘。当年，公司对8个高管岗位共组织6场民主推荐会，民主推荐产生6位高管。并将市场部部长、销售部部长两个高管岗位公开向社会招聘，加快了高端管理人才的引进；对16个岗位的中层管理干部进行了组织选拔，使一批素质优良、德才兼备的骨干人才走上中层领导岗位。

【战略性绩效管理导入】 为进一步提高公司的管理水平，促进战略的有效落地和重点工作的执行，下半年，公司开始导入战略性绩效管理体系。公司运用Workshop、V-up等工具，组织了一系列的战略梳理工作，导入战略开发模型，组织战略梳理研讨，明确公司战略管理的关键节点。

在梳理公司战略基础上，公司制定了战略地图，从财务、客户、内部流程和学习与成长4个维度将战略转化为具体的行动，确定了公司2012年战略地图，共10大战略主题、31个战略目标。并根据各个战略目标，确定了对应的衡量指标、行动方案，明确了各项衡量指标、行动方案的达成责任人。在2012年度KPI设计上，充分体现BSC战略指导意图，使公司的目标管理更加深入，将公司战略贯彻变化为日常行动，使经营管控更有效果。

【新产品项目管理】 各项目团队按照节点计划，有序推进商品项目研发和工业化，并强化收益改善，提高项目质量。1.完成了BF 2012款年型车和H30 Cross的投产。2012版BF车型于11月实现投产，顺利实现垂直转产；H30 Cross车型4月实现上市，销量稳居细分市场前三名。2.积极推动设计优化和质量改进，实现了部分车型车身零件及大量内饰、部分电器零件的自主化，保证了成本收益的优化以及车型平台的全面掌握。3.积极推进A系列发动机的研发。A16发动机于3月14日召开移行判断会，顺利进入ET试制阶段，共完成3轮发动机设计、试制、性能标定以及3轮共15项可靠性试验。

【降成本工作】 为进一步加强降成本工作，公司通过与技术中心、神龙公司、东风本田等兄弟单位的协同交流合作，积极开展降成本工作。

协同技术中心联合制定"2012年P10计划"。"P10计划"明确了今后采购降成本的重点方向在于技术降成本，技术降成本工作由技术中心牵头负责，采购部门全力支持。截至12月31日，采购部(含供应商)和技术中心针对BF系列车型共提出187项技术降成本提案。随后，双方联手对提案逐一进行可行性分析，并立项组织实施。

完成东风风神与爱丽舍部分车型采购成本的对标，为BF车型2012年技术和商务降成本工作提供了有力的支持。

【发动机工厂建设】 截至9月，发动机工厂铸造、机加工、总装生产线建成，工业化建设已具备投产条件。当年1月，发动机工厂厂房建设及一期设备安装，项目实现调试条件。3月，形成年产9万套铸件、6万台缸体、缸盖机加、24万台装配的环保、高效、柔性的发动机生产能力，顺利竣工投产A平台A-16发动机。至5月末，实现发动机ET装机102台。12月，陆续完成A平台的系列发动机的压铸、机加和装配试制。

【财务管理】 公司《会计核算手册》、《财务管理标准》编写完成。《财务核算手册》对经济业务的核算过程进行了规范，为财务信息的真实性、可靠性提供了可追溯的过程。《财务管理标准》是公司贯彻《企业内部控制规范》、保证各类经济业务合法、合规的具体制度和办法。二者的正式启用，是公司财务核算标准化建设的重要步骤，对推动公司财务工作的规范化建设起到积极作用。

当年，通过与营销总部及合作银行的沟通，理顺并建立了三方融资业务流程，建立经销商融资授信额度会签制度，搭建了经销商与银行的沟通平台，资金管理进一步顺畅，资金支付进一步规范化、透明化。

1.在供应商款项支付方面，按合同及时支付供应商款项；规范发票传递流程，同时与业务部门共同加强对供应商的管理及沟通；通过与制造管理部共同建立在库管理、布局管理、循环盘点管理等库存管理制度，保证了订单的准确性。2.在销售核算方面，编写《销售费用核算细则》，完成对销售督导的培训，提高销售核算质量；增加保修费用核算批量导入模板，提高周期性会计凭证生成效率；全面修订车辆管理规定，加强公司资产管理，减少公司财产损失。3.在预算管理方面，通过差异分析，引导业务计划实施；全年加强团队相互学习，预算员培训，编制预算管理、操作标准和预算员操作手册，使预算更好地指导各部门工作。

【安全环保】 公司以安全文化建设为手段，努力提升全员安全素质，打造人、车、环境和谐发展的绿色企业，实现了全年无生产事故、无厂内交通事故、无环境污染事故、无火灾事故、无职业病发生、无重大治安案件和无重大盗窃案件发生的目标，为公司的安全生产提供了保障。

4月7至8日，中环联合认证中心有限公司审核专家组对公司进行了环境标志认证现场审核，专家组认为公司申请认证的产品符合《环境保障措施指南》和HJ/T182-2005《环境标志产品技术要求》的规定。

公司持续推进环境与职业健康安全管理双体系，管理体系为公司实施预防为主、持续改进提供了保障，形成了自我发现、自我完善、自主管理的运行机制。

【信息系统建设】 公司综合管理部IS开发管理室和IS技术支持室根据信息系统规划，在信息开发和运维、信息系统规划和管理、系统开发实施等各方面按照

9月25日，东风TV2011电视观众节闭幕式在东风公司十堰基地青年广场隆重举行。

通过新闻报道、深度解读、专题访问和评论员文章等多种新闻形态交叉运用、立体传播。策划推出《开局十二五》、《东风面对面》、《总部部长访谈录》等专栏，解读东风公司及各板块“十二五”发展规划和事业计划；解析“大东风、大协同、大自主”战略构想。同时，开辟《聚焦东风新事业》专栏，以“我在”、“我感”、“我体验”和“我跟踪”的方式感受东风新事业的展开，见证东风新事业的发展。并开辟《创先争优东风劲》专栏，分《旗帜篇》和《堡垒篇》详细报道东风公司“为民服务创先争优”中涌现出的优秀集体与个人。

东风电视新闻宣传从原有的四地向五地发展，当年设立了杭州记者站，覆盖东风公司主要生产基地和业务单元。新闻宣传和节目生产多平台互动，实现资源共享，力争传播价值最大化。

东风传媒积极、全面报道东风公司企业发展和履行社会责任工作情况，抽调骨干力量深入采访，组织精兵强将全程记录，不仅及时有效地在公司内部做到广泛宣传，而且让13万东风员工真实了解东风回报社会、服务社会的实情，鼓舞士气，凝聚人心，营造和谐东风、人性东风的良好氛围。东风传媒在开展公司履行社会责任报道上做到转变思路，创新方法，以国家正在提倡的“走基层、转作风、改文风”活动思想为理想精神、责任意识和专业追求，全面系统总结东风公司履行社会责任所作出的努力和取得的成果。以专题回顾的形式向社会展示东风公司履行社会责任的做法和初步成果，并用翔实的数据向东风公司上下展示回报社会所创造的财富和价值。

【数字电视服务】 当年，东风传媒实现了电视用户的全面数字化，使之进入一个新的数字电视发展阶段。从3月开始，东风传媒自筹资金300余万元，在十堰区域进行双向网络的全面改造升级，建设双向业务平台并开展双向业务运营，提升服务能力，构建信息服务综合运营模式。整个项目工程由东风传媒独立规划设计、组织施工并安装调试。经过8个月改造升级，顺利完成整个工程建设并在年底前投入试运营，试营用户800余户。整个工程新建和迁移光缆70余千米，安装调试光节点320个，机房光缆配线和调测400余芯，一次性双向改造覆盖用户60000余户，为东风传媒的业务成长开拓了新的发展空间。

为适应“三网融合”的发展趋势，东风传媒拟把宽带网建设项目作为网络项目重点。当年底，在广泛进行市场调查的基础上，挑选两个小区的1800户作为试点，为下年提供决策依据。为了降低起步成本和减少前期投资，积极与十堰广电网络合作，利用十堰广电网络的平台和出口，建设入户网络，实行收益按比例分成。用两个月时间，完成了试验小区的网络建设与调试开通并与BOSS系统的互联 ，实现边建设边运营，年底前10天即销售58户，初试较为满意。

【承担责任 服务用户】 东风传媒承担社会责任，严格落实市委以及东风公司关于低保、残疾人员的优惠政策，并积极落实到位了针对残疾、低保人群的收视费减免办法。截至年底，已登记残疾、低保用户1216户，减免收视费共17.5万元。

为保证东风网内用户便利、清晰地收看电视，本着服务用户、服务东风的理念，无偿地承担社会责任和义务，做好服务工作。东风公司离退休人员和双职工家庭较多，上门服务情况较为复杂，东风传媒承担上门服务费用，并在社会上招标两家服务公司进

12月30日，东风传媒开展“栽种心愿树，新年新祝愿”主题实践活动。

行服务比武，以提升上门服务质量。全年免费上门服务16098次，社区集中服务68次，为用户办理各项业务53803次，其中免费业务办理1116次（开、停机业务）。全年免费更换终端设备1963台，遥控器2169个，在线处理各类咨询6336次，并多年保持重复投诉率为零。

【"全媒体"运作初见成效】 东风传媒在2011年初步实施"全媒体"运作的概念，官方网站、手机报、微博等全方位传播手段的铺开，使东风新闻有的放矢，新闻传播价值明显提升。9月份，东风传媒网页面总点击量达62738次，文字手机报用户数量5920人，共发送297724条/次短信，东风传媒新浪微博发送3244条微博，粉丝数量1301人，腾讯微博发送929条，与东风总部合作的《东风股票信息》也取得一定影响。"全媒体"的运作模式，充分展现了东风传媒紧跟时代步伐。

随着新媒体分公司的东风传媒网升级换代工程、手机报工程以及微博工程等，使东风的信息有效传达到东风中高层、普通员工及其他观众，进一步解决了东风传媒的覆盖面问题和媒体竞争优势。

【改革调整深入推进】 下半年，东风传媒对内部组织结构进行了大幅度调整，将过去"大一统"的职能部门制管理变革为扁平化的"5+2事业板块制"管理新模式。5个分公司和两个频道经过一年多的运行，各事业单元职责更为明晰，互有分工，使各业务更具针对性，流程更加通畅，初步展现了调整后各职能部门"分兵突围"的优势。

【人才培养与和谐企业建设】 当年，东风传媒吸纳了一批人才，并为他们提供了良好的就业氛围，东风传媒组织多次培训，充实各项技能。并继续坚持"以人为本，人尽其才"的队伍建设基本原则，以核心胜任能力和当期贡献度作为选拔干部的主要依据。

"记者节"活动、新年植树许愿和立功竞赛等各项活动的开展，充分调动了员工的积极性、主动性和创造性，使东风传媒团队的上下合作气氛更加浓厚。

【讴歌企业 唱响东风】 2011年2月16日晚，由东风电视台主办、东风标致协办的《东风万里长》东风TV2011元宵晚会在东风公司的发祥地——十堰盛大上演，整台晚会以《东风万里长》为主题，分为《东风起武当》、《东风动世界》、《东风万里长》3个篇章，分别配以电视专题片，以如诗如画的歌舞、朗诵表演再现了东风40多年的岁月征程，颂扬了东风公司近年来取得的骄人业绩，展望了东风鹏程万里的美好前景。这是一台东风人自编自演、讴歌企业、唱响东风的主旋律晚会。整台晚会情深意重、恢弘大气。东风人亲身演绎对东风公司的深情，获得了观众的共鸣，晚会现场高潮迭起。

7月21日，在庆祝建党90周年之际，东风传媒公司在革命圣地井冈山开展"最佳党日"活动。

（岳　志）

集体企业

东风(十堰)实业公司

组织机构图

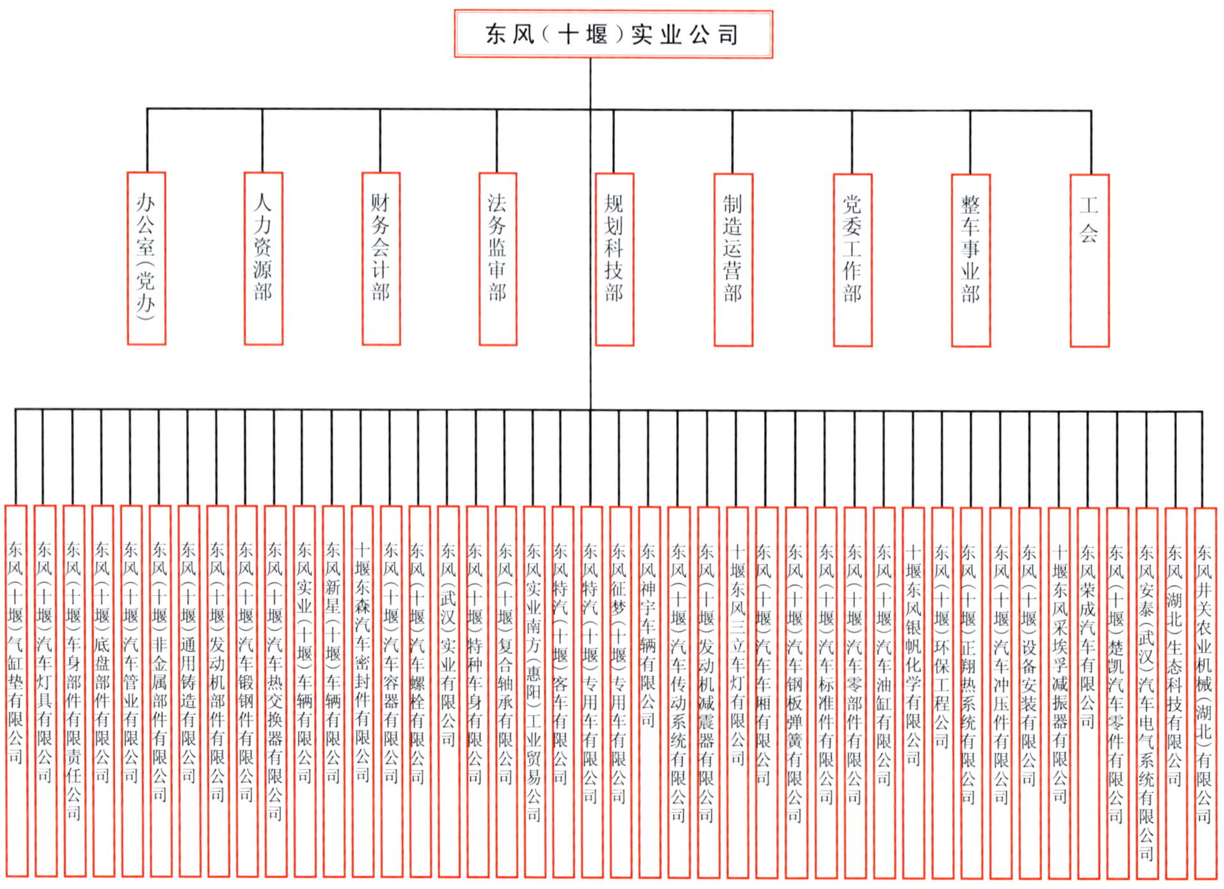

【概况】 东风(十堰)实业公司(以下简称“公司”)是东风公司下属事业单元之一,拥有19家全资子公司,25家合资公司,员工10740多人。主要从事东风经济型商用车、客车、专用车、汽车零部件制造及销售。通过一系列的战略调整和改革重组,已成长为一个拥有5家整车制造企业、40家零部件企业,涵盖商用车、乘用车零部件、汽车服务等完整产业链条的企业集团,初步形成了十堰、武汉、襄阳三大基地,辐射西北、华北、广州地区的事业格局。罗元红任总经理,吕自龙任党委书记。

9月29日,湖北省省长王国生(前排右二)在公司调研时题字。

面对行业增速放缓、国家刺激政策退出以及外部形势骤然趋紧的不利情况,公司上下齐心协力、直面挑战、逆势而进,各项事业协调发展,各方面工作有序推进,继续巩固和提升了公司快速发展的良好势头。当年实现销售收入 63.7亿元,同比增长42%;利润5840万元,同比增长96%;利税总额3.74亿元,同比增长78%;出口创汇2.14亿元,增幅17%。整车销售3.9万辆,同比增长9%,其中经济型商用车销售2.15万辆,高于行业增长8.5个百分点;客车销售6008辆,同比增长15.98%,高于行业2.7个百分点,6家企业通过省市级技术中心认证,1家企业通过国家高新技术企业认证。全年申报国家专利71项。

4月28日,东风公司总经理朱福寿(左二)到公司调研。

公司荣获湖北省第十七届“优秀企业”(金鹤奖)荣誉称号。公司总经理罗元红荣获湖北省第十七届“优秀企业家”(金牛奖)荣誉称号、十堰市“突出贡献专家”称号、东风汽车公司2011年度“优秀经营管理者”称号。公司党委书记吕自龙荣获东风汽车公司2011年度“优秀党务工作者”称号。

【管理水平提高】 1.整车事业实现新的进展。华神和神宇经济型商用车全年销售同比持平。在2011年商用车行业销量同比下滑的情况下,华神和神宇的市场表现实属不易。与此同时,专用车、客车依托新阵地,相继发力。客车全年销售6008台,同比增长16%。专用车全年销售10496台,同比增长5.5%。三类整车表现均好于大市。2.主营业务结构持续优化。在整车事业快速发展的同时,零部件业务通过不断优化产品结构,着力加强新品研发和市场拓展,不仅保持了与主机厂同步增长,而且提高了公司整体抗风险能力。当年,公司零部件业务收入同比增长15.5%,其中全资零部件增长15.8%,合资零部件增长14.4%,明显高于主机厂增长水平,成为公司收入增长的主要驱动力。3.安全环保水平稳步提升。通过专项治理、问题整改和重点岗位监控,当年,安全生产杜绝性指标实现了8个为零。累计发生轻伤3起,无重伤事故,工伤事故频率0.26‰,均在可控范围之内。全年预计万元增加值能耗比2009年基数下降35%,化学需氧量下降58%,二氧化硫下降65%(去除东风小康),高质量完成东风公司下达目标。4.财务管控卓有成效。公司坚持“效益第一”原则,加快导入新会计准则,强化经营措施,强化资金集中管控,着力提升经营水平。通过强化目标刚性和考核刚性,综合运用预算管理、过程控制以及现金流关注等手段,加强关键环节监管与服务,促进了各单位运营管理科学化。全年为各单位办理融资5.56亿元,争取税收优惠和各项扶持近1.2亿元。

【3+2业务格局形成】 当年,十堰基地三大工业园全部投产,涵盖华神、神宇整车,征梦、特汽专用车,驾驶室总成、车厢总成、传动系统等核心业务。同时,在东风总部和各事业单元的支持下,武汉吴家山和沌口两大阵地的乘用车产品配套业务快速增长。这些新项目硬件基

9月30日，东风(十堰)实业公司举行龙门沟工业园投产仪式。

础和技术水平全面升级，能力和品质保障上了新的台阶。以3+2业务格局为依托，立足新的起点，在统一管理原则指导下，将关键业务和关联资源实行一体化运营，公司集团化、集约化发展的格局基本形成。

当年共下达公司级投资项目29项(10万元以上)，总投资2.42亿元，相当于2007—2009年投资总额。

【科技实力提升】 整车突出差异化，以新品开发促进产品结构调整。华神、神宇商用车在做好现有产品适应性开发的同时，加大了核心商品培育，获得新品公告34种；专用车通过加快产品切换，半挂、水泥搅拌等高附加值产品开始发力，获得新品公告66种；客车由轻型客车向大型公路客运车发展，获得新品公告12种；特种车辆延伸价值链，全方位拓展，Y20项目投入小批量生产，警用装备已接受订单。同时，非公路行走机械实现良好开局，东风井关农用机械18个品种600多台产品成功面试，目前2012年订单超过8000台。

零部件加快产品升级，以技术进步提升产品竞争力。当年，完成新品开发780种，完成目标值130%，技术降成本2950万元。

公司科技创新取得了历史性突破。全年申请专利55项，其中发明专利3项；申报鉴定东风公司科技成果6项，其中“东风巨无霸非公路车系列车型开发”列入东风公司“十二五”科技创新重大战略项目。同时，利用优惠政策，积极创建省、市级技术中心。目前，东风实业(十堰)车辆有限公司获得国家高新技术企业资质，十堰东森汽车密封件有限公司、东风(十堰)发动机减震器有限公司通过了省级技术中心现场认定，东风(十堰)底盘部件有限公司、东风特汽(十堰)客车有限公司、东风(十堰)气缸垫有限公司、东风特汽(十堰)专用车有限公司4家单位通过市级技术中心认定。

【“现场改善年”活动开展】 当年，公司继“管理提升年”之后，以“现场改善年”为载体，将KPI指标、年度重点工作、QCD改善等重大项目融入其中，实现全范围覆盖，全过程渗透。在质量管理方面，公司质量水平较上年有了较大提升，东风商用车A/B级供应商由2010年的11家增加到14家，C级供应商由15家增加到17家，D级供应商由4家减至为零。在现场管理方面，全年完成公司级改善项目196项(计划196项)，累计降成本8050万元。内部协同方面，内部采购金额2.54亿元，比上年2.38亿元增长6.51%。在专项管理方面，引入了课题管理。一季度召开了“工作创新”研讨会，确立了“十大工作创新”课题。针对困难企业扭亏、合资企业管理、信息化建设等事关全局性的关键问题集中进行重点课题攻关，如围绕合资企业和谐发展这一课题，导入了东风有限V-up工具，与合作伙伴一起，就合资企业规范运营、和谐发展进行充分研讨，并对一些普遍关注的问题达成了共识。

【改革改制推进】 按照扁平化原则，成立了法务监审部，并将合资企业管理分部纳入其中。同时，在合作伙伴的支持下，公司将部分合资公司原50∶50的股权结构调整为51∶49(实业公司控股)。

按照东风公司要求，利用国家厂办大集体企业改制政策，对公司资产、负债、土地、人员、纳税等情况全面摸底，反复核实，并向东风公司提交了“优化资源、融入发展”的初步方案。

根据优势互补、共同发展原则，合资合作的层次和

11月2日，东风(十堰)实业公司召开合资企业工作研讨会。

水平进一步提升。在完成东风(十堰)汽车车厢有限公司、东风(十堰)汽车油缸有限公司、东风(十堰)正翔橡塑制品有限公司等企业合资的基础上,参股成立了东风(湖北)生态科技有限公司。同时,积极引入国内外知名企业作为合作伙伴,提升合资合作水平,如与美国康明斯CES公司签订了商用车后处理系统的合作意向,与天汽模股份公司成立了东风天汽模(武汉)金属成型有限公司,全面进入热成型技术这一新的领域。

围绕人这个最活跃因素,一是继续深化干部制度改革,加强竞争性选拔干部的力度,疏通干部进出渠道。全年交流干部17人,选拔13人,免职16人,公开招聘18个高管职位;二是以建立激励机制、提升企业效益为目的,启动了薪酬制度改革,目前岗位管理、能力评估、绩效管理,薪酬管理四大体系正在分步实施;三是探索骨干人才长效激励机制,开展了增量奖励等办法的研究和试点,持续激发各类骨干干事创业的活力;四是创新方式方法,继续加大人才的交流和引进。公司组织了27人与东风商用车、东风有限总部进行双向挂职培养。同时,引进大学生105名,其中,“985”、“211”和研究生共有16名,双学位、特长生37名,人才引进实现了新的突破。

【新资源和产品导入】 产品方面,当年有24种产品提升了供货份额,新增路线766种,新进平台168种,其中东风商用车D760车型236种、X7发动机16种,东风日产、东风裕隆和东风本田均有企业进入采购平台,东风井关农机有90种产品进入采购平台。业务方面,在继续承接福瑞卡代工、驾驶室业务、神龙冲焊件以及东风系乘用车零部件产品的基础上,将襄阳东风汽车股份有限公司汽车分公司轻型车装配线导入到东风新星(十堰)车辆有限公司。

11月10日,东风(十堰)实业公司举行东风采埃孚新线投产仪式。

通过协调沟通,基本解决了老厂区土地使用税问题,节约资金150万元,获得技改和节能环保资金650万元;通过土地转换,运作资金2030多万元。目前,六里坪两千亩项目用地优惠政策协议已经签署,5000万元无息贷款已获得当地政府支持。十堰三大工业园项目用地政策优惠正在逐步到位。

新的事业蓬勃发展。东风(十堰)循环经济科技示范园已完成方案论证,正在审核之中。该项目是利用国家对丹江口水源区保护资金,由医废处理向危化、餐厨垃圾发展。经过争取,国家经济动员办公室将中南地区(湖北)车辆改装资质落户到东风实业(十堰)车辆有限公司。这些业务为公司创收增效拓宽了领域。

【党群工作】 公司党群工作紧扣经营工作中心,以学习实践科学发展观活动为主线,加强党建思想政治工作和企业文化建设,促进了各项工作的顺利开展,为公司实现挑战目标提供了强有力的保障。按照东风公司“创先争优”活动统一部署,公司党委将“四强四优”与“四好班子”创建工作紧密结合,创新活动载体,形成了“党员创四优、组织创四强、班子创四好”的活跃局面。当年,公司切实履行以人为本要求,相继完成了270名占地农民工、家属工养老保险补缴工作。对398户困难员工发放了慰问金。同时,将公司所有员工纳入东风公司特困医疗救助体系,实现与东风并轨。在服务员工上,举行各类培训680项,培训35497人次,人均培训达到32.5学时,培训覆盖面达到99%。为丰富广大员工业余生活,公司还新建了职工体育文化中心。

(阎君微)

东风(十堰)气缸垫有限公司

【概况】 东风(十堰)气缸垫有限公司(以下简称“公司”)是东风公司专业生产汽车密封垫片产品的零部件公司,位于湖北省十堰市镜潭路48号,始建于1978年。公司下设十堰和武汉两处生产阵地,主营各类汽车密封垫片、发动机气门推杆等。产品与国内多家知名主机厂配套装机,实物质量和开发能力处于国内同行业领先水平。现有员工300余人,其中专业技术人员23人,占地面积38000平方米。公司设有5个生产车间,固定资产2000多万元。当年,公司完成工业总

武汉新工厂全景。

产值4892.02万元，实现销售收入5397.17万元。

公司获“十堰市企业技术中心”称号，获东风(十堰)实业公司“经营管理优秀单位”称号、“创先争优”成果展优秀奖，“大功率柴油发动机新型汽缸垫项目”分别获东风公司科技部科技成果鉴定、十堰市科技局科技成果鉴定。

【产品研发】 公司先后共开发新产品66项。其中，具有一批有重要影响的项目，如东风康明斯ISDe-6/4金属气缸垫、东风康明斯ISLe石墨气缸垫、东风康明斯6CT配套气缸垫；一汽锡柴490、4DF3、4DF4金属气缸垫；重庆小康汽车产业集团有限公司466金属气缸垫；东风乘用车1.4TD金属气缸垫；上汽通用五菱B15排气管垫；东风井关农业机械小型冲焊件项目等。以上项目的配套开发以及批量投产，成为公司第三次创业的契机，特别是强化了公司在金属气缸垫配套和社会市场主导地位。一汽锡柴4DF4金属气缸垫通过台架试验，意味着公司在气缸垫领域突破了外资企业的技术封锁，初步具备了在高端市场一决高下的实力。

【企业管理】 当年，公司通过落实完善管理制度流程，修订计划管理、材料消耗定额、劳动定额，进行薪酬优化工作、在制品管理、会计制度转换等方面开展工作，取得了一定成效。特别是在现场改善方面，管理人员和技术骨干主动寻找各种改进项目，不断提高产品质量，降低生产成本，取得良好成效。主要有东风康明斯ISLe石墨复合板气缸垫橡胶骨架一次成型工艺应用、多重冲压更改一次冲压工艺应用、增加吹风装置应用等；推杆和焊接新工艺调整应用；490气缸垫新工艺应用；上汽通用五菱出水口垫片波纹筋改进；空调压缩机密封垫片新工艺应用；推杆打码机技术改进；排气管垫生产阵地改进；手工喷漆改为自动线喷涂工艺等，其中，推杆车间员工刘晓辉主导自制的推杆自动标识机荣获东风(十堰)实业公司以员工姓名命名十佳操作法荣誉。通过实施一系列改善，企业的核心竞争实力持续提升。

【党群工作】 公司党委围绕生产经营中心，开展形势目标教育，加强“四好班子”建设，继续推进“四强四优”及“创先争优”活动党建工程，丰富“三争一创”党内竞赛活动内涵，落实党风廉政宣传教育，推动企业文化建设，为实现全年经营目标提供了强大的思想保证和组织保证。抓好迎接“七一”系列12项庆祝活动，组织“旗帜颂”红歌会参加比赛，开通《党员之声》专栏，开展“现场有我、向我看齐”先锋杯党员立功竞赛活动、党员民主评议活动，组织党员干部到延安上党课、讲廉洁小故事、进行知识竞赛等，增强党员党性。发挥工会的桥梁纽带作用，建立并实施总经理与员工对话制度，年内召开对话会3次，召开职代会两次，强化民主管理；落实薪酬改革实施方案、独生子女医疗费管理办法、带薪休假管理办法，确定“员工福利费”中开支的共性费用标准、退休员工纪念品、员工休息室、建立饮水房等，民主管理长效机制得以完善。

(黄 倩)

东风(十堰)汽车灯具有限公司

【概况】 东风(十堰)汽车灯具有限公司(以下简称“公司”)位于湖北省十堰市张湾区车城西路283号。公司资产总额2491万元，固定资产770万元。截至年底，公司有员工129人，其中专业工程技术人员10余人。公司主要产品为销轴类、摇臂及卧式支座、排气制动阀系列产品，突缘类产品，轴盖类产品，拉杆类产品等。当年实现销售收入2638万元。

【产品研发】 当年，通过加强与主机厂沟通协调，巩固和扩大了东风市场配套份额。主动争取主机厂新品配套和产品资源导入，利用柳汽销售平台与方盛车桥产品对接，成功开发了方盛车桥突缘、行星轮轴等产品。

【管理提升】 公司按照东风(十堰)实业公司“现场改善年”活动的要求，通过内部立项、下达战表、按时督查、到时终结等方法，内部立项24项，全部如期完成。通过工装、工艺改进，提高了后轴销支座产能50%，月产由1.2万件提升到2万件。突缘产品通过矩形齿多刀车涨轴技术应用，降低了劳动强度。通过销轴生产阵地改造，物流更合理、简便、安全。

【党群工作】 公司党总支按照东风（十堰）实业公司党委的统一部署，开展了“三项活动一个竞赛”主题活动，党支部立项3项，完成3项。“七一”前夕，党建成果获东风（十堰）实业公司优秀组织奖，党总支部经上级党组织考核评为“四星级”党总支部。

以职代会为载体的民主管理工作良性开展。公司注重与员工沟通和厂务公开，每季度或重大事项都通过员工代表或班组长会形式与员工沟通、交流。当年，仅薪酬制度优化就召开沟通会6次，起到了较好效果。公司关注困难员工的家庭生活和特困医疗救助，全年访贫问苦15人次，发放慰问金和特困医疗救助金28000余元。

（袁学伟　周　武）

东风（十堰）车身部件有限责任公司

【概况】 东风（十堰）车身部件有限责任公司（以下简称“公司”）位于湖北省十堰市贵州路，是东风（十堰）实业公司的骨干企业之一。年产值近5亿元。公司产品覆盖东风系列汽车驾驶室零部件，雪犁、撒布机等汽车功能延伸改装总成产品，并兼营东风实业大厦写字楼及商业房地产开发与销售等。公司开发的D310、D530保险杠系列产品，已成为东风天龙、东风天锦等新车型的保险杠产品的指定供应商和新产品首选试制厂家。当年实现销售收入4.6亿元。

【市场拓展】 在市场开拓方面，公司坚持：1.加大市场开拓力度，完成新品竞标项目25个，量产新品110个，且争取到BF踏板独家份额。2.完善市场评价、交付评价机制，做好N+3滚动预测，不断完善营销战略地图和营销行动指南。3.满足客户要求，按计划进行客户拜访，做好市场售后服务。4.加强营销团队管理，树立“嫉慢如仇、信守承诺、结果导向、永不言败”的市场意识，积极开拓大运汽车、温岭正和和武汉枭龙等新市场。

【新品开发】 当年，新品开发项目共26个，重点开发了东风乘用车S15，长城CHB021、长城CHB011，东风井关等项目，其中已完成生产准备的项目10个，正在生产准备中的项目6个，前期商务技术沟通及产品试制阶段项目10个。襄阳市场正在开发六行手推式插秧机PC6项目，公司共接26个一级发交产品，含83个外采件（其中冲压件分公司9个产品），11个冲压件，13个焊接件；投入工装55套，含26套焊接夹具，24套模具，9套检具。预计年产量约10000台。2011年，公司获得4项专利授权，其中有1项实用新型3项外观设计专利，专利数达到8项。

【“现场改善年”活动】 公司以“现场改善年”为契机，积极调整管理思路，强化精益管理，以持续改善为重点，加强改善理念和改善工具的导入。年初组织召开了“现场改善年”启动会，并向18个单位的第一责任人颁发了“现场改善年”项目战表，在各系统主管领导的组织下，逐个单位进行诊断与指导。全年完成改善项目462项，完成目标值401项的115.21%。同时通过举办“现场有我”立功竞赛等活动，进一步激发了员工“现场改善年”活动的激情，现场管理水平有了较大提升。

【管理创新】 1.继续巩固N-2生产方式，同时对新品生产实行“工序间拉动”生产方式，两种生产方式的有机结合，较好地完成年度生产任务，确保了交付顺畅。2.继续深入推进自主保全活动，开展装备目视化管理，实施标准化作业，提高了装备保障能力。3.通过开展规格优化、毛坯配送等举措，大大提升了材料利用率。4.进一步健全了供应商管理体系，通过对供应商进行绩效模块化管理，完善供应商QCDST评价标准、开展供应商质量提升活动、对供应商进行帮扶等举措，提升了供应商交付及时率及质量水平。

【党群工作】 年初，公司对全体员工开展了多种形式的形势目标教育，使员工统一了思想，清楚了公司全年的各项经营目标。广泛开展“现场有我——创先争优党员立功竞赛”活动。围绕纪念建党90周年开展庆祝活动，其中公司组织的132人合唱队获东风（十堰）实业公司纪念建党90周年大型红歌比赛一等奖。在班组管理上，创新班组管理模式，通过开展班组长大讲堂、班组长专项培训等活动，提高了班组管理水平，公

9月11日，公司开展"现场有我"党员立功竞赛活动演示现场。

司获"班组建设先进单位"称号，公司装备保障部电钳班装备目视化、作业标准化获"班组建设优秀成果"一等奖。

【企业文化建设】 公司加强企业劳动关系协调工作，严格按照《劳动合同法》和《社会保险法》的规定保障劳动者的合法权益。尊重爱护女员工，每年组织全体女员工健康体检。定期组织有毒有害作业岗位的员工在医院免费健康体检。加强安全生产管理，定期为一线工人配备必要的防护手套、劳保鞋、护目镜等防护用品。当年，公司领导带领员工参加东风(十堰)实业公司羽毛球、乒乓球比赛，并连续获得亚军殊荣。公司出版《车身部件人》企业报，宣传企业形势和战略动态，关注汽车领域发展，提供生活常识等板块，让员工更加了解企业。

(涂年英)

东风(十堰)底盘部件有限公司

【概况】 东风(十堰)底盘部件有限公司(以下简称"公司")是东风(十堰)实业公司所属的一家生产汽车

8月24日，康明斯(中国)公司总经理骆志辉(左二)一行莅临公司考察指导工作。

底盘零部件的企业。公司现有员工566人。主要产品是贮气筒及模块化总成、横梁总成、灭火器总成、冲焊支架总成、尾气净化处理系统总成等。当年，实现销售收入2.55亿元，实现利润605万元。

公司与康明斯排放处理系统(中国)有限公司汽车后处理系统项目签订合资合作意向书。

公司被东风商用车公司评为"最佳供应商"，被东风股份有限公司评为"优秀供应商"，被东风(十堰)实业公司评为"最佳文明单位"。

【产品研发】 按照公司"425"中期事业计划的方向，重点发展核心产品，提高公司的研发水平，增强核心竞争力，拓宽企业的发展空间。做好D760产品路线获取、贮气筒模块化拓宽、贮气筒产品系列拓展等几个重点项目，这些产品的开发丰富了公司产品型谱，增加了市场份额，同时公司取得了东风井关项目14个产品的开发权。公司全年在东风商用车、东风股份、东风井关、采埃孚公司、柳汽等市场共开发新产品263个品种，完成公司年初下达的新产品开发数量KPI目标(120个)的219%，实现新品销售收入5863万元。

【成本管控】 1.加强价格管理，先后制定目标价2000多个，为采购和销售提供依据，全年共实现商务降价200多万元。2.加强产品收益分析，按市场、产品类型对产品收益进行对比分析，对月度收益达不到目标的产品提出解决方案。3.推进工业工程项目，以模块化产品为切入点，进行P-Q分析，减少无附加值作业，降低人工成本，提高劳动生产率。4.推进技术降成本工作，实施降成本项目106个，实现降成本236万元；5.推进QCD改善降成本工作，通过和各部门签订降成本责任书、制定降成本实施推进计划、导入每月改善例会等措施，全年实现QCD改善211万元。

【现场管理加强】 1.加强现场安全管理，推行红牌作战，落实部门责任人安全管理记分制，大力推行SES示范车间安全评价，加大隐患排查力度，严厉打击违章。2.推进工业工程试点工作，以模块化产品为切入点，利用工业工程的七大手法，以降低成本、提高质量和生产效率为核心，实现企业资源优化配置的整体目标，提高企业核心竞争力。3.通过推进物流改善、实现外部物流外包、提升仓储管理水平等手段，实现物料管理数字化、标准化，降低库存。4.持续推进精益生产，把责任落实到各个层次，把缺陷和浪费消灭在各个岗位。

【信息化建设推进】 启动金蝶ERP系统的实施工作。完成了业务调研、蓝图设计、基础数据整理、BOM数据导入、用户培训、月度问题诊断等工作。目前，金蝶ERP的供应链管理模块在灭火器和底盘两个业务单元运行正常，促进了公司内部管理水平的不断提升。同时开发了供应商管理系统，完善了公司外部网站，改造了视频监控系统和网络安全管理系统。信息化管理手段将有力地促进公司又好又快发展。

【党建工作】 以多种形式和载体的“创先争优”活动为主题，将“四好班子”建设、“四强”党组织的创建和“强东风”党建工程有机结合，同时安排，同时推进，开创了公司党建工作的新局面。公司作业部党支部在“七一”被国务院国资委党委授予“中央企业先进基层党组织”荣誉称号，公司被东风商用车公司评为“最佳供应商”。

（何艳喜）

东风（十堰）汽车管业有限公司

【概况】 东风（十堰）汽车管业有限公司（以下简称“公司”）隶属于东风（十堰）实业公司。固定资产1996余万元，拥有生产设备198台（套）。截至年底，有员工327人，其中工程技术人员32人。

公司生产的主要产品为康明斯B、C系列发动机，EQ491、6102、雷诺发动机等柴油和汽油发动机管件，各类汽车底盘管件，东风重中轻卡转向横、直拉杆，不锈钢管、中冷器总成、军车保险杠及各种高压软管、尼龙管等1400多种产品，年生产能力15万辆份。连续两年，公司销售收入过亿元大关。

公司被东风商用车公司评为“优秀供应商”、“优秀军品供应商”称号。

【市场开拓】 公司不断巩固东风井关农业机械（湖北）有限公司、东风有限老河口东风创普专用汽车公司、东风神宇车辆有限公司等市场，并在短期内形成多品种批量供货。同时，又新增产品天锦系列拉杆、4H高压油管、CPB系列中重型车型直拉杆、DCEC其中的B系列高压油管、DCEC高压油国产化项目、挂车阀支架总成模块化，产品份额分别由30%提升到50%～100%。

【产品开发】 当年，公司开发了IS4D、IS6B和X7高压油管产品、乘用车管件；定型尼龙管、橡塑软管、编织软管、不锈钢管；扩充了橡塑软管等系列产品，全年试制开发产品共计197种。公司自主设计了X7高压油管的墩头结构，实现多品种技术开发与创新工作，部分产品打破国外公司垄断，实现了国内领先，提高了公司在产品市场的竞争实力。

【经营管理】 为使企业盈利水平进一步提高，公司采取多种举措，建立健全各项内控制度，不断深化KPI全员业绩考评工作，落实公司KPI指标适应市场内部管控要求，全面分析预算管理，使该项工作在2010年的基础上进一步深化，预实控制率稳定在90%以上，保证了预算管理的有效运行。

【党群工作】 公司紧紧围绕企业中心工作，以巩固“五星级”四好班子建设为主线，以保证党员“创先争优”为重点，以增强企业和谐发展为后劲，不断加强四好班子建设，推动公司整体工作上台阶。公司将“创先争优”活动与行政中心工作相结合，并在“七一”期间，参加红歌赛，召开纪念建党90周年大会，同时开展“学党史，知党情，跟党走”的党课教育。各支部对“四强四优”进行成果发布，对先进党支部、优秀共产党员和党务工作者进行表彰奖励，在公司内形成了“创先争优”的浓厚氛围。成立文化协会，开展日常文体活动，促进员工对企业的感情，增强企业凝聚力，为公司和谐发展提供强大的思想保证。

（杨 莉）

东风（十堰）非金属部件有限公司

【概况】 东风（十堰）非金属部件有限公司（以下简

称“公司”)是以汽车工程塑料制品注塑、吹塑,玻璃钢制品手糊、模压及涂装内饰、外饰为主的汽车非金属零部件专业化生产企业。位于武汉经济技术开发区全力四路的东风(武汉)非金属部件有限公司是其全资子公司。公司占地面积4.2万平方米,拥有注塑、吹塑设备及涂装生产线90余台(套)。主导产品为重中轻及乘用车型提供系列护风罩、进气道、水箱面罩、挂车阀支架盖板、侧裙板、脚踏板、轮罩、挡泥板、燃油箱,以及乘用车主副仪表板、保险杠、门板零部件等。具有完备的质(计)量检测体系和试验室。11月,公司通过ISO/TS16949国际质量体系认证以及ISO14001:2004、OHSAS18001:1999环境/职业健康安全管理体系认证复审。

截至年底,公司资产总额1.88亿元,固定资产5929万元,在岗员工451人,其中高级职称4人、大(中)专以上学历179人,退休(养)员工383人。当年,公司实现销售收入18901.19万元,同比上升10.49%,利润675.47万元,同比上升17.67%,经营业绩实现效益型增长。荣获东风(十堰)实业公司“经营管理优秀单位”称号。

【武汉新工厂竣工】 公司武汉新工厂位于武汉经济技术开发区全力四路东风实业(武汉)工业园,占地面积38.31亩,建筑面积总计16461.3平方米,其中生产建筑面积14621.5平方米,建设规划分为注/吹塑车间和涂装生产车间,计划投资2390.42万元,当年8月25日破土动工建设,12月28日竣工。新工厂的建成,大幅提升了产能,提供汽车、民用注塑、吹塑、内饰集成和涂装模块化供货服务。

12月28日,东风(武汉)非金属部件有限公司新厂房竣工。

【新产品开发】 当年,公司开发新产品155种。新品销售收入3129.02万元,完成计划的104.30%。特种车身T660、T701车型内外饰件,东风井关农机项目业务拓展取得重大突破。吉利汽车C1-3轮罩,上海延峰BC301通风管道,山西大运护风罩总成,神龙公司标致508系列产品的市场投放,亦将成为公司新的经济增长点。武汉子公司取得神龙T88、本田2EE、郑州D50、自主品牌S15等新项目定点。完成社会产品销售收入1727.11万元,完成计划的172.71%。当年申报的“BF系列产品”、“R33门板系列产品”、“T73门板及副仪表板系列产品”、“T33改造项目系列产品”开发项目分别获东风(十堰)实业公司“东风实业杯”、“东风青春杯”立功竞赛一等功和三等功。公司荣获东风(十堰)实业公司“市场开拓优秀单位”称号、获东风伟世通(十堰)汽车饰件系统有限公司“优秀供应商”称号。

【管理提升】 公司以“管理流程再造”为主线,以“财务预算管理”、“现场改善管理”为支线,全面提升综合管理水平。

1.“管理流程再造”修订基础文件73种、岗位说明书147份。完善对供应商的评价、选择,修订付款和商务政策。开展全员各类培训23项,建立劳务用工监督、培训及对劳务公司核查制度,保证劳务人员的工资费用得到及时上缴和发放。

2.“财务预算管理”重视各分厂制造营运过程中的成本管控,强化预算管理培训及现场指导,成本核算到班组和机台;创新融资方式,在产品开发、外协厂家寻求并建立战略合作关系,增加融资渠道;深挖内潜,注重对销售市场及产品价格、盈利水平的分析,杜绝赊销,及时挂账、及时清收应收账款;在未增加贷款的情况下保障武汉新工厂建设和模具投入,筹集新增资金总量超过1500万元,回笼资金19965万元,保障了资金供应、资金链安全和经营质量提升。公司获东风(十堰)实业公司“财务管理优胜单位”称号。

3.“现场改善管理”推动公司技术、质量、制造、采购、管理、QCD改善降成本活动开展,完成上级确定的改善项目2项,公司级改善战表项目21项,分厂(部门)班组级改善项目161项,年度降成本329.35万元,完成计划的111.64%。新增涂装底漆工艺,使油漆产品一次交检合格率由原来的不足65%提升到92%,仅按面罩产品正常产量计算一年可降低质量成本14万元,满足顾客对产品质量的要求。

4.应用新材料、新工艺降低产品开发成本,结合注塑、吹塑工艺的特点调整工艺配方，使吹塑产品减重、注塑产品添加回用料。

【“小351行动计划”发布】 4月，公司发布“小351行动计划”：稳健经营，力争在东风（十堰）实业公司23家全资子公司零部件事业单元收入、利润排名前三；稳固基础，完善注塑、吹塑、喷涂三大工艺，力争“十二五”期末收入达到五个亿；巩固塑料产业在东风（十堰）实业公司五大核心产业地位，利润增加一千万、员工达到一千人、跻身东风（十堰）实业公司A类企业，增强和谐发展的凝聚力。

【党群工作】 公司党委围绕经营、党风廉政建设责任制目标和“现场改善年”工作，开展“现场有我党员先锋杯”立功竞赛活动，激发了党员先进性作用的发挥，取得明显效果。42名党员带领群众完成现场改善项目125项，创经济效益1260.75万元。塑料二分厂机模修班被东风（十堰）实业公司授予“工人先锋号”称号，班长雷勇荣获东风（十堰）实业公司“优秀员工”称号，马奇菊被授予东风（十堰）实业公司“优秀共产党员”称号，王金玲被授予东风（十堰）实业公司“东风实业女杰”称号，总经理赵炀被授予东风（十堰）实业公司“优秀管理者”称号。

公司坚持履行企业社会责任，传承东风企业文化，坚持以人为本，坚持企业与员工共享发展成果，当年员工平均收入增长23%，增强了企业的凝聚力，提升了党建思想政治工作对企业发展的贡献度。

（曹振国）

东风（十堰）通用铸造有限公司

【概况】 东风（十堰）通用铸造有限公司（以下简称“公司”）是一家以铸造生产、铸件机加工、金属结构制造为主的综合性企业。现有员工366人，其中具有高、中级技术职称47人。公司拥有两条铸造自动造型线，机加工阵地和金属结构制造阵地各1个，年产铸件8000吨，生产设备齐全，质量检测手段先进。铸件材质覆盖灰口铸铁、球墨铸铁、蠕墨铸铁三大类，产品主要为汽车铸造件生产及加工，覆盖重、中、轻、轿系列车型。

因十堰市市政建设需要，公司办公楼、招待所被征用，9月23日正式移交给张湾区政府。办公楼迁移至原东风公司铸造一厂行政科大院。综合车间、材料库、备件库，从铸造一厂不同的区域搬迁到相对集中的公司铸造车间周围，公司生产阵地实施集中管理，为公司管理上台阶实现网络化，便于生产奠定了基础。

【经营管理】 公司以“精益生产、精细管理、满足用户”为年度经营方针，贯彻执行新考核细则和各项管理制度，层层落实责任制，实现管理提升创效。

当年，公司生产经营迈入良性循环轨道，实现销售收入6691万元，利润2万元，创历史最好水平，一举扭转了长达12年之久的亏损局面。当年公司实现网络信息化办公（升级），现场管理实现网络监控。

【扩能建设】 公司首次完成蠕墨铸铁工艺件的试制，拓宽了产品系列。开展技术质量攻关，提高产品工艺出品率，降低制造成本。机加车间将部分产品转移到数控车生产线，提高了劳动效率和产品质量，为进一步扩大机加工生产创造条件。铁模覆砂造型线全线联动调试结束，样件已步入台架试验，为铁模覆砂线随时量产奠定了基础。对6台熔炼炉循环水系统实施了改造，并对冷却塔实施升级更新，为产能提升提供可靠的保障。

【党群工作】 公司党建思想政治工作以创新为载体，开展思想政治工作进车间入班组，以保高产为重点，组织机关党员干部参与铸造车间的顶岗生产168人次，生产作业16个班次，与一线员工同甘苦，缓解了因劳务工短缺造成的生产困境，鼓舞了员工的高昂士气。公司积极推行以人为本的管理理念，构建和谐企业，促进企业效益和员工收入增长，保持员工队伍的稳定。

（李　景）

东风（十堰）发动机部件有限公司

【概况】 东风（十堰）发动机部件有限公司（以下简称“公司”），是国内发动机部件研发、生产的骨干企业。占地面积71567平方米，建筑面积48719平方米。截至年底，有员工589人，其中工程技术人员80余人，具有中、高级职称的技术管理人员40余人。公司以成本管控为中心，以质量稳步提升和市场开拓为重点，在精益管理、市场开拓和企业和谐发展上取得了长足的进步，实现了经营业绩和党建工作双丰收。当年实现销售收入2.3亿元，比上年增长5.6%；盈利441万元，比上年增长1904%。公司获东风(十堰)实业公司“最佳文明单位”称号，并被东风公司授予“最佳文明单位”称号。

公司产品涉及重、中、轻、轿等车型，八大系列200个品种，主导产品为系列飞轮壳、飞轮齿环总成、主轴承盖、正时齿轮室等，其中系列飞轮壳产品的研发水平、生产规模、品牌效应都位居国内前列。当年，中重型汽车飞轮壳销量已占国内市场份额的18%。公司拥有国内(外)先进数控设备73台，其中立式加工中心35台，卧式加工中心10台。当年，新增设备7台，其中，数控设备6台，检测设备1台；新增斗山瓦盖线1条，福田瓦盖线1条。为提高生产效率，平衡工序产能，公司于当年10月，将推行多年的“三班”制生产调整为“二班”制生产。

【经营管理】 在原材料价格高位运行、人工成本不断上涨、主机配套厂持续降价的情况下，公司对外抢抓市场，争订单。主要客户配套量均有大幅增加：东风康明斯公司同比上涨22%，北汽福田公司同比上涨392%，上汽红岩菲亚特公司同比上涨1125%，玉柴公司同比上涨24%。对内推行全面预算管理，降低各类费用消耗，强化KPI指标的执行力。按可比口径计算，全年仅维修、管理、制造等三项费用就减少支出1040万元，不仅缓解了部分成本压力，而且使公司全价值链管理水平稳步提升，进一步增强了企业的竞争力。

【质量改善】 公司强化从原材料进厂到成品出厂的全过程质量管控，建立快速反应机制，加强过程控制，确保质量体系的有效运行。当年共实施体系审核2次，过程审核6次，产品审核24次，发现改善点78项，并已完成改善验证。

加强员工质量培训，帮助供应商提高产品质量管控水平是确保产品质量的又一重要手段。当年共举办员工质量培训6次，参加人员约150人次。组织供应商到公司进行产品知识、质量知识、操作技能的培训，参加人员50余人次。这些举措，大大提高了质量管控能力，供应商的质量意识和技能也得到了提升，供应商料废率从上年13.4%下降到当年的9.02%，公司工废从上年0.09%下降到当年的0.035%。

【新品开发】 为适应快速变化的市场需求，公司充分利用现有资源，密切追踪主机厂新品开发信息，做到同步跟踪、同步开发。当年开发新品63个，特别是四大主导产品的开发成效显著，实现销售收入13200万元，占总收入的77%。非东风市场开发也有重大突破，实现销售收入1103万元，同比增长19%。

瓦盖生产新线。

【党群工作】 公司党委通过开展保持五星级“四好班子”活动，提升了班子的综合实力，两级干部队伍的素质得到提升，作风得到转变。在“现场有我”先锋杯党员立功竞赛活动中，公司12个党支部共立项19项，创效约60万元，有力地提升了党组织对生产经营的贡献度。工会、共青团结合生产经营实际，开展形式多样的文体活动，丰富了员工的业余文化生活，进一步凝聚了员工队伍，促进了企业的和谐发展。公司被东风(十堰)实业公司授予“最佳文明单位”、“党建思想政治工作优秀单位”和“经营管理优秀单位”称号，被东风公司授予“最佳文明单位”称号，被东风公司党委评为“五星级四强党委”。

(祁玉玲)

东风(十堰)汽车锻钢件有限公司

【概况】 东风(十堰)汽车锻钢件有限公司(以下简称“公司”)位于十堰市茅箭区辽宁路11号，是一家集锻造、机械加工为一体的企业，厂房占地面积约15000平方米，员工310人，主导产品有汽车钢板弹簧、悬架吊耳、转向垂臂、发动机零部件、辅助悬置稳定杆、中小锻件等。现有40MN、16MN、10MN、6.3MN、3MN锻压机组各一套，热处理、机械加工设备共82台(套)，其中数控加工机床16台；各类检测仪器设备8台，具备年产35万件吊耳、80万件发动机零件、10万件垂臂、15万件杆件、6000吨小锻件的生产能力。当年，公司实现销售收入7365万元，完成挑战Ⅱ指标115%；利润173万元，完成挑战Ⅱ指标173%。公司荣获东风（十堰）实业公司“经营管理优秀单位”、“现场改善十佳单位”等称号。

【年度重点项目】 1.倾力打造发动机零件样板示范车间。新增2台加工中心，发动机零部件所占收入比重提高到18%，成为公司业务发展的重要支撑。2.新调质生产线顺利安装投产。克服多业务作业交叉、高产、地质状况复杂等困难，并于12月顺利完成了新调质生产线的安装。3.完善垂臂机加生产线，生产效率提升16%，有力地保证了垂臂上量后的发交任务。4.稳步推进了公司薪酬体制改革。

改造后的发动机零件样板车间。

【产品开发】 公司紧跟东风商用车步伐加快新产品开发，当年，共开发东风商用车新品23种，乘用车新品1种，总成2种，成为D760吊耳、垂臂、杆件和X7发动机气阀轭以及盖板供应商。全年实现新产品销售收入1557.92万元，完成挑战Ⅱ指标120%。

【技术创新】 垂臂精压、盖板轻量化效果显著，全年实现技术降成本85万元。公司“半闭式锻造工艺在突缘叉系列锻件上的应用”荣获十堰市科技进步三等奖，DCI11整体式气阀轭总成结构优化取得国家实用新型专利。

【品质提升】 以提高产品质量为目的实施工艺改进，如将垂臂生产的铰孔改为拉削工艺，垂臂售后索赔同比降低40%；采用锻压机取代空气锤制坯，后轴销支座废品率由2.4%降低到1%；在吊耳切边工序中增加校正工序，使锻件的返工率由15%降低到2%。当年，公司加工料废率同比下降17.9%，资金赔偿率同比下降13.3%，东风商用车年度质量评价为B级。公司顺利通过TS16949质量管理体系第三方现场监督审核。

【市场拓展】 公司积极拓展东风细分市场和社会、海外市场，吊耳供货份额逐年提升。当年，又新开辟了外贸活塞头、四川南骏垂臂，以及俄罗斯发动机零件出口等市场。四季度已实现俄罗斯批量供货，完成了3.2万件气阀轭产品的销售。

【党群工作】 公司坚持围绕“抓党建，促发展，保稳定”这一主线，扎实开展党建思想政治工作，深入开展理论学习、作风建设等活动，巩固和保持“四强党总支”、“四好班子”建设成果；顺利完成党总支部、纪检组、工会的换届工作，完善党群组织机构，夯实党群工作基础；以现场改善、技术创新为抓手，深入开展“创先争优”活动，全年完成各类改善项目50项；贯彻落实党风廉政建设责任制，抓党风，促廉政；关爱员工，开展多样文体活动，增强员工凝聚力；完善安全生产、民主管理等10余项制度，综合治理、计划生育达标率均为100%，全力营造和谐的发展环境。

（汪　丽）

东风(十堰)汽车热交换器有限公司

【概况】 东风（十堰）汽车热交换器有限公司（以下简称“公司”）是东风公司专业生产暖风空调系统的零部件企业，主要为东风汽车股份公司、东风商用车公司、特种车身等东风公司主机厂配套。“正翔”商标连续多年荣获湖北省著名商标称号。公司占地面积3.6万平方米，在册员工320人，其中各类工程技术人员17人，大专以上学历77人，中级职称36人，高级职称6人。拥有各类机械、动力、检测设备173台（套），其中包括注塑机17台，暖风机装配线6条，机加设备25台。拥有暖风性能检测、散热器性能检测、塑料原材料检测、三坐标测量仪、投影仪等全套检测设备25台。

【经营业绩】 2011年是“十二五”开局之年，宏观环境、市场环境、政策环境呈现稳中收紧的趋势，汽车产业竞争格局日趋激烈。为科学应对激烈的市场竞争格局，持续提高盈利水平，公司采取多措并举，通过建立多渠道营销模式、技术创新、品质提升、能力升级、优化人力资源等举措，降低各项成本156.8万元。当年完成暖风空调系统17.50万套，实现销售收入近6600万元，利润217万元，保持了良好发展态势。

【规范现场管理】 为改善现场作业环境，规范现场管理，强化定置管理，提升工作质量和效率，为员工创造良好的工作环境。公司在生产车间实施标准作业管理，开展现场5S及可视化管理，对作业现场进行粉刷；对130个料架进行分类涂装；统一现场标示，营造质量安全文化意识。同时，针对设备老化、能力不足的局面，新添两台注塑机，扩大了产能。通过一系列举措，现场面貌焕然一新，有效改善了作业环境，优化色彩管理，规范定置管理，提高了工作效率和效益。

现场作业环境改善。

【新品研发】 公司以技术创新提升产品竞争力为宗旨，紧跟市场，快速研发。当年完成新品开发46种，其中暖风2种，世纪中远膨胀箱1种，东风井关橡塑件43种，同时积极为D530下乡车，T02、T701、F91B等项目储备技术研发力量，完善方案的交会。全年实现新品销售收入2459 万元，新产品的贡献度达到41.3%。同时，公司有效采用工艺改进、材料替代等技改方案，实现技术降成本84万元。

公司积极创建省、市级技术中心，并顺利通过市级技术中心认定，获得财政资金补贴10万元，争取到国家中小企业技术创新基金70万元。同年，“新型商用车暖风系统的开发”项目荣获东风公司和十堰市科学技术局2011年科学技术进步奖三等奖。公司技术中心被十堰市发展和改革委员会认定为“十堰市企业技术中心”。

【品质提升】 借助品质提升年，公司立足于整个供应链过程，以品质意识的灌输和方法的导入为手段，通过召开供应商大会签订品质责任状，明确改善课题；组织开展品质管理及中层干部的品质管理培训，参加岗位质量活动承诺；成立专项质量整改小组，突破品质“瓶颈”等举措，强化过程控制，有效地灌输品质意识，提供品质分析与改善平台，实现了品质持续提升。

【党群工作】 公司党委始终以服务经营管理为中心、廉政建设与企业文化创新为两翼，大力营造和谐清正的经营环境。通过抓工作创新，深入开展“五星党支部，争做五星共产党员”活动，促党员“创先争优”；抓廉政建设，开展党风廉政建设日和警示教育活动，促惩防体系完善；抓企业文化建设，丰富《正翔文化》期刊载体，促企业形象提升；抓维稳工作，通过成立爱心基金会和开展总经理与员工面对面交流，促企业和谐稳定，为持续完成各项经营目标保驾护航。

（胡坤军）

东风实业（十堰）车辆有限公司

【概况】 东风实业（十堰）车辆有限公司（以下简称“公司”）生产主阵地位于十堰市茅箭区东益大道6号，是东风公司经济性商用车骨干生产企业。作为东风家族的一员，为实现东风公司“打造国内最强、国际一流的汽车制造商”的事业梦想，公司确立了“建设国内规模最大、性价比最高的经济型商用车制造基地”的发展目标，公司坚持“秉承名家传统、集成优势资源、提供物流方案、创造客户价值”的经营理念，以东风强大的技术开发优势和营销网络优势为后盾，把“做百姓买得起的车、做百姓赚钱的车”为最高追求，努力使东风华神经济型商用车成为用户的创业工具、致富帮手。

当年，公司实现销售整车10512辆，同比增长5%，其中国内销量增长23%，继续保持产销量过万的发展势头。

【市场开发】 公司紧紧依靠广大经销商，改变过去单纯依赖公告推动销售的粗放经营方式，破解市场难题，广泛推行“深耕计划”，挖掘市场潜力。在湖北、河南等7个省区针对目标市场的产品、成本、质量等6个方面逐一分析，对不同的地区制定不同的营销方案。与供应商进行深度合作，树立新优势，于年中联合东风康明斯，组织策划了“破冰行动”，取得了较好的效果。

10月17日，公司举行中南地区（湖北）车辆改装动员中心揭牌仪式。

【产品研发】 公司新产品开发以市场为导向，最大限度满足个性化需要，当年，实现新品销售3950辆，约占年总销量的36%。矿业运输是公司的主要市场，为提高产品对矿山、工地等恶劣作业环境的适应性，公司多次派出营销、技术人员到矿区及有关厂家考察，对矿区作业汽车进行了专门的研究、开发，6×4、8×4这些区别于东风传统品牌的矿区作业汽车已经定型，整车可靠性可与重汽、陕汽底盘相媲美。公司研发的宽体矿车投入矿区后受到热烈欢迎。东风公司“十二五”重点科研项目——非公路汽车及矿山专用车项目已在公司全面展开，其中50吨级非公路汽车在对原设计改进之后，首辆非公路汽车已投入矿区试运行，65吨级刚性矿山专用车的设计已完成。2011年公司在这些高端技术领域的研究已获得专利2项。

【管理改善】 公司以东风(十堰)实业公司大力推行现场改善年活动为契机，结合公司实际管理现状，制定了管理改善实施细则，确定了“谁改善、谁受益”的指导原则，充分调动广大员工参与企业管理的积极性。截至年底，共完成管理改善项目160项，改善项目涵盖流程建立及优化、制度及标准完善、技术创新、质量管理、现场管理等各个方面，其中公司级项目12个，部门级项目42个，一般项目108个，奖励432人次，奖励涉及人员124人。

【网络建设】 为提高售后服务的时效性，公司制定了限时服务报告制度，并在网上公布售后服务监督电话。公司通过整合服务资源，扩大服务网络，提高服务品质，截至年底，售后服务网点扩大至508家，比年初354家增长43.5%，为后期的二级网络扩展及延伸奠定了基础。特别是通过与潍柴服务体系的相互渗透与融合，为快速扩大服务网络、提高服务品质探索了一条新的途径。针对轻卡市场的发展，建立了区域一对一轻卡服务站，并在河南、湖北、重庆、陕西4个轻卡销售重点区域建立了备件支持中心，为轻卡服务提供快捷的服务平台。

【社会责任】 公司在省市两级发改委领导的支持下，被国家国民经济动员中心正式批准为中南地区车辆改装动员基地。当年10月，改装动员中心接牌仪式在总装车间举行，这标志着公司向成为国防建设的后备军、生力军迈出坚实的一步。

【党群工作】 公司在东风(十堰)实业公司党委统一安排部署下，结合生产经营实际，重点抓好“三个建设、三项工作”，将党群建设、行政公务等工作有机融合，各项工作取得了长足的发展。在全面落实科学发展观，紧紧围绕公司发展稳定大局的基础上，党总支切实加强党员、干部经常性教育和日常管理，全力抓好党政领导班子、基层党组织队伍建设，取得了良好的工作成效，为公司各项事业的改革与发展提供了坚强的组织保证。认真开展党员民主生活会和“创先争优”党员民主评议活动，加强党员间的相互学习，接受群众民主监督。当年，公司被东风(十堰)实业公司授予“工人先锋号”称号，黄星光总经理被授予东风(十堰)实业公司“优秀管理者”称号，刘洪明被东风(十堰)实业公司授予五星级“四优共产党员”称号，梁小国被东风(十堰)实业公司授予“优秀共产党员”称号，金波荣获“东风实业奖章”，并被东风公司授予“劳动模范”称号。

当年，公司荣获“高新技术企业”称号；被十堰市委组织部授予“十堰市2010—2011年度重点产业创新型团队”；被十堰市质量技术监督局授予“2011年度质量兴企工作先进单位”；被十堰市经济和信息化委员会授予“十堰市汽车汽配生产经营先进单位”。

（张　许）

东风新星(十堰)车辆有限公司

【概况】 东风新星(十堰)车辆有限公司(以下简称“公司”)是一家集汽车及汽车零部件研发、制造、销售、服务和物资贸易于一体的法人企业,下辖东风汽车部件厂、东风实业物资贸易公司两家具有独立法人资格的子公司。截至年底,公司总资产2.74亿元,固定资产1.44亿元,年销售收入4.02亿元。公司现有员工476人,其中工程技术人员69人,拥有中、高级以上职称的技术、管理人员82人,大、中专以上文化程度员工205人,人均年龄约35岁,队伍年轻,管理及技术研发能力强。

公司拥有俄罗斯进口500吨自动化薄板开卷线1条、400吨～1300吨大型冲压设备组成的冲压线1条,日本、芬兰进口MIG/MAG/CO2焊机及天津陆华等知名企业制造的悬点、固点焊机共158台(套)组成的焊装线1条,德国巴斯夫技术阴极电泳前处理线1条,油漆线、内饰及底盘装配线、检测线各1条,各类设备共计296余台(套)。公司已形成年产5万辆份经济型微型卡车、360万件大中型冲压件、250万件总成焊接、20万吨薄板开卷的能力,具备了完善的研发、制造、销售、服务和工艺检测系统,是集开卷下料、冲压、焊装、涂装及汽车总装工艺于一体的新型现代化企业。

公司产品涵盖整车、总成件、零部件三个层次。主导产品有东风福瑞卡W系列微型卡车,广州优尼冲压有限公司系列冲压件及总成,神龙公司全系车型车身、底板类零件及总成,东风股份车身零件及总成,东风有限商用车及乘用车系列零部件等。

公司经营比照年初东风(十堰)实业公司下达的年度KPI指标,超过挑战Ⅱ目标(2.6亿元)1.4213亿元,完成收入4.0213亿元,完成全年目标的168%,较上年同期增加5373万元;实现利润950万元,超过挑战Ⅱ目标(150万元)800万元,较上年同期增加270万元。公司销售收入同比增幅15.42%,利润同比增幅63.79%,利润增幅高于销售收入增幅。

【业务拓展】 在东风(十堰)实业公司领导的大力支持下,成功导入东风股份福瑞卡W系列车型的制造业务。目前已形成1万辆产能、班产达35辆,创造了东风股份新产品研发、制造等多个新的纪录。

【市场开拓】 公司新领导班子到位后,按照“坚持技术创新、强化核心业务能力,积极承接附加值高、成长性好的产品”的总体思路,主动出击,顺利进入东风商用车D760采购平台,优尼L42L、东风股份F91G、神龙公司T88等新市场开拓项目取得成效,与广州优尼冲压有限公司合作进一步深入,与东风股份合作不断延伸。此外,争取到丹江口市政府以优惠政策给予发展用地1000亩。

4月15日,东风福瑞卡批量下线暨整车发车仪式。

【管理提升】 公司以“五大工程”(成本控制管理工程、制造流程再造工程、人力资源管理工程、SES导入工程、企业文化创新工程)为载体,扎实开展“管理提升年”活动。

财务管理上,公司按照东风(十堰)实业公司总体部署,全面导入新会计准则,强化预算管理,实行资金管控,财务管理转型;成立成本核算中心,构建完善的成本核算体系,使财务管理及降成本工作水平上新台阶,理清了零部件、福瑞卡各项成本,实现了账理得清、物盘得准、钱管得细的良性循环。采购成本、可控费用同比分别下降3.5%、7.8%, QCD改善降成本209.44万元。

制造运营管理上,积极导入SES、QRQC、UPS等管理工具(模式);规范KYT、TPM、5S管理流程;综合运用混合搭配式排产、标准化作业、柔性化生产、看板式生产等方式改进现生产管理;采取联合安装、预防性维修等模式提高设备本质化安全水平、保障能力单机效率,保证了发交。当年,冲压件订单量980.12万件,实际完成986.11万件,完成计划的100.61% ,福瑞卡整车发交2145辆,班产量达35辆。由公司总经理王静波创造,伍学忠、杨雪、陈志勇、潜世成、吕永华、陈兴祥、赵丹参与的公司“构建汽车零部件企业制造流程标准化管理”项目获湖北省“企业管理现代化创新成果”二等奖。

人力资源管理上，完善了“中层干部管理办法”等系列管理制度，开展薪酬制度优化工作，推进人力资源结构优化、人工成本控制。公开招聘管理和技术人才4人，公开招（竞）聘中层以上干部3人，争取到东风股份挂职干部4人，外派挂职干部1人。

企业文化创新上，丰富了企业文化内涵，完善了标准体系，构建了“企业文化长廊”，促进了企业形象提升。

【党群工作】 公司以“提振信心、确保稳定、促进发展、提升形象”为重心，围绕“创先争优”活动扎实开展“三项活动、一个竞赛”、“五好五带头”、“432活动”等系列党群工作，实现了“班子战斗力强、形象好，群团工作扎实，队伍稳定、充满激情、战斗力强”的目标。公司获东风（十堰）实业公司五星级“四强”党委、五星级“四好班子”及东风公司“青年文明号”、湖北省“一级企业工会”等称号。

（陈兴祥）

十堰东森汽车密封件有限公司

【概况】 十堰东森汽车密封件有限公司（以下简称“公司”），始建于1976年，位于十堰市茅箭区东风大道18号，占地面积32000平方米，工业建筑面积13764平方米。公司是东风公司集团内唯一一家汽车橡胶制品生产企业，主要生产精密油封、橡胶减振制品、橡胶胶管等。产品覆盖重、中、轻、轿、微等众多系列车型。截至年底，公司在册员工554人，其中工程技术人员65人，中专以上学历200余人。公司控股子公司一家：东风（十堰）正翔橡塑制品有限公司。

当年，公司实现销售收入1.26亿元，同比增长2.44%，达到东风（十堰）实业公司下达的挑战II目标。

【全价值链降成本】 当年，公司生产原材料上涨幅度较大，给公司带来巨大的成本压力。为此，公司全面推行全价值链精益管理，系统地导入成本管控。1.采购降成本。对不可控的主要生产原材料，采取价格跟踪低价囤货；对可控的骨架，特别是铸造件，开辟了新的供货渠道，引进竞争机制，保证各种材料涨幅控制在最低限度，使采购成本得到有效控制。2.技术降成本。公司组织技术、工艺、制造等部门联合行动，通过采取材料取代、配方调整、工艺改进、提高劳动生产率等技术方法，全年实现技术降成本60余万元。3.严控管理费用。以KPI指标责任的形式约束可控制费用，定期组织财务利益中心对公司经营指标进行月度跟踪分析，并在月度经营分析会上进行通报，确保了预算指标的达成。

【研发能力提升】 在公司的“十二五”规划中，已明确提出公司走“技术发展，质量取胜”的发展战略。当年，公司继续加大与华南理工大学“振动噪声系”项目合作；通过引进、培养等多手段加强技术人才队伍的建设；完善开发手段，逐步提高与客户同步开发的能力，建立了技术部门与客户的沟通平台；启动新技术研发项目，支持市场产品系列拓展。目前，公司已完善了液压减振垫的设计和制造技术，形成技术储备；启动空气气囊前期技术研究。当年9月，湖北省发改委、省科技厅、省财政厅、省国税局、省地税局、武汉海关等六部委联合发文，认定公司为第十七批湖北省认定的企业技术中心。

【质量管控】 公司通过在生产过程中建立“质量门”管控体系，通过东风有限挂职干部的指导，导入新的质量管理工具和解决问题的方法及每月召开质量全景会等多方位措施和手段，提升了公司的质量管控能力，提高了产品的一致性。

【合资合作】 为使公司做强做大，可持续发展，3月19日，公司全资子公司东风（十堰）正翔橡塑制品有限公司与十堰泽康工贸有限公司正式签订合资合作协议，使正翔橡塑公司的经营能力得到大幅提升，抗风险能力大大增强。

【党群工作】 年初，公司党委坚持“以人为本，和谐发展”的工作宗旨，积极组织和开展岗位立功竞赛活动，以抓工作创新为主线贯穿全年的工作，规范班组建设，加强投资项目和废旧物资处理的纪律监察，大力推进企业文化建设，提升公司形象，促进员工积极参与企业的民主管理，构建总经理与员工交流沟通平台，为公司稳定发展发挥了积极、重要的作用。

公司荣获湖北省“五一”劳动奖状，获东风公司“最佳双文明单位”、东风股份“优秀供应商”称号，荣获长城桥业“十佳供应商”、奇瑞汽车公司“最佳协作供应商"等多项荣誉称号;公司减振车间压配班被评为2011年度东风公司"工人先锋号"班组。

(张世祥)

东风(十堰)汽车容器有限公司

【概况】 东风(十堰)汽车容器有限公司(以下简称"公司")位于湖北省十堰市车城西路13号(2011年容器车间和冲压车间搬至车城西路94号)。公司占地61131平方米,其中工业建筑面积21985平方米。公司拥有各类机械、动力、检测设备94台(套),主要生产汽车容器类(铁质燃油箱、铝镁合金油箱、储油箱系列产品、工具箱)、环/卡箍和汽车零部件总成等产品。

公司开发的汽车燃油箱系列产品覆盖重、中、轻、客、微多种车型,是东风商用车公司、东风股份、东风神宇车辆有限公司、东风实业(十堰)车辆有限公司等20余家整车和零部件企业的配套供应商。燃油箱产品通过了东风商用车公司QCDD评价,上年完成了商用车技术中心5000千米坏路搭载试验等配套前期准备工作。当年,公司加快推进铝镁合金燃油箱生产线的完善,将于2012年实现批量生产。

【现场改善】 当年,公司在东风(十堰)实业公司支持下,解决了长期困扰公司发展的燃油箱产品生产阵地问题。新的生产阵地的解决,体现了总公司对容器公司的支持。通过5个月的规划、筹备与建设,截至10月中旬,新厂区已全面投入生产。

现场改善后的油箱车间。

【产品研发】 公司积极开发新产品,共开发特种车身T3310驾驶室9种冲压件产品、东风小康K37系列车型9种冲压件产品和铝镁合金油箱。目前,东风小康K37系列车型9种冲压件产品已全线投入生产,正常供货;特种车身T3310驾驶室9种冲压件产品已完成工艺性分析,计划投入的14套冲压模具业已全部到位,并成功进行了试制,为对方公司提供了5套样件,其中"油量传感器座改善"项目、"K37系列产品开发"分别获东风(十堰)实业公司"实业杯"二等奖和三等奖;"053卡箍焊装夹具改进"获东风(十堰)实业公司"青春杯"三等奖。

【党群工作】 党总支部结合生产经营实际和品质保障年工作,以主题实践为载体,继续开展"一创二带三优四提高"和"创先争优"活动,促进了公司党风廉政建设和"四好班子"的建设。

公司是容器人的公司,公司的事情只能靠全体容器人自身来解决,公司要全心全意依靠员工办企业。以为社会创造价值,为员工创造幸福;以人为本,关注员工生活,体现家庭温暖为企业宗旨,圆满解决了困扰公司多年的"占地工"和"家属工"的养老和医保这一历史遗留问题。

(何　柳)

东风(十堰)汽车螺栓有限公司

【概况】 东风(十堰)汽车螺栓有限公司(以下简称"公司")位于十堰市车城西路90号,是东风公司U型螺栓产品的唯一专业生产厂家,所生产的螺栓系列产品覆盖了东风商用车的所有车型,更有"东风品牌"的优质信誉保证。公司固定资产2180.16万元,设备108台(套),建筑面积10187.93平方米,年产能力达60万辆份2139个品种,不仅满足了东风集团重、中、轻、微各类车型对螺栓的需求,而且具备了承揽国内外各类机动车螺栓的独立开发能力,其工艺、技术、装备水平在国内居行业领先地位。当年,公司加大外部竞争力度,在稳固东风市场的同时,先后成功开发了成都大运、镇江精工、常州英田等市场,全年实现销售收入7043.64万元,圆满完成了东风(十堰)实业公司下达的挑战Ⅱ(6700万元)目标。

【新品开发】 公司试制部门紧密协作,提高核心市场新品研发速度，缩短试制周期。全年开发螺栓新产品累计216种，实现销售收入511.9万元。紧跟东风新品开发步伐，公司D760螺栓产品已进入东风产品供货平台；A08产品在跟进中，非标螺栓的开发工作也在推进中。

【成本管控】 公司根据年度经营指标，结合上年度的实际情况，年初将各项费用以KPI的形式下达到各部门，再由各部门层层分解落实，每月召开运营分析会，对公司整体和各部门KPI指标完成情况进行分析、评价，及时掌控公司实际运营情况。现场改善方面，全年完成现场改善项目27项，改善效益109.89万元。技术方面，通过滚丝轮材料改进、粗牙螺纹预滚工艺等项目，全年累计降成本70.71万元。采购方面，严格执行物资采购制度，通过招投标的方式降低公司运营成本，全年累计降成本40.36万元。

【现金流管理】 公司加强现金流管理，降低资金使用成本，预防资金风险。应收账款方面，对多年呆死账进行梳理，制定清收措施和计划进度，落实相关责任人，同时建立逾期未回款的考核制度。库存方面，通过认真盘点、分析存货库龄结构，处理消化积压零件，建立低产低储，存货资金下降 368万元。

【薪酬优化工作】 为完善员工薪酬激励机制，实现为岗付薪、为业绩付薪、为能力付薪。9月底公司启动薪酬优化推进工作，成立薪酬优化推进小组，制定推进措施计划，按照东风(十堰)实业公司规定的时间节点完成了部门职责的梳理、岗位设置、岗位说明书的编写，核定了工时定额参数工作。

【党群工作】 公司深入开展“创先争优”活动，构建党建思想政治工作新平台。1.加强企业领导班子建设，提高领导干部驾驭全局的能力。2.以企业文化为依托，通过各类学习培训、橱窗宣传、班前会等形式提高员工素质和团队精神。3.扎实开展党风廉政建设活动，对党员进行党纪、法规、政纪、厂规教育，利用中心组学习、干部政治学习，加强对领导班子成员、中层管理人员的廉政教育。4.发挥群团作用，共同维护公司大局稳定。充分发挥职代会的作用，召开职工代表大会，对薪酬改革方案的推进、方法步骤等进行通报，让职工及时了解掌握薪酬改革的各项工作以及动态。5.加强社会治安综合治理、消防保卫工作，保障企业平安和谐。

（散晓婕）

东风(武汉)实业有限公司

【概况】 东风(武汉)实业有限公司(以下简称“公司”)位于武汉市东西湖区金北一路九号东风实业工业园，是一家集冲压、焊装于一体的汽车零部件生产企业，下辖全资子公司东风(武汉)零部件有限公司和控股子公司东风天汽模(武汉)金属材料成型有限公司。公司具备年产600万件大型冲压件和1574万件焊接总成的生产能力，主导产品为东风乘用车系列，神龙公司车型系列，郑州日产、东风本田系列零部件及总成等。

公司总资产5.64亿元，固定资产2.05亿元，当年实现销售收入6.2亿元，同比增长122%，成为东风(十堰)实业公司效益增长最快的单位之一，荣获东风(十堰)实业公司“最佳文明单位”和“经营管理优秀单位”荣誉称号。截至年底，公司在册员工(含劳务工)678人。

【合资合作】 11月28日，公司与天津汽车模具股份有限公司合资成立东风天汽模(武汉)金属材料成型有限公司，公司占股为51%，天津汽车模具股份有限公司占股为49%，注册资金1.6亿元。

11月28日，公司与天津汽车模具股份有限公司热成型项目合资协议签字仪式。

【业务拓展】 公司成功取得东风本田供应商资质以及法国PSA集团的全球供货资质，为将来融入国际性汽车集团全球采购积累了宝贵经验。同时在老客户战略车型产品争取上也取得了骄人的成绩，获得神龙公司新项目29个品种，东风乘用车新项目12个品种，被东风(十堰)实业公司评为“市场开拓优秀单位”。

【管理改善】 当年，公司大力开展“现场改善年”活动，引入“阵地工作法”、“STOP(停止观察法)”等管理工具，通过专项课题改善，切实提高制造、安全管理水平。在公司范围内大力开展两个“满意年”活动，即开展“客户满意年”和“员工满意年”，把提高“客户满意度”和“员工满意度”作为年度工作的主线。在此基础上，公司又持续开展了“找客户”活动，在公司形成较强烈的“客户”意识、“服务”意识，有力地带动公司的全面管理水平的提高。当年荣获东风乘用车公司“最佳供应商”和东风(十堰)实业公司“现场改善十佳单位”荣誉称号。

【品质保障】 公司大力开展质量文化建设，推进“质量明星”工程，打造具有公司特色的质量文化：“人品决定产品、产品代表人品、质量体现尊严”。同时推行质量成本货币化管理、PPM连坐制度，加大质量体系内审力度，通过提高质量体系运行的有效性，提升了公司的整体质量管理水平。

【QCD改善】 公司充分运用QCD改善、合理化建议等改善平台，发动广大员工积极投身到公司生产经营的各个环节进行改善，让“持续改善”的工作方式内化成公司的核心竞争力。全年公司QCD改善项目共330项，实现经济效益1000余万元。

【党群工作】 12月11日，公司党委成立，东风公司党委副书记、工会主席范仲，东风公司党委常委、纪委书记马良杰分别为公司党委、纪委授牌。当日，公司召开了第一次党员大会。大会选举产生了第一届党委会，新一届纪委会，标志着公司的党建工作进入了一个新的发展阶段。

12月11日，东风公司党委副书记范仲(中)为东风(武汉)实业有限公司党委成立授牌。

当年，公司获得经营管理和思想政治工作“双丰收”，被东风(十堰)实业公司评为“经营管理先进单位”和“思想政治工作先进单位”，被东风(十堰)实业公司评为“党员先锋杯”立功竞赛优秀组织单位。公司总经理王义斌被东风(十堰)实业公司评为“优秀管理者”，党委书记刘兆刚被东风(十堰)实业公司评为“优秀党务工作者”。6月，在东风(十堰)实业公司纪念建党90周年“红歌会”大合唱比赛中，公司代表队获得第一名；9月，获得东风(十堰)实业公司第三届“实业杯”羽毛球赛冠军；10月，公司代表队在东风(十堰)实业公司首届“实业杯”乒乓球赛中荣获团体第五名。

(舒帮芬)

东风(十堰)特种车身有限公司

【概况】 东风(十堰)特种车身有限公司(以下简称“公司”)是东风(十堰)实业公司下属的全资子公司，主要生产车身总成及零部件产品。凭借先进的制造技术及良好的服务，公司生产的车身及零部件产品主要销往东风商用车公司及东风各子公司，在社会市场中具有较强的影响力，占有一定的份额。公司现有员工1275人，合同制员工678人，其中技术人员50人。

公司资产总额3.4亿元，占地面积500亩，厂房建筑面积64000平方米，拥有冲压、焊装、油漆、装配四大工艺生产线，具有年产各类大、中型冲压件300万套，开卷能力10000吨的能力，可年产各类车身10万台。全年公司实现销售收入3.76亿元，其中社会销售9348万元，新品收入3660万元，实现利润320万元。

【管理提升】 公司与东风商用车公司车身厂建立了对口帮扶关系，互派人员学习，借用培训师资和阵地，以导入先进管理理念，提高人员的管理和操作技能。针对公司新工厂的条件和环境，推行新工厂标准化、信

140—2线生产现场。

息化和可视化建设；针对公司新的发展形势，对销售公司、制造部、商品收益部、党工部、公司办等几个部门职能进行构建和调整；根据新工厂的生产特点在生产管理流程和销售管理模式等方面进行尝试和探索；根据东风（十堰）实业公司薪酬制度改革计划，制定公司薪酬制度改革实施方案，逐步建立“为岗位付薪、为业绩付薪、为能力付薪”的薪酬管理体系。

【资金管控】 公司产能建设和新品开发投资总额近3亿元，处于集中投资的高峰期，加强资金管控尤为重要：1. 每月定期召开资金平衡会，科学调度资金，保持资金动态平衡。2. 加强预算管理。在分项预算的基础上加强对公司各部门预算的管理，确保预算的有效性。3. 做好融资工作，通过开通银行承兑汇票的方式降低财务费用。4. 积极与税务局沟通，及时了解税务政策，办理新厂区土地使用税免征5年，节约资金1120万元。5. 加强应收账款的清收工作，将销售回款与销售主管工资挂钩，责任到人，对不能按期完成任务的离岗清欠。

【产品开发】 由于T701产品投放延至2013年，公司及时调整研发计划，重点推进T660和153改型等产品开发工作，其中包括为山东东风凯马车辆有限公司、杭州行地集团有限公司、郑州宇通重工有限公司等新用户开发的产品，同时启动T702项目。目前已完成T330和T660两个系列四款车型的样车试制，其中T660系列驾驶室已经完成创普高顶驾驶室匹配340马力整车的SOP（小批量生产），T702项目已完成2.1米窄系列及2.3米宽系列平顶及高顶公路及工程驾驶室的产品造型及产品结构设计工作，开始进行生产准备工作，力争2012年三季度末实现量产。

【质量改善】 推行QRQC（质量快速响应机制），并使其在公司内部分级实施；合理设置质量控制点，将工序按照类别分为一般控制点和重点控制点两大类，控制人员划分三层次：分厂工人、分厂内检员、质量部检查员，按照控制职责进行巡检；完善供应商纳入不良管理办法，根据供应商纳入不良PPM值每月对供应商按A、B、C、D、E等级作评价，并采取相应措施。

【现场改善】 加强标准化建设，编制了《5S管理手册》、《目视化管理手册》、《实业公司VI手册》、新工厂《标准作业指导书》、《质量检验指导书》、《设备安全操作规程》，为现场改善夯实基础；深入开展现场“3S”活动，提高现场管理水平；实施JITD，逐步实施准时化配送，推行MES系统，用信息化管理提升现场管理的效率和水平。

【党群工作】 公司党委围绕生产经营中的重点、难点开展各项工作，抓大事，抓难事，抓细节，抓落实，用公司软实力促进公司硬实力的发展。建立党员示范阵地、班组活动园地、员工文化活动阵地，在车间设置绿岛等休息娱乐场所，为员工创造良好的工作环境；举办庆“五一”拔河比赛、迎新春趣味运动会、筹建公司管乐队等活动，丰富了员工的业余文化生活。

公司管乐队表演现场。

（陈　萍）

东风特汽（十堰）客车有限公司

【概况】 东风特汽（十堰）客车有限公司（以下简称“公司”），注册资金3000万元，是以客车研制、生产和销售为主的股份制公司。占地面积10万平方米，工业建筑面积3万平方米，拥有整车焊装生产线、涂装生产线、总装生产线、底盘装配线、整车淋雨检测及整车性能测试线等完善的工艺。在产品开发、技术改进、工艺设计方面已全部实现CAD、CAPP辅助设计，对物料、资金、人力、设备、信息等资源信息已全部纳入计算机局域网管理，基本实现了柔性化生产，已具备年产1万辆大、中型客车的生产能力。公司获“中国质量服务信誉AAA级名牌企业”、“中国客车采购推荐品牌”、“国家高新技术企业”、“湖北省消费者满意单位”、“湖北省守合同重信誉企业”、“湖北省信用AA级企业”、“湖北省高新技术企业”、“东风股份诚信合作伙伴”、“全国十佳校车”等称号；公司总经理陶云祥获十堰市“十大经济人物”、“优秀合作者”等称号。

【新工厂建设】 当年，公司投资2.7亿元资金，征地380余亩，在十堰白浪开发区龙门沟工业园开展新工厂建设。建成后的新工厂将拥有全国最先进的电泳生产线，正式投产后，可具备2万辆客车的生产能力，预计实现产值20亿元。

【军工保密资质认证】 当年，公司顺利通过了国家二级机密保密资质认证，此次军工生产保密资格的认证填补了十堰地区无军工生产企业的空白，是东风公司首家通过保密资质认证单位。

12月24日，公司召开军工保密资格现场审查会议。

【党群工作】 公司党建工作紧紧围绕生产经营中心，大力开展了各类促进经营效率提升的主题活动。7月份，通过推行党员承诺制，在全体党员中广泛开展以“我为质量做什么”为主题的党员承诺活动，全体党员根据各自的岗位特点，围绕产品质量提升制定出有针对性的承诺事项，在如何提高生产质量、服务质量等方面提出明确要求、工作任务、肩负责任等，并将承诺内容通过目视板予以展示，接受承诺践行情况监督。活动的开展提高了全体党员的质量意识，充分发挥党员的模范作用。

（柯昌银）

东风特汽(十堰)专用车有限公司

【概况】 东风特汽(十堰)专用车有限公司(以下简称“公司”)秉承“求精求专、尽善尽美”的企业精神，紧紧抓住经营和发展两大主题，各项工作稳步推进，各方面事业协调发展，取得了新的进步和成效。公司全年销售改装车及专用车7493辆，实现销售收入29191万元，与上年同比增幅12.14%；实现利润832万元，与2010年同比增长9.76%。公司被东风商用车公司评为“东风商用车公司2011年度委改战略合作改装企业”，被东风(十堰)实业公司评为“优秀合资企业”、“现场改善十佳单位”，公司总经理陈先兵被东风(十堰)实业公司评为“优秀经营管理者”。

【产品研发】 当年，公司成立了技术中心，从全方位适应用户需求出发，紧紧围绕“立足于市场、服务于市场”的服务营销理念，以技术创新、工艺创新为主线，不断开发新产品，增强市场竞争力。全年完成产品研发10余项，包括天锦轻量化、X5大力神、车厢可卸式自卸车、矿用车、低平板半挂运输车、混合翻自卸半挂车、10.5米半挂车、8.6米自卸半挂车、10方及12方混凝土搅拌车、8吨垃圾运转车、滑盖垃圾车、4.3米冷藏车、东风微型冷藏车、30方洒水车、道路清障车等。

整装待发的S5大力神。

【投资扩能】 7月，公司龙门工业园新厂区一期工程竣工投产。一期工程总投资1.2亿余元，单班生产设计产能为：自卸车20000辆/年、专用车5000辆/年、型材加工50000吨/年。

【信息化建设】 公司导入PDM系统，建立图文档电子仓库，对电子的设计图纸、工艺文件和技术文档集中管理，形成企业级的技术知识库；继续开发公司OA系统功能，成功实施网上收发文（审批、会签）、订单跟踪、不足件信息反馈等流程；市场营销部门利用电子商务开展网络营销，新开通了慧聪网站平台，开展百度竞价排名。

【企业文化】 公司注重视觉文化建设，积极创造优美、舒适、温馨、人文的工作环境和人性化的管理氛围，在厂区道路、办公室走廊、生产车间建立起文化墙，全方位宣传企业文化；编印出版公司《企业文化手册》；公司OA网、《东风特汽简报》、公司宣传橱窗等阵地都开辟了企业文化建设专栏，弘扬公司文化；开展形式多样的文体活动，丰富员工群众业余文化生活；在东风（十堰）实业公司举办的建党90周年书画展中，公司选送的作品分别获1个一等奖、2个二等奖、1个三等奖；在东风（十堰）实业公司举办的首届“实业杯”乒乓球比赛中，乒乓球队一举夺得团体赛、男子单打两项冠军。

（李自云　申刘珂）

东风征梦（十堰）专用车有限公司

【概况】 东风征梦（十堰）专用车有限公司（以下简称“公司”）位于十堰市工业新区凯迪拉克大道9号，隶属东风（十堰）实业公司，是国家工信部批准的具有各类专用车和特种车生产销售资质的整车企业，也是东风公司工程车、半挂车和特种车的专业生产基地。当年3月29日，公司新厂区正式投产，标志着年产3万辆专用车的生产能力形成。公司拥有固定资产4597万元，占地面积40万平方米，工业设备593台（套），在册员工786人。当年实现销售收入1.2754亿元。

4月28日，东风公司总经理朱福寿（左二）在东风（十堰）实业公司总经理罗元红（右二）的陪同下莅临公司检查指导工作。

公司拥有国内外最先进的专用车和特种车生产设备设施及可靠的检测手段，主要生产、销售各类工程自卸车、半挂车、厢式车、水泥搅拌车、物粒粉料车、运油车、随车起重运输车、垃圾清运车和机场跑道洒水车等专用车型。同时生产销售东风各类汽车车箱、汽车车架和副车架等汽车零部件，还生产销售东风汽车收录机、石英钟等汽车电子电器产品及随车工具包等产品，已在全国各地建立了100余家经销商和服务商。

【产品研发】 当年，公司加快新产品研发力度，提高了自主创新和市场竞争能力。10月，新阵地生产的东风大力神、天锦、嘉运工程车和东风股份一、二代工程车等产品全品系分别进入东风商用车公司和东风股份“大委改”。为东风股份开发的劲诺140和160系列工程车已投入批量生产，成功开发出13个系列的半挂车产品。38种半挂车和工程车及专用车新品入录国家工信部公告目录。全年共有34个系列136个品种车型入录国家工信部新产品公告。12种车型工艺技术文件、作业指导书和检验标准得到完善，为专用车的做强做大奠定了基础。

【成本管理】 公司以“现场改善年”活动为载体，提高企业综合管理水平，实现了全价值链的增值。与上年同期比，采购成本下降1.8%，质量赔偿率下降 25.4%，万元能耗值下降 3.1%，存货资金占用下降 5.5%，QCD改善降低成本5.4%，社会市场销售收入增长5.1%。

【节能创效】 为降低新工厂建设各项成本费用，充分发挥自身结构件加工优势，将新工厂的工位器具及部分工装自己生产，共完成22个品种的工位器具和1条生产线的工装，节约资金200余万元，创造了较好的经济效益和社会效益。

【信息化建设】 公司购买一套新的OA办公系统和导入先进的ERP运营管理系统，加快了协同作战步伐，提高业务反应速度，提升管理水平，使成本得到有效控制，增强了企业竞争力。

【党群工作】 公司党委融入生产经营中心任务，深入学习实践科学发展观，及时把握党建思想政治工作新趋势、新特点，不断创新党建工作载体，创造性地开展党内主题竞赛活动。深化“四好班子”建设，“创先争优”活动取得实效，开展党支部“每季一堡垒”、党员“每月一面旗”评比活动，成功地打造党建特色品牌。公司率先导入东风(十堰)实业公司新企业VI标识和企业文化理念，积极开展平安单位创建活动，为提升公司综合竞争实力提供有力的思想保证、精神动力和智力支持。

公司获东风公司“先进党委中心组”称号，获东风(十堰)实业公司“党建思想政治工作优秀单位”、“社会治安综合治理先进单位”、“现场改善十佳单位”、“宣传报道先进单位”等称号。

(戴天云)

东风神宇车辆有限公司

【概况】 东风神宇车辆有限公司(以下简称“公司”)成立于1998年4月8日，注册资本1.5亿元，其中东风公司与东风(十堰)实业公司各占50%股权。公司拥有整车和零部件两大业务，总部位于十堰市新疆路23号，占地面积54亩，整车生产阵地位于工业新区捷达路7号，占地面积485亩，零部件生产阵地位于车城西路115号，占地面积56亩。车辆生产资质包括东风牌中型载货车、自卸车；神宇牌重、中、轻、微及低速货车全系列车型；神宇牌汽车改装；专用车汽车改装；外贸出口是十堰市“双亿工程”重点企业。公司自成立之初就严格按照国家强制性标准运作，已顺利通过ISO9000、TS16949质量体系认证、ISO14001/OHSAS1800环境/职业健康安全体系认证。

公司秉承东风文化，挺立潮头，本着“奉献神宇精品，传递永恒价值”的经营理念，坚持“市场为源、客户为本、诚信为基、员工为根”的企业文化，致力于追求“铸神宇精品，塑时代精英，谋和谐发展，立长青基业”!

公司紧紧围绕“调整、提升、创新”三大主题，着力推进“新工厂建设、结构调整、能力提升、管理创新”四项重点工作，狠抓落实，顺利实现“十二五”良好开局。公司全年共实现整车生产10885辆，同比上升0.38%；实现整车销售11010辆，同比上升0.04%。完成挑战II目标，创历史新高。

【产品研发】 当年，公司完成产品开发项目492项，其中新产品开发74项，适应性改进项目418项，新产品产销量达3526辆，新品贡献率为35.6%。完成产品公告申报22个、产品扩展28个，涵盖产品196个。完成38个国四车型申报公告的策划工作，特别是批量实现了低速货车、轻型车的产品量产。神宇重、中、轻、微、低产品型谱已形成，多元化产品平台初现雏形。

【网络建设】 公司致力于“腾龙型”营销体系的构建，实施“东风”和“神宇”双品牌运作，大力推进区域营销。营销系统按照品系化营销体系对销售部重新进行细分，形成了“三部、三室”的专业化分工管理组织结构。同时下设八大商代处，以商代处管理为切入点，加强市场规划和网络布局。

【新工厂一期工程投产】 公司新工厂位于十堰市工业新区，总占地面积485亩，设计年生产整车5万辆，计划总投资1.65亿元，项目投产后，年产值将达到40亿～60亿元。届时，神宇公司的产品结构、事业部局、经营规模、可持续发展能力、抗风险能力、市场能力将迈上一个新的台阶。

新工厂建设项目自1月6日正式开工以来，历时近一年时间，先后完成了主体厂房、改装厂房、整车装配线、检测线等32个子项目的建设，并于10—12月，两条装配线先后实现了“当年投资建设当年投产”的既定目标。

9月26日，神宇公司新工厂一期工程竣工投产。

【党群工作】 公司以党支部建设为重点，以“四强四优”活动为载体，始终把深化基层组织建设作为党建工作的重中之重。围绕推动企业生产经营中心工作，在公司各党(总)支、部开展“党员“创先争优”活动，共评比出四强党支部12个、四优党员24人、杰出员工50人、流动红旗班组24个。

构建“四位一体”平台，营造稳定和谐环境。与东风公司签订了社会治安综合治理责任书18份，责任书签订率达100%。同时大力开展普法教育，共举办“六五”普法培训班2期，普法讲座4次，发放普法教材150本，组织普法考试2次，公司领导干部参学率达100%，投入普法教育资金5000余元，被东风公司评为2011年“社会治安综合治理先进单位”。

认真做好“20年工龄工、家属工、占地工” 的参保工作。成立了由党委书记挂帅的工作小组，就相关情况向家属工、占地农民合同工集中进行了详细的政策解释，除1人申请自愿放弃参保外，其余25人均已进入保险缴纳环节。

公司获“湖北省总工会2011年度二级企业工会”称号；工会获“湖北省工会模范职工之家”称号；公司党委获东风公司五星级“四好班子”、“四强”党委称号，党委中心组撰写的党建思想政治研究论文获东风公司二等奖。

(刘景圣)

东风(十堰)汽车传动系统有限公司

【概况】 东风(十堰)汽车传动系统有限公司(以下简称“公司”)成立于2010年7月，注册资本4000万元，是原东风减振器有限公司与湖北万联达有限公司合资组建的汽车零部件企业。新公司位于十堰市高新技术开发区龙门工业园，占地116亩，是一家集商用车系列传动轴总成及传动轴零部件、转向垂臂、转向节臂等产品研制、生产、销售于一体的零部件企业，属东风(十堰)实业公司麾下骨干汽车零部件企业之一。

公司的企业文化植根于东风公司深厚的历史沉淀，同时又不断赋予东风品牌新的生机与活力，在科学发展中逐步打造了“开放、进取、参与、包容”的企业文化，遵循“规范管理、稳健经营、创新发展”的经营方针，依托东风品牌和民营机制，实现了健康、平稳和较快的发展。当年，公司被东风公司党委授予五星级“四强”党委称号。

公司围绕“做大做强汽车传动系统总成”的发展愿景，创新开启梦想，改善实现跨越，在传播东风文化的发展道路上勇于担当，激情奋进。

【产品质量保障】 公司拥有专业的研发团队、完善的质量管控体系，秉承“注意细节、精益求精”的精神，产品做工精细、品质优良，建立了一套完整的采购物流、制造、销售与售后服务体系和质量体系。10月12日，公司通过东风有限、东风商用车公司供应商质量保证B级的评价。

【成本控制】 公司计财部坚持以经济效益为中心，狠抓基础财务管理，积极创新财务思想理念，合理协调各项财务业务关系，充分发挥计财部8人团队协作力量。主动做好财务分析，严抓执行力，提高风险防范能力，强化会计监督职能，认真及时反映公司发展经营中财务状况问题，为公司领导决策提供重要依据。对于公司不合理的开支敢于严格把关，严格执行财务审批制度，各项工作指标均得到上级部门的肯定，为公司的发展作出贡献。

【市场营销】 公司领导班子集思广益商讨坚固本地市场销售份额，积极加大拓展外地市场，已与沙市久隆汽车零部件公司、襄阳汽车股份公司、河北宇康汽车公司建立良好牢靠的业务关系，向共同的事业目标迈进。

【党群工作】 1.以标准化党支部建设主题实践活动为重点，进一步完善党支部工作各项制度建设，基层党支部在领导班子建设、党员队伍建设等方面有较大提高，为实现公司2011年各项生产经营指标提供了组织和思想保证。2.健全了党委抓基层党建工作责任制，制定了工作职责及责任分工。进一步完善了公司党委负总责，党委书记亲自抓，主管领导具体抓，一级抓一级的基层党建工作责任制。3.落实党风廉政建设责任制，从德、能、勤、绩、廉5个方面抓好党风廉政建设，要求党员干部从思想上牢固树立以廉为荣、以贪为耻的观念，在作风上始终保持艰苦奋斗、奋发进取的东风本色，在行动上密切联系群众，关爱一线员工，只讲责任奉献，不讲个人名利的良好风尚。4.扎实开展学习实践科学发展观活动，并通过了东风(十堰)实业公司党委检查验收。在“四好班子”达标升级活动中，认真对照五星级创建活动十要素开展创建活动，公司已成为东风公司党委五星级“四好班子”升级达标单位之一。

(赵　露)

东风(十堰)发动机减震器有限公司

【概况】 东风(十堰)发动机减震器有限公司(以下简称“公司”)是国内规模较大汽车发动机曲轴减振器专业零部件生产企业。公司占地面积近5万平方米，固定资产4000余万元，铸造、机加、焊接、装配、涂装等加工手段齐全，年生产能力8000吨合格铸件、100万套扭振减振器、100万件冲压焊接件。当年，公司围绕“现场改善年”开展各项工作，强化各项管理，推动企业快速发展，公司全年实现销售收入13848万元，同比增长14%。截至年底，共有员工283人。

【产品研发】 公司坚持科技是第一生产力的思想，着力打造一支具有科技创新能力的技术团队。为提高企业研发能力，实现自主研发与联合研发相结合，使其在新品开发、新技术运用上走在行业的前列，提升了企业产品品牌。经策划在原市级技术中心基础上申报为省级技术中心，并已通过省技术中心评审验收。年初申报两项专利技术已获得国家专利局批准。为加强新品开发，公司召开新品研发试制团队专题会，确保新品开发按进度要求完成，及时推进量产。全年累计开发新品204种，其中减震器23个品种，风扇减震器部件10个品种，支托架类75个品种，结构件52种，盘类零件37种，其他零件7个品种，当年开发的新品实现销售收入48万元。

【质量保障】 公司通过组织质量缺陷产品警示教育，质量问题QRQC会议，质量标准的宣讲以及党委督导组对立项攻关项目的检查验收等活动，使员工质量意识得到增强，产品实物质量得到稳步提升。公司于9月通过TS16949质量体系评审。

【成本控制】 公司分别召开车间成本核算运营和部门切块费用启动大会，总经理分别与各单位第一责任人签订了降成本责任状，在车间全面展开，进而逐步向职能部门推进。公司财务部、技术部、人事部等将对所有产品、工序进行成本核算，制定成本核算细则，建立成本核算与绩效考核挂钩机制。5-8月，各车间制造费用、动能、人工三项合计成本核算实施后所取得的成本控制有明显成效，5个车间共计节约25万元。

【市场营销】 公司驻外人员积极开展东风商用车公司、东风乘用车公司、东风股份、神龙公司4个平台的业务对接和商务工作，取得了东风乘用车公司全系列发动机扭振减震器总成产品的独家供货资格、东风商用车公司X7扭振减震器总成产品的供货资格、dCi 11硅油大马力扭振减震器总成的工艺改进与东风商用车公司技术中心发动机部的对接工作，密切关注13升大马力发动机扭振减震器产品的开发动向以及4H发动机扭振减震器总成的开B点供货工作；同时积极与神龙公司保持联系，力争早日实现进该公司供应商平台工作。东风商用车公司当年12月在厦门召开的供应商大会上隆重发布汽车零部件“战略供应商”12家，公司获此殊荣。

【党群工作】 为深入推进“创先争优”活动的开展，进一步强化党员的责任意识和争先意识，公司党委举行了“创先争优成果发布会”、“党员上岗挂牌”、“红歌比赛”等活动，激励党员干部进一步发挥先锋模范作用，推动企业又好又快发展。减震器车间党支部共产党员戎煜获“东风公司模范党员”称号，他发布的“雷诺惯量环端面、外圆刀具选型改进”项目，减少了可控费用47490元，共节约69990元。

7月1日，公司红歌会比赛。

(康　乐)

十堰东风三立车灯有限公司

【概况】 十堰东风三立车灯有限公司(以下简称“公司”)是由东风(十堰)实业公司和韩国SL株式会社共同出资创建的合资企业,成立于2004年1月16日。公司位于湖北省十堰市高新技术产业开发区,注册资本6800万人民币,中韩双方各占股份50%,总资产1.7亿元人民币,占地面积43508平方米,建筑面积11178平方米,工业厂房9980平方米,进口关键设备20余台(套)。截至年底,公司有员工199人。

神龙公司领导莅临公司检查指导工作。

公司已有5个产品获得国家设计专利。以新材料、新技术、新工艺、新方法的运用,推动环保车灯产品在国内外灯具市场的使用。通过大规模集约化生产,实行全球化采购,有效降低了成本,提高了效益。全年公司实现销售收入1.25亿元,完成年度目标的100.1%,顺利实现董事会预定利润目标。

【经营管理】 市场开拓坚持以信息为基础、以争取定单为中心、以配套促发展的工作思路,采取更加灵活的营销策略,努力抢占市场做大份额,发挥对公司生产经营稳步增长的龙头作用。全年工作思路分三个重点:1.进一步拓展市场份额,与东风股份就微型车产品进行了接洽和商谈,为公司的长远发展奠定了坚实基础。2.持续保持与东风商用车公司的良好合作关系。3.加强新品开发,加强与东风乘用车公司的战略合作伙伴关系、大力推进东风日产和东风裕隆新项目开发,并成功完成东风裕隆NVU1项目的接单工作。

【“现场改善年”活动】 当年,公司认真开展“现场改善年”活动,组织“促生产、降成本、增效益”立功竞赛,并通过颁发战表的形式,各部门共同努力,各个环节齐抓共管,取得了较好的成效,全年完成各类降成本446万元。公司为适应新产品的品质需求,投资引进了1200吨注塑机、420TBMC注塑机和一条大灯装配线(S15和W03共线),实现了工艺设备升级。质量体系的进一步完善,顺利通过“CCC”国家强制认证复审、TS16949三方审核和ISO14001环境体系复审。

【党群工作】 党群部门密切配合行政管理工作,充分发挥企业文化的倡导作用。积极推进“创先争优”活动。公司党总支组织开展以“五比五争作表率,五项活动促创争”为主题的“创先争优”活动,在东风(十堰)实业公司“创先争优”成果展评比中获三等奖,员工何先清获“2011年度东风公司劳动模范”称号;积极搭建信息沟通平台,疏通员工充分表达意愿的渠道,实现员工与公司领导“面对面”的交流;积极组织参加各项文体活动,党总支部以中国共产党建党90周年为契机,组织党员上党课、红色之旅等方式的纪念活动。此外,积极参加东风(十堰)实业公司红歌赛、羽毛球、乒乓球比赛,还参加东风公司羽毛球赛和游泳比赛,霍敏在东风公司游泳比赛中获第五名的好成绩。

(赵 爽)

东风(十堰)汽车车厢有限公司

【概况】 东风(十堰)汽车车厢有限公司(以下简称“公司”)是一家具备焊接、冲压、辊扎、改装车装配等多种产能的综合性加工型企业。截至年底,公司拥有固定资产总额5968万元,员工400人,其中工程技术人员15人,首席工程师1人,工程师5人,研发人员8人。现拥有工艺设备218多台(套),其中辊轧线5条,纵剪线、横剪线各1条,大型剪板机、折弯机各2台,玻璃升降器装配线1条,10吨以上天车4台,250吨以上压力机6台。公司产品覆盖商用车、乘用车、微型车等领域。公司本着“低成本运营、高效率运作、让顾客感动”的经营理念,坚持“外拓市场,内抓管理”的发展原则,取得了较好的效果和可喜的成绩。当年,公司被东风(十堰)实业公司授予“成本管理先进单位”、“安全生产特级工厂”、“党风廉政建设先进单位”。公司长期以来把客户需求作为关注点，以快速的应变能力、可靠的品质保证、优质的售后服务、准确的交货时间赢得客户满意；遵循“车厢产品、精益求精、品质保证、用户称心”的质量方针，先后通过了“ISO9002：1994”、“ISO9001：2000”、“ISO/TS16949：2009”质量体系认证。

【合资合作】 1月6日，由东风（十堰）汽车车厢有限公司与十堰方鼎汽车车身有限公司共同投资注册为合资企业，股比分别为51%和49%，注册资本总额4400万元。

1月6日，公司举行与方鼎汽车车身有限公司合资合作签字仪式。

【产品研发】 年初，公司制定了明确的经营发展方向，把“汽车车厢和玻璃升降器总成”作为公司战略产品。通过产品结构调整，研发战略产品，截至年底，公司共完成5大类68个项目新产品开发，实现新产品销售收入1421万元。

【新工厂建设】 新工厂位于十堰市东城开发区徐白路东益大道。公司占地面积200余亩，计划一期工程投资2741.7万元，主要生产东风股份轻卡车厢、东风华神车厢、东风专汽瓦楞式厢式车、东风专汽城乡专用车厢和东风天锦等各类自卸车。年生产能力达到5万辆。

8月1日，公司白浪新工厂正式投产。

【管理提升】 公司在东风（十堰）实业公司的统筹规划下，大力开展“现场改善年”活动，从工艺技术、采购、管理、安全、质量、节能环保等方面确定了多个项目，全年共完成东风（十堰）实业公司级项目8个，公司级项目72个，改善降成本168.47万元。通过现场改善活动，提高了工作效率，设备开动率达到98%以上，节能减排指标全面完成，杜绝了各类安全事故的发生。

【党群工作】 公司党支部充分发挥党建工作优势，为各项工作提供强有力的思想保证。树立群众利益无小事的观念，认真履行维护职能，关心员工生活，想方设法为员工把实事办实、把好事办好。有效开展“送温暖”工作，积极为员工排忧解难。开展多种形式的文娱活动，保障员工的文化权益，丰富了员工的业余文化生活。公司实施班组长竞聘上岗，制定班组建设工作条例，采用目视管理手段，提高班组建设水平，被东风（十堰）实业公司评为五星级“四强”党支部和“创先争优”“优秀组织单位”等称号。

（金太文）

东风（十堰）汽车钢板弹簧有限公司

【概况】 东风（十堰）汽车钢板弹簧有限公司（以下简称“公司”）位于湖北省十堰市张湾工业新区风神大道17号。公司资产总额7995万元，固定资产2000余万元，拥有目前国内最先进、最齐全的专用设备。公司主要产品为汽车钢板弹簧，产品涵盖重、中、轻、微各种商用车、乘用车等。截至年底，公司员工212人，其中专业工程技术人员10余人。当年共实现销售收入4047万元。

【新产品研发】 新工厂于当年1月建成投产后，先后引进专业技术人才8人，投入研发资金10余万元，全年共研发新品300种，比上年同期研发数增长近3倍，其中变截面高附加值产品54种，新产品销量收入达630余万元。

【管理提升】 新一届领导班子成立后，根据公司现状，提出了全面实施“降低成本，推进经营管理”的五大工程管理思路。1. 价格监管到位，理清成本，基本消除管理漏洞。2. 降低库存，盘活存货资金。3. 实现集中生产，降低能耗。4. 优化薪酬，提高效率，降低人事费用率。5. 开展技术攻关，提高材料利用率。截至年底，通过五大工程的推进，材料利用率提高了2%，存货资金下降580万元，经营管理取得了一定的成效。

总成装配线忙碌的场景。

【党群工作】 党总支紧紧围绕公司中期事业计划，内抓团队，外树形象，深入学习实践科学发展观，及时把握党建思想政治工作新趋势，不断创建党建工作载体，深入开展星级“四好班子”创建工作，认真贯彻和落实学习型领导班子的各项制度。坚持开展“创先争优”活动，并取得了阶段性成果，以“党员先锋岗”、“党员示范岗”、“巾帼模范岗”等评比活动为载体，创造性地开展党内主题竞赛活动，不断推进企业文化建设，为提升公司综合竞争实力提供了有力的思想保证、精神动力和智力支持。

（张 敏 龚俊杰）

东风（十堰）汽车标准件有限公司

【概况】 东风（十堰）汽车标准件有限公司（以下简称“公司”）位于湖北省十堰市大岭路25号。公司占地面积17722平方米，工业建筑面积14135平方米。拥有生产各类汽车标准件、汽车弹簧的各种专用和通用设备258台（套）。固定资产2555万元。现有员工253人，其中大中专毕业生100人；工程技术人员14人，管理人员53人。

【新品开发】 当年，公司以“市场、产品、成本”为主线，实施产品结构调整和新品开发战略，全年新品开发270多种，产值达340万元，同时积极开拓市场，扩大市场占有率，市场多元化格局已初步形成。

【质量保障】 公司坚持持续改进、创名求精的质量方针，强化产品过程控制，不断提升产品质量，通过了ISO/TS16949质量体系认证，开展重点课题改善活动，全年共实施QCD改善56项，创经济效益61万元。

【经营成果】 当年，在全体员工的共同努力下，公司实现销售收入5500万元。

截至年底，公司被东风汽车零部件（集团）有限公司授予“优秀供应商”称号。同时，对东风商用车公司供货金额突破千万元大关，达1069万元，是公司历史性的好业绩。

【装备改善】 2011年，公司共注入资金805万元引进新设备多台，其中包括螺丝成形机3台、电脑数控卷簧机3台、数控弹簧端面磨床2台、自动滚丝机2台、自动搓丝机1台、空压机1台，对部分装备进行更新，使生产能力和质量保障能力得到很大的提高，也是连续几年来的最大投资年。

TK-5160电脑卷簧机。

（喻词忠）

东风（十堰）汽车零部件有限公司

【概况】 东风（十堰）汽车零部件有限公司（以下简称“公司”）位于十堰市白浪经济开发区滨河东路

63号，是以车桥总成、减速器总成为主导、汽车冲压件为补充的零部件企业。当年，公司在“外拓市场、内强管理”工作方针指引下，克难奋进，实现销售收入7250万元，利润45.2万元，初步形成以东风小循环和社会主机厂为特色的市场体系。

【装备改善】 公司把实现可持续发展作为企业目标，逐步进行装备升级改造和现场改善。如原有装备设备中的6台水冷式活塞式空压机设备已经老化，且噪声大、效率低、能耗高，成功申请省级环保专项资金对设备更新，投入1台75千瓦变频螺杆空压机、储气罐，组建空压站，实现集中供气，减轻了环境噪音，节约能耗，实现经济效益和环保双赢。

【新品开发】 在上年扭亏基础上，通过一系列改善和提升，管理由粗放向精益转变，企业由解决生存向稳健发展转变。通过引进新技术、新工艺，提升产品质量。共开发新产品49个品种，其中支托架类16个品种，车桥类33个品种。车桥类产品吨位覆盖中、重、轻；类别涵盖载重车桥和客车桥，并成功开发了轮边减速桥高新技术产品，初步形成了宽系列、多品种的产品格局。

【党群工作】 当年，公司由三级单位恢复为二级单位，改选成立中共东风(十堰)汽车零部件有限公司总支部委员会。党总支以党的十七大精神为指导，以经营工作为中心，全面加强思想建设、组织建设、作风建设，保障和促进公司各项工作目标的全面达成。经营质量稳步提升，公司社会美誉度不断加强。

(张国超)

东风(十堰)汽车油缸有限公司

【概况】 东风(十堰)汽车油缸有限公司(以下简称“公司”)系东风(十堰)实业公司下属企业，创办于1983年。当年9月，公司搬迁到白浪开发区，现公司新厂坐落在十堰高新技术开发区白浪东路48号，是一家集研发、设计、生产、销售各种汽车用液压油缸、汽车用燃油箱的科技型生产企业。

公司新阵地占地面积79000平方米，建筑面积24000平方米，注册资本2200万元，总资产5780万元，固定资产2834万元。公司拥有各种专用液压油缸及液压油箱和燃油箱加工及检测设备126余台(套)，具备年生产各种车辆用液压油缸3.6万套、液压油箱和燃油箱2万只的能力。二期添置部分设备后具备生产各种车辆用液压油缸6万套、液压油箱和燃油箱5万只的生产能力。在册员工66人，其中工程技术人员5人，全年实现销售收入1428万元。

【质量管理】 公司坚持“心系顾客造精品、优质服务创名牌”的质量方针，连续四年一次性通过ISO/TS16949第三方现场监督审核。

【市场开拓】 公司本着立足东风，积极拓展社会市场的营销策略，陆续与东风特汽(十堰)专用车有限公司、东风襄阳专用汽车有限公司、东风专用汽车有限公司、东风创普专用汽车有限公司、东风随州专用汽车有限公司、东风南充汽车有限公司、陕西宝鸡华山工程车辆有限公司、云南力帆骏马车辆有限公司等大型汽车厂签订了供货协议，部分市场已形成批量供货。

【党群工作】 公司通过深入开展以“三贴近三满意”为主题，以“三先三最”为总体要求，以“四比四创”为载体的为民服务活动，全面深化“创先争优”活动，党员干部不断解放思想，转变作风，努力克服新工厂初期遇到的各种困难，实现了合资公司的平稳过渡，员工队伍较为稳定。

(李　仁)

十堰东风银帆化学有限公司

【概况】 十堰东风银帆化学有限公司(原十堰东风韩都油化有限公司，2011年5月正式更名为十堰东风银帆化学有限公司，以下简称“公司”)。位于湖北省十堰市张湾区大岭路15号，是专业从事化工涂料技术、生产和销售的合资企业。注册资金2000万元，东风(十堰)实业公司股比51%、广东银帆化学有限公司股比42%、十堰融丰汽车专业件有限公司股比7%，年生产各类油漆6000吨。截至年底，有员工50余人，其中研究生学历1人，本科以上学历5人，大中专学历15人，工程技术人员10余人。

公司拥有国内外高尖端精密的检测仪器，采用德国BASF、日本DIC、荷兰AKZONOBEL等国际先进技术与自主开发并驾齐驱，并将ISO/9000质量管理体系、ISO 14000环境管理体系、OHSA18000职业安全健康管理体系始终贯穿于产供销全过程。

【产品研发】　公司始终坚持以“狠抓新产品研发”为己任，以“不断提升企业发展后劲”为推手，积极开发研制与市场对路的产品，共开发出各类油漆品种上千个花色。当年，公司先后成功开发出白色双组份低温中涂、玫瑰红中涂、低温玉白、紫罗兰、东风蓝、敦煌红、柠檬黄、深灰桔纹、铁黄、浅灰、深灰、工程黄实色漆、中黄实色漆、深黄实色漆、桔红实色漆等各类油漆新产品62个品种，为公司新增销售收入近300余万元。

【市场开拓】　抓市场开拓，不断寻求公司发展新资源。当年，公司采取“稳定原有市场、跟踪成熟市场、明确重点市场、拓宽潜在市场”的策略，并以新产品研发为切入点，加大新市场开拓力度，不断扩大产品市场份额，提高了市场产品占有率；在做稳现有供货市场的同时，按照“先易后难、先近后远、抓大放小”的原则，不断开发新市场，实现了市场份额最大化；结合销售工作实际，有的放矢，加强对销售队伍的建设和管理，增强销售人员市场竞争意识，提高市场竞争力；打造差异化市场格局，走品牌营销战略，使公司油漆产品形成了与主机市场配套，与社会市场对接的良好格局。当年，公司先后开发出世纪中远、十堰铭亮零部件、宇力悬架、炎龙汽车、公安车桥等新市场。

【质量管理】　狠抓产品生产过程检测管控，促进产品质量稳步提升。当年，按照实用性和可操作性的原则，结合公司产品质量状况，修订、完善和建立了内部质量管理考核制度。以提高产品实物质量为目的，先后投入10.2万元购买了2台光泽仪、1台鲜映性检测仪，切实做好产品生产检验过程的监控。在公司积极推行全面质量管理，逐步建立完善从产品适应性开发、采购、生产制造、产品检验、销售服务全过程的质量保证体系。通过采取产品工艺改进、产品质量巡检、产品过程监控等一系列举措，保证产品质量，精心打造“东风银帆”品牌，提高产品知名度、增强企业市场竞争力。制定和规范了质量工艺纪律管理制度，加大对生产现场质量巡检执行力度，通过实行质量检测组签字放行制度，从源头杜绝不合格品出厂。8月底，在公司内部开展了“百日质量提升”活动，有效地促进了公司产品实物质量的不断提高。

（韩宏春）

东风（十堰）环保工程有限公司

【概况】　东风（十堰）环保工程有限公司（以下简称“公司”）位于湖北省十堰市张湾区西城开发区郭家湾村，是十堰市政府委托集中处置医疗废物的环保企业，具有极强的公益性，被列为“南水北调”中线工程核心水源地的重要项目。2011年1月15日正式纳入东风（十堰）实业公司二级管理行列。

公司设有财务人事部、市场储运部、综合管理部、生产作业部，员工37人，其中各类专业技术人员9人。

公司占地面积11985平方米，建筑面积2594平方米，5辆医疗废物运输车、1000个医疗废物周转箱，固定资产2034万元。当年，二级以上医院市场覆盖率为100%，一级以上医疗机构总覆盖率为86.4%，比2010年增加3.9个百分点，截至年底，与十堰城区小型医疗卫生机构签订334家，市场覆盖率为81%。

【运营管理】　按照十堰市政府创建“国家卫生城市”、“全国文明城市”、“国家环保模范城市”和《十堰市关于全面实施医疗废物集中收集处置的通知》、《十堰市医疗废物集中处置管理办法》的规定，公司目前处置的医疗废物主要包括被病人血液、体液、排泄物污染的物品，各种废弃的医学标本、手术和实验中废弃的人体器官、动物尸体，以及过期的药品和废弃的化学药剂等，这些废弃物通常都有很强的传染性和污染性。医疗机构产生的医疗废物通过密闭式医疗废物专用收运车辆按照《医疗废物集中处置技术规范》（试行）（环发206号-2003）规定的时间间隔收运到东风（十堰）环保工程有限公司，装在密闭周转桶内的医疗废物通过自动提升装置被投入到热解炉内进行热解焚烧，热解炉内的温度在400℃～800℃之间，热解炉内的医疗废物在高温状态下被瞬间加热燃烧，医疗废物中的细菌和病毒被彻底消灭，产生的炉渣由十堰市环卫处的收运车辆收集后送到垃圾填埋场进行卫生填埋，热解产生的可燃气体在二燃室内高温(850℃以上)焚烧去除90%以上的二恶英(致癌物)，高温焚烧后的烟气经过急冷、脱酸和布袋除尘器除尘后达标排放。烟气中的粉尘被截留在滤袋外表面经过收集后定期由有危险废物运输资质的运输企业转运到湖北省固废中心安全填埋。

当年，公司已集中收运无害化处理医疗废物1352.93吨，累计产生3055.66吨，同比增加40%，达标处置污水2899.34吨，累计产生9497.68吨，同比减少21%。万元增加值能耗达标为0.24，COD排放量0.02吨/年，不仅完成了东风(十堰)实业公司下达的节能减排KPI指标，且低于要求指标。为了使万元增加值能达标，公司严格控制生产能源和原辅材料的消耗，同时为完成东风(十堰)实业公司指标，公司对水资源严格控制，建立了一套污水处理系统，处理后的水重复利用，减少外排。

【文明城市创建】 医疗废物无害化处置作为十堰市“三城联创”重要验收内容，被列为必检项目之一。公司接到市政府“三城联创办”通知后，严格按照标准要求开展工作，8月16日，国家卫生检查组一行莅临环保公司对“三创”工作现场进行检查并验收。卫生检查组检查期间指出：“创卫工作开展扎实有效取得了很好的社会效益和经济效益，为十堰市市民创造了良好的卫生环境作出了很大的贡献，希望今后继续巩固创卫成果，更好地为南水北调工程做好服务。”

12月10日，国家南水北调办主任于佑军，十堰市市委书记陈天会、市长周霁等一行莅临十堰市医疗废物处置中心调研，重视对丹江口库区及上游医疗废物集中收集、无害化处置工作，要求有关政府部门拿出具体配套措施解决东风环保公司山区医疗废物收集难的实施办法，确保“一江清水北送”。

12月10日，国家南水北调办主任于佑军(前排左二)、十堰市市委书记陈天会(前排右二)、市长周霁(前排左一)在公司调研。

(周　怡)

东风(十堰)正翔热系统有限公司

【概况】 东风(十堰)正翔热系统有限公司(以下简称“公司”)由东风(十堰)实业公司和伟成工贸有限公司(“湖北省汽车散热器十强企业”)合资组建，董事长张红，副董事长兼总经理匡翠平，董事兼副总经理高运忠。公司主导产品为各式铜铝系列汽车散热器、中冷器、暖风空调散热器、工程机械散热器、冷凝器、蒸发器和冲压制品等。

【经营管理】 全年完成销售收入4711.51万元，同比增加164.56万元，增幅3.62%。全年实现利润186.14万元，同比增加4.52万元，增幅2.49%。已投资本回报率达到9.71%，产销量、销售收入、营业利润连续3年逐年提高。

公司以“现场改善年”活动为契机，订立13项改善项目，完成了诸如暖风散热器装配班工作环境改善(降噪)、铜车间焊接用燃气存放改造、铜车间泵水工位环境改善等项目，并针对各项现场管理疏漏建立改善措施，固化为标准，提升现场管理水平。

公司在推行低成本运营管理方面，实施低成本运营策略，采取订单生产模式，降库存，降应收，经过一年的试行，存货较年初下降167万元。各生产车间对积压品开展大清理活动，对库存报废产品、废料进行集中处理，对部分库存积压水箱进行拆解、改型，以降低不合理库存，盘活资金。铜车间对库存积压的1057件铜水箱改型了955件，积压水箱二次利用改型率达90.35%，将不良资产转化为可利用资金，降低库存的同时提高了资金利用率。

【技术提升】 以市场为导向、重点项目为基础，抓机遇，求发展，坚定加快产品结构转换，一直是公司坚定不移的发展信念。依据市场形势，顺应市场要求，加大产品结构调整步伐，在铜产品生产方面，开发出产品附加值高、技术难度大的产品，同时加大对铝产品的开发力度，使铝产品箱从单一品种发展到铝产品全面化覆盖，开发由仅生产中冷器、全铝水在铝产品开发上，围绕原有设备，在不增加大投入的前提下，延长产品链条。当年，共开发铜水箱90种，铝水箱23种，中冷器25种，暖风芯子8种。5月，东风客车国四发动机冷却器（铜散热器+中冷器）开发试制成功并批量生产，8月，东风轻型卡车经济型暖风芯子开发试制成功并批量生产，10月，东风重型卡车暖风芯子开发成功并批量生产、火车用散热器研发成功并通过试装测试、东风中型卡车冷凝器开发成功并试生产，同时成功申报"全铝暖风散热器开发"、"铝—塑结构散热器开发"两项技术专利，提升了公司技术影响力及竞争力。

【市场开拓】 当年，公司严格按照年初制定的销售计划，对有市场潜力的用户，由领导亲自挂帅，组织相关部门与客户高层、采购、技术、价格等部门全方位联系，形成定期拜访交流机制。确立长期的合作关系，巩固了市场占有率，支撑了公司稳定的销售收入。完成新客户前期开发工作的同时积极拓展公司新上产品和高附加值产品的市场，为公司的产品转型和提高经营质量打下基础。保证了销售收入持续增长的动力。在公司主要10个主机客户中有8个实现了稳定增长，其中襄阳旅行车公司销售收入增长达300%。

【党群工作】 当年完成东风社保立户工作，将东风划入员工社保全部迁移至公司。更换午餐供应商，提高员工午餐质量。召开"成立两周年庆祝大会"，总结公司成立两年来取得的成绩，对未来发展规划进行了宣传，提升员工对企业的期盼度、信任度，稳定了员工思想。

东风正翔热系统有限公司成立两周年庆祝大会。

（徐培榛）

东风(十堰)汽车冲压件有限公司

【概况】 东风（十堰）汽车冲压件有限公司（以下简称"公司"）位于湖北省十堰市寺沟巷2号。始建于1979年，2009年12月2日由东风（十堰）实业公司与十堰市大章实业有限公司共同投资组建成为合资公司，占地面积7087平方米，工业建筑面积5287.65平方米，现有工艺装备59台（套），资产总额3314万元，净资产1711万元，从业人员127人，其中工程技术人员6人。公司下设综合管理部、技术营销部、装备管理部、制造运营部。

合资两年来，公司产品系列覆盖了东风公司重、中、轻、乘四大类车型，主导产品有支架系列、操纵机构系列、固定板系列、油底壳系列等近520种。

【经营业绩】 当年，公司紧紧围绕东风（十堰）实业公司"创新、超越"的工作主题及"发展要有新思路，改革要有新突破，管理要上新水平，业绩要有新提升，企业要有新形象，收入要有新目标"的工作要求，内强管理，改善形象，外拓市场，经营业绩稳步提升。实现销售收入5257万元，完成年度目标值5200万元的101%，与上年相比增加了1194万元，其中新产品实现销售收入1233万元，完成年度目标值200万元的617%。

【产品研发】 公司紧盯"东风商用车公司、东风股份、东风模具冲压技术有限公司、东风车身部件公司"四大块市场，加强产品研发队伍建设，提升市场开拓能力水平，以"密切关注、积极跟进、努力争取、绝不放弃"的工作态势，开发东风商用车公司D760车型、D310小改样车型等58个零件；开发东风股份T01车型、一品系/二品系车型、T08车型、EJ02/EJ04新能源车型等82个零件；开发东风模具冲压技术有限公司8个零件；开发东风车身部件公司41个零件。

【财务管理】 公司以导入新会计准则为契机，夯实财务基础，规范财务核算，每月以开展MC分析为载体，抓现金流管控、存货管控、投入产出管控，较好地提升了盈利能力、偿债能力、营运能力、生长能力。

【质量管理】 引入QRQC管理工具，通过快速反应质量控制活动，提高了实物质量，杜绝了不良品的流出，纳入不良品率平均值由94.6ppm降为30.2ppm，废品率由上年的0.7%降为0.35%，商用车售后索赔由0.27%降为0.18%。当年，公司被东风商用车公司评为B级供应商。

【安全管理】 层层签订责任书，传递目标责任，坚持日常监督、检查、考核，在员工中开展安全意识教育，在班组中推进实施KYT危险预知训练，提高了员工发现隐患、解决隐患的能力，确保了全年无重大安全事故发生。强化现场改善，从调整生产结构布局，改善生产、仓储、物流环境，提升劳动生产率入手，分别改扩建了大冲作业区、仓储库、白浪开平作业区、茅箭剪切小冲作业区，改善了员工的作业环境，为安全文明生产奠定了良好基础。

【党群工作】 当年，公司党总支在东风（十堰）实业公司党委的领导下，以“创先争优”活动为抓手，围绕企业经营中心工作，组织开展了党风廉政建设宣传教育活动，领导干部的专项治理活动，党员民主评议活动，“东实杯”、“青春杯”立功竞赛活动，困难员工爱心救助活动，“实业杯”羽毛球比赛和“和谐杯”东风模具冲压技术有限公司模冲羽毛球比赛等活动，强化了企业文化建设，激发了员工的工作积极性和创造性，保持了员工队伍的整体稳定。

7月20日，东风（十堰）汽车冲压件有限公司召开年中工作研讨会。

（李隆菊）

东风（十堰）设备安装有限公司

【概况】 东风（十堰）设备安装有限公司（以下简称“公司”）是东风（十堰）实业公司板块内唯一一家从事工业设备安装、改造、维修保养工程的企业。公司现有各类工业设备40余台（套），注册资本1200万元。主营业务为起重设备，机电设备，管道、环保、保温、防腐工程安装，钢结构外标制作、安装，工业设备安装、调试及维修保养等，年工程总量3000万元。

设备安装现场。

【经营管理】 当年，公司紧紧围绕“内抓管理提升，外拓东风市场”这一中心，紧紧抓住兄弟单位扩能改造的机会，积极拓展实业公司内部市场，完成了东风（十堰）特种车身有限公司搬迁扩能建设项目焊装、内饰车间及外网安装工程，以及东风神宇车辆有限公司总装车间安装及二次配电工程。

年初，公司紧盯武汉市场不放松，通过全面协调、沟通和宣传，7月正式融入东风本田建设市场，并将东风本田号称“工厂心脏”的二工厂动力中心建设安装工程项目交给公司。截至年底，公司完成东风本田一工厂钢平台工程200余万元，二工厂动力中心安装工程400余万元。全年完成工程总量1500.22万元，实现利润52.2万余元，工程合格率100%，实现了工程总量和利润同比翻两番的目标，工程合格率、回款率大大优于往年。

（鲍支喜　杨若兰）

荣誉与表彰

集 体 荣 誉

东风公司获得的主要荣誉

全国机械行业文明单位

全国机械行业企业文化建设先进单位

装备中国功勋企业

第十七届湖北省优秀企业(金鹤奖)

2011年湖北企业100强

湖北省"十年经济推动大奖"

湖北省安全生产红旗单位

湖北省党建工作先进单位

2011年武汉"百强"企业

首届武汉最具影响力企业特别贡献奖

全国五一劳动奖状

东风商用车重型车厂

东风公司工会

全国工人先锋号

东风本田发动机科装配B班

中央企业青年文明号

东风本田国机隆盛4S店

神龙鸿泰汽车销售有限公司

湖北五一劳动奖状

东风实业公司十堰东森汽车密封件有限公司

湖北省工人先锋号

东风本田整车品质科终检1系2班

东风股份汽车分公司一焊装作业部总装一班

东风公司最佳文明单位

(30个)

东风商用车车身厂

东风商用车铸造一厂

东风商用车东风锻造有限公司

东风商用车车架厂

东风零部件集团襄阳东风汽车电气有限责任公司
东风零部件集团东风精密铸造有限公司
东风零部件集团东风贝洱热系统有限公司
东风股份东风襄阳旅行车有限公司
东风股份汽车分公司
东风股份常州东风汽车有限公司
东风日产深圳市东风南方实业集团有限公司
东风日产风神襄阳汽车有限公司
装备公司刃量具厂
东风商用车技术中心
神龙公司襄阳工厂
神龙公司东风雪铁龙商务部
武汉神龙置业有限公司
东风特商东风越野车有限公司
东风特商专用设备厂
十堰管理部东风汽车房地产有限公司
十堰管理部电力处
十堰管理部铁路运输处
襄阳管理部东风襄阳置业有限责任公司
东风实业公司东风(十堰)车身部件有限责任公司
东风实业公司十堰东森汽车密封件有限公司
东风实业公司东风(十堰)发动机部件有限公司
东风本田发动机有限公司
中国东风汽车工业进出口有限公司
东风汽车公司技术中心
东风鸿泰武汉控股集团有限公司

东风公司模范党支部

(15个)

东风德纳车桥有限公司十堰工厂装配车间党支部
东风伟世通(十堰)汽车饰件有限公司三分厂党支部
东风轻型商用车营销有限公司营业联合党支部
东风日产乘用车公司供应链管理部党支部
装备公司设备制造厂平衡悬架车间党支部
东风商用车铸造二厂三车间党支部
十堰管理部东风通信技术有限公司红卫经营部党支部
神龙公司武汉一厂涂装分厂党支部
东风特商专用设备厂物流设备车间党支部
东风李尔汽车座椅有限公司襄阳分公司党支部
东风本田制造党总支第六党支部
东风裕隆汽车有限公司营销总部党支部
东风鸿泰武汉控股集团有限公司华龙公司党支部
东风设计研究院有限公司东合置业党支部
东风乘用车公司质量保证部党支部

先进个人

2011中国企业最具创新力十大领军人物

徐　平　　东风公司董事长、党委书记

装备中国功勋企业家

徐　平　　东风公司董事长、党委书记

全国机械行业优秀思想政治工作者

范　仲　　东风公司党委副书记

全国五一劳动奖章

邢海强　　东风德纳车桥有限公司襄阳工厂班长

全国优秀科技工作者

贾贵起　　东风朝阳柴油机有限责任公司副总工程师
黄佳腾　　东风汽车公司技术中心主任
蒋　鸣　　东风商用车技术中心中心长

“十一五”国家科技计划执行突出贡献奖

信继欣　　东风电动车辆股份有限公司总经理

全国先进工会工作者

伍少波　　东风本田工会主席

中国汽车十年影响力营销人物

任　勇　　东风公司总经理助理、东风日产副总经理

陈斌波　　东风本田执行副总经理

中国汽车十年影响力科技人物

黄佳腾　　东风汽车公司技术中心主任

湖北五一劳动奖章

梁海燕(女)　东风商用车车架厂

杨祉刚　　神龙公司武汉工厂

梁小国　　东风实业(十堰)车辆有限公司

湖北经济年度“十大风云人物”

朱福寿　　东风公司总经理

东风公司模范共产党员

(10名,以姓氏笔画为序)

戎　煜　　东风(十堰)发动机减震器有限公司

汤　恒　　东风乘用车公司市场销售部

李承斌　　东风模具冲压技术有限公司冲焊工厂

李雅玲　　东风本田汽车零部件有限公司制造一部

陈小莉　　东风本田汽车有限公司党委办公室

洪光辉　　东风股份商品研发院轻卡中心底盘室

胡　弘　　神龙公司质量部用户质量分部

郝天华　　十堰管理部离退休人员管理处

黄明红　　东风德纳车桥有限公司襄阳工厂

黄森林　　襄阳热电厂热电分厂热力作业部

东风公司优秀思想政治工作者

(5名,以姓氏笔画为序)

史沫林　　神龙公司纪检监察室

刘庆洲　　东风特商动力设备厂四缸机分厂

刘春雨　　十堰管理部水务公司市场部

张　丹　　东风日产乘用车公司党委工作部

侯润东　　东风汽车泵业有限公司党委工作部

东风公司优秀党务工作者

(8名,以姓氏笔画为序)

千　钢　　东风有限装备公司

吕自龙　　东风(十堰)实业公司

李红山　　神龙公司武汉二厂

杜保林　　十堰管理部水务公司

胡光辉　　东风汽车电气有限公司

黄乃绪　　东风康明斯发动机有限公司

廖建军　　东风本田发动机有限公司

谭先高　　东风商用车车身厂

东风公司劳动模范

(30名,以姓氏笔画为序)

王云中　　东风汽车公司技术中心整车设计一部

王建清　　东风商用车总装配厂装配三车间

王笑章　　东风本田汽车零部件有限公司制造二部

王　勇　　装备公司设备制造厂组合机加工车间

邓汝光　　十堰管理部东风汽车房地产有限公司

田　龙　　东风商用车铸造一厂模具车间

申桂英　　东风特商专用设备厂技术部

任力捷　　神龙公司武汉一厂总装分厂

刘　锋　东风德纳车桥有限公司十堰工厂
孙明生　东风汽车泵业有限公司管件事业部
朱显军　东风本田车体制造部涂装科保全系
米清平　东风襄樊仪表系统有限公司零件车间
许秋红　襄阳管理部襄阳热电厂生产技术部
严家富　东风商用车公司东风专用汽车有限公司
何先清　东风(十堰)实业公司十堰东风三立车灯
吴世民　东风康明斯发动机有限公司营销公司
吴先东　东风越野车有限公司东风猛士售后服务
李　笠　东风日产乘用车公司技术中心
杨　谦　东风鸿泰汽车销售服务有限公司
沈　亮　东风裕隆汽车有限公司焊装车间
陈庆丰　神龙公司东风雪铁龙北京大区
陈建武　东风商用车技术中心车辆试验部
陈银烛　东风电动车辆股份有限公司总师室
金　波　东风实业(十堰)车辆有限公司
赵宏伟　东风股份郑州日产汽车有限公司
袁志斌　东风朝柴动力有限公司金工四厂
高志强　十堰管理部热电厂汽机车间
黄敏科　东风乘用车公司武汉工厂总装车间
彭　强　东风小康汽车有限公司(十堰基地)
雷星宇　东风日产乘用车公司郑州工厂

东风公司优秀经营管理者

(12名,以姓氏笔画为序)

边志敏　十堰管理部东风汽车房地产有限公司
江　川　东风悦达起亚汽车有限公司
吴新波　东风伟世通汽车饰件系统有限公司
李争荣　东风股份东风襄阳旅行车有限公司
杨　嵩　东风日产乘用车公司
陈斌波　东风本田汽车有限公司
周旺生　东风特商东风越野车有限公司
罗元红　东风(十堰)实业公司
谈民强　神龙公司
高瑞朝　东风商用车铸造一厂
彭泽龙　装备公司刃量具厂
温开发　东风汽车公司技术中心

徐平在第十届职工代表大会第三次会议上的讲话（节选）

2011年是国家"十二五"的开局之年，也是东风事业迈上新高度的一年。一年来，东风公司在党中央、国务院的正确领导下，以党的十七届五中、六中全会精神为指导，深入贯彻落实科学发展观，紧紧围绕"十二五"目标，有效应对各种风险和挑战，加快自主发展、改革调整和经营协同的步伐，加强企业党建，保持经营稳健较快增长，经营高质量跨越300万辆新台阶，自主品牌汽车年度销量历史性跨上百万辆台阶，顺利实现东风公司"十二五"的良好开局。

2012年是"十二五"各项事业全面展开并向纵深发展的关键一年。东风公司根据新形势和战略需要，提出全年"销售汽车330万辆、实现销售收入4200亿元、利润好于上年水平"的经营目标。我们必须再接再厉实现这一目标，将东风事业不断推向新高度。

一、围绕中心，凝聚力量，确保完成年度工作目标，进一步做强做优东风事业

新的一年，国家宏观形势、汽车行业形势复杂多变，汽车产业增长理性回归的总体趋势仍将延续。要完成东风公司全年目标，困难很多，压力很大，不确定性因素很多。除经营工作外，转型升级、结构调整要迈出新步伐，自主发展、自主事业要实现新突破，各项事业要更加平衡地增长，经营协同、改革创新要取得新成效，企业管理水平要实现新高度，各项工作要努力开创新局面。这些都要求公司上下必须统一意志，鼓足干劲，扎实工作。

各级职代会和工会组织要充分把握东风公司事业发展的新形势、新目标、新任务，发挥好联系群众的组织优势、政治优势，积极做好形势目标教育、群众性立功竞赛、班组建设、员工队伍建设和文化建设等各项工作，进一步激发员工群众的积极性和创造性，凝聚智慧和力量，为东风事业持续稳健发展和年度工作目标的完成，构筑强大的群众基础和力量支持。

广大员工群众是企业最可靠、最坚实的基础，是推动企业发展的重要资源。进一步做强做优东风事业，离不开全体员工的群策群力、共同奋斗，需要凝聚全体员工的智慧和力量。广大员工要胸怀全局，拼搏进取，继续发扬主人翁精神，发挥好工人阶级的主力军作用，以更加奋发有为的状态立足岗位、建功立业。要紧紧围绕企业发展目标和任务，积极建言献策，提出合理化建议，推动企业持续、健康发展。要积极广泛参与多种形式的劳动竞赛活动，在满足市场需求、完成生产任务、提升产品质量和提高企业效益等方面发挥重要作用。要更加自觉地加强学习和提升技能，向劳模学习，向先进学习，在工作中学习，加强对新思想、新知识、新方法、新技能的学习，不断提升自身的职业素质和职业技能。

二、以人为本，关爱员工，在和谐企业建设中实现更大作为

坚持和谐发展、建设和谐企业是东风公司作为行业骨干企业所应承担的责任，也是东风公司"十二五"发展的战略目标和工作重点之一。职代会、工会是员

工群众的基础组织，是党联系群众的桥梁和纽带，也是维护员工合法权益、保持企业稳定、构建和谐东风的重要力量，要在和谐企业建设中找准定位，履行责任，发挥作用。

要认真履行好参政议政、民主管理职能，及时反映员工群众普遍关心的热点、难点问题，让员工的意见和建议在公司决策中得到体现，提高员工对公司各项决策的参与度和认同度，为企业民主决策、科学决策提供更加广泛和坚实的群众基础。

要在构建和谐劳动关系中履行责任，在集体合同的建制和履约、工资集体协商、涉及员工群众切身利益的重大事项表决中发挥好作用，协调好劳动关系，让员工群众的合法权益得到切实有效的维护。

要按照促进公司发展与员工薪酬福利水平平衡增长的总体要求，通过工资集体协商，使员工薪酬水平与公司发展保持同步，与劳动生产率提高保持同步，使员工薪酬福利水平在企业所在的行业和区域具有竞争力，使员工对企业更有归属感、自豪感，同时又使员工薪酬福利水平与公司的竞争力相协调，与公司的发展后劲相适应。要健全劳动关系协商沟通机制，确保员工队伍稳定和劳动关系和谐。

要在困难员工帮扶方面发挥好基础性作用，加快“爱心工程”建制步伐，扩大救助面，根据实际情况调整救助标准，增强帮扶实效，做好“送温暖”活动，确保包括离退休员工在内的每一个困难员工，都得到及时、有效的帮助。

要积极开展丰富多彩、健康向上和群众喜闻乐见的文体活动，丰富员工精神文化生活，营造健康积极、和谐共赢、团结协作的企业环境，让员工群众快乐工作、快乐学习和快乐成长。

三、进一步加强职代会、工会建设，发挥民主管理主渠道作用

工会组织作为职代会的工作机构，在落实员工的民主政治权利，保障职工的知情权、参与权、表达权、监督权方面作用明显，各级工会要检查、督促职代会决议的执行情况，发动员工落实职代会的各项决议。要进一步加强职代会建制工作，加强分类指导，确保职代会建制率百分之百。要加强职代会标准化建设，规范工作程序，完善联席会议、专门委员会、员工代表巡视检查等各项工作制度，建立健全质量评估体系，提高职代会运行质量。要加强员工代表培训，提高员工代表的履职能力。加强员工董事、监事制度建设，全面落实员工董事、监事的各项权利。

要进一步健全厂务公开组织领导、工作运行、考核监督和员工评估等机制，以推行《厂务公开民主管理控制程序》(第二版)为契机，促进厂务公开工作制度化、规范化、程序化。要以“1+4”厂务公开民主管理新模式为重点，进一步拓展员工民主管理的渠道和途径。

各级党委要高度重视、充分认识新形势下加强职代会、工会工作的重要意义，始终坚持党的全心全意依靠工人阶级指导方针，把实现好、维护好、发展好广大员工的根本利益作为一切工作的出发点和落脚点，在发展为了谁、发展依靠谁等重大原则问题上站稳脚跟，毫不动摇，全面落实员工的政治、经济、文化和社会等各项权利。要加强对职代会、工会工作的组织领导，把更多的资源和手段赋予工会组织，支持职代会、工会按照章程独立自主地开展工作，推动各项工作的创新发展。

（2012年1月18日）

朱福寿在第十届职工代表大会第三次会议上的报告（节选）

2011年是"十二五"的开局之年。东风公司认真学习贯彻十七届五中、六中全会精神，深入贯彻落实科学发展观，紧紧围绕"十二五"战略目标，有效应对各种风险和挑战，保持经营稳健较快增长，加快自主发展、改革创新和经营协同步伐，实现了"十二五"的良好开局。

一、积极应对各种挑战，经营保持稳健较快增长

东风公司上下积极应对国内市场由快速增长向微增长的转变，取得了行业领先的经营业绩：产销高质量跨上300万辆台阶；全年销售汽车305.87万辆，同比增长12.25%，增速高于行业9.8%，位居百万辆级企业第一；销售规模稳居行业第二；综合市场占有率达16.53%，比上年提高1.45%。

各项事业均衡发展。乘用车在各细分市场增速均高于行业，市场占有率均有所提升，SUV、MPV销量位居行业第一；商用车整体增幅优于行业，重卡、中卡销量位居行业第一。

经济效益再创历史新高。全年实现营业收入4070.87亿元，同比增长6.98%；实现利润309.13亿元（统计口径），同比增长5.98%；上缴税费372.2亿元，同比增长19.8%。国资委考核指标全面完成。

二、自主品牌事业加快发展，自主创新能力不断提升

东风公司自主品牌汽车年度销量跨上百万辆台阶，销售112.65万辆，同比增长4.74%，高于行业9%。自主品牌商用车竞争优势继续扩大，累计销量位居国内第一，同时位居全球第一；自主品牌乘用车加快发展，产品阵容进一步丰富，销量增速位居行业自主品牌乘用车销量前六家企业之首。自主品牌"乾"D300计划发布实施，自主品牌的发展目标、路径和措施进一步明确。

进一步加大科技创新力度，加快提升自主创新能力。一是梳理重大科技创新战略课题，确定东风公司"十二五"科技创新重大战略项目，并展开实施。二是继续加大科技攻关，当年，东风公司有10个项目获得中国汽车工业科技进步奖、申请专利900多项。三是着眼于研发能力提升，对集团资源进行调整优化，完善东风公司技术中心的组织体系，提升了全价值链的竞争力；对新能源汽车研发资源进行集中调整，增强了新能源汽车的研发实力。四是继续加强科技人才队伍建设，发布实施了"十二五"人才发展规划，把科技人才队伍建设作为重中之重，东风公司入选国家"千人计划"人数达9人，全年引进海外人才4人。当年，东风公司被国家确立为"创新型企业"。

三、"走出去"步伐加快

东风公司努力推进海外事业战略转型，构建有东风公司特色的海外事业运营模式。成立了国际事业部，公司海外事业战略职能得到进一步加强。积极研究海外事业总体规划，东风海外事业中期事业计划制定完成。按照"四个统一"原则，加快理顺公司各出口主体的关系，加速推进海外事业基地建设。

东风公司出口继续呈现较快增长。全年出口汽车6.38万辆，同比增长34.94%，实现出口额达11.02亿美元，同比增长38.15%。

四、经营协同战略全面展开

重点推进自主事业的协同发展。建立了组织体系和工作机制，推进自主品牌乘用车在技术研发能力、商品平台、品牌和网络渠道、动力总成、新能源事业和海外事业六个领域的协同，并推进商用车重点领域的13个协同课题。

进一步加强整车带动零部件、新事业反哺老基地力度。积极构建新老事业、整车与零部件的交流沟通机制，安排部署整车对零部件、新事业对老基地的具体协同帮扶项目。整车及合资事业对零部件、装备等企业采购量、采购额进一步提高，扶持力度进一步加大。通过带动，十堰基地的零部件、装备等业务加快产品结构和业务结构调整，市场竞争力逐步增强，发展振兴步伐进一步加快。

五、改革调整进一步深化，企业管理显明进步

东风公司董事会建成运行，工作体制、制度体系基本完成构建，公司治理更加科学。立足于增强集团管控力和对事业发展的支撑力，进一步明确了集团总部“三个中心”定位，按照“五强化、五突出”总体要求，完成对集团总部组织机构的全面调整。同步展开对各项业务的改革调整。一是推进主体业务的改革调整。加快中重型商用车业务的改革重组，提高中重型商用车业务的核心能力和国际化能力，并对整车产能布局进行局部的调整优化。二是推进非主体业务的改革调整，着眼于主体业务轻装上阵、做强做优，进一步明确物流、检测、房地产、工厂设计等业务的集中调整和改革改制方向，并逐步推进。三是推进大集体企业、辅业及有关企业的改革改制。按照中央要求，积极探索大集体企业的改革改制方案，一举完成东风朝柴的改制。

加大管理创新力度。进一步健全东风特色的绩效管理体系，完善绩效考评的动态调整机制，增强了KPI指标设定的科学性、导向性。加强质量管理，公司民品、军品质量体系完成重构并不断完善。全面风险管理、应急管理深入展开，各单位的风险防范、控制水平及应急能力得到不断提升。

六、安全生产、节能减排工作力度加大

进一步强化安全生产管理，深化宣传教育和专项整治，加强建设项目“三同时”管理，从源头上提升本质安全水平。全年安全生产实现“五个杜绝”，安全事故同比下降10.7%。

节能减排工作以控制“三大指标”为中心，加强监督、检查和审计，推进落实重点单位、重点项目的责任。同2009年相比，万元增加值能耗降低39.5%，COD、SO_2分别减排13.3%、28%，全面完成控制目标。

七、“和谐东风”建设深入推进

东风公司进一步优化社会事业管理职能，优化员工薪酬，完善员工社会保障体系，加大员工分享企业发展成果的力度，继续加大对困难员工的帮扶，加强对离退休老同志的关爱。

认真落实援藏任务，继续加大对恩施、丹江口、浠水等地的对口支援和帮扶，积极参加湖北省“三万”活动，公司“三万”活动工作组被评为湖北省“三万”活动先进工作组。东风“帮扶大学生村官”项目入选“2011中央优秀社会责任实践”，公司负责任的企业公民形象得到进一步凸显。

在总结成绩的同时，我们也要清醒地认识到，东风公司发展还存在一些问题和挑战：

1. 自主品牌乘用车事业面临艰巨任务。当前，东风自主品牌事业快速发展，呈现良好态势。但发展还不平衡，商用车领域强，乘用车领域弱。东风品牌乘用车发展步伐不断加快，但业务规模还偏小，品牌力还较弱，需要努力培育，做强做大。

2. 自主创新能力还需进一步提升。与东风自主发展的要求比，与国际先进企业比，东风公司对汽车核心技术、关键资源的掌握掌控不够，高端人才的聚集不够。

3. 东风公司资源不足以支撑公司国际化发展。公司“走出去”步伐有所加快，但国际化人才缺乏，出口产品比较单一，出口市场比较集中，出口数量与公司行业地位不相匹配。

4. 东风公司改革调整面临繁重任务。大集体企业改制要加快步伐，部分直属板块改革调整的任务也很繁重。只有这些业务调整到位，公司才能集中精力和资源，进一步做强做大主营业务。

2012年1月18日

范仲在第十届职工代表大会第三次会议上的报告（节选）

2011年是东风公司高质量跨越300万辆新台阶的关键之年。一年来，东风公司职工民主管理工作以科学发展观为指导，以构建和谐稳定的劳动关系为主线，切实将厂务公开民主管理融入到各项管理中，积极探索，大胆创新，在促进公司科学发展、和谐发展和跨越发展中发挥了重要作用。

一、职工民主管理在发挥职代会主渠道作用中实现新发展

1. 围绕中心，发挥职代会凝心聚力、攻坚克难、促进发展的优势作用。通过开展形式多样的民主管理活动，把职工民主管理、民主参与、民主监督的愿望和要求转化为推动企业发展的不竭动力。完善职代会参与企业生产经营制度，定期组织职工代表对公司重大决策、重要规章制度和经营管理过程中重大事项的落实情况进行视察；坚持职代会提案工作制度，通过开展评选优秀提案活动，提高职代会民主管理水平。东风乘用车公司将一届四次职工代表大会与“自主东风，奋战2011”主题誓师大会有机结合，围绕“营销、新项目推进、品质、成本”四大任务，下达职代会战表，进一步激励职工为做强、做大东风自主品牌乘用车事业建功立业。

2. 提高水平，推动职代会工作创新发展。通过建立健全《基层职工代表大会质量评估制度》，组织职代会各专门委员会对职代会运行质量和水平进行评估检查，不断提高职代会制度运作质量，确保职工参与决策。神龙公司进一步修订完善《员工代表大会实施细则》，强化了职代会制度的规范性、完整性和闭环性，提升了职代会工作质量。

3. 突出维权，切实履行职代会职能。各级职代会紧扣审议和表决两个重要环节，围绕集体合同、辅业改制、企业年金方案等工作，组织职工代表逐项进行监督检查。十届职代会组织职工代表对《东风汽车公司企业年金计划实施细则》进行审议、修改，并表决通过。截至目前，东风公司已签订第五次《集体合同》，率先推进企业年金和职工带薪休假制度，保障全体职工享有较高的福利待遇。

二、职工民主管理在构建和谐稳定劳动关系中取得新成效

1. 强化集体合同履约检查力度。细化第五次《集体合同》相关条款，将其纳入工会和相关职能部门的指标考核体系。同时，认真开展履约检查，确保集体合同落到实处。东风有限工会采取自查和抽查相结合的方法，对基层单位集体合同的履行情况进行检查，提高了集体合同的契约性和实效性。

2. 强化工资集体协商力度。完善协商形式，拓宽协商渠道，推广典型经验，提高工资集体协商的运作质量。当年5月，东风公司推进“四项制度”、促进工资集体协商的经验在全国推广。东风本田工会坚持工资集体协商联席会议制度，实现了公司发展与职工收入增长协调一致的良好局面。

3. 强化工会维稳工作力度。制定并实施劳动关系预测、预报、预控制度，加强维权维稳信息通报，加大困难职工帮扶力度，及时消除影响职工队伍和谐稳定的隐患。全年新建基层“爱心分会”16家，基层爱心分会累计授牌50家；进一步完善离退休（养）人员爱心工程章程，覆盖全员全集团的爱心救助体系基本建立。

三、职工民主管理在规范管理中展现新作为

1. 厂务公开内容、程序日趋规范。坚持厂务公开“三个延伸”，即向日常经营管理延伸，定期公开生产经营形势和发展战略；向党风廉政建设延伸，扎实推进采购过程和基建工程的公开规范；向干部管理延伸，不断完善高管人员竞争上岗、公开招聘和任前公示制度，一年来，在东风公司直管的高管中，通过公开竞争性选用走上领导岗位的人员达14人。运用ISO9000质量管理体系，制定了厂务公开工作规范、考核标准、操作规程、质量体系等，截至年底，东风公司基层单位厂务公开建制率和覆盖面达100%。

2. 厂务公开形式更加丰富。导入先进的管理

工具，搭建多层次、宽渠道、全方位的厂务公开平台，使企业各项管理在阳光下运作。东风本田运用视频工作站、局域网等载体，专门开设“员工沟通室”，深化了厂务公开民主管理形式。神龙公司将民主管理与快乐班组建设有机结合，开辟员工微博，搭建员工交流平台，促进了班组快乐和谐。

3. 监督、考核、激励机制日臻完善。东风公司党委、纪委分别把厂务公开纳入“四强”党委、“四好班子”星级达标考评体系和党风廉政建设考评体系，有效地促进了基层单位厂务公开民主管理工作。各单位定期开展厂务公开满意度测评，建立了意见整改的跟踪、检查、评估机制，确保了厂务公开的执行效果。

四、职工民主管理在推动现代企业制度建设中迈出新步伐

1. 规范运作程序，积极推动建制工作。公司工会会同法务部对应当建立职工董事和监事制度的子公司建制情况进行全面梳理，完善了基础台账，为扩大建制率奠定了基础。公司第十届职工代表大会以无记名投票的方式，选举产生了公司职工董事，公司工会主席以职工董事的身份进入公司董事会，代表职工从源头参与公司决策和管理。

2. 构建工作制度，保障职工董事和监事切实履行职责。完善职工董事与监事履职的领导体制和工作机制，为职工董事、监事发挥作用提供制度保障。

五、职工民主管理在促进中外合资企业和谐发展中创造新经验

1. 普遍建立员工代表大会制度。东风公司坚持在下属所有合资企业中建立员工代表大会制度，为员工开展民主管理工作奠定坚实基础。东风有限召开第七次员工代表大会，共收集员工代表意见建议140条，其中涉及公司发展、薪酬福利和保健费标准等方面的7条提案得到公司采纳和落实。东风本田零部件有限公司研究制定《员工代表大会员工代表常任制管理办法》，对增强员工代表的民主意识起到积极作用。

2. 全面推进“四项制度”民主管理新模式。公司各合资板块充分利用“会晤、通报、协商、沟通”四项制度，深化民主管理。东风日产乘用车公司开展“公司总经理向员工代表通报情况会”，做到让员工“心知企业状况，工作有所目标”，共解决员工关心关注的问题27个。当年8月，在全国深化创新厂务公开民主管理工作会议上，东风公司董事长兼党委书记徐平作了题为《创建企业民主管理新模式，促进中外合资企业和谐发展》的典型发言。

新的一年，东风公司职工民主管理工作的总体要求是：以党的十七届五中、六中全会、中央经济工作会议和公司工作会精神为指导，深入贯彻落实科学发展观，坚持全心全意依靠职工办企业的指导方针，紧紧围绕公司发展大局，加强职工代表大会制度、厂务公开制度、职工董事监事制度建设，不断创新职工民主管理的载体和形式，大力发展和谐劳动关系，团结动员广大职工为建设“国内最强，国际一流”的汽车制造企业贡献智慧和力量，以优异的成绩迎接党的十八大胜利召开。

为此，东风公司工作会明确提出七大工作任务，即转型调整、自主发展、平衡增长、协同推进、改革创新、优化管理、加强党建。东风公司职代会民主管理要围绕上述中心，不断拓展内涵和外延，增强工作的实效性。

（2012年1月18日）

东风公司2011年度员工培训工作情况（节选）

一、员工培训基本情况

2011年，东风公司各级人力资源部门紧紧围绕发展战略与事业计划目标，统筹规划“十二五”人才发展格局，积极开展各类人员培训工作，有效地支撑了公司年度业绩目标的完成。全年完成培训项目8682项，培训期数达1.4万余期，培训总人次数达49万余人次、760多万学时，人均52学时，培训费用6892万元。

二、培训工作主要做法和特点

（一）制定“十二五”人才发展规划，完善员工培训机制

1．发布“十二五”人才发展规划，明确未来五年员工培训的总体目标。到2015年，东风公司将建设一支总量和结构与事业发展相匹配、素质与贡献度居行业前列、支撑公司持续发展的人才队伍，人才工作机制日益完善，人才资源竞争优势更加突出，为东风公司做强做优、建设“国内最强、国际一流汽车制造商”奠定坚实的人才基础，并确定了“两项重点任务”、“五项工作机制”和“八大人才培养工程”。部分单位已根据东风公司规划积极制定本单位人才发展规划，如东风本田制定了人才培养“JI”计划、东风股份发布了人才“十二五”规划等。

2．颁布东风公司培训管理办法，建立分、子公司股权多元化架构下的分层分类培训管理体系。理顺东风公司各层级之间职责分工，初步构建培训计划及预算管理流程、培训季报制度，形成了培训管理的PDCA循环，强化了对各单位培训工作的统一指导，使东风公司员工培训工作由事后统计向全面管理方面转变。

3．积极调整组织机构设置，强化公司员工培训管理。为有效地应对“十二五”人才发展规划对员工培训工作带来的新要求，东风公司设立员工培训教育处，强化培训管理职能，加大员工培训力度。在高级技工学校和汽车工业学校合并基础上，设立职业教育培训中心，为员工提供更好的职业技术培训服务和支持。

（二）围绕自主创新核心能力建设及海外事业发展需要，针对性地开展各类培训

1．以自主创新为主题，积极开展技术人员培训。一是开展创新方法应用的学习与研究。与清华大学联合举办技术高管参加的技术管理与创新高级研修班，在公司级技术专家中采用课题实践方式，进行萃智（TRIZ）创新技术与方法培训。二是积极开展项目管理知识培训，创新技术管理。如：东风商用车技术中心、神龙公司、东风零部件集团在技术人员中推进项目管理。在国务院国资委举办的首届央企项目管理创新技能大赛上，由东风商用车技术中心和神龙公司技术中心组成的东风公司的两支代表队均获得三等奖，参赛选手获得“中央企业技术能手”称号。三是积极通过技术交流活动学习新知识、新经验。如公司发动机协会、CAE协会组织开展相关技术交流，技术中心邀请15名公司外知名专家来中心交流，全年共开展各类技术人员培训1738项。

2．追踪海外事业发展需要，探索海外经营管理人才培训方法。一是结合“十二五”人才发展规划，研讨和制定2012年海外经营人才培训课题。二是在海外项目运营中开展培训，如东风商用车公司安排5名员工在海外项目中挂职锻炼，既支撑了海外事业开展又锻炼了人才。三是开展专业技术人员外语培训。东风乘用车公司与东风日产柴汽车有限公司重点对专业英语进行培训。

3．以复合型人才培养为目标，大力开展跨职能、跨业务培训。东风有限及所属东风股份、东风零部件集团针对工程技术人员开展财务管理知识学习，有效提升工程技术人员在产品开发、制造过程中的财务意识与技能。东风公司结合复合型财务人才培养经验，精心设计“工学财”培训方案。东风商用车公司开展中层管理人员全价值链业务轮训，夯实中层管理人员跨职能任用的业务能力基础。

（三）围绕公司协同经营主题，积极开展培训资源开发与共享

1．全方位开发培训资源，培训快速响应能力进一步增强。一是注重内部兼职培训师的培养。东风

有限开展高级培训师训练营，东风神宇将单位领导、专家推上培训讲台授课。二是注重将企业的经验知识转化成培训课程。东风实业公司将设备管理经验编成装备保全教材；东风日产梳理本单位成熟技术及管理经验，全年开发20门培训课件。三是积极开发外部培训资源为公司人才培养服务。当年公司各单位与清华大学、中国浦东干部学院等117家社会培训机构进行了人才培养合作。

2．初步构建培训资源信息共享机制，促进各单位相互学习。明确“培训信息免费共享、培训资源有偿使用”的原则，进行培训资源信息收集、分类统计、整理、交流。当年公司建立包括12家二级板块1900名培训师、1600门培训课程等信息的培训资源库，为公司内知识经验传播，培训针对性和有效性提高。

3．积极学习合资合作中的技术、管理成果，促进公司自主创新事业的快速发展。当年公司非合资业务单元积极应用合资业务单元资源开展培训，快速促进本单位技术管理水平提升。如东风乘用车公司、东风特商、东风朝柴、东风南充、十堰管理部积极学习东风有限的V-UP、QCD等管理方法；襄阳管理部派员前往东风装备公司研修。东风汽车公司技术中心、东风鸿泰充分利用神龙公司培训课程开展员工培训。

(四)发扬优良传统，不断改进技能人员培训内容和方法，提升培训有效性与针对性

1．坚持开展形式多样的培训，技能人才培训成果凸显。东风公司当年坚持通过竞赛、师带徒、OJT、大专班等形式开展丰富多彩的技能人才培训活动。各二级板块举办技能竞赛98个，共26064人次参与，师带徒1351对。举办技能人员培训班6037期、26万人次；发布技能成果2869项，技能等级晋升人数达7607人。

在日产全球基本技能大赛中，东风日产获团体冠军、机械保全单项金奖、电气保全单项银奖；在全国第三届乘用车汽车装调工职业技能竞赛中，东风日产、东风本田选手均进入前三。

2．不断改进技能人员培训内容与方法，促使技能人员素质与时俱进。在东风公司级技能专家培训中引入教练技术课程，提升公司级技能专家师带徒技能；东风本田引入《时间管理》等职业素养课程；东风裕隆构建133门技能员培训课程框架，在培训课程中引入角色扮演、问题讨论等培训方式。

3．加强技能人员培训资源建设，提高培训标准化、体系化水平。东风公司各单位大力开发培训课程，建设技能人员培训阵地。东风本田发动机结合任职资格体系修订培训课程图谱(OJT-MAP)；东风有限在东风商用车总装配厂建立整车装调技能培训阵地；神龙公司继续加强线边学校建设。

尽管培训工作取得一些成绩，但仍存在不足和问题。如部分单位对培训投入不足，工学矛盾仍然突出，以及提升产品质量、降低产品成本等方面的培训还需要进一步增强。除此，因日本地震影响，导致培训预算完成率低于往年等因素，需要我们在今后的工作中进一步完善。

东风公司2011年度安全生产、节能减排工作情况（节选）

安全生产工作情况

一、主要工作目标完成情况

1．实现“五个杜绝”：杜绝了死亡事故和较大及以上生产安全责任事故，杜绝了重大火灾事故，杜绝了锅炉、压力容器、压力管道重大爆炸事故，杜绝了危险化学品重大泄漏、爆炸事故，杜绝了重大职业中毒事故。

2．主要指标控制在考核范围内。全年共发生生产安全事故50起，事故频率0.398‰，其中无死亡事故，重伤事故1起，轻伤事故49起；重伤事故频率0.008‰，均小于控制指标。与去年同期相比，事故总数减少6起（即死亡事故减少3起、重伤事故减少3起、轻伤事故持平）。

特种（危险）作业人员持证上岗率达100%，特种设备依法定检率及合格率达100%。

二、主要工作情况

1．加强安全生产工作目标管理，组织编制东风公司安全生产“十二五”规划。年初，召开公司安全生产工作会议，对全年安全生产工作作出安排部署，下达了安全生产控制指标。各单位根据公司责任目标的分解情况，逐层分解，细化安全管理目标及年度完成指标。组织编制了《东风公司“十二五”安全生产规划》，回顾了“十一五”安全生产工作，确定了“十二五”安全生产的指导思想、规划目标、主要任务和保障措施。

2．加强建设项目“三同时”管理，从源头上提升本质安全水平。根据国家有关通知要求，东风公司组织对2009年以来存在职业危害的新改扩建项目和技术改造和技术引进项目，以及执行职业卫生“三同时”制度情况进行一次摸底调查。经调查，东风公司新上的项目基本上按照要求作了建设项目职业卫生安全评价，对于未作职业卫生安全评价的老项目，要求有计划、有步骤地还清欠账。

3．加强日常巡查，强化安全专项整治，不断提高东风公司安全管理水平。根据国务院国资委有关要求和东风公司预防重特大火灾事故专题会要求，由东风公司副总经理欧阳洁带队对十堰、襄阳、武汉和花都基地的重点单位的安全和消防工作进行了调研和检查；由东风公司副总经理刘卫东带队对十堰基地的部分单位进行了职业卫生的检查和指导。东风公司各单位结合自身特点，将专项安全检查、节前安全检查、日常安全监督巡视和车间安全员日常检查有机结合起来，通过检查，及时发现生产现场的安全隐患，并切实抓好安全隐患的整改活动。全年共查出12313项安全隐患，整改治理12099项，未完成治理项目均采取有效防控措施予以监控。

4．精心策划，开展形式丰富多样的“安全月活动”。根据国家关于开展“安全月活动”的要求，东风公司开展了以“安全责任，重在落实”为主题的“安全月活动”。5月30日晚，欧阳洁副总经理在东风电视台发表了《安全责任，重在落实，共建生态文明、低碳新生活》的“安全环保月”电视动员讲话。各单位组织员工进行了收看，广泛动员全体员工积极参与“安全月活动”。同时，充分利用局域网、广播、黑板报、橱窗等宣传阵地进行广泛宣传。另外，东风公司根据湖北省安监局的要求，组织各单位参与省“人保财险杯”安全生产法律法规知识网络答题活动，公司共有20998人参加网络答题活动，东风有限取得这项答题活动的第七名。通过参加此次答题，有效提高了广大干部员工对安全法律法规的认识水平。

5．开展各种应急救援演练活动，完善应急救援程序。东风公司结合自身特点，进行消防、防洪、防中暑、工伤急救、自然灾害事件逃生、危险品泄露和环境污染等应急救援演练活动。通过开展演练活动，不断完善应急救援程序，并使各工厂由单一的工伤、防洪、消防演练向多种可能突发事故应急演练转变，如开展紧急疏散演练、防中暑、集体中毒和自然灾害等一系列的特色演练，从根本上提高员工自救能力。

6．加强安全生产宣传教育，形成齐抓共管的良好氛围。东风公司利用电视、广播、展板等集中宣传安全法律法规相关知识，提高员工知法、懂法、守法意识。同时，举办各类安全培训班，邀请有关专家对应急管理、职业健康监护、KYT安全改善和SES评价等方面内容进行培训。各级党委、工会、共青团组织针对本单位的实际，有组织、有计划地开展各项安全生产活动。通过开展“党员安全示范岗”、“团员青年身边无事故”和“安全知识问答”等行之有效的活动，提高广大员工的安全意识，教育广大员工自觉做好安全生产工作，形成齐抓共管安全生产的良好局面。

节能减排工作情况

主要工作情况

2011年是“十二五”节能减排的开局之年，东风公司针对节能减排工作的实际情况，以完成节能减排目标为重点，积极开展节能环保各方面的工作。

一、以完善三大体系为重点，夯实节能减排工作管理基础

1. 制定科学的节能减排KPI目标，确保东风公司总的任期目标的实现。

2. 不断加大节能减排监测体系的建设，为进一步做好节能减排工作奠定基础。

3. 在充分调研的基础上制定“十二五”节能减排方案，建设项目节能、环保管理办法，整合并修订了节能减排与环境保护领导小组工作制度等，推动和规范公司依法开展节能减排工作。

二、以落实国家法规为基础，加强节能减排工作风险防范

1. 建设项目严格执行环境影响评价、“三同时”和节能评估制度。全年共完成30个项目的环评及节能评估工作。同时，完成6个项目环保、节能专项验收工作。

2. 以国家“转变经济发展方式检查”为契机，组织开展节能减排、环境保护工作大检查。检查采取各单位自查和公司组织相关专家抽查性监督检查相结合的方式进行，现场检查指导服务的方式得到各单位的高度认可。

3. 对节能减排重点单位进行现场检查、督导和服务。当年11月，公司经营管理部对十堰管理部热电厂、水务公司和襄阳热电厂等重点单位进行现场检查，督促襄阳热电厂限期修复脱硫设施并尽快投入规范运行，协调推进十堰西城工业园区污水集中处理项目的工作进度。此次检查服务活动，推动了东风公司节能减排、环境保护重点工作的有理有序开展。

4. 开展节能减排审计工作。当年12月，东风公司审计部和经营管理部联合对东风零部件集团所属12个单位进行节能减排审计调查。通过审计，一方面全面掌握各单位节能减排的基础管理工作情况，另一方面进一步对节能减排数据的真实性、准确性进行规范，督促被审计单位认真落实节能减排工作。

三、以实施重点项目为突破口，提升节能减排工作成效

1. 有针对性地进行制造工艺改造，用无污染、低能耗工艺替代高污染、高能耗工艺。进一步优化工艺，实施清洁生产，部分单位取消酸洗工艺，陆续取消污染严重的电镀工艺，实现“绿色制造”。

2. 开展清洁能源替代工作。采用太阳能发电系统自行发电，用天然气代替煤；用电加热代替煤加热，取得经济、安全、节能、减排的综合效益。

3. 积极推进节能减排重点项目，确保实施效果。全年共实施污水处理项目4个，实现年减排COD170吨。

4. 积极推行清洁生产审核，查找能源消耗高和污染排放大的“瓶颈”部位，开展有针对性的改善。

5. 对历史遗留下来的含多氯联苯电容器再次进行安全处置。已安全转移处置十堰基地的含多氯联苯电容器共3342个，总重量1044.58吨。

四、以利用社会技术资源为途径，促进节能减排持续发展

东风公司各单位积极探索节能减排新途径，多渠道地寻找社会资源，开展合同能源管理、废物综合利用等工作，推动与第三方企业之间形成一种互惠互利的循环经济产业链，提高公司节能减排管理水平。

1. 东风公司在部分单位积极开展合同能源管理工作，取得较好效益。

2. 推行固废产业化循环利用。积极开展铸造废砂的再生利用与废砂制砖合作项目，十堰管理部热电厂废灰渣一直作为地方企业的生产原料，循环利用率连续多年超过100%。

3. 积极开展噪声治理的研究与攻关。针对机械行业噪声治理难题，东风精密铸造有限公司、东风商用车铸造二厂开展“三维仿真噪声模拟技术课题研究”，确保噪声治理的效果。

东风公司2011年度社会责任报告（节选）

一、支持地方发展

援藏工作。东风公司高度重视援藏工作，始终坚持“科技援藏、技术援藏、智力援藏相结合”的原则，变“输血”为“造血”。与西藏昌都地区签署了《“十二五”时期经济援藏工作协议》，并编制上报了《贡觉县“十二五”经济援藏（2011—2015年）规划》。

1. 东风公司医疗援藏已成为央企援藏“名片”。第五批医疗援藏队3位医生圆满完成医疗援藏任务，3个月共诊断病人超过1800人次，收住院病人达240人次，妇产科手术达15例，输液2000多人次。5月30日，由贡觉县人民医院选派的第二批4名医生到达十堰，在东风公司总医院接受为期一年的业务培训。

2. 东风公司拨付援藏资金共计1015万元，第四批援藏干部继续在西藏昌都地区贡觉县政府帮助工作，完成了年度工作计划，完成了登卡村道路、莫洛镇藏香厂、莫洛镇政府大院改造和农民活动中心改造项目，并启动贡觉县综合办公楼项目等援建项目。

二、对口帮扶与新农村建设

1. 对口帮扶恩施市。3月，东风公司在恩施市召开对口帮扶工作调研座谈会，并进行了实地考察，与恩施市进一步沟通了帮扶项目工作；在恩施市举行了东风帮扶大学生村官专项基金全国启动仪式，并开展东风帮扶大学生村官创业就业项目；“东风公司万亩生态林碳平衡基地”项目在恩施启动。通过碳平衡基地固碳，冲抵工厂碳排放，同时为当地农民增收。按照“生态林示范基地+农户+专业运营组织”模式，东风公司给予一定的经济援助，扶持农户种植；签订《东风汽车公司“616”工程对口支援恩施市环卫设施设备建设项目框架协议》，东风公司按三年期分期付款方式和最优惠的价格向恩施提供不低于5000万元的环卫装备，并提供适宜该市的城市垃圾处理整体方案；支援恩施市新塘乡小学维修资金30万元，命名为“东风希望小学”；通过东风高级技工学校继续为恩施市免费培养高级技工人才，东风公司承担学费共计约180万元。

2. 对口帮扶丹江口市。4月22日，东风公司召开对口帮扶丹江口市工作专题会，同时进行了实地考察调研。

东风公司各板块重点帮扶丹江口市配套企业，加强东风公司在丹江口项目的投入力度，给予丹江口部分零部件企业东风内置供应商待遇。并选派管理专家到企业进行产品特性、加工工艺、试验验审和质量控制等技术培训，提高企业造血功能。投入100万元，用于对5所“希望小学”的爱心帮扶；利用东风公司党校等培训资源对习家店镇两级干部进行培训，完善基层党组织建设。

3. 社会主义新农村建设。东风公司投入80万元援建三峡库区兴山县黄粮中心医院综合楼，投入50万元援建兴山县实验小学教学楼；投入40万元在丹江口市习家店镇继续推进千亩橘园改造项目建设（二期），改造280亩低产园，修建田间道路，并完成援建十堰市房县红塔古桥村拦河坝工程。

三、帮扶大学生村官专项基金

东风公司向中国青年创业就业基金会捐资1000万元设立中国青年创业就业基金会“东风帮扶大学生村官专项基金”，资助青年及大学生村官创业就业。

3月10日，“东风帮扶大学生村官项目”在恩施正式启动实施，团中央农村青年工作部下发《关于做好东风公司帮扶大学生村官项目培训工作的通知》，对培训工作进行统一部署。在全国22个省（区、市）选定500个项目实施县，培训对象以组织部门统一选派的万名大学生村官为主。在培训阶段中，以农村共青团工作基础知识及重点工作，大学生村官创业相关政策、创业小额贷款基本知识、创业基本技能，以及东风公司发展战略，为青年带来的创业机遇等为重点内容，并结合各实施县的地方实际，对培训内容进行扩充。通过近一年来的工作，顺利完成项目培训阶段的工作。

四、“万名干部进万村入万户”活动

东风公司积极响应湖北省委、省政府的号召，派出4名干部组成工作组，参加“三万”活动，从3月8日进驻黄冈市团风县总路咀镇上畈、冷水井、夕阳冲、瓦土库4个村，按照“送政策、访民情、办实事、促发展”的总体要求，3个月入户访谈近1000户，开展典型问卷调查72户，建立农户访谈基础台账1207份，将“党的惠民政策一览表”100%发放到农户手中；开展了15次办实事活动，为驻点村捐助资金70万元、援建11个项目；帮助完善村级管理制度和村组发展规划，化解各类矛盾纠纷30多起。东风公司驻村干部把东风的精神文化带到实际行动中，在农村干部群众中赢得了良好口碑。东风“三万”活动工作组在全省1.8万多个工作组中，被评为湖北省“‘三万’活动先进工作组”。

五、支持教育事业

1. 高校共建。东风公司与湖北省人民政府签署共建湖北汽车工业学院协议，支持学院的人才培养、科学研究和教师队伍建设等工作，共同推进湖北汽车工业学院改革发展，更好地满足湖北汽车产业发展对高级专门人才的要求。同时，设立“湖北汽车工业学院东风汽车工程师学院”，为探索校企联合培养高层次、应用型人才新模式和构建适应汽车行业需求的工程人才培养体系搭建综合平台。

2. 支持湖北省大学生运动会。给予2011年湖北省大学生田径运动会赞助支持5万元。本届湖北省大学生运动会是一次规模空前的体育盛会，体现了东风公司对教育和体育事业的支持，扩大了东风公司在大学生人才队伍中的影响。

六、慈善事业

东风公司向湖北省妇女儿童发展基金会捐赠12辆东风风行菱智医疗救护车，作为“母亲健康快车”投放到红安、大悟等大别山革命老区县、市和黄冈市所有县(市、区)，为广大妇女儿童提供公益流动医疗健康服务，东风品牌汽车光荣地成为“关爱母亲，关注健康”使命的承载者。

七、服务国防

东风公司自成立以来已为部队生产30多万辆军车，为国防建设和军队武器装备发展作出重大贡献，是中国重要的军用车辆生产基地。

当年，东风公司和总装通用装备保障部共同举办行程两万五千多千米的“东风猛士服务国防万里行”活动，为优化东风猛士军用越野车下一步设计和研发收集信息。在为部队做好东风猛士维护服务的同时，为部队培训一批驾驶技术高、维修技术精湛的复合型人才。

此次活动累计走访77个单位，开展51次军企沟通座谈会；开展47次技术培训，为部队1365人次进行分类培训369个学时；深入部队，免费检查、维修保养959辆东风猛士；向部队赠送价值54万元的备件器材和3790本技术资料；签约授牌10家东风猛士特约服务站，沿途考察和培育30家社会服务站点；开展东风猛士市场品质调查工作，收集用户反馈问卷80份。同时，还收到部队赠送的锦旗、感谢信和匾额7件次。

八、服务“两会”

当年，武汉市第十二次党代会召开期间，20辆东风标致508被选为工作用车。在圆满完成武汉市“两会”指定用车任务后，40辆东风风神S30又被选为湖北省“两会”会务工作用车。

东风集团股份年报（摘要）

【财务业绩概况】 东风集团股份2011年的收入为1314.41亿元，较上年同期1223.95亿元增加90.46亿元，增长7.4%。东风集团股份2011年净利润104.81亿元，较上年同期62.5亿元减少约5亿元，下降4.6%；每股盈利121.64分，较上年同期127.45分减少5.81分，减少4.6%。当年，东风集团股份现金及现金等价物增加净额为54.9亿元，较上年同期的增加净额85.2亿元减少30.3亿元，减少35.56%。

【收入】 当年，东风集团股份总销售收入1314.41亿元，1223.95亿元增加90.46亿元，增长7.4%。东风集团股份总销售收入增长情况见表24。

表24　东风集团股份总销售收入增长情况

分类	2011		2010	
	销售收入（人民币百万元）	销售数量（辆）	销售收入（人民币百万元）	销售数量（辆）
乘用车	94921	1646410	88143	1418091
商用车	35473	526313	33418	527865
其他	1047	不适用	834	不适用
合 计	131441	2172723	122395	1945956

注：上表中的收入数字反映了东风集团股份按比例合并的收入，汽车销售数量未经按比例合并调整。

乘用车方面，东风集团股份大力创新营销思路，强化营销执行力，集中资源聚焦主力产品，打造“明星”车型，努力增强盈利能力强的战略核心车型销量，践行精准营销，各项工作取得全面突破。当年，乘用车销售收入由上年的881.43亿元增加67.78亿元至949.21亿元，增幅为7.7%。其中乘用车整车销售收入由上年的760.59亿元增加73.22亿元至2011年的833.81亿元，增幅为9.6%。

商用车方面，得益于全价值链商品力、营销力和体系能力的支撑，东风集团股份商用车销量仅小幅降低0.3%，远低于行业降低幅度。其中战略重卡产品东风天龙销量逼近10万辆，带动重卡销量从行业第三跃居第一，东风天龙商标被国家工商总局认定为“中国驰名商标”，成为首个入选的商用车行业子品牌。中卡销量继续保持行业第一，其中东风天锦市场保有量实现成倍增长，成为中卡价值标杆，强化了东风集团股份商用车在国内中型卡车市场的领导者地位。当年，商用车销售收入由上年的334.18亿元增加20.55亿元至354.73亿元，增幅为6.1%。其中商用车整车销售收入由上年的290.79亿元增加7.30亿元至298.09亿元，增幅为2.5%。

【销售成本及毛利率】 2011年，东风集团股份销售成本总额1050.51亿元，较上年同期960.33亿元增加90.18亿元，增长9.4%；毛利总额263.9亿元，较上年同期的263.62亿元增加0.28亿元，增长0.1%。毛利率从上年同期的21.5%下降1.4个百分点至20.1%。其中乘用车的毛利率从上年的24.4%下降2.4个百分点至22%，乘用车整车的毛利率从上年的25%下降2.9个百分点至22.1%。主要是因为：1.日本地震对各合资公司销量、销售收入及盈利水平有不同程度的影响。2.中国政府从2010年12月开始恢复征收外商投资企业城建税和教育费附加，增加了支出。3.本年度汽车行业竞争加剧，平均销售价格较同期有一定程度的降低。商用车的毛利率从上年的14.1%增加0.2个百分点至14.3%，商用车整车的毛利率从上年的14.1%增加0.1个百分点至14.2%。主要是因为：1.产品结构调整，盈利能力较强的重卡产品东风天龙及中卡产品东风天锦销量比重的增加。2.持续有效的采购及技术降成本，消化了材料价格上涨带来的不利影响。

【其他收入】 2011年，东风集团股份其他收益总额28.53亿元，较上年的23.22亿元增加5.31亿元，增加的主要原因是：1.国家为支持汽车技术发展及汽车发展项目给予的补助金增加0.78亿元；2.银行存款利息收入增加3.75亿元。

【销售及分销成本】 2011年，东风集团股份销售及分销成本62.75亿元，较上年同期64.17亿元1.42亿元；占销售收入的比重从上年同期的5.2%减少0.4个百分点至4.8%。

【管理费用】 2011年，东风集团股份管理费用总额36.41亿元，较上年35.8亿元增加0.61亿元，管理费用占销售收入的比重从上年2.9%下降0.1个百分点至2.8%。

【其他费用净额】 2011年，东风集团股份其他费用净额49.43亿元，较上年同期41.71亿元增加7.72亿元。主要是由于：1.技术开发费较上年同期增加8.39亿元。2.受汇率变动影响，本期汇兑收益2.14亿元，较上年同期1.66亿元增加0.48亿元。

【人工成本】 2011年，东风集团股份人工成本（包括董监事酬金）59.88亿元，较上年同期55.19亿元增加4.69亿元。其原因是汽车产销量增长使人工需求增加，由此带来一般工资及福利费用开支增加，以及职工工资水平的正常调整。

【折旧费用】 2011年，东风集团股份折旧费用27.25亿元，较上年同期35.86亿元减少8.61亿元，其原因是：1.2010年1月1日起，将固定资产残值率调整为0%，残值率的变更使当年已提足折旧固定资产净残值一次性摊销4.18亿元。2.部分模具在2010年已经提完折旧，使当年折旧计提减少3.5亿元。

【财务费用】 东风集团股份财务费用4.02亿元，较上年同期2.29亿元增加1.73亿元，主要是由于集团借款利息支出及债券利息支出的增加。

【所得税】 东风集团股份所得税支出34.01亿元，较去年同期30.06亿元增加3.95亿元。本期的有效税率23.7%，较上年同期的有效税率20.6%上升3.1个百分点。

【年内溢利】 基于以上原因，东风集团股份股东应占溢利104.81亿元，较上年同期109.81亿元减少5亿元约占4.6%；每股盈利1.22元，较上年同期1.27元减少0.06元占4.6%。净利润率（股东应占溢利占收入总额的百分比）8%，较上年同期的9%减少1个百分点；净资产回报率（股东应占溢利占平均净资产的百分比）25%，较上年同期的33.9%减少8.9个百分点。

【流动资金与资本来源】 东风集团股份来自经营活动的现金流入净额92.16亿元。该金额主要反映：1.扣除折旧和减值等非现金项目的税前溢利143.61亿元。2.贸易应收款项、应收票据及预付款项、按金和其他应收款项增加27.51亿元。3.存货减少11.76亿元。4.贸易应付款项、应付票据和其他应付款项及应计负债增加7.63亿元。与去年同期的流入净额179.03亿元比较，来自经营活动的现金流量净额减少86.87亿元，主要原因是：1.集团加强对应收款项的管理，货款回笼速度加快，应收各经销商的货款减少20.54亿元。2.存货减少63.54亿元。3.集团现金流状况良好，支付供货商货款增加128.94亿元。4.支付所得税费用增加19.36亿元。

东风集团股份来自投资活动的现金流出净额5.35亿元。该金额主要反映：1.为扩大产能和开发新产品，购买60.72亿元的物业、厂房和设备。2.出售可供出售金融资产净流入13.13亿元。3.定期存款减少36.95亿元。与上年同期的流入净额60.78亿元比较，集团投资活动动用的现金净额减少55.43亿元。主要原因是：1.可供出售金融资产现金流出净额14.90亿元。2.物业、厂房和设备投资增加支出21.45亿元。3.定期存款减少约58.22亿元。来自融资活动的现金流出净额31.89亿元。该金额主要反映：1.银行借款净额减少7.01亿元。2.支付少数股东10.93亿元的股息。3.向股东分红15.51亿元。与上年同期产生的流出净额33.05亿元比较，集团当年筹资活动流出的现金净额减少1.16亿元。

基于以上分析，截至2011年12月31日，东风集团股份的现金和现金等价物（即不计3个月或以上的定期存款）313.81亿元，比上年的258.89亿元增加54.92亿元。现金和银行存款（即包括3个月或以上的定期存款）447.47亿元，比上年的429.5亿元增加17.97亿元。净现金（即现金和银行存款减借贷）由上年的333.9亿元增加至当年的359.34亿元，增加25.44亿元。截至2011年12月31日，东风集团股份的产权比率（总借贷占股东权益总额的百分比）19%，比上年的25.5%降低6.5个百分点。截至2011年12月31日，东风集团股份的流动比率为1.3倍，比上年的1.31倍略微下降；速动比率为1.1倍，较上年的1.09倍有小幅改善。

注：文中财务数据为国际会计准则核算的数据